Tributação
Temas atuais

O GEN | Grupo Editorial Nacional – maior plataforma editorial brasileira no segmento científico, técnico e profissional – publica conteúdos nas áreas de ciências sociais aplicadas, exatas, humanas, jurídicas e da saúde, além de prover serviços direcionados à educação continuada e à preparação para concursos.

As editoras que integram o GEN, das mais respeitadas no mercado editorial, construíram catálogos inigualáveis, com obras decisivas para a formação acadêmica e o aperfeiçoamento de várias gerações de profissionais e estudantes, tendo se tornado sinônimo de qualidade e seriedade.

A missão do GEN e dos núcleos de conteúdo que o compõem é prover a melhor informação científica e distribuí-la de maneira flexível e conveniente, a preços justos, gerando benefícios e servindo a autores, docentes, livreiros, funcionários, colaboradores e acionistas.

Nosso comportamento ético incondicional e nossa responsabilidade social e ambiental são reforçados pela natureza educacional de nossa atividade e dão sustentabilidade ao crescimento contínuo e à rentabilidade do grupo.

Eduardo Alves de Oliveira
Verônica Aparecida Magalhães da Silva
(Coordenadores)

Tributação Temas atuais

COLABORADORES

Abner Alves Serapião da Silva
Adriana dos Santos
António Tobias Simba Rafael
Bianca Lopes Rodrigues
Carlos Eduardo da Silva
Caroline Ramos dos Santos
Celso Ferreira da Cruz
Cleucio Santos Nunes
Danilo Rocha Martins
Davi Santana
Edinilson Dias Apolinário
Eduardo Alves de Oliveira
Eduardo Barboza Muni
Fabio Pereira da Silva
Fernanda Cimbra Santiago
Flávia Cecília de Souza Oliveira
Gabriela Rocha
Garcia Dala Hebo
Gleice Diniz de Oliveira
Ian de Porto Alegre Muniz
Irapuã Santana
Joyce Costa Rodrigues
Lorhena Pimenta Carneiro
Lucas Roncaia Pardim
Luiz Henrique Dutra
Mariana de Souza Martins
Mariana Francisco Vicente
Marina Machado Marques
Mirlles Humberto Ruben Luneta
Natalia Salviano Obstat
Rodolfo Paolo Costa de Souza
Rodrigo Jager Reis
Valdemir da Conceição Lopes do Couto
Valter do Nascimento
Verônica Aparecida Magalhães da Silva
Vitória Queiroz Santos

- Os autores deste livro e a editora empenharam seus melhores esforços para assegurar que as informações e os procedimentos apresentados no texto estejam em acordo com os padrões aceitos à época da publicação, *e todos os dados foram atualizados pelos autores até a data da entrega dos originais à editora.* Entretanto, tendo em conta a evolução das ciências, as atualizações legislativas, as mudanças regulamentares governamentais e o constante fluxo de novas informações sobre os temas que constam do livro, recomendamos enfaticamente que os leitores consultem sempre outras fontes fidedignas, de modo a se certificarem de que as informações contidas no texto estão corretas e de que não houve alterações nas recomendações ou na legislação regulamentadora.
- Data do fechamento do livro: 27/01/2022
- Os autores e a editora se empenharam para citar adequadamente e dar o devido crédito a todos os detentores de direitos autorais de qualquer material utilizado neste livro, dispondo-se a possíveis acertos posteriores caso, inadvertida e involuntariamente, a identificação de algum deles tenha sido omitida.
- **Atendimento ao cliente: (11) 5080-0751 | faleconosco@grupogen.com.br**
- Direitos exclusivos para a língua portuguesa
Copyright © 2022 by
Editora Atlas Ltda.
Uma editora integrante do GEN | Grupo Editorial Nacional
Travessa do Ouvidor, 11
Rio de Janeiro – RJ – 20040-040
www.grupogen.com.br
- Reservados todos os direitos. É proibida a duplicação ou reprodução deste volume, no todo ou em parte, em quaisquer formas ou por quaisquer meios (eletrônico, mecânico, gravação, fotocópia, distribuição pela Internet ou outros), sem permissão, por escrito, da Editora Atlas Ltda.
- Capa: Criação e Design da PwC Brasil
- Adaptação de capa: Daniel Kanai
- Editoração eletrônica: Know-how Desenvolvimento Editorial
- Ficha catalográfica

CIP-BRASIL. CATALOGAÇÃO NA PUBLICAÇÃO
SINDICATO NACIONAL DOS EDITORES DE LIVROS, RJ

P952t

Pricewaterhousecoopers

Tributação : temas atuais / Pricewaterhousecoopers ; coordenação Eduardo Alves de Oliveira, Verônica Aparecida Magalhães da Silva ; colaboradores Abner Alves Serapião da Silva ... [et al.]. - 1. ed. - Barueri [SP] : Atlas, 2022.

Inclui bibliografia
ISBN 978-65-5977-212-4

1. Impostos - Brasil. 2. Impostos - Legislação - Brasil. 3. Negros - Brasil - Condições sociais. I. Oliveira, Eduardo Alves de. II. Silva, Verônica Aparecida Magalhães da. III. Silva, Abner Alves Serapião. IV. Título.

22-75377   CDD: 336.20981
                                          CDU: 351.713(81)

Camila Donis Hartmann - Bibliotecária - CRB-7/6472

SOBRE OS AUTORES

Abner Alves Serapião da Silva

Mestrando em Teorias Jurídicas Contemporâneas pelo Programa de Pós-Graduação em Direito da Universidade Federal do Rio de Janeiro (PPGD/UFRJ). Pós-graduando em Direito Financeiro e Tributário pelo Centro de Estudos e Pesquisas no Ensino do Direito da Universidade Estadual do Rio de Janeiro (CEPED/UERJ). Bacharel em Direito pela Universidade Federal do Rio de Janeiro (FND/UFRJ). Pesquisador do Laboratório de Estudos Institucionais (LETACI/PPGD/UFRJ). Editor-executivo da *Revista Estudos Institucionais – REI*.

Adriana dos Santos

Advogada tributarista em Abe, Rocha Neto, Taparelli, Garcez e Giovanini Advogados. Bacharel pela Faculdade de Direito da Universidade Presbiteriana Mackenzie.

António Tobias Simba Rafael

Mestre em Direito Fiscal pela FDUAN/FDUNL. Advogado. Professor universitário (FDUMA/FDULA). Técnico tributário da Administração Geral Tributária.

Bianca Lopes Rodrigues

Bacharel em Direito pela Universidade Presbiteriana Mackenzie. Pesquisadora em Direito Tributário. Vencedora do Edital Caminhos 2020.

Carlos Eduardo da Silva

Bacharel em Direito. Especialista em Direito Tributário e Societário pela Escola de Direito de São Paulo da Fundação Getulio Vargas (EDESP/FGV). Consultor tributário em São Paulo.

Caroline Ramos dos Santos

Bacharel em Direito. Especialista em Direito Tributário pelo Instituto Brasileiro de Direito Tributário (IBDT). Advogada em São Paulo.

Celso Ferreira da Cruz

Pós-graduado em Direito Tributário pela PUC-SP (COGEAE/SP). Bacharel em Direito pela Universidade São Judas Tadeu. Advogado em São Paulo.

Cleucio Santos Nunes

Doutor em Direito pela Universidade de Brasília (UnB). Mestre em Direito pela Universidade Católica de Santos (UniSantos). Especialista em Direito Tributário e em Processo Tributário pela PUC-SP. Professor do Programa de Mestrado em Direito e da Graduação da Universidade Católica de Brasília (UCB). Professor da Graduação em Direito do Centro Universitário de Brasília (Ceub). Conselheiro do Conselho Administrativo de Recursos Fiscais (Carf).

Danilo Rocha Martins
Bacharel em Sistemas de Informação. Bacharel em Ciências Contábeis. Mestrando em Ciências Contábeis.

Davi Santana
Sócio de preços de transferência da BaseFirma em São Paulo. Bacharel em Ciência da Computação. MBA em Comércio Internacional com foco em Tributos Internacionais pela Fundação Getulio Vargas (FGV).

Edinilson Dias Apolinário
Pós-graduado em Direito Tributário e Societário pela FGV Direito SP (GV*law*). Advogado. Contador. Consultor tributário. Juiz do Tribunal de Impostos e Taxas do Estado de São Paulo (TIT-SP).

Eduardo Alves de Oliveira
Doutor e Mestre em Contabilidade e Controladoria pela Faculdade de Economia, Administração e Contabilidade da Universidade de São Paulo (FEA/USP). Advogado, bacharel em Direito pela Universidade Mackenzie. Contador, bacharel em Contabilidade pela FEA/USP. Professor no Insper e na Fipecafi. Consultor tributário para indústria financeira. Sócio da PwC.

Eduardo Barboza Muniz
Mestrando na Universidade de São Paulo (USP). Sócio do escritório Brigagão, Duque Estrada – Advogados.

Fabio Pereira da Silva
Mestre e doutorando em Controladoria e Contabilidade (PPGCC) pela FEA/USP. Especialista em Direito Tributário pela Fundação Getulio Vargas (FGV) e em Direito Empresarial pela Universidade Presbiteriana Mackenzie. Pós-graduado em *Business Management* com ênfase em Finanças na University of California, San Diego (UCSD, 2011). Graduado em Direito pela Universidade Paulista (2001) e em Ciências Contábeis pela Faculdade Trevisan (2011). Advogado em São Paulo.

Fernanda Cimbra Santiago
Mestranda na Universidade de São Paulo (USP). Pós-graduada em Direito Público e em Direito do Estado. Bacharel em Direito pela Universidade Federal Fluminense.

Flávia Cecília de Souza Oliveira
Mestre e Especialista em Direito Tributário pela PUC-SP. Advogada. Professora em cursos de pós-graduação em Direito Tributário e em Direito Processual.

Gabriela Rocha
Contadora formada pela Universidade Gama Filho, no Rio de Janeiro. Gerente tributária Américas na indústria de óleo e gás.

Garcia Dala Hebo
Licenciado em Contabilidade e Auditoria pela Universidade Agostinho Neto. Experiência profissional como técnico bancário no Banco de Fomento Angola, nas áreas comercial, de contabilidade e de auditoria e como técnico tributário na Administração Geral Tributária.

Gleice Diniz de Oliveira
Pós-graduanda em Direito Tributário pela Escola de Direito de São Paulo da Fundação Getulio Vargas (FGV Direito SP). Graduada em Direito pela Universidade Presbiteriana Mackenzie de São Paulo. Advogada em São Paulo.

Ian de Porto Alegre Muniz
Sócio do escritório Veirano Advogados.

Irapuã Santana
Doutor e Mestre em Direito Processual pela Universidade do Estado do Rio de Janeiro (UERJ). Ex-assessor do Ministro Luiz Fux no STF e no TSE. Professor do Centro Universitário de Brasília (Uniceub). Consultor jurídico do Movimento Livres e da Educafro. Membro do Instituto Brasileiro de Direito Processual (IBDP). Membro do Centro Brasileiro de Estudos Constitucionais (CBEC). Procurador do município de Mauá-SP.

Joyce Costa Rodrigues
Bacharel em Direito pela Universidade Federal do Rio de Janeiro (UFRJ). Pós-graduanda em Direito Tributário e Financeiro pela Universidade do Estado do Rio de Janeiro (UERJ). Consultora tributária para indústria financeira na PwC.

Lorhena Pimenta Carneiro
Mestranda em Teorias Jurídicas Contemporâneas pelo Programa de Pós-Graduação em Direito da Universidade Federal do Rio de Janeiro (PPGD/UFRJ). Pós-graduanda em Direito Financeiro e Tributário pelo Centro de Estudos e Pesquisas no Ensino do Direito da Universidade Estadual do Rio de Janeiro (CEPED/UERJ). Bacharel em Direito pela Universidade Federal do Rio de Janeiro (FND/UFRJ). Pesquisadora do Laboratório de Estudos Institucionais (LETACI/PPGD/UFRJ).

Lucas Roncaia Pardim
Pós-graduado em Direito Tributário pela Fundação Getulio Vargas (GVlaw). Bacharel em Contabilidade. Graduando em Direito. Contador. Especialista em Tributação Direta (nacional e internacional). Gerente tributário em Campinas-SP.

Luiz Henrique Dutra
Bacharel em Direito pela Faculdade de Direito de São Bernardo do Campo. Advogado especialista em Gestão Financeira pela Fundação Getulio Vargas (FGV).

Mariana de Souza Martins
Advogada. Pós-graduanda em Gestão Tributária pela FECAP. Bacharel em Direito pela Faculdade de Direito de São Bernardo do Campo.

Mariana Francisco Vicente

Advogada. Bacharel em Direito pela Universidade Presbiteriana Mackenzie. Contadora, bacharel em Contabilidade pela Fipecafi. Consultora tributária para indústria financeira na PwC.

Marina Machado Marques

Mestranda em Direito pela Universidade Federal de Minas Gerais (UFMG). Pós-graduada em Direito Tributário pela PUC Minas. Bacharel em Direito pela UFMG. Advogada tributarista em Belo Horizonte-MG.

Mirlles Humberto Ruben Luneta

Advogado. Mestre em Administração de Empresas pela American Intercontinental University (EUA). Pós-graduado em Direito Tributário pela FMU/SP. Pós-graduado em Gestão Financeira pelo Unasp-EC. Bacharel em Administração de Empresas pelo Helderberg College SA. Bacharel em Direito pelo Unasp-EC.

Natalia Salviano Obstat

Bacharel em Direito pela Universidade Presbiteriana Mackenzie. Advogada especialista em Direito Tributário pela PUC-SP.

Rodolfo Paolo Costa de Souza

Especialista em Direito Tributário pelo IBDT. Pós-graduando em Gestão Fiscal pela PUC Minas. Bacharel em Direito pela PUC-SP. Advogado tributarista.

Rodrigo Jager Reis

MBA em Gestão Financeira e Econômica de Tributos pela Fundação Getulio Vargas (FGV). MBA em Contabilidade pela International American University (Los Angeles, EUA). Bacharel em Ciências Contábeis pela Universidade Salvador (UNIFACS). Executivo tributário, entusiasta da Nova Economia e Tecnologia, com mais de 15 anos de experiência.

Valdemir da Conceição Lopes do Couto

Graduando em Direito pela Universidade São Judas Tadeu. Consultor tributário em São Paulo.

Valter do Nascimento

Especialista em Direito Tributário pelo IBET-SP. Bacharel em Direito pela Universidade São Francisco. Advogado e consultor tributário em São Paulo.

Verônica Aparecida Magalhães da Silva

Advogada e contadora. Mestranda em Controladoria e Finanças pela Fipecafi. Bacharel em Direito pela PUC-SP e em Contabilidade pela Fipecafi. Professora na FECAP, na UniPaulistana e no Mackenzie.

Vitória Queiroz Santos

Graduada em Direito pela PUC-SP (2021). Consultora tributária para indústria financeira na PwC.

PREFÁCIO

Importância deste livro: prova material da capacidade de o negro brasileiro ocupar espaços de decisão

Era mais ou menos meio-dia; fim de uma das minhas aulas, sobre *Direito das Obrigações*, ministradas, durante quase 20 anos, na Faculdade de Direito da centenária Universidade Presbiteriana Mackenzie, em São Paulo.

Descia, então, as escadas do 3º andar para o térreo.

Surpreendeu-me, em prantos, no patamar entre o 3º e o 2º andares, um aluno, *cafuzo*, na faixa etária de, aproximadamente, 50 a 60 anos de idade. E ele me disse:

— Estava aguardando o senhor...

Temeroso de que fosse uma queixa sobre o meu conhecido criterioso rigor na verificação de aprendizagem, demonstrei o meu constrangimento, permitindo-lhe, contudo, a continuação do seu discurso, não sem antes lamentar o seu pranto.

E ele, também, surpreendentemente:

— Quero agradecer-lhe, professor, por ser o responsável pela minha continuidade no curso de Bacharel em Direito, o qual já iria abandonar, diante do *bullying* de colegas por causa da minha origem étnica e porque sou aluno cuja investidura neste curso, em uma Universidade particular frequentada por uma camada social elitista, é mediante bolsa do PROUNI.

O PROUNI, como sabido, é o Programa Universidade para Todos, instituído pela Lei n. 11.096, de 13 de janeiro de 2005, destinado à concessão de bolsas de estudo, inclusive integrais, para permitir a frequência de estudantes carentes de recursos financeiros em cursos ministrados nas instituições privadas de ensino superior, com o propósito de promover a *inclusão social* de estudantes de baixa renda nesse grau escolar. O indivíduo de baixa renda é, na sua maioria, o negro. Convive com o PROUNI a chamada LEI DE QUOTAS, a de n. 12.711, de 29 de agosto de 2012, que determina a reserva de um percentual de vagas nas instituições federais de educação superior vinculadas ao Ministério da Educação de no mínimo 50% para autodeclarados pretos, pardos e indígenas.

Imediatamente, outro fato ocupou a minha memória:

Era o ano de 1953, dezembro, na boquinha da noite de um dia todo de angústia, um jovem de 15 anos de idade batia à porta da casa de sua madrinha, a conselho de sua mãe, uma pobre mulher negra necessitada de recursos, lavadeira de roupas de ganho na cidade de Muritiba, situada no recôncavo baiano; mulher sem eira nem beira. Atendido, derramava-se em lágrimas e não conseguia articular as palavras. E a madrinha, após várias vezes indagando-lhe, sem resposta, sobre aquela situação, ouviu:

– Minha mãe mandou-me, aqui, para que a senhora consiga Cr$ 130,00 (cento e trinta cruzeiros) para pagar a *prestação* correspondente ao valor da última parcela da anuidade referente a este último mês do meu curso, se não, a direção do ginásio não me permitirá fazer as provas e eu perderei o ano.

E ela, carinhosamente:

– Meu filho, acalme-se. Sua madrinha não deixará que você interrompa sua bonita e sacrificada caminhada.

Minutos depois, entregava a importância que permitiu a conclusão com aprovação e o prosseguimento dos estudos. A região geográfica do chamado recôncavo baiano tinha somente ginásios mantidos por particulares, mas somente até o nível ginasial.

Então, apenas quem tinha posses é que poderia frequentá-los. Os negros eram desapossados de qualquer bem, vivendo de atividades de subemprego, sem previdência social, enfim, sem direitos, já havendo meio século da abolição da escravatura e inexistindo *legislação social*.

O ginásio mais próximo de Muritiba estava localizado distante, aproximadamente 10 km, em Cachoeira, onde nasceu o jurista Teixeira de Freitas. O jovem muritibano teria de deslocar-se de ônibus, também de propriedade particular. O subscritor deste prefácio não possuía recursos financeiros para pagar a passagem de ônibus e, em regra, fazia o percurso a pé, palmilhando, em parte, uma íngreme ladeira de alguns quilômetros, duas vezes por dia. Um sacrifício que não pode servir de exemplo.

A vida, inclusive política, na Cidade de Salvador, capital da Bahia

O ano de 1954 assistiu a esse jovem, com 15 anos de idade, deslocar-se dessa sua cidade do interior baiano para a Capital, como passageiro da 2ª classe de um navio – em condições similares às dos escravos transportados da África para o Brasil, por centenas de anos, em condições sub-humanas.

O acaso fê-lo encontrar-se, nesse navio, com um homem branco, muritibano, remediado, quase rico, advogado, professor universitário, político, que viajava na 1ª classe, e, então, convidou-o para ser *office-boy* do seu escritório de advocacia, em Salvador, remunerado com um terço do valor do salário mínimo e, como de costume à época, sem qualquer dos benefícios da *legislação social*.

Chegado à Capital do seu Estado, nessas condições, social e materialmente precárias, nas quais sobreviveu até a sua graduação no curso superior, viu, 24 anos depois, em agosto de 1978, ser investido no cargo de prefeito dessa cidade.

O único negro a ocupar o cargo nesses 472 anos.

Ocupou, durante sua vida, em quatro governos baianos diferentes, os cargos de Secretário de Estado – da Saúde Pública e Assistência Social; da Educação e Cultura; da Justiça; dos Assuntos Estratégicos – e, em São Paulo, o de Secretário dos Negócios Jurídicos (1997 a 2001).

A vida acadêmica, em São Paulo

O mundo permite-me ser, presentemente, um estudioso da Ciência do Direito e, aos 84 anos de idade, 60 de graduado em Direito, continuar lecionando, ininterruptamente, por esses últimos 40 anos, na pós-graduação, autor de livros e de outros trabalhos científicos.[1]

Uma vida de sucesso, apesar das agruras descritas.

Esse ambiente deu-me oportunidade de conhecer estudantes negros na citada Universidade Presbiteriana Mackenzie – poucos, embora – que se tornaram celebridades, a exemplo do subscritor da Introdução deste livro, o Dr. Eduardo Alves de Oliveira, autor de excelentes estudos,[2] inclusive neste livro,[3] e do Dr. Silvio Almeida,[4] jurista e filósofo, meu aluno em 1996.

As comemorações dos 50 anos da Faculdade de Direito da Universidade Presbiteriana Mackenzie (2003), em São Paulo, foram uma das oportunidades, à semelhança deste livro, para que eu ocupasse *espaço de decisão*, como palestrante, ao lado do hoje ministro Alexandre de Moraes, do STF, e como uma das personalidades que receberam a honraria de Professor Emérito, antes concedida, apenas, a quatro brancos: Miguel Reale, Esther de Figueiredo Ferraz, Joaquim Canuto Mendes de Almeida e Ives Gandra da Silva Martins.

A vida acadêmica, sob concurso, especialmente, na Faculdade de Direito da Universidade de São Paulo (USP), deu-me, nessa instituição de ensino superior, doutorado, livre-docência, titularidade (professor de Direito Civil e de Legislação Tributária), que são provas de outras tentativas de ocupação de *espaço de decisão*.

Esta obra serve-me de oportunidade para contar pretensões de um negro ser *nomeado* Professor Titular na célebre USP, onde exerceria *poder* em área de difícil *ocupação de espaço*.

Veja-se por quê:

Estabelece o Regimento daquela Faculdade que, ao término da apreciação das provas do concurso para Professor Titular, cada examinador atribuirá a cada candidato nota final, que será a média ponderada das notas por ele conferidas, fazendo a classificação, segundo essas suas notas, e *indicará* o candidato para preenchimento da vaga existente. Serão considerados *habilitados* os candidatos que obtiverem, da maioria dos examinadores, nota final mínima sete. Mas será proposto para *nomeação* o candidato que obtiver maior número de *indicações* da comissão julgadora, as quais, estranhamente, não se vinculam à referida classificação.

Esse critério regimental, obviamente, exclui a *nomeação* de negro porque, em regra, não consegue, até agora, participar, com facilidade, deste universo tradicional, ainda quando se habilite, diante da óbvia dominante *eugenia* político-ideológica-étnico-racial, porque, se a

---

1 Cf. resumo curricular acadêmico, ao final deste prefácio.
2 Cf. OLIVEIRA, Eduardo Alves de. *Disponibilidade econômica do fair value*. São Paulo, 2018.
3 Cf. OLIVEIRA, Eduardo Alves de et al. *Fundo de investimento em direitos creditórios*.
4 Autor dos livros *Racismo estrutural* e *Sartre, direito e política*.

indicação para a *nomeação é subjetiva*, com total desprezo à *objetividade* da média das notas conferidas, fatalmente ela recairá, sempre, em alguém desse universo.[5]

A pretensão do negro que subscreve este prefácio esbarrou nessa *eugenia* demonstrada, desde a pergunta constante que lhe faziam, à época, se estaria pleiteando a Livre-Docência – requisito essencial – com o objetivo de candidatar-se à titularidade, sempre, por si negado, até que, observando essa tentativa de alguns, na linha de um condenável "melhoramento genético" da família acadêmica pela linha de inaceitáveis tradições, inclusive de descendência consanguínea, parece ter sido constatada com o procedimento de escolha do titular, por *indicação* feita por três componentes da Banca, que pouco se importaram com o número de pontos obtido pelos candidatos, utilizando-se desse procedimento, que foi objeto de algumas frustradas contestações, até judiciais. Pondere-se sobre o elemento etnia e se verifique quantos negros compuseram em todos esses anos o magistério da Faculdade de Direito do Largo de São Francisco. Há um artigo escrito pelas Dras. Marília Pinto de Carvalho e Viviane Angélica Silva[6] que aborda o tema, e a professora Eunice Aparecida de Jesus Prudente, cuja trajetória é o objeto naquele estudo, no qual a professora comenta esse concurso deste prefaciador, ainda que de uma forma sonsa, pois ela disfarça como se não o conhecesse, afirmando que não chegou a assistir. Foi lamentada, à época do concurso, a sua omissão, aqui, por ela confessada.

O preconceito de alguns agentes da Polícia Militar

É de lembrarem-se eventos ocorridos em São Paulo: por quatro vezes, como Secretário de Negócios Jurídicos da maior cidade do Brasil, fui vítima de hostilidade por parte de agentes da Polícia Militar.

O consolo veio, depois de passar por toda a hostilidade, dos meus alunos da Faculdade de Direito da Mackenzie, mediante uma manifestação sincera de carinho: os estudantes decidiram fazer uma paralisação em solidariedade ao professor, através de passeata até a Secretaria de Segurança Pública, cuja sede ficava próxima ao *campus* de Higienópolis da Universidade, para exigir que a Polícia se retratasse publicamente e os culpados fossem punidos.

---

5   Cf. SILVA, José Afonso da. *A faculdade e meu itinerário constitucional*. São Paulo: Malheiros Editores, 2007. p. 612: "Para mim, sempre foi muito claro que, vindo do seio do povo, sem tradição acadêmica na família, encontraria muita dificuldade para conquistar uma titularidade na Faculdade de Direito da USP. Sabia que, para entrar, teria que *empurrar o portão* com toda força e determinação. Como livre-docente, não fui logo contratado para o exercício da docência como era praxe na Escola".

6   Cf. Ser docente negra na USP: gênero e raça na trajetória da professora Eunice Prudente. *Poiésis*, Tubarão, v. 8, n. 13, p. 30-56, jan./jun. 2014; confira a p. 48. Disponível em: http://www.portaldeperiodicos.unisul.br/index.php/Poiesis/index: "Não, nunca vi. E olha que, inclusive, fui funcionária da Universidade. [...] Nunca vi um concurso com participação... Não, nunca... Não... Aquele senhor lá da Bahia, que é tributarista, ele foi vice-prefeito de Salvador e depois veio aqui em São Paulo, e foi secretário de assuntos jurídicos na época do Celso Pita, eu sei que ele participou de concursos aqui, mas eu não cheguei, assim, a assistir. Ele era tributarista, mas participou de concurso, acho que era disputando uma titularidade na área de direito civil. Eu soube assim, notícias e tal".

Aleguei que me sentiria melhor se isso não fosse feito e negociei com eles, em substituição, a minha ida até o Comando da Polícia Militar para obter o compromisso de manter proteção permanente para uma comunidade do Jardim Ângela que precisava de segurança, por causa do estado de violência de alguns membros de sua população, ao invés de expor, publicamente, toda a Polícia, como se fosse uma instituição preconceituosa, pois seria injusto.

José Vicente, também negro, fundador e reitor da Universidade Zumbi dos Palmares, relembrou o caso na coluna do jornal *O Estado de S. Paulo* do dia 14 de agosto de 2015:

> [...] quando uma patrulha da PM abordou o eminente, Professor e negro Edvaldo Brito, festejado jurista e à época Secretário de Negócios jurídicos da Prefeitura de São Paulo, no Governo Celso Pitta, que seguia em viatura oficial com dois seguranças negros em direção à Universidade Mackenzie, onde lecionava há dezenas de anos, a instituição emitiu nota justificando que "a abordagem de rotina" deveu-se ao fato de que aquelas pessoas – homens negros em um carro oficial, "aparentavam" ser suspeitas.

O preconceito é uma chaga que martiriza o negro brasileiro, e esta obra é, sem dúvida, um dos remédios na busca de sua cura.

Este livro é, portanto, importante

Convidado para prefaciar este livro, declaro-o, de logo, por causa do exposto, *um importante livro*, tratando de *temas atuais de tributação*, escritos por negros.

Entendi que o propósito do convite é o de colher o meu depoimento sobre fatos dolorosos e, para mim, doloridos, que protagonizei, e espero que se encontrem em vias de desaparecimento; o propósito, também, de permitir-me, ainda, testemunhar que esta obra é uma ótima *ocupação de espaços de decisão*, pelo negro brasileiro, capaz não apenas de desempenho vitorioso no esporte, na música, na culinária, mas também em qualquer setor da atividade social que as circunstâncias permitam-lhe provar.

Importante por quê?

Porque esses fatos, aqui narrados, denunciam a diferença entre um Brasil de meio século atrás e o de hoje.

Naquele tempo, o negro e sua variação étnica – pretos e pardos ou *cafuzos* – lutavam sozinhos para ascender em uma sociedade que, ao mesmo tempo, com maior ou menor intensidade, até hoje pratica, conjunta ou separadamente, *racismo, segregação* e *preconceito*.

Racismo porque todo estereótipo que não possua as características adotadas como padrões estéticos do indivíduo sofre rejeição do grupo étnico-racial que se convencionou possuí-los e que passou a ser dominante em todas as manifestações sociais. Enfim, é *discriminação*.

Segregação porque esse estereótipo é isolado, no seio da sociedade, como *minoria* racial, ainda que seja componente de segmentos em quantidade expressiva, mas sempre *excluída* do gozo de bens e de direitos.

Preconceito é a pior dessas práticas porque consiste na formulação negativa de uma ideia, pensamento ou opinião feita como representação desse estereótipo. A avaliação, no caso do ser humano negro, é, sempre, se boa: "apesar de ser negro"; se ruim: "é porque é negro".

O *preconceito* é a tônica brasileira.

Mas, hoje, a luta tem sido com maior ajuda de outros segmentos da sociedade, embora, ainda, tímida.

Portanto, este é um *importante livro*, produzido pelo cabedal intelectual de 36 tributaristas autodeclarados negros, graduados sem serem pela LEI DE QUOTAS e sem serem beneficiários do PROUNI, esses dois solavancos sociais que, estranhamente, foram objeto de contestação, a ponto de terem provocado a proteção dada pela *jurisdição constitucional*.[7]

O leitor dar-me-á razão, contatando, aqui, com orientações técnicas de conhecedores da matéria tributária. Onde e quando, no passado, seriam encontrados tantos doutores negros e com a competência dos autores dos estudos aqui publicados?

Contam-se nos cinco dedos de uma só mão os negros Professores Titulares das Universidades; ministros do Supremo Tribunal Federal, nesses seus 130 anos de existência: um único,[8] em um contingente que já se aproxima dos 200 membros; presidente da República, nenhum; senadores, também, pouquíssimos; deputados federais, em um universo de 513, somente 21 autodeclarados nesta legislatura que se finda em 2022, dentre os quais o deputado Antonio Brito, filho do subscritor deste prefácio, ressaltando-se que é o único negro líder de partido.

E há o exemplo notório de que a famosa Academia Brasileira de Letras foi fundada, há 124 anos, por um negro, o escritor Machado de Assis, bem lembrado na *Introdução* de autoria do Dr. Eduardo Alves de Oliveira, mas, depois dele, somente em 2021 se elegeu um outro em razão de sua notoriedade como compositor de músicas populares.

Uma Academia de Letras não é agremiação de literatos. É, sobretudo, associação de indivíduos que se dedicam não só ao cultivo da *literatura*, mas, também, à preservação da memória nacional, incentivando o protagonismo nas áreas da ciência e das letras.[9]

O negro sem formação do *conhecimento* nessas áreas não pode ser competitivo por lhe faltarem os elementos necessários para galgar a Academia.

---

[7] Cf. Arguição de Descumprimento de Preceito Fundamental n. 186, requerida, estranhamente, pelo Democratas (DEM), partido político, contra atos da Universidade de Brasília (UnB), os quais instituíram o sistema de reserva de vagas com base em critério étnico-racial no processo de seleção para ingresso de estudantes.

[8] Em janeiro de 2003 recebi, por telefonema do presidente do Supremo Tribunal Federal, a mensagem de que o presidente da República incumbira S. Exa. de transmitir-me o convite para ser ministro da Corte, o qual não pude aceitar por ter completado 65 anos em 3 de outubro de 2002, incidindo na proibição do art. 101 da Constituição, que exige idade menor do que essa.

[9] Cf. BRITO, Edvaldo. Discurso de posse na Cadeira n. 3, da Academia de Letras da Bahia. *Revista da Academia de Letras da Bahia*, Salvador, n. 58, p. 379-408, 2020.

Cargos políticos de destaque

E governador de Estado? A investidura pressupõe acirrada competição cuja base econômico-social implica relações que excluem o negro por causa da sua notória incapacidade material.

Fala-se de Eduardo Ribeiro, no Maranhão, no século passado, e, mais recente, Alceu Collares, no Rio Grande do Sul, entre 1991 e 1994, Albuíno Azeredo, que governou o Espírito Santo no mesmo período, e João Alves, em Sergipe.

E a Bahia? O Senado tem no Rio de Janeiro uma exceção, porque o Estado tem tido razoável representatividade negra. O Rio Grande do Sul tem o recorde com o senador Paulo Paim: depois de quatro mandatos como deputado federal, está, desde 1º de fevereiro de 2003, exercendo o terceiro mandato de senador, ao qual se deve a realização do Seminário *Reformas: raça, gênero e políticas de inclusão social*,[10] na Comissão de Constituição e Justiça, em 13 de maio de 2003, no qual houve a oportunidade de discutir-se a estrutura tributária atual envolvendo a eficiência econômica; a política de desenvolvimento regional, diante da guerra fiscal; a justiça distributiva, diretamente ligada à população negra, sobretudo porque o *sistema tributário* finca-se, lamentavelmente, nos *impostos indiretos,* que gravam mais àqueles que recebem menos – os negros, especialmente –, ao contrário daqueles que ganham mais, porém contribuem menos.

Empregabilidade do negro

A *culpa* das mazelas do meu tempo é de *quê* ou de *quem*?

O *que* impede, ainda, a ascensão social do negro é a falta de *empregabilidade*.

Entende-se, assim, a qualidade de ser empregável.

O negro não a tem. A esmagadora maioria da população brasileira dessa etnia-racial carece de *habilitação*.

A consequência é a inexistência de competitividade.

O negro não é competidor.

Mas a *importância* deste livro é provar a inversão desse quadro, quando este grupo de negros deixa testemunhadas suas possibilidades, em *igualdade de condições*.

O *quem* da História reside em várias causas, a começar pelo erro no procedimento reivindicatório do povo negro, que deveria focar na exigência de equipamentos – edificações adequadas para os estabelecimentos de transmissão de conhecimento; *urbanização* que assegure aos contingentes negros, formados pela maioria dos carentes de recursos financeiros, os instrumentos capazes de dar-lhes essa falada *igualdade de condições*.

Urbanização é a péssima estruturação das cidades, que aloca esses contingentes na periferia, a qual é buscada por eles como sua meca de salvação financeira, na suposição

---

10   Cf. *Reformas:* raça, gênero e políticas de inclusão social. Senado Federal, Senador Paulo Paim, Brasília, 2003.

de que teriam uma vida paradisíaca em uma migração que ocorre a partir do interior dos Estados brasileiros.

Este livro conduz a repensar o *como* tem sido o excluir essa *culpabilidade*, na medida em que suas páginas agasalham estudos na linha de que o atendimento das demandas locais é feito pelos municípios, e, portanto, deve haver um redesenho do *sistema tributário nacional* de modo a ser capaz de exercer, a contento, as suas funções na Federação; *sistema* que deve pressupor, como fundamento, a identificação dos conceitos essenciais de *equidade* e de *justiça*.

Nada foi mais necessário, nessa *pandemia* causada pelo *coronavírus*, do que se aplicarem *conceitos* jurídico-tributários como o de *moratória* e o de *equidade*.

Se o direito positivo brasileiro consagra-os como *normas gerais de direito tributário*, os entes federados, titulares da *competência tributária*, outorgada pela Constituição de 1988, não praticaram, infelizmente, esses *conceitos* essenciais.

Esta obra é *importante* porque giza a relevância dessas ideias *normatizadas*.

O livro, ainda, é importante porque denuncia, nas suas inúmeras citações dos autores consultados, a quase inexistência de obras jurídico-tributárias escritas por negros, exatamente porque os autores existentes, além de não serem de muitos, não habitam o eixo de desenvolvimento econômico Rio-São Paulo.

Aqui está mais uma *prova material* de que o meu pioneirismo, tal como ocorreu, deve ser condenado, porque vivi ambientes de *decisão*, nos quais tive de atuar sozinho para construir meu espaço, por isso sem força para *decidir*. Basta ver a minha participação solitária como negro na maioria esmagadora dos eventos científicos e nos livros de produção coletiva técnico-tributária.

A *quem* cumpre fazer o melhor esforço para reverter essa falta de *empregabilidade*?

Este livro, assim, é uma ferramenta que mostra o *poder* de *consertação* social e, também, de *concertação* entre os agentes sociais capazes de promover as correções estruturais que são de responsabilidade de todas as *forças reais de poder* que atuam nos espaços sociais de decisão.

A *fraternidade* é a pedra de toque para satisfazer o desejo revelado na Introdução desta obra quanto ao dever de *contribuir para o crescimento de todos e todas do nosso povo*, efetivando a *ideia de ocupar um lugar que durante muito tempo está sendo negado ao povo negro*.

A satisfação desse desejo tem fundamento jurídico constitucional: o Preâmbulo do texto de 1988 erige a *fraternidade* a nível normativo e ao mais alto grau de um *valor*.

Cristãos ou não e, se cristãos, católicos ou não, atente-se para a Encíclica *Fratelli Tutti* do Papa Francisco: *feliz é quem ama o outro*. E essa *fraternidade aberta*, no caso do negro, será expressa pela *decisão* de toda a sociedade na promoção dos meios da ascensão social desse contingente étnico-racial no Brasil, a ponto de vir a forjar a capacidade inata do negro na linha da ocupação desses *espaços de decisão*.

O leitor irá gostar deste livro, não só pelo seu elevado conteúdo técnico, mas também porque é uma *poesia em si* ao representar um eficaz ataque ao chamado *racismo estrutural*, fruto do perverso *preconceito* de parcela da população brasileira quanto ao negro.

Boa leitura.

Edvaldo Brito

Negro. Professor Emérito da Universidade Federal da Bahia (UFBA), em cuja Faculdade de Direito leciona, há 40 anos, no PPGD – Programa de Pós-Graduação (Mestrado e Doutorado). Professor Emérito da Universidade Presbiteriana Mackenzie (São Paulo), em cuja Faculdade de Direito lecionou por, aproximadamente, 20 anos Direito das Obrigações. Livre-Docente e Doutor em Direito Tributário pela Faculdade de Direito da Universidade de São Paulo (USP), em cuja Faculdade foi aprovado, em dois concursos públicos de títulos e de provas, para Professor Titular de Direito Civil e de Legislação Tributária. Mestre em Direito Econômico pela UFBA. Advogado Parecerista.

SUMÁRIO

Introdução, *1*

1 Trabalho remoto internacional: impactos tributários e previdenciários, *3*
Verônica Aparecida Magalhães da Silva • Mariana de Souza Martins
1.1 Introdução, *3*
1.2 Aspectos gerais do trabalho remoto, teletrabalho ou *home office*, *4*
1.3 Aspectos gerais da tributação sobre a folha de salários da pessoa jurídica estabelecida no Brasil, *5*
1.4 Aspectos gerais das retenções sobre a folha de salários, *7*
1.5 Aspectos previdenciários gerais da pessoa física, *8*
1.6 Aspectos práticos importantes na implementação do *work from anywhere* e impactos tributários sobre a folha de salários, *9*
1.7 Impactos gerais vinculados ao Imposto de Renda, *11*
1.8 A importância da análise dos acordos internacionais de dupla tributação, *12*
1.9 O artigo 15º do Modelo da Organização de Cooperação e Desenvolvimento Econômico para evitar, eliminar ou atenuar a dupla tributação internacional, *14*
1.10 Estabelecimento permanente: aspectos gerais, *16*
1.11 OCDE: orientação atualizada sobre tratados fiscais e o impacto da pandemia de covid-19, *18*
1.12 Considerações finais, *20*
Referências, *21*

2 Fundo de investimento em direitos creditórios, *23*
Eduardo Alves de Oliveira • Mariana Francisco Vicente • Joyce Costa Rodrigues
2.1 Introdução, *23*
2.2 Mudança em discussão na CVM, *26*
2.3 Estratégias de utilização do FIDC, *28*
2.4 Aspectos contábeis, *30*
2.5 Aspectos tributários, *32*
2.6 Alterações tributárias em discussão, *40*
2.7 Considerações finais, *41*
Referências, *41*

3 A incidência do ICMS e do ISS nas operações com *softwares* e a evolução da jurisprudência do STF sobre o tema, **43**

Gleice Diniz de Oliveira

3.1 Introdução, 43

3.2 A natureza jurídica do *software*: breves comentários sobre sua conceituação legal e os tipos de operações envolvendo *softwares*, 44

3.3 Delimitação do campo de incidência do ICMS e do ISS, 48

3.4 A tributação do *software* pelo ICMS *versus* o ISS: o conflito de competência entre estados e municípios e a evolução da jurisprudência do STF sobre o tema, 56

3.5 Considerações finais, 64

Referências, 65

4 Compensação tributária – pontos controversos – aspectos a serem considerados para a recuperação do crédito após o trânsito em julgado da decisão judicial, **67**

Flávia Cecília de Souza Oliveira • *Bianca Lopes Rodrigues*

4.1 Introdução, 67

4.2 Aspectos gerais da compensação tributária, 69

4.3 Impasses na compensação tributária: limitações impostas ao contribuinte, 74

4.4 Considerações finais, 88

Referências, 89

5 OCDE: o desenvolvimento das diretrizes de preços de transferência e o princípio *arm's length*, **91**

Gabriela Rocha • *Davi Santana*

5.1 Introdução, 91

5.2 Surgimento das regras de preços de transferência no Brasil, 95

5.3 Métodos de preços de transferência no Brasil, 101

5.4 O Projeto BEPS, planejamentos internacionais agressivos e o BEPS 2.0, 117

5.5 Projeto de adequação das regras brasileiras de preços de transferência ao modelo OCDE: opinião referente aos desafios e oportunidades, 122

5.6 Considerações finais, 125

Referências, 125

6 A substituição tributária do ICMS, **129**
   Rodrigo Jager Reis • Marina Machado Marques
   6.1 Introdução, *129*
   6.2 Considerações gerais a respeito da substituição tributária do ICMS, *130*
   6.3 Do direito à restituição nos casos de não realização do fato gerador presumido, *134*
   6.4 Da divergência entre o fato gerador presumido e o preço efetivamente praticado na operação: brevíssimas considerações sobre o Recurso Extraordinário n. 593.849, *136*
   6.5 Da divergência entre o fato gerador presumido e o preço efetivamente praticado na operação: breves considerações a respeito do tratamento dado à matéria pelo estado de São Paulo, *137*
   6.6 Considerações críticas sobre o instituto da substituição tributária, *142*
   6.7 Considerações finais, *145*
   Referências, *146*

7 Inconstitucionalidade do regime de antecipação de ICMS com substituição tributária – impacto para empresas comerciais em geral e para optantes do Simples Nacional, **147**
   Edinilson Dias Apolinário
   7.1 Introdução, *147*
   7.2 Conceitos fundamentais dos regimes de tributação no âmbito do ICMS, *148*
   7.3 Regime de antecipação com substituição tributária e ausência de Lei Complementar, *153*
   7.4 Regime de antecipação com substituição tributária à luz da LC 87/1996, *156*
   7.5 Impactos da inconstitucionalidade do regime de antecipação aos optantes do Simples Nacional, *159*
   7.6 Considerações finais, *163*
   Referências, *165*

8 Reforma tributária brasileira: desburocratização e vantagens no desenvolvimento socioeconômico do Brasil à luz de aspectos contábeis, **167**
   Danilo Rocha Martins
   8.1 Introdução, *167*
   8.2 Sistema tributário brasileiro, *169*
   8.3 Reforma tributária: principais vantagens à luz de aspectos contábeis, *182*
   8.4 Considerações finais, *190*
   Referências, *192*

9 Tributação da economia digital – análise da recente jurisprudência do Supremo Tribunal Federal, tribunais de justiça e tribunais administrativos acerca do conflito de incidência entre ICMS e ISS na comercialização de SaaS e *streaming*, **199**

Carlos Eduardo da Silva • Caroline Ramos dos Santos

9.1 Introdução, *199*

9.2 Definição de SaaS e *streaming*, *199*

9.3 Definição constitucional para fins de tributação, *201*

9.4 O que determinam os entes tributantes, *203*

9.5 Jurisprudência atual, *206*

9.6 Considerações finais, *211*

Referências, *212*

10 A função redistributiva do ISS na Lei Complementar n. 175/2020, **215**

Irapuã Santana • Lorhena Pimenta Carneiro • Abner Alves Serapião da Silva

10.1 Introdução, *215*

10.2 Os contornos do federalismo fiscal na realidade brasileira a partir de um enfoque municipal, *216*

10.3 Desafios dos municípios na reforma tributária, *224*

10.4 O Imposto sobre Serviços e a perspectiva do direito privado na Lei Complementar n. 116/2003, *228*

10.5 O advento da Lei Complementar n. 175/2020, *232*

10.6 Considerações finais, *236*

Referências, *238*

11 A impossibilidade jurídica da inclusão dos descontos incondicionados na base de cálculo do ICMS-ST, **241**

Rodolfo Paolo Costa de Souza

11.1 Introdução, *241*

11.2 Base de cálculo no ordenamento jurídico brasileiro, *244*

11.3 A base de cálculo do ICMS, *246*

11.4 A base de cálculo do ICMS-ST, *247*

11.5 O desconto incondicionado e a base de cálculo do ICMS e do ICMS-ST, *250*

11.6 Considerações finais: o julgamento do Recurso Extraordinário n. 593.849/MG e a superação do entendimento quanto à tributação final, em sede de ICMS-ST, bem como o uso de ficções jurídicas como critérios norteadores, *256*

Referências, *258*

12 As responsabilidades tributárias impostas aos *marketplaces* no Brasil em face das práticas sugeridas pela OCDE, **261**

Luiz Henrique Dutra • Natalia Salviano Obstat

12.1 Introdução, *261*

12.2 O conceito da prestação de serviço desempenhado pelas plataformas de *marketplace*, *262*

12.3 Definição acerca das responsabilidades tributárias próprias e as hipóteses de responsabilidade solidária no Brasil, *263*

12.4 Os mecanismos adotados por determinados estados e pelo Confaz para fins de controle das operações transacionadas via *marketplaces*, *266*

12.5 Definição da OCDE e a respectiva relação com o Brasil, *270*

12.6 Os mecanismos sugeridos pela OCDE para fins de controle das operações transacionadas via *marketplaces*, *273*

12.7 As responsabilidades tributárias no Brasil em face das orientações sugeridas pela OCDE, *277*

12.8 Considerações finais, *279*

Referências, *282*

13 Dedutibilidade dos *royalties*: uma análise contemporânea acerca das regras brasileiras em face das regras e padrões recomendados pela OCDE, **285**

Lucas Roncaia Pardim • Valdemir da Conceição Lopes do Couto

13.1 Introdução, *285*

13.2 Definição de *royalties*, *286*

13.3 Diferença entre cessão e licença de uso, *287*

13.4 Reflexos tributários brasileiros no pagamento dos *royalties*, *287*

13.5 Critérios para a dedutibilidade dos *royalties* ora vigentes, *288*

13.6 Discussões levadas ao contencioso (administrativo e judicial), *295*

13.7 Aproximação do Brasil das diretrizes da OCDE, *298*

13.8 O tratamento dos *royalties* em outros países, *301*

13.9 Vantagens e desvantagens do modelo brasileiro, *304*

13.10 Considerações finais, *307*

Referências, *309*

14 Os limites de atuação da Fazenda Pública na recuperação judicial, **313**

Mirlles Humberto Ruben Luneta • Adriana dos Santos

14.1 Introdução, *313*

14.2 A recuperação judicial da empresa e os créditos tributários, *314*

14.3 Classificação dos créditos tributários na recuperação judicial, *315*

14.4 Autonomia na cobrança dos créditos tributários, *317*

14.5 A penhora de bens e ativos financeiros de empresas em recuperação judicial, *321*

14.6 Parcelamento dos créditos tributários, *325*

14.7 O perdão de dívida e a recuperação judicial, *326*

14.8 O paradoxo das certidões negativas de débitos tributários, *328*

14.9 Considerações finais, *331*

Referências, *332*

15 Sistema tributário brasileiro: um modelo de tributação sem justiça fiscal, **333**

Fernanda Cimbra Santiago • Celso Ferreira da Cruz

15.1 Introdução, *333*

15.2 Importância da promoção da justiça fiscal, *335*

15.3 Da progressividade prevista no Brasil, *337*

15.4 A baixa progressividade do Imposto de Renda, *340*

15.5 Interpretação jurisprudencial da progressividade tributária, *343*

15.6 Da regressividade da tributação brasileira, *347*

15.7 Considerações finais, *352*

Referências, *353*

16 Afinal, a Lei Complementar n. 939/2003 estabeleceu o prazo para a conclusão do procedimento fiscalizatório com a consequente lavratura do auto de infração ou apenas o prazo para o restabelecimento da espontaneidade do contribuinte?, **355**

Valter do Nascimento

16.1 Introdução, *355*

16.2 Da competência fiscalizatória, *356*

16.3 Da entrega dos documentos requisitados x o embaraço à fiscalização, *360*

16.4 Denúncia espontânea antes e depois do procedimento fiscalizatório, *361*

16.5 Prazo para a conclusão do trabalho fiscal com a consequente lavratura do auto de infração e imposição de multa, *362*

16.6 A importância do pedido de prorrogação do trabalho fiscal, *365*

16.7 Jurisprudência sobre o tema, *366*

16.8 Considerações finais, *369*

Referências, *370*

17 As implicações contábeis e tributárias do *earn-out* nas operações de M&A, **371**

Fabio Pereira da Silva • Vitória Queiroz Santos

17.1 Introdução, *371*

17.2 Conceituação de *earn-out*, *373*

17.3 Natureza jurídica do *earn-out*, *378*

17.4 Do exemplo prático, *380*

17.5 Tratamento contábil do *earn-out*, *381*

17.6 As consequências tributárias da mensuração contábil do *earn-out*, *383*

17.7 Considerações finais, *396*

Referências, *397*

18 Equidade e justiça como fundamentos de um sistema tributário democrático, **401**

Cleucio Santos Nunes

18.1 Introdução, *401*

18.2 Relações entre democracia e tributação, *403*

18.3 Equidade e justiça tributárias, *405*

18.4 Iniquidades e injustiças do sistema tributário brasileiro da atualidade, *408*

18.5 Considerações finais, *413*

Referências, *415*

19 Serviços de monitoramento de bens e de pessoas e o conflito de competência, **417**

Ian de Porto Alegre Muniz • Eduardo Barboza Muniz

19.1 Introdução, *417*

19.2 Da atividade de monitoramento de bens, *419*

19.3 Do conflito de competência, *420*

19.4 Da natureza dos serviços de monitoramento, *424*

19.5 Da Anatel e dos serviços de valor adicionado, 426

19.6 Das recentes decisões judiciais, 430

19.7 Considerações finais, 433

Referências, 435

20 A aplicação de taxa única, dual ou múltipla do IVA ante o pacto federativo no Brasil: uma sinopse sobre a experiência de Angola, 437

António Tobias Simba Rafael

20.1 Introdução, 437

20.2 Caracterização do Estado angolano, 438

20.3 A reforma tributária em Angola – implementação do IVA, 439

20.4 Modelos de tributação do consumo, 444

20.5 IVA – considerações iniciais, 445

20.6 Sistema tributário brasileiro, 450

20.7 Impostos indiretos no Brasil, 454

20.8 Considerações finais, 457

Referências, 457

21 As operações financeiras e o enquadramento em Imposto sobre Valor Acrescentado, 459

Garcia Dala Hebo

21.1 Introdução, 459

21.2 O sector financeiro angolano e seus intervenientes, 460

21.3 Operações transmitidas neste mercado, 462

21.4 Enquadramento das operações financeiras em sede do Imposto sobre o Valor Acrescentado, 463

21.5 As isenções, os direitos e as obrigações, 469

21.6 Considerações finais, 482

Referências, 483

INTRODUÇÃO

Nós demoramos muito para ter certeza de que Machado de Assis era negro... e essa frase quer dizer mais do que o que está escrito nela. Sempre me questionei sobre alguns monumentos que identificava em meus caminhos na cidade de São Paulo. Normalmente, o objeto do meu questionamento não era aquele que me lembrava certo momento na nossa história, mas aqueles que homenageavam um indivíduo. Como um jovem crítico, questionava sua contribuição em nossa sociedade. Nesses meus caminhos, não identificava monumentos aos construtores de pontes, trabalhadores de lavouras, empregadas de fazendas, pessoas que construíram a riqueza de outras famílias.

Nesses meus caminhos, olhando pelas janelas apressadas dos ônibus, pensava na dor que seria ser tirado naquele momento da minha família para ser escravizado em um lugar distante, construindo com meu suor, trabalho e sangue a riqueza dos outros. Qualquer outro caminho seria melhor que esse.

Pensava na dívida com essas pessoas. Pensava que elas deveriam ter sido incluídas na sociedade com muito respeito, afinal construíram a riqueza deste país. Mas, pelo contrário, meus olhares curiosos desde criança percebiam a cor da pele desse povo como lembrete de que estavam sempre em dívida. Não era lógico. Não era racional. Não era certo. Não era justo. Era a realidade. Além de essa dívida nunca ter sido paga, o credor era tido como devedor.

Mais tarde, durante minhas aulas, ainda adolescente, descobri o que era uma debênture. Para os leitores deste livro, isso fará bastante sentido. Costumava dizer que um povo escravizado gerava um título de dívida com o povo que o escravizou, e uma debênture conversível representava bem isso. Essa debênture foi adquirida com trabalho escravo. Na abolição da escravidão, houve uma oportunidade para que fosse paga ou convertida em ações. O mero pagamento implicaria indenização pelo trabalho forçado. A conversão em ações implicaria a inclusão desse povo em nossa sociedade. Nada foi feito. Hoje, o que buscamos ainda é reparação. Essa reparação implica uma série de ações, inclusive ter a nossa voz escutada. Este livro tem a finalidade de viabilizar uma pequena parcela dessa empreitada.

É tempo de mudança. Nos últimos meses, temos vivenciado uma revolução, e essa revolução passa por pensar o mundo de maneira mais colaborativa. Pautas ESG (i.e., em inglês, *environmental, social e governance*) foram colocadas em discussão. E muito valor tem se dado aos aspectos sociais. É uma forma de promover uma reparação histórica, reduzir a desigualdade social que é um obstáculo à nossa evolução. Nesse contexto, há alguns pontos a serem endereçados; um deles é a equidade racial.

É inevitável um processo de conscientização sobre equidade racial. Certamente deveria estar mais avançado, mas é um início que deve ser aproveitado. Diante das mazelas impostas por este país ao povo negro, reconhecemos que somos a exceção. Para que exista uma exceção, muitos foram deixados à própria sorte pelo caminho.

Como dizia o poeta, já foram muitas belezas deixadas nos cantos da vida, que ninguém quer e nem mesmo procura encontrar. Foram sonhos que se tornaram esperanças perdidas, que alguém deixou morrer sem poder ao menos tentar.[1] Esse tempo está acabando. E aquilo que hoje nos é permitido está sendo conquistado e será nosso também.

Por esse motivo, cabe a nós contribuir para o crescimento de todos do nosso povo. Cabe à exceção ser exemplo. Cabe principalmente à exceção ser agente da mudança que gostaria de ver. E, nesse sentido, pensamos em juntar profissionais para a elaboração deste livro. Desse modo, aos poucos, a exceção vai virando a regra. Estamos em diferentes espaços, mas não vale apenas estar. A ideia é ocupar um lugar que, durante muito tempo, nos foi negado. A ideia é mostrar às nossas filhas e aos nossos filhos, aos nossos jovens, que eles podem ser quem eles quiserem ser. E, é lógico, trazer novas opções para que o amanhã não seja igual ao ontem, mas com um novo nome.[2]

Com este livro fazemos poesia. Não nos referimos aos textos produzidos e compilados nele. A poesia é o livro em si. É com essa poesia, por meio de linhas e letras, tinta e papel, que atacamos o racismo estrutural que nos limita. Temos consciência de que o hoje é real, é a única realidade na qual podemos interferir. Nossas oportunidades de mudanças estão no presente. Não vamos esperar o futuro mudar nossas vidas. Vamos mudar o presente e deixar o futuro ser consequência disso.[3] Sabemos que a vida é um desafio, mas é necessário sempre acreditar que o sonho é possível.

As letras desta obra são negras. Não acreditamos em acaso. Estas páginas já estavam esperando por elas. Nas edificações construídas por nossos avós, nas terras aradas por nossos ancestrais, é onde queremos deixar essa marca, afinal, somos gigantes pela nossa própria natureza, belos, impávidos e colossais. Sem dúvida, esperamos e trabalhamos para que o futuro espelhe essa grandeza.[4]

Eduardo Alves de Oliveira

Doutor e Mestre em Contabilidade e Controladoria pela FEA-USP. Advogado, bacharel em Direito pela Universidade Mackenzie, e contador, bacharel em Contabilidade pela FEA-USP. Consultor para indústria financeira. Professor no Insper e na Fipecafi. Sócio da PwC.

---

1 Paráfrase baseada em "Esperanças perdidas".
2 Paráfrase baseada em "Amarelo".
3 Paráfrase baseada em "A vida é desafio".
4 Paráfrase baseada no Hino Nacional Brasileiro.

1

TRABALHO REMOTO INTERNACIONAL: IMPACTOS TRIBUTÁRIOS E PREVIDENCIÁRIOS

Verônica Aparecida Magalhães da Silva
Mariana de Souza Martins

1.1 INTRODUÇÃO

A pandemia atrelada à covid-19 acelerou a mudança de mentalidade a respeito do trabalho remoto. Para as empresas pautadas no conhecimento, a pergunta que se fazia era a seguinte: há realmente necessidade de estarmos fisicamente juntos para desempenhar nosso trabalho? Ao que tudo indica, a resposta é negativa. Tanto é assim que várias companhias estão implantando o sistema *"work from anywhere"*, que em português poderia ser traduzido como "trabalhe de qualquer lugar". Como exemplos de empresas que caminham para esse modelo de trabalho podem-se citar o Spotify (SPOTIFY, [202-]), a Dell (ROBUCK, 2020), a Vale (VALE, 2020) e a Heineken (SENA, 2021).

De acordo com artigo publicado pela *Harvard Business Review* em dezembro de 2020, o trabalho remoto traz benefícios para as empresas e para os colaboradores. Para os colaboradores, há possibilidade de maior flexibilidade, eliminação ou redução de custos com locomoção e maior gerenciamento entre vida pessoal e profissional. Já do ponto de vista das empresas, há redução de custos imobiliários, além da possibilidade de contratação de talentos sem qualquer restrição geográfica (CHOUDHURY, 2020).

Contudo, toda essa mobilidade traz novos desafios para a esfera previdenciária e tributária que precisam ser cuidadosamente analisados, dentre os quais se podem citar os seguintes:

- impactos sobre a folha de salários da empresa empregadora;
- vinculação do trabalhador ao sistema de seguridade social no país de residência onde presta os serviços;
- definição do local de prestação dos serviços pelo colaborador;
- retenções na fonte pela empresa empregadora quando do pagamento de colaborador residente em outro país;

- tributação da renda em nível internacional;
- dedutibilidade dos salários pagos para fins de Imposto de Renda (IR) no Brasil;
- tratados internacionais de bitributação; e
- risco de caracterização de estabelecimento permanente.

Este capítulo não tem a ambição de esgotar os temas listados, tampouco de trazer conclusões definitivas a respeito de quaisquer deles. O presente texto visa iniciar o debate técnico e prático sobre a mobilidade internacional, que certamente estará cada vez mais no radar tanto dos empregadores quanto dos colaboradores.

1.2 ASPECTOS GERAIS DO TRABALHO REMOTO, TELETRABALHO OU *HOME OFFICE*

Os termos "trabalho remoto", "teletrabalho", "*home office*" e "*work from anywhere*" são tratados como sinônimos neste capítulo, de modo a abranger as expressões mais utilizadas em nível internacional, jornalístico ou legal, sendo que todos representam a execução do trabalho fora do estabelecimento do empregador, em local a ser definido pelos colaboradores.

Desde 2011, o art. 6º da Consolidação das Leis do Trabalho (CLT) prevê que não há distinção entre "o trabalho realizado no estabelecimento do empregador, o executado no domicílio do empregado e o realizado a distância, desde que estejam caracterizados os pressupostos da relação de emprego. (Redação dada pela Lei n. 12.551, de 2011)".

Contudo, o trabalho remoto ou teletrabalho foi regulamentado pela legislação trabalhista do Brasil apenas em 2017, por meio da Lei n. 13.467, que incluiu os arts. 75-A e seguintes na CLT:

> Art. 75-A. A prestação de serviços pelo empregado em regime de teletrabalho observará o disposto neste Capítulo. (Incluído pela Lei n. 13.467, de 2017)
>
> Art. 75-B. Considera-se teletrabalho a prestação de serviços preponderantemente fora das dependências do empregador, com a utilização de tecnologias de informação e de comunicação que, por sua natureza, não se constituam como trabalho externo. (Incluído pela Lei n. 13.467, de 2017)
>
> Parágrafo único. O comparecimento às dependências do empregador para a realização de atividades específicas que exijam a presença do empregado no estabelecimento não descaracteriza o regime de teletrabalho. (Incluído pela Lei n. 13.467, de 2017)
>
> Art. 75-C. A prestação de serviços na modalidade de teletrabalho deverá constar expressamente do contrato individual de trabalho, que especificará as atividades que serão realizadas pelo empregado. (Incluído pela Lei n. 13.467, de 2017)
>
> § 1º Poderá ser realizada a alteração entre regime presencial e de teletrabalho desde que haja mútuo acordo entre as partes, registrado em aditivo contratual. (Incluído pela Lei n. 13.467, de 2017)
>
> § 2º Poderá ser realizada a alteração do regime de teletrabalho para o presencial por determinação do empregador, garantido prazo de transição mínimo de quinze dias, com correspondente registro em aditivo contratual. (Incluído pela Lei n. 13.467, de 2017)
>
> Art. 75-D. As disposições relativas à responsabilidade pela aquisição, manutenção ou fornecimento dos equipamentos tecnológicos e da infraestrutura necessária e adequada à prestação do trabalho remoto, bem como ao reembolso de despesas arcadas pelo empregado, serão previstas em contrato escrito. (Incluído pela Lei n. 13.467, de 2017)

Parágrafo único. As utilidades mencionadas no *caput* deste artigo não integram a remuneração do empregado. (Incluído pela Lei n. 13.467, de 2017)

Art. 75-E. O empregador deverá instruir os empregados, de maneira expressa e ostensiva, quanto às precauções a tomar a fim de evitar doenças e acidentes de trabalho. (Incluído pela Lei n. 13.467, de 2017)

Parágrafo único. O empregado deverá assinar termo de responsabilidade comprometendo-se a seguir as instruções fornecidas pelo empregador. (Incluído pela Lei n. 13.467, de 2017)

Em resumo, o teletrabalho deve ser expressamente previsto no contrato de trabalho, que deve definir quais atividades serão executadas pelo colaborador de forma remota. Um contrato escrito também deve definir as questões relativas à aquisição e manutenção de equipamentos tecnológicos, infraestrutura e reembolso de despesas necessárias para a execução do trabalho.

No que se refere ao trabalho remoto prestado no exterior para empresa brasileira, a CLT não trouxe regulamentação específica. Contudo, partindo da premissa de que (1) a CLT tratou do trabalho remoto de forma genérica e de que (2) o colaborador permanecerá vinculado à folha de salários e às atividades da empresa brasileira, entende-se que as regras previstas nos arts. 75-A e seguintes da CLT também se aplicam nessa hipótese.

1.3 ASPECTOS GERAIS DA TRIBUTAÇÃO SOBRE A FOLHA DE SALÁRIOS DA PESSOA JURÍDICA ESTABELECIDA NO BRASIL

A Lei n. 8.212/1991 determina que toda a sociedade será responsável pelo custeio da Seguridade Social. Nesse sentido, a mencionada lei definiu duas contribuições por parte das empresas, a contribuição ao Instituto Nacional do Seguro Social (INSS) e a destinada ao SAT (Seguro de Acidente de Trabalho):

Art. 22. A contribuição a cargo da empresa, destinada à Seguridade Social, além do disposto no art. 23, é de:

I – vinte por cento sobre o total das remunerações pagas, devidas ou creditadas a qualquer título, durante o mês, aos segurados empregados e trabalhadores avulsos que lhe prestem serviços, destinadas a retribuir o trabalho, qualquer que seja a sua forma, inclusive as gorjetas, os ganhos habituais sob a forma de utilidades e os adiantamentos decorrentes de reajuste salarial, quer pelos serviços efetivamente prestados, quer pelo tempo à disposição do empregador ou tomador de serviços, nos termos da lei ou do contrato ou, ainda, de convenção ou acordo coletivo de trabalho ou sentença normativa. (Redação dada pela Lei n. 9.876, de 1999). (*Vide* Lei n. 13.189, de 2015);

II – para o financiamento do benefício previsto nos arts. 57 e 58 da Lei n. 8.213, de 24 de julho de 1991, e daqueles concedidos em razão do grau de incidência de incapacidade laborativa decorrente dos riscos ambientais do trabalho, sobre o total das remunerações pagas ou creditadas, no decorrer do mês, aos segurados empregados e trabalhadores avulsos: (Redação dada pela Lei n. 9.732, de 1998).

a) 1% (um por cento) para as empresas em cuja atividade preponderante o risco de acidentes do trabalho seja considerado leve;

b) 2% (dois por cento) para as empresas em cuja atividade preponderante esse risco seja considerado médio;

c) 3% (três por cento) para as empresas em cuja atividade preponderante esse risco seja considerado grave.

III – vinte por cento sobre o total das remunerações pagas ou creditadas a qualquer título, no decorrer do mês, aos segurados contribuintes individuais que lhe prestem serviços; (Incluído pela Lei n. 9.876, de 1999).

§ 1º No caso de bancos comerciais, bancos de investimentos, bancos de desenvolvimento, caixas econômicas, sociedades de crédito, financiamento e investimento, sociedades de crédito imobiliário, sociedades corretoras, distribuidoras de títulos e valores mobiliários, empresas de arrendamento mercantil, cooperativas de crédito, empresas de seguros privados e de capitalização, agentes autônomos de seguros privados e de crédito e entidades de previdência privada abertas e fechadas, além das contribuições referidas neste artigo e no art. 23, é devida a contribuição adicional de 2,5% (dois inteiros e cinco décimos por cento) sobre a base de cálculo definida no inciso I deste artigo.

§ 2º Não integram a remuneração as parcelas de que trata o § 8º do art. 28.

§ 3º O Ministério do Trabalho e da Previdência Social poderá alterar, com base nas estatísticas de acidentes do trabalho, apuradas em inspeção, o enquadramento de empresas para efeito da contribuição a que se refere o inciso II deste artigo, a fim de estimular investimentos em prevenção de acidentes.

§ 4º O Poder Executivo estabelecerá, na forma da lei, ouvido o Conselho Nacional da Seguridade Social, mecanismos de estímulo às empresas que se utilizem de empregados portadores de deficiência física, sensorial e/ou mental, com desvio do padrão médio.

As contribuições ao INSS pagas pelas empresas são conhecidas como INSS Patronal. A alíquota estabelecida pela legislação é de 20% e a base de cálculo é o total de remunerações pagas no mês aos prestadores de serviços (empregados, trabalhadores avulsos e autônomos).

Já os recolhimentos a título de SAT são destinados a um fundo de custeio para os casos de empregados que sofram algum tipo de acidente durante a jornada de trabalho e precisem receber apoio governamental. A alíquota é variável e está diretamente relacionada à atividade preponderante da empresa. Se a atividade é considerada pela legislação como de risco baixo, a alíquota é de 1%; risco médio, a alíquota sobe para 2%; já para atividades de risco alto, a alíquota é de 3%. A base de cálculo do SAT também é o total de remunerações pagas no mês aos prestadores de serviços.

As contribuições de terceiros ou contribuições a outras entidades foram criadas com base no art. 149 da Constituição da República Federativa do Brasil de 1988[1] e são destinadas a entidades autônomas que prestam suporte aos empresários (Sesi, Senac, Sesc, Senai, Sest, Incra, Senar, Sebrae, Senat, DPC, Fundo Aeroviário e Sescoop). As alíquotas são definidas conforme o código Fundo da Previdência e Assistência Social (FPAS) em que a empresa se enquadra e podem ser consultadas no Anexo II da Instrução Normativa RFB n. 971/2009 (BRASIL, 2009). A base de cálculo das contribuições destinadas a outras entidades e fundos é o valor integral da folha de salários.

---

1 "Art. 149. Compete exclusivamente à União instituir contribuições sociais, de intervenção no domínio econômico e de interesse das categorias profissionais ou econômicas, como instrumento de sua atuação nas respectivas áreas, observado o disposto nos arts. 146, III, e 150, I e III, e sem prejuízo do previsto no art. 195, § 6º, relativamente às contribuições a que alude o dispositivo."

1.4 ASPECTOS GERAIS DAS RETENÇÕES SOBRE A FOLHA DE SALÁRIOS

A composição da remuneração dos empregados é apresentada nos arts. 457 e 458 da CLT:

> Art. 457. Compreendem-se na remuneração do empregado, para todos os efeitos legais, além do salário devido e pago diretamente pelo empregador, como contraprestação do serviço, as gorjetas que receber. (Redação dada pela Lei n. 1.999, de 1.10.1953)
>
> § 1º Integram o salário a importância fixa estipulada, as gratificações legais e as comissões pagas pelo empregador. (Redação dada pela Lei n. 13.467, de 2017)
>
> [...]
>
> Art. 458. Além do pagamento em dinheiro, compreende-se no salário, para todos os efeitos legais, a alimentação, habitação, vestuário ou outras prestações "in natura" que a empresa, por força do contrato ou do costume, fornecer habitualmente ao empregado. Em caso algum será permitido o pagamento com bebidas alcoólicas ou drogas nocivas. (Redação dada pelo Decreto-lei n. 229, de 28.2.1967)
>
> [...]

Sobre esses valores serão descontados da folha de salários do contribuinte assalariado o IR e a contribuição ao INSS, sendo que o repasse desses valores ao Fisco é de responsabilidade do empregador. Em outras palavras, o empregador desconta os tributos do valor a ser pago ao empregado e os recolhe aos cofres públicos. Têm-se, então, as conhecidas retenções sobre a folha de salários.

Em relação ao IR, o Regulamento do Imposto de Renda (RIR/2018 – Decreto n. 9.580/2018) prevê o seguinte:

> Art. 681. Ficam sujeitos à incidência do imposto sobre a renda na fonte, calculado na forma prevista no art. 677, os rendimentos do trabalho assalariado pagos ou creditados por pessoas físicas ou jurídicas (Lei n. 7.713, de 1988, art. 7º, *caput*, inciso I; e Lei Complementar n. 150, de 1º de junho de 2015, art. 34).

Ou seja, os valores recebidos pelos contribuintes assalariados estão sujeitos à tributação do IR por meio da retenção na fonte (IRRF), independentemente de o empregador ser pessoa física ou jurídica. Ressalte-se que o art. 681 do RIR/2018 menciona que o cálculo da retenção deve ser realizado com base nas tabelas progressivas mensais previstas no art. 677 do mesmo decreto. Desde abril de 2015, o valor mínimo a ser recebido para que ocorra incidência do IRRF é de R$ 1.903,99, sendo a alíquota mínima de incidência de 7,5% e a máxima de 27,5%.

Já em relação à contribuição ao INSS, a Lei n. 8.212/1991 prevê que a Seguridade Social será financiada por toda a sociedade, conforme determinação constitucional, elencando o trabalhador empregado como contribuinte obrigatório:

> Art. 12. São segurados obrigatórios da Previdência Social as seguintes pessoas físicas:
>
> I – como empregado:
>
> a) aquele que presta serviço de natureza urbana ou rural à empresa, em caráter não eventual, sob sua subordinação e mediante remuneração, inclusive como diretor empregado;

A mesma legislação, em seu art. 30, prevê a responsabilidade do empregador pelo repasse da contribuição ao INSS de seus empregados aos cofres públicos, realizando o desconto na folha de salários:

> Art. 30. A arrecadação e o recolhimento das contribuições ou de outras importâncias devidas à Seguridade Social obedecem às seguintes normas: (Redação dada pela Lei n. 8.620, de 1993).
> I – a empresa é obrigada a:
> a) arrecadar as contribuições dos segurados empregados e trabalhadores avulsos a seu serviço, descontando-as da respectiva remuneração;

No caso dos valores a serem arrecadados a título de INSS, anualmente o Governo publica os valores dos chamados salários de contribuição e as respectivas alíquotas, sendo importante destacar que, após a reforma da Previdência de 2019, o cálculo do INSS passou a ser progressivo. A tabela para o ano de 2021 é a seguinte (BRASIL, 2020):

Tabela 1.1 Tabela de contribuição dos segurados empregado, empregado doméstico e trabalhador avulso, para pagamento de remuneração a partir de 1º de janeiro de 2021.

Salário de contribuição (R$)	Alíquota progressiva para fins de recolhimento ao INSS
até 1.100,00	7,5%
de 1.100,01 até 2.203,48	9%
de 2.203,49 até 3.305,22	12%
de 3.305,23 até 6.433,57	14%

Fonte: BRASIL. Ministério do Trabalho e Previdência. INSS. *Tabela de contribuição mensal*. 11 nov. 2020. Disponível em: https://www.gov.br/inss/pt-br/saiba-mais/seus-direitos-e-deveres/calculo-daguia-da-previdencia-social-gps/tabela-de-contribuicao-mensal. Acesso em: 23 nov. 2021.

Em resumo, os brasileiros prestadores de serviços de maneira não eventual, dentro das dependências do empregador, no Brasil serão tributados e terão mensalmente retidos em suas folhas de salários os valores do IR e do INSS, calculados de forma progressiva e com base na legislação vigente.

1.5 ASPECTOS PREVIDENCIÁRIOS GERAIS DA PESSOA FÍSICA

O efeito prático de o empregado residir no exterior e estar vinculado à folha de salários de empresa brasileira é o de que o colaborador estará vinculado ao sistema de proteção previdenciário do Brasil e não do exterior. Ocorre que a Previdência Social tem como principal função a proteção do indivíduo dos riscos sociais, que "são eventos a que as pessoas estão sujeitas na vida em sociedade e que provocam grande impedimento ou tornam socialmente indesejável que um indivíduo mantenha seu sustento ou de sua família pela utilização de sua força de trabalho" (TAVARES; MARTINS, 2019).

Ou seja, o impasse é o seguinte: o indivíduo está protegido pela Previdência Social do Brasil, mas está sujeito aos riscos sociais no território do país estrangeiro. A partir desse impasse, é imprescindível a análise da existência de um acordo internacional de seguridade social com o país de residência do colaborador vinculado à empresa brasileira.

A cartilha disponibilizada pela Secretaria de Previdência trata da necessidade de internacionalização da previdência social em face da globalização dos contratos de trabalho e migração de pessoas entre países, seja por vontade própria ou por determinação do empregador. A cartilha também destaca que o principal escopo dos acordos internacionais de previdência social é garantir que o colaborador possa utilizar o valor com que já contribuiu em determinado país no outro em que fixe residência, com o qual o Brasil mantenha acordo. Assim, o colaborador tem garantia de cobertura de riscos sociais, tais como falecimento, invalidez e idade avançada (BRASIL, 2018b).

Os acordos internacionais de seguridade social, regra geral, também evitam a bitributação das contribuições previdenciárias apenas se o deslocamento do colaborador for temporário. No caso de trabalho executado para empresa brasileira a partir do exterior, quando o deslocamento é definitivo, há duas situações possíveis:

1. O colaborador é obrigado a vincular-se ao sistema previdenciário dos dois países e, consequentemente, haverá dupla incidência das contribuições previdenciárias.

2. O colaborador permanece vinculado apenas ao sistema previdenciário brasileiro, sem qualquer proteção contra os riscos sociais no país de residência.

Nessa segunda hipótese (vinculação apenas ao sistema previdenciário brasileiro), o colaborador pode usar o tempo de contribuição realizado no Brasil para fins de aposentadoria no país a partir do qual presta os serviços, desde que haja acordo internacional de seguridade social entre os países.

Dessa forma, a matriz de decisão da empresa brasileira deve levar em consideração a possibilidade de bitributação previdenciária ou ainda eventuais formas alternativas de compensação para o caso de o colaborador não ter qualquer proteção social no país de residência de onde presta os serviços.

Como exemplos de tais alternativas, podem-se citar o seguro de vida internacional, o custeio de seguro-saúde no país de destino do colaborador, o incremento de salário, entre outros. Contudo, vale destacar a importância do alinhamento com o sindicato da categoria para implementar esses novos benefícios ou suprimir e alterar benefícios antigos, tais como vale-transporte, plano de saúde nacional, vale-alimentação, entre outros.

1.6 ASPECTOS PRÁTICOS IMPORTANTES NA IMPLEMENTAÇÃO DO *WORK FROM ANYWHERE* E IMPACTOS TRIBUTÁRIOS SOBRE A FOLHA DE SALÁRIOS

A adoção de políticas relacionadas ao *work from anywhere* pelo empregador exige uma análise minuciosa das questões trabalhistas, tributárias e previdenciárias. No Brasil o assunto ainda é considerado sensível, pois não existe uma regulamentação específica sobre o tema, podendo gerar exposição a riscos.

Neste tópico, a premissa é a de que o colaborador é vinculado e presta serviços para uma empresa brasileira, mas é domiciliado definitivamente no exterior. Para esses casos, uma das ações importantes que podem ser adotadas pelos empregadores é a celebração de um contrato de teletrabalho nos moldes determinados pela legislação trabalhista, com regras claras e específicas para cada caso, garantindo que sejam recebidos pelo funcionário todos os benefícios exigidos pela legislação brasileira, tendo em vista a permanência do vínculo entre o empregado e a empresa situada no Brasil.

Sob o ponto de vista previdenciário, o funcionário permanecerá na folha de pagamento do Brasil, razão pela qual a empresa brasileira continua responsável por todos os tributos e deveres incidentes sobre a folha, tais como 13º salário, aumentos obrigatórios, salário-maternidade, Fundo de Garantia do Tempo de Serviço (FGTS) e contribuição direcionada ao INSS e às outras entidades e fundos (Sesc, Senai, Sebrae, Sesi, Senai e outras).

Um ponto de bastante atenção no aspecto previdenciário é o de que os materiais e os reembolsos para a execução do trabalho de forma remota devem estar minuciosamente descritos no contrato, pois a habitualidade desses pagamentos, sem meio eficaz de comprovação dessas despesas, pode gerar um risco de caracterização de salário, aumentando a base de cálculo das contribuições previdenciárias e demais retenções. A CLT traz as regras para a não inclusão de tais despesas na remuneração do empregado:

> Art. 75-D. As disposições relativas à responsabilidade pela aquisição, manutenção ou fornecimento dos equipamentos tecnológicos e da infraestrutura necessária e adequada à prestação do trabalho remoto, bem como ao reembolso de despesas arcadas pelo empregado, serão previstas em contrato escrito. (Incluído pela Lei n. 13.467, de 2017) (Vigência)
>
> Parágrafo único. As utilidades mencionadas no *caput* deste artigo não integram a remuneração do empregado. (Incluído pela Lei n. 13.467, de 2017) (Vigência)

Portanto, do ponto de vista legal, o reembolso de despesas realizadas pelos empregados deve estar previsto em contrato escrito para que elas não integrem a remuneração do trabalhador. Do ponto de vista prático, é preciso que haja controles para operacionalizar os reembolsos, de modo a refletir fielmente o que está previsto no contrato de trabalho.

Com relação à dedutibilidade para fins de apuração do Imposto de Renda de Pessoa Jurídica (IRPJ) e da Contribuição Social sobre o Lucro Líquido (CSLL), o art. 311 do RIR/2018 prevê que são dedutíveis as despesas "necessárias à atividade da empresa e à manutenção da fonte produtora", não havendo, portanto, dúvidas de que os salários pagos aos empregados são dedutíveis. Logo, o pagamento do salário do colaborador aderente à política do *work from anywhere* poderá ser deduzido para fins de IRPJ e CSLL, independentemente de ser realizado em conta bancária no Brasil ou no exterior.

Além disso, as empresas multinacionais que pretendem implementar a política do *work from anywhere* devem estar atentas à operacionalização do trabalho remoto internacional para evitar eventual caracterização de importação de serviços. Uma das hipóteses de caracterização de importação de serviços seria o caso de o funcionário estar vinculado à unidade da empresa no exterior e sua remuneração não fazer parte ou estar irregular na folha de salários no Brasil. Caso a execução do trabalho pelo empregado seja caracterizada como importação de serviços, a carga tributária será a seguinte:

- Imposto Sobre Serviços de Qualquer Natureza (ISSQN) sob uma alíquota variável entre 2 e 5%, a depender do serviço prestado, com base na Lei Complementar n. 116/2003;
- Imposto de Renda Retido na Fonte (IRRF) sob uma alíquota de 15%, com base no Decreto n. 9.580/2018;
- Imposto sobre Operações Financeiras (IOF) sob uma alíquota de 0,38%, com base no Decreto n. 6.306/2007;
- Programa de Integração Social / Contribuição para o Financiamento da Seguridade Social (PIS/Cofins) Importação sob as alíquotas de 1,65 e 7,6%, respectivamente, com base na Lei n. 10.865/2004;
- Contribuição de Intervenção no Domínio Econômico (Cide) sob uma alíquota de 10%, com base na Lei n. 10.336/2001.

O que se nota, portanto, é a necessidade de análise multidisciplinar na implementação da política empresarial do *work from anywhere*, de modo a abranger as possíveis consequências nas esferas trabalhista, previdenciária e tributária.

1.7 IMPACTOS GERAIS VINCULADOS AO IMPOSTO DE RENDA

De acordo com a legislação brasileira, para deixar de ser residente fiscal no Brasil (e, portanto, não estar sujeito à tributação em bases mundiais da renda no Brasil), há dois caminhos (BRASIL, 2018a):

1. O primeiro é a transmissão à Receita Federal tanto da Comunicação de Saída Definitiva do País (CSDP) como da Declaração de Saída Definitiva do País (DSDP).
2. Em caso de não apresentação da declaração de saída, o indivíduo se torna não residente fiscal no dia seguinte àquele em que completar 12 meses consecutivos de ausência do território brasileiro.

Após a caracterização como não residente fiscal no Brasil, o contribuinte não mais apresentará a Declaração de Ajuste Anual do Imposto sobre a Renda das Pessoas Físicas enquanto permanecer na situação fiscal de não residente.

No Brasil, a fonte de renda é determinada pela localização do pagador, independentemente de onde os serviços são prestados. Portanto, a renda paga fora do Brasil será tributável no Brasil apenas se o indivíduo for um residente fiscal no Brasil. Por outro lado, a renda paga no Brasil (ou seja, por meio da folha de pagamento brasileira) será considerada como de origem brasileira e será tributável no Brasil para residentes e não residentes.

Assim, os contribuintes não residentes estão sujeitos ao IR brasileiro apenas sobre a parcela dos rendimentos recebidos de fontes brasileiras (tributação isolada). Caberá à fonte pagadora brasileira, no presente caso o empregador, realizar a retenção do IRRF[2] com base nas seguintes alíquotas:

- **15%:** para rendimentos a título de *royalties* de qualquer natureza e de remuneração de serviços técnicos e de assistência técnica, administrativa e semelhantes;[3]
- **25%:** para os rendimentos do trabalho, com ou sem vínculo empregatício, e rendimentos da prestação de serviços, além de quaisquer rendimentos recebidos por residente em país com tributação favorecida.

Caso o país de residência do colaborador determine que a renda por ele auferida será tributada com base no critério de residência, o efeito prático poderá ser a dupla tributação, uma vez que a fonte pagadora fará a retenção do IR na fonte com base no critério do pagamento e o país de residência tributará a mesma renda com base no critério da residência do beneficiário.

Surge então a importância de analisar a existência ou não de acordos internacionais para evitar a dupla tributação e prevenir a evasão fiscal (tratados), cujo detalhamento será feito nos tópicos a seguir.

1.8 A IMPORTÂNCIA DA ANÁLISE DOS ACORDOS INTERNACIONAIS DE DUPLA TRIBUTAÇÃO

Nas palavras de Schoueri (2003, p. 26), a bitributação pode ser definida como "coincidência de mais de uma pretensão tributária de natureza semelhante, sobre o mesmo contribuinte, em virtude da mesma circunstância e relativa ao mesmo período". Por sua vez, Alberto Xavier (2009) define o elemento de conexão como o fator previsto na norma que aloca uma situação a determinado ordenamento tributário. Ou seja, por meio dos elementos de conexão, determinado país adquire competência tributária para tributar determinada situação.

---

2   Instrução Normativa SRF n. 208, de 27 de setembro de 2002: "Art. 35. Os rendimentos pagos, creditados, empregados, entregues ou remetidos a não-residente por fontes situadas no Brasil estão sujeitos à incidência do imposto exclusivamente na fonte, observadas as normas legais cabíveis".

3   A alíquota de 15% é aplicada aos casos em que incide a Cide, que tem como fato gerador a prestação de "serviços técnicos e de assistência administrativa e semelhantes a serem prestados por residentes ou domiciliados no exterior" (Lei n. 10.168/2000, art. 2º, § 2º, com redação dada pela Lei n. 10.332/2001).

Alguns exemplos de elementos de conexão são a residência, a nacionalidade de quem auferiu a renda ou a fonte dos rendimentos, além dos critérios da territorialidade e da universalidade:

- **Residência:** pelo critério da residência, todos os rendimentos de um residente em determinado país são nele tributados, independentemente do local onde os rendimentos são produzidos.

- **Nacionalidade:** a nacionalidade como elemento de conexão significa que todas as pessoas que tenham a nacionalidade de determinado país serão tributadas nesse país, sem considerar-se o local da residência ou da fonte dos rendimentos.

- **Territorialidade:** pelo critério da territorialidade, o país da fonte pagadora dos rendimentos tem a competência tributária.

- **Universalidade:** o país de residência, domicílio ou nacionalidade poderá tributar todos os rendimentos produzidos, independentemente do local de produção. Ou seja, a renda é tributada em bases universais.

O Brasil adota o critério da territorialidade apenas para os não residentes em território brasileiro, de modo que essas pessoas serão tributadas apenas sobre os rendimentos auferidos de uma fonte pagadora brasileira.

Conforme destacado no tópico anterior, as remessas de pagamentos de empresa brasileira para não residentes estão sujeitas à retenção do IR na fonte. Contudo, o país de domicílio do colaborador não residente que recebe tais rendimentos pode adotar a residência como critério de conexão para fins de tributação da renda. Nessa hipótese, o rendimento seria tributado tanto no Brasil quanto no exterior, ou seja, há bitributação. Diante desse cenário, é de extrema relevância analisar a existência e os termos de eventual acordo internacional para evitar a bitributação entre os países.

Schoueri (2003, p. 23) define os tratados como "instrumentos de que se valem os Estados para, por meio de concessões mútuas, evitar ou mitigar os efeitos da bitributação". Segundo dados da Receita Federal, atualmente o Brasil possui 34 acordos para evitar a bitributação e prevenir a evasão fiscal (BRASIL, 2015). Os tratados bilaterais são importantes instrumentos para as relações internacionais tributárias, servindo como guias para a alocação de tributos entre as jurisdições.

Para eliminar a bitributação, os tratados podem se valer do método da isenção ou do método da imputação. Pelo método da isenção, o direito de tributar certos rendimentos é alocado a um dos Estados contratantes. Na prática, há a inclusão da expressão "somente será tributado" em determinado país contratante. Ou seja, o rendimento é considerado isento para um dos países. No método da imputação, o imposto retido no país da fonte pode ser deduzido no país de residência. Sobre o método da imputação ou crédito, Schoueri destaca:

> O Estado da residência, ao adotar o método do crédito ou imputação, não abre mão de tributar a renda universal de seus residentes; assegura, outrossim, um crédito no montante do imposto pago por seu contribuinte ao Estado da fonte dos rendimentos. Torna-se claro, assim, que quanto

maior o imposto pago no Estado da fonte, maior o crédito e, portanto, menor o imposto a ser pago no Estado da residência. Reduzindo-se o imposto no Estado da fonte, reduz-se o crédito e, em consequência, amplia-se o imposto pago no Estado da residência. Portanto, pelo sistema do crédito ou imputação, o montante de imposto pago pelo contribuinte será, sempre, igual ao total exigido pelo Estado da residência. Busca alcançar o método, assim a "neutralidade de exportação", já que ao contribuinte se torna indiferente, do ponto de vista tributário, investir em seu próprio país ou no exterior (SCHOUERI, 2003, p. 46-47).

A premissa do método de imputação consiste no cômputo do valor do imposto retido na fonte para deduzir o valor do imposto devido no país de residência. Daí surge a importância de analisar a existência e os termos de eventual tratado entre o país de residência e o país beneficiário, a fim de garantir que a matriz de decisão da empresa empregadora e do empregado inclua a possibilidade de aumento de carga tributária em virtude da bitributação.

1.9 O ARTIGO 15º DO MODELO DA ORGANIZAÇÃO DE COOPERAÇÃO E DESENVOLVIMENTO ECONÔMICO PARA EVITAR, ELIMINAR OU ATENUAR A DUPLA TRIBUTAÇÃO INTERNACIONAL

No ano de 1963 a Organização para a Cooperação e Desenvolvimento Econômico (OCDE) adotou o projeto de convenção para evitar a dupla tributação da renda e do patrimônio. Em 1977, a OCDE apresentou um novo modelo de convenção que manteve a estrutura do modelo de 1963. Em 1992, a OCDE revisou o modelo de 1977, que passou a ser denominado "Convenção entre (A) e (B) com respeito aos impostos sobre a renda e o capital" (TÔRRES, 2001). Os modelos de convenções não são obrigatórios, mas funcionam como guias gerais que podem ser utilizados pelos Estados durante as negociações dos tratados.

Em sua maioria, os tratados para evitar a dupla tributação utilizam a Convenção Modelo OCDE como guia. Além disso, os membros e colaboradores da OCDE (chamados de *key partners*, como é o caso do Brasil) produzem comentários que podem ser utilizados como guias em caso de eventual dúvida de interpretação do tratado.

O tratamento das rendas das profissões dependentes (que inclui o salário oriundo de emprego subordinado) é previsto no artigo 15º da Convenção Modelo OCDE (OCDE, [1963]), cuja redação é a seguinte:

> Artigo 15º Rendimentos do emprego
>
> 1. Com ressalva do disposto nos artigos 16º, 18º e 19º, os salários, ordenados e remunerações similares obtidos de um emprego por um residente de um Estado contratante só podem ser tributados nesse Estado, a não ser que o emprego seja exercido no outro Estado contratante. Se o emprego for aí exercido, as remunerações correspondentes podem ser tributadas nesse outro Estado.
>
> 2. Não obstante o disposto no parágrafo 1, as remunerações obtidas por um residente de um Estado contratante de um emprego exercido no outro Estado contratante só podem ser tributadas no Estado primeiramente mencionado se:

a) o beneficiário permanecer no outro Estado durante um período ou períodos que não excedam, no total, 183 dias em qualquer período de doze meses com início ou termo no ano fiscal em causa;

b) as remunerações forem pagas por uma entidade patronal ou em nome de uma entidade patronal que não seja residente do outro Estado;

c) as remunerações não forem suportadas por um estabelecimento estável ou por uma instalação fixa que a entidade patronal tenha no outro Estado.

3. Não obstante as disposições anteriores deste Artigo, as remunerações de um emprego exercido a bordo de um navio ou de uma aeronave explorados no tráfego internacional, ou a bordo de um barco utilizado na navegação interior, podem ser tributadas no Estado contratante em que estiver situada a direção efetiva da empresa.[4]

De acordo com o referido artigo, têm-se as seguintes regras:

- Em princípio, os rendimentos de emprego serão tributados no Estado de residência. Logo, não há qualquer dúvida de interpretação caso o emprego seja exercido no mesmo país de residência do colaborador.

- Se o emprego for exercido em outro Estado (o Estado de execução do trabalho), os rendimentos serão tributados nesse outro Estado. Ou seja, a tributação ocorre no local onde o emprego é de fato exercido e não no Estado de residência.

- Contudo, ainda que o emprego seja exercido em outro país, a tributação ocorrerá apenas no país de residência:
    - se o colaborador permanecer no país onde exerce o emprego em um período que **não** ultrapasse, no total, 183 dias dentro de 12 meses com início ou termo no ano fiscal em causa considerado;
    - se o empregador que paga os rendimentos **não** for residente no outro Estado (no país de execução do trabalho);
    - se os rendimentos **não** forem suportados por um estabelecimento permanente ou por uma instalação fixa que o empregador tiver no outro Estado (no país de execução do trabalho).

---

[4] "Article 15 INCOME FROM EMPLOYMENT 1. Subject to the provisions of Articles 16, 18 and 19, salaries, wages and other similar remuneration derived by a resident of a Contracting State in respect of an employment shall be taxable only in that State unless the employment is exercised in the other Contracting State. If the employment is so exercised, such remuneration as is derived therefrom may be taxed in that other State. 2. Notwithstanding the provisions of paragraph 1, remuneration derived by a resident of a Contracting State in respect of an employment exercised in the other Contracting State shall be taxable only in the first-mentioned State if: a) the recipient is present in the other State for a period or periods not exceeding in the aggregate 183 days in any twelve month period commencing or ending in the fiscal year concerned, and b) the remuneration is paid by, or on behalf of, an employer who is not a resident of the other State, and c) the remuneration is not borne by a permanent establishment which the employer has in the other State. 3. Notwithstanding the preceding provisions of this Article, remuneration derived in respect of an employment exercised aboard a ship or aircraft operated in international traffic, or aboard a boat engaged in inland waterways transport, may be taxed in the Contracting State in which the place of effective management of the enterprise is situated."

Tem-se, portanto, a distinção entre:

- atividades longas (que ultrapassem 183 dias) exercidas fora do país de residência, na qual tanto o Estado de residência quanto o Estado da fonte terão competência para tributar a renda; e
- atividades curtas (exercidas por período inferior a 183 dias), nas quais apenas o Estado de residência terá competência para tributar a renda.

No caso de atividades longas, em que os dois países terão competência para tributar a renda, o artigo 23º-B da Convenção Modelo OCDE prevê que o Estado de residência deverá deduzir do imposto devido o valor do imposto pago no país da fonte (onde o trabalho foi executado), evitando-se, assim, a dupla tributação:

> Artigo 23º-B
>
> Método de imputação
>
> 1. Quando um residente de um Estado contratante obtiver rendimentos ou for proprietário de patrimônio que, de acordo com o disposto na Convenção, possam ser tributados no outro Estado contratante, o primeiro Estado mencionado deduzirá:
>
> a) do imposto sobre os rendimentos desse residente uma importância igual ao imposto sobre o rendimento pago nesse Estado;
>
> b) do imposto sobre o patrimônio desse residente, uma importância igual ao imposto sobre o património pago nesse outro Estado.

O desafio aqui é aplicar o artigo 15º da Convenção Modelo OCDE para o caso de trabalho exercido a partir de um país de forma remota, mas em benefício de empresa localizada em outro país. A pergunta a ser respondida é a seguinte: onde é o local de prestação dos serviços no regime de trabalho *work from anywhere*? Essa hipótese poderia ser denominada teletrabalho transfronteiriço, cuja definição de Manuel Martín Pino Estrada é a seguinte:

> O teletrabalho transfronteiriço é aquela situação onde um teletrabalhador que tem seu domicílio e trabalha em um determinado país o faz para uma empresa localizada noutro. Devido às técnicas da informática e da telecomunicação, o teletrabalho pode também ser considerado por natureza, transregional, transnacional e transcontinental, quebrando as barreiras geográficas e até temporais (ESTRADA, [2004]).

Com base na definição de Estrada, Manoela de Bitencourt destaca que o local de prestação dos serviços é o local do estabelecimento da empresa na qual se está produzindo a riqueza e o lucro (BITENCOURT, [201-]). Portanto, por analogia, toda vez que a Convenção Modelo se referir ao país onde o trabalho é executado, pode-se entender que se refere ao estabelecimento da empresa com o qual o colaborador possui vínculo empregatício e, consequentemente, para o qual está produzindo a riqueza.

1.10 ESTABELECIMENTO PERMANENTE: ASPECTOS GERAIS

A Convenção Modelo OCDE adota o critério da residência da empresa como fator de fixação da competência tributária sobre o lucro. Contudo, caso a empresa possua um estabelecimento permanente no país onde a renda é gerada, esse país de fonte da renda também terá competência para tributar o lucro, na proporção em que esse estabelecimento permanente for responsável pela geração da renda tributada:

> 1. Os lucros de uma empresa de um Estado contratante só podem ser tributados nesse Estado, a não ser que a empresa exerça a sua atividade no outro Estado contratante por meio de um estabelecimento permanente aí situado. Se a empresa exercer a sua atividade deste modo, os seus lucros podem ser tributados no outro Estado, mas unicamente na medida em que forem imputáveis a esse estabelecimento estável.

O artigo 5º da Convenção Modelo OCDE define três espécies de estabelecimento permanente:

1. **Físico:** "A instalação fixa de negócios em que a empresa exerça toda ou parte da sua atividade".

2. **De projetos de construção:** um estaleiro de construção ou de montagem só constitui um "estabelecimento permanente" se a sua duração exceder 12 meses.

3. **Pessoal:** para que uma pessoa física seja caracterizada como estabelecimento permanente, ela precisa: (a) atuar por conta de uma empresa estrangeira em um Estado contratante e (b) ter autoridade para celebrar contratos em nome dessa empresa de forma habitual.

No que se refere ao estabelecimento permanente pessoal, que será o foco deste tópico, a Convenção Modelo OCDE prevê:[5]

> Não obstante as disposições dos parágrafos 1 e 2, mas sujeito às disposições do parágrafo 6, quando uma pessoa atua em um Estado Contratante em nome de uma empresa e, ao fazê-lo, normalmente celebra contratos ou desempenha habitualmente a função principal que conduz à conclusão de contratos que são rotineiramente concluídos sem modificação material pela empresa, e esses contratos são
>
> a) em nome da empresa, ou
>
> b) para a transferência da propriedade de, ou para a concessão do direito de uso, propriedade de propriedade dessa empresa ou que a empresa tem o direito de usar, ou

---

5 "Notwithstanding the provisions of paragraphs 1 and 2 but subject to the provisions of paragraph 6, where a person is acting in a Contracting State on behalf of an enterprise and, in doing so, habitually concludes contracts, or habitually plays the principal role leading to the conclusion of contracts that are routinely concluded without material modification by the enterprise, and these contracts are
a) in the name of the enterprise, or
b) for the transfer of the ownership of, or for the granting of the right to use, property owned by that enterprise or that the enterprise has the right to use, or
c) for the provision of services by that enterprise, that enterprise shall be deemed to have a permanent establishment in that State in respect of any activities which that person undertakes for the enterprise, unless the activities of such person are limited to those mentioned in paragraph 4 which, if exercised through a fixed place of business (other than a fixed place of business to which paragraph 4.1 would apply), would not make this fixed place of business a permanent establishment under the provisions of that paragraph."

c) para a prestação de serviços por essa empresa, essa empresa será considerada como tendo um estabelecimento permanente nesse Estado com relação a quaisquer atividades que essa pessoa exerça para a empresa, a menos que as atividades dessa pessoa sejam limitadas às mencionadas no parágrafo 4 que, se exercidas por meio de uma instalação fixa de negócios (diferente de um lugar fixo de negócios a que se aplicaria o parágrafo 4.1), não tornaria este local fixo de negócios um estabelecimento permanente nos termos do referido parágrafo.

Ou seja, na Convenção Modelo OCDE, para que haja a caracterização de um estabelecimento permanente, é preciso que a pessoa física celebre contratos por conta e ordem da empresa não residente de forma habitual.

Já em âmbito nacional, pelo fato de a legislação brasileira se concentrar na tributação na fonte quando se trata de rendas vinculadas a operações internacionais, a análise de questões relacionadas a estabelecimento permanente é mais escassa. Contudo, a digitalização da economia, o projeto de entrada do Brasil na OCDE e a mobilidade internacional podem mudar esse cenário.

Quando se trata da execução de trabalho no âmbito internacional, o risco da caracterização de estabelecimento permanente certamente deve fazer parte da matriz de decisão, uma vez que há precauções a serem tomadas para mitigar esse risco.

1.11 OCDE: ORIENTAÇÃO ATUALIZADA SOBRE TRATADOS FISCAIS E O IMPACTO DA PANDEMIA DE COVID-19

Em janeiro de 2021, a OCDE lançou a atualização do seu guia para tratar dos impactos da covid-19 no tratados internacionais para evitar a bitributação (OECD, 2021). De acordo com a introdução do documento, o Guia "pretende dar mais segurança aos contribuintes durante esse período excepcional". A expressão "durante esse período excepcional" demonstra o caráter temporário das considerações contidas no referido documento. No que se refere ao trabalho remoto, o Guia traz a seguinte afirmação:

> Em muitas jurisdições, as viagens internacionais foram suspensas ou severamente restritas por várias semanas, deixando as pessoas presas em jurisdições onde poderiam não estar de outra forma. Esse deslocamento temporário de pessoas pode ter consequências fiscais para essas pessoas e para as empresas para as quais trabalham (tradução livre).

Portanto, a premissa é no sentido de que o trabalho está sendo executado de forma remota em um país diferente da sede do empregador por questões de mobilidade internacional e não em função de uma política de *work from anywhere*.

Assim, em um primeiro momento, poder-se-ia concluir que as diretrizes descritas no Guia da OCDE não se aplicam às situações tratadas neste capítulo: aquelas nas quais empresas e colaboradores adotam a política definitiva de executar o trabalho a partir de qualquer lugar do mundo. Contudo, algumas premissas descritas no Guia para explicar o entendimento sobre estabelecimento permanente durante a crise da covid-19 podem ser úteis para as situações definitivas, nas quais a residência e a execução do trabalho pelo colaborador ocorrem em países distintos.

Por exemplo, na página 7 do Guia está destacado que o *"home office* pode ser um estabelecimento permanente para uma empresa se for usado continuamente para realizar negócios dessa empresa, a qual exigiu que o indivíduo usasse esse local para continuar seus negócios".

Nos parágrafos seguintes o Guia esclarece ser necessário examinar os fatos e circunstâncias para determinar se o *home office* será considerado estabelecimento permanente após o período da pandemia trazida pela covid-19, já que simples determinação da empresa para que o trabalho seja realizado a partir da residência do colaborador não é suficiente para tanto.[6] Fazendo referência ao artigo 5º da Convenção Modelo OCDE, o Guia destaca que um empregado irá caracterizar um estabelecimento permanente se celebrar contratos em nome da empresa de forma habitual,[7] e que a caracterização da habitualidade dependerá da natureza dos contratos e dos negócios da empresa.[8]

A partir dessas premissas, pode-se elencar algumas precauções a serem tomadas pelo empregador para reduzir o risco de caracterização de estabelecimento permanente no país de execução do trabalho pelo empregado:

- restringir a mobilidade internacional aos colaboradores que realizam atividades de apoio, mas sem geração de receita;
- os colaboradores não devem ter autorização para celebrar contratos em nome da empresa;
- os colaboradores não devem se identificar como tendo autoridade para celebrar contratos em nome da empresa; e
- as negociações contratuais devem ocorrer preoponderantemente no país de origem da empresa.

Vale destacar que a caracterização de estabelecimento permanente depende da legislação interna do país e pode incluir análises específicas atreladas às circunstâncias de cada

---

[6] "17. If an individual continues to work from home after the cessation of the public health measures imposed or recommended by government, the home office may be considered to have certain degree of permanence. However, that change alone will not necessarily result in the home office giving rise to a fixed place of business PE. A further examination of the facts and circumstances will be required to determine whether the home office is now at the disposal of the enterprise following this permanent change to the individual's working arrangements. 18. Paragraphs 18 and 19 of the Commentary on Article 5 of the OECD Model indicate that whether the individual is required by the enterprise to work from home or not is an important factor in this determination."

[7] "Under Article 5(5) of the OECD Model, the activities of a dependent agent such as an employee will create a PE for an enterprise if the employee habitually concludes contracts on behalf of the enterprise. Thus, in order to apply Article 5(5) in these circumstances, it will be important to evaluate whether the employee performs these activities in a 'habitual' way."

[8] "As noted in paragraph 98 of the Commentary on Article 5 of the OECD Model, the extent and frequency of activity necessary to treat an agent as acting 'habitually' depends on the nature of the contracts and the business of the enterprise."

Estado. Desse modo, a matriz de decisão da empresa deve levar em consideração todo o regramento tributário do país de execução do trabalho, de modo a mitigar os riscos de consequências tributárias adversas em âmbito internacional.

1.12 CONSIDERAÇÕES FINAIS

É perceptível que a pandemia causada pela covid-19 gerou antecipação e, consequentemente, urgência nas discussões e análises das políticas relacionadas ao trabalho remoto, *home office* ou *work from anywhere* pelas empresas. Diz-se antecipação porque o assunto já vinha sendo discutido. Porém, a implementação, na maioria das empresas, estava ocorrendo de forma bastante conservadora, muito pela insegurança jurídica decorrente da falta de legislação e de julgados específicos sobre o assunto. As restrições de mobilidade oriundas da covid-19 aceleraram as análises vinculadas ao trabalho remoto.

A implementação de políticas de trabalho remoto internacional (*work from anywhere*) gera impactos tanto para os profissionais quanto para as empresas. Assim, a análise do tema e a criação da política devem abarcar os dois lados da relação, bem como ser feitas de maneira interdisciplinar.

As análises sob o ponto de vista tributário e previdenciário das políticas de *work from anywhere* devem comtemplar:

- a CLT, para fins de caracterização do teletrabalho e de definição de suas particularidades;
- a legislação relacionada à organização e ao plano de custeio da Seguridade Social, com o objetivo de avaliar o impacto dessas movimentações internacionais nas contribuições sociais relacionadas à folha de pagamento da empresa, bem como as questões destinadas à Previdência Social do colaborador;
- análise minuciosa da regulamentação sobre o IR, principalmente para garantir os recolhimentos adequados ao Fisco e o cumprimento correto das obrigações acessórias, tanto por parte do empregador quanto por parte do empregado.

Os acordos e tratados internacionais são parte importantíssima na discussão do tema apresentado, já que as múltiplas formas de tributação da renda e a organização da seguridade social de cada país podem gerar a bitributação ou ausência de proteção social do colaborador. Assim, é imprescindível a avaliação das normas tributárias dos Estados envolvidos e a análise da existência e dos termos de eventual tratado entre os países para mitigar eventual bitributação e garantir a efetiva segurança social do trabalhador.

Por fim, além de analisar a legislação de cada país quanto ao conceito de estabelecimento permanente, o risco de tal caracterização pode ser reduzido por ações efetivas que impeçam os colaboradores aderentes à política do *work from anywhere* de celebrar contratos em nome da empresa, garantindo-se que as negociações contratuais ocorram preponderantemente no país de sede do empregador.

Por fim, é importante ressaltar que as movimentações quanto à regulamentação da prestação de serviços fora do país ainda são tímidas, principalmente pela necessidade de foco das autoridades na gestão da pandemia em si. Porém, é cristalina a necessidade de regulamentação específica do trabalho remoto em nível internacional, a fim de reduzir a insegurança jurídica e de aumentar a possibilidade de as empresas e colaboradores usufruírem dos benefícios gerados pelas políticas de *work from anywhere*.

REFERÊNCIAS

BITENCOURT, Manoela de. *A definição do local da prestação dos serviços no teletrabalho como um meio de efetividade dos direitos humanos laborais*. [201-]. Disponível em: http://www.publicadireito.com.br/artigos/?cod=433f3eb6c5b7bd3f. Acesso em: 23 nov. 2021.

BRASIL. Ministério da Economia. Receita Federal. *Acordos para evitar a dupla tributação e prevenir a evasão fiscal*. 4 mar. 2015. Disponível em: https://www.gov.br/receitafederal/pt-br/acesso-a-informacao/legislacao/acordos-internacionais/acordos-para-evitar-a-dupla-tributacao/acordos-para-evitar-a-dupla-tributacao. Acesso em: 15 dez. 2021.

BRASIL. Ministério da Economia. Receita Federal. *Conheça as obrigações tributárias da pessoa na condição de não residente no país*. 13 abr. 2018a. Disponível em: https://www.gov.br/receitafederal/pt-br/assuntos/noticias/2018/abril/conheca-as-obrigacoes-tributarias-da-pessoa-na-condicao-de-nao-residente-no-pais. Acesso em: 15 dez. 2021.

BRASIL. Ministério da Economia. Receita Federal. *Instrução Normativa RFB n. 971, de 13 de novembro de 2009*. Disponível em: http://normas.receita.fazenda.gov.br/sijut2consulta/link.action?idAto=15937. Acesso em: 23 nov. 2021.

BRASIL. Ministério do Trabalho e Previdência. INSS. *Tabela de contribuição mensal*. 11 nov. 2020. Disponível em: https://www.gov.br/inss/pt-br/saiba-mais/seus-direitos-e-deveres/calculo-da-guia-da-previdencia-social-gps/tabela-de-contribuicao-mensal. Acesso em: 23 nov. 2021.

BRASIL. Secretaria de Previdência. *Acordos internacionais de previdência social*. Brasília, 2018b. Disponível em: http://sa.previdencia.gov.br/site/2018/08/cartilha_18.08.29.pdf. Acesso em: 23 nov. 2021.

CHOUDHURY, Prithwiraj (Raj). Our work-from-anywhere future. *Harvard Business Review*. Nov.-Dec. 2020. Disponível em: https://hbr.org/2020/11/our-work-from-anywhere-future. Acesso em: 23 nov. 2021.

ESTRADA, Manuel Martín Pino. *O teletrabalho transfronteiriço no direito brasileiro*. [2004]. Disponível em: https://www.unifacs.br/revistajuridica/arquivo/edicao_setembro2004/convidados/conv01.doc. Acesso em: 23 nov. 2021.

OCDE. *Convenção Modelo da OCDE*. OCDE 2000/2005 – Convenção Modelo. [1963]. Disponível em: https://read.oecd-ilibrary.org/taxation/model-tax-convention-on-income-and-on-capital-2014-full-version/article-15-income-from-employment_9789264239081-18-en#page1. Acesso em: 23 nov. 2021.

OECD. *Updated guidance on tax treaties and the impact of the covid-19 pandemic*. Jan. 21 2021. Disponível em: https://read.oecd-ilibrary.org/view/?ref=1060_1060114-o54bvc1ga2&title=Updated-guidance-on-tax-treaties-and-the-impact-of-the-COVID-19-pandemic. Acesso em: 23 nov. 2021.

ROBUCK, Mike. Dell COO: 60% of employees will WHF or go to a hybrid model. *Fierce Telecom*. Aug. 28 2020. Disponível em: https://www.fiercetelecom.com/telecom/dell-coo-60-employees-will-wfh-or-go-to-a-hybrid-model. Acesso em: 23 nov. 2021.

SCHOUERI, L. E. Tratados e convenções internacionais sobre tributação. *Direito Tributário Atual*, v. 17, p. 20-49, 2003. Disponível em: https://schoueri.com.br/en/tratados-e-convencoes-internacionais-sobre-tributacao/. Acesso em: 23 nov. 2021.

SENA, Victor. Com *home office* definitivo, Heineken já prepara seu escritório do futuro. *Exame*. 5 fev. 2021. Disponível em: https://exame.com/carreira/com-home-office-definitivo-o-que-se-pode-esperar-do-novo-escritorio-da-heineken/. Acesso em: 23 nov. 2021.

SPOTIFY. *Work isn't somewhere you go, it's something you do*. [202-]. Disponível em: https://www.spotifyjobs.com/work-from-anywhere. Acesso em: 23 nov. 2021.

TAVARES, Marcelo Leonardo; MARTINS, Luis Lopes. *Proteção previdenciária de imigrantes no Brasil*: a cobertura dos acordos internacionais de cooperação previdenciária. 2019. Disponível em: https://www12.senado.leg.br/ril/edicoes/57/225/ril_v57_n225_p61.pdf. Acesso em: 23 nov. 2021.

TÔRRES, Heleno Taveira. *Pluritributação internacional sobre as rendas de empresas*. São Paulo: Revista dos Tribunais, 2001.

VALE. *Vale adota trabalho remoto para atividades administrativas como medida preventiva em diversos locais do mundo.* 16 mar. 2020. Disponível em: http://www.vale.com/brasil/PT/aboutvale/news/Paginas/vale-adota-trabalho-remoto-para-atividades-administrativas-como-medida-preventiva-em-diversos-locais-do-mundo.aspx. Acesso em: 23 nov. 2021.

XAVIER, Alberto. *Direito tributário internacional*. Coimbra: Almedina, 2009.

2

FUNDO DE INVESTIMENTO EM DIREITOS CREDITÓRIOS

Eduardo Alves de Oliveira
Mariana Francisco Vicente
Joyce Costa Rodrigues

2.1 INTRODUÇÃO

O Fundo de Investimento em Direitos Creditórios (FIDC) tem seu marco inicial com a edição da Resolução n. 2.907/2001 do Conselho Monetário Nacional (CMN). Posteriormente, a Instrução da Comissão de Valores Mobiliários (CVM) n. 356/2001, alterada pelas Instruções CVM n. 393/2003, 435/2006, 442/2006, 446/2006, 458/2007, 484/2010, 489/2011, 498/2011, 510/2011, 531/2013, 545/2014, 554/2014, 558/2015, 609/2019 e 615/2019, passou a regulamentar as atividades dos FIDC e está vigente até o presente momento. Trata-se de um fundo constituído para aplicação de seus recursos em direitos creditórios e em títulos representativos desses direitos, originários de operações realizadas por diversos segmentos: financeiro, comercial, industrial, imobiliário, hipotecário, entre outros.

Ainda nesse sentido, vale lembrar que a Associação Brasileira das Entidades dos Mercados Financeiro e de Capitais (Anbima) promulgou o Código de Administração de Recursos de Terceiros, que surgiu para propor princípios e regras para as atividades relacionadas à administração de recursos, tais como administração fiduciária e gestão de recursos de terceiros em veículos de investimento. O objetivo desse código é elevar os padrões éticos no mercado e, também, consolidar as melhores práticas para a atividade; em seu Anexo II, há regras que devem ser observadas.

Cumpre mencionar também a existência de uma modalidade de FIDC, criada pela Instrução CVM n. 444/2006, denominada FIDC não padronizado ou FIDC-NP. Trata-se de um fundo mais flexível que o tradicional, de modo que no FIDC-NP há maior liberdade de escolha dos títulos de crédito que comporão a carteira, permitindo o acesso a créditos tidos como mais arriscados. Inclusive, a instrução da CVM autoriza direitos de créditos com títulos vencidos ou discutidos judicialmente, entre outras situações que não eram permitidas no FIDC tradicional.

As empresas identificaram esse veículo como um mecanismo eficaz para reduzir o custo de capital. Isso pode acontecer de diversas formas. No entanto, sua utilidade extrapola a viabilização mais eficiente de capital. Na indústria de meios de pagamento, por exemplo, o FIDC é utilizado para antecipação de recebíveis de estabelecimentos comerciais credenciados. Em outras indústrias, o FIDC, além de reduzir custos de captação, possibilita a obtenção de recursos financeiros antecipados para fornecedores, com um prazo maior e a custos menores. Outra aplicação é tornar possível a venda a prazo por empresas não financeiras, transferindo para essas empresas toda uma cadeia de valor que não era antes capturada por elas, ficando restrita às instituições financeiras. Assim, com a finalidade de explorar esse assunto, vale lembrar alguns conceitos costumeiramente utilizados para seu entendimento.

O FIDC pode ser entendido como uma forma de financiamento em que uma entidade, denominada cedente, agrupa seus recebíveis e os vende para um fundo formado por condôminos (i.e., cotistas), que passam a deter os direitos creditórios (i.e., recebíveis) e seus fluxos de caixa futuros. Sendo assim, a rentabilidade do fundo corresponderá à diferença entre o valor de compra e o valor dos recebíveis no futuro. Essa rentabilidade é a recompensa pelo risco de crédito assumido pelo fundo ao comprar os recebíveis.

Trata-se de um veículo criado para viabilizar e fomentar investimentos em setores específicos da economia. Por serem mais complexos que outros fundos de investimento regulamentados pela CVM, demandam maior conhecimento do investidor.

O FIDC pode ser constituído de duas maneiras: aberto, quando é permitido o resgate das cotas em conformidade com o regulamento, ou fechado, quando o resgate das cotas ocorre no término do prazo de duração do fundo ou em amortizações periódicas, caso exista previsão em regulamento.

Quanto aos sujeitos envolvidos, de acordo com o art. 3º da Instrução CVM n. 356/2001, os investimentos serão permitidos apenas aos investidores qualificados, em FIDC regidos por essa instrução, e por investidores profissionais, quando regidos pela Instrução CVM n. 444/2006. São considerados investidores qualificados as instituições financeiras, as entidades de previdência, os fundos de investimento destinados a investidores qualificados e as pessoas físicas e jurídicas que possuam investimentos financeiros acima de determinada quantia e atestem por escrito sua condição de investidor qualificado.

O portfólio do fundo deve necessariamente apresentar 50% do seu patrimônio líquido em direitos creditórios. A parcela remanescente poderá ser aplicada em emissão do Tesouro Nacional, títulos de emissão do Banco Central do Brasil (Bacen), créditos securitizados pelo Tesouro, títulos de emissão de estados e municípios, certificados e recebidos de depósitos bancários e demais títulos, valores mobiliários e ativos financeiros de renda fixa, exceto cotas do Fundo de Desenvolvimento Social.[1]

Além do descrito no parágrafo anterior, cumulativamente, o fundo deve observar o limite de 20% de concentração por modalidade de ativo. Ou seja, o patrimônio líquido do fundo pode estar investido em modalidades como Fundo de Investimento (FI), Fundo de Investimento em Cotas de Fundos de Investimento (FIC-FI), Fundo de Investimento Imobiliário (FII), FIDC, FIC-FIDC e Fundos de Índice, Certificados de Recebíveis Imo-

---

1 Cf. art. 40, § 1º, da Instrução CVM n. 356/2001.

biliários (CRI), em um percentual de até 20%.[2] Ressalvados os títulos públicos federais; ouro; títulos de emissão ou coobrigação de instituição financeira e valores mobiliários, desde que registrados na CVM e objeto de oferta pública de acordo com a Instrução CVM n. 400/2003 e contratos derivativos.

Ainda, de acordo com o art. 103, inciso II, alínea "c", da Instrução CVM n. 555/2014, dentro do limite exposto acima, até 5% em FIDC-NP, FIC-FIDC-NP, FI e FIC-FI devem ser destinados exclusivamente a investidores profissionais.[3] Os fundos exclusivamente destinados a investidores qualificados[4] podem observar o dobro dos limites por modalidade de investimento. Os fundos exclusivamente destinados a investidores profissionais estão dispensados de observar os limites por modalidade e por emissor.

Em relação aos FIC-FI, são vedadas aplicações em cotas de FIDC e FIDC-NP, exceto os fundos de investimento em cotas classificados como "Renda Fixa" e "Multimercado", podendo-se investir até o limite de 20% do respectivo patrimônio líquido nesses fundos e, dentro desse limite, até 5% em FIDC-NP e em FIC-FIDC-NP. O FIC-FI classificado como "Multimercado", desde que destinado exclusivamente a investidores qualificados, pode investir, entre outros fundos, em cotas de FIDC e FIC-FIDC, nos limites estabelecidos em seu regulamento. Já os FIC-FI "Exclusivos" e os destinados exclusivamente a investidores profissionais podem adquirir cotas de qualquer fundo de investimento registrado na CVM, nos limites previstos nos seus regulamentos.

Além disso, normalmente os regulamentos dos fundos determinam que estes não poderão deter mais de 20% de seu patrimônio líquido em títulos ou valores mobiliários de emissão do administrador, do gestor ou de empresas a eles ligadas. Isso ocorre para que seja garantida a independência do administrador e para que seja evitada a concentração de valores remanescentes em ativos emitidos por esses bancos.

O funcionamento do fundo e a distribuição de cotas dependem de registros prévios na CVM. Para negociação, as cotas do fundo deverão ser registradas em bolsa de valores ou em mercado de balcão organizado, cabendo aos intermediários assegurar a aquisição por investidores qualificados, além da aplicação mínima por investidor exigida pelas normas.

As cotas que constituem o FIDC poderão ser classificadas em três níveis: sênior, mezanino e subordinado.

- **Cotas seniores:** têm preferência no recebimento do valor do resgate ou amortização e no recebimento dos rendimentos. Almejam uma rentabilidade prefixada. Ou seja, se o fundo tiver uma rentabilidade inferior à prevista, os cotistas seniores terão sua

---

2   Cf. art. 103 da Instrução CVM n. 555/2014.

3   Investidor profissional é a pessoa física ou jurídica que possui mais de 10 milhões de reais em investimentos aplicados no mercado financeiro e que ateste essa condição por escrito.

4   Investidor qualificado é uma classificação oficial da CVM a um grupo específico de investidores. É a pessoa física ou jurídica que tem valor investido igual ou maior que 1 milhão de reais e que ateste isso por escrito; ou ainda que tenha alguma certificação que a própria CVM aceite para considerá-lo um investidor qualificado.

rentabilidade fixa assegurada e os cotistas subordinados receberão um pagamento menor, resultado do que sobrou dos lucros. Dentre as classes de cotas do fundo, é a que apresenta menor risco. No que se refere às cotas seniores de fundos fechados, por sua vez, podem ainda ser subdivididas em séries, diferenciadas por prazos e valores para amortização, resgate e remuneração. Aos cotistas de uma mesma série, no entanto, deverão ser assegurados os mesmos direitos e obrigações. Cada classe ou série de cotas destinada à colocação pública deverá ser classificada por agência classificadora de risco em funcionamento no país.

- **Cotas mezanino:** são cotas intermediárias, de modo que têm preferência de recebimento em relação às cotas subordinadas, mas se subordinam às cotas seniores. O risco nesse tipo de cota pode ser classificado como intermediário.
- **Cotas subordinadas:** sujeitam-se às cotas seniores e mezanino para efeito de amortização, resgate e distribuição dos rendimentos auferidos pelo fundo, de tal modo que suportam eventuais perdas e assumem maior risco em caso de inadimplência. Funcionam como uma margem de segurança, sendo as primeiras a absorver os prejuízos e protegendo, ao menos em parte, os investidores detentores de cotas seniores e mezanino. Além disso, são remuneradas de acordo com o rendimento excedente; ou seja, se o fundo tiver uma rentabilidade maior que a prevista, os cotistas subordinados terão uma rentabilidade superior à dos cotistas seniores, que continuarão com a mesma taxa fixa acordada.

É importante ressaltar que o fundo não admite afetação de seu patrimônio, de forma que cada cota corresponderá a uma fração ideal deste, não havendo correspondência com nenhum ativo ou grupo de ativos que componha a carteira. A remuneração dos cotistas seniores, com base no *benchmark* do fundo, poderá ser complementada pelas cotas subordinadas, e até o limite destas, sendo proibida por legislação a promessa de rendimento predeterminado aos condôminos.

2.2 MUDANÇA EM DISCUSSÃO NA CVM

Por meio da Resolução CMN n. 4.694/2018, o CMN revisitou a regulamentação dos FIDC, autorizando o público em geral a aplicar recursos em cotas desses fundos. A norma anterior restringia as aplicações apenas aos investidores qualificados e profissionais.[5]

A CVM está convicta da oportunidade e conveniência de modernizar substancialmente a regulação desses fundos. Isso ocorre por conta da experiência técnica acumulada com esse veículo. Além disso, há que levar em consideração a jurisprudência desenvolvida sobre a matéria na CVM (desde o primeiro registro de distribuição de cotas de FIDC). Essa evolução é permitida pelo aprimoramento da indústria de securitização brasileira, que

---

5 Item 6. Anexo Normativo II – Fundos de Investimento em Direitos Creditórios, do Edital de Audiência Pública SDM 08/20. CVM (BRASIL, 2021).

foi competente em trabalhar as ineficiências e incorporar as inovações tecnológicas que impactaram o mercado financeiro.

Para tanto, foram consideradas diferentes visões a fim de modernizar a regulamentação vigente. Dentre outras iniciativas, cabe destacar algumas:

- **Aplicação em precatórios federais:** a aplicação de recursos de FIDC em precatórios não é uma novidade, mas, levando em conta que tais fundos serão acessíveis ao público em geral, considerou-se conveniente a criação de mecanismos adicionais de segurança. Esses mecanismos se destinam a lidar com as incertezas associadas à constituição, exigibilidade e titularidade dos precatórios federais.

- **FIDC socioambiental:** a proposta de possibilidade de rotulagem de um fundo como "socioambiental" decorre da convicção de que o mercado brasileiro deve ser competitivo na atração de capitais voltados à economia sustentável e de baixo carbono. Espera-se que os gestores dos FIDC socioambientais incentivem os originadores de direitos creditórios a buscar projetos que ofereçam benefícios socioambientais, assim aquecendo também a oferta de ativos "verdes", em um processo salutar para o desenvolvimento desse segmento de mercado no Brasil.

- **Investidores não qualificados:** considerando a complexidade usualmente encontrada em operações de securitização, a novidade representada pelo acesso do público em geral ao FIDC requer alguns cuidados. Assim, os requisitos propostos têm por objetivo possibilitar que o público ingresse nesse mercado por meio de estruturas que contem com políticas de investimento e mecanismos de proteção e controle mais adequados ao seu perfil.

- **Registro dos direitos creditórios:** o registro de direitos, que se dá nos termos da Resolução CMN n. 4.593/2017, tem o potencial de mitigar riscos relacionados à inexistência e à dupla cessão dos ativos. Ainda que as entidades registradoras não estejam sujeitas a sua supervisão, a CVM entende que seus serviços contribuem para a modernização dos FIDC.

- **Verificação de lastro e atuação do custodiante:** na regulamentação atual, a responsabilidade pela verificação do lastro incumbe ao custodiante do FIDC, ocorre posteriormente ao ingresso do direito creditório na carteira de ativos, em periodicidade trimestral, e seus resultados precisam ser reportados à CVM como informação periódica. Ou seja, no modelo vigente não se trata de uma atividade de gestão, mas unicamente de controle. A proposta é no sentido de que tal verificação faça parte das atividades de gestão, a ser realizada previamente ao ingresso do ativo na carteira do FIDC, remanescendo para o custodiante as verificações atinentes aos direitos creditórios substituídos ou inadimplidos.

- **FIC-FIDC:** especificamente em relação aos FIC-FIDC, a minuta propõe que a parcela do patrimônio investida em cotas de FIDC seja de no mínimo 67%, inferior aos 95% hoje estabelecidos. Espera-se que essa redução possa facilitar a gestão de liquidez das classes abertas, haja vista que aumenta a parcela que pode ser investida em ativos mais líquidos, além de diminuir a pressão temporal sobre o gestor no tocante a adquirir ativos para enquadrar a carteira.

Essas alterações pretendem modernizar o mercado de FIDC e torná-lo mais alinhado com o cenário internacional. Inevitavelmente, trarão uma série de benefícios para as empresas e a indústria de fundos de investimento.

2.3 ESTRATÉGIAS DE UTILIZAÇÃO DO FIDC

Historicamente, as empresas recorrem à indústria bancária como forma de obter recursos para financiar suas operações e investimentos. Contudo, nos últimos anos é crescente a utilização do mercado de capitais como alternativa às instituições financeiras tradicionais para a captação de recursos, isso porque os FIDC possibilitam a captação de recursos financeiros de forma menos onerosa para as empresas em comparação aos serviços bancários tradicionais. Em outras palavras, reduzem o custo de captação, viabilizam a transferência de uma cadeia de valor ou até mesmo tornam mais eficientes índices regulatórios.

Os FIDC permitem que instituições não financeiras obtenham receita de juros sem que sejam cobrados de forma direta dos clientes. Trata-se de um mecanismo que não vai de encontro ao determinado pela Lei da Usura (Decreto n. 22.626/1933) e que viabiliza a transferência de toda uma cadeia de valor alocada inicialmente com instituições financeiras que pode passar a agregar às empresas não financeiras. Embora não seja foco deste estudo apresentar a relação do FIDC com a Lei da Usura, é sabido que algumas estruturas que utilizam esses veículos têm como um dos objetivos participar de um mercado de crédito sem violar o que é determinado nessa lei. A cobrança pelo aluguel de recursos financeiros (i.e., juros) tem se tornado um negócio que não é explorado apenas por instituições bancárias como outrora.

2.3.1 Indústria de meios de pagamento

Na indústria de meios de pagamento (i.e., *payments*), o FIDC costuma ser utilizado de duas diferentes formas. Uma bastante usual é para fins de antecipação de recebíveis registrados como ativo. Trata-se dos recebíveis atrelados às instituições financeiras que recebem valores por conta da utilização de cartões de crédito e débito por seus clientes em estabelecimentos comerciais credenciados nas instituições de pagamento (credenciadoras).

Nesse caso, o FIDC é um veículo detido pela própria credenciadora. Existe uma troca entre naturezas de ativos na demonstração financeira desta, que, por sua vez, deixa de apresentar recebíveis contra instituições financeiras e passa a apresentar um instrumento financeiro representado pela cota do FIDC. Essa conversão pode trazer uma série de vantagens para a instituição de pagamento (também denominada empresa de meios de pagamento ou credenciadora). Os recebíveis detidos contra instituições financeiras podem não ser facilmente considerados equivalentes de caixa, por exemplo. No entanto, cotas de FIDC exclusivo de uma instituição de pagamento podem ser consideradas equivalentes de caixa, que contribuem para índices regulatórios da entidade.

Outra forma ainda mais usual de utilização do FIDC nessa indústria é para fins de antecipação de recebíveis gerados pelos estabelecimentos comerciais contra a instituição de pagamento. Nesse caso, são recebíveis que figuram como ativo do estabelecimento comercial que serão cedidos ao FIDC. Mais uma vez, o FIDC usualmente é detido pela instituição de pagamento. Essa transação é viabilizada por meio de cláusula no contrato firmado entre o estabelecimento comercial e a instituição de pagamento, cláusula essa que permite que o FIDC atrelado à credenciadora efetue a compra de recebível, antecipando os recursos financeiros ao estabelecimento comercial.

O valor relativo aos juros é descontado do montante a ser antecipado. Na contabilidade do FIDC, essa diferença é apropriada a título de juros. Isso permite que as taxas de desconto praticadas não tenham que estar aderentes à legislação específica (Lei da Usura), que permite a cobrança de juros acima de determinado patamar apenas pelos bancos.

2.3.2 Indústria de varejo

Na indústria de varejo, o FIDC é utilizado para viabilizar a transferência de uma cadeia de valores que ficariam primeiramente com instituições bancárias. Isso tem alterado a relação entre consumidor final e empresas de varejo: o que entendemos por desconto de pagamento à vista deixa de ser uma vantagem comercial para essas empresas, que, por sua vez, podem ter retornos ainda mais favoráveis com a venda a prazo e a posterior cessão dessa operação para um FIDC.

O que costumava acontecer era que a empresa de varejo realizava a venda e, por meio de uma instituição bancária parceira, parcelava o pagamento a ser realizado pelo cliente. Atualmente a venda é realizada a prazo pela empresa de varejo. O preço supostamente inclui eventuais encargos, precificando o valor do recurso financeiro no tempo, e, subsequentemente, esse recebível seria cedido a um FIDC. Essa transação permite a realização da venda parcelada. O *trade-off* que existe aqui é a incidência tributária sobre o valor total da venda a prazo e a economia de Imposto sobre Operações Financeiras (IOF), já que não houve concessão de crédito por meio de uma instituição bancária, mas apenas aquisição de recebíveis.

Em outras palavras, a venda a prazo teria incorporado o valor do recurso financeiro no tempo (i.e., juros). No entanto, esses juros não seriam tributados como se receita financeira fossem, mas sim como valor dos produtos, estando sujeitos ao Imposto sobre Circulação de Mercadorias e Serviços (ICMS), por exemplo, e, além disso, à contribuição ao Programa de Integração Social (PIS) e à Contribuição para o Financiamento da Seguridade Social (Cofins) à alíquota atribuída às empresas não financeiras. Dependendo da taxa de juros trabalhada nessas transações, pode ser mais vantajoso arcar com essa incidência tributária e excluir como alternativa a incidência do IOF (i.e., aplicado ao valor total da concessão de crédito).

2.3.3 Indústria automobilística

A maior parte das montadoras de veículos possui instituições financeiras como parte de seu conglomerado de empresas. Essas instituições financeiras são responsáveis por financiar os veículos vendidos pelas concessionárias a seus clientes, e as operações sofrem incidência de IOF como qualquer empréstimo concedido por outra instituição semelhante.

Além disso, por meio de uma operação usualmente denominada *floor plan*, os bancos de montadoras financiam as concessionárias para a aquisição de veículos da marca. Dessa forma, além de viabilizar a aquisição de veículos para posterior revenda, há geração de valor por meio dos empréstimos que são realizados e da consequente cobrança de juros.

Como consequência dessa operação de financiamento de estoque, as concessionárias se tornam contribuintes do IOF, o que acaba sendo repassado ao preço final do veículo, ou descontado da margem de lucro das concessionárias.

Nesse contexto, o FIDC é utilizado para que tenham em seu portfólio recebíveis originados pela instituição bancária atrelada ao grupo. Assim como ocorre na indústria de meios de pagamento, realiza-se uma transferência entre elementos do ativo. Tendo isso em vista, o recebível cedido ao FIDC passa a ser substituído por cota do fundo, ou seja, um instrumento financeiro. Isso denota melhor situação financeira. Além disso, há a possibilidade de captação de recursos, que viabiliza aquisições adicionais do FIDC.

Outra forma observada dessa modalidade é a originação do recebível pela concessionária ou montadora e, logo em sequência, a cessão desse recebível para a estrutura do FIDC. Sem a existência de transição pelo banco. Trata-se das usuais "vendas a prazo sem juros". É observado no mercado que muitas vezes os detentores das cotas do fundo são os próprios concessionários, que, por meio de políticas de autocaptação da rede de concessionários, reinvestem parte do dinheiro recebido na venda dos veículos em mais cotas do FIDC, assim estabelecendo um ecossistema mais rentável para ambas as partes.

Essa estrutura permite menor custo de captação dos recursos e eficiência tributária pela não incidência de IOF. Esse tipo de estrutura funcionou de maneira muito apropriada em períodos de crise, como a pandemia de covid-19, já que diversos FIDC de montadoras tiveram seus patrimônios resgatados e entregues às concessionárias para geração de uma folga financeira.

2.4 ASPECTOS CONTÁBEIS

A CVM dispõe que, para fins de elaboração e divulgação das demonstrações financeiras, um fundo deve seguir as normas contábeis aplicáveis às companhias abertas.[6] Uma das questões contábeis mais relevantes subjacentes ao FIDC é o registro da cessão de operações de crédito, tanto na entidade cedente quanto no fundo cessionário.

---

6   Instrução CVM n. 489/2011.

O art. 3º da Instrução CVM n. 489/2011[7] dispõe que as operações com direito creditório realizadas pelo fundo (Fundos de Investimento em Direitos Creditórios no âmbito do Programa de Incentivo à Implementação de Projetos de Interesse Social – FIDC-PIPS e FIDC-NP), para fins de registro contábil, devem ser qualificadas como (a) operações com aquisição substancial dos riscos e benefícios ou (b) operações sem aquisição substancial dos riscos e benefícios.

As operações com aquisição substancial dos riscos e benefícios, pelos FIDC, requerem a realização da baixa do direito creditório nos registros contábeis do cedente. Isso porque, quando da cessão dos direitos, o fundo atrai para si todos os riscos e benefícios no ato da cessão. Já em relação às operações sem aquisição substancial de riscos e benefícios, não deve ser realizada a baixa do direito creditório nos registros contábeis do cedente, uma vez que não há transferência de riscos e benefícios. Essa transação, em sua essência, é um empréstimo. Por esse motivo, há que avaliar a incidência de IOF nesse tipo de transação. Nessa modalidade de operação, sem transferência dos riscos, além da manutenção do recebível em aberto nos registros contábeis da cedente, faz-se necessário o registro de um passivo, na mesma proporção do recebível cedido.

Nesse contexto, tendo em vista ainda as práticas contábeis adotadas no Brasil (BR GAAP) no que diz respeito ao reconhecimento e **desreconhecimento** de ativos, é preciso levar em consideração as disposições do Comitê de Pronunciamentos Contábeis (CPC) 48, que apresenta correlação com as normas internacionais de contabilidade, *International Financial Reporting Standards* (IFRS) 9: um instrumento financeiro é criado a partir do momento em que um direito creditório é colocado à negociação, logo, passando a ser reconhecido como um ativo, independentemente da carteira que o origina (GELBCKE *et al.*, 2018).

Ainda acerca das cessões de direitos creditórios, define o CPC 48 para fins de registro contábil: "3.1.2: A compra ou a venda de forma regular de ativos financeiros deve ser reconhecida e desreconhecida, conforme aplicável, utilizando-se a contabilização na data da negociação ou a contabilização na data da liquidação".

No que se refere ao **desreconhecimento** dos direitos creditórios, inicialmente registrados nas rubricas de contas a receber, devem ser observadas as seguintes disposições:

> 3.2.6 Quando a entidade transferir o ativo financeiro (ver item 3.2.4), ela deve avaliar até que ponto retém os riscos e benefícios da propriedade do ativo financeiro. Nesse caso:
>
> (a) se a entidade transferir, substancialmente, todos os riscos e benefícios da propriedade do ativo financeiro, ela deve desreconhecer o ativo financeiro e reconhecer separadamente como ativos ou passivos quaisquer direitos e obrigações criados ou retidos na transferência; [...]

De acordo com o disposto no item 3.2.11 do CPC 48, as cessões de crédito deverão ser registradas em rubrica específica, dada sua característica de novo ativo financeiro.

---

7   Cf. art. 3º da Instrução CVM n. 489/2011.

3.2.11 Se, como resultado da transferência, o ativo financeiro for desreconhecido em sua totalidade, mas a transferência resultar na obtenção pela entidade de novo ativo financeiro ou na assunção de novo passivo financeiro, ou de passivo de serviço de cobrança, a entidade deve reconhecer o novo ativo financeiro, passivo financeiro ou passivo de serviço de cobrança ao valor justo.

Ainda, a respeito das diferenças intrínsecas às operações de cessões de direitos creditórios em face de antecipações com deságio, passamos a observar como deverão ser procedidos os efeitos do deságio pactuado.

3.2.12. Ao desreconhecer o ativo financeiro em sua totalidade, a diferença entre:

(a) o valor contábil (mensurado na data do desreconhecimento); e

(b) a contraprestação recebida (incluindo qualquer novo ativo obtido menos qualquer novo passivo assumido);

deve ser reconhecida no resultado.

Nesse contexto, tem-se que, na perspectiva da empresa cessionária, serão percebidos registros a título de despesas financeiras, enquanto na empresa cedente nos registros de receitas financeiras, em mesma proporção.

Por fim, a Instrução n. 489/2011 da CVM instaurou a elaboração e a divulgação das demonstrações financeiras dos FIDC e demais formas de investimento em direitos creditórios, que passaram, assim, a ser discriminadas em função da assunção ou não dos riscos e benefícios pelo fundo, e consagrando o valor justo como critério de avaliação de seus próprios investimentos, de forma que o ganho ou a perda resultante de ativo ou de passivo do fundo deva ser reconhecido no resultado do período.

Sob o ponto de vista contábil, outra perspectiva que deve ser levada em consideração é a da estrutura societária dos próprios fundos, já que, muito embora o recebível seja cedido sem direito de regresso e com transferência total do risco, o próprio cedente figura como sendo o único detentor das cotas ou o detentor majoritário delas; logo, estaria permanecendo com o risco atribuído ao recebível.

Outro ponto a ser analisado é a relação entre fundo e cedentes. Caso os cedentes sejam investidores do fundo que adquire os títulos, passam a deter o controle da estrutura investida, o que resulta no registro total do FIDC em seus balanços consolidados. Nessa hipótese a baixa do ativo não poderia ocorrer, já que mais uma vez o risco seria mantido na estrutura.

2.5 ASPECTOS TRIBUTÁRIOS

Os fundos de investimento têm se tornado veículos cada vez mais importantes para as atividades de grupos empresariais, ora por conta de vantagens operacionais, ora por conta de vantagens regulatórias ou até mesmo tributárias. No que tange à tributação de fundos de investimento, devem-se levar em consideração alguns momentos:

a) **Ingresso de ativos nos fundos de investimento:** normalmente ocorrem efeitos tributários no detentor do ativo. No caso do FIDC, é usual que seus efeitos se deem em pessoas jurídicas no momento da cessão dos recebíveis.

b) **Valorização das cotas de fundos de investimento:** muito embora existam discussões acerca desse tema, a valorização de cotas de fundos normalmente é entendida como receita financeira para fins de tributação de pessoas jurídicas. Vale mencionar que os fundos abertos ainda ficam sujeitos à antecipação de Imposto de Renda, denominada "come-cotas".

c) **Amortização das cotas de fundos de investimento:** o evento de distribuição de resultados implica a amortização de cotas. E a distribuição acarreta a incidência de Imposto de Renda, que é retido do valor a ser remetido aos cotistas.

d) **Resgate de cotas de fundos de investimento:** o resgate é um mecanismo que tem efeitos similares aos da amortização. Enquanto a amortização é um ato de iniciativa do gestor ou cotista, o resgate é exclusivamente do cotista.

e) **Negociação de cotas de fundos de investimento:** a compra e venda de cotas de fundos de investimento é outro evento que implica tributação. Nesse caso, sendo auferido ganho de capital, haverá incidência de Imposto de Renda.

Em resumo, os eventos com implicações tributárias ocorrem em três momentos: ingresso de recursos nos fundos (a), operação do fundo (b) e saída de recursos dos fundos (c), (d) e (e).

2.5.1 Ingresso de ativos

De acordo com a Instrução CVM n. 577/2016, que altera o plano contábil dos fundos de investimento – COFI (anexo à Instrução CVM n. 438, de 12.07.2006), os ativos integrantes da carteira dos fundos de investimento devem ser avaliados diariamente pelo valor justo, reconhecendo-se contabilmente a valorização ou a desvalorização em contrapartida à adequada conta de receita ou despesa, no resultado do período. O valor justo do ativo não deve ser ajustado para refletir custos de transação.[8] No caso de FIDC, conforme já mencionado, a norma que trata do assunto é a Instrução CVM n. 489/2011.

Nesse sentido, tendo em vista a forma de registro desses ativos no FIDC, há que analisar a cessão de operações de crédito sob dois diferentes pontos de vista: (1) do cedente e (2) do cessionário.

No cedente, devemos considerar dois tipos de operações. Uma delas consiste na operação de crédito que ainda não foi baixada para prejuízo, que pode ter ou não uma provisão para crédito de liquidação duvidosa, ou seja, provisão para perdas. No que se refere à antecipação de recebíveis, essas transações nem ao menos têm tempo suficiente de registro para que gerem provisão para perdas. No entanto, em relação aos créditos financeiros ou comerciais, tais provisões podem existir.

---

8   Cf. item 1, Seção 2 – "Critérios de Avaliação e Apropriação Contábil" –, Capítulo 1 – "Normas Básicas" –, da Instrução CVM n. 577/2016.

Caso existam, a cessão dessas operações de crédito permite que a entidade cedente faça o cômputo definitivo dessas provisões para fins de determinação do Lucro Real e da base de cálculo da Contribuição Social sobre o Lucro Líquido (CSLL). O confronto da contraprestação paga pelo cessionário ao cedente com o valor registrado contabilmente (i.e., reduzido pelo valor atribuído à provisão) pode acarretar ganho de capital sujeito a tributação corporativa.

Na hipótese de não existência de registros contábeis das operações de crédito a serem cedidas (consequentemente sem provisões para perdas), todo o valor recebido a título dessas operações será considerado ganho de capital e computado para fins de tributação corporativa. Essas operações de crédito são usualmente denominadas no mercado NPL (*non performing loans*).[9]

Em relação ao cessionário, o registro do ativo deve considerar seu valor de custo, mas deve ser necessariamente avaliado a valor justo. Essa avaliação deverá ter como contrapartida contas de resultado. O efeito em resultado não acarretará consequências tributárias no fundo de investimento, uma vez que se trata de veículo neutro para fins tributários.

2.5.2 Valorização das cotas

As cotas de fundos de investimento são registradas como elemento do ativo da entidade que as detém. Normalmente são reconhecidas para fins fiscais como aplicações financeiras; daí a valorização das cotas, como receita financeira.

Entretanto, existe discussão acerca da natureza das cotas dos FIDC, que é fator determinante para a análise de sua tributação. Para essa análise, é importante levar em consideração dois diferentes níveis: nível do fundo de investimento e nível do cotista. A análise tributária desenvolvida adiante leva em conta o cotista, principalmente pessoa física, já que em relação ao fundo de investimento não há tributação.

De acordo com a Lei n. 9.532/1997, art. 28, § 10,[10] os fundos de investimento são isentos. No caso do FIDC qualquer rendimento advindo de recebíveis e da realização dos correspondentes direitos creditórios não está sujeito a tributação no nível do fundo, apenas no nível dos cotistas.

Normalmente, os rendimentos e ganhos auferidos em FIDC, pelos cotistas, pessoas jurídicas, são computados para fins de determinação do Lucro Real e da base de cálculo

---

[9] *Non performing loans* é expressão utilizada por instituições financeiras. Refere-se a "créditos não performados" ou "créditos não produtivos". São aqueles créditos que não foram liquidados, ou seja, não houve pagamento, gerando um ônus imediato por sua inadimplência.

[10] Cf. art. 28, § 10, da Lei n. 9.532/1997: "A partir de 1º de janeiro de 1998, a incidência do imposto de renda sobre os rendimentos auferidos por qualquer beneficiário, ou isenta, nas aplicações em fundos de investimento, constituídos sob qualquer forma, ocorrerá: [...] § 10. Ficam isentos do imposto de renda: a) os rendimentos e ganhos líquidos auferidos na alienação, liquidação, resgate, cessão ou repactuação dos títulos, aplicações financeiras e valores mobiliários integrantes das carteiras dos fundos de investimento; b) os juros de que trata o art. 9º da Lei n. 9.249, de 1995, recebidos pelos fundos de investimento [...]".

da CSLL, podendo caracterizar-se como aplicações de renda fixa. Logo, estariam sujeitos à incidência de Imposto de Renda da Pessoa Jurídica (IRPJ)[11] e de CSLL[12] e à incidência tributária relativa a uma aplicação financeira.[13]

No entanto, a valorização da cota do FIDC pode ser também considerada ajuste a valor justo. Muito embora faça sentido sob o ponto de vista econômico, esse não é o entendimento predominante por parte das autoridades fiscais. Para que ele possa ter respaldo, é essencial que se entenda a cota do FIDC como um valor mobiliário.

De acordo com essa abordagem, as cotas de FIDC devem ser registradas contabilmente como instrumentos financeiros. Em alguns casos, as cotas de fundos de FIDC são detidas por instituições bancárias, sujeitas à normatização do Bacen. Nesse caso, deveriam seguir a Circular n. 3.086/2002, que determina uma classificação específica desse instrumento financeiro como (a) títulos para negociação; e (b) títulos mantidos até o vencimento. Essa classificação é similar ao Pronunciamento Contábil 38 (CPC 38), emitido pelo Comitê de Pronunciamentos Contábeis, substituído pelo Pronunciamento Contábil 48 (CPC 48). O CPC 38 indicava ainda uma terceira possibilidade de classificação: "títulos disponíveis para venda". Essa possibilidade para classificação foi mantida sem a respectiva nomeação.

Tanto o CPC 48 quanto o CPC 38 determinam a valorização das cotas ao valor justo para essa modalidade de instrumento financeiro. Essa valorização deve ter como contrapartida conta de resultado ou conta de patrimônio líquido. Além disso, de acordo com o art. 2º, V, da Lei n. 6.835/1976,[14] cotas de fundos de investimento são consideradas valores mobiliários.

Considerando a cota de FIDC como valor mobiliário, ou seja, um instrumento financeiro, a doutrina contábil determina que seja indicada a intenção da administração em relação a esse ativo para que dessa forma seja possível determinar a necessidade de avaliação a valor justo e seu respectivo tratamento.

Existe entendimento no sentido de que a valorização da cota do FIDC é a expressão do seu valor justo. E, em se tratando de valor justo, não há falar de incidência de IRPJ, CSLL e contribuição ao PIS e à Cofins. Segundo esse entendimento, o ajuste a valor justo não

---

11 Cf. art. 6º do Decreto-lei n. 1.598/1977: "Lucro real é o lucro líquido do exercício ajustado pelas adições, exclusões ou compensações prescritas ou autorizadas pela legislação tributária".

12 Cf. art. 2º da Lei n. 7.689/1988: "A base de cálculo da contribuição é o valor do resultado do exercício, antes da provisão para o imposto de renda".

13 Cf. art. 46 da Instrução Normativa RFB n. 1.585/2015: "Os rendimentos produzidos por aplicações financeiras de renda fixa e de renda variável, auferidos por qualquer beneficiário, inclusive pessoa jurídica isenta, sujeitam-se à incidência do imposto sobre a renda na fonte às seguintes alíquotas: I – 22,5% (vinte e dois inteiros e cinco décimos por cento), em aplicações com prazo de até 180 (cento e oitenta) dias; II – 20% (vinte por cento), em aplicações com prazo de 181 (cento e oitenta e um) dias até 360 (trezentos e sessenta) dias; III – 17,5% (dezessete inteiros e cinco décimos por cento), em aplicações com prazo de 361 (trezentos e sessenta e um dias) até 720 (setecentos e vinte) dias; IV – 15% (quinze por cento), em aplicações com prazo acima de 720 (setecentos e vinte) dias [...]".

14 Cf. art. 2º, V, da Lei n. 6.835/1976: "São valores mobiliários sujeitos ao regime desta Lei: [...] V – as cotas de fundos de investimento em valores mobiliários ou de clubes de investimento em quaisquer ativos [...]".

representa ingresso financeiro definitivo no patrimônio de uma entidade, elemento novo e sem reservas ou condições. Esse argumento se fundamenta sob a alegação de que somente no resgate das cotas é que se poderá conhecer o fruto desse investimento. Também é certo que tampouco nenhum encargo tributário a esse título deveria ser antes reconhecido, pois ainda não tem caráter definitivo ao patrimônio da empresa cotista.

Como regra geral, e desde que atendidas algumas condições, a avaliação do investimento no FIDC a valor justo não deve acarretar quaisquer efeitos para fins de IRPJ, CSLL e contribuição ao PIS e à Cofins, já que o ajuste a valor justo é uma prática contábil que tem por finalidade retratar os ativos e passivos de determinada sociedade de acordo com o preço que seria recebido pela sua venda ou assunção em uma transação não forçada entre participantes não relacionados na data da mensuração.[15]

Em outras palavras, a avaliação de determinado ativo a valor justo tem por finalidade evitar que as demonstrações contábeis da sociedade indiquem valores incoerentes com a realidade momentânea da valoração do ativo.

De toda forma, em que pesem as normas e princípios contábeis que norteiam a mensuração de ativos a valor justo, fato é que a incidência tributária deve decorrer, invariavelmente, da materialização das hipóteses previstas pela legislação tributária, e não de eventuais efeitos colaterais decorrentes da adoção das demonstrações contábeis, como ponto de partida para o reconhecimento dos elementos que compõem a obrigação tributária.

Justamente por esse motivo, e tendo sempre em mente que a mensuração ao valor justo representa um ganho (ou perda) potencial, isto é, que poderia ser auferido caso o ativo fosse efetivamente realizado no momento da mensuração, e não efetivo, a legislação tributária prevê mecanismos que ensejam a neutralização dos efeitos decorrentes da avaliação ao valor justo, enquanto o ativo não for efetivamente realizado.

Esse argumento faz sentido. No entanto, existem diferentes cotas de FIDC, e isso deveria ser levado em consideração para fins de determinação no tratamento tributário. Afinal, em relação às pessoas jurídicas que apuram o IRPJ e a CSLL sob o regime do Lucro Real, há quem detenha cotas seniores ou subordinadas.

No caso de empresas enquadradas no Lucro Real que detêm cotas seniores de FIDC, seria mais desafiadora a construção de argumentos para caracterizar a valorização das cotas do fundo como ajuste a valor justo. Logo, o tratamento mais adequado seria o de receita financeira, uma vez que ao detentor dessa cota é garantido determinado rendimento financeiro. Nesse caso, a disponibilidade jurídica é garantida por meio do regulamento do fundo

---

15 Importante mencionar que os arts. 54 e 55 da Lei n. 12.973/2014 alteraram, respectivamente, as Leis n. 10.637/2002 e 10.833/2003, que passaram a prever expressamente que os ganhos decorrentes da avaliação de ativos a valor justo não integram a base de cálculo das contribuições (art. 1º, § 3º, VIII, de ambas as leis): "Art. 1º A Contribuição para o Financiamento da Seguridade Social – Cofins, com a incidência não cumulativa, incide sobre o total das receitas auferidas no mês pela pessoa jurídica, independentemente de sua denominação ou classificação contábil: [...] § 3º Não integram a base de cálculo a que se refere este artigo as receitas: [...] VIII – relativas aos ganhos decorrentes de avaliação do ativo e passivo com base no valor justo".

e a disponibilidade econômica é garantida, já que há expectativa de efeitos futuros, presença reduzida de assimetria informacional, ambiente de liquidez confiável e transparência na precificação.[16] Contabilmente, há o registro de receita por meio do regime de competência, afetando a medida de desempenho das empresas cotistas seniores. Esse registro contábil de receita não exige disponibilidade financeira para que se perfaça, caracterizada pela conversão em caixa.

Já no caso de empresas que detêm cotas subordinadas de FIDC, seria mais possível a construção de argumentos para caracterizar a valorização das cotas do fundo como ajuste a valor justo. Isso ocorre devido ao fato de que não há garantia alguma quanto aos rendimentos financeiros. Nesse caso, a disponibilidade jurídica não é garantida, pois, na essência, os rendimentos atribuídos a essa modalidade de cota ficam subordinados aos rendimentos garantidos aos cotistas seniores, adicionando um componente relevante de risco. Apesar de a valorização da cota afetar a medida de desempenho da instituição, a disponibilidade jurídica é condicionada e a econômica não se perfaz, já que, muito embora exista expectativa de efeitos futuros e ambiente de liquidez confiável, há ampla assimetria informacional, e a transparência na precificação fica prejudicada por conta da incerteza quanto ao adimplemento dos recebíveis. Um FIDC NPL (*non performing loan*) torna esse cenário ainda mais factível.

Muito embora existam linhas argumentativas para tratamentos diversos, levando em conta o entendimento das autoridades fiscais e a prática na maior parte das empresas detentoras de cotas de FIDC, enquadradas no regime de apuração do Lucro Real, o entendimento conclusivo é o de que a valorização da cota do FIDC representa receita financeira e estaria sujeita à incidência:

- de IRPJ e CSLL à alíquota de 34% (podendo variar como no caso de instituições financeiras, alíquota de 50% no caso de bancos comerciais até o final do ano-calendário de 2021) no regime de Lucro Real, nos termos do art. 397 do Regulamento do Imposto de Renda (RIR/2018 – Decreto n. 9.580/2018);[17] e

- de contribuição ao PIS e à Cofins à alíquota de 4,65%, conforme o Decreto n. 8.426/2015 (a mesma alíquota de 4,65% para instituições financeiras, conforme a Lei n. 9.718/1998).

---

16 Cf. Oliveira (2018): "A disponibilidade econômica é o potencial que determinada expectativa possui de conversão em caixa, tendo em vista a presença reduzida de assimetria informacional entre as partes supostamente envolvidas na negociação, considerando a existência de ambiente de liquidez seguro e transparência na precificação. Nesse contexto, tendo em vista a existência de diferentes modalidades de *fair value* de acordo com os preceitos do IFRS, o estudo determina que os principais fatores para que se possa concluir sobre a disponibilidade econômica do *fair value* são: (a) expectativa de efeitos futuros, (b) presença reduzida de assimetria informacional, (c) ambiente de liquidez confiável e (d) transparência na precificação".

17 Cf. art. 397 do Decreto n. 9.580/2018 (RIR/2018): "Os juros, o desconto, o lucro na operação de reporte e os rendimentos ou os lucros de aplicações financeiras de renda fixa ou variável, que tenham sido ganhos pelo contribuinte, serão incluídos no lucro operacional e, quando derivados de operações ou títulos de renda fixa com vencimento posterior ao encerramento do período de apuração, poderão ser rateados pelos períodos a que competirem".

No caso de pessoas físicas, não há discussão em relação à tributação. A mera valorização está sujeita ao "come-cotas". A tributação definitiva ocorre na amortização ou no resgate das cotas.

2.5.3 Amortização e resgate das cotas

As operações do FIDC não sofrem incidência de IOF, ocorrendo apenas quando o resgate das cotas acontecer em momento anterior ao trigésimo dia do investimento (Decreto n. 6.306, de 14.12.2007, art. 32, § 2º, IV e alterações), ficando a obrigação tributária a cargo do investidor. Já no caso de pessoas jurídicas a tributação ocorre de acordo com a valorização da cota, sendo normalmente reconhecidos como receita financeira os efeitos tributários na amortização ou resgastes não atinentes às pessoas físicas.

No momento da amortização, considerando o investidor na figura da pessoa física, a incidência de Imposto de Renda nas operações de FIDC, quando organizadas em formato de condomínio aberto, assemelha-se ao caso dos fundos de investimento de renda fixa. Já na hipótese de condomínio fechado a alíquota do Imposto de Renda dependerá do prazo médio da aplicação, que incidirá quando do resgate realizado pelo investidor.

De acordo com as normas da Receita Federal, existem diferentes alíquotas conforme o prazo estipulado da carteira de ativos financeiros do fundo, com o intuito de prolongar a permanência das aplicações. Desse modo, são considerados de curto prazo todos os fundos com até 365 dias; superiores a esse período são considerados de longo prazo. O prazo do investimento do cotista é contado da data em que se inicia sua aplicação no fundo.

Tal classificação impacta na alíquota aplicável ao resgate de cotas, que segue as métricas estabelecidas nos arts. 6º e 8º da Instrução Normativa da Receita Federal do Brasil (RFB) n. 1.585/2015, conforme a tabela a seguir:

Tabela 2.1 Tabela regressiva de Imposto de Renda sobre aplicações em fundos de investimento.

Período de aplicação	Alíquota Longo prazo	Alíquota Curto prazo
Até 180 dias	22,50%	22,50%
De 181 até 360 dias	20%	20%
De 361 até 720 dias	17,50%	N/A
Acima de 721 dias	15%	N/A

Fonte: elaborada pelos autores.

Os rendimentos auferidos por fundos abertos, na forma de juros, atualização monetária ou qualquer outra remuneração do capital investido, estão sujeitos à retenção semestral do Imposto de Renda Retido na Fonte (IRRF) na forma de "come-cotas". De acordo com o art. 9º da Instrução Normativa RFB n. 1.585/2015,[18] a incidência de IRRF ou do "come-cotas" acontece no último dia útil dos meses de maio e novembro de cada ano, à alíquota de 15% para fundos de longo prazo e de 20% para fundos de longa duração, incidentes sobre o rendimento do período.

Nesse contexto, o "come-cotas" corresponde à antecipação do imposto devido. Para atingir a alíquota aplicável conforme determinado pela tabela regressiva, o investidor estará sujeito a uma alíquota complementar de acordo com o prazo de aplicação, adotando-se as alíquotas regressivas mencionadas.

Por outro lado, em relação aos fundos fechados, não há incidência do IRRF na forma de "come-cotas", como descrito anteriormente. A esse respeito, o art. 16 da Instrução Normativa RFB n. 1.585/2015 afasta, expressamente, a aplicação da tributação antecipada, "come-cotas", dos fundos fechados, enfatizando que somente são tributáveis seus ganhos no resgate das cotas. Vale mencionar que a União tentou instituir a tributação do "come-cotas" a essa modalidade por meio da Medida Provisória n. 806/2017, todavia a referida medida provisória não foi convertida em lei.

A retenção do Imposto de Renda da Pessoa Física (IRPF), de acordo com a legislação vigente, é considerada definitiva, portanto não se admite a compensação do imposto retido com o imposto calculado quando da elaboração da Declaração de Ajuste Anual. Já em se tratando de pessoa jurídica o montante retido é considerado antecipação do imposto devido no encerramento de cada período de apuração, com exceção das pessoas jurídicas optantes pelo Simples e isentas.

2.5.4 Negociação das cotas

Embora em princípio o FIDC não tenha sido estruturado para negociações na bolsa, é comum que em fundos fechados ocorra a venda das cotas por esse meio. Isso porque a opção de resgate do valor investido apenas é possível quando findado o prazo estabelecido.

Portanto, a negociação das cotas de FIDC consiste em um modelo que possibilita ao investidor se retirar do fundo e receber o valor antes do encerramento. Essa situação é conhecida como negociação secundária, que pode ocorrer na bolsa de valores ou no mercado de balcão organizado.

O ganho de capital ocasionado pelas negociações das cotas do fundo, sejam elas realizadas por pessoa física ou jurídica, é passível da incidência de Imposto de Renda sob a alíquota de 15% sobre a diferença positiva obtida. O mesmo acontece nas operações realizadas por pessoas físicas fora da bolsa de valores.

---

18   Cf. art. 9º da Instrução Normativa RFB n. 1.585/2015.

2.6 ALTERAÇÕES TRIBUTÁRIAS EM DISCUSSÃO

Em meados de 2021, o Poder Executivo propôs algumas alterações no que se refere ao Imposto de Renda por meio do Projeto de Lei n. 2.337/2021. O objetivo principal é implementar a tributação de dividendos e reduzir a alíquota da tributação corporativa do Imposto de Renda. Por esse motivo a proposta ficou conhecida como "A Reforma Tributária do Imposto de Renda".

Algumas outras alterações foram propostas para fins de fundos de investimento. A isenção relativa aos ganhos auferidos pela carteira dos fundos de investimento foi mantida, com a ressalva de que, tendo esses fundos a diferenciação na classificação das cotas, deverão ser aplicados regimes tributários diferentes para cada uma delas. A regulamentação ficou a cargo da Secretaria Especial da Receita Federal.

Em relação à incidência do IRRF sobre os rendimentos auferidos pelos cotistas ou "come-cotas", que conforme a regra atual ocorre semestralmente (em maio e em novembro), a partir de janeiro de 2022 passaria a ocorrer anualmente, no último dia útil de novembro, com a alíquota inalterada de 15%. O "come-cotas" é uma sistemática de antecipação tributária normalmente aplicada aos fundos abertos, porém o regime geral dos fundos fechados (i.e., sem "come-cotas") deixaria de ser aplicado aos FIDC.

No caso de resgate e distribuição de rendimentos das cotas de FIDC e FIC-FIDC, de acordo com o art. 26 do texto da reforma,

> [...] os cotistas dos Fundos de Investimento em Direitos Creditórios (FIDC) e dos Fundos de Investimento em Cotas de Fundos de Investimento Creditório (FIC-FIDC) serão tributados pelo Imposto sobre a Renda e Proventos de Qualquer Natureza no resgate de cotas e na distribuição de rendimentos à alíquota de 15%.

Para a maior parte dos fundos a regra de tributação leva em consideração o prazo de investimento, sendo mantida a regra da tributação regressiva nas alíquotas de 15 a 22,5%. Houve a tentativa de imposição de tributação escalonada diferenciada. No entanto, a sistemática fica mantida. Os cotistas de FIDC sofrerão a incidência de Imposto de Renda no resgate de cotas e na distribuição de rendimentos à alíquota de 15% (no caso de pessoas jurídicas; tabela escalonada mantida para pessoas físicas).

Para que essa regra seja aplicada, alguns requisitos deverão ser atendidos, aplicando-se para FIDC que tenham, no mínimo, 75% (atualmente o mínimo é de 67%) do seu patrimônio líquido representado por direitos creditórios; e em que o mesmo cotista não detenha, isolada ou cumulativamente com pessoas a ele ligadas, mais de 25% da totalidade das cotas emitidas pelo fundo, ou cujas cotas lhe derem o direito ao recebimento de rendimento superior a 25% do total de rendimentos auferidos pelo fundo.

2.7 CONSIDERAÇÕES FINAIS

Nos últimos anos a utilização do mercado de capitais como alternativa às instituições financeiras tradicionais para a captação de recursos financeiros cresceu significativamente, e o FIDC emerge como um veículo aderente a essa nova realidade.

Geralmente, o FIDC é utilizado com o fim de antecipação de recebíveis originados em operações de cartão de crédito e débito realizadas por meio de empresas credenciadoras e subcredenciadoras.

Outra aplicação do FIDC é em conglomerados de montadoras, que o utilizam para otimizar as transações realizadas por suas instituições financeiras, bem como para evitar o IOF nas suas operações denominadas *floor plan*.

Na indústria de varejo, a utilização do FIDC tem transformado a relação entre consumidores e empresas, na medida em que viabiliza a compra parcelada sem o ônus da intermediação de uma instituição bancária.

No que tange aos aspectos tributários, as cotas de um FIDC representam um ativo nas entidades que as detêm, e sua valorização é capturada como receita financeira sujeita à incidência da tributação corporativa. E, muito embora esse seja o entendimento prevalecente, há quem defenda que a valorização das cotas do FIDC deveria ser caracterizada como valor justo, sendo desconsiderado para fins de tributação corporativa até sua realização. Esse entendimento faz sentido em se tratando de cotas subordinadas, que não têm garantia nenhuma de rendimento.

Há aspectos relativos aos fundos que estão sendo endereçados pela CVM. Essas mudanças visam à modernização e internacionalização de nosso mercado de fundos de investimento. Serão mudanças positivas. Existem oportunidades de melhoria dos aspectos tributários para tornar mais eficiente a tributação e servir como norma indutora para fomento desse mercado.

Por fim, o FIDC não é apenas um veículo útil para as empresas tornarem suas atividades mais eficientes, mas viabiliza também alternativas de crédito aos consumidores com pouco acesso à indústria bancária. Por esse motivo as eventuais alterações tributárias impostas às transações viabilizadas por esse veículo devem ser coerentes para evitar interferência desnecessária no modelo econômico formatado até então.

REFERÊNCIAS

BRASIL. Comissão de Valores Mobiliários. *Edital de Audiência Pública SDM n. 8/20*. Prazo: 2 de abril de 2021. Disponível em: http://conteudo.cvm.gov.br/audiencias_publicas/ap_sdm/2020/sdm0820.html. Acesso em: 6 dez. 2021.

GELBCKE, E. R.; SANTOS, A.; IUDÍCIBUS, S.; MARTINS, E. *Manual de contabilidade societária*. São Paulo: Atlas, 2018.

OLIVEIRA, E. A. de *Disponibilidade econômica do fair value*. São Paulo: Quartier Latin, 2018.

3

A INCIDÊNCIA DO ICMS E DO ISS NAS OPERAÇÕES COM *SOFTWARES* E A EVOLUÇÃO DA JURISPRUDÊNCIA DO STF SOBRE O TEMA

Gleice Diniz de Oliveira

3.1 INTRODUÇÃO

A discussão a respeito da tributação das operações com *softwares* e o consequente conflito de competência que foi instaurado entre estados e municípios é, infelizmente, matéria bastante antiga, cujo contencioso tributário se prolonga em nossos Tribunais há mais de duas décadas.

Muito embora tenhamos um regime jurídico aplicável à proteção intelectual de *softwares* estabelecido no Brasil desde 1987, até hoje não há um consenso legislativo e jurisprudencial a respeito do regime jurídico-tributário a que estão submetidas as operações que envolvem *softwares*, e isso ocasiona um cenário de completa ausência de segurança jurídica no ambiente econômico em que as empresas do setor de tecnologia estão inseridas.

De um lado, os estados entendem que essas operações traduzem a comercialização de uma mercadoria que deve ser tributada pelo ICMS, na forma do art. 155, II, da Constituição Federal, ao passo que os municípios defendem que essas atividades constituem uma prestação de serviços tributável pelo ISS, nos termos do art. 156, III, da Carta Magna. Os contribuintes, por sua vez, em meio a esse conflito, apenas anseiam por uma solução vinda do Poder Judiciário e/ou Legislativo que seja coerente e definitiva, com a correta definição da incidência tributária sobre suas atividades.

Enquanto isso não ocorre, dezenas de milhares de ações judiciais chegam aos nossos Tribunais todos os dias, com um pedido comum de tutela jurisdicional do Estado que possa conferir o mínimo de segurança jurídica – ainda que provisória e volátil – para aqueles contribuintes que realizam operações econômicas com *softwares*.

Nesse contexto, este capítulo tem por objetivo analisar o histórico legislativo e jurisprudencial da tributação das operações com *softwares*, especificamente quanto à exigência do Imposto sobre Circulação de Mercadorias e Serviços (ICMS) e do Imposto sobre Serviços (ISS), até a atual conjuntura e as perspectivas de futuro, após os recentes posicionamentos do Supremo Tribunal Federal (STF) sobre o tema.

3.2 A NATUREZA JURÍDICA DO *SOFTWARE*: BREVES COMENTÁRIOS SOBRE SUA CONCEITUAÇÃO LEGAL E OS TIPOS DE OPERAÇÕES ENVOLVENDO *SOFTWARES*

Os programas de computador foram primeiramente tutelados no Brasil pela Lei n. 7.646/1987, posteriormente revogada pela Lei n. 9.609/1998, chamada de "Lei do *Software*", que atualmente dispõe sobre a proteção jurídica da propriedade intelectual de programas de computador e estabelece o conceito de *software* em seu art. 1º, nos seguintes termos:

> Art. 1º Programa de computador é a expressão de um conjunto organizado de instruções em linguagem natural ou codificada, contida em suporte físico de qualquer natureza, de emprego necessário em máquinas automáticas de tratamento da informação, dispositivos, instrumentos ou equipamentos periféricos, baseados em técnica digital ou análoga, para fazê-los funcionar de modo e para fins determinados.

Como indicado por Paulo César Teixeira Duarte Filho e Arthur Pereira Muniz Barreto (2018, p. 173-174), a partir do conceito previsto no art. 1º da Lei n. 9.609/1998, podemos sintetizar que "o *software* é, por essência, um bem intangível, que pode ser materializado ou não em uma plataforma ou suporte físico, este, quando presente, servindo como simples veículo". Nesse mesmo sentido, Clélio Chiesa (2015) define com bastante propriedade o que é um *software*, conceito com o qual nos alinhamos:

> Os programas de computador são formados por um conjunto de rotinas e instruções que são codificadas numa linguagem técnica específica capaz de viabilizar a operacionalização dos computadores. A parte física do computador (*hardware*) necessita desses comandos para que possa funcionar e atender às necessidades dos usuários desse tipo de equipamento.
>
> Esse conjunto de comandos adquire existência física por intermédio dos mais variados suportes materiais, como disquetes, fitas magnéticas, CDs e etc. Todavia, com eles não se confundem, pois os programas resultam de trabalho intelectual desenvolvido por um profissional da área, que, conhecendo a linguagem própria para emitir comandos ao equipamento, elabora as rotinas e funções que deseja que sejam desempenhadas.
>
> Os programas de computador em si mesmos não possuem existência física, não são bens corpóreos, mas bens imateriais. Os suportes físicos de que utiliza o autor do programa para exteriorizá-lo não pode ser confundido com o produto intelectual consistente no conjunto de rotinas destinadas a possibilitar que o computador desempenhe as mais variadas tarefas.

E, assim sendo, o *software* constitui propriedade intelectual que se sujeita às regras de direito de autor, previstas na Lei n. 9.610/1998, conforme previsão contida no art. 2º da Lei n. 9.609/1998.[1] Os direitos de autor, por sua vez, constituem um conjunto de prerrogativas

---

1 "Art. 2º O regime de proteção à propriedade intelectual de programa de computador é o conferido às obras literárias pela legislação de direitos autorais e conexos vigentes no País, observado o disposto nesta Lei.
§ 1º Não se aplicam ao programa de computador as disposições relativas aos direitos morais, ressalvado, a qualquer tempo, o direito do autor de reivindicar a paternidade do programa de computador e o direito do autor de opor-se a alterações não-autorizadas, quando estas impliquem deformação, mutilação ou outra modificação do programa de computador, que prejudiquem a sua honra ou a sua reputação.

legais que protegem os direitos inerentes às obras intelectuais, assegurados no art. 5º, XXVII, da Constituição da República Federativa do Brasil de 1988 (CRFB/1988):

> Art. 5º Todos são iguais perante a lei, sem distinção de qualquer natureza, garantindo-se aos brasileiros e aos estrangeiros residentes no País a inviolabilidade do direito à vida, à liberdade, à igualdade, à segurança e à propriedade, nos termos seguintes:
> [...]
> XXVII – aos autores pertence o direito exclusivo de utilização, publicação ou reprodução de suas obras, transmissível aos herdeiros pelo tempo que a lei fixar; [...].

No âmbito infraconstitucional, como já mencionado, os direitos de autor são regulados pela Lei n. 9.610/1998, que, dentre outras previsões, estabelece a proteção aplicável aos programas de computador, elencados no art. 7º, XII e § 1º:

> Art. 7º São obras intelectuais protegidas as criações do espírito, expressas por qualquer meio ou fixadas em qualquer suporte, tangível ou intangível, conhecido ou que se invente no futuro, tais como:
> [...]
> XII – os programas de computador;
> [...]
> § 1º Os programas de computador são objeto de legislação específica, observadas as disposições desta Lei que lhes sejam aplicáveis.

Como obra protegida, o *software* tem sua utilização, fruição e disposição limitada ao autor ou titular do direito autoral, como dispõe o art. 28 da Lei n. 9.610/1998.[2] Enquanto a fruição econômica do direito autoral se dá por meio de reprodução e distribuição comercial de cópias de programas de computador ou licenças de uso de programas de computador (arts. 29 e 30 da Lei n. 9.610/1998[3]), sua disposição se opera por meio da cessão total ou parcial dos direitos sobre a obra (art. 49 da Lei n. 9.610/1998[4]).

---

§ 2º Fica assegurada a tutela dos direitos relativos a programa de computador pelo prazo de cinqüenta anos, contados a partir de 1º de janeiro do ano subseqüente ao da sua publicação ou, na ausência desta, da sua criação.
§ 3º A proteção aos direitos de que trata esta Lei independe de registro.
§ 4º Os direitos atribuídos por esta Lei ficam assegurados aos estrangeiros domiciliados no exterior, desde que o país de origem do programa conceda, aos brasileiros e estrangeiros domiciliados no Brasil, direitos equivalentes.
§ 5º Inclui-se dentre os direitos assegurados por esta Lei e pela legislação de direitos autorais e conexos vigentes no País aquele direito exclusivo de autorizar ou proibir o aluguel comercial, não sendo esse direito exaurível pela venda, licença ou outra forma de transferência da cópia do programa.
§ 6º O disposto no parágrafo anterior não se aplica aos casos em que o programa em si não seja objeto essencial do aluguel."

2   "Art. 28. Cabe ao autor o direito exclusivo de utilizar, fruir e dispor da obra literária, artística ou científica."
3   "Art. 29. Depende de autorização prévia e expressa do autor a utilização da obra, por quaisquer modalidades, tais como [...]."
    "Art. 30. No exercício do direito de reprodução, o titular dos direitos autorais poderá colocar à disposição do público a obra, na forma, local e pelo tempo que desejar, a título oneroso ou gratuito."
4   "Art. 49. Os direitos de autor poderão ser total ou parcialmente transferidos a terceiros, por ele ou por seus sucessores, a título universal ou singular, pessoalmente ou por meio de representantes com poderes especiais, por meio de licenciamento, concessão, cessão ou outros meios admitidos em Direito, obedecidas as seguintes limitações [...]."

Ao regular as formas de comercialização do *software*, a Lei n. 9.609/1998 estabeleceu, em seus arts. 9º a 11, que o titular do direito autoral pode (i) explorar diretamente o seu direito, reproduzindo e distribuindo as licenças de uso de programas de computador; (ii) licenciar a um terceiro o direito de explorar economicamente o *software*, nos termos de licença de direitos de comercialização (distribuição) de *software*; ou (iii) ceder a um terceiro os direitos sobre o *software*, transferindo a esse terceiro a tecnologia do programa de computador – transferência de tecnologia:

> Art. 9º O uso de programa de computador no País será objeto de contrato de licença.
>
> Parágrafo único. Na hipótese de eventual inexistência do contrato referido no *caput* deste artigo, o documento fiscal relativo à aquisição ou licenciamento de cópia servirá para comprovação da regularidade do seu uso.
>
> Art. 10. Os atos e contratos de licença de direitos de comercialização referentes a programas de computador de origem externa deverão fixar, quanto aos tributos e encargos exigíveis, a responsabilidade pelos respectivos pagamentos e estabelecerão a remuneração do titular dos direitos de programa de computador residente ou domiciliado no exterior.
>
> § 1º Serão nulas as cláusulas que:
>
> I – limitem a produção, a distribuição ou a comercialização, em violação às disposições normativas em vigor;
>
> II – eximam qualquer dos contratantes das responsabilidades por eventuais ações de terceiros, decorrentes de vícios, defeitos ou violação de direitos de autor.
>
> § 2º O remetente do correspondente valor em moeda estrangeira, em pagamento da remuneração de que se trata, conservará em seu poder, pelo prazo de cinco anos, todos os documentos necessários à comprovação da licitude das remessas e da sua conformidade ao *caput* deste artigo.
>
> Art. 11. Nos casos de transferência de tecnologia de programa de computador, o Instituto Nacional da Propriedade Industrial fará o registro dos respectivos contratos, para que produzam efeitos em relação a terceiros.
>
> Parágrafo único. Para o registro de que trata este artigo, é obrigatória a entrega, por parte do fornecedor ao receptor de tecnologia, da documentação completa, em especial do código-fonte comentado, memorial descritivo, especificações funcionais internas, diagramas, fluxogramas e outros dados técnicos necessários à absorção da tecnologia.

Nas operações de licenciamento de uso ou de distribuição de *software*, sua titularidade (considerada pelo acesso ao seu código-fonte) continua a ser de propriedade do autor, também chamado de licenciante, que apenas cede o uso (no caso de licença de uso) ou os direitos de comercialização (no caso da licença de distribuição) do programa de computador a outrem, chamado de licenciado, mediante licença perpétua ou temporária. Apenas nas operações com transferência de tecnologia, em que há a transferência do código-fonte, é que ocorre, efetivamente, a cessão dos direitos inerentes à sua propriedade, que passa a ser de titularidade do adquirente do *software*.

Ainda, as licenças de uso e de distribuição se diferenciam entre si quanto às permissões conferidas ao licenciado: na licença de uso, é permitida a fruição das funcionalidades do *software*, sendo vedadas sua reprodução e distribuição, enquanto na licença de comercialização são permitidas a reprodução e a distribuição, proibindo-se sua fruição (PISCITELLI *et al.*, 2020). Por outro lado, no tocante às operações que envolvem a transferência de tecnologia do *software*, como visto, a legislação estabelece dois requisitos para sua efetivação: (i) o registro do contrato no Instituto Nacional de Propriedade Intelectual (INPI) e (ii) a entrega do código-fonte ao adquirente. Tathiane Piscitelli, Theodoro Malavoglia e Luiz Guilherme de Medeiros Ferreira (2020) ponderam com propriedade a respeito da diferenciação nesse tipo de operação:

> Diferente das situações delineadas anteriormente, nesse caso, o que se licencia ou se transfere é a tecnologia em si, e não o mero uso ou direito de comercializar. Ou seja, o licenciante cede ao licenciado a tecnologia disponível em determinado programa de computador, primordialmente pela abertura de seu código fonte. O licenciado, por sua vez, tem acesso irrestrito à tecnologia do *software*, podendo dela se valer para reproduzi-lo ou até alterar sua substância, de forma a torná-lo produto diverso do original. O licenciado fica obrigado a pagar *royalties* ao licenciante, com base na receita auferida com os conhecimentos tecnológicos recebidos.

A despeito de haver um conceito geral de *software* trazido pela legislação, em função das diferentes relações jurídicas que se estabelecem em sua comercialização (GONÇALVES, 2005, p. 70), pode-se dizer, com ressalvas, que há diferentes "tipos" de *softwares*, como ficou consagrado na doutrina e na jurisprudência, em que, dependendo do grau de especificidade em relação ao seu usuário final, os programas de computador podem ser classificados como *softwares standard*, customizados ou por encomenda.

Por *software standard*, padrão ou "de prateleira" se entende aquele programa de computador estável, desenvolvido para oferecimento a uma pluralidade de usuários (e não a um usuário em particular), mediante a distribuição e comercialização de licenças de uso de programas de computador. Nesse caso, diz-se que o titular do direito autoral não desenvolve a aplicação informática para atender aos interesses de determinado cliente, mas sim para oferecer cópias do programa de computador ao mercado em geral.

Cabe destacar que os *softwares standard* possuem funções ou aplicações específicas, podendo inclusive ser desenvolvidos para atender a um grupo definido de usuários finais. O que rege a classificação dessa espécie de programa de computador é o fato de que o usuário final não é predefinido e não influencia no desenvolvimento do programa de computador. Clélio Chiesa (2015) bem define que esses **softwares de prateleira** são:

> [...] programas padrões que são vendidos em grandes quantidades, sem qualquer modificação de sua estrutura padrão para adaptar-se às necessidades individuais de cada um dos usuários adquirentes. Trata-se de um produto pronto e acabado, que é colocado à disposição dos interessados sem qualquer possibilidade de modificação nas suas especificações. Como exemplo, pode ser citado o Word 2000 da Microsoft, que, apesar de admitir que seja configurado segundo os interesses do usuário, tais alterações estão limitadas às opções dadas pelo programa, não permitindo que o usuário faça modificações na sua estrutura padrão.

Ocupando posição intermediária, há o *software* customizado ou customizável, que consiste em programa de computador que, apesar de baseado em um código-fonte preexistente (um padrão preexistente), sofre alterações com o objetivo de se adequar aos interesses específicos do usuário final. Assim, o *software* resultante da adaptação é único, criado para atender aos interesses de determinado usuário. Para Renato Lacerda de Lima Gonçalves (2005, p. 172), há semelhanças entre o *software* customizável e o *software* sob encomenda:

Trata-se de uma situação muito semelhante à criação de *software* sob encomenda, com a diferença que, neste caso, o núcleo principal do *software* é pré-existente, de maneira que o esforço humano limita-se a adaptar esse *software* que já existe às peculiaridades do uso específico a que se destinará.

Por fim, há o *software* sob encomenda ou "cópia única", já brevemente antecipado neste capítulo, que é o programa de computador desenvolvido integralmente a pedido do usuário final para atender a seus interesses específicos. Nesse caso, o desenvolvimento da aplicação informática se dá a partir da necessidade do usuário e visa atender às necessidades únicas do cliente, como assinalado por Clélio Chiesa (2015):

> A exploração econômica feita sob a modalidade **software por encomenda** é aquela em que uma pessoa física ou jurídica, pretendendo que seja desenvolvido um programa específico para atender às suas necessidades, contrata um profissional da área para que desenvolva um programa de acordo com as especificações que estipular.
>
> Trata-se, como é fácil perceber, de um *software* personalizado, desenvolvido especialmente para atender os objetivos do usuário/adquirente (grifos do original).

A despeito da classificação técnico-doutrinária explanada, Renato Lacerda de Lima Gonçalves (2005, p. 76-77) assertivamente indica que essa classificação não tem fundamento legal, mas apenas se refere às espécies de relações econômicas envolvendo a comercialização de *softwares*:

> [...] a lei brasileira não faz qualquer menção imediata a mais de uma espécie de *software*, de modo que a primeira grande conclusão a que chegamos é a de que não existe juridicamente mais de uma espécie de *software* e, mais especificamente, não se pode falar, por exemplo, em "*software* de prateleira" ou em "*software* cópia única", indo ao encontro daquilo que concluímos com a exposição teórica dos aspectos técnicos do *software*.
>
> Conforme já dito, as expressões "de prateleira", "*standard*", "cópia única" e "*customized*" fazem referência, na realidade, à espécie de relação econômica (e, portanto, pré-jurídica) que se instaura entre as partes (proprietário de direitos autorais e usuário) em cada caso.

Não obstante tal fato, como vimos, a comercialização do *software* somente ocorre por três formas elencadas na Lei n. 9.609/1998: (i) licença de uso, (ii) licença de comercialização ou distribuição ou (iii) transferência de tecnologia. E é justamente a partir dessas particularidades quanto aos tipos de operações envolvendo *softwares* que surgem os questionamentos a respeito da correta incidência tributária sobre tais atividades – se deve incidir o ICMS ou o ISS, como será detalhado a seguir.

3.3 DELIMITAÇÃO DO CAMPO DE INCIDÊNCIA DO ICMS E DO ISS

3.3.1 Critério material da hipótese de incidência do ICMS

A CRFB/1988 delimita a competência dos estados e do Distrito Federal para a instituição do ICMS sobre operações de circulação de mercadorias, dentre outras prestações, nos termos do art. 155, II:

Art. 155. Compete aos Estados e ao Distrito Federal instituir impostos sobre:

[...]

II – operações relativas à circulação de mercadorias e sobre prestações de serviços de transporte interestadual e intermunicipal e de comunicação, ainda que as operações e as prestações se iniciem no exterior;

Como visto, além das operações relativas à circulação de mercadorias – que interessam a este estudo –, o ICMS também incide sobre as prestações de serviços de transporte interestadual e intermunicipal e de comunicação. Para fins de análise do tema que interessa ao capítulo, é importante examinar os termos utilizados pelo legislador constituinte para definir a hipótese de incidência tributária do ICMS: operações, circulação e mercadorias – contudo, é necessário ter em mente que esses termos não podem ser analisados isoladamente em seus significados, pois seu conjunto é que compõe a materialidade da incidência tributária do ICMS (MACHADO, 2013, p. 376).

Conforme lição de Adolpho Bergamini (2019), pode-se entender que o termo "operações" se refere aos negócios jurídicos mercantis, enquanto o conceito de circulação pode ser entendido por dois sentidos controversos, a saber, um critério jurídico e um critério físico:

> Pelo primeiro, adotado pelos contribuintes, a **circulação** deve ser jurídica, isto é, deve haver a transferência de titularidade da mercadoria, o que implica dizer que transferências de mercadorias de um estabelecimento para outro não configuram fato gerador do ICMS, desde que estes estabelecimentos sejam da mesma empresa.
>
> Já pelo segundo critério, o **critério físico** adotado pelos Fiscos Estaduais, a circulação é meramente física, de modo que as meras transferências de mercadorias entre estabelecimentos da mesma empresa são consideradas como atividades tributadas pelo ICMS. Esse entendimento está calcado no princípio da **autonomia dos estabelecimentos**, devidamente positivado no artigo 25 da Lei Complementar n. 87/96: não fossem os estabelecimentos autônomos para apurar seus créditos e seus débitos, não seria possível, jamais, instituir o ICMS sobre transferências de mercadorias (grifos do original).

Com efeito, há divergência quanto à necessidade ou não de configuração de transferência de titularidade da mercadoria para que se configure a **circulação** apta a manifestar a hipótese de incidência tributária do imposto em debate, ou se a mera transferência física de mercadoria de um estabelecimento a outro de uma mesma empresa pode ensejar a tributação do ICMS.

Para Leandro Paulsen e José Eduardo Soares de Melo (2018, p. 247-248), alinhando-se ao critério jurídico, a mera circulação física ou econômica de mercadorias é irrelevante para tipificar a incidência tributária do ICMS. Em sentido oposto, Hugo de Brito Machado (2013, p. 377) entende que nas transferências de mercadorias entre estabelecimentos da mesma empresa, destinadas à comercialização, com saída do estoque de uma para outra, há o fato gerador do ICMS, pois "ocorre uma verdadeira operação relativa à circulação de mercadoria, que a impulsiona no caminho que há de percorrer da fonte produtora até o consumidor".

A despeito das posições controversas apresentadas, compartilhamos do entendimento no sentido de que a **circulação** para fins de incidência tributária do ICMS deve ser aquela sob seu aspecto jurídico, mediante efetiva transferência de titularidade do bem entre o detentor e seu adquirente, implicando transferência de propriedade.

Esse entendimento encontra respaldo na jurisprudência pacífica do Superior Tribunal de Justiça (STJ), que já se manifestou em reiterados julgados nesse sentido que, inclusive, deram origem à edição da Súmula 166, em 14.08.1996, cuja redação afirma que: "Não constitui fato gerador do ICMS o simples deslocamento de mercadoria de um para outro estabelecimento do mesmo contribuinte". Posteriormente, o tema também foi objeto de análise pela Corte em sede de recurso repetitivo, nos autos do Recurso Especial (REsp) n. 1.125.133/SP, julgado em 25.08.2010,[5] em que o STJ reafirmou sua orientação, no sentido da não incidência do ICMS em operações de transferências de mercadorias entre estabelecimentos de um mesmo contribuinte.

No mesmo sentido, a jurisprudência do STF orienta que a incidência do ICMS sobre **operações relativas à circulação de mercadorias** pressupõe a transferência de propriedade do bem – esse entendimento foi reafirmado quando a Suprema Corte analisou a possibilidade de incidência do ICMS nas operações de importação de mercadorias no formato de arrendamento mercantil (*leasing*), nos autos do Recurso Extraordinário (RE) n. 540.829/SP, em 11.09.2014,[6] assim como também mais recentemente, quando da análise da incidência do ICMS nas transferências de mercadorias entre estabelecimentos de um mesmo contribuinte, nos autos do Agravo em Recurso Extraordinário (ARE) n. 1.255.885/MS, em 15.08.2020,[7] e da Ação Declaratória de Constitucionalidade (ADC) n. 49, em 19.04.2021,[8] oportunidade em que a Suprema Corte ratificou o entendimento já pacificado no âmbito do STJ.

---

5   Tema Repetitivo n. 259/STJ. Tese firmada: "Não constitui fato gerador do ICMS o simples deslocamento de mercadoria de um para outro estabelecimento do mesmo contribuinte".

6   Tema de Repercussão Geral n. 297/STF. Tese firmada: "Não incide o ICMS na operação de arrendamento mercantil internacional, salvo na hipótese de antecipação da opção de compra, quando configurada a transferência da titularidade do bem".

7   Tema de Repercussão Geral n. 1.099/STF. Tese firmada: "Não incide ICMS no deslocamento de bens de um estabelecimento para outro do mesmo contribuinte localizados em estados distintos, visto não haver a transferência da titularidade ou a realização de ato de mercancia".

8   Ementa: "DIREITO CONSTITUCIONAL E TRIBUTÁRIO. AÇÃO DECLARATÓRIA DE CONSTITUCIONALIDADE. ICMS. DESLOCAMENTO FÍSICO DE BENS DE UM ESTABELECIMENTO PARA OUTRO DE MESMA TITULARIDADE. INEXISTÊNCIA DE FATO GERADOR. PRECEDENTES DA CORTE. NECESSIDADE DE OPERAÇÃO JURÍDICA COM TRAMITAÇÃO DE POSSE E PROPRIEDADE DE BENS. AÇÃO JULGADA IMPROCEDENTE. 1. Enquanto o diploma em análise dispõe que incide o ICMS na saída de mercadoria para estabelecimento localizado em outro Estado, pertencente ao mesmo titular, o Judiciário possui entendimento no sentido de não incidência, situação esta que exemplifica, de pronto, evidente insegurança jurídica na seara tributária. Estão cumpridas, portanto, as exigências previstas pela Lei n. 9.868/1999 para processamento e julgamento da presente ADC. 2. O deslocamento de mercadorias entre estabelecimentos do mesmo titular não configura fato gerador da incidência de ICMS, ainda que se trate de circulação interestadual. Precedentes. 3. A hipótese de incidência do tributo é a operação jurídica praticada por comerciante que acarrete circulação de mercadoria e transmissão de sua titularidade ao consumidor final. 4. Ação declaratória julgada improcedente, declarando a inconstitucionalidade dos artigos 11, § 3º, II, 12, I, no trecho 'ainda que para outro estabelecimento do mesmo titular', e 13, § 4º, da Lei Complementar Federal n. 87, de 13 de setembro de 1996" (ADC 49, Rel. Min. Edson Fachin, Tribunal Pleno, j. 19.04.2021, processo eletrônico *DJe*-084 DIVULG 03.05.2021 PUBLIC 04.05.2021).

Já o termo **mercadorias**, para Hugo de Brito Machado (2013, p. 377-378), refere-se às "coisas móveis", constituindo "bens **corpóreos**, que valem por si, e não pelo que representam" (grifos nossos), e, ainda, "destinadas ao comércio". Para Leandro Paulsen e José Eduardo Soares de Melo (2018, p. 249), no entanto, **mercadoria** pode ser um "bem corpóreo (**ou virtual**) da atividade profissional do produtor, industrial, comerciante e importador, tendo por objeto a sua distribuição para consumo" (grifos nossos).

Como visto, não há dúvida de que a mercadoria se traduz naquele bem móvel que é objeto de atividade comercial, mas há divergência doutrinária quanto à possibilidade de que a mercadoria, para fins de incidência do ICMS, possa ser um bem incorpóreo, afastando-se do conceito tradicional de direito privado que vinculava a mercadoria a um bem corpóreo.

Não é demais lembrar que a classificação dos bens está inserida em nosso ordenamento jurídico pelo art. 79 e seguintes do Código Civil (Lei n. 10.406/2002), dividindo-se nas seguintes espécies: (i) bens considerados em si mesmos, estes subdivididos entre (a) bens imóveis, (b) bens móveis, (c) bens fungíveis e consumíveis, (d) bens divisíveis e (e) bens singulares e coletivos; (ii) bens reciprocamente considerados; e (iii) bens públicos. A dicotomia entre bens corpóreos e incorpóreos não é trazida expressamente pelo Código Civil, mas a doutrina civilista também os classifica de acordo com sua materialidade, conforme ensina Carlos Roberto Gonçalves (2021, p. 110):

> Bens **corpóreos** são os que têm existência física, material e podem ser tangidos pelo homem. **Incorpóreos** são os que têm existência abstrata ou ideal, mas valor econômico, como o direito autoral, o crédito, a sucessão aberta, o fundo de comércio etc. São criações da mente reconhecidas pela ordem jurídica (grifos do original).

Não obstante as classificações acima referidas, fato é que a Constituição Federal não vem a definir o conceito de mercadoria que é utilizado para fins da incidência tributária do ICMS, mas admite sua incidência sobre um bem incorpóreo como a energia elétrica – a esse respeito, Leandro Paulsen e José Eduardo Soares de Melo (2018, p. 49) afirmam que o "conceito sofreu ampliação constitucional, ao submeter o fornecimento de energia elétrica (coisa incorpórea) ao âmbito da incidência do imposto, enquadrando no espectro mercantil (art. 155, § 3º, CF)".

Ainda assim, para a doutrina tributária clássica, é quase convergente a interpretação no sentido de que o conceito de mercadoria que foi adotado pela Constituição Federal de 1988, para fins de incidência do ICMS e ainda que implicitamente, é o conceito de direito privado extraído do art. 191 do antigo Código Comercial (Lei n. 556/1850)[9] – entendimento

---

9   "Art. 191. O contrato de compra e venda mercantil é perfeito e acabado logo que o comprador e o vendedor se acordam na coisa, no preço e nas condições; e desde esse momento nenhuma das partes pode arrepender-se sem consentimento da outra, ainda que a coisa se não ache entregue nem o preço pago. Fica entendido que nas vendas condicionais não se reputa o contrato perfeito senão depois de verificada a condição (artigo n. 127).
    É unicamente considerada mercantil a compra e venda de efeitos móveis ou semoventes, para os revender por grosso ou a retalho, na mesma espécie ou manufaturados, ou para alugar o seu uso; compreendendo-se na classe dos primeiros a moeda metálica e o papel moeda, títulos de fundos públicos, ações de companhias e papéis de crédito comerciais, contanto que nas referidas transações o comprador ou vendedor seja comerciante." Revogado pela Lei n. 10.406/2002.

com o qual nos alinhamos –, sendo restrito aos "bens tangíveis, corpóreos, ou as exceções de bens intangíveis expressamente previstas no artigo", como pontuado por Daniela Silveira Lara (2018).

Com o avanço da internet e do comércio eletrônico, surge, então, uma nova nomenclatura de bens, comercializados em ambiente virtual: os chamados **bens digitais**, que, conforme definido por Alice Marinho Corrêa da Silva *et al.* (2017, p. 25) em estudo sobre o tema, "são adquiridos e recebidos por meio da Internet, de modo que não possuem qualquer materialidade física", constituindo "bens incorpóreos existentes no mundo virtual".

É nesse contexto que os debates a respeito da possibilidade e da necessidade de atualização do conceito constitucional de mercadoria ganham força no cenário doutrinário e jurisprudencial – especialmente no contexto da Suprema Corte, como se verá mais adiante –, tendo em vista o constante avanço tecnológico da sociedade e da digitalização da economia e buscando alcançar novos fatos economicamente relevantes. No entanto, como se sabe, o poder de tributar deve guardar estrita observância ao princípio da legalidade, positivado no art. 150, I, da CRFB/1988 e no art. 97, I e II, do Código Tributário Nacional (CTN – Lei n. 5.172/1966), não sendo lícito aos entes tributantes que imponham a tributação em desacordo com as balizas constitucionais estabelecidas.

3.3.2 Critério material da hipótese de incidência do ISS

De outro lado, a CRFB/1988 também estabelece a competência dos municípios para a instituição do ISS sobre a prestação de serviços de qualquer natureza, conforme disposto no art. 156, III:

> Art. 156. Compete aos Municípios instituir impostos sobre:
>
> [...]
>
> III – serviços de qualquer natureza, não compreendidos no art. 155, II, definidos em lei complementar.

Nos termos delimitados pela Constituição Federal, portanto, é outorgada competência aos municípios para a instituição do ISS sobre a prestação de serviços de qualquer natureza, observando-se dois critérios: (i) que não estejam compreendidos no art. 155, II – que remete a prestação de serviços de transporte interestadual e intermunicipal e de comunicação, cuja competência é dada aos estados e ao Distrito Federal para a tributação pelo ICMS, como visto no tópico anterior –, e (ii) que estejam definidos em lei complementar – o que atualmente é regulamentado pela Lei Complementar n. 116, de 31.07.2003.

Não obstante as atividades passíveis de tributação pelo ISS sejam definidas por lei complementar, antes de tudo, é importante saber qual é a extensão do conceito de **serviço** que foi adotado pelo legislador constituinte ao definir a materialidade da incidência do ISS. E, mais uma vez, a Constituição Federal não vem a definir o que é **serviço** sujeito à incidência do ISS, mas, assim como o conceito de mercadoria, a doutrina também defende que o conceito de **serviço** que foi utilizado pela Constituição seria aquele já empregado pelo direito privado,[10] a exemplo da referência contida no art. 1.216 do Código Civil de 1916 (Lei n. 3.071/1916).[11]

Com efeito, a doutrina clássica de Aires F. Barreto (2018, p. 34) nos ensina que o conceito de **serviço** constitui um **fazer** em favor de terceiros, nos seguintes termos:

> É lícito afirmar, pois, que serviço é uma espécie de trabalho. É o esforço humano que se volta para outra pessoa; é fazer desenvolvido para outrem. O serviço é, assim, um tipo de trabalho que alguém desempenha para terceiros. Não é esforço desenvolvido em favor do próprio prestador, mas de terceiros. Conceitualmente, parece que são rigorosamente procedentes essas observações. O conceito de serviço supõe uma relação com outra pessoa, a quem se serve. Efetivamente, se é possível dizer-se que se fez um trabalho "para si mesmo", não o é afirmar-se que se prestou serviço "a si próprio". Em outras palavras, pode haver trabalho, sem que haja relação jurídica, mas só haverá serviço no bojo de uma relação jurídica.

E, ao tratar especificamente do conceito de serviço tributável para fins de ISS, Aires F. Barreto (2018, p. 43) o conceitua como "o desempenho de uma atividade economicamente apreciável, sem subordinação, produtiva de utilidade para outrem, sob regime de direito privado, com fito de remuneração, não compreendido na competência de outra esfera de governo".

No cenário jurisprudencial, há muito o STF tem se debruçado sobre a definição do conceito de **serviço** para fins de incidência do ISS, já tendo sinalizado que a lei complementar tem a atribuição de definir a incidência tributária nos limites da Constituição Federal, sem definir ou inventar o que é **serviço**.[12] Mais recentemente, considera-se paradigmático o julgamento do RE 651.703/PR, em 29.09.2016, em que a Corte analisou a incidência do ISS sobre as atividades desenvolvidas por operadoras de planos de saúde privados, ocasião em que restou vencedor o voto do relator Ministro Luiz Fux, no sentido de que "a classificação das obrigações em 'obrigação de dar', de 'fazer' e 'não fazer', tem cunho eminentemente civilista", motivo pelo qual "não é a mais apropriada para o enquadramento dos produtos e serviços resultantes da atividade econômica".

---

10 Nesse sentido, Martha Leão e Daniela Gueiros Dias ponderam em estudo sobre o tema: "Com relação à utilização do termo 'serviço' em seu sentido técnico, é relevante perquirir o significado atribuído pela comunidade jurídica brasileira a este vocábulo antes da sua incorporação pela Constituição. Nesse sentido, o Código Civil de 1916 disciplinava a locação de serviços a partir do art. 1.216. De acordo com o art. 1.216, 'toda a espécie de serviço ou trabalho lícito, material ou imaterial, pode ser contratada mediante retribuição'. Conforme Pontes de Miranda, à luz deste dispositivo é possível afirmar que 'servir é prestar atividade a outrem. Em sentido larguíssimo, serve quem promete e presta atos a outrem, ou quem promete e presta resultado'. Este foi o conceito incorporado pela Constituição de 1988, na medida em que esta não modificou o conceito de serviços por meio de uma definição estipulativa, nem o precisou por meio de uma redefinição. O que fez a Constituição de 1988, portanto, foi incorporar o termo 'serviços' tal como era empregado anteriormente, seja em seu sentido técnico, seja em seu sentido ordinário" (LEÃO; DIAS, 2019).

11 "Art. 1.216. Toda a espécie de serviço ou trabalho lícito, material ou imaterial, pode ser contratada mediante retribuição."

12 Ao analisar a incidência do ISS sobre operações de arrendamento mercantil (*leasing*) nos autos do RE 592.905/SC, em 02.12.2009, cuja incidência foi confirmada pelo STF naquela oportunidade, o Ministro relator Eros Grau pontuou em seu voto que "a lei complementar não define o que é serviço, apenas o declara, para fins do inciso III do artigo 156 da Constituição. Não o inventa, simplesmente descobre o que é serviço para os efeitos do inciso III do artigo 156 da Constituição".

No caso, entendeu o Ministro relator que essa classificação entre obrigações de dar e de fazer não seria compatível com a finalidade que o legislador constitucional pretendeu alcançar com a determinação dos serviços passíveis de tributação por cada um dos impostos, que seria "a de captar todas as atividades empresariais cujos produtos fossem serviços, bens imateriais em contraposição aos bens materiais, sujeitos a remuneração no mercado"; assim, também não teria relação com o conceito de prestação de serviços, este mais relacionado ao oferecimento de uma utilidade, nos seguintes termos:

> [...] o conceito de prestação de serviços não tem por premissa a configuração dada pelo Direito Civil, mas relacionado ao oferecimento de uma utilidade para outrem, a partir de um conjunto de atividades imateriais, prestados com habitualidade e intuito de lucro, podendo estar conjugada ou não com a entrega de bens ao tomador.

Seguindo essa linha de raciocínio, o Ministro Luiz Fux sinalizou que coube à Lei Complementar n. 116/2003 "ampliar o campo de incidência do Imposto Sobre Serviço, principalmente no sentido de adaptar a sua anexa lista de serviços à realidade atual, relacionando numerosas atividades que não constavam dos atos legais antecedentes", concluindo, então, pela incidência do ISS sobre as atividades desenvolvidas pelas operadoras de planos de saúde privados.

Para além dessa discussão, apesar de o texto constitucional se referir à expressão **de qualquer natureza**, é fato que não é qualquer serviço que pode ser tributado pelo ISS, mas apenas aquele que expresse uma atividade econômica e que tenha correspondência com as atividades que são definidas pela lista de serviços anexa à Lei Complementar n. 116/2003, não sendo admitido que o município pretenda a tributação de uma atividade que não esteja relacionada na lista de serviços. A esse respeito, José Antônio Patrocínio (2021) pondera que:

> Para fazer nascer a obrigação de pagar o imposto é preciso que o serviço encontre correspondência com a lista instituída pelo art. 1º da LC 116/2003. Para tanto, deverão ser consideradas a natureza e a essência do serviço prestado, não importando o nome dado a ele pelo contribuinte. Outro detalhe: Na lista de serviços estão os gêneros dos quais o intérprete extrai as suas espécies; é a chamada interpretação extensiva. Por meio dela é que será possível definir se há incidência do ISS.

Neste ponto, é importante destacar que a lista de serviços anexa à Lei Complementar n. 116/2003 não prevê de forma detalhada e exauriente todas as atividades econômicas que estão sujeitas à incidência do ISS – o que de fato seria impossível –, sendo majoritariamente acolhido pela doutrina e pela jurisprudência que a lista de serviços é taxativa e não exemplificativa quanto aos itens que nela estão relacionados.[13] Admite-se a interpretação

---

13 Cabe o registro da posição contrária de Clélio Chiesa, no sentido de que "[...] a lei complementar mencionada tem caráter meramente exemplificativo. A lei infraconstitucional, ainda que seja a complementar, não pode limitar a atuação do legislador municipal, pois isso implicaria na violação ao princípio da autonomia dos Municípios. Admitir que a lei complementar possa apontar os serviços que poderão ser tributados por meio do ISS, é transferir para o Congresso Nacional o poder de definir, por meio de lei infraconstitucional, o campo de atuação dos Municípios no tocante a esse imposto, amesquinhando a autonomia das unidades municipais" (CHIESA, 2015).

extensiva para abarcar atividades que sejam correlatas, como foi recentemente reafirmado pelo STF no julgamento do RE 784.439/DF, em 29.06.2020,[14] em que a Corte analisou especificamente o caráter taxativo da lista de serviços sujeitos ao ISS nos termos do art. 156, III, da CRFB/1988.

Sendo assim, a Lei Complementar n. 116/2003 estabelece, de acordo com a sua lista de serviços anexa, todas as atividades entendidas como prestação de serviços apta a gerar a incidência do ISS, separadas por categorias de itens que agrupam subitens que constituem os serviços tributáveis. Nesse contexto, as atividades que envolvem operações com *softwares* estão listadas no item que trata dos **Serviços de informática e congêneres** da lista de serviços anexa à Lei Complementar n. 116/2003, com redação dada pela Lei Complementar n. 157/2016, conforme a seguir reproduzido:

1 – Serviços de informática e congêneres.

1.01 – Análise e desenvolvimento de sistemas.

1.02 – Programação.

1.03 – Processamento, armazenamento ou hospedagem de dados, textos, imagens, vídeos, páginas eletrônicas, aplicativos e sistemas de informação, entre outros formatos, e congêneres. (Redação dada pela Lei Complementar n. 157, de 2016).

1.04 – Elaboração de programas de computadores, inclusive de jogos eletrônicos, independentemente da arquitetura construtiva da máquina em que o programa será executado, incluindo *tablets*, *smartphones* e congêneres. (Redação dada pela Lei Complementar n. 157, de 2016).

1.05 – Licenciamento ou cessão de direito de uso de programas de computação.

1.06 – Assessoria e consultoria em informática.

1.07 – Suporte técnico em informática, inclusive instalação, configuração e manutenção de programas de computação e bancos de dados.

1.08 – Planejamento, confecção, manutenção e atualização de páginas eletrônicas.

1.09 – Disponibilização, sem cessão definitiva, de conteúdos de áudio, vídeo, imagem e texto por meio da internet, respeitada a imunidade de livros, jornais e periódicos (exceto a distribuição de conteúdos pelas prestadoras de Serviço de Acesso Condicionado, de que trata a Lei n. 12.485, de 12 de setembro de 2011, sujeita ao ICMS). (Incluído pela Lei Complementar n. 157, de 2016).

Como visto, as operações com *softwares* são expressamente referenciadas pelos subitens 1.04 e 1.05 da lista de serviços, que preveem, respectivamente, a tributação do ISS sobre as atividades de **elaboração de programas de computadores** e de **licenciamento ou cessão de direito de uso de programas de computação**. E, em que pese haja previsão expressa nesse sentido desde a redação original da Lei Complementar n. 116/2003, como será visto a seguir, referida previsão não foi suficiente para obstar o agravamento do conflito de competência entre estados e municípios na tributação dessas atividades.

---

14 Tema de Repercussão Geral n. 296/STF. Tese firmada: "É taxativa a lista de serviços sujeitos ao ISS a que se refere o art. 156, III, da Constituição Federal, admitindo-se, contudo, a incidência do tributo sobre as atividades inerentes aos serviços elencados em lei em razão da interpretação extensiva".

3.4 A TRIBUTAÇÃO DO *SOFTWARE* PELO ICMS *VERSUS* O ISS: O CONFLITO DE COMPETÊNCIA ENTRE ESTADOS E MUNICÍPIOS E A EVOLUÇÃO DA JURISPRUDÊNCIA DO STF SOBRE O TEMA

Muito embora as operações com *softwares* tenham sido expressamente previstas como atividades sujeitas à incidência do ISS apenas com o advento da Lei Complementar n. 116/2003, os municípios já buscavam sua tributação pelo imposto municipal ainda na vigência do Decreto-lei n. 406/1968, com redação dada pela Lei Complementar n. 56/1987, que incluiu o item 24 na lista de serviços para compreender as atividades de **análises, inclusive de sistemas, exames, pesquisas e informações, coleta e processamento de dados de qualquer natureza** (PISCITELLI *et al.*, 2020). Os estados, por sua vez, buscavam a tributação dessas operações sob o entendimento de que se configurava uma operação de comercialização de mercadorias, inseridos naquele contexto em que programas de computador eram comercializados em um suporte midiático (tais como disquete, CD, DVD) adquirido por qualquer cliente diretamente em um ponto de venda.

A partir disso, então, surgiu o conflito de competência entre estados e municípios pela tributação de operações envolvendo *softwares*, em que, de um lado, os municípios alegavam que essas operações constituíam uma prestação de serviços sujeita ao ISS – entendendo o *software* como um serviço – e, de outro, os estados afirmavam que se tratava de uma operação de compra e venda de um bem passível de incidência do ICMS – entendendo o *software* como uma mercadoria.

Essa divergência de entendimento entre estados e municípios levou a Primeira Turma do STF a analisar o tema em 1998, nos autos do RE 176.626/SP, em que primeiramente foi realizada a distinção entre *softwares* "de prateleira", "sob encomenda" e "customizado", e o suporte midiático em que nele se materializam, cuja ementa se transcreve a seguir, dada sua relevância para o estudo aqui desenvolvido:

> I. Recurso extraordinário: prequestionamento mediante embargos de declaração (Súm. 356). A teor da Súmula 356, o que se reputa não prequestionado é o ponto indevidamente omitido pelo acórdão primitivo sobre o qual "não foram opostos embargos declaratórios". Mas se, opostos, o Tribunal *a quo* se recuse a suprir a omissão, por entendê-la inexistente, nada mais se pode exigir da parte (RE 210.638, Pertence, *DJ* 19.6.98).
>
> II. RE: questão constitucional: âmbito de incidência possível dos impostos previstos na Constituição: ICMS e mercadoria. Sendo a mercadoria o objeto material da norma de competência dos Estados para tributar-lhe a circulação, a controvérsia sobre se determinado bem constitui mercadoria é questão constitucional em que se pode fundar o recurso extraordinário.
>
> III. Programa de computador ("*software*"): tratamento tributário: distinção necessária. Não tendo por objeto uma mercadoria, mas um bem incorpóreo, sobre as operações de "licenciamento ou cessão do direito de uso de programas de computador", "matéria exclusiva da lide", efetivamente não podem os Estados instituir ICMS: dessa impossibilidade, entretanto, não resulta que, de logo, se esteja também a subtrair do campo constitucional de incidência do ICMS a circulação de cópias ou exemplares dos programas de computador produzidos em série e comercializados no varejo – como a do chamado "*software* de prateleira" (*off the shelf*) – os quais, materializando o *corpus*

mechanicum da criação intelectual do programa, constituem mercadorias postas no comércio (RE 176626, Rel. Min. Sepúlveda Pertence, Primeira Turma, j. 10.11.1998, *DJ* 11.12.1998 PP-00010 EMENT VOL-01935-02 PP-00305 RTJ VOL-00168-01 PP-00305 – grifos nossos).

No caso concreto, o estado de São Paulo buscava a reforma de acórdão proferido pelo Tribunal de Justiça Estadual, que afastou a incidência do ICMS sobre operações de licenciamento ou cessão de direito de uso de programas de computador, privilegiando o programa de computador em si e não seu suporte físico, ao passo que o estado alegava que se tratava de um *software* "de prateleira", produzido em série e vendido em lojas como um produto, que deveria ser tributado pelo imposto estadual.

Em que pese o STF não tenha conhecido do recurso extraordinário interposto, restou assentado que a determinação da incidência tributária dependeria da presença de um suporte físico – o *corpus mechanicum* – que, quando existente, poderia atrair a incidência do ICMS. Por outro lado, na ausência de um suporte físico, a incidência do ICMS não poderia alcançar o bem incorpóreo, no tocante às operações de licenciamento ou cessão de direito de uso de *software*, uma vez que não seria uma mercadoria e sim um direito de uso, conforme destacado pelo relator Ministro Sepúlveda Pertence nas seguintes passagens de seu voto:

> Estou, de logo, em que o conceito de mercadoria efetivamente não inclui os bens incorpóreos, como os direitos em geral: mercadoria é bem corpóreo objeto de atos de comércio ou destinado a sê-lo.
>
> Ora, no caso, o que se pretende é a declaração de inexistência de relação jurídica de natureza tributária entre a autora e o Estado, relativamente às operações de "licenciamento ou cessão de direito de uso de programas de computador": trata-se, pois, de operações que têm como objeto um **direito de uso**, bem incorpóreo insuscetível de ser incluído no conceito de mercadoria e, consequentemente, de sofrer a incidência do ICMS.
>
> [...]
>
> O licenciamento, como disse, não se confunde com as operações realizadas com o exemplar do programa.
>
> [...]
>
> De fato. O comerciante que adquire exemplares para revenda, mantendo-os em estoque ou expondo-os em sua loja, não assume a condição de licenciado ou cessionário dos direitos de uso que, em consequência, não pode transferir ao comprador: sua posição, aí, é a mesma do vendedor de livros ou de discos, que não negocia com os direitos do autor, mas com o ***corpus mechanicum*** de obra intelectual que nele se materializa. [...] E é sobre essa operação que cabe plausivelmente cogitar da incidência do imposto questionado (grifos do original).

A partir do julgamento do RE 176.626/SP pelo STF, diversos estados incorporaram, em suas legislações, a previsão de cobrança do ICMS sobre as operações com *softwares*, considerando como base de cálculo apenas o valor de mercado do suporte informático de qualquer natureza, alinhados ao entendimento jurisprudencial que prevaleceu naquele momento, a exemplo do estado de São Paulo, que editou o Decreto n. 51.619/2007.[15]

---

15 Decreto n. 51.619/2007: "Artigo 1º Na operação realizada com programa para computador (*software*), personalizado ou não, o ICMS será calculado sobre uma base de cálculo que corresponderá ao dobro do valor de mercado do seu suporte informático".

Contudo, logo em seguida à publicação do acórdão desse julgamento pelo STF, o estado do Mato Grosso editou a Lei n. 7.098, de 30.12.1998, que consolidou as normas referentes ao ICMS e, dentre outras regulamentações, previu expressamente a incidência do ICMS nas "operações com programa de computador – *software* –, ainda que realizadas por transferência eletrônica de dados", tendo por base de cálculo o valor de "qualquer outra parcela debitada ao destinatário, inclusive o suporte informático, independentemente de sua denominação", conforme disposto nos arts. 2º, § 1º, VI, e 6º, § 6º, da referida lei,[16] em uma tentativa de alcançar também as operações com *softwares* realizadas sem o correspondente suporte físico – via *download* –, na contramão do entendimento até então firmado pelo STF.

Esse movimento legislativo do estado do Mato Grosso induziu o Partido do Movimento Democrático Brasileiro (PMDB) à propositura da Ação Direta de Inconstitucionalidade (ADI) n. 1.945, em 21.01.1999, perante o STF, com a finalidade de discutir a constitucionalidade da Lei n. 7.098/1998, por invasão de competência tributária municipal sobre a prestação de serviços de qualquer natureza, prevista no art. 156, III, da CRFB/1988.

A análise do pedido de medida cautelar formulado na ADI 1.945/MT, pela suspensão liminar dos dispositivos legais questionados, teve início em 19.04.1999 e somente foi concluída em 26.05.2010.[17] Naquela oportunidade, o Plenário do STF indeferiu o pedido, por maioria de votos, para entender possível a incidência do ICMS sobre as operações com *softwares* "de prateleira", também na forma de *download*, sob a justificativa da necessidade de acompanhar o avanço tecnológico e abarcar novos formatos de operações não compatíveis com premissas jurídicas anteriores.

De acordo com os votos que prevaleceram, orientados pela divergência inaugurada pelo Ministro Nelson Jobim, entendeu-se que a aquisição de um *software* "de prateleira"

---

16 "Art. 2º O imposto incide sobre:
[...]
§ 1º O imposto incide também:
[...]
VI – sobre as operações com programa de computador – *software* –, ainda que realizadas por transferência eletrônica de dados.
[...]
Art. 6º A base de cálculo do imposto é:
[...]
§ 6º Integra a base de cálculo do ICMS, nas operações realizadas com programa de computador – *software* – qualquer outra parcela debitada ao destinatário, inclusive o suporte informático, independentemente de sua denominação."

17 Ementa: "Ação Direta de Inconstitucionalidade. Direito Tributário. ICMS. [...]. 8. ICMS. Incidência sobre *softwares* adquiridos por meio de transferência eletrônica de dados (art. 2º, § 1º, item 6, e art. 6º, § 6º, ambos da Lei impugnada). Possibilidade. Inexistência de bem corpóreo ou mercadoria em sentido estrito. Irrelevância. O Tribunal não pode se furtar a abarcar situações novas, consequências concretas do mundo real, com base em premissas jurídicas que não são mais totalmente corretas. O apego a tais diretrizes jurídicas acaba por enfraquecer o texto constitucional, pois não permite que a abertura dos dispositivos da Constituição possa se adaptar aos novos tempos, antes imprevisíveis [...]" (ADI 1.945 MC, Rel. Min. Octavio Gallotti, Rel. p/ Acórdão Gilmar Mendes, Tribunal Pleno, j. 26.05.2010, DJe-047 DIVULG 11.03.2011 PUBLIC 14.03.2011 EMENT VOL-02480-01 PP-00008 RTJ VOL-00220-01 PP-00050).

via *download* seria apenas uma consequência da evolução tecnológica e, desse modo, não haveria qualquer distinção para as aquisições que eram realizadas com suporte midiático – disquete, CD, DVD – e sobre as quais o STF havia validado a incidência do ICMS quando do julgamento do RE 176.626/SP. Concluiu-se, portanto, que "é possível a incidência de ICMS sobre a circulação de mercadoria virtual", superando o entendimento anterior da Corte que se filiava à necessidade de existência de um bem corpóreo.

Importante notar que, naquele momento, em 2010, já havia sido editada a Lei Complementar n. 116/2003, que, como visto anteriormente, listou expressamente as atividades de **elaboração de programas de computadores** e de **licenciamento ou cessão de direito de uso de programas de computação** como prestação de serviço sujeita à incidência do ISS, nos subitens 1.04 e 1.05, respectivamente, da lista de serviços anexa à lei complementar, o que foi reproduzido pelos municípios em suas legislações internas. Todavia, em que pese essa importante alteração do cenário legislativo na época em relação ao entendimento firmado em 1998 no julgamento do RE 176.626/SP, tal fato não acarretou qualquer influência sobre o julgamento da medida cautelar na ADI 1.945/MT, ocorrido em 2010, de modo que, a partir desse último julgamento, o STF sinalizou aos estados a possibilidade de se exigir o ICMS também nas operações com *softwares* via *download* e não mais somente sobre seu *corpus mechanicum*.

Apesar de essa decisão ter sido proferida em sede de medida cautelar e, portanto, sem análise do mérito da controvérsia, em 29.09.2015, o estado de São Paulo editou o Decreto n. 61.522,[18] que revogou o Decreto n. 51.619/2007, de modo a passar a considerar o valor da operação e não mais apenas o valor do suporte midiático como base de cálculo nas operações com *softwares*. No mesmo sentido, o estado de Minas Gerais editou o Decreto n. 46.877, de 03.11.2015,[19] que revogou o inciso XV do art. 43 do Decreto n. 43.080/2002,[20] que previa a incidência do ICMS apenas sobre o valor do suporte informático do *software*.

Aparentemente esse movimento teve a adesão dos demais estados da Federação, e, em 28.12.2015, foi editado o Convênio ICMS n. 181 no âmbito do Conselho Nacional de

---

18   Decreto n. 61.522/2015: "Artigo 1º Fica revogado o Decreto 51.619, de 27 de fevereiro de 2007, que introduz cálculo específico da base de tributação do Imposto sobre Operações Relativas à Circulação de Mercadorias e sobre Prestações de Serviços de Transporte Interestadual e Intermunicipal e de Comunicação – ICMS em operações com programas de computador".
     A justificativa para esse decreto foi registrada por meio do Ofício GS n. 771/2015: "A revogação proposta tem por objetivo adequar, a partir de 1º de janeiro de 2016, a tributação do ICMS incidente nas referidas operações à adotada em outras Unidades Federadas. Com a revogação, a base de cálculo nas operações com programas de computador passa a ser o valor da operação, que inclui o valor do programa, do suporte informático e outros valores que forem cobrados do adquirente".
19   Decreto n. 46.877/2015: "Art. 1º Fica revogado o inciso XV do art. 43 do Regulamento do ICMS, aprovado pelo Decreto n. 43.080, de 13 de dezembro de 2002".
20   "Art. 43. Ressalvado o disposto no artigo seguinte e em outras hipóteses previstas neste Regulamento e no Anexo IV, a base de cálculo do imposto é:
     [...]
     XV – na saída ou no fornecimento de programa para computador:
     a) exclusivo para uso do encomendante, o valor do suporte físico ou informático, de qualquer natureza;
     b) destinado a comercialização, duas vezes o valor de mercado do suporte informático."

Política Fazendária (Confaz),[21] dispondo sobre a autorização concedida aos estados ali relacionados para a "redução de base de cálculo nas operações com *softwares*, programas, jogos eletrônicos, aplicativos, arquivos eletrônicos e congêneres", partindo da premissa de que as operações com *softwares* e demais itens, independentemente de seu meio de comercialização, estariam no campo de incidência do ICMS.

O estado de São Paulo, por sua vez, regulamentou o Convênio ICMS n. 181/2015 por meio da edição do Decreto n. 61.791,[22] em 11.01.2016, reduzindo a carga tributária na forma especificada pelo convênio, mas determinando a suspensão da cobrança do ICMS sobre as operações com *softwares*, programas, aplicativos, arquivos eletrônicos e jogos eletrônicos, por *download* ou *streaming*, até que fosse definido "o local de ocorrência do fato gerador para determinação do estabelecimento responsável pelo pagamento do imposto".

As alterações legislativas promovidas pelos estados de São Paulo e Minas Gerais não passaram despercebidas e levaram a Confederação Nacional de Serviços (CNS) a ingressar com as ADI 5.576/SP, em 17.08.2016, e 5.659/MG, em 15.12.2017, perante o STF, buscando a declaração de inconstitucionalidade das normas estaduais que determinaram a incidência do ICMS nas operações com *softwares*, inclusive via *download*, tendo como base de cálculo o valor total da operação, em flagrante invasão de competência tributária municipal, acarretando indevida bitributação aos contribuintes.

---

21 "CONVÊNIO ICMS 181, DE 28 DE DEZEMBRO DE 2015 – Autoriza as unidades federadas que especifica a conceder redução de base de cálculo nas operações com *softwares*, programas, jogos eletrônicos, aplicativos, arquivos eletrônicos e congêneres na forma que especifica.
Cláusula primeira. Ficam os Estados do Acre, Alagoas, Amapá, Amazonas, Bahia, Ceará, Goiás, Maranhão, Mato Grosso do Sul, Paraná, Paraíba, Pernambuco, Piauí, Rio de Janeiro, Rio Grande do Norte, Rio Grande do Sul, Santa Catarina, São Paulo, Tocantins autorizados a conceder redução na base de cálculo do ICMS, de forma que a carga tributária corresponda ao percentual de, no mínimo, 5% (cinco por cento) do valor da operação, relativo às operações com *softwares*, programas, jogos eletrônicos, aplicativos, arquivos eletrônicos e congêneres, padronizados, ainda que sejam ou possam ser adaptados, disponibilizados por qualquer meio, inclusive nas operações efetuadas por meio da transferência eletrônica de dados."

22 Decreto n. 61.791/2016: "Artigo 1º Ficam acrescentados os dispositivos adiante indicados ao Regulamento do Imposto sobre Operações Relativas à Circulação de Mercadorias e sobre Prestações de Serviços de Transporte Interestadual e Intermunicipal e de Comunicação – RICMS, aprovado pelo Decreto n. 45.490, de 30 de novembro de 2000, com a seguinte redação:
I – o artigo 37 às Disposições Transitórias:
'Artigo 37 (DDTT) – Não será exigido o imposto em relação às operações com *softwares*, programas, aplicativos, arquivos eletrônicos, e jogos eletrônicos, padronizados, ainda que sejam ou possam ser adaptados, quando disponibilizados por meio de transferência eletrônica de dados (*download* ou *streaming*), até que fique definido o local de ocorrência do fato gerador para determinação do estabelecimento responsável pelo pagamento do imposto' (NR);
II – o artigo 73 ao Anexo II:
'Artigo 73 (*SOFTWARES*) – Fica reduzida a base de cálculo do imposto incidente nas operações com *softwares*, programas, aplicativos e arquivos eletrônicos, padronizados, ainda que sejam ou possam ser adaptados, disponibilizados por qualquer meio, de forma que a carga tributária resulte no percentual de 5% (cinco por cento)' (Convênio ICMS-181/15).
Parágrafo único – O disposto no *caput* não se aplica aos jogos eletrônicos, ainda que educativos, independentemente da natureza do seu suporte físico e do equipamento no qual sejam empregados (NR)."

Permeando todos esses embates, o Confaz editou, em 29.09.2017, o Convênio ICMS n. 106,[23] que, a pretexto de disciplinar "procedimentos de cobrança do ICMS incidente nas operações com bens e mercadorias digitais comercializadas por meio de transferência eletrônica de dados e concede isenção nas saídas anteriores à saída destinada ao consumidor final", ampliou ainda mais o campo de tributação pretendido pelos estados para alcançar diversas operações digitais, englobadas como **bens e mercadorias digitais**.

As normas desse convênio foram incorporadas pela legislação de diversos estados da Federação – a exemplo do Decreto n. 63.099, de 22.12.2017, editado pelo estado de São Paulo –, agravando ainda mais o conflito de competência tributária instaurado entre estados e municípios, ao passo que o Convênio ICMS n. 106/2017 também foi objeto de questionamento judicial na ADI 5.958/DF, proposta em 11.06.2018 pela Associação Brasileira das Empresas de Tecnologia da Informação e Comunicação (Brasscom) perante o STF.

Como se vê, desde a década de 1990, diversas foram as ações que chegaram ao STF para tratar dessa discussão envolvendo a correta incidência tributária sobre as operações com *softwares*, se deve incidir o ICMS ou o ISS, mas somente em 2020 foi iniciado o julgamento virtual[24] da ADI 1.945/MT pelo Plenário do STF, com voto da relatora Ministra Cármen Lúcia julgando "parcialmente prejudicada a ação direta de inconstitucionalidade, quanto ao § 3º do art. 3º da lei mato-grossense n. 7.098/1998 e [...] na parte remanescente, improcedente o pedido", entendendo pela possibilidade da incidência do ICMS nas operações com *softwares* via *download*, no que foi acompanhada pelo Ministro Edson Fachin.

O julgamento foi suspenso após o pedido de vista do Ministro Dias Toffoli, e a sessão foi retomada para julgamento conjunto com a ADI 5.659/MG, de relatoria do próprio Ministro Dias Toffoli, que votou pelo afastamento da incidência do ICMS nas operações com *softwares*, ponderando que o licenciamento ou a cessão de direito de uso de *software*, seja padronizado, customizado ou não, seja por encomenda, independentemente de a transferência ocorrer via *download* ou por acesso à nuvem, já está compreendido no subitem 1.05 da lista de serviços anexa à Lei Complementar n. 116/2003.

Nesse sentido, entendeu o Ministro relator que "a elaboração de um *software* é um serviço que resulta do esforço humano", seja feito sob encomenda, padronizado ou customizado, disponibilizado por *download* ou em nuvem, de modo que, ainda que se considere um *software* padronizado como um bem digital e que se possa admitir a incidência do ICMS sobre bens incorpóreos ou imateriais, é imprescindível que haja a transferência de propriedade do bem, requisito necessário para a materialização do fato gerador do ICMS,

---

23 "CONVÊNIO ICMS 106, DE 29 DE SETEMBRO DE 2017 – Disciplina os procedimentos de cobrança do ICMS incidente nas operações com bens e mercadorias digitais comercializadas por meio de transferência eletrônica de dados e concede isenção nas saídas anteriores à saída destinada ao consumidor final.
Cláusula primeira. As operações com bens e mercadorias digitais, tais como *softwares*, programas, jogos eletrônicos, aplicativos, arquivos eletrônicos e congêneres, que sejam padronizados, ainda que tenham sido ou possam ser adaptados, comercializadas por meio de transferência eletrônica de dados observarão as disposições contidas neste convênio".

24 O julgamento foi realizado em ambiente virtual em razão do contexto de pandemia do novo coronavírus (covid-19), declarada pela Organização Mundial da Saúde (OMS) em 11.03.2020.

o que definitivamente não ocorre nas operações com *softwares* que são objeto de contratos de licença ou de cessão de direito de uso, entendimento com o qual nos alinhamos.

Com base nesse entendimento, o Ministro Dias Toffoli julgou procedente a ADI 5.659/MG, na parte em que se referia à incidência do ICMS nas operações com *softwares*, para dar aos dispositivos legais questionados "interpretação conforme à Constituição Federal, excluindo das hipóteses de incidência do ICMS o licenciamento ou a cessão de direito de uso de programas de computador", inaugurando a divergência também na ADI 1.945/MT, pela prevalência da incidência do ISS sobre as operações em análise.

Após longos debates, a análise conjunta das ADI 1.945/MT e 5.659/MG foi concluída apenas em 24.02.2021,[25] quando o Plenário do STF decidiu, por maioria de votos, acompanhar a posição defendida pelo Ministro Dias Toffoli, no sentido de afastar a incidência do ICMS sobre as operações com *softwares*, vencidos os Ministros Edson Fachin, Cármen

---

[25] ADI 5.5659/MG: "EMENTA Ação direta de inconstitucionalidade. Direito Tributário. Lei n. 6.763/75-MG e Lei Complementar Federal n. 87/96. Operações com programa de computador (*software*). Critério objetivo. Subitem 1.05 da lista anexa à LC n. 116/03. Incidência do ISS. Aquisição por meio físico ou por meio eletrônico (*download, streaming* etc.). Distinção entre *software* sob encomenda ou padronizado. Irrelevância. Contrato de licenciamento de uso de programas de computador. Relevância do trabalho humano desenvolvido. Contrato complexo ou híbrido. Dicotomia entre obrigação de dar e obrigação de fazer. Insuficiência. Modulação dos efeitos da decisão. 1. A tradicional distinção entre *software* de prateleira (padronizado) e por encomenda (personalizado) não é mais suficiente para a definição da competência para a tributação dos negócios jurídicos que envolvam programas de computador em suas diversas modalidades. Diversos precedentes da Corte têm superado a velha dicotomia entre obrigação de fazer e obrigação de dar, notadamente nos contratos tidos por complexos (v.g. *leasing* financeiro, contratos de franquia). 2. A Corte tem tradicionalmente resolvido as indefinições entre ISS e do ICMS com base em critério objetivo: incide apenas o primeiro se o serviço está definido por lei complementar como tributável por tal imposto, ainda que sua prestação envolva a utilização ou o fornecimento de bens, ressalvadas as exceções previstas na lei; ou incide apenas o segundo se a operação de circulação de mercadorias envolver serviço não definido por aquela lei complementar. 3. O legislador complementar, amparado especialmente nos arts. 146, I, e 156, III, da Constituição Federal, buscou dirimir conflitos de competência em matéria tributária envolvendo *softwares*. E o fez não se valendo daquele critério que a Corte vinha adotando. Ele elencou, no subitem 1.05 da lista de serviços tributáveis pelo ISS anexa à LC n. 116/03, o licenciamento e a cessão de direito de uso de programas de computação. É certo, ademais, que, conforme a Lei n. 9.609/98, o uso de programa de computador no País é objeto de contrato de licença. 4. Associa-se a esse critério objetivo a noção de que *software* é produto do engenho humano, é criação intelectual. Ou seja, faz-se imprescindível a existência de esforço humano direcionado para a construção de um programa de computador (obrigação de fazer), não podendo isso ser desconsiderado em qualquer tipo de *software*. A obrigação de fazer também se encontra presente nos demais serviços prestados ao usuário, como, v.g., o *help desk* e a disponibilização de manuais, atualizações e outras funcionalidades previstas no contrato de licenciamento. 5. Igualmente há prestação de serviço no modelo denominado *Software-as-a-Service* (SaaS), o qual se caracteriza pelo acesso do consumidor a aplicativos disponibilizados pelo fornecedor na rede mundial de computadores, ou seja, o aplicativo utilizado pelo consumidor não é armazenado no disco rígido do computador do usuário, permanecendo *online* em tempo integral, daí por que se diz que o aplicativo está localizado na nuvem, circunstância atrativa da incidência do ISS. 6. Ação direta julgada parcialmente prejudicada, nos termos da fundamentação, e, quanto à parte subsistente, julgada procedente, dando-se ao art. 5º da Lei n. 6.763/75 e ao art. 1º, I e II, do Decreto n. 43.080/02, ambos do Estado de Minas Gerais, bem como ao art. 2º da Lei Complementar Federal n. 87/96, interpretação conforme à Constituição Federal, excluindo-se das hipóteses de incidência do ICMS o licenciamento ou a cessão de direito de uso de programas de computador, tal como previsto no subitem 1.05 da lista de serviços anexa à Lei Complementar n. 116/03. 7. Modulam-se os efeitos da decisão nos termos da ata do julgamento" (ADI n. 5.659, Rel. Min. Dias Toffoli, Tribunal Pleno, j. 24.02.2021, processo eletrônico *DJe*-096 DIVULG 19.05.2021 PUBLIC 20.05.2021).

Lúcia, Gilmar Mendes e Nunes Marques no tocante ao mérito, com atribuição de eficácia *ex nunc* à decisão a contar da publicação da sua ata de julgamento, para (i) impossibilitar a repetição de indébito do ICMS incidente sobre operações com *softwares* em favor do contribuinte que recolheu o imposto até a véspera da publicação da ata de julgamento do mérito, ficando vedado que os municípios cobrem o ISS em relação aos mesmos fatos geradores; e (ii) impedir que os estados cobrem o ICMS em relação aos fatos geradores ocorridos até a véspera da data da publicação da ata de julgamento do mérito. Foram ressalvadas, contudo, as situações em que houver (a) ações judiciais em curso, inclusive de repetição de indébito e execuções fiscais em que se discuta a incidência do ICMS; e (b) comprovada bitributação, caso em que o contribuinte terá direito à repetição do indébito do ICMS, determinando-se, por fim, a incidência do ISS no caso de não recolhimento do ICMS ou do ISS em relação aos fatos geradores ocorridos até a véspera da data da publicação da ata de julgamento do mérito. Esses acórdãos de julgamento transitaram em julgado em 27.05.2021 e em 28.05.2021, respectivamente.

Logo em seguida a esse julgamento, em 08.03.2021, a Ministra Cármen Lúcia proferiu decisão monocrática nos autos da ADI 5.958/DF, que tratava do Convênio ICMS n. 106/2017 e da qual era relatora, julgando prejudicada a ação, pela perda superveniente de objeto e ponderando que o STF conferiu interpretação constitucional ao art. 2º da Lei Complementar n. 87/1996, quando do julgamento conjunto das ADI 1.945/MT e 5.659/MG, para definir que não incide o ICMS sobre o licenciamento ou a cessão de direito de uso de programas de computador. Em sua decisão, que transitou em julgado em 05.04.2021, a Ministra destacou que,

> [...] embora não tenha sido objeto expresso da Ação Direta de Inconstitucionalidade n. 5.659, [o Convênio ICMS n. 106/2017] perdeu a sua eficácia jurídica desde daquele julgamento, por se tratar de ato regulamentador do art. 2º da Lei Complementar n. 87/1996, editado com base na interpretação tida como inconstitucional por este Supremo Tribunal.[26]

Mais recentemente, em 03.08.2021, foi concluído o julgamento virtual da ADI 5.576/SP, em que o STF reafirmou a posição que se consolidou na Corte e julgou procedente a ação para "impedir a incidência do ICMS sobre o licenciamento ou cessão do direito de uso de programas de computador", modulando os efeitos da decisão para atribuir eficácia *ex nunc*, a contar de 03.03.2021, que é a data de publicação da ata de julgamento de

---

[26] Trecho da decisão da Ministra Cármen Lúcia na ADI 5.958/DF: "13. Deve ser realçado, quanto ao Convênio n. 106/2017 do Conselho Nacional de Política Fazendária – Confaz, também questionado nesta via, que, embora não tenha sido objeto expresso da Ação Direta de Inconstitucionalidade n. 5.659, perdeu a sua eficácia jurídica desde daquele julgamento, por se tratar de ato regulamentador do art. 2º da Lei Complementar n. 87/1996, editado com base na interpretação tida como inconstitucional por este Supremo Tribunal. Não há dúvida sobre a caducidade do Convênio n. 106/2017 do Conselho Nacional de Política Fazendária – Confaz desde o julgamento da Ação Direta de Inconstitucionalidade n. 5.569 (Relator o Ministro Dias Toffoli), cabendo remarcar, ademais, que a Administração Pública submete-se aos efeitos *erga omnes* e vinculantes das decisões do Supremo Tribunal proferidas no controle abstrato de constitucionalidade (§ 2º do art. 102 da Constituição da República)".

mérito das ADI 1.945/MT e 5.659/MG, ressalvando as mesmas situações referenciadas naquele julgamento.

Como já nos manifestamos em outra oportunidade (OLIVEIRA, 2021), após mais de duas décadas de insegurança jurídica para os contribuintes do setor de tecnologia, a polêmica incidência do ICMS sobre as operações com *softwares* chegou ao seu capítulo final, com um posicionamento cristalino do STF no sentido de que a Lei Complementar n. 116/2003, ao prever a incidência do ISS sobre o licenciamento ou a cessão de direito de uso de *software*, não fez qualquer distinção sobre os tipos de *softwares* – se padronizado, customizado ou sob encomenda –, assim como também não se vislumbra possível a incidência do ICMS sobre essas atividades, diante da ausência de transferência de propriedade, na medida em que o *software* constitui propriedade intelectual que se sujeita às regras de direito de autor, objeto de contrato de licença.

Nesse contexto, as manifestações recentes do STF a respeito do tema representam um importantíssimo avanço nas discussões em torno do regime jurídico-tributário aplicável às operações com *softwares*, proporcionando o reestabelecimento da segurança jurídica sobre essas relações. Contudo, dada a complexidade tecnológica que envolve a compreensão da própria natureza jurídica do *software*, fato é que as discussões não se encerram com a tutela jurisdicional que foi entregue pelo Poder Judiciário – neste ponto, recentemente o STF se debruçou novamente sobre a temática do *software*, agora com o objetivo de analisar a constitucionalidade do subitem 1.05 da lista de serviços anexa à Lei Complementar n. 116/2003, para dizer se, à luz da previsão constitucional, somente é possível a tributação do licenciamento ou cessão de uso de *softwares* desenvolvidos de forma personalizada ou não, no julgamento do RE 688.223/PR, concluído em 03.12.2021, em que foi firmada a seguinte tese de repercussão geral: "É constitucional a incidência do ISS no licenciamento ou na cessão de direito de uso de programas de computação desenvolvidos para clientes de forma personalizada, nos termos do subitem 1.05 da lista anexa à LC nº 116/03". A despeito disso, sabemos que a discussão ainda não acabou, pois novos questionamentos ainda surgirão em torno desse tema.

3.5 CONSIDERAÇÕES FINAIS

Como vimos, após mais de duas décadas de insegurança jurídica, finalmente o STF conferiu uma solução efetiva para o conflito de competência tributária que havia sido instaurado entre estados e municípios em torno da tributação das operações com *softwares*. De um lado, os estados exigiam o ICMS sobre essas operações, porque se entendia que o *software* era uma mercadoria; de outro, os municípios exigiam o ISS sobre essas mesmas atividades, amparados pela previsão constitucional e da legislação complementar no sentido de que as atividades que envolvem *softwares* constituem uma prestação de serviço.

Embora com muito atraso, o STF decidiu, com grande acerto, reencontrar-se com sua própria jurisprudência, firmada ainda em 1998, quando do julgamento do RE 176.626/SP, para reafirmar a impossibilidade de incidência do ICMS sobre o licenciamento ou cessão de direito de uso de *software* e, trazendo o entendimento para a realidade hodierna de constante avanço tecnológico e digitalização da economia, estabelecer que, ainda que se cogite a existência de um bem digital, passível de comercialização em novos formatos antes não conhecidos, não seria possível falar em transferência de propriedade apta a atrair a incidência do ICMS, posto que tal característica é incompatível com a forma de comercialização do *software*, enquanto propriedade intelectual sujeita às normas de direito de autor.

E, como sinalizado no início deste capítulo, conquanto tenhamos um regime jurídico aplicável à proteção intelectual de *softwares* estabelecido no Brasil desde 1987, até hoje não há um consenso legislativo e jurisprudencial a respeito do regime jurídico-tributário a que estão submetidas as operações que envolvem *softwares*, o que colabora para a perpetuação de um cenário de completa ausência de segurança jurídica.

Tanto é assim que mal o STF chancelou a incidência tributária do ISS sobre as atividades com *softwares*, afastando-se qualquer possibilidade de exigência do ICMS sobre essas operações, e em sequência teve um novo desafio nos autos do RE 688.223/PR, que, em verdade, nem é tão novo assim, dado que a repercussão geral da matéria foi reconhecida ainda em 2012, quando o recurso foi recepcionado pelo Tribunal. De lá para cá já se passaram quase dez anos até que o STF concluiu o julgamento do caso, no final de 2021, tendo decidido pela constitucionalidade da incidência do ISS nas atividades de licenciamento ou cessão de direito de uso de *softwares* de qualquer tipo, em linha com a decisão conferida no julgamento conjunto das ADI 1.945/MT e 5.659/MG.

Desse modo, encontra-se suficientemente esclarecido e superado que não incide o ICMS sobre as operações com *softwares*, sendo legítima a incidência tributária do ISS sobre tais atividades, independentemente do tipo de *software* envolvido, mas, agora, resta saber quais os próximos desafios que nos aguardam nessa temática, dada a constante evolução tecnológica, legislativa e jurisprudencial.

REFERÊNCIAS

BARRETO, Aires F. *ISS na Constituição e na lei*. 4. ed. São Paulo: Noeses, 2018.

BERGAMINI, Adolpho. *ICMS*: análise de legislação, manifestações de administrações tributárias, jurisprudência administrativa e judicial e abordagem de temas de gestão tributária. 3. ed. São Paulo: Thomson Reuters Brasil, 2019.

CHIESA, Clélio. A tributação da comercialização de programas de computador: incidência do ICMS, ISS ou fato atípico? *Revista da Faculdade de Direito de São Bernardo do Campo*, v. 9, 18 ago. 2015.

DUARTE FILHO, Paulo César Teixeira; BARRETO, Arthur Pereira Muniz. Desafios da tributação doméstica de operações com *software* na era da economia digital. In: FARIA, Renato Vilela; SILVEIRA, Ricardo Maitto da; MONTEIRO, Alexandre (coord.). *Tributação da economia digital*: desafios no Brasil, experiência internacional e novas perspectivas. São Paulo: Saraiva Educação, 2018.

GONÇALVES, Carlos Roberto. *Direito civil brasileiro*. 19. ed. São Paulo: Saraiva Educação, 2021. v. 1: Parte geral.

GONÇALVES, Renato Lacerda de Lima. *A tributação do software no Brasil*. São Paulo: Quartier Latin, 2005.

LARA, Daniela Silveira. A tributação do *software* padronizado após a edição do Convênio ICMS n. 106/2017. *In*: PISCITELLI, Tathiane (coord.). *Tributação de bens digitais*: a disputa tributária entre estados e municípios. Notas sobre o Convênio ICMS 106/2017 e outras normas relevantes. FGV-SP. São Paulo: Ed. InHouse, 2018.

LEÃO, Martha; DIAS, Daniela Gueiros. O conceito constitucional de serviço e a jurisprudência do Supremo Tribunal Federal. *Revista Direito Tributário Atual*, São Paulo: IBDT, ano 37, n. 41, p. 296-317, 1. sem. 2019.

MACHADO, Hugo de Brito. *Curso de direito tributário*. 34. ed. rev., atual. e ampl. São Paulo: Malheiros, 2013.

OLIVEIRA, Gleice Diniz de. A polêmica incidência do ICMS nas operações com *softwares* que chega ao fim. *Jota Info*. 2 abr. 2021. Disponível em: https://www.jota.info/opiniao-e-analise/colunas/women-in-tax-brazil/a-polemica-incidencia-do-icms-nas-operacoes-com-softwares-que-chega-ao-fim-02042021. Acesso em: 2 set. 2021.

PATROCÍNIO, José Antônio. *ISS*: teoria, prática e jurisprudência, Lei Complementar 116/2003 anotada e comentada. 4. ed. São Paulo: Thomson Reuters Brasil, 2021.

PAULSEN, Leandro; MELO, José Eduardo Soares de. *Impostos federais, estaduais e municipais*. 11. ed. São Paulo: Saraiva Educação, 2018.

PISCITELLI, Tathiane; MALAVOGLIA, Theodoro; FERREIRA, Luiz Guilherme de Medeiros. Evolução normativa e jurisprudencial da tributação de tecnologia no Brasil: das operações com programas de computador à computação na nuvem. *In*: PISCITELLI, Tathiane; BOSSA, Gisele Barra (coord.). *Tributação da nuvem*: conceitos tecnológicos, desafios internos e internacionais. 2. ed. São Paulo: Thompson Reuters Brasil, 2020.

SILVA, Alice Marinho Corrêa da; ALMEIDA, Mariana Quintanilha de; MARTINS, Vitor Teixeira Pereira. *Computação, comércio eletrônico e prestação de serviços digitais*: sua tributação pelo ICMS e ISS. São Paulo: Almedina, 2017.

4

COMPENSAÇÃO TRIBUTÁRIA – PONTOS CONTROVERSOS – ASPECTOS A SEREM CONSIDERADOS PARA A RECUPERAÇÃO DO CRÉDITO APÓS O TRÂNSITO EM JULGADO DA DECISÃO JUDICIAL

Flávia Cecília de Souza Oliveira
Bianca Lopes Rodrigues

4.1 INTRODUÇÃO

A carga tributária no Brasil é alta, e, na luta para liquidar as obrigações tributárias, os contribuintes veem na compensação uma excelente opção.

Em linhas gerais, tomando de empréstimo o conceito trazido pelo art. 368 da Lei n. 10.406, de 10 de janeiro de 2002 – Código Civil[1] (CC) –, a compensação ocorre quando duas pessoas são credoras e devedoras uma da outra, extinguindo suas obrigações.

Trata-se de instituto bastante eficaz que tem como resultado a extinção concomitante de duas relações jurídicas, uma de débito do contribuinte perante o Fisco e outra de débito do Fisco perante o contribuinte, já direcionando o tema para a seara tributária (art. 156, II, do Código Tributário Nacional – CTN).[2]

Inicialmente, a compensação tributária era utilizada de forma tímida, especialmente em razão da legislação restritiva que a regia, que estabelecia a possibilidade de compensar apenas tributos de mesma espécie e de créditos vincendos.[3]

---

1 "Art. 368. Se duas pessoas forem ao mesmo tempo credor e devedor uma da outra, as duas obrigações extinguem-se, até onde se compensarem."
2 Conforme o atual normativo, admite-se apenas a compensação de tributos de natureza federal administrados pela Receita Federal do Brasil.
3 Lei n. 8.383/1991. "Art. 66. Nos casos de pagamento indevido ou a maior de tributos, contribuições federais, inclusive previdenciárias, e receitas patrimoniais, mesmo quando resultante de reforma, anulação, revogação ou rescisão de decisão condenatória, o contribuinte poderá efetuar a compensação desse valor no recolhimento de importância correspondente a período subseqüente.
§ 1º A compensação só poderá ser efetuada entre tributos, contribuições e receitas da mesma espécie.
§ 2º É facultado ao contribuinte optar pelo pedido de restituição."

Posteriormente, com as alterações trazidas, a legislação[4] passou a admitir a compensação entre tributos de espécies diferentes de natureza federal,[5] de créditos vincendos e vencidos.

Em maio de 2018 ocorreu a inovação esperada pelos contribuintes desde a instituição da "Super-Receita", e foi autorizada a compensação dos créditos de natureza federal com as contribuições previdenciárias, no caso das pessoas jurídicas que utilizam o Sistema de Escrituração Digital das Obrigações Fiscais, Previdenciárias e Trabalhistas (e-Social), comumente chamada de **compensação cruzada**.[6]

Destaca-se que, conforme entendimento da Receita Federal, créditos e débitos devem ser apurados após a utilização do e-Social para que a compensação cruzada seja permitida.[7]

Diante da expansão do rol de possibilidades, à medida que a compensação tributária passou a ser crescentemente adotada, os olhos de lince da Receita Federal do Brasil ficaram ainda mais atentos.

A compensação cresceu além do esperado. Em janeiro de 2021, atingiu 23,1 bilhões de reais, representando um aumento de 38,4% se comparado com janeiro de 2020. Esse aumento é fruto, principalmente, dos créditos do Programa de Integração Social (PIS) e da Contribuição para o Financiamento da Seguridade Social (Cofins) apurados pelos contribuintes decorrentes do entendimento do Supremo Tribunal Federal (STF), que reconheceu, sob a sistemática da repercussão geral, a inconstitucionalidade da inclusão do Imposto sobre Circulação de Mercadorias e Serviços (ICMS) na base de cálculo das referidas contribuições[8] e fixou a tese de que "o ICMS não compõe a base de cálculo para a incidência do PIS e da Cofins" – Tema n. 69.

Para fiscalizar a utilização de referidos créditos, a Secretaria Especial da Receita Federal do Brasil instituiu, inclusive, uma equipe nacional de auditoria, conforme estatui a Portaria RFB n. 10, de 19 de fevereiro de 2021.

Considerando que a compensação tributária extingue o crédito sob condição resolutória[9] de sua ulterior homologação, a fiscalização por parte da Receita Federal é necessária.

---

§ 3º A compensação ou restituição será efetuada pelo valor do tributo ou contribuição ou receita corrigido monetariamente com base na variação da Ufir.
§ 4º As Secretarias da Receita Federal e do Patrimônio da União e o Instituto Nacional do Seguro Social – INSS expedirão as instruções necessárias ao cumprimento do disposto neste artigo."

4   Lei n. 9.430/1996. "Art. 74. O sujeito passivo que apurar crédito, inclusive os judiciais com trânsito em julgado, relativo a tributo ou contribuição administrado pela Secretaria da Receita Federal, passível de restituição ou de ressarcimento, poderá utilizá-lo na compensação de débitos próprios relativos a quaisquer tributos e contribuições administrados por aquele Órgão."

5   Aqui entendidos como tributos federais fiscais, ou seja, não previdenciários.

6   Lei n. 13.670/2018. "Art. 12. Ficam revogados:
I – o § 2º do art. 25 da Lei n. 11.457, de 16 de março de 2007."

7   Solução de Consulta n. 15 – Cosit, de 17 de março de 2021 – Receita Federal – Coordenação-Geral de Tributação.

8   Dados obtidos da matéria veiculada no jornal *Valor Econômico* de 26.02.2021 (RIBEIRO; OTTA, 2021).

9   Condição resolutória (ou resolutiva) é a que subordina a ineficácia do negócio a um evento futuro e incerto. Assim sendo, enquanto ela não se realiza, vigora o ato negocial, podendo exercer-se desde o momento

Entretanto, tem-se verificado a intensificação de algumas medidas restritivas ao uso desse instituto. Embora possam ser questionadas, não se pode fechar os olhos para sua existência, que precisa ser sopesada quando da tomada da decisão para recuperar os créditos decorrentes de processos judiciais, o que é o ponto de atenção proposto neste capítulo.

Importante ressaltar que a aplicação das considerações feitas deve levar em conta a medida judicial específica ajuizada, os limites do pedido formulado e o conteúdo da decisão judicial transitada em julgado, partindo da premissa de que restou assegurado ao contribuinte o direito de optar pela recuperação do indébito na via da compensação ou da repetição de indébito.

Adicionalmente, destaca-se que os aspectos trazidos não esgotam todos os fatores que podem influenciar na decisão do contribuinte sobre o meio mais adequado para recuperar o indébito após o trânsito em julgado da decisão judicial, de modo que três foram os selecionados: (i) a aplicação de multa isolada sobre a compensação não homologada, independentemente do motivo da denegação; (ii) a restrição de acesso ao Poder Judiciário para discussão da decisão não homologatória da compensação; e (iii) a limitação de prazo para a utilização do crédito a partir do trânsito em julgado da decisão judicial.

4.2 ASPECTOS GERAIS DA COMPENSAÇÃO TRIBUTÁRIA

4.2.1 Origem

A compensação é instituto que tem raízes consolidadas no Direito, sendo adotada desde o Direito Romano clássico.[10] No sistema pátrio, foi introduzida em 1850, quando da edição do Código Comercial,[11] e sofreu forte influência da doutrina civilista.

O revogado CC de 1916 prescreveu, em seu art. 1.017, que "As dívidas fiscais da União, dos Estados e dos Municípios também não podem ser objeto de compensação, exceto nos casos de encontro entre a administração e o devedor, autorizados nas leis e regulamentos da Fazenda".

---

deste o direito por ele estabelecido, mas, verificada a condição, para todos os efeitos extingue-se o direito a que ela se opõe. Exemplo: "constituirei uma renda em seu favor enquanto você estudar" (DINIZ, [20-], p. 744-745).

10 Roque Antonio Carrazza destaca: "A compensação surgiu no Direito Romano clássico, com base na equidade. Para Modestino, *compensatio est debit et credit inter se contributio* (Dig. 16,2,1). Ou em vernáculo: 'a compensação é o balanço entre o débito e o crédito, entre si relacionados'. Na legislação de Justiniano, a compensação extinguia as obrigações *ipso jure*, limitando-se o juiz a declará-la (Inst., 4, 6 30). Ela, já naquela época, determinava a neutralização de dois débitos recíprocos, até o limite de sua concorrência, fazendo sobreviver um eventual crédito, da parte titular da maior importância". Cf. Carrazza (1995, p. 209).

11 Lei n. 556/1850. "Art. 439. Se um comerciante é obrigado a outro por certa quantia de dinheiro ou efeitos, e o credor é obrigado ou devedor a ele em outro tanto mais ou menos, sendo as dívidas ambas igualmente líquidas e certas, ou efeitos de igual natureza e espécie o devedor que for pelo outro demandado tem direito para exigir que se faça compensação ou encontro de uma dívida com a outra, em tanto quanto ambas concorrerem."

O atual CC tentou disciplinar o tema em seu art. 374,[12] o qual foi revogado antes de sua entrada em rigor, o que consideramos acertado.

Isso porque o Direito Civil, mais especificamente o direito obrigacional, "disciplina relações jurídicas que se formam entre pessoas. Estas, vivendo em sociedade, necessitam umas das outras, para prover às suas necessidades vitais e sociais" (GONÇALVES, 2017, p. 18). Já a norma tributária institui obrigações jurídicas pecuniárias, *ex lege* (ATALIBA, 2013, p. 34-35), ou seja, que não podem nascer de uma obrigação voluntária, o que se mostra adequado considerando que o tributo está correlacionado com as funções do Estado e que suas políticas públicas justificam o crédito tributário ser dotado de garantias (PEREIRA, 2020, p. 404).

Dessa forma, embora a compensação tributária tenha a mesma finalidade apresentada pela doutrina civilista, qual seja, promover um encontro de contas entre débitos e créditos recíprocos, há necessidade de permissão legal e de regulamentação própria considerando que uma das partes que integram a relação jurídica é o Estado.

No mesmo sentido seguiu o Poder Judiciário, que, ao se debruçar sobre a possibilidade de adotar a norma do Direito Civil para disciplinar a compensação tributária, manifestou-se no sentido de sua inaplicabilidade.[13]

No Direito Tributário, a norma geral da compensação é prescrita pelos arts. 170 e 170-A da Lei n. 5.172/1966 (CTN) – e consiste em uma das formas de extinção da obrigação tributária.[14]

Na compensação tributária, Fisco e contribuinte ocupam, ao mesmo tempo, as posições de credor e devedor. Aqui, será tratado o montante devido ao Fisco como sendo o crédito tributário e o montante devido ao contribuinte como sendo o indébito ou, apenas, crédito.

---

12 CC/2002. "Art. 374. A matéria da compensação, no que concerne às dívidas fiscais e parafiscais, é regida pelo disposto neste capítulo." – *Vide* Medida Provisória n. 75, de 24.10.2002 – Revogado pela Lei n. 10.677, de 22.05.2003.

13 "A compensação tributária se rege por normas próprias, e não pelo Código Civil. Não havendo, na legislação tributária, disposição a respeito de imputação e quitação, em caso de compensação parcial, devem elas ser promovidas levando em conta a integralidade da dívida, sem o regime de preferência dos juros sobre o capital, específico para pagamentos parciais disciplinados no Código Civil. As normas tributárias têm, por natureza, caráter cogente, não permitindo, por isso mesmo, disposições de ato de vontade em sentido contrário mediante, nem, portanto, a aplicação subsidiária de regra de natureza dispositiva, como é a do art. 374 do Código Civil" (STJ, REsp 970.678/SC, Rel. Ministro Teori Albino Zavascki, 1ª Turma, j. 09.06.2008, *DJe* 11.12.2008).

14 "Art. 156. Extinguem o crédito tributário:
[...]
II – a compensação."
Sobre o tema crédito tributário e obrigação tributária, Paulo de Barros Carvalho ensina: "Depois de tudo que dissemos, claro está que desaparecido o crédito decompõe-se a obrigação tributária, que não pode subsistir na ausência desse nexo relacional que atrela o sujeito pretensor ao objeto e que consubstancia seu direito subjetivo de exigir a prestação. O crédito tributário é apenas um dos aspectos da relação jurídica obrigacional, mas sem ele inexiste o vínculo. Nasce no exato instante em que irrompe a obrigação e desaparece juntamente com ela" (CARVALHO, 2012, p. 526-529).

4.2.2 Requisitos

O art. 170 do CTN estabelece os requisitos mínimos da compensação tributária: (i) a existência de lei; (ii) a certeza e liquidez do crédito, de forma que não haja dúvidas sobre sua existência e *quantum;* (iii) créditos vencidos ou vincendos. Outros requisitos não estão expressamente descritos no art. 170 do CTN, mas são reconhecidos pela doutrina, como a reciprocidade e a fungibilidade das obrigações.[15]

A exigência de lei específica que discipline a compensação tributária é justificada (i) pelo princípio da supremacia do interesse público, uma vez que a arrecadação pelo Erário seria mais importante do que o contribuinte ter seu crédito quitado, posicionamento que resultou em críticas diante do princípio da isonomia; e (ii) pela indisponibilidade dos bens públicos.

Registra-se, entretanto, posicionamento contrário no sentido de que o direito à compensação decorre da Constituição Federal de 1988 (CF/1988) e, portanto, prescinde de lei específica (LESSA, 2018, p. 122).

Em relação ao cenário judicial, constata-se o posicionamento do Superior Tribunal de Justiça (STJ) pela necessidade de lei regulamentadora, o que justificaria, por exemplo, a impossibilidade da compensação de ICMS, uma vez que os Estados não têm lei específica.[16]

Diante da necessidade de lei autorizadora, a compensação tributária passou a ser adotada apenas na década de 1990, com o advento da Lei n. 8.383/1991. Atualmente, a lei que rege o tema é a Lei n. 9.430/1996, mais especificamente, seus arts. 73 e 74.

A certeza e a liquidez justificam-se, em suma, pelo fato de que Fisco e contribuinte não podem exigir créditos duvidosos.

Especialmente com relação ao indébito, a exigência de certeza e liquidez culminou na introdução do art. 170-A no CTN, que veda a compensação antes do trânsito em julgado da respectiva decisão judicial. O item 10 da Exposição de Motivos do Projeto de Lei Complementar que alterou o Diploma Tributário expõe que "O art. 170-A, proposto, veda a compensação de tributo objeto de contestação judicial, antes do trânsito em julgado da respectiva decisão judicial, de sorte que tal procedimento somente seja admitido quando o direito tornar-se líquido e certo".[17]

Considerando que a introdução ocorreu no ano de 2001, em um contexto totalmente diverso dos dias atuais, esse requisito vem sendo questionado.[18]

---

15 Nesse sentido, Carvalho (2012, p. 538-539) e Oliveira (2016, p. 532-534).

16 "2. A compensação em matéria tributária não se opera automaticamente, exige-se para sua implementação a autorização em lei e a observância das demais disposições da legislação tributária quanto às condições e limites por ela admitidos (art. 170 do CTN)." AgRg no AREsp 766.100/RS, Rel. Ministra Diva Malerbi (Desembargadora convocada TRF 3ª Região), 2ª Turma, *DJe* 02.03.2016; AgRg no REsp 1.450.406/RS, Rel. Ministro Og Fernandes, 2ª Turma, *DJe* 09.04.2015.

17 Projeto de Lei Complementar n. 77, de 1999, que resultou na Lei Complementar n. 101, de 04.05.2000.

18 Nesse sentido, Oliveira (2020).
Pela possibilidade de afastar a aplicação do art. 170-A do CTN: *vide* Acórdão n. 3402-005.025, Processo Administrativo n. 10880.906342/2008-96, 4ª Câmara, 2ª Turma Ordinária, 3ª Seção de Julgamento do Conselho Administrativo de Recursos Fiscais, j. 22.03.2018.
Contra: *vide* Acórdão n. 9101-005.370 da Câmara Superior de Recursos Fiscais, 1ª Turma, j. 11.03.2021.

O indébito pode derivar de diversas situações tributárias, tais como pagamento espontâneo em montante superior ao devido, erro de alíquota, reforma de decisão condenatória e créditos reconhecidos por meio de decisão judicial. Trataremos dessa última situação.

4.2.3 Procedimentos para a compensação de créditos decorrentes de decisão judicial e o contencioso administrativo

Com o trânsito em julgado da decisão que acolhe o pedido formulado na ação judicial,[19] o contribuinte pode optar pela recuperação do montante indevidamente recolhido por meio de precatório (cumprimento de sentença) ou via compensação, nos termos da Súmula 461 do STJ,[20] devendo ser levado em consideração, conforme descrito na introdução do presente capítulo, os termos da petição inicial e da decisão final transitada em julgado.

Importante mencionar que, nada obstante o disposto na Súmula 461 do STJ, há discussão sobre a possibilidade de execução da sentença e o consequente recebimento de precatório na via do mandado de segurança,[21] o que justifica, mais uma vez, a atenção especial ao pedido e ao definido no processo para fins da avaliação das considerações apresentadas no presente capítulo, além da natureza da medida judicial adotada.

Optando pela compensação, o contribuinte deve apresentar o pedido de habilitação de crédito decorrente de decisão judicial, procedimento que tem por objetivo validar os aspectos formais do processo para que seja dado início à compensação tributária. Não é esse, portanto, o momento em que ocorre a validação do *quantum*, conforme disciplina a Instrução Normativa da Receita Federal n. 2.055, de 6 de dezembro de 2021, normativo que atualmente regulamenta o procedimento para restituição, compensação, ressarcimento e reembolso, no âmbito da Secretaria da Receita Federal do Brasil.

A validação do *quantum*, para a qual a Receita Federal tem o prazo de cinco anos,[22] é feita quando da análise da compensação.

Após o deferimento da habilitação, a compensação é formalizada por meio da Declaração de Compensação (Dcomp), com todos os dados do crédito e do débito. Após transmitida, cabe a análise pelo "titular da Delegacia da Receita Federal do Brasil (DRF), da Delegacia Especial da Receita Federal do Brasil de Administração Tributária (Derat), da Delegacia Especial da Receita Federal do Brasil de Maiores Contribuintes no Rio de Janeiro (Demac/RJ) ou da Delegacia Especial da Receita Federal do Brasil de Instituições Financeiras (Deinf)" (SILVA et al., 2014) que tenha jurisdição sobre o domicílio tributário.

---

19 Em razão do disposto no art. 170-A do CTN.
20 Súmula 461 do STJ: "O contribuinte pode optar por receber, por meio de precatório ou por compensação, o indébito tributário certificado por sentença declaratória transitada em julgado".
21 STJ, EDcl no AgInt no Recurso Especial n. 1.778.268-RS (2018/0293341-4); STJ, AgRg no Recurso Especial n. 1.504.337-CE (2014/0339980-1).
22 Lei n. 9.430/1996. "Art. 74. [...]. § 5º O prazo para homologação da compensação declarada pelo sujeito passivo será de 5 (cinco) anos, contado da data da entrega da Declaração de compensação".

Ao examinar a Dcomp, a Receita Federal pode considerar que o crédito é suficiente para a liquidação do débito, ocasião em que a compensação será integralmente homologada; caso entenda que o crédito tributário é insuficiente, a compensação será integralmente não homologada (crédito integralmente insuficiente para a liquidação) ou apenas parcialmente homologada (crédito parcialmente suficiente).

Na hipótese de insuficiência de crédito, cabe ao contribuinte pagar o débito ou discutir a decisão na via administrativa, conforme rito do processo administrativo fiscal, sob pena de imediata inscrição em dívida ativa pela Procuradoria-Geral da Fazenda Nacional.[23]

Na via administrativa, o contribuinte tem o prazo de 30 dias para apresentar a **manifestação de inconformidade**, que será julgada pela Delegacia da Receita Federal do Brasil de Julgamento, de acordo com o respectivo território competente.

A Delegacia da Receita Federal do Brasil de Julgamento (DRJ) pode julgar procedente a manifestação do contribuinte, deferindo a compensação, o que resulta no encerramento da discussão, tendo em vista que não cabe recurso de ofício dessa decisão.[24]

Caso a DRJ não acolha a manifestação de inconformidade, o contribuinte tem a opção de questionar a decisão e apresentar **recurso voluntário**, que será encaminhado para apreciação do Conselho Administrativo de Recursos Fiscais (Carf), órgão colegiado constituído por membros representantes do Fisco e do contribuinte, na hipótese de a controvérsia ultrapassar a quantia de 60 salários mínimos.

Para as demandas que não ultrapassem 60 salários mínimos, os recursos serão analisados novamente pela DRJ, nos termos do art. 3º da Portaria n. 340/2020 do Ministério da Economia.[25]

---

23 Instrução Normativa RFB n. 2055/21. "Art. 73. O sujeito passivo será cientificado da não homologação da compensação e intimado a efetuar o pagamento dos débitos indevidamente compensados no prazo de 30 (trinta) dias, contado da data da ciência do despacho de não homologação.
§ 1º Se não ocorrer o pagamento ou o parcelamento no prazo previsto no *caput*, o débito será encaminhado à Procuradoria-Geral da Fazenda Nacional (PGFN) para inscrição em Dívida Ativa da União, exceto no caso de apresentação da manifestação de inconformidade prevista no art. 140.
§ 2º O prazo para homologação da compensação declarada pelo sujeito passivo será de 5 (cinco) anos, contado da data da entrega da declaração de compensação."
Art. 74, §§ 7º a 9º, da Lei n. 9.430/1996. "§ 7º Não homologada a compensação, a autoridade administrativa deverá cientificar o sujeito passivo e intimá-lo a efetuar, no prazo de 30 (trinta) dias, contado da ciência do ato que não a homologou, o pagamento dos débitos indevidamente compensados.
§ 8º Não efetuado o pagamento no prazo previsto no § 7º, o débito será encaminhado à Procuradoria-Geral da Fazenda Nacional para inscrição em Dívida Ativa da União, ressalvado o disposto no § 9º.
§ 9º É facultado ao sujeito passivo, no prazo referido no § 7º, apresentar manifestação de inconformidade contra a não-homologação da compensação."

24 Lei n. 10.522/2002. "Art. 27. Não cabe recurso de ofício das decisões prolatadas pela Secretaria da Receita Federal do Brasil, em processos relativos a tributos administrados por esse órgão:
[...]
IV – quando se tratar de homologação de compensação."

25 "Art. 3º Compete às DRJs apreciar, por decisão colegiada:
I – em primeira instância, a impugnação ou manifestação de inconformidade apresentada pelo sujeito passivo; e
II – em última instância, os recursos contra as decisões de que trata o inciso I do *caput*, em relação ao contencioso administrativo fiscal de pequeno valor, assim considerado aquele cujo lançamento fiscal ou controvérsia não supere sessenta salários mínimos."

Há casos em que a compensação é considerada não declarada[26] e, portanto, a discussão na via administrativa seguirá o rito do processo administrativo federal.[27] Dessa forma, diferentemente do que ocorre nos casos em que há decisão apenas não homologatória, existe a possibilidade de apresentação de recurso, mas, como este não é processado automaticamente com efeito suspensivo, pode ocorrer a imediata constituição dos créditos tributários que ainda não tenham sido lançados de ofício nem confessados, ou a cobrança dos débitos já lançados de ofício ou confessados.

Como se pode observar, a discussão da decisão não homologatória (homologação parcial, não homologação integral ou não declarada) encontra previsão específica na via administrativa.

O ponto de atenção que será tratado em tópico próprio é a discussão da decisão na via judicial, caso o contribuinte não siga com o pagamento após a decisão final de não homologação (total ou parcial).

4.3 IMPASSES NA COMPENSAÇÃO TRIBUTÁRIA: LIMITAÇÕES IMPOSTAS AO CONTRIBUINTE

Conforme visto linhas atrás, após o tão sonhado trânsito em julgado que acolhe o pedido formulado na ação judicial, o contribuinte pode optar pela recuperação do montante indevidamente recolhido por meio de precatório (cumprimento de sentença) ou via compensação, nos termos da Súmula 461 do STJ.[28]

Além dessas duas possibilidades que estão relacionadas ao aspecto judicial, vale a pena abrir um parêntese apenas com o intuito de alertar o contribuinte sobre dois pontos de bastante debate voltados ao aspecto contábil e que também devem ser considerados após o trânsito em julgado: (i) o momento do reconhecimento do ativo no balanço patrimonial; e (ii) o momento da contabilização da receita que determinará a base de cálculo do Imposto de Renda da Pessoa Jurídica (IRPJ) e da Contribuição Social sobre o Lucro Líquido (CSLL).

Em poucas palavras, já que este não é o foco do capítulo, mas guarda relação com o propósito de chamar a atenção para os aspectos controvertidos inerentes à recuperação do crédito, a Solução de Divergência Cosit da Receita Federal n. 19, de 12 de novembro de 2003, considera o trânsito em julgado o marco temporal que torna a decisão judicial

---

26 Art. 74, § 12, da Lei n. 9.430/1996.
27 Instrução Normativa RFB n. 2.055/2021. "Art. 78. A compensação considerada não declarada implicará:
    I – a constituição dos créditos tributários que ainda não tenham sido lançados de ofício ou confessados; e
    II – a cobrança dos débitos já lançados de ofício ou confessados.
    Parágrafo único. À compensação considerada não declarada não se aplica o disposto nos arts. 65, 73 e 140, sem prejuízo do disposto no art. 144."
    Instrução Normativa RFB n. 2.055/2021. "Art. 144. O sujeito passivo poderá apresentar recurso, nos termos do art. 56 da Lei n. 9.784, de 29 de janeiro de 1999, contra a decisão que:
    I – indeferiu o pedido de habilitação de crédito decorrente de ação judicial; ou
    II – considerou não declarada a compensação."
28 *Vide* as ponderações sobre a discussão existente acerca da opção pelo precatório na via do mandado de segurança feitas anteriormente.

condenatória que estabelece o montante objeto de restituição um título líquido, certo e exigível, definindo, portanto, o momento em que a receita decorrente desse título se torna passível de tributação pelo IRPJ e pela CSLL.

Na ocasião de a sentença condenatória não definir o montante passível de recuperação, a referida solução de divergência estabelece que o marco da tributação pelo IRPJ e pela CSLL é o trânsito em julgado da sentença que julgar os embargos à execução da sentença ou, caso estes não sejam ofertados, a expedição do precatório.

Depreende-se, da leitura da solução de divergência, que a tributação pelo IRPJ e pela CSLL tem por premissa o montante definido do crédito a ser recuperado, seja em razão da decisão judicial no processo de mérito, seja em razão da expedição do precatório.

O entendimento acima esposado, portanto, deve ser visto com cautela quando a discussão judicial ocorre na via do mandado de segurança, pois, muito embora haja a possibilidade de tratar sobre o *quantum* nesse tipo de medida judicial, via de regra, o remédio constitucional é utilizado para obter a tutela jurisdicional que reconheça o direito à compensação tributária, na linha do que dispõe a Súmula 213 do STJ.[29]

Observa-se que, justamente porque o objetivo inaugural do mandado de segurança é o reconhecimento da declaração do direito à compensação tributária, a 1ª Seção do STJ consagrou o entendimento de que o comprovante de pagamento dos valores indevidamente recolhidos não é documento obrigatório para reconhecimento do direito ao crédito,[30] sendo suficiente para instrução da ação o comprovante da condição de contribuinte detentor do referido direito.

A quantificação do montante a ser devolvido pelo Fisco é objeto de apuração na via administrativa ou, conforme vem sendo discutido no Poder Judiciário, na fase judicial por meio da execução de sentença, conforme sinalizado linhas atrás.[31]

Assim, como a decisão de mérito no mandado de segurança reconhece o direito mas não define o *quantum*, discute-se se a contabilização deve ocorrer: (i) quando o contribuinte apresenta o pedido de habilitação do crédito, pois nesse momento há a formalização do indébito; (ii) quando o pedido de habilitação de crédito é deferido, pois, muito embora o deferimento não implique reconhecimento de valor, é somente a

---

29 Súmula 213 do STJ: "O mandado de segurança constitui ação adequada para a declaração do direito à compensação tributária".

30 STJ, 1ª Seção, Rel. Ministro Napoleão Nunes Maia Filho, j. 13.02.2019, Recurso Especial n. 1.365.095-SP. "Tributário e Processual Civil. Recurso Especial. Representativo de Controvérsia. Tese firmada sob o rito dos recursos repetitivos. Art. 1.036 e seguintes do Código Fux. Direito do contribuinte à definição do alcance da tese firmada no Tema 118/STJ (REsp 1.111.164/BA, da Relatoria do Eminente Ministro Teori Albino Zavascki). Inexigibilidade de comprovação, no *writ of mandamus*, do efetivo recolhimento do tributo, para o fim de obter declaração do direito à compensação tributária, obviamente sem qualquer empecilho à ulterior fiscalização da operação compensatória pelo Fisco competente. A operação de compensação tributária realizada na contabilidade da empresa contribuinte fica sujeita aos procedimentos de fiscalização da Receita Federal, no que se refere aos quantitativos confrontados e à respectiva correção. Recurso Especial da contribuinte a que se dá parcial provimento".

31 *Vide* TRF 3ª Região, 3ª Turma, Mandado de Segurança n. 5000486-21.2018.4.03.6119, j. 28.12.2018, *Dje* 09.01.2019.

partir desse momento que o contribuinte está apto a seguir com a compensação; (iii) no momento da apresentação da Dcomp, já que o crédito tributário se encontra extinto; (iv) no momento da homologação da compensação, já que a extinção do crédito dá-se por condição resolutória; ou (v) no momento do trânsito em julgado, mantendo-se o mesmo critério da solução de divergência.

É possível depreender, portanto, que se trata de tema também controverso, sendo o intuito de apresentá-lo, conforme mencionado, apenas de alerta como mais um tema importante inerente ao crédito oriundo de discussões judiciais. Cabe-nos fechar o parêntese e voltar os olhos para os aspectos controversos da compensação tributária que foram selecionados para análise e que devem ser ponderados pelo contribuinte no momento da tomada de decisão da recuperação do crédito.

4.3.1 Prazo de cinco anos para compensação tributária

O primeiro aspecto controverso a ser avaliado pelo contribuinte após obtido o reconhecimento do direito ao crédito refere-se ao prazo para sua utilização. Existe um limite temporal para exercício do direito à compensação tributária?

O art. 168 do CTN[32] estabelece o prazo de cinco anos para que o contribuinte exerça o pleito de restituição do indébito tributário, e se questiona se esse mesmo prazo se aplica ao procedimento compensatório.

Conforme o Parecer Normativo Cosit n. 11, de 19 de dezembro de 2014,[33]

> [...] a aplicação do prazo para execução da sentença, aí incluído para apresentar a Dcomp, é de cinco anos por uma construção sistêmica, e não entende que há aplicação do art. 168 do CTN nem que se trata de normas gerais de direito tributário, o que necessitaria de lei complementar para seu disciplinamento, por força da alínea "a" do inciso III do art. 146 da CF.

O mesmo parecer ainda explicita que

> [...] o crédito habilitado pode comportar mais de uma Declaração de Compensação, todas sujeitas ao prazo prescricional de cinco anos do trânsito em julgado da sentença ou da extinção da execução, não havendo interrupção da prescrição em relação ao saldo.

A Instrução Normativa RFB n. 2.055/21[34] manteve a orientação ao estabelecer que "A declaração de compensação prevista no art. 102 poderá ser apresentada no prazo de até

---

32 CTN. "Art. 168. O direito de pleitear a restituição extingue-se com o decurso do prazo de 5 (cinco) anos, contados:
I – nas hipóteses dos incisos I e II do art. 165, da data da extinção do crédito tributário; (Vide art. 3º da LCP n. 118, de 2005)
II – na hipótese do inciso III do art. 165, da data em que se tornar definitiva a decisão administrativa ou passar em julgado a decisão judicial que tenha reformado, anulado, revogado ou rescindido a decisão condenatória."

33 *DOU* 22.12.2014, Seção I, p. 18, Item 11.1.

34 Atual normativo da Receita Federal do Brasil que disciplina a compensação tributária – Instrução Normativa RFB n. 2.055, de 6 de dezembro de 2021 (*DOU* 08.12.2021).

5 (cinco) anos, contado da data do trânsito em julgado da decisão ou da homologação da desistência da execução do título judicial.[35]

O posicionamento acima foi referendado na Solução de Consulta Cosit n. 239, de 19 de agosto de 2019, ao afirmar que, "na hipótese de não ocorrer o exaurimento do crédito oriundo de decisão judicial transitada em julgado no prazo previsto na legislação, tem-se que não há base legal para que se proceda à compensação além do prazo de cinco anos de que trata o art. 103 da IN RFB n. 1.717, de 2017".

Vê-se, portanto, que o prazo de cinco anos não é apenas para iniciar a compensação tributária, mas também para efetivo consumo (entrega da última Dcomp) do crédito oriundo da decisão judicial.

Assim, a utilização da integralidade do crédito reconhecido no intervalo de cinco anos contados a partir do trânsito em julgado da decisão judicial é ponto a ser levado em consideração para a definição pelo procedimento compensatório,[36] já que, no período entre o ingresso da medida judicial, a decisão transitada em julgado que acolhe o pleito e a efetiva transmissão da Dcomp, a situação do contribuinte pode ser ou ter sido alterada em razão de diversos motivos, tais como incorporação, recuperação judicial, extinção.

Há casos em que o contribuinte, mesmo tendo iniciado os procedimentos de habilitação de crédito logo após o trânsito em julgado e iniciadas as compensações, deixa de ter débitos a serem liquidados e, portanto, fica impedido de seguir com o procedimento compensatório.

Sabemos que o Direito é uma ciência una e indivisível e que sua divisão em ramos é feita apenas para fins didáticos, permitindo maior aprofundamento sobre determinado tema.

Por esse motivo, para análise dessa situação específica, tomamos de empréstimo o disposto no art. 198 do CC,[37] que traz regras de impedimento da ocorrência do prazo prescricional em razão da impossibilidade do exercício do direito.

Se o contribuinte não possui débitos a liquidar, como poderá ter contra si o curso do prazo para seguir com a compensação, que, conforme já visto, é o procedimento em que necessariamente há duas relações jurídicas entre Fisco e contribuinte em situações contrapostas de débito e crédito?

Submetido a tal celeuma, o Carf reconheceu o direito de o contribuinte seguir com a compensação mesmo após os cinco anos do trânsito em julgado da decisão judicial, sob pena de lhe ser exigida conduta impossível, conforme demonstrado a seguir:

---

35 Art. 106 da IN RFB 2.055/21.

36 O prazo de cinco anos apenas fica suspenso entre o pedido de habilitação do crédito decorrente de ação judicial e a ciência do seu deferimento definitivo no âmbito administrativo, conforme o Parecer Normativo Cosit n. 11, de 19.12.2014.

37 CC. "Art. 198. Também não corre a prescrição:
I – contra os incapazes de que trata o art. 3º;
II – contra os ausentes do País em serviço público da União, dos Estados ou dos Municípios;
III – contra os que se acharem servindo nas Forças Armadas, em tempo de guerra."

Assunto: Normas Gerais de Direito Tributário

Período de apuração: 28/02/1989 a 30/09/1995

Direito a compensação obstado pela inexistência de tributo a extinguir.

Iniciado o procedimento compensatório pela entrega da declaração de compensação no prazo prescricional, mas inexistindo débito a ser extinto, ao contribuinte não pode ser estipulado prazo para utilizar o seu crédito, sob pena de ser-lhe exigida conduta impossível.[38]

O Poder Judiciário também vem se manifestando no sentido de que o prazo de cinco anos deve ser observado para iniciar a compensação e, exercido o direito nesse prazo, não há limitação temporal para que o contribuinte consuma os créditos, sendo o art. 168 do CTN,[39] que trata do prazo para restituição, marco temporal apenas para início da compensação.

A título ilustrativo, colaciona-se julgado do STJ:

> TRIBUTÁRIO. COMPENSAÇÃO. ART. 535 DO CPC. FUNDAMENTAÇÃO DEFICIENTE. PRESCRIÇÃO. CINCO ANOS A CONTAR DO TRÂNSITO EM JULGADO DA DECISÃO QUE RECONHECEU A EXISTÊNCIA DOS CRÉDITOS. CABÍVEL SOMENTE PARA O INÍCIO DA COMPENSAÇÃO.
>
> 1. [...].
>
> 2. Desse modo, considerando que as decisões judiciais que garantiram os créditos transitaram em julgado no ano de 2001, e os requerimentos de compensação foram realizados a partir de 2004, tem-se que o pedido de habilitação de créditos remanescentes efetuado em 2008 não foi alcançado pela prescrição. Recurso especial conhecido em parte e, nessa extensão, não provido.[40]

Como forma interruptiva da prescrição, o CC, em seu art. 202,[41] assegura ao contribuinte a propositura da ação cautelar de protesto.[42] O CTN, no art. 174, II, também prevê o protesto judicial como uma das formas de interrupção da prescrição.[43]

---

38 Carf, Processo Administrativo n. 10680.015558/2002-10, 3ª Câmara, 2ª Turma Ordinária, sessão de 26.03.2019, Acórdão n. 3302-006.585.

39 CTN. "Art. 168. O direito de pleitear a restituição extingue-se com o decurso do prazo de 5 (cinco) anos, contados:
I – nas hipóteses dos incisos I e II do art. 165, da data da extinção do crédito tributário;
II – na hipótese do inciso III do art. 165, da data em que se tornar definitiva a decisão administrativa ou passar em julgado a decisão judicial que tenha reformado, anulado, revogado ou rescindido a decisão condenatória."

40 STJ, 2ª Turma, Recurso Especial n. 1469954/PR, Rel. Ministro Og Fernandes, j. 18.08.2015, DJe 28.08.2015.

41 CC. "Art. 202. A interrupção da prescrição, que somente poderá ocorrer uma vez, dar-se-á:
I – por despacho do juiz, mesmo incompetente, que ordenar a citação, se o interessado a promover no prazo e na forma da lei processual;
II – por protesto, nas condições do inciso antecedente; [...]."

42 "Processual Civil. Ação cautelar de protesto interruptivo da prescrição. Extinção. Liminar. Apelação provida para determinar seu regular processamento. I – A cautelar de protesto, como forma interruptiva da prescrição, encontra-se expressamente prevista no art. 202, II, do Código Civil. Precedentes do C. STJ e desta E. Corte. II – Na hipótese, a ação em tela foi ajuizada objetivando a interrupção do prazo prescricional dos créditos a serem oportunamente repetidos, ao argumento de que o STF iniciou o julgamento acerca da inclusão do ICMS na base de cálculo do PIS e da Cofins. III – De rigor a reforma da sentença para determinar o recebimento da presente cautelar de protesto interruptivo de prescrição pelo MM. Juízo *a quo*, para regular processamento. IV – Recurso de apelação provido" (TRF 3ª Região, Apelação Cível n. 0011175-43.2007.4.03.6105, 4ª Turma, *e-DF3 Judicial 1*, 17.06.2020).

43 CTN. "Art. 174. A ação para a cobrança do crédito tributário prescreve em cinco anos, contados da data da sua constituição definitiva.

Referida medida vem sendo acatada pelo STJ, conforme trecho da decisão monocrática proferida pelo Ministro Sérgio Kukina:[44]

> Além disso, esta Corte possui firme entendimento em que o protesto judicial realizado pelo contribuinte interrompe o prazo prescricional, pois aplica-se, por analogia permitida pelo art. 108, I, do CTN, o disposto no art. 174, parágrafo único, II, do mesmo diploma legal, o qual autoriza o protesto judicial como forma de interromper a prescrição para a cobrança do crédito tributário.

Conclui-se, portanto, que, após o trânsito em julgado da decisão judicial, embora haja argumentos que afastam o prazo de cinco anos para o consumo do crédito e opções para interromper esse prazo, a limitação temporal quinquenal para consumo do crédito é ponto a ser avaliado pelo contribuinte na tomada de decisão acerca da compensação decorrente de decisão transitada em julgado para que (i) adote as providências para compensação o quanto antes; (ii) faça uma projeção dos débitos que poderão ser utilizados para que o consumo do crédito ocorra em cinco anos do trânsito em julgado; ou (iii) repense sobre o meio cabível à recuperação do crédito.

4.3.2 Multa isolada de 50% sobre a compensação não homologada

4.3.2.1 Conceito e origens

O segundo aspecto controverso que se apresenta refere-se à imposição de multa isolada pelo simples fato de a compensação não ser homologada.

Conforme visto no tópico introdutório, a partir da transmissão da Dcomp, a Receita Federal do Brasil tem o prazo de cinco anos para analisá-la e pode homologar ou não a compensação ou a considerar não declarada.

A não homologação da compensação pode ocorrer por diversos motivos, desde uma simples divergência de interpretação legislativa, por exemplo, nos casos em que se discute a glosa de crédito fundada em discussão se determinado bem pode ser considerado insumo; até o reconhecimento da prática de ato abusivo por parte do contribuinte, por exemplo, quando utiliza dados inverídicos para amparar seu pleito.

O olhar atento a esse ponto reside no fato de que o atual normativo que disciplina a multa isolada estabelece que, independentemente do motivo da decisão não homologatória, o contribuinte está sujeito à aplicação de multa de 50% sobre o valor do débito objeto da

---

Parágrafo único. A prescrição se interrompe:
I – pelo despacho do juiz que ordenar a citação em execução fiscal;
II – pelo protesto judicial."
44 STJ, 1ª Turma, Recurso Especial n. 1563923-RS (2015/0269930-4), publicação 27.10.2020. Recorrente: Fazenda Nacional. Julgamento: Conhecido o recurso da Fazenda Nacional e não provido.

declaração da compensação não homologada,[45] portanto entendemos que referida possibilidade também deve ser avaliada no momento da opção pela compensação.

Inicialmente, a multa isolada seria aplicada para as hipóteses de: (i) créditos e débitos não passíveis de compensação por expressa disposição legal; (ii) créditos de natureza não tributária; ou (iii) prática de sonegação fiscal, fraude, falsidade de documentos.[46]

Ao observar as três vertentes, não há dúvida de que o caminho trilhado pela legislação buscou punir atos abusivos dos contribuintes que utilizavam a compensação com o intuito de lesar o Erário.

Para a exigência dos débitos decorrentes da compensação era constituído lançamento de ofício. Em 2003, com a Lei n. 10.833, que introduziu o § 6º no art. 74 da Lei n. 9.430/1996, a Dcomp passou a constituir confissão de dívida e instrumento hábil e suficiente para a exigência dos débitos indevidamente confessados.[47]

Assim, o débito não compensado passou a sofrer a incidência da multa de 20%, e, por esse motivo, no ano 2009, sob a justificativa de "aperfeiçoar a imposição de penalidades na compensação", conforme a Exposição de Motivos n. 180/2009 do Ministério da Fazenda/Ministério de Estado do Desenvolvimento, Indústria e Comércio Exterior, sobreveio nova disciplina à multa isolada:

> 32. O art. 27 altera a redação do *caput* e do § 2º do art. 18 da Lei n. 10.833, de 2003, visando aperfeiçoar a imposição de penalidades na compensação. Atualmente é aplicada apenas a multa de mora na hipótese de compensação indevida, pelo fato de o débito declarado na Declaração de Compensação constituir confissão de dívida, de forma que, não raro, esse fato tem servido para que alguns contribuintes se utilizem de créditos inexistentes como forma de obter certidão negativa ou para não pagar o crédito tributário, contando com a homologação da compensação pelo decurso de prazo. Assim, o *caput* do art. 18 prevê a aplicação da penalidade na hipótese de compensação indevida, ficando determinado, no inciso I do § 2º, que o percentual a ser aplicado, na hipótese em que não for confirmada a legitimidade ou suficiência do crédito informado, é o previsto no inciso I do *caput* do art. 44 da Lei n. 9.430, de 27 de dezembro de 1996.

A partir de então, observa-se que a fixação da multa isolada extrapolou a finalidade pela qual foi criada, e as inúmeras críticas resultaram em nova alteração legislativa na tentativa de legitimar a cobrança de referida multa.

---

45 Lei n. 9.430/1996. "Art. 74. [...] § 17. Será aplicada multa isolada de 50% (cinquenta por cento) sobre o valor do débito objeto de declaração de compensação não homologada, salvo no caso de falsidade da declaração apresentada pelo sujeito passivo. (Redação dada pela Lei n. 13.097, de 2015)."

46 Redação original do art. 18 da Lei n. 10.833, de 29 de dezembro de 2003: "Art. 18. O lançamento de ofício de que trata o art. 90 da Medida Provisória n. 2.158-35, de 24 de agosto de 2001, limitar-se-á à imposição de multa isolada sobre as diferenças apuradas decorrentes de compensação indevida e aplicar-se-á unicamente nas hipóteses de o crédito ou o débito não ser passível de compensação por expressa disposição legal, de o crédito ser de natureza não tributária, ou em que ficar caracterizada a prática das infrações previstas nos arts. 71 a 73 da Lei n. 4.502, de 30 de novembro de 1964".

47 Lei 9.430/1996. "Art. 74. [...] § 6º A declaração de compensação constitui confissão de dívida e instrumento hábil e suficiente para a exigência dos débitos indevidamente compensados (Redação dada pela Lei n. 10.833, de 2003)."

A Exposição de Motivos n. 144, de 2014 – MF MJ MTE MDIC Bacen, da Medida Provisória n. 656/2014 elencou de forma direta que a jurisprudência considerava a multa inconstitucional porque vedava o direito de petição do contribuinte:

> [...] A jurisprudência judicial é quase unânime em afastar essa multa sob o argumento de que sua aplicação fere o direto constitucional de petição.
>
> 12. Com a revogação proposta para os §§ 15 e 16, e visando manter a aplicação da multa isolada de 50% apenas nos casos de não homologação de compensação, faz-se necessária nova redação para o § 17 do art. 74 da Lei 9.430, de 1996, trazendo para o referido parágrafo o percentual da multa antes previsto no § 15, e para substituir o termo "crédito" por "débito", que é efetivamente o valor indevidamente compensado e que deverá ser a base de cálculo da multa isolada.

O cenário de construção da multa já é suficiente para expor que há a discussão sobre a constitucionalidade, e, em nosso entender, as demais alterações legislativas que resultaram na atual disciplina da multa isolada também não são hábeis a legitimar a cobrança.

Embora o tema esteja sendo apreciado pelo STF, como se verá mais adiante, fato é que a multa isolada por compensação não homologada vem sendo aplicada após o despacho decisório da autoridade fiscal que não homologa a compensação.

A referida multa é exigida por meio da lavratura de auto de infração e é calculada sobre o valor do débito que não foi compensado.

Após a lavratura do auto de infração, o contribuinte pode apresentar impugnação, seguindo o rito do Decreto n. 70.235/1972[48] e demais passos do processo administrativo federal, expostos no tópico introdutório deste capítulo. Enquanto o contribuinte recorre em seu processo administrativo de multa isolada, também deverá defender-se no processo administrativo que discute a compensação, e, dada a correlação existente, há a possibilidade de a homologação ser deferida, com o consequente cancelamento da cobrança da multa isolada.

Por essa razão, é comum que os contribuintes solicitem o sobrestamento ou, ao menos, o apensamento do auto de infração que intenta a cobrança da multa no processo em que se discute a compensação.

Há discussão no processo administrativo federal sobre a possibilidade de sobrestamento, uma vez que não há um dispositivo específico no Decreto n. 70.235/1972 sobre a matéria.

De todo modo, considerando que o art. 15 do Código de Processo Civil aplica-se subsidiariamente ao processo administrativo federal, utiliza-se como amparo legal o art. 313, V, "a", do Diploma Processual, que prevê a suspensão do processo quando a decisão depender do julgamento de outra causa.

---

48 Decreto n. 70.235/1972. "Art. 15. A impugnação, formalizada por escrito e instruída com os documentos em que se fundamentar, será apresentada ao órgão preparador no prazo de trinta dias, contados da data em que for feita a intimação da exigência."

O Carf, por vezes, manifestou-se contra o sobrestamento[49] e permitiu apenas o apensamento. A consequência prática é que, embora o apensamento una os processos administrativos (o que permite que o julgamento do processo administrativo de crédito reflita diretamente no processo de multa), o contribuinte ainda percorrerá a via administrativa de forma concomitante, sem a possibilidade de esperar o julgamento definitivo do processo principal de compensação.

Importante destacar que, quando a discussão dos débitos envolve tema que está sob apreciação do STF, também é comum o pleito de sobrestamento para que a decisão administrativa possa seguir o posicionamento do Poder Judiciário.

Especificamente sobre o tema da multa isolada, os pedidos de sobrestamento não vêm sendo deferidos, seja diante da ausência de previsão legal específica no Decreto n. 70.235/1972, seja em razão do princípio da legalidade. Nesses termos, as decisões proferidas pelo STF só seriam vinculantes ao Carf após decisão definitiva do plenário, nos termos do art. 62, I, do Regimento Interno de referido Conselho Administrativo (Ricarf),[50] o que não ocorreu até o momento da redação do presente capítulo.

4.3.2.2 Problemática

Como exposto, a aplicação da multa isolada foi criticada especialmente após sua aplicação ter sido estendida para qualquer hipótese de não homologação da compensação, pois, dentre outros motivos, restringe o direito de petição do contribuinte.

A natureza da multa no Direito Tributário é suficiente para compreender a inconstitucionalidade da multa isolada pela não homologação da compensação a qualquer título.

Quando se analisa o fundamento para aplicação da multa, encontra-se a necessidade de punir o contribuinte por uma conduta específica, seja relacionada à obrigação principal ou acessória, mas, quaisquer que sejam as motivações, não pode a multa ser aplicada a uma situação em que não se tenha postura reativa ou omissiva do contribuinte. Ora, se o contribuinte não provocou o Estado com má-fé, descaso ou ilicitude, a penalização não encontra amparo.

---

49 "MULTA ISOLADA. COMPENSAÇÃO NÃO HOMOLOGADA. ART. 74, § 17, DA LEI N. 9.430/96. SOBRESTAMENTO DO AUTO DE INFRAÇÃO ATÉ JULGAMENTO FINAL DO PROCESSO DE COMPENSAÇÃO. A lavratura de auto de infração para cobrança de multa isolada por não homologação da compensação (50% aplicado sobre o valor do débito objeto de declaração) e a análise da legitimidade e quantificação do crédito pleiteado (processo de compensação) têm objetos distintos. Nos termos do § 17 do art. 74 da Lei n. 9.430/1996, a lavratura do auto para a aplicação da multa isolada é atividade vinculada (art. 142, do CTN). Dessa forma, não há falar-se em inaplicabilidade da multa antes do trânsito em julgamento do processo de compensação, tampouco em sobrestamento de um em função da ausência de trânsito em julgado do outro. Todavia, há a conexão entre os dois processos, por essa razão os dois recursos voluntários foram julgados em conjunto na mesma sessão" (Carf, Embargos de Declaração n. 3301-009.119, Rel. Semíramis de Oliveira Duro, 1ª Turma Ordinária, j. 17.11.2020, DJe 25.01.2021).

50 Ricarf. "Art. 62. Fica vedado aos membros das turmas de julgamento do Carf afastar a aplicação ou deixar de observar tratado, acordo internacional, lei ou decreto, sob fundamento de inconstitucionalidade.
§ 1º O disposto no caput não se aplica aos casos de tratado, acordo internacional, lei ou ato normativo:
I – que já tenha sido declarado inconstitucional por decisão definitiva plenária do Supremo Tribunal Federal; [...]"

A Dcomp constitui confissão de dívida e instrumento hábil e suficiente para a exigência dos débitos indevidamente compensados, nos termos do art. 74, § 6º, da Lei n. 9.430/1996.[51]

Nesses termos, não se condena a possibilidade de cobrança dos eventuais valores devidos pelo contribuinte caso existam incoerências, contudo a multa isolada, do modo como está disciplinada, configura uma penalização que extrapola seu fundamento. Vejamos.

A multa aplicada dessa forma ultrapassa os limites da proporcionalidade, princípio previsto na CF/88, ainda que não expressamente disposto, segundo Machado Segundo (2020, p. 23): "o ato estatal praticado como meio à consecução de um fim, ainda que lícito esse fim, e além de naturalmente atender a outros requisitos decorrentes de outras normas jurídicas, deve ser adequado, necessário e proporcional em sentido estrito". A multa isolada não se mostra necessária, adequada e proporcional, dado que vem sendo cobrada até mesmo em razão de uma simples divergência interpretativa entre o contribuinte e o Fisco.

Se o Direito Tributário permitisse a punição sobre toda a negativa de pedido, aconteceriam apenas punições arbitrárias ao contribuinte pelo simples posicionamento diverso do Fisco, afinal não necessariamente a negativa de pedido indica má-fé do contribuinte. Sobre a multa isolada:

> Trata-se de autêntica punição pela prática de uma conduta que nenhuma lesão traz às disposições constitucionais protegidas pelo estabelecimento de multas tributárias, pois se o fisco considera que o contribuinte não tem razão, nada o impede de indeferir o pedido. Aliás, a conduta tida por "ilícita", no caso, configura o autêntico exercício de um direito constitucional por parte do cidadão contribuinte (art. 5º, XXXIV, "a", da CF/88), o qual não é assegurado apenas àqueles que formulem petições consideradas procedentes pela própria Administração Pública (MACHADO SEGUNDO, 2012, p. 69).

Por conseguinte, o contribuinte sofre uma repressão ao seu direito de petição, nos termos do art. 5º, XXXIV, "a", da CF/1988,[52] uma vez que, pelo simples fato de exercer seu direito legal à compensação, pode ser punido. Não se mostra razoável que o contribuinte enfrente o risco de ser punido simplesmente porque buscou a recuperação de seu indébito por meio da compensação.

A multa, conforme bem ensina o Prof. Sacha Calmon Navarro Coêlho (2001, p. 71-72), "tem como pressuposto a prática de um ilícito (descumprimento a dever legal, estatutário ou contratual)". O exercício de um direito não pode ser considerado um ato ilícito.

Aliás, a arbitrariedade do Fisco favorece o enriquecimento sem causa do Erário, tendo em vista que o contribuinte tem o direito de saber e contestar a exatidão de seus débitos

---

51 Lei n. 9.430/1996. "Art. 74. O sujeito passivo que apurar crédito, inclusive os judiciais com trânsito em julgado, relativo a tributo ou contribuição administrado pela Secretaria da Receita Federal, passível de restituição ou de ressarcimento, poderá utilizá-lo na compensação de débitos próprios relativos a quaisquer tributos e contribuições administrados por aquele Órgão. [...]
§ 6º A declaração de compensação constitui confissão de dívida e instrumento hábil e suficiente para a exigência dos débitos indevidamente compensados."

52 CF/1988. Art. 5º, XXXIV, "a": "são a todos assegurados, independentemente do pagamento de taxas:
a) o direito de petição aos Poderes Públicos em defesa de direitos ou contra ilegalidade ou abuso de poder".

e créditos, conclusão que se coaduna com a verdade material que deve ser atingida pelo processo administrativo fiscal e a legalidade tributária.

Ademais, na hipótese de decisão não homologatória, o contribuinte já é apenado com a multa de mora. Assim, a multa isolada também se caracteriza como uma dupla penalização, já que tem o mesmo pressuposto da multa de mora, qual seja, a decisão que deixa de homologar a compensação.

De se observar, portanto, que, ainda que se possa admitir a legitimidade da multa isolada, mesmo assim sua cobrança não se sustenta, já que, por força do princípio da consunção, ela é absorvida pela multa de mora. A multa de mora é que deve prevalecer, pois está em consonância com o pressuposto da multa, qual seja, o ilícito, que é caracterizado pelo intempestivo pagamento da obrigação tributária.

4.3.2.3 Da discussão do tema perante o Supremo Tribunal Federal

A Confederação Nacional da Indústria (CNI) ajuizou a Ação Direta de Inconstitucionalidade (ADI) n. 4.905, com o objetivo de ter declarada a inconstitucionalidade dos §§ 15 e 17 do art. 74 da Lei n. 9.430/1996, a qual pende de julgamento pelo STF.[53]

De forma concomitante, está em curso o julgamento do Recurso Extraordinário n. 796.939, interposto pela Fazenda Nacional em face do acórdão proferido pelo Plenário do Tribunal Regional Federal da 4ª Região nos autos da Arguição de Inconstitucionalidade n. 5007416-62.2012.4.04.000, que reconheceu inconstitucionais os §§ 15 e 17 do art. 74 da Lei n. 9.430/1996.[54]

Em 30.05.2014, diante da relevância do tema e considerando que os interesses discutidos no processo transcendem os das partes envolvidas do ponto de vista econômico, político, social ou jurídico, foi reconhecida a existência de Repercussão Geral ao Recurso Extraordinário n. 796.939 (Tema 736).

O atual Relator do caso, Ministro Edson Fachin, votou pela inconstitucionalidade da multa isolada, propondo a seguinte tese: "É inconstitucional a multa isolada prevista em

---

[53] Até a redação do presente capítulo.
[54] "ARGUIÇÃO DE INCONSTITUCIONALIDADE. ARTIGO 74 DA LEI N. 9.430/96, PARÁGRAFOS 15 E 17. AFRONTA AO ARTIGO 5º, INCISO XXXIV, DA CONSTITUIÇÃO FEDERAL, BEM COMO AO PRINCÍPIO DA PROPORCIONALIDADE. O artigo 5º, inciso XXXIV, 'a', da Constituição Federal dá conta de que 'são a todos assegurados, independentemente do pagamento de taxas: a) o direito de petição aos Poderes Públicos em defesa de direitos ou contra ilegalidade ou abuso de poder; b) a obtenção de certidões em repartições públicas, para defesa de direitos e esclarecimento de situações de interesse pessoal'.
A multa prevista nos parágrafos 15 e 17 do art. 74 da Lei 9.430/96, ainda que não obste totalmente a realização do pedido de compensação, cria obstáculos, com certeza, ao direito de petição do contribuinte, pois, diante da possibilidade de lhe ser aplicada a pena pecuniária, produz justo receio, a ponto de desestimulá-lo a efetivar o pedido da compensação a que teria direito.
Portanto, os parágrafos 15 e 17 do artigo 74 da Lei n. 9.430/96 conflitam com o disposto no artigo 5º, inciso XXXIV, alínea 'a' da Constituição Federal.
Além disso, a aplicação da multa com base apenas no indeferimento do pedido ou na não homologação da declaração de compensação afronta o princípio da proporcionalidade" (TRF, Apelação n. 5069474-44.2012.404.7100, Rel. Jorge Antonio Maurice, 1ª Turma, j. 11.12.2013).

lei para incidir diante da mera negativa de homologação de compensação tributária por não consistir em ato ilícito com aptidão para propiciar automática penalidade pecuniária".

Até o momento da redação deste capítulo aguarda-se o julgamento final do recurso. A decisão final vem sendo esperada com expectativa, já que servirá como norte para os integrantes da Receita Federal do Brasil, os integrantes do Poder Judiciário e os administrados.

4.3.3 Restrição do acesso ao Poder Judiciário: da discussão da compensação em sede de embargos à execução fiscal

O terceiro ponto de atenção refere-se à possibilidade de discutir a compensação na via judicial dos embargos à execução fiscal.

A compensação, conforme visto anteriormente, extingue o crédito tributário sob condição resolutória, ou seja, o procedimento passará pelo crivo da Receita Federal, que pode denegar o pleito do contribuinte.

Diante da denegação, verificamos, itens atrás, o procedimento que pode ser adotado pelo contribuinte para a discussão do indébito na via administrativa. A celeuma se inicia quando a discussão na esfera administrativa é encerrada.

O § 3º do art. 16 da Lei n. 6.830/1980 estabelece que "não será admitida reconvenção, nem compensação, e as exceções, salvo as de suspeição, incompetência e impedimentos, serão argüidas como matéria preliminar e serão processadas e julgadas com os embargos".

Em razão da natureza do processo executório, que busca a satisfação do crédito, a reconvenção,[55] por decorrência lógica, não se mostra possível, o que justifica a vedação para sua argüição em sede de embargos à execução.

Com relação à compensação, em nosso entender, o raciocínio seria o mesmo da reconvenção: em razão da natureza do processo executivo, é inviável pleitear a compensação em sede de embargos à execução.

Todavia, vedar a realização do procedimento compensatório na via dos embargos à execução fiscal não implica obstar o direito ao argumento de inexigibilidade do título executivo por esse motivo, como vem sendo interpretado o § 3º do art. 16 da Lei de Execuções Fiscais.

A compensação, assim como o pagamento, a decadência e a prescrição, são meios de extinção da obrigação tributária, conforme o art. 156 do CTN. Veja-se:

> Capítulo IV – Extinção do Crédito Tributário
>
> Seção I – Modalidades de Extinção
>
> Art. 156. Extinguem o crédito tributário:
>
> I – o pagamento;

---

[55] A reconvenção tem previsão no art. 343 do Código de Processo Civil. Conforme Fredie Didier Jr.: "A reconvenção é demanda do réu contra o autor no mesmo processo em que está sendo demandado. É o contra-ataque que enseja o processamento simultâneo da ação principal e da ação reconvencional, a fim de que o juiz resolva as duas lides na mesma sentença" (DIDIER JR., 2017, p. 741).

II – a compensação;

III – a transação;

IV – remissão;

V – a prescrição e a decadência;

VI – a conversão de depósito em renda;

VII – o pagamento antecipado e a homologação do lançamento nos termos do disposto no art. 150 e seus §§ 1º e 4º;

VIII – a consignação em pagamento, nos termos do disposto no § 2º do art. 164;

IX – a decisão administrativa irreformável, assim entendida a definitiva na órbita administrativa, que não mais possa ser objeto de ação anulatória;

X – a decisão judicial passada em julgado;

XI – a dação em pagamento em bens imóveis, na forma e condições estabelecidas em lei. (*Vide* Lei n. 13.259, de 2016).

Parágrafo único. A lei disporá quanto aos efeitos da extinção total ou parcial do crédito sobre a ulterior verificação da irregularidade da sua constituição, observado o disposto nos arts. 144 e 149.

Dessa forma, assim como o contribuinte pode alegar a inexigibilidade do título executivo em razão de decadência ou prescrição (art. 156, V, do CTN), pagamento (art. 156, I), remissão (art. 156, IV), a compensação (art. 156, II) também consiste em argumento de defesa.

O STJ, ao apreciar o tema sob a sistemática dos recursos repetitivos,[56] admitiu que a compensação tributária pode ser alegada na via dos embargos à execução fiscal, conforme excerto da ementa a seguir transcrito:

> Ementa
>
> Processo Civil. Recurso Especial Representativo de Controvérsia. Artigo 543-C, do CPC. Processo judicial tributário. Embargos à Execução Fiscal. Compensação tributária pretérita alegada como matéria de defesa. Possibilidade. Artigo 16, § 3º, da LEF, c/c arts. 66, da Lei 8.383/91, 73 e 74, da Lei 9.430/96.

O julgamento resultou na seguinte Tese:

> Tema 294. Tese fixada. "A compensação efetuada pelo contribuinte, antes do ajuizamento do feito executivo, pode figurar como fundamento de defesa dos embargos à execução fiscal, a fim de ilidir a presunção de liquidez e certeza da CDA, máxime quando, à época da compensação, restaram atendidos os requisitos da existência de crédito tributário compensável, da configuração do indébito tributário, e da existência de lei específica autorizativa da citada modalidade extintiva do crédito tributário".

Se a referida Corte, na sistemática de recursos repetitivos, admitiu a compensação como matéria de defesa, então por que a discussão na via judicial merece atenção especial?

---

[56] Recurso Especial n. 1.008.343-SP (2007/0275039-9), julgamento realizado em 09.12.2009, acórdão publicado em 01.02.2010 – sob a sistemática dos recursos repetitivos.

A justificativa reside no fato de que o entendimento do E. STJ vem sendo interpretado de modo restritivo e, por consequência, impede o livre acesso ao Poder Judiciário e o direito à ampla defesa, em manifesto desrespeito aos arts. 5º, XXXV[57] e LV,[58] da CF/1988, respectivamente.

De acordo com essa interpretação restritiva, a compensação somente poderia ser alegada na via dos embargos à execução se houvesse sido homologada na via administrativa. Ocorre que tal argumentação carece de fundamentação lógica, em nossa opinião, já que a compensação homologada na via administrativa traz como consequência a extinção do crédito tributário e, portanto, a inexistência de processo executório de cobrança e posterior defesa via embargos à execução.

Tomamos de empréstimo o ensinamento da Ministra Regina Helena Costa, no sentido de que

> [...] exigir que a compensação já tenha sido aceita pelo Fisco, antes da execução fiscal, como condição de admissibilidade da alegação do contribuinte, nos embargos à execução, é verdadeiro despropósito, visto que se a compensação tivesse sido acatada pelo Fisco, nem mesmo poderia ele ajuizar a execução fiscal.[59]

O objetivo do contribuinte, portanto, assim como ocorre na via administrativa, é obter a reforma da decisão que deixa de homologar a compensação já realizada.

Aguarda-se que o mérito do tema seja apreciado pela 1ª Seção do Superior Tribunal de Justiça, pois, embora os Embargos de Divergência em Recurso Especial n. 1.795.347-RJ não tenham sido conhecidos no julgamento realizado em outubro de 2021, há possibilidade de revisão da decisão em razão do pedido de atribuição de efeitos infringentes aos embargos de declaração que foram opostos para sanar omissão e contradição apontadas no acórdão.

Caso prevaleça o entendimento manifestado no acórdão que não conheceu os mencionados embargos de divergência no sentido de que "ambas as Turmas que compõem a Primeira Seção do Superior Tribunal de Justiça entendem que não pode ser deduzida em embargos à execução fiscal, à luz do art. 16, § 3º, da Lei n. 6.830/1980, a compensação indeferida na esfera administrativa, não havendo mais que se falar em divergência atual a ser solucionada",[60] o contribuinte deve avaliar as medidas judiciais para discutir a decisão não homologatória da compensação, que seria a ação ordinária ou o mandado de segurança, a depender da necessidade de dilação probatória.

No âmbito do Poder Legislativo, com o objetivo de "possibilitar que os contribuintes possam exercer o seu direito de defesa em execuções fiscais de forma efetiva e ampla", em

---
57 CF/1988. Art. 5º, XXXV: "a lei não excluirá da apreciação do Poder Judiciário lesão ou ameaça a direito".
58 CF/1988. Art. 5º, LV: "aos litigantes, em processo judicial ou administrativo, e aos acusados em geral são assegurados o contraditório e ampla defesa, com os meios e recursos a ela inerentes".
59 AgInt no REsp 1.708.875/RS.
60 Excerto da ementa do acórdão produzido nos Embargos de Divergência em REsp n. 1.795.347-RJ (2018/0242270-8).

junho de 2021 foi apresentado à Câmara dos Deputados o Projeto de Lei n. 2.243/21 para alterar o § 3º do art. 16 da Lei n. 6.830/1980 com a supressão do termo "compensação", o que poderá sanar a controvérsia atualmente instaurada.

De todo modo, diante do atual cenário, a limitação do acesso ao Poder Judiciário via embargos à execução fiscal é também ponto de atenção na tomada da decisão pela recuperação do crédito via compensação.

4.4 CONSIDERAÇÕES FINAIS

A compensação é um importante meio de extinção da obrigação tributária que, concomitantemente, extingue duas relações jurídicas contrapostas: uma de crédito e débito do contribuinte para com o Fisco e outra de crédito e débito do Fisco para com o contribuinte.

O avanço da legislação que disciplina o tema faz com que o instituto seja cada vez mais utilizado, especialmente nos dias atuais, em que toda e qualquer medida que possa evitar o desembolso imediato de caixa pelo contribuinte se mostra válida.

Após a definição, pelo STF, de que a exclusão do ICMS da base de cálculo do PIS e da Cofins é legítima, houve um aumento da utilização da compensação em razão dos créditos apurados pelos contribuintes.

Essa crescente veio acompanhada do aumento de medidas adotadas pelo Fisco para restringir a compensação. Em outras palavras, o ato de suprimir o direito de compensação do contribuinte acaba se confundindo com a própria contrariedade de Receita Federal em reconhecer os créditos.

Os entraves criados à utilização do procedimento compensatório, ao que tudo indica, decorrem do fato de se enxergar a compensação apenas como uma vantagem para o contribuinte. Entretanto, tendo em vista que a relação de débito do Fisco perante o contribuinte é extinta, é certo que a compensação é também benéfica para o Fisco, que não pode manter em seus cofres numerário obtido indevidamente.

Dentre os entraves, verificamos a restrição temporal para a compensação, a violação ao direito de petição em razão da aplicação da multa isolada de 50% e a limitação do acesso ao Poder Judiciário.

Essas restrições, conforme vimos, são passíveis de questionamento perante o Poder Judiciário, pois afrontam dispositivos legais e constitucionais.

Todavia, o intuito, ao realizar a compensação, é ter efetivamente o reconhecimento da extinção da relação de débito do contribuinte para com o Fisco e a concomitante extinção do débito do Fisco para com o contribuinte, e não ter mais motivos para provocar a máquina judiciária.

Por vezes, o contencioso ainda é instaurado porque o Fisco restringe a compensação feita com base em decisão judicial, utilizando o argumento de que o direito creditório foi concedido, mas não de maneira específica aos valores elencados no pedido de compensação, o que proporciona uma segunda análise do Fisco sobre o direito creditório.

Assim, a compensação, apesar de se mostrar um meio eficiente de liquidação de débitos, deve ser analisada pelo contribuinte de acordo com os riscos e atuais posições do STF e do STJ, assim como sua própria demanda no Poder Judiciário, avaliando os prós e contras no momento da decisão pelo meio de recuperação do crédito tributário.

Temos consciência de que o futuro é incerto e não se pode afirmar com exatidão como estará a situação do contribuinte ou qual será o posicionamento do Poder Judiciário sobre todas as matérias sob análise. De todo modo, o conhecimento de alguns aspectos controversos relacionados à compensação pode auxiliar na decisão pelo procedimento de recuperação do crédito para que seja tomada de forma mais madura e aliada à situação de cada contribuinte.

REFERÊNCIAS

ATALIBA, Geraldo. *Hipóteses de incidência tributária*. 6. ed. São Paulo: Malheiros, 2013.

CARRAZZA, Roque Antonio. Compensação de Finsocial com outros tributos. *In*: ALVIM, Teresa Arruda; MARINS, James; ALVIM, Eduardo Arruda (coord.). *Repertório de jurisprudência e doutrina sobre processo tributário*. 1. ed. 2. tir. São Paulo: Revista dos Tribunais, 1995.

CARVALHO, Paulo de Barros. *Curso de direito tributário*. 24. ed. São Paulo: Saraiva, 2012.

COÊLHO, Sacha Calmon Navarro. *Teoria e prática das multas tributárias:* infrações tributárias. Sanções tributárias. 2. ed. Rio de Janeiro: Forense, 2001.

DIDIER JR., Fredie. *Curso de direito processual civil*. 19. ed. Salvador: Juspodivm, 2017.

DINIZ, Maria Helena. *Dicionário jurídico*. São Paulo: Saraiva, [20-]. v. 1: A-C.

GONÇALVES, Carlos Roberto. *Direito civil brasileiro*. 14. ed. São Paulo: Saraiva, 2017. v. 2: Teoria geral das obrigações.

LESSA, Donovan Mazza. *Manual de compensação tributária*. 9. ed. São Paulo: Quartier Latin, 2018.

MACHADO SEGUNDO, Hugo de Brito. Multas tributárias, proporcionalidade e confisco. *Nomos: Revista do Programa de Pós-graduação em Direito da UFC*, Fortaleza, v. 32, n. 1, p. 63-76, 2012.

MACHADO SEGUNDO, Hugo de Brito. *Processo tributário*. 12. ed. São Paulo: Atlas, 2020.

OLIVEIRA, Flávia Cecília de Souza. A compensação como meio hábil à extinção concomitante de obrigações tributárias contrapostas. *In*: RAMOS FILHO, Carlos Alberto de Moraes (coord.). *Normas gerais de direito tributário*: estudos em homenagem aos 50 anos do Código Tributário Nacional. Curitiba: Ed. CRV, 2016.

OLIVEIRA, Flávia Cecília S. Isolamento social e o artigo 170-A do CTN: há relação possível? *Jota*. 1 maio 2020. Disponível em: https://www.jota.info/opiniao-e-analise/colunas/women-in-tax-brazil/isolamento-social-e-o-artigo-170-a-do-ctn-ha-relacao-possivel-01052020. Acesso em: 11 abr. 2021.

PEREIRA, Roberto Codorniz Leite. Compensação no direito tributário, proporcionalidade e segurança jurídica. *Revista Direito Tributário Atual*, São Paulo: IBDT, n. 46, 2. sem. 2020.

RIBEIRO, Mariana; OTTA, Lu Aiko. Compensação tributária via Justiça leva Receita a apertar fiscalização. *Valor Econômico*. 26 fev. 2021. Disponível em: https://valor.globo.com/brasil/noticia/2021/02/26/compensacao-tributaria-via-justica-leva-receita-a-apertar-fiscalizacao.ghtml. Acesso em: 10 abr. 2021.

SILVA, Milisa Cristine *et al*. *Manual prático para restituição, ressarcimento, reembolso e compensação de tributos federais*: PER/DCOMP. 3. ed. São Paulo: FISCOSoft Editora, 2014. Primeira edição em *e-book*. Disponível em: https://proview.thomsonreuters.com/title.html?redirect=true&titleKey=rt%2Fmonografias%2F98937871%2Fv3.4&titleStage=F&titleAcct=i0ad6a-6a4000001783d1501d879ebc50a#sl=e&eid=828ae2542974a9e89cfeb45ff3f9bf53&eat=a-98937952&pg=1&psl=&nvgS=false. Acesso em: 30 mar. 2021.

5

OCDE: O DESENVOLVIMENTO DAS DIRETRIZES DE PREÇOS DE TRANSFERÊNCIA E O PRINCÍPIO *ARM'S LENGTH*

Gabriela Rocha
Davi Santana

5.1 INTRODUÇÃO

Preço de transferência é o termo utilizado para estabelecer o preço de transações transfronteiriças intragrupo, entre as quais há transferência de bens, intangíveis e serviços.

As regras de preço de transferência já vêm sendo aplicadas em diversos sistemas tributários desde os anos 1930. Os Estados Unidos lideraram o desenvolvimento detalhado das diretrizes gerais em 1998 e propostas entre 1990 e 1992, as quais se tornaram regras em 1994.[1] Em 1995 a Organização para a Cooperação e Desenvolvimento Econômico (OCDE) emitiu suas orientações relativas a preços de transferência e as ampliou em 1996 e 2010.[2] As regras americanas e as da OCDE são bem similares e atualmente seguidas por diversos países.

O principal objetivo da OCDE ao emitir a ampliação das regras em 2010 para empresas multinacionais (MNE) e governos era fornecer orientações sobre a aplicação do princípio *arm's length*,[3] que é o consenso internacional sobre preços de transferência, ou seja, sobre a avaliação, para fins fiscais, de transações transfronteiriças entre empresas associadas.

Em uma economia global em que as MNE desempenham um papel proeminente, os preços de transferência estão no topo da agenda dos administradores tributários e dos contribuintes. Os governos precisam garantir que os lucros tributáveis das MNE não sejam deslocados artificialmente para fora de suas jurisdições e que a base tributável relatada pelas empresas multinacionais em seus respectivos países reflita a atividade econômica nelas desenvolvida. Para os contribuintes, é essencial limitar os riscos da dupla tributação econômica que pode resultar de uma disputa entre dois países sobre a determinação de

---

1   Regulamento de Imposto de Renda Americano (US, [20-]).
2   Ampliação das regras de preço de transferência da OCDE em 2010 (OECD, [20-]).
3   O princípio *arm's length* é o que define uma transação como isenta de interesses.

uma remuneração em condições normais de mercado para suas transações transfronteiriças com empresas associadas (OECD, 2010).

No que diz respeito ao tratamento que cada país dá ao princípio *arm's length*, dependerá do quanto a administração tributária daquele país deseja proteger sua receita e ter ou não um sistema tributário estruturado para isso e, portanto, impor ou não a tributação em transações intercompanhias de grupos multinacionais. Há países que são mais agressivos, outros nem tanto.

Em muitos casos, as administrações tributárias, com o intuito de impedir que os lucros das MNE sejam deslocados artificialmente para fora de suas jurisdições, aplicam o conceito de *permanent establishment* (PE), ou, em português, estabelecimento permanente. Esse modelo de tributação, em geral, aplica ao lucro gerado em sua jurisdição, por uma MNE não residente ou registrada, a mesma legislação tributária aplicada às empresas residentes ou registradas naquele país. Em outros casos modelos diferentes são aceitos, como a tributação somente de uma margem do lucro; em casos como o do Brasil, que não adota o conceito de PE em sua legislação, existe legislação específica dependendo do negócio, transação, tipo de tributação do país de destino do lucro etc.

Exemplificaremos a seguir o tratamento de uma transação intercompanhias em diferentes países para ao final avaliarmos qual país é mais ou menos agressivo.

A transação intercompanhias de que vamos tratar aqui, a empresa multinacional XY, envia tripulação de sua afiliada em Cingapura para trabalhar em plataformas de petróleo em diversos países, onde mantém operações e nos quais tem uma afiliada local que opera a plataforma de destino do respectivo país.

Exemplo 1: a empresa multinacional XY envia a tripulação empregada em sua afiliada em Cingapura para trabalhar em sistema de rotação (dois grupos se alternam a cada 15 dias) em sua plataforma de petróleo no Brasil, operada por outra afiliada neste país.

- Imposto de Renda (IR) e Contribuição Social: alíquota de 34%. Uma vez que a afiliada no Brasil importe esses serviços da tripulação de sua afiliada no exterior, as regras de preço de transferência brasileiras[4] serão aplicadas e a afiliada no Brasil sofrerá tributação de IR e Contribuição Social sobre a margem de lucro que cobrará de sua afiliada no exterior. Apesar de o Brasil já ser parte da OCDE, ainda há um caminho longo a percorrer no que diz respeito ao alinhamento das regras de preço de transferência brasileiras com as regras internacionais. E a lei é bem específica quando se trata de métodos de preço de transferência, margens a serem cobradas etc.
- Impostos retidos: além do IR, essa empresa também sofrerá impacto tributário quando realizar o pagamento a sua afiliada no exterior. Os impostos retidos incorridos nesse caso serão:

---
4   Lei n. 9.430/1996, Seção V.

- IR retido: alíquota de 15 ou 25%, dependendo de a empresa beneficiada estar ou não em paraíso fiscal ou em economias com tributação diferenciada.
- Contribuições de Intervenção no Domínio Econômico (Cide): alíquota de 10%. A Cide combustíveis é mais conhecida, porém ela também se aplica quando há transferência de tecnologia. Nesse caso, de acordo com a legislação, uma vez que mão de obra internacional é contratada em vez de mão de obra local, há transferência de tecnologia (ou conhecimento – *know-how*).
- Programa de Integração Social (PIS) e Contribuição para o Financiamento da Seguridade Social (Cofins): alíquota de 14,25%. Aqui a afiliada no Brasil pode se recuperar desse impacto, compensando com seu PIS e Cofins a pagar ou ainda recentemente, com outros impostos federais.[5]
- Imposto sobre Serviços (ISS): alíquota de 2 a 5%. Em relação ao ISS, a alíquota vai depender do município. Porém, regra geral, como esses serviços estão sendo prestados para benefício de uma localidade em território brasileiro, o ISS incorrerá.
- Imposto de Renda de Pessoa Física (IRPF): é obrigação da empregadora no exterior recolher o IRPF sobre todos os rendimentos de seus funcionários que trabalharem em território brasileiro por mais de 183 dias em um ano-calendário. A empregadora estrangeira pode optar por criar um PE no Brasil e fazer o recolhimento desses impostos. Porém, caso sua afiliada no Brasil faça o recolhimento desses impostos em nome de sua afiliada no exterior, esses custos serão não dedutíveis para fins de IR e Contribuição Social. Isso porque a lei considera que tais custos não pertencem à afiliada brasileira, pois os empregados da tripulação não fazem parte de sua folha de pagamento.

Exemplo 2: a empresa multinacional XY envia a tripulação empregada em sua afiliada em Cingapura para trabalhar em sistema de rotação (dois grupos se alternam a cada 15 dias) em sua plataforma de petróleo no Gabão, operada por outra afiliada no Gabão.

- IR: alíquota 30 a 35%. Diferentemente do Brasil, o Gabão[6-7] adota o conceito de PE, portanto, uma vez que uma empresa internacional não residente possua atividades nesse país, deverá ser registrada e tributada como residente. A administração tributária do Gabão ainda permite que uma afiliada registrada no país administre as operações de sua afiliada no exterior, e, como estamos discorrendo sobre o conceito de *arm's length*, vamos nos ater à última opção. Em se tratando de IR, a afiliada no Gabão, além de ter o lucro cobrado e sua afiliada no exterior tributada, todos os custos em relação a essa transação serão indedutíveis para fins de IR. O Gabão não adota regra específica quando se trata de preço de transferência e aceita margens e métodos aplicados de acordo com a política de preço de transferência da corporação, contanto que o preço final esteja dentro do praticado no mercado

---

5   IN 1.717/2017.
6   Gabão – Regras gerais de Imposto de Renda (em inglês) (GABON, 2021b).
7   Gabão – Regras gerais de outros impostos (em inglês) (GABON, 2021a).

local ou regional. A administração tributária local tem trabalhado em conjunto com a OCDE para que o país se torne membro. No entanto, o Gabão ainda protege muito o mercado local, como pudemos ver no caso de adição ao lucro de tributário de todos os custos provindos de afiliadas do exterior.

- IRPF e contribuições sociais: além do IR, a afiliada no Gabão é responsável por recolher e processar o IRPF e todas as contribuições sociais da tripulação. No Gabão, para esse imposto e contribuições, o empregado estrangeiro é considerado residente a partir do dia 1 no país.

Exemplo 3: a empresa multinacional XY envia a tripulação empregada em sua afiliada em Cingapura para trabalhar em sistema de rotação (dois grupos se alternam a cada 15 dias) em sua plataforma de petróleo nos Estados Unidos, operada por outra afiliada nos Estados Unidos.

- IR: alíquota de 21 a 30%. Como mencionado anteriormente, os Estados Unidos lideraram o desenvolvimento das regras de preço de transferência e, portanto, têm regras bem definidas. O país adota o conceito de PE, segundo o qual a empresa que exerce atividades no país deve ser registrada e pagar IR. A diferença aqui é que o PE de uma empresa não residente, além de pagar a alíquota de 21% sobre o lucro conforme a lei comum, também está obrigado a pagar 30% sobre o lucro depois do IR, relacionado ao *Branch Profit Taxes* (BPT),[8] traduzido livremente para o português como Impostos sobre o Lucro de Filial. Porém, mais uma vez aqui vamos avaliar o impacto fiscal da transação entre uma afiliada fora dos Estados Unidos e outra afiliada residente nos Estados Unidos. Nesse caso em que a afiliada dos Estados Unidos importa o serviço da tripulação de sua afiliada em Cingapura, os custos serão dedutíveis na afiliada dos Estados Unidos para fins de IR. Porém, a afiliada americana precisará fornecer ao governo americano, juntamente com sua declaração de IR, um estudo de preço de transferência com *benchmarking*[9] realizado por uma firma reconhecida, no qual será apresentado uma análise de mercado daquela transação, comprovando que a afiliada americana pratica uma margem que está na mesma faixa daquela praticada pelo mercado. Portanto, essa margem será tributada em 21%.
- IRPF: aqui também a afiliada reportará os funcionários dessa tripulação como funcionários de sua folha e pagará o IRPF a partir do 183º dia em que cada funcionário estiver no país, durante o ano-calendário.

Diante do exposto, ao comparar uma única transação de prestação de serviços entre afiliadas em diferentes países, fica claro que administrações tributárias regionais tentam ao máximo assegurar que atividades intercompanhias em seus países sejam tributadas propriamente, ou até mais do que uma atividade comum realizada entre uma companhia

---

8 EUA – conceitos de impostos sobre filiais (em inglês) (US, [201-]).
9 *Benchmarking*: avaliação comparativa.

e terceiros. Em geral, isso se dá pelo fato de as administrações tributárias não terem capacidade de estabelecer quais preços praticados serão aplicados naquela transação de certa indústria, portanto a opção é criar mecanismos para tributar as transações. Em casos de administrações menos agressivas, no que diz respeito a lucros gerados em seu país, oriundos de transações intercompanhias, o contribuinte é obrigado a gerar prova de que está praticando em suas operações preços iguais ou maiores que aqueles praticados no mercado.

Em contrapartida, uma MNE que deseja operar em diversos países precisa ter um planejamento tributário muito bem estruturado para evitar a bitributação. Numa mesma transação, o grupo empresarial pode acabar sendo tributado no país onde está operando, conforme os exemplos que citamos anteriormente, bem como no país beneficiado, ou seja, o que está recebendo o lucro daquela operação. Em nossos exemplos, citamos Cingapura como o país beneficiário. De acordo com as leis brasileiras e de outros países, Cingapura é um país considerado de regime tributário privilegiado. Isso significa que, comparado com o Brasil, que tem uma alíquota nominal de IR e Contribuição Social de 34%, Cingapura possui uma alíquota de IR de 17%, ou seja, a metade. Mesmo sendo uma alíquota baixa, o administrador em Cingapura que pensa em investir em uma operação no Brasil deve considerar toda a cadeia de tributação: lucro após a tributação no Brasil > dividendos recebidos do Brasil > lucro após a tributação em Cingapura. E, após essa avaliação, considerar se ainda assim é mais lucrativo estabelecer a estrutura da operação com operações intercompanhias ou contratar terceiros.

5.2 SURGIMENTO DAS REGRAS DE PREÇOS DE TRANSFERÊNCIA NO BRASIL

5.2.1 Histórico

Para explicar o surgimento das regras de preços de transferência no Brasil, teremos que voltar ao período entre o final dos anos 1980 e o início dos anos 1990.

O contexto histórico nos remete a um período turbulento para o Brasil, que acabara de estabelecer uma nova Constituição, e teve sua primeira eleição desde o ano de 1960, na qual os cidadãos brasileiros aptos a votar escolheram o presidente da República.

Até o final dos anos 1980, a indústria brasileira era amparada por uma política protecionista. Havia barreiras tarifárias elevadas, com listas de produtos que podiam ter seu volume de importação limitado ou mesmo ser impedidos de entrar no país, bem como regimes de tributação que favoreciam ou até isentavam a importação de determinados produtos necessários para suprir a demanda nacional ou sem similar produzido em terras brasileiras.

Esse cenário trouxe para a indústria nacional um parque fabril diverso, mas, com a ausência de concorrência, dada a proteção contra o mercado externo, nossa indústria se tornou acomodada e, com o comodismo, pouco competitiva.

A medida mais restritiva existente era a BNT (barreira não tarifária), que tratava de restrições quantitativas, licenciamento de importação, procedimentos alfandegários, valoração aduaneira arbitrária ou com valores fictícios, medidas *antidumping*, medidas compensatórias, subsídios, medidas de salvaguarda e medidas sanitárias e fitossanitárias. Com a queda dessa barreira, nos anos 1990, as importações passaram a ser controladas basicamente por tarifas de importação e câmbio.

Alguns outros desafios ainda estavam à mesa. O Brasil precisava se inserir na agenda neoliberal do "Consenso de Washington", forma como ficou popularmente reconhecido um encontro ocorrido em 1989, na capital dos Estados Unidos.

Nesse encontro, realizou-se uma série de recomendações visando ao desenvolvimento e à ampliação do neoliberalismo nos países da América Latina. Com esse objetivo em pauta, o Brasil apresentou várias reformas econômicas, buscando o equilíbrio fiscal, a diminuição do endividamento externo e o controle inflacionário, esse um grave problema que em abril de 1990 chegou a patamares estratosféricos de 6,821% ao ano.

Após diversas tentativas frustradas de conter a hiperinflação que assolava o país, em 1994 o Plano Real foi instituído. Após o cruzeiro novo (1967), o cruzeiro (1970), o cruzado (1986), o cruzado novo (1989), o cruzeiro (1990) e o cruzeiro real (1993), finalmente um pacote econômico com uma nova moeda, o real (1994), teve sucesso.

No âmbito internacional, em 1995 a OCDE divulgou o novo guia para preços de transferência, nomeado *Transfer Pricing Guidelines for Multinational Enterprises and Tax Administrations*. Esse guia, apesar de ser chamado de novo, foi inspirado na versão original de 1979, que já que havia apresentado o conceito *arms' lengh* e suas metodologias, mas foi importante ao revisar os conceitos, elaborar melhor os princípios e adicionar os "outros métodos", incluindo os de lucratividade, amplamente aplicados hoje.

Após a estabilização da economia, o Brasil se viu em um mundo já globalizado, e precisava se inserir nas cadeias internacionais de valor. As principais barreiras comerciais já haviam caído, nosso mercado estava aberto e multinacionais já instaladas no país aumentavam em volume e diversidade o portfólio de produtos negociados com suas afiliadas no exterior.

Em 1996 o Brasil promulgou a Lei n. 9.430, que se seguiu à modernização da legislação da apuração do IR iniciada em 1995. Esse novo conjunto de regras introduziu a regra de preços de transferência no Brasil.

Cabe destacar que a legislação de preços de transferência no Brasil foi inspirada nas regras estabelecidas pela OCDE em seu relatório original de 1979, mas falhou em não observar as revisões significativas introduzidas no documento apresentado pela mesma organização em 1995.

Internacionalmente, as orientações da OCDE conforme o relatório de 1995 são adotadas pela maioria dos países ao redor do mundo. O principal objetivo é garantir uma base tributária adequada, prevenir a dupla tributação e evitar práticas de erosão da base e transferência de lucros.

Essa também pareceu ser nossa inspiração, conforme explicitado na Exposição de Motivos n. 470 da Lei n. 9.430/1996:

2. O atual projeto se insere nesse esforço de **modernização** e, sendo mais abrangente, estende a outras áreas os princípios que nortearam a elaboração da referida legislação, ao mesmo tempo em que aperfeiçoa os mecanismos que permitem ágil e eficiente do **cumprimento da obrigação tributária dentro das práticas atuais de mercado, em uma economia cada vez mais globalizada.**

[...]

12. As normas contidas nos arts. 18 a 24 representam significativo **avanço da legislação nacional face ao ingente processo de globalização, experimentado pelas economias contemporâneas**. No caso específico, **em conformidade com regras adotadas pelos países integrantes da OCDE**, são propostas normas que possibilitam o controle dos denominados "preços de transferência", de forma a evitar a **prática lesiva aos interesses nacionais, de transferências de resultados para o exterior**, mediante a manipulação dos preços pactuados nas importações ou exportações de bens, serviços ou direitos, em operações com pessoas vinculadas, residentes ou domiciliadas no exterior.

13. Nesse sentido, o art. 22 **prevê limite máximo para a dedutibilidade das despesas com juros, nas operações com pessoas vinculadas, residentes ou domiciliadas no exterior**, que será o correspondente à taxa Libor (*London Interbank Offered Rate*), para depósitos em dólares dos Estados Unidos da América, para o período de seis meses, acrescida de três por cento ao ano a título de *spread*, antes de computada a variação cambial correspondente, salvo nos casos de contratos registrados no Banco Central do Brasil, quando será admitida a remuneração pactuada.

14. Por sua vez, o art. 24 **estende a aplicação das regras contidas nos arts. 18 a 22 a todas as operações praticadas com pessoas residentes ou domiciliadas em países com tributação favorecida, ainda que não vinculadas à pessoa jurídica brasileira,** inclusive por pessoas físicas residentes no país, que se submeterão àquelas regras para fins de determinação de ganho de capital ou de rendimento tributário. [...] (grifos nossos).

Todavia, conforme será detalhado neste capítulo, nossa legislação inovou ao introduzir métodos com margens fixas e necessidade de identificação do cumprimento destas não por transações, mas produto a produto.

5.2.2 Visão geral das regras de preço de transferência no Brasil

A Lei n. 9.430/1996, na Seção V de seu Capítulo I, introduziu os métodos de preços de transferência no Brasil. Já havia nesse momento uma grande diferença entre o nosso modelo e o modelo da OCDE, pois importações ("bens, serviços e direitos adquiridos no exterior") e exportações ("receitas oriundas de exportações para o exterior") foram segmentadas, e métodos distintos deveriam ser aplicados para o teste dessas operações.

As regras de preço de transferência no Brasil foram desenvolvidas em conjunto com outras diversas medidas para modernização do nosso sistema tributário, buscando inserir o país nas melhores práticas adotadas internacionalmente. Esse conjunto de regras está intricadamente ligado à apuração do IR.

Importações:

Art. 18. Os custos, despesas e encargos relativos a bens, serviços e direitos, constantes dos documentos de importação ou de aquisição, nas operações efetuadas com pessoa vinculada, **somente serão dedutíveis na determinação do lucro real** até o valor que não exceda ao preço determinado por um dos seguintes métodos:

Exportações:

Art. 19. As receitas auferidas nas operações efetuadas com pessoa vinculada **ficam sujeitas a arbitramento quando o preço médio de venda dos bens, serviços ou direitos, nas exportações efetuadas durante o respectivo período de apuração da base de cálculo do imposto de renda**, for inferior a noventa por cento do preço médio praticado na venda dos mesmos bens, serviços ou direitos, no mercado brasileiro, durante o mesmo período, em condições de pagamento semelhantes (grifos nossos).

Vale destacar que existe uma diferença na necessidade de apuração dos cálculos de importação e exportação de acordo com o regime de tributação adotado.

Caso a opção da empresa seja o modelo com base no lucro presumido, não existe a necessidade de apuração dos cálculos de importação, visto que esse modelo de tributação é um regime tributário em que a empresa faz a apuração simplificada do Imposto de Renda de Pessoa Jurídica (IRPJ) e da Contribuição Social sobre o Lucro Líquido (CSLL). A Receita Federal presume que determinada porcentagem do faturamento é o lucro, e dessa forma a dedutibilidade de despesas não tem relevância nesse modelo.

Já empresas no lucro real têm de realizar a apuração dos cálculos de importações para suas operações de importação de bens, serviços e direitos de forma a verificar se os custos e despesas sujeitos às regras de preços de transferência cumpriram ao menos um dos métodos disponíveis para o teste das importações.

As exportações estão sujeitas à verificação de sua receita mínima em ambos os modelos de tributação. Tanto no lucro presumido quanto no lucro real, as empresas devem observar se a operação estará sujeita ao arbitramento; caso esteja, aplicam-se os métodos de preços de transferência de forma a identificar se a receita mínima nas operações sujeitas aos cálculos foram atingidas.

Antes de entrarmos nos métodos de preços de transferência definidos em nossa legislação, precisamos entender quais são as operações sujeitas às regras brasileiras: importações ou exportações de bens, serviços e direitos realizadas com empresa vinculada a pessoa jurídica domiciliada no Brasil, sendo elas (Lei n. 9.430, de 27 de dezembro de 1996):

Art. 23. Para efeito dos arts. 18 a 22, será considerada vinculada à pessoa jurídica domiciliada no Brasil:

I – a matriz desta, quando domiciliada no exterior;

II – a sua filial ou sucursal, domiciliada no exterior;

III – a pessoa física ou jurídica, residente ou domiciliada no exterior, cuja participação societária no seu capital social a caracterize como sua controladora ou coligada, na forma definida nos §§ 1º e 2º do art. 243 da Lei n. 6.404, de 15 de dezembro de 1976;

IV – a pessoa jurídica domiciliada no exterior que seja caracterizada como sua controlada ou coligada, na forma definida nos §§ 1º e 2º do art. 243 da Lei n. 6.404, de 15 de dezembro de 1976;

V – a pessoa jurídica domiciliada no exterior, quando esta e a empresa domiciliada no Brasil estiverem sob controle societário ou administrativo comum ou quando pelo menos dez por cento do capital social de cada uma pertencer a uma mesma pessoa física ou jurídica;

VI – a pessoa física ou jurídica, residente ou domiciliada no exterior, que, em conjunto com a pessoa jurídica domiciliada no Brasil, tiver participação societária no capital social de uma terceira pessoa jurídica, cuja soma as caracterizem como controladoras ou coligadas desta, na forma definida nos §§ 1º e 2º do art. 243 da Lei n. 6.404, de 15 de dezembro de 1976;

VII – a pessoa física ou jurídica, residente ou domiciliada no exterior, que seja sua associada, na forma de consórcio ou condomínio, conforme definido na legislação brasileira, em qualquer empreendimento;

VIII – a pessoa física residente no exterior que for parente ou afim até o terceiro grau, cônjuge ou companheiro de qualquer de seus diretores ou de seu sócio ou acionista controlador em participação direta ou indireta;

IX – a pessoa física ou jurídica, residente ou domiciliada no exterior, que goze de exclusividade, como seu agente, distribuidor ou concessionário, para a compra e venda de bens, serviços ou direitos;

X – a pessoa física ou jurídica, residente ou domiciliada no exterior, em relação à qual a pessoa jurídica domiciliada no Brasil goze de exclusividade, como agente, distribuidora ou concessionária, para a compra e venda de bens, serviços ou direitos.

Mas não para por aí, conforme os arts. 24, 24-A e 24-B da Lei n. 9.430/1996:

Art. 24. As disposições relativas a preços, custos e taxas de juros, constantes dos arts. 18 a 22, aplicam-se, também, às operações efetuadas por pessoa física ou jurídica residente ou domiciliada no Brasil, com qualquer pessoa física ou jurídica, ainda que não vinculada, residente ou domiciliada em país que não tribute a renda ou que a tribute a alíquota máxima inferior a vinte por cento.

§ 1º Para efeito do disposto na parte final deste artigo, será considerada a legislação tributária do referido país, aplicável às pessoas físicas ou às pessoas jurídicas, conforme a natureza do ente com o qual houver sido praticada a operação.

§ 2º No caso de pessoa física residente no Brasil:

I – o valor apurado segundo os métodos de que trata o art. 18 será considerado como custo de aquisição para efeito de apuração de ganho de capital na alienação do bem ou direito;

II – o preço relativo ao bem ou direito alienado, para efeito de apuração de ganho de capital, será o apurado de conformidade com o disposto no art. 19;

III – será considerado como rendimento tributável o preço dos serviços prestados apurado de conformidade com o disposto no art. 19;

IV – serão considerados como rendimento tributável os juros determinados de conformidade com o art. 22.

§ 3º Para os fins do disposto neste artigo, considerar-se-á separadamente a tributação do trabalho e do capital, bem como as dependências do país de residência ou domicílio. (Redação dada pela Lei n. 10.451, de 2002)

§ 4º Considera-se também país ou dependência com tributação favorecida aquele cuja legislação não permita o acesso a informações relativas à composição societária de pessoas jurídicas, à sua titularidade ou à identificação do beneficiário efetivo de rendimentos atribuídos a não residentes. (Incluído pela Lei n. 11.727, de 2008)

Art. 24-A. Aplicam-se às operações realizadas em regime fiscal privilegiado as disposições relativas a preços, custos e taxas de juros constantes dos arts. 18 a 22 desta Lei, nas transações entre pessoas físicas ou jurídicas residentes e domiciliadas no País com qualquer pessoa física ou jurídica, ainda que não vinculada, residente ou domiciliada no exterior. (Incluído pela Lei n. 11.727, de 2008)

Parágrafo único. Para os efeitos deste artigo, considera-se regime fiscal privilegiado aquele que apresentar uma ou mais das seguintes características: (Redação dada pela Lei n. 11.941, de 2009)

I – não tribute a renda ou a tribute à alíquota máxima inferior a 20% (vinte por cento); (Incluído pela Lei n. 11.727, de 2008)

II – conceda vantagem de natureza fiscal a pessoa física ou jurídica não residente: (Incluído pela Lei n. 11.727, de 2008)

a) sem exigência de realização de atividade econômica substantiva no país ou dependência; (Incluído pela Lei n. 11.727, de 2008)

b) condicionada ao não exercício de atividade econômica substantiva no país ou dependência; (Incluído pela Lei n. 11.727, de 2008)

III – não tribute, ou o faça em alíquota máxima inferior a 20% (vinte por cento), os rendimentos auferidos fora de seu território (Incluído pela Lei n. 11.727, de 2008)

IV – não permita o acesso a informações relativas à composição societária, titularidade de bens ou direitos ou às operações econômicas realizadas. (Incluído pela Lei n. 11.727, de 2008)

Art. 24-B. O Poder Executivo poderá reduzir ou restabelecer os percentuais de que tratam o *caput* do art. 24 e os incisos I e III do parágrafo único do art. 24-A, ambos desta Lei. (Incluído pela Lei n. 11.727, de 2008)

Parágrafo único. O uso da faculdade prevista no *caput* deste artigo poderá também ser aplicado, de forma excepcional e restrita, a países que componham blocos econômicos dos quais o País participe. (Incluído pela Lei n. 11.727, de 2008)

Ainda estão sujeitas às regras de preços de transferência no Brasil operações efetuadas por meio de interposta pessoa não caracterizada como vinculada, que opere com outra, no exterior, caracterizada como vinculada a empresa brasileira. Dessa forma não é possível apenas colocar um terceiro no meio da operação de importação para evitar as regras de preços de transferência.

A apuração de preços de transferência no Brasil consiste basicamente na comparação de dois preços: o preço praticado e o preço parâmetro:

Quadro 5.1 Preço parâmetro × preço praticado.

Preço parâmetro: calculado conforme um dos métodos de preços de transferência.
Preço praticado: praticado efetivamente nas importações e/ou exportações.

Fonte: elaborado pelos autores.

A comparação desses dois preços pode resultar em ajuste fiscal:

Quadro 5.2 Ajuste fiscal.

Importações: quando preço parâmetro < preço praticado.
Exportações: quando preço parâmetro > preço praticado.

Fonte: elaborado pelos autores.

O ajuste fiscal nas importações se dá quando o preço médio ponderado anual que foi pago por determinado produto, serviço ou direito a empresa vinculada (preço praticado) supera o limite de dedutibilidade calculado por um dos métodos (preço parâmetro). A diferença deverá ser adicionada à base de lucro no Livro de Apuração do Lucro Real.

O ajuste de exportação é basicamente o oposto quando a média da receita ponderada de exportação (preço praticado) é inferior à receita mínima calculada por um dos métodos de preços de transferência (preço parâmetro).

A legislação brasileira inovou ao exigir a apuração dos cálculos de preços de transferência produto a produto. Cada item importado ou exportado sujeito aos controles de preços de transferência deve ter sua dedutibilidade avaliada pelas regras.

Tal medida criou um cenário completamente diferente do adotado pelos países signatários da OCDE, no qual são avaliadas transações, riscos, funções e ativos empregados em determinada operação com parte relacionada.

Outra diferença em nossa legislação em relação à OCDE é a possibilidade de o contribuinte brasileiro escolher o método que resulte na menor exposição fiscal, isto é, caso o cálculo pelo método do preço de revenda menos lucro (PRL), por exemplo, resulte em ajuste fiscal para determinado produto, o contribuinte pode aplicar também o método do custo de produção mais lucro (CPL) ou o método dos preços independentes comparados (PIC), não sendo obrigado a adotar um único método para todos os produtos.

Existe para todos os métodos a chamada "margem de divergência", ou seja, caso o preço praticado médio ponderado divirja em até 5%, para mais ou para menos, do preço parâmetro médio ponderado, nenhum ajuste será exigido; no caso dos métodos exclusivos para *commodities* esse limite é de 3%.

Serviços e direitos estão sujeitos aos testes de limites de dedutibilidade e receita mínima, mas é sempre um desafio documentar esse tipo de transação. Os métodos disponíveis foram desenhados para testar operações de bens tangíveis. Cabe ressaltar que as normas sobre preços de transferência não se aplicam aos pagamentos de *royalties* e assistência técnica, científica e administrativa (ou assemelhados) referidos nos arts. 352 a 355 do Decreto n. 3.000/1999, o Regulamento do Imposto de Renda de 1999 (RIR/1999), respeitadas as definições do art. 22 da Lei n. 4.506/1964. *Royalties* não estão sujeitos às regras de preços de transferência.

Empréstimos e mútuos com partes relacionadas devem ter sua taxa de juros submetida aos controles de preços de transferência. Antes da Lei n. 12.715/2012 bastava que o contrato estivesse registrado junto ao Banco Central do Brasil (Bacen), mas a nova lei criou diretrizes para a avaliação do limite de dedutibilidade das despesas de juros contabilizados quando a empresa brasileira toma o empréstimo, e o mínimo de receita de juros que deve ser registrado quando a empresa brasileira cede o empréstimo a vinculada no exterior.

5.3 MÉTODOS DE PREÇOS DE TRANSFERÊNCIA NO BRASIL

5.3.1 Métodos de importação

Existem quatro métodos para o teste das importações no Brasil, sendo eles:

1. método do preço de revenda menos lucro (PRL);
2. método dos preços independentes comparados (PIC);

3. método do custo de produção mais lucro (CPL);
4. método do preço sob cotação na importação (PCI).

Temos também cinco métodos para teste das exportações, e algumas hipóteses de dispensa de comprovação e não arbitramento.

Caso essas hipóteses não sejam satisfeitas, há a necessidade de apuração por um dos métodos listados a seguir:

1. método do custo de aquisição ou de produção mais tributos e lucro (CAP);
2. método do preço de venda nas exportações (PVEx);
3. método do preço de venda por atacado no país de destino, diminuído do lucro (PVA);
4. método do preço de venda a varejo no país de destino, diminuído do lucro (PVV);
5. método do preço sob cotação na exportação (Pecex).

5.3.1.1 Método do preço de revenda menos lucro

A apuração do método PRL sempre gerou discussão e dúvidas para os contribuintes no Brasil, e muitas dessas dúvidas de interpretação foram geradas por divergências entre a legislação em vigor e as normatizações da Receita Federal.

Desde a instituição do método PRL, houve controvérsia entre Fisco e contribuinte, posto que, ao normatizar a aplicação desse método, a Receita Federal vedou o uso do método PRL se houvesse valor agregado ao produto no Brasil. Seria possível aplicar esse método apenas para produtos importados para revenda direta. Essa foi a primeira derrota da Receita Federal nesse âmbito. A Câmara Superior de Recursos Fiscais decidiu favoravelmente aos contribuintes, uma vez que a Lei n. 9.430/1996 não vedava a aplicação desse método para matérias-primas aplicadas no processo produtivo.

Em 1999, com a Medida Provisória (MP) n. 2.013-4, que foi convertida na Lei n. 9.959/2000, as margens de lucro aplicáveis ao método PRL foram alteradas, ficando definida a margem de 60% para bens importados aplicados à produção e de 20% para revenda. A legislação foi seguida por uma nova regulamentação por parte da Receita Federal, e então a principal controvérsia surgiu, dessa vez por conta da fórmula de cálculo adotada na IN 243/2002, que divergia do entendimento dos contribuintes ao observar o texto legal.

Os contribuintes entenderam que a Lei n. 9.959/2000 não indicava que a margem de 60% se aplicaria sobre todo o processo produtivo (inclusive produtos nacionais, mão de obra, gastos gerais de fabricação); ao contrário, o entendimento era de que o legislador adotou fórmula que reduz a margem conforme se agregue mais valor ao produto. A Receita Federal, por sua vez, interpretou que não só os bens importados, mas mesmo os nacionais agregados durante o processo produtivo, estariam sujeitos à margem de 60%.

Observe o cálculo exemplificativo da Tabela 5.1.

Tabela 5.1 Comparativo de cálculo do método PRL IN 243/12 × Lei n. 9.430/1996.

Descrição	Fórmula	Cálculo da IN SRF 243	Cálculo da Lei n. 9.430/1996
Preço médio praticado – importação de matéria-prima	A	100,00	100,00
Quantidade vendida de produtos acabados (PA)	B	1,00	1,00
Quantidade de matérias-primas (MP) no PA	C	1,00	1,00
Quantidade vendida de MP	D = B × C	1,00	1,00
Custo da MP no PA	E = D × A	100,00	100,00
Participação da MP no custo de venda do PA	F = E / G	66,67%	66,67%
Custo total do PA	G	150,00	150,00
Preço líquido de venda do PA	H	200,00	200,00
Valor agregado no país	I = G – E		50,00
Base de cálculo da margem de 60% da IN SRF (participação da IN no valor da venda líquida)	J = H × F	133,33	
Base de cálculo da margem de 60% da Lei n. 9.430/1996 (valor líquido menos valor agregado)	K = H – I		150,00
Margem de 60% da IN SRF 243	L = J × 60	80,00	
Margem de 60% da Lei n. 9.430/1996	M = K × 60%		90,00
Preço parâmetro da IN SRF 243	N = J – L	53,33	
Preço parâmetro da Lei n. 9.430/1996	O = H – M		110,00
Ajuste unitário da IN SRF 243	P = A – N	46,67	
Ajuste unitário da Lei n. 9.430/1996	Q = A – O		0,00

Fonte: cálculo próprio realizado pelo autor Davi Santana.

A diferença do ajuste fiscal gerou enorme disputa entre os contribuintes e o Fisco. Autos de infração bilionários foram emitidos, seguidos por impugnações dos contribuintes, diligências das autoridades fiscais e muito tempo e dinheiro gastos em um litígio que só se encerrou com a promulgação da MP 563/2012, convertida na Lei n. 12.715/2012.

A Exposição de Motivos da MP 563/2012 informou que a razão da atualização da legislação foi a necessidade de redução do volume de litígios:

> EMI n. 00025/2012
>
> [...]
>
> A medida proposta também visa a aperfeiçoar a legislação aplicável ao Imposto sobre a Renda das Pessoas Jurídicas – IRPJ e à CSLL no tocante a negócios transnacionais entre pessoas ligadas, **visando a reduzir litígios tributários e a contemplar hipóteses e mecanismos não previstos quando da edição da norma, atualizando-a para o ambiente jurídico e de negócios atual**. Destarte, a legislação relativa aos controles de preços de transferência aplicáveis a operações de importação, exportação ou

de mútuo, empreendidas entre entidades vinculadas, ou entre entidades brasileiras e residentes ou domiciliadas em países ou dependências de tributação favorecida, ou ainda, que gozem de regimes fiscais privilegiados, restará atualizada e aperfeiçoada com as alterações propostas (grifos nossos).

A Lei n. 12.715/2012 atualiza o método PRL, que é definido como a média aritmética ponderada dos preços praticados nas revendas dentro do território brasileiro, dos bens, serviços ou direitos importados, em condições semelhantes de pagamento. O método PRL é definido como a média aritmética ponderada dos preços de venda do bem, direito ou serviço vendido, diminuídos de:

- descontos incondicionais concedidos;
- impostos e contribuições sobre as vendas;
- comissões e corretagens pagas; e
- margem de lucro de:
  - 40% para os setores de produtos farmoquímicos e farmacêuticos; produtos do fumo; equipamentos e instrumentos ópticos, fotográficos e cinematográficos; máquinas, aparelhos e equipamentos para uso odontomédico-hospitalar, extração de petróleo e gás natural e produtos derivados do petróleo;
  - 30% para os setores de produtos químicos; vidros e produtos do vidro; celulose, papel e produtos de papel; e metalurgia; e 20% para os demais setores.

O cálculo com a nova legislação pode ser exemplificado como na Tabela 5.2:

Tabela 5.2 Comparativo de margens do método PRL pela Lei n. 12.715/2012.

Descrição	Fórmula	Lei n. 12.715/2012 (40%)	Lei n. 12.715/2012 (30%)	Lei n. 12.715/2012 (20%)
Preço médio praticado – importação do produto	A	100	100	100
Quantidade vendida de produtos acabados (PA)	B	1	1	1
Quantidade de matérias-primas (MP) no PA	C	1	1	1
Quantidade vendida de MP	D = B × C	1	1	1
Custo da MP no PA	E = D × A	100	100	100
Custo total do PA	F	150,00	150,00	150,00
Participação da MP no custo de venda do PA	G = E / F	66,67%	66,67%	66,67%
Preço líquido de venda do PA	H	200,00	200,00	200,00
Base de cálculo da margem	J = H × F	133,33	133,33	133,33
Margem do PRL (40% / 30% / 20%)	L = J × X%	53,33	40,00	26,67
Preço parâmetro	N = J – L	80,00	93,33	106,67
Ajuste unitário	P = A – N	20	6,67	0

Fonte: cálculo próprio realizado pelo autor Davi Santana.

O método PRL é o mais utilizado pelos contribuintes brasileiros para a apuração do limite de dedutibilidade das importações, visto que todas as informações necessárias para o cálculo do preço parâmetro por esse método se encontram disponíveis na própria empresa. Não há necessidade, portanto, de requisitar informações ao exterior para cumprir a legislação local.

Apesar de ser o mais utilizado, nem sempre é o melhor método para testar todos os produtos. Conforme já mencionado, nossa legislação não permite compensar o excesso de lucro de um produto com outro que não tenha atingido o mínimo necessário para evitar o ajuste fiscal.

O principal problema é que não é possível compensar o excesso de margem de produtos com boa *performance* com produtos que não tenham lucratividade suficiente para cumprir o mínimo exigido pelo método PRL, elevando a possibilidade de o contribuinte ter de adicionar ajustes fiscais a sua base do IR e da Contribuição Social.

Vamos imaginar o cenário de uma empresa que importe equipamentos de impressão para revenda. Esses equipamentos seriam vendidos a custo, pois a real intenção dessa empresa é lucrar nos consumíveis que são exclusivos da marca. Nesse cenário, por mais lucrativa que seja a operação da empresa, ainda restará algum ajuste de preços de transferência por conta dos equipamentos revendidos a custo, uma vez que eles não atingem a margem mínima de 20%.

5.3.1.2 Método dos preços independentes comparados

O método PIC compreende uma média aritmética ponderada dos preços praticados nas transações de compra e venda de mercadorias, serviços ou direitos idênticos ou similares, que são realizadas em território brasileiro ou no exterior pela parte interessada ou por terceiros em condições de pagamento semelhantes.

O PIC estabelece que qualquer preço de transferência de importação menor ou igual aos preços cobrados pelo mesmo produto em circunstâncias comparáveis entre terceiros é dedutível para fins de IR e Contribuição Social no Brasil. Qualquer preço praticado superior aos preços de terceiros comparáveis acionará ajustes de preços de transferência iguais à diferença entre o preço praticado e o preço de parâmetro calculado pelo PIC.

O cálculo do PIC deve ser preparado anualmente com base em uma amostra representativa de transações de terceiros, que devem ser comparáveis às transações de importação realizadas pelo contribuinte brasileiro. A amostra pode incluir transações conduzidas por outras empresas do mesmo grupo econômico em qualquer lugar do mundo com terceiros, transações conduzidas estritamente entre empresas terceiras, bem como aquelas transações em que as entidades pertencentes ao mesmo grupo econômico realizem a aquisição (compras de terceiros no exterior para revenda a partes relacionadas no Brasil).

São encontradas a seguir as transações elegíveis para comparáveis PIC:

- bens vendidos pela mesma empresa exportadora a uma pessoa jurídica não relacionada, residente ou não residente;
- bens adquiridos pela mesma empresa importadora de uma pessoa jurídica não relacionada, residente ou não residente;
- transações de compra e venda realizadas entre outras entidades jurídicas não relacionadas, residentes ou não residentes;
- operações de compra de empresa ligada com clientes terceiros, ambos localizados no exterior.

Além disso, o método PIC também prevê comparabilidade com base em produtos similares. Com base nas regras de preços de transferência, dois produtos são considerados semelhantes apenas quando simultaneamente:

1. têm a mesma natureza e a mesma função;
2. podem substituir-se na função a que se destinam; e
3. possuem especificações equivalentes.

Ao selecionar a amostra, cuidado especial deve ser tomado para garantir que as transações de terceiros sejam comparáveis às importações entre empresas da Valspar Brasil quanto a:

- termos de pagamento;
- quantidades;
- garantias;
- custos de promoção e publicidade;
- custos de controle de qualidade;
- custos de intermediação;
- embalagem;
- termos de transporte; e
- características reais do produto.

Esse método traz algumas vantagens para o contribuinte brasileiro. Voltemos ao exemplo da empresa que importa equipamentos para impressão e que nestes tem ajuste relevante no método PRL, uma vez que não consegue cumprir a margem mínima esperada por aquele método.

Com o método PIC o contribuinte brasileiro poderia identificar junto à entidade que exportou o bem para o Brasil se existem operações de venda do mesmo produto a terceiros no exterior. Caso existam e sejam satisfeitas as condições de comparabilidade da operação, é muito provável que o preço negociado com terceiros seja superior ao valor cobrado na operação entre partes relacionadas. Nesse caso o preço parâmetro pelo método PIC seria superior ao preço parâmetro calculado pelo método PRL, aumentando o limite de dedutibilidade dessa importação, e com grande possibilidade de evitar qualquer ajuste fiscal.

Todavia, o contribuinte brasileiro precisa ter ciência da necessidade de documentação suporte para justificar o preço parâmetro por esse método. Usualmente, *invoices* comerciais, contratos que justifiquem os ajustes de transação e relatórios de engenharia indicando a comparabilidade dos itens são suficientes para essa documentação. Ao levar em consideração que os documentos são oriundos de países estrangeiros, além da posse, eles devem estar traduzidos por tradutor devidamente juramentado para a análise necessária.

5.3.1.3 Método do custo de produção mais lucro

Definido como o custo médio ponderado de produção de bens, serviços ou direitos, idênticos ou similares, acrescido dos impostos e taxas cobrados na exportação no país onde tiverem sido originariamente produzidos, e de margem de lucro de 20%, calculada sobre o custo apurado.

O cálculo deve considerar a média aritmética ponderada do custo médio ponderado de produção, tomando como base os custos incorridos durante todo o período de apuração da base de cálculo do IR a que se referirem os custos, despesas ou encargos.

À primeira vista, a aplicação desse método parece simples e bem vantajosa. Uma margem de lucro de 20% sobre os custos de produção no exterior geralmente é muito superior ao que realmente é praticado no mercado em operações entre empresas vinculadas. O grande problema é a obtenção das informações exigidas pela Secretaria da Receita Federal na aplicação desse método.

Todavia, há exigência da Receita Federal.

> IN 1.312/12
>
> Art. 15. [...]
>
> § 2º Na apuração de preço parâmetro pelo método de que trata o *caput*, serão considerados exclusivamente os custos a que se refere o § 5º, incorridos na produção do bem, serviço ou direito, excluídos quaisquer outros, ainda que se refiram a margem de lucro de distribuidor atacadista. (Redação dada pelo(a) IN RFB 1.870, de 29 de janeiro de 2019)
>
> § 3º **Os custos de produção deverão ser demonstrados discriminadamente, por componente, valores e respectivos fornecedores.**
>
> § 4º Poderão ser utilizados dados da própria unidade fornecedora ou de unidades produtoras de outras pessoas jurídicas, localizadas no país de origem do bem, serviço ou direito.
>
> § 5º Para efeito de determinação do preço pelo método CPL, poderão ser computados como integrantes do custo:
>
> I – o custo de aquisição das matérias-primas, dos produtos intermediários e dos materiais de embalagem utilizados na produção do bem, serviço ou direito;
>
> II – o custo de quaisquer outros bens, serviços ou direitos aplicados ou consumidos na produção;
>
> III – o custo do pessoal, aplicado na produção, inclusive de supervisão direta, manutenção e guarda das instalações de produção e os respectivos encargos sociais incorridos, exigidos ou admitidos pela legislação do país de origem;

IV – os custos de locação, manutenção e reparo e os encargos de depreciação, amortização ou exaustão dos bens, serviços ou direitos aplicados na produção;

V – os valores das quebras e perdas razoáveis, ocorridas no processo produtivo, admitidas pela legislação fiscal do país de origem do bem, serviço ou direito.

§ 6º Na determinação do custo do bem, serviço ou direito, adquirido pela pessoa jurídica no Brasil, os custos referidos no § 5º, incorridos pela unidade produtora no exterior, serão considerados proporcionalmente às quantidades destinadas à pessoa jurídica no Brasil.

§ 7º No caso de utilização de produto similar, para aferição do preço, o custo de produção deverá ser ajustado em função das diferenças entre o bem, serviço ou direito adquirido e o que estiver sendo utilizado como parâmetro.

§ 8º A margem de lucro a que se refere o *caput* será aplicada sobre os custos apurados antes da incidência dos impostos e taxas cobrados no país de origem, sobre o valor dos bens, serviços e direitos adquiridos pela pessoa jurídica no Brasil (grifos nossos).

Como se pode perceber, existe a necessidade da apresentação dos custos de forma detalhada, e isso tem sido o maior empecilho para as empresas. Ocorre também que alguns sistemas de custeamento diferem de país para país, e ajustes ao *Brazilian GAP* se fazem necessários, pois podem ser considerados como custo elementos que para a Receita Federal brasileira não são.

Segunda dificuldade: comprovação documental em eventual fiscalização. Como já é sabido, para comprovação da consistência das informações apresentadas aos auditores da Receita Federal, é necessária a apresentação dos respectivos documentos, não de todos, mas daqueles que os auditores requisitarem. Assim como no método PIC os documentos são oriundos de países estrangeiros, dessa forma, além da posse, eles devem estar traduzidos por tradutor devidamente juramentado para análise necessária.

5.3.1.4 Método preço sob cotação na importação

O PCI foi criado pelas novas regras trazidas pela Lei n. 12.715/2012. O método deve sempre ser obrigatoriamente aplicado no caso de importação de *commodities* sujeitas a cotação em bolsas de mercadorias e futuros internacionalmente reconhecidas. De acordo com o PCI, um preço médio deve ser determinado com base na comparação das cotações e dos preços adotados.

Conforme exposto, de acordo com a nova legislação, a partir de 1º de janeiro de 2013, o método PCI deve ser obrigatoriamente utilizado na hipótese de importação de *commodities* sujeitas a cotação em bolsas de mercadorias e futuros internacionalmente.

O art. 18 da IN RFB 1.312/2012 estabelece que, na hipótese de não haver cotação dos bens em bolsas de mercadorias e futuros internacionalmente reconhecidas, os preços dos bens importados podem ser obtidos a partir de fontes de dados independentes fornecidas por instituições de pesquisa setoriais internacionalmente reconhecidas.

Quando a Lei n. 12.715/2012 foi introduzida, não havia naquele momento uma definição precisa para o conceito de *commodity*, motivo pelo qual era necessário realizar uma avaliação empírica das características dos bens merecedores dessa qualificação.

A partir da análise das práticas de mercado, de estudos elaborados por órgãos internacionais e da etimologia da palavra *commodity* em língua inglesa, é possível identificar as principais características de um bem qualificado como *commodity*, quais sejam:

- Esses bens são negociados em bolsas e mercados de futuro organizados.
- Sua produção é pulverizada entre diversos produtores.
- Geralmente têm baixo valor agregado.
- São tipicamente utilizados como insumos industriais primários.
- Geralmente sofrem processo de beneficiamento para atender a padrões especificados pelas bolsas nas quais serão negociados.
- São bens fungíveis, podendo ser substituídos facilmente por outros da mesma espécie, qualidade ou quantidade.
- Têm alta liquidez de mercado.

Importante ressaltar que essas características devem ser avaliadas de forma sistemática para avaliar se um bem é passível de qualificação como *commodity*, não devendo ser tratados de forma isolada. Esse cuidado é importante, pois existem produtos que podem ser qualificados como *commodities* mas que não atendem a todas essas características cumulativamente.

Contudo, com a publicação recente da IN RFB 1.395/2013 foi esclarecido o conceito de *commodity* para fins de aplicação do método PCI. Segundo a referida IN, são considerados *commodities* os produtos:

> I – listados no Anexo I e que, cumulativamente, estejam sujeitos a preços públicos em bolsas de mercadorias e futuros listadas no Anexo II, ou que estejam sujeitos a preços públicos nas instituições de pesquisas setoriais, internacionalmente reconhecidas, listadas no Anexo III, todos Anexos a esta Instrução Normativa; e
>
> II – negociados nas bolsas de mercadorias e futuros listadas no Anexo II a esta Instrução Normativa.

Assim, conforme indicado anteriormente, para que um produto seja considerado *commodity* e consequentemente a aplicação do método PCI seja mandatória, o principal indicador seria sua precificação ocorrer com base em sua cotação em bolsas e, ainda, nas bolsas especificadas pela referida instrução normativa, ou que os bens importados estejam listados no Anexo I e com preços cotados nas bolsas listadas do Anexo II, ou com preços listados em publicações do Anexo III da referida instrução normativa, ou que apenas sejam cotados nas bolsas listadas no Anexo II.

> **ANEXO I – Instrução Normativa RFB n. 1.312, de 28 de dezembro de 2012**
> COMMODITIES E SEUS RESPECTIVOS CÓDIGOS NA NOMENCLATURA COMUM DO MERCOSUL PARA FINS DE APLICAÇÃO DO MÉTODO PCI e PECEX
>
> I. Açúcares de cana ou de beterraba e sacarose quimicamente pura, no estado sólido (NCM 17.01.1);

II. Algodão (NCM 52);

III. Alumínio e suas obras (NCM 76);

IV. Cacau e suas preparações (NCM 18);

V. Café, mesmo torrado ou descafeinado; cascas e películas de café; sucedâneos do café que contenham café em qualquer proporção (NCM 09.01);

VI. Carnes e miudezas, comestíveis (NCM 02);

VII. Carvão (NCM 27.01 a 27.04);

VIII. Minérios de cobre e seus concentrados (NCM 2603.00) e Cobre e suas obras (NCM 74);

IX. Minérios de estanho e seus concentrados (NCM 2609.00.00) e Estanho e suas obras (NCM 80);

X. Farelo de Soja (NCM 2304.00);

XI. Farinhas de trigo ou de mistura de trigo com centeio (méteil) (NCM 1101.00);

XII. Minérios de ferro e seus concentrados (NCM 26.01) e Ferro fundido, ferro e aço (NCM 72);

XIII. Gás de petróleo e outros hidrocarbonetos gasosos (NCM 27.11);

XIV. Minérios de manganês e seus concentrados (NCM 2602.00) e Manganês e suas obras incluindo os desperdícios e resíduos (NCM 8111.00);

XV. Óleo de soja e respectivas frações (NCM 15.07);

XVI. Ouro (incluindo o ouro platinado), em formas brutas ou semimanufaturadas, ou em pó (NCM 71.08);

XVII. Petróleo (NCM 27.09 e 27.10);

XVIII. Prata (incluindo a prata dourada ou platinada), em formas brutas ou semimanufaturadas, ou em pó (NCM 71.06);

XIX. Soja, mesmo triturada (NCM 12.01);

XX. Suco (sumo) de laranja (NCM 2009.1);

XXI. Trigo e mistura de trigo com centeio (méteil) (NCM 10.01);

XXII. Chumbo e suas obras (NCM 78) e Minérios de chumbo e seus concentrados (NCM 2607);

XXIII. Níquel e suas obras (NCM 75) e Minérios de níquel e seus concentrados (NCM 2604);

XXIV. Zinco e suas obras (NCM 79) e Minérios de zinco e seus concentrados (NCM 2608);

XXV. Minério de Cobalto e seus concentrados (NCM 2605) e Mates de cobalto e outros produtos intermediários da metalurgia do cobalto; cobalto e suas obras, incluindo os desperdícios e resíduos (NCM 8105).

ANEXO II – Instrução Normativa RFB n. 1.870, de 29 de janeiro de 2019
BOLSAS DE MERCADORIAS E FUTUROS

I. Chicago Board of Trade (CBOT) – Chicago – Estados Unidos;

II. Chicago Mercantile Exchange (CME) – Chicago – Estados Unidos;

III. New York Mercantile Exchange (Nymex) – Nova York – Estados Unidos;

IV. Commodity Exchange (Comex) – Nova York – Estados Unidos;

V. Intercontinental Exchange (ICE US) – Atlanta – Estados Unidos;

VI. Bolsa de Mercadorias & Futuros (BM&F) – São Paulo – Brasil;

VII. Life NYSE Euronext (Liffe) – Londres – Reino Unido;

VIII. London Metal Exchange (LME) – Londres – Reino Unido;

IX. Intercontinental Exchange (ICE Europe) – Londres – Reino Unido;

X. Tokio Commodity Exchange (Tocom) – Tóquio – Japão;

XI. Tokio Grain Exchange (TGE) – Tóquio – Japão;

XII. Singapore Commodity Exchange (Sicom) – Cidade de Cingapura – Cingapura;

XIII. Hong Kong Commodity Exchange (HKE) – Hong Kong – China;

XIV. Multi Commodity Exchange (MCX) – Bombain – Índia;

XV. National Commodity & Derivatives Exchange Limited (NCDEX) – Bombain – Índia;

XVI. Agricultural Futures Exchange of Thailand (AFET) – Bangkok – Tailândia;

XVII. Australian Securities Exchange (ASX) – Sidney – Austrália;

XVIII. JSE Safex APD (Safex) – Johannesburg – África do Sul;

XIX. Korea Exchange (KRX) – Busan – Coréia do Sul;

XX. China Beijing International Mining Exchange (CBMX);

XXI. GlobalORE;

XXII. London Bullion Market Association (LBMA);

XXIII. Beijing Iron Ore Trading Center Corporation (Corex). (Incluído pela IN RFB n. 1.870/2019);

ANEXO III – Instrução Normativa RFB n. 1.395, de 13 de setembro de 2013

INSTITUIÇÕES DE PESQUISAS SETORIAIS INTERNACIONALMENTE RECONHECIDAS

I. Platts;

II. Argus;

III. CMA;

IV. Esalq;

V. TSI;

VI. The Metal Bulletin;

VII. Cru Monitor;

VIII. CIS; (Incluído pela IN RFB n. 1.395, de 13/09/2013)

IX. CMAI; (Incluído pela IN RFB n. 1.395, de 13/09/2013)

X. Poten&Partners; (Incluído pela IN RFB n. 1.395, de 13/09/2013)

XI. Bloomberg; (Incluído pela IN RFB n. 1.395, de 13/09/2013)

XII. Icis Heren; (Incluído pela IN RFB n. 1.395, de 13/09/2013)

XIII. U.S. Energy Information Administration (EIA). (Incluído pela IN RFB n. 1.395, de 13/09/2013)

5.3.2 Métodos de exportação

Conforme mencionamos, para as exportações temos regras um pouco mais flexíveis que permitem ao exportador brasileiro avaliar se suas exportações para empresas vinculadas estariam enquadradas em alguma das hipóteses de dispensa de comprovação e não arbitramento.

As operações de exportação para vinculadas somente estão sujeitas a arbitramento quando o preço médio de venda dos bens, serviços ou direitos, nas exportações efetuadas durante o respectivo período de apuração da base de cálculo do IR, for inferior a 90% do preço médio praticado na venda dos mesmos bens, serviços ou direitos no mercado brasileiro, durante o mesmo período, em condições de pagamento semelhantes.

Existe ainda, para as exportações, duas dispensas de cálculo, os chamados *safe harbors*. A legislação prevê duas possibilidades em que essas operações estariam desoneradas da submissão aos referidos métodos, a saber:

1. *safe harbor* lucratividade: caso comprove haver apurado lucro líquido, antes da CSLL e do IR, decorrente do total das receitas de vendas nas exportações para empresas vinculadas, em valor equivalente a, no mínimo, 10% do total dessas receitas, considerando a média anual do período de apuração e dos dois anos precedentes; ou
2. *safe harbor* representatividade: caso o total da receita líquida das exportações não exceda 5% do total da receita líquida no mesmo período.

As possibilidades de dispensa de comprovação não se aplicam em relação às vendas efetuadas para empresas, vinculadas ou não, domiciliadas em jurisdições com tributação favorecida ou cujas legislações internas oponham sigilo a sua composição societária.

No caso do *safe harbor* da lucratividade existe também uma limitação: somente se aplica essa dispensa caso a receita líquida de exportação para pessoas jurídicas vinculadas não ultrapasse 20% do total da receita líquida de exportação.

Cabe ressaltar que os *safe harbors* não implicam aceitação definitiva por parte da Receita Federal, e que também não são aplicados a operações de *commodities* sujeitas a cotação em bolsas de mercadorias e futuros internacionalmente reconhecidas.

5.3.2.1 Método do custo de aquisição ou de produção mais tributos e lucro

O método CAP é o mais utilizado para teste das operações de exportação das empresas brasileiras que têm operações com vinculadas no exterior. Isso se dá por conta da facilidade na aplicação desse método, e, tal qual o PRL, toda a informação necessária para cumprir esse método se encontra disponível localmente.

Pelo método CAP é avaliada a receita de venda nas exportações. O método CAP é definido como a média aritmética ponderada dos custos de aquisição ou de produção dos bens, serviços ou direitos exportados, acrescidos dos impostos e contribuições cobrados no Brasil e de margem de lucro de 15% sobre a soma dos custos mais impostos e contribuições.

Esse método, apesar da fácil aplicação, tem uma margem que pode ser considerada muito alta para diversas indústrias.

Caso a entidade brasileira, por exemplo, seja a fabricante que distribui seus produtos para suas coligadas no exterior, e estas realizem apenas atuam como distribuidores de risco limitado em países que seguem as diretrizes da OCDE, seria admissível supor que a lucratividade esperada nesses países estivesse entre 4 e 6%. Isso significa que o produto deveria ser revendido no destino com um acréscimo de no mínimo 19% sobre o custo de fabricação (15% referente à margem mínima no Brasil e mais 4% de margem mínima no exterior) para cumprir as regras de preços de transferência, o que pode inviabilizar a exportação de alguns produtos que tenham baixo valor agregado, ou muita concorrência.

5.3.2.2 Método do preço de venda nas exportações

Definido como a média aritmética dos preços de venda nas exportações efetuadas pela própria empresa, para clientes terceiros, ou por exportadora nacional de bens, serviços ou direitos, idênticos ou similares, durante o mesmo período de apuração da base de cálculo do imposto de renda e em condições de pagamento semelhantes.

Esse método depende de a empresa brasileira ter exportações do mesmo produto para terceiros para uma comparação direta, tal qual o método PIC na importação.

É um método de fácil aplicação, uma vez que toda a informação está disponível nos registros fiscais da entidade brasileira, todavia depende de existirem transações de exportação para empresas não coligadas durante o mesmo ano-calendário. Quando falamos de empresas que exportam, por exemplo, partes e peças que serão industrializadas por sua vinculada no exterior, é muito difícil que ocorram vendas dos mesmos produtos para terceiros, inviabilizando a aplicação desse método.

5.3.2.3 Método do preço de venda por atacado no país de destino, diminuído do lucro, e método do preço de venda a varejo no país de destino, diminuído do lucro

Os métodos PVA e PVV são idênticos em sua forma de aplicação, variando apenas a margem de acordo com o modelo de negociação no qual o produto exportado pela entidade brasileira será revendido: atacado ou varejo.

A receita de venda nas exportações poderá ser determinada com base no método PVA ou PVV, definido como a média aritmética ponderada dos preços de venda de bens, idênticos ou similares, praticados no mercado atacadista ou varejista do país de destino, em condições de pagamento semelhantes, diminuídos dos tributos incluídos no preço, cobrados no referido país, e de margem de lucro de 15% sobre o preço de venda no atacado, ou de de margem de lucro de 30% sobre o preço de venda no varejo.

Esse método é de grande valia para reduzir os efeitos adversos do método CAP. Voltando ao exemplo da fabricante brasileira que exporta seus produtos para suas coligadas no exterior, que realizam apenas a distribuição em países que seguem as diretrizes da OCDE, com a aplicação dos métodos PVA ou PVV se evita a necessidade de aplicar um *markup* de 15% na exportação do Brasil. Dessa forma, a empresa no exterior terá maior poder de manobra para estabelecer uma margem competitiva e que lhe permita cumprir as regras de preços de transferência desse país.

5.3.2.4 Método do preço sob cotação na exportação

O Pecex é irmão gêmeo do método PCI e foi criado pelas regras trazidas pela Lei n. 12.715/2012. O método deve sempre ser obrigatoriamente aplicado no caso de exportações de *commodities* sujeitas a cotação em bolsas de mercadorias e futuros internacionalmente reconhecidas.

Assim, conforme indicado no método PCI, para que um produto seja considerado *commodity* e consequentemente a aplicação do método Pecex seja mandatória, o principal indicador seria sua precificação ocorrer com base em sua cotação em bolsas e, ainda, nas bolsas especificadas pela referida instrução normativa, ou que os bens importados estejam listados no Anexo I e com preços cotados nas bolsas listadas do Anexo II, ou com preços listados em publicações do Anexo III da referida instrução normativa, ou que apenas sejam cotados nas bolsas listadas no Anexo II (consulte os anexos no item 5.3.1.4).

5.3.3 Juros

Como já mencionado, as regras de preços de transferência no Brasil englobam transações relacionadas a bens, serviços e direitos. Bens e serviços podem ser testados por um dos métodos relacionados, todavia direitos, mais especificamente juros, têm uma sistemática própria de avaliação. Antes de 2012 bastava o registro da operação de empréstimo internacional com parte relacionada junto ao Bacen para a conformidade com as regras de preços de transferência, mas em 2012 a Lei n. 12.715 introduziu uma referência para a dedutibilidade e o reconhecimento de juros independentemente do registro ou não do contrato de empréstimo no Bacen.

Referida lei estabeleceu novos limites para a dedutibilidade e o reconhecimento de despesas e receitas de juros, alterando as novas regras gerais de preços de transferência. De acordo com a regulamentação, o valor máximo de despesas dedutíveis e a receita mínima decorrente de transações intercompanhias devem obedecer aos seguintes limites:

> I) No caso de operações em dólares norte-americanos (USD) com taxa fixa, a taxa de referência é a taxa de mercado dos títulos soberanos emitidos pelo governo brasileiro em dólares no mercado externo.
>
> II) No caso de operações em reais (BRL) com taxa fixa, a taxa de referência é a taxa de mercado dos títulos soberanos emitidos pelo governo brasileiro em BRL no mercado externo.
>
> III) Para todos os outros casos (ou seja, taxas de juros variáveis e outras moedas), a taxa de referência é a Libor de 6 meses da moeda do empréstimo.

Em 2 de agosto de 2013, o Ministério da Fazenda do Brasil emitiu a Portaria n. 427, estabelecendo a taxa de juros anual de acordo com a condição do contribuinte brasileiro sobre o empréstimo da seguinte forma:

- Entidade brasileira como tomadora: a partir de 1º de janeiro de 2013, o *spread* (estatutário) não deve ser superior a 3,5%.

- Entidade brasileira como credor: de 1º de janeiro de 2013 a 1º de agosto de 2013, nenhum *spread* de taxa de juros é exigido na operação. A partir de 2 de agosto de 2013, o *spread* deve ser de no mínimo 2,5%.

Vamos começar nossos comentários a partir das opções (I) e (II), operações contratadas com taxa fixa em dólares americanos ou em reais, respectivamente.

Tabela 5.3 Dívida mobiliária externa. Características das emissões voluntárias (*Foreign bond debit. Characteristics of the voluntary issuances*).

TÍTULOS	ISIN	Data do lançamento	Data da emissão	Vencimento	Preço de emissão (%)	Yield % a.a.	Spread (moeda local em pontos-base no lançamento)	Cupom % a.a.	Cupom Período	Moeda local	Prazo
BONDS	ISIN	*Issuance date*	*Settlement date*	*Maturity date*	*Offer price (%)*	*Yield % per year*	*Spread (original currency in base points) on the issuance*	*Coupon % per year*	*Coupon Frequency*	*Local currency*	*Tenor (years)*
Global 2050 (reabertura)	US105756CB40	02.12.2020	08.12.2019	14.01.2050	103,995	4,500	279,2	4,750%	Semestral	USD	30 anos
Global 2014	US105756BT66	17.04.2012	27.04.2021	05.01.2024	99.292	8.600	–	8.500%	Semestral	BRL	12 anos

Fonte: *Emissões soberanas da dívida pública federal externa*. Disponível em: https://www.tesourotransparente.gov.br/ckan/dataset/9d056822-5049-4e50-92ee-1c5b61236007/resource/c2e535c6-abac-4cc0-9e2e-285c0c3e9049/download/Emissoes-Soberanas-da-Divida-Publica-Federal-Externa.xlsx. Acesso em: 17 dez. 2021.

A última emissão de títulos soberanos em reais data de 2012. Consideraremos esse título em nosso exemplo. Em uma visão geral, a taxa máxima dedutível nas opções I e II para o ano fiscal de 2020, considerando o cupom de emissão de títulos, seria respectivamente:

- Opção I: Global 2050 (US105756CB40) = 4,750% (cupom) + 3,5% (*spread*) = 8,25%.
- Opção II: Global 2024 (US105756BT66) = 8,5% (cupom) + 3,5% (*spread*) = 12%.

Para a opção III consideraremos o cenário de um empréstimo com taxa variável em dólares. A Libor de seis meses da moeda mais o *spread* será o custo máximo dedutível, assumindo que a empresa brasileira é a tomadora do empréstimo (Tabela 5.4).

Tabela 5.4 Taxas de juros Libor em dólares americanos para 2020, todos os vencimentos (*US Dollar Libor interest rates 2020, all maturities*).

Maturity/rate 2020	First	Last	High	Low	Average
USD Libor – overnight	1.541%	0.081%	1.577%	0.051%	0.414%
USD Libor – 1 week	1.593%	0.105%	1.594%	0.088%	0.480%
USD Libor – 2 weeks	–	–	–	–	–
USD Libor – 1 month	1.734%	0.127%	1.734%	0.127%	0.580%
USD Libor – 2 months	1.821%	0.172%	1.841%	0.166%	0.669%
USD Libor – 3 months	1.900%	0.213%	1.900%	0.209%	0.724%
USD Libor – 4 months	–	–	–	–	–
USD Libor – 5 months	–	–	–	–	–
USD Libor – 6 months	1.910%	0.246%	1.910%	0.234%	(0.762%)
USD Libor – 7 months	–	–	–	–	–
USD Libor – 8 months	–	–	–	–	–
USD Libor – 9 months	–	–	–	–	–
USD Libor – 10 months	–	–	–	–	–
USD Libor – 11 months	–	–	–	–	–
USD Libor – 12 months	1.995%	0.334%	1.995%	0.328%	0.841%

Fonte: USB DOLLAR Libor Rates 2020. *Global Rates.com*. Disponível em: https://www.global-rates.com/en/interest-rates/libor/american-dollar/2020.aspx. Acesso em: 17 dez. 2021.

- Opção III: 0,762% (Libor de 6 meses 2020) + 3,5% (*spread*) = 4.262%.

Existem muitas zonas cinzentas para a definição da taxa de juros, principalmente relacionadas à possível substituição da taxa referencial Libor como referência para o cálculo de juros em preços de transferência. A Libor é uma taxa de juros média diária que os bancos utilizam na liquidação de operações interbancárias. Ela é a base para a taxa flutuante, empréstimos e títulos variáveis, mas, desde que os bancos da Europa e dos Estados Unidos foram acusados de manipular os juros para beneficiar seus próprios portfólios, esse *benchmark* tornou-se pouco transparente.

Também existem incertezas na determinação da taxa de referência para as opções (I) e (II), uma vez que a Lei n. 12.766/2012 não previu expressamente qual das várias emissões de títulos do governo brasileiro no mercado externo em dólares ou reais deveria ser considerada, nem o Ministério da Fazenda do Brasil emitiu uma portaria sobre o assunto. Além disso, não foi fornecida orientação no sentido de determinar quais seriam os fatores de comparabilidade relevantes.

Embora o regulamento estabeleça que a análise deve ser realizada na data da contratação, as obrigações não são emitidas no mercado externo com muita frequência, sendo raros os casos em que a data do contrato e as emissões de obrigações coincidem.

No entanto, o mercado produz rendimentos em uma base diária como resultado das negociações no mercado secundário de tais títulos. Sem uma orientação clara por parte das autoridades fiscais brasileiras, parece razoável usar as taxas do cupom do título soberano emitido na data mais próxima da data da celebração do contrato de empréstimo, como taxa de referência.

Embora considerando o que foi exposto, ainda seria necessário considerar que existem valores de mercado secundário para as diversas emissões de títulos públicos em dólares e reais, portanto dando margem a diferentes interpretações.

5.4 O PROJETO BEPS, PLANEJAMENTOS INTERNACIONAIS AGRESSIVOS E O BEPS 2.0

Erosão de base e transferência de lucros (BEPS) refere-se a estratégias de planejamento tributário utilizadas por MNE que exploram lacunas e desajustes nas regras tributárias para evitar o pagamento de impostos. A maior dependência dos países em desenvolvimento em relação ao IR corporativo significa que eles sofrem com o BEPS de forma desproporcional. As práticas do BEPS custam aos países de 100 a 240 bilhões de dólares em receitas perdidas anualmente. Trabalhando em conjunto no âmbito da OCDE e dos países do G20, mais de 135 países e jurisdições estão colaborando na implementação de 15 medidas para combater a evasão fiscal, melhorar a coerência das regras tributárias internacionais e garantir um ambiente fiscal mais transparente.[10]

Embora essa prática possa afetar o Erário nacional de diversas maneiras, a transferência de lucros é uma das mais comuns. As regras atuais oferecem possibilidades de aumentar os lucros, associando-os a disposições legais, direitos e obrigações intangíveis, bem como de

---

10   O que é BEPS? (em inglês) (OECD, [201-]d).

transferir riscos legalmente no interior do grupo, o que, por conseguinte, reduz a parcela dos lucros associados a operações concretas. O objetivo do projeto BEPS é desenvolver um plano de ação de alcance mundial para abordar a problemática da erosão da base tributária e a transferência de lucros.

A iniciativa do BEPS surgiu originalmente na crise global de 2008, quando encontramos uma falta de confiança na justiça do sistema tributário internacional. O projeto BEPS OCDE/G20 foi desenvolvido em 2013 para atender a essas preocupações e transformou as consequências da crise financeira global em uma oportunidade de reescrever o imposto internacional com regras para torná-lo mais adequado para a economia. A partir da metade do ano 2020, o mundo se encontrou diante da perspectiva de uma queda da economia ainda mais severa, pois, com o impacto econômico da covid-19, a crise continua a crescer. Como resultado, a tolerância à evasão fiscal deve chegar a um nível histórico bem baixo. As medidas fiscais, muitas das quais são, em última instância, financiadas por receitas públicas, são uma ferramenta crítica na luta para mitigar o impacto negativo desta economia em choque, e as administrações fiscais estão muitas vezes na linha de frente para proporcionar alívio aos contribuintes. Sete anos depois que o Projeto OCDE/G20 BEPS foi concebido e quase cinco anos após o início da implementação do BEPS, o mundo está relativamente mais bem equipado para resistir à crise da covid-19.

O projeto BEPS OCDE/G20 foi estruturado em planos de ação, nos quais foram consideradas regras locais e internacionais e instrumentos para endereçar a evasão fiscal, garantindo que lucros sejam tributados onde haja atividades econômicas e valor seja criado. A seguir listaremos os planos de ação e seus detalhes.[11]

Ação 1: endereçar os desafios tributários da economia digital. Identificar os maiores desafios da economia digital, a aplicação de leis tributárias internacionais atuais e desenvolver opções para solucionar esses desafios. O objetivo é examinar a capacidade de uma empresa ter uma presença digital na economia de outro país sem estar sujeita a tributação devido à ausência de nexo sob as regras internacionais vigentes, a atribuição de valor criado a partir da geração de dados relevantes de localização comercial por meio do uso de produtos e serviços digitais, a caracterização da renda derivada de novos modelos de negócios, a aplicação de regras de fonte relacionadas, e como assegurar a cobrança efetiva do Imposto sobre o Valor Agregado (VAT) e do Imposto sobre Bens e Serviços (GST), no que diz respeito ao fornecimento transfronteiriço de bens e serviços digitais.

Ação 2: neutralizar o efeito da disparidade dos instrumentos híbridos.[12] Desenvolver um modelo de acordos tributários internacionais que provisionarão e recomendarão questões relacionadas à neutralização dos efeitos tributários dos modelos domésticos, por exemplo, não bitributação, dupla dedução, diferido de longo termo em estruturas ou instrumentos híbridos.

---

11 Plano de ação do BEPS (em inglês) (OECD, [201-]b).
12 Instrumentos híbridos (em inglês) (OECD, [201-]a).

Ação 3: fortalecer as regras de CFC-CFC (*controlled foreign company rules*), regras relacionadas a empresas com controle estrangeiro. O objetivo da OCDE com essa ação é desenvolver recomendações relacionadas ao modelo das empresas com esse tipo de controle. A principal preocupação da OCDE aqui está relacionada à dedutibilidade excessiva de juros e outros pagamentos de despesas financeiras, que pode acarretar dupla dedutibilidade, tanto no envio quanto no recebimento.

Ação 4: limitar a erosão da base de deduções com juros ou outros pagamentos financeiros. Um exemplo típico de transação que a OECD deseja limitar é a utilização de débitos de empresa relacionada ou de um terceiro, ou ainda o financiamento da produção de renda isenta ou diferida.

Ação 5: combater as práticas fiscais prejudiciais de forma mais eficaz, levando em conta a transparência e a substância. O abuso de tratados fiscais internacionais é a maior preocupação da OCDE nesse caso. As regras fiscais atuais e internacionais devem ser modificadas com o objetivo de melhor alocar os lucros à economia que gera o lucro.

Ação 6: prevenir o abuso de tratados fiscais internacionais. A definição de PE deve ser atualizada com o objetivo de evitar abusos.

Ação 7: prevenir a evasão artificial do *status* de PE. Abordar diretamente as falhas do sistema atual, em particular no que diz respeito a retornos relacionados a ativos intangíveis, risco e supercapitalização. Entretanto, podem ser necessárias medidas especiais, tanto dentro como fora do princípio *arm's length*.

Ações 8, 9 e 10: garantir que os resultados de estudos de preço de transferência estejam em linha com o valor criado em transações com intangíveis, riscos, capital e outras situações de risco em que haja transparência, promovendo assim maior segurança e previsibilidade.

Ação 11: estabelecer métodos que possam coletar e analisar dados de BEPS, bem como as ações a serem endereçadas. O trabalho consistirá em levantar os recursos de dados já existentes, identificar novos dados que possam ser coletados e desenvolver metodologias baseadas tanto em informação agregada quanto detalhada. Esses dados devem respeitar a confidencialidade do contribuinte à administração dos custos das administrações tributárias e dos negócios.

Ação 12: exigir que os contribuintes reportem qualquer arranjo relacionado a planejamento tributário agressivo. O foco aqui serão esquemas internacionais em que a avaliação do arranjo se dará utilizando o termo geral "benefício fiscal".

Ação 13: reexaminar documentação de preço de transferência. O plano com essa ação é que o contribuinte apresente aos países relevantes toda a informação necessária relacionada à alocação global de lucros, atividade econômica e impostos pagos entre os países dentro de um modelo preestabelecido.

Ação 14: tornar o mecanismo de resolução de litígios mais efetivo. Desenvolver soluções em que os obstáculos previnem países de solucionar litígios relacionados a tratados tributários internacionais, por exemplo, implementar provisões de disposições de arbitragem, ausente na maioria dos tratados.

Ação 15: desenvolver a Convenção Multilateral.[13] Analisar os tributos e leis internacionais relacionados a instrumentos multilaterais com o objetivo de permitir que jurisdições que desejarem implementem medidas desenvolvidas durante o processo do projeto BEPS, e retifiquem os tratados tributários bilaterais.

Como pudemos ver, são diversas ações estabelecidas pela OCDE, que, ao longo dos anos, vem realizando um trabalho enorme em conjunto com administrações locais e entidades internacionais com o objetivo de alinhar globalmente regras tributárias, além de evitar a evasão fiscal, principalmente em casos de planejamento tributário agressivo.

O ano de 2020 é um marco importante porque nele foi feita a primeira análise da aplicação das normas mínimas do projeto BEPS. A aplicação das normas mínimas em andamento oferece uma oportunidade para avaliar o que funcionou bem e como as normas poderiam ser melhoradas para combater as práticas do BEPS com mais eficiência. Essa revisão se torna ainda mais importante no contexto da crise da covid-19. A estrutura inclusiva de trabalho do projeto BEPS da OCDE/G20 está se revelando um recurso valioso conforme os países vêm colaborando e compartilhando as melhores práticas no que diz respeito a políticas fiscais e medidas que as administrações locais vêm adotando para combater a crise devida à covid-19.

Antes da pandemia, a revisão[14] dos padrões mínimos do BEPS já estava bem avançada e já haviam sido levantados os resultados negativos e positivos de algumas ações, tais como:

Ação 5: combater as práticas fiscais prejudiciais de forma mais eficaz, levando em conta a transparência e a substância. Desde 2016, mais de 285 regimes foram revisados para assegurar que há substância associada com as atividades, e praticamente todos os regimes preferenciais foram alterados ou abolidos. Além disso, mais de 30 mil trocas de informações em decisões, abrangendo mais de 18 mil decisões, garantiram maior transparência nos acordos entre as administrações fiscais e os contribuintes.

Ação 6: prevenir o abuso de tratados fiscais internacionais. Até hoje, a Convenção Multilateral foi assinada por 94 jurisdições, das quais 49 ratificaram ter modificado aproximadamente 300 tratados fiscais bilaterais. Uma vez que todos os signatários tenham ratificado a Convenção Multilateral, cerca de 65% de todos os acordos entre os membros da estrutura OCDE/G20 serão modificados para incluir as normas mínimas, resultando em mais de 1.680.

Ação 13: reexaminar documentação de preço de transferência. A primeira troca de informações relacionadas ao Relatório País por País (CbCR[15]) se iniciou em junho de 2018, e a partir de maio de 2020 há mais de 2,5 mil relações bilaterais estabelecidas para o intercâmbio do CbCR, no âmbito da Convenção para a Assistência Mútua Administrativa em Matérias Tributárias,[16] sob convenções bilaterais sobre dupla tributação e acordos de

---

13 Significado de Convenção Multilateral – OCDE (OECD, 2016).
14 *Status* da revisão da implementação dos padrões mínimos do BEPS (em inglês) (OECD, 2020).
15 Ação 13 e CbCR (*Country by Country Reporting*) (em inglês) (OECD, [202-]).
16 Convenção para a Assistência Mútua Administrativa em Matérias Tributárias (em inglês) (OECD, 2011).

intercâmbio de informações fiscais, entre os Estados membros da União Europeia (EU). No total, mais de três quartos dos membros da estrutura inclusiva de trabalho do Projeto BEPS da OCDE/G20 já introduziram, ou têm em processo de introdução, a obrigação do relatório CbCR, incluindo todos os países do G20. Como resultado desse progresso, todos os países do G20 estão obrigados a apresentar relatórios. As MNE têm receita consolidada do grupo acima de 750 milhões de euros, estão dentro do escopo dos relatórios do CbCR, e as poucas lacunas restantes estão sendo rapidamente fechadas. Além disso, a primeira divulgação das estatísticas agregadas do CbCR para 2016 tornou-se disponível em julho de 2020 para 26 países, cobrindo quase 4 mil grupos de MNE. A revisão da Ação 13 para 2020 também está bem encaminhada, com uma consulta pública que foi liberada para comentário público em fevereiro de 2020. Em torno de 80 respostas foram recebidas de grupos multinacionais, assessores, ONG e outras partes interessadas, e foi realizada uma reunião de consulta pública no auge da crise da covid-19.

Ação 14: tornar o mecanismo de resolução de litígios mais efetivo. Oitenta e dois membros da estrutura OCDE/G20 já tiveram seus Procedimentos de Acordo Mútuo (MAP)[17] revisados por pares e 46 membros se qualificaram para o adiamento, com outros nove pendentes adiamentos. A revisão pelos pares levou a um significativo aumento do número de procedimentos de acordo mútuo fechados, casos em quase todas as jurisdições sob revisão, e um número crescente de jurisdições que já introduziram ou atualizaram as orientações abrangentes do MAP, com o intuito de fornecer aos contribuintes regras e diretrizes claras. Os resultados da segunda etapa das revisões do MAP também demonstram que a maioria das jurisdições revisadas até agora reduziu a quantidade de tempo necessária para encerrar os casos de MAP. Como parte da revisão de 2020 da Ação 14, estão sendo considerados três componentes: o padrão mínimo do BEPS, relatórios de estatísticas do MAP e a metodologia de avaliação.

O ano 2020 também é o prazo estipulado pelo G20 para que a estrutura inclusiva dos membros da OCDE/G20 entregue uma solução multilateral, baseada em consenso, para os desafios de impostos decorrentes da digitalização da economia. Esses desafios fiscais foram destacados pela primeira vez no Plano de Ação BEPS 2013 (Ação 1), constante no relatório final de 2015, exigindo um trabalho contínuo nessa área com outro relatório, entregue em 2020. Em março de 2017, esse prazo foi acelerado pelos ministros da Fazenda do G20, que questionaram os membros da estrutura inclusiva da OCDE/G20 a respeito de força-tarefa sobre a economia digital e foram respondidos em um relatório entregue em 2018. Para avançar no progresso em uma solução baseada em consenso, os membro da estrutura inclusiva da OCDE/G20 fizeram um número de propostas, e a estrutura inclusiva da OCDE/G20 acordou em uma nota política em janeiro de 2019, onde agrupou as propostas em dois pilares: o primeiro relacionado à alocação de lucros (Pilar 1) e o segundo endereçando a garantia da alocação de um nível mínimo de tributação (Pilar 2).[18] No que diz respeito ao Pilar 2, foi

---

17   MAP significado (em inglês) (OECD, 2007).
18   Projeto Pilar 2 (OECD, [201-]c).

realizada uma consulta pública em dezembro de 2019, que atraiu mais de 180 comentários escritos, que totalizam mais de 1,3 mil páginas e que foi atendida pessoalmente por mais de 200 interessados. Uma nota de progresso sobre o Pilar 2 foi acordada. Ao longo da crise da covid-19, o trabalho continuou tanto no nível de grupos de direção como no de grupos de trabalho.

O Pilar 2 trata dos desafios remanescentes do BEPS e é projetado para garantir que as grandes empresas que operam internacionalmente paguem um nível mínimo de impostos, independentemente de onde estejam sediadas ou das jurisdições em que operam. O plano é que isso seja feito com base em uma série de regras interligadas que procuram (i) assegurar uma tributação mínima, evitando a dupla tributação ou a tributação onde não há lucro econômico; (ii) lidar com diferentes projetos de sistemas fiscais por jurisdições, bem como diferentes modelos operacionais por empresas; (iii) assegurar transparência e igualdade de condições de concorrência; e (iv) minimizar os custos administrativos e de conformidade.

O principal mecanismo para alcançar esse resultado é a regra de inclusão de renda (IIR), juntamente com a regra de pagamentos reduzidos (UTPR), esta última atuando como um recuo. O funcionamento do IIR é, em alguns aspectos, baseado nos princípios da regra da empresa com controle estrangeiro (CFC), e desencadeia uma inclusão no nível do acionista, no qual a renda de uma entidade com controle estrangeiro é tributada a uma taxa mínima efetiva de imposto. Essa regra é complementada por uma regra de transição (SOR) que remove os obstáculos do tratado tributário internacional a sua aplicação a certas estruturas de filiais e se aplica quando um tratado tributário internacional obriga um Estado contratante a utilizar o método de isenção.

A UTPR é uma regra secundária e só se aplica quando uma entidade constituinte ainda não está sujeita ao IIR. O UTPR é, no entanto, parte fundamental do conjunto de regras, uma vez que serve como recuo para o IIR, assegura um campo de igualdade e aborda os riscos de inversão que poderiam surgir de outra forma.

A regra fiscal (STTR) complementa essas regras. Ela reconhece que a negação de benefícios de tratados tributários internacionais, para certos pagamentos intragrupo, que sejam dedutíveis, feitos a jurisdições onde esses pagamentos estão sujeitos a taxas nominais de tributação nulas ou baixas, pode ajudar os países de origem a proteger sua base tributária, notadamente para países com capacidades administrativas mais baixas. Os objetivos são garantir a segurança fiscal e evitar a dupla tributação.

5.5 PROJETO DE ADEQUAÇÃO DAS REGRAS BRASILEIRAS DE PREÇOS DE TRANSFERÊNCIA AO MODELO OCDE: OPINIÃO REFERENTE AOS DESAFIOS E OPORTUNIDADES

O Brasil enviou, em maio de 2017, um pedido formal de adesão à OCDE. O governo idealiza que ser um membro dessa organização ajudaria a atrair investimentos estrangeiros para a economia brasileira em desenvolvimento.

Já houve, em um passado recente, uma posição bem mais favorável ao Brasil. Em 2009, quando o então secretário da OCDE, Angel Gurría, esteve em Brasília para apresentar uma análise sobre a economia brasileira, ele disse: "Sobre a possibilidade de o Brasil se tornar parceiro formal da OCDE, só depende do país. As nossas portas estão abertas" (MANTEGA..., 2009). Tal convite ficou de ser avaliado pelo então ministro da Fazenda, Guido Mantega, mas este deixou clara à época a falta de interesse.

O cenário, mal comparando, é de alguém que recebeu um convite para entrar em um clube exclusivo, recusou e agora tenta a adesão, mas estará sujeito a uma avaliação mais criteriosa, à necessidade de ajustes de postura e conduta e a sua indicação por um membro relevante do conselho do clube. México, Chile e Colômbia são hoje os únicos países latino-americanos que integram a OCDE.

Após o envio do pedido de adesão, em 2017, realizado pelo ex-presidente Michel Temer, alguns acenos e tentativas de aproximação têm sido realizados. No início do ano de 2018, Henrique Meirelles, que nesse momento era o ministro brasileiro das Finanças, lançou, junto ao secretário-geral da OCDE, Angel Gurría, e ao secretário da Receita Federal, Jorge António Rachid, um programa de trabalho da OCDE-Brasil sobre preços de transferência. Esse programa busca aproximar as regras brasileiras, que têm características únicas no mundo, das práticas internacionais.

As regras de preços de transferência ditam o comércio internacional de produtos, serviços e direitos (*royalties* e transações financeiras) entre empresas pertencentes ao mesmo grupo econômico. Esse é um dos temas que estão inseridos no Comitê para Assuntos Fiscais da OCED, sendo este um dos 23 comitês de avaliação que dão o parecer ao conselho, indicando: aceitação; aceitação com um prazo especificado para implementação; aceitação sujeita a reservas ou observações; ou rejeição das políticas.

Os comitês tratam dos mais diversos temas, abrangendo desde política fiscal, ambiental e educacional a temas específicos como o Grupo de Trabalho sobre Corrupção em Transações Comerciais Internacionais, todos eles orientados aos valores fundamentais da OCDE. Esses valores fundamentais incluem um compromisso com a democracia pluralista baseada no Estado de Direito, o respeito pelos direitos humanos, a adesão a princípios de economia de mercado abertos e transparentes e de desenvolvimento sustentável. São esses os ajustes de postura e conduta mencionados anteriormente.

Em 2019, com a posse do novo presidente do Brasil, Jair Bolsonaro, e de seu ministro da Fazenda, Paulo Guedes, pairava dúvida com relação à maneira como o novo governo enxergaria essa aproximação do clube dos países ricos. Tal dúvida não durou muito tempo, pois ainda em janeiro, em Davos, na Suíça, durante o Fórum Econômico Mundial, Paulo Guedes encontrou-se com Angel Gurría e indicou a intenção de entrada do Brasil na OCDE o mais rápido possível; o secretário da OCDE resumiu a reunião como muito produtiva.

Já fizemos referência também à necessidade de indicação de um membro do clube? Pois bem, durante a viagem de Estado realizada pelo presidente do Brasil aos Estados Unidos em março de 2019, Bolsonaro conseguiu o apoio de Trump para a entrada do Brasil na OCDE, e contrapartidas foram exigidas, como renunciar ao tratamento diferenciado de "países em desenvolvimento" na Organização Mundial do Comércio (OMC).

O protecionismo e os tratamentos diferenciados da OMC foram duramente criticados por Trump em entrevista coletiva concedida em outubro de 2018, quando ele disse sobre o Brasil:

> Eles cobram de nós o que querem. Se você perguntar a algumas empresas, eles dizem que o Brasil está entre os mais duros do mundo, talvez o mais duro. E nós não os chamamos e dizemos "ei, vocês estão tratando nossas empresas injustamente, tratando nosso país injustamente" (TRUMP..., 2018).

Não é mandatório renunciar ao tratamento diferenciado da OMC para ser aceito como membro da OCDE, nem consideramos inteligente. Países como Coreia do Sul, México e Turquia, por exemplo, são membros do grupo de elite G20 e da OCDE, mas, quando se trata de assuntos da OMC, eles afirmam estar se desenvolvendo.

Ao final do ano de 2019, um relatório conjunto da OCDE e da Receita Federal do Brasil endereçou mais de 20 diferenças entre as regras brasileiras de preços de transferência e as diretrizes da OCDE. A conclusão desse relatório é que o Brasil deveria adotar integralmente as diretrizes da OCDE, e que o processo poderia ser feito de forma gradual, primeiro as empresas com maior volume de operações, depois as médias, e, por fim, todas as empresas estariam, em um espaço de três anos, adequadas ao novo cenário.

A Receita Federal do Brasil sempre buscou preservar as características de simplicidade e previsibilidade da nossa legislação, e uma mudança abrupta para o modelo OCDE não satisfazia essas premissas.

No ano de 2020 foi lançada uma pesquisa para os contribuintes, acadêmicos e interessados em contribuir para a discussão. O principal foco dessa pesquisa era capturar a percepção do público com relação à adoção de *safe harbor* e acordos avançados de preços (APA) como medidas de simplificação.

As regras brasileiras de preços de transferência já são conhecidas no exterior como um grande *safe harbor*, e os APA, que são acordos antecipados de preços, dependem de uma mudança de comportamento gigantesca da Receita Federal perante os contribuintes, e dos contribuintes perante a Receita Federal, para que possam ser implementados de forma ágil e com segurança jurídica.

Entendemos que a adequação das regras de preços de transferência brasileiras, que passam ao largo das diretrizes estabelecidas pela OCDE, para um modelo internacionalmente aceito possam trazer um tratamento mais justo às transações comerciais internacionais.

Como exposto ao longo deste capítulo, no Brasil existem métodos específicos para testar transações de importação e exportação com margens estatutárias fixas, uma abordagem muito protocolar (análise produto a produto), que peca por não considerar os riscos e funções assumidos pela entidade local, e a possibilidade de escolha de método.

Essas margens fixas na importação, por exemplo, podem exigir até 66% de *markup* para os bens tangíveis importados de partes relacionadas, dependendo do setor econômico da empresa. Caso esta não atinja esse patamar, o custo da importação pode se tornar despesa não dedutível, guardando características de dupla tributação. Já a possibilidade de escolha de método pode resultar na dupla não tributação.

Mudanças no sistema tributário brasileiro têm sido aguardadas pelos contribuintes e por investidores internacionais há décadas. Esperamos que as futuras mudanças já observem as mais recentes discussões que vêm sendo conduzidas pela OCDE relacionadas ao Pilar 1 e ao Pilar 2. Caso não observem, a nova regra de preços de transferência brasileira pode já nascer desatualizada.

5.6 CONSIDERAÇÕES FINAIS

Até 4 de novembro de 2021, 137 países e jurisdições, incluindo o Brasil, aderiram ao Pilar 2 para implementar as regras tributárias internacionais e garantir que as empresas multinacionais paguem uma parcela justa dos impostos onde quer que operem. Em paralelo, o time da OCDE criou perfis de todas as jurisdições que já aderiram ao plano, com base nas informações fornecidas pelas autoridades dessas juridisdições.

Os perfis dos países concentram-se na respectiva legislação nacional em relação aos mais relevantes princípios de preços de transferência, incluindo o princípio *arm's length*, métodos de preços de transferência, análise de comparabilidade, propriedade intangível, serviços intragrupo, contratos de custo compartilhado, documentação de preços de transferência, abordagens administrativas para evitar e resolver disputas e outras medidas de implementação. As informações contidas nesses perfis têm o objetivo de refletir claramente o estado atual da legislação dos países e indicar em que medida suas regras seguem as Diretrizes de Preços de Transferência da OCDE.

Dessa forma, a implementação das regras internacionais nas leis locais das jurisdições está em progresso, o que transformará o cenário tributário mundial, o perfil do profissional de tributos e o das empresas multinacionais.

Em consonância com esse movimento, e dando sequência ao projeto de alinhamento das regras brasileiras de preços de transferência, a Receita Federal espera divulgar ainda no ano de 2022 o esboço da nova legislação de preços de transferência no Brasil. Essa legislação deverá ser apresentada aos contribuintes, e a outras partes interessadas, para discussão e aperfeiçoamento.

Tendo em vista o cenário político e social que atravessaremos em 2022 por conta das eleições presidenciais, e com o enfrentamento da pandemia da Covid-19, entendemos que essa legislação não deva ser submetida a discussão no Senado e na Câmara dos Deputados para aprovação ainda em 2022.

REFERÊNCIAS

EMISSÕES soberanas da dívida pública federal externa. Disponível em: https://www.tesourotransparente.gov.br/ckan/dataset/9d056822-5049-4e50-92ee-1c5b61236007/resource/c2e535c-6-abac-4cc0-9e2e-285c0c3e9049/download/Emissoes-Soberanas-da-Divida-Publica-Federal-Externa.xlsx. Acesso em: 17 dez. 2021.

GABON. Corporate: other taxes. Value-added tax (VAT). *PWC*. Last reviewed 25 August 2021a. Disponível em: https://taxsummaries.pwc.com/gabon/corporate/other-taxes. Acesso em: 17 dez. 2021.

GABON. Corporate: taxes on corporate income. *PWC*. Last reviewed 25 August 2021b. Disponível em: https://taxsummaries.pwc.com/gabon/corporate/taxes-on-corporate-income. Acesso em: 17 dez. 2021.

MANTEGA descarta fazer parte do Bloco. *Folha de S.Paulo*. 15 jul. 2009. Disponível em: https://www1.folha.uol.com.br/fsp/dinheiro/fi1507200908.htm. Acesso em: 17 dez. 2021.

OECD. *Action 2:* neutralising the effects of hybrid mismatch arrangements. [201-]a. Disponível em: https://www.oecd.org/tax/beps/beps-actions/action2/. Acesso em: 17 dez. 2021.

OECD. *Action 13*: Country-by-Country Reporting. [202-]. Disponível em: https://www.oecd.org/tax/beps/beps-actions/action13/. Acesso em: 17 dez. 2021.

OECD. *Action plan on base erosion and profit shifting*. [201-]b. Disponível em: https://read.oecd-ilibrary.org/taxation/action-plan-on-base-erosion-and-profit-shifting_9789264202719-en#page36. Acesso em: 17 dez. 2021.

OECD. *Convenção Multilateral para a Aplicação das Medidas Relativas às Convenções Fiscais Destinadas a Prevenir a Erosão da Base Tributária e a Transferência de Lucros*. 2016. Disponível em: https://www.oecd.org/ctp/treaties/beps-multilateral-instrument-text-translation-portuguese.pdf. Acesso em: 17 dez. 2021.

OECD. *Convention on Mutual Administrative Assistance in Tax Matters*. 2011. Disponível em: https://www.oecd.org/tax/exchange-of-tax-information/ENG-Amended-Convention.pdf. Acesso em: 11 jan. 2021.

OECD. *Manual on effective mutual agreement procedures (MEMAP)*. February 2007 version. Disponível em: https://www.oecd.org/ctp/38061910.pdf. Acesso em: 17 dez. 2021.

OECD. *OECD/G20 inclusive framework on BEPS*. Progress report July 2019 – July 2020. 2020. Disponível em: https://www.oecd.org/tax/beps/oecd-g20-inclusive-framework-on-beps-progress-report-july-2019-july-2020.pdf. Acesso em: 17 dez. 2021.

OECD. OECD transfer pricing guidelines for multinational enterprises and tax administrations. *OECD iLibrary*. [20-]. Disponível em: https://www.oecd-ilibrary.org/taxation/oecd-transfer-pricing-guidelines-for-multinational-enterprises-and-tax-administrations-2010_tpg-2010-en. Acesso em: 17 dez. 2021.

OECD. OECD transfer pricing guidelines for multinational enterprises and tax administrations 2010. *OECD iLibrary*. 17 ago. 2010. Disponível em: https://www.oecd-ilibrary.org/taxation/oecd-transfer-pricing-guidelines-for-multinational-enterprises-and-tax-administrations-2010/the-arm-s-length-principle_tpg-2010-4-en. Acesso em: 17 dez. 2021.

OECD. Tax challenges arising from digitalisation: report on Pillar Two Blueprint: inclusive framework on BEPS. *OECD iLibrary*. [201-]c. Disponível em: https://www.oecd-ilibrary.org/sites/abb4c3d1-en/1/2/1/index.html?itemId=/content/publication/abb4c3d1-en&_csp_=e7df02b7273c00f57848cd6d74af0543&itemIGO=oecd&itemContentType=book#section-d1e494. Acesso em: 17 dez. 2021.

OECD. *What is BEPS?* [201-]d. Disponível em: https://www.oecd.org/tax/beps/about/. Acesso em: 17 dez. 2021.

TRUMP critica relações comerciais com o Brasil: "Eles cobram de nós o que querem." *Infomoney*. 1 out. 2018. Disponível em: https://www.infomoney.com.br/mercados/trump-critica-relacoes-comerciais-com-o-brasil-eles-cobram-de-nos-o-que-querem. Acesso em: 17 dez. 2021.

US. International Revenue Service. Department of Treasury. *LB&I International Practice Service Concept Unit*. [201-]. Disponível em: https://www.irs.gov/pub/int_practice_units/RPWCUP_08_2_01.PDF. [201-3]. Acesso em: 17 dez. 2021.

US. *Part III: Administrative, Procedural and Miscellaneous*. TD 8552, 1994-2 C.B. 93. [Regulamento de Imposto de Renda Americano]. [20-]. Disponível em: https://www.irs.gov/pub/irs-drop/rp-05-46.pdf. Acesso em: 17 dez. 2021.

USB DOLLAR Libor Rates 2020. *Global Rates.com*. Disponível em: https://www.global-rates.com/en/interest-rates/libor/american-dollar/2020.aspx. Acesso em: 17 dez. 2021.

6

A SUBSTITUIÇÃO TRIBUTÁRIA DO ICMS

Rodrigo Jager Reis
Marina Machado Marques

6.1 INTRODUÇÃO

O imposto sobre circulação de mercadorias e serviços (ICMS) é conhecido por sua extrema complexidade. O tributo, que responde por aproximadamente 85% da arrecadação estadual (BRASIL, 2021), contribui significativamente para a desintegração do federalismo brasileiro e para os elevados números do contencioso tributário no Brasil.

Apesar de se inspirar no Imposto sobre Valor Agregado (IVA) europeu, a exação vem se distanciando cada vez mais de sua fonte inspiradora. Isso porque as administrações tributárias estaduais, com o intuito de atrair investimentos e/ou manter a arrecadação, têm criado uma série de normas jurídicas e se valido exacerbadamente de institutos – cujos fins originários são legítimos e justificáveis – que prejudicam suas características essenciais, como a não cumulatividade, a plurifasia e a neutralidade, descaracterizando-o como tributo de mercado.

É o caso da substituição tributária progressiva do ICMS, técnica de arrecadação fundada no princípio da praticabilidade, cujo objetivo é concentrar a tributação em apenas um sujeito da cadeia produtiva, atribuindo-se responsabilidade tributária a terceiro antes mesmo da ocorrência do fato gerador.

O regime foi introduzido pelos estados ainda na década de 1970, quando a tecnologia e a pulverização dos estabelecimentos varejistas dificultavam a atuação fiscalizatória das receitas estaduais. A partir dos anos 1990 a medida foi adotada de forma generalizada pelas legislações estaduais e, gradativamente, aumentou sua importância até responder, atualmente, por aproximadamente 36% da arrecadação do ICMS (15,4 bilhões de reais) (COMSEFAZ, 2020).

Em que pese tenha proporcionado ganhos consideráveis na arrecadação dos estados, a substituição tributária potencializou incontáveis conflitos entre contribuintes e entes tributantes, ensejando questionamentos quanto a sua real contribuição para melhoria da atividade tributária no país, especialmente diante do pujante pleito dos contribuintes por uma reforma tributária.

Sem a pretensão de esgotar o tema, este capítulo pretende apresentar objetivamente os principais caracteres da substituição tributária progressiva e realizar uma análise crítica da sistemática. Para tanto, serão apresentados os aspectos gerais do instituto; as questões pertinentes à restituição do imposto pago a maior, inclusive nos casos em que o preço de venda é menor que a base presumida, com foco nas disposições do estado de São Paulo; bem como serão pontuados alguns dos problemas de ordem prática enfrentados pelos contribuintes sujeitos ao regime.

6.2 CONSIDERAÇÕES GERAIS A RESPEITO DA SUBSTITUIÇÃO TRIBUTÁRIA DO ICMS

Inicialmente, cabe esclarecer o que é a substituição tributária. Partindo da classificação adotada pelo art. 121 do Código Tributário Nacional (CTN), o sujeito passivo da obrigação tributária pode ser contribuinte, caso tenha relação pessoal e direta com a situação que constitua o fato gerador, ou responsável, quando, sem revestir a condição de contribuinte, sua obrigação decorra de disposição expressa de lei.

Aparentemente, o dispositivo confere livremente ao legislador a possibilidade de eleição do responsável tributário. Todavia, o art. 128 do Código complementa a exegese da norma, afastando qualquer tipo de arbitrariedade ao exigir um vínculo entre o terceiro e o fato gerador da obrigação, vínculo este que objetiva viabilizar que o responsável seja ressarcido do montante devido pelo contribuinte – aquele que manifestou capacidade contributiva. Além disso, extrai-se do art. 128 do CTN que a responsabilidade pode se dar por substituição, circunstância na qual o substituto paga tributo referente a fato gerador realizado por terceiro, mas em relação ao qual ele próprio é sujeito passivo.

Destarte, a substituição tributária é uma técnica prevista no ordenamento jurídico brasileiro que permite a imputação de responsabilidade tributária a terceiro que não realizou o fato gerador, em nome da praticabilidade. Na modalidade progressiva, escopo do presente capítulo, o substituto antecipa o recolhimento de tributo relativo a fato jurígeno que ainda não ocorreu, com lastro em uma base presumida.

O instituto é largamente utilizado pelos estados nas operações de circulação de mercadorias para concentrar todo o recolhimento do imposto incidente na cadeia produtiva em um só contribuinte. Defende-se que sua implementação atende a princípios de racionalização e efetividade da tributação, imprimindo maior praticidade às atividades de fiscalização e arrecadação, não obstante a complexidade de operacionalização do regime para os contribuintes e as inúmeras controvérsias jurídicas dele decorrentes, que acabam por aumentar o contencioso tributário do país.

Em brevíssimo esforço histórico, André Moreira leciona que o embrião do instituto foi a criação, por alguns estados, de tabelas que estabeleciam as bases de cálculo do imposto estadual na venda de mercadorias na década de 1960. Nesses casos, era comum a atribuição de responsabilidade aos fabricantes ou atacadistas, liberando o varejista da obrigação de recolhimento do imposto.

No âmbito legislativo, a redação original do CTN previa a possibilidade de atribuir ao industrial ou atacadista o dever de recolher o Imposto sobre Circulação de Mercadorias (ICM) devido pelo varejista, mediante acréscimo de até 30% no preço da mercadoria. Em 1968 o dispositivo foi revogado, mas no ano de 1983 a matéria foi reintroduzida com a edição da Lei Complementar (LC) n. 44/1983.

Posteriormente, a Emenda Constitucional (EC) n. 3/1993 constitucionalizou a substituição tributária por meio da inserção do § 7º no art. 150 da Carta Magna, norma responsável por deixar claro que esse tipo de responsabilização deve tanto ser implementada por lei quanto assegurar ao contribuinte a restituição do tributo caso o fato gerador presumido não se realize. É ver:

> Art. 150. Sem prejuízo de outras garantias asseguradas ao contribuinte, é vedado à União, aos Estados, ao Distrito Federal e aos Municípios:
>
> [...]
>
> § 7º A lei poderá atribuir a sujeito passivo de obrigação tributária a condição de responsável pelo pagamento de imposto ou contribuição, cujo fato gerador deva ocorrer posteriormente, assegurada a imediata e preferencial restituição da quantia paga, caso não se realize o fato gerador presumido.

A substituição tributária do ICMS é matéria de lei complementar, conforme o art. 155, § 2º, XII, da Constituição. Assim, a LC 87/96 (Lei Kandir) traz em seu bojo uma série de dispositivos de observância obrigatória pelos estados que desejam implementar a técnica, dentre os quais se cite o art. 6º, segundo o qual o regime deve ser instituído mediante lei estadual, podendo abarcar, inclusive, o diferencial de alíquotas devido nas operações interestaduais que destinem bens e serviços a consumidor final contribuinte localizado em outro estado.

Desse modo, com o interesse em estabelecer um sistema de arrecadação mais efetivo, os estados (e o Distrito Federal) instituíram internamente o regime da substituição tributária progressiva para determinadas mercadorias, concentrando a tributação de toda a cadeia produtiva em um só sujeito, frequentemente industriais. Confira-se o esquema da Figura 6.1.

Figura 6.1 Cadeia produtiva.

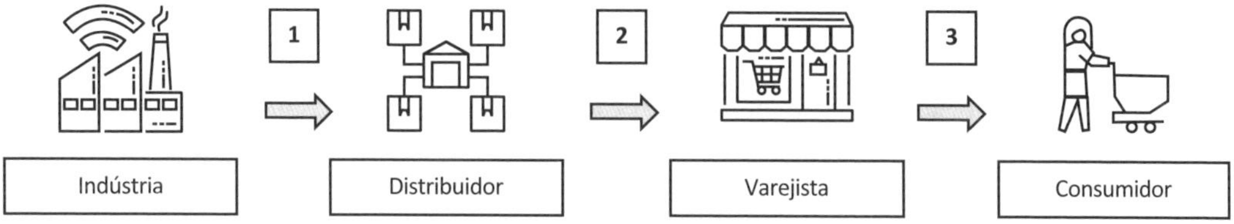

Indústria → Distribuidor → Varejista → Consumidor

Fonte: elaboração própria.

Na substituição tributária a indústria recolhe tanto o ICMS próprio (operação 1), cujo fato gerador é a saída da mercadoria de seu estabelecimento para o distribuidor, quanto o ICMS – Substituição Tributária (ICMS-ST), operações 2 e 3, referente às saídas do distribuidor para o varejista e deste último para o consumidor. O fato gerador é a saída presumida do bem pela venda ao consumidor final, e quem suporta efetivamente o encargo tributário é o substituído, não o substituto.

Luís Eduardo Schoueri leciona que o instituto se adapta aos tributos plurifásicos sobre o consumo, tais como o ICMS, justamente por permitir, juridicamente, que o ônus seja trasladado. O autor destaca que o vínculo com o fato gerador exigido pelo CTN se traduz, na prática, na relação entre substituto e substituído ocorrida na cadeia de consumo, a qual permite que o primeiro seja ressarcido por meio do preço (SCHOUERI, 2018, p. 583).

Em regra, os produtos sujeitos ao regime são homogêneos e consumidos em larga escala, demandando uma distribuição capilarizada para o grande público, ou seja, uma disponibilização em diversos pontos de varejo. Dessa forma, com a concentração da exigência tributária em um único contribuinte da cadeia, evita-se a fiscalização de inúmeros estabelecimentos envolvidos na operação. Atualmente, tais mercadorias são especificadas no Convênio ICMS n. 142/2018.[1]

Na substituição tributária do ICMS há dois tipos de presunção: a primeira em relação à ocorrência do fato gerador (venda ao consumidor final) e a segunda quanto à base de cálculo (preço de venda da mercadoria), cujas diretrizes para fixação estão previstas no art. 8º da LC 87/96. Confira-se o texto legal:

> Art. 8º A base de cálculo, para fins de substituição tributária, será:
>
> [...]
>
> II – em relação às operações ou prestações subsequentes, obtidas pelo somatório das parcelas seguintes:
>
> a) o valor da operação ou prestação própria realizada pelo substituto tributário ou pelo substituído intermediário;
>
> b) o montante dos valores de seguro, de frete e de outros encargos cobrados ou transferíveis aos adquirentes ou tomadores de serviços;
>
> c) a margem de valor agregado, inclusive lucro, relativo às operações ou prestações subsequentes.
>
> § 2º Tratando-se de mercadoria ou serviço cujo preço final a consumidor, único ou máximo, seja fixado por órgão público competente, a base de cálculo do imposto, para fins de substituição tributária, é o referido preço por ele estabelecido.
>
> § 3º Existindo preço final a consumidor sugerido pelo fabricante ou importador, poderá a lei estabelecer como base de cálculo este preço.
>
> § 4º A margem a que se refere a alínea "c" do inciso II do caput será estabelecida com base em preços usualmente praticados no mercado considerado, obtidos por levantamento, ainda que por amostragem ou através de informações e outros elementos fornecidos por entidades representativas dos respectivos setores, adotando-se a média ponderada dos preços coletados, devendo os critérios para sua fixação ser previstos em lei.
>
> § 5º O imposto a ser pago por substituição tributária, na hipótese do inciso II do caput, corresponderá à diferença entre o valor resultante da aplicação da alíquota prevista para as operações ou prestações internas do Estado de destino sobre a respectiva base de cálculo e o valor do imposto devido pela operação ou prestação própria do substituto.

---

1 Citem-se, por exemplo, autopeças, cosméticos, bebidas, cigarros, lâmpadas, dentre outros.

§ 6º Em substituição ao disposto no inciso II do *caput*, a base de cálculo em relação às operações ou prestações subsequentes poderá ser o preço a consumidor final usualmente praticado no mercado considerado, relativamente ao serviço, à mercadoria ou sua similar, em condições de livre concorrência, adotando-se para sua apuração as regras estabelecidas no § 4º deste artigo.

Depreende-se do dispositivo que a base de cálculo parte do valor da operação de saída do substituto (ou do substituído intermediário), acrescida do montante do seguro, frete e outros encargos cobráveis ou transferíveis aos adquirentes ou tomadores, e da margem de valor agregado (MVA). Além dessa metodologia, a legislação ainda prevê a figura do preço final ao consumidor, único ou máximo, que seja fixado por órgão público competente ou sugerido pelo fabricante ou importador.

Tais critérios não se confundem: a MVA é um percentual que visa exprimir a majoração dos preços à medida que percorridas as etapas de circulação. É estabelecida com base nos preços usualmente praticados pelo mercado, obtidos com base em estatísticas realizadas por amostragem pelo ente federado e no levantamento de dados fornecidos por representantes do setor. Assim, representa uma projeção da composição dos lucros brutos agregados pelos partícipes na cadeia de comercialização, permitindo alcançar o preço final de venda ao consumidor.

Nas operações internas a porcentagem é definida pelos estados por meio de decretos, enquanto nas operações interestaduais a definição se dá mediante convênios ou protocolos.

Veja-se um exemplo prático: uma indústria realiza uma venda interna de um bem sujeito a substituição tributária cuja MVA é 20% e a alíquota da operação 12%. Nesse caso, o ICMS próprio devido pela indústria é R$ 240,00 e o ICMS-ST perfaz o montante de R$ 48,00, conforme detalha a Tabela 6.1:

Tabela 6.1 Exemplo prático da substituição tributária.

Base de cálculo do ICMS	R$ 2.000,00
Alíquota	12%
ICMS próprio	R$ 240,00
Percentual do MVA	20%
Valor do MVA	R$ 400,00
Base de cálculo do ICMS-ST	R$ 2.400,00
ICMS-ST devido	R$ 48,00
ICMS total	R$ 288,00

Fonte: elaboração própria.

Por sua vez, o preço final fixado pelo órgão competente nada mais é que uma pauta fiscal, isto é, a autoridade fazendária estima o preço final dos produtos com base na média do valor de mercado. Obviamente, tais valores não podem se distanciar da realidade dos negócios jurídicos e devem corresponder aos preços praticados pelo mercado,[2] tal como determinado pela LC 87/96, que utiliza as expressões "preço sugerido por fabricante ou importador", "usualmente praticados no mercado", "levantados por amostragem" ou "fornecidos por entidades representativas de setores".

A despeito disso, é comum a fixação de margens de valor agregado e preços finais distantes da realidade, em flagrante ofensa à previsão legal. Infelizmente, a desenfreada busca por recursos faz com que os entes estatais desconsiderem as garantias individuais dos contribuintes.

Além disso, vale destacar que há uma dificuldade intrínseca na identificação desses parâmetros em razão da dinamicidade do mercado, que se altera em uma velocidade muito maior do que os órgãos fazendários podem acompanhar.

Finalmente, caso o fato gerador presumido não se confirme, o próprio texto constitucional garante o direito de restituição dos valores indevidamente recolhidos, o que é reproduzido pelo art. 10 da Lei Kandir. No entanto, as consequências de eventuais divergências entre a base de cálculo fictícia e o real preço praticado na operação são, há anos, objeto de intensos debates nos âmbitos doutrinário e jurisprudencial, que serão tratados em tópico próprio.

Adiante-se, apenas, que o uso das presunções e ficções em Direito Tributário com base no princípio da praticabilidade se legitima até o momento em que não afronta os princípios constitucionais do não confisco e da capacidade contributiva. Nas palavras de Sacha Calmon, a "retificação do valor presumido é imperativa, *conditio sine qua non*, para a praticabilidade da substituição tributária para frente" (COÊLHO, 2016, p. 328).

6.3 DO DIREITO À RESTITUIÇÃO NOS CASOS DE NÃO REALIZAÇÃO DO FATO GERADOR PRESUMIDO

Como dito, a substituição tributária progressiva é uma técnica que visa à celeridade e à eficiência da arrecadação, tendo por fundamento o princípio da praticabilidade. Para implementá-la, o legislador vale-se de uma presunção relativa, qual seja, considera que o fato jurídico tributário ocorrerá futuramente.

Por simplificarem a realidade, permitindo a concretização do direito, as presunções são corriqueiramente utilizadas no ramo jurídico e majoritariamente tidas como constitucionais pela doutrina e pela jurisprudência. Segundo Misabel Derzi, as normas legais utilizam diversas técnicas relacionadas ao princípio da praticabilidade para viabilizar a execução de seus comandos, tais como abstrações generalizantes, esquemas, tipos e conceitos, utilizados não só por questões de segurança, mas também para evitar a investigação exaustiva do

---

2 Não é demais lembrar a Súmula 431 do Superior Tribunal de Justiça (STJ), segundo a qual "É ilegal a cobrança de ICMS com base no valor da mercadoria submetido ao regime de pauta fiscal". O entendimento do STJ se baseou, em síntese, nas inúmeras tentativas estaduais de desconsiderarem o valor real das operações para tributar valores muito acima do mercado.

caso isolado e dispensar a colheita de provas difíceis ou mesmo impossíveis em cada caso concreto (DERZI, 2007, p. 141).

Destarte, o legislador ou o Executivo acolhem o tipo, ou o caso padrão, médio ou frequente no estabelecimento de uma presunção, inclusive em matéria tributária, com o intuito de buscar soluções mais simples e econômicas para aplicação da lei em massa. Porém, apesar de apresentar vantagens, a "praticabilidade opõe-se à justiça no caso ou à igualdade individual, embora sirva de uniformidade geral" (DERZI, 2007, p. 142). É ver as lições da doutrinadora:

> A praticabilidade é princípio implícito e difuso na Constituição e tem como objetivo garantir o cumprimento e a execução das leis, da forma mais simples e cômoda. Esse é o valor que inspirou, por exemplo, a EC 3, de 1993, que autoriza a lei a presumir a ocorrência de fato gerador futuro. Mas a praticabilidade tem seus limites e não pode conduzir ao arbítrio ou à ofensa de fundamentais princípios e garantias como a igualdade e a capacidade contributiva, normas intocáveis e imodificáveis por meio de emenda constitucional (art. 60, § 4º).

Com esforço nesses ensinamentos, não há dúvidas de que presunções possam ser utilizadas para efetivar o princípio da praticabilidade, mas há uma clara necessidade de respeito às limitações constitucionais ao poder de tributar, em especial ao não confisco e à capacidade contributiva, assegurando-se ao cidadão contribuinte que apenas sua real manifestação de riqueza será tributada. Entretanto, em nome da praticidade, costumeiramente o Fisco busca o arranjo que lhe assegure o máximo de arrecadação e o mínimo de trabalho, sem preocupar-se com a ofensa aos direitos do contribuinte.

Não obstante, na substituição tributária o próprio Texto Constitucional garante o direito subjetivo do contribuinte à imediata e preferencial restituição caso o fato gerador presumido não ocorra, impedindo o enriquecimento ilícito do estado. Na prática, o direito à devolução decorre de situações que tenham impossibilitado a venda da mercadoria, como quebra de estoque, perecimento, deterioração ou furto. Além dessa hipótese, se alguma das operações futuras for amparada por isenção ou não incidência, ou tratar-se de venda para outro estado, igualmente as operações internas presumidas não ocorrerão, ensejando direito à restituição.

Nas palavras de Sacha Calmon, o direito à restituição "desnecessita de qualquer fundamento legal que não aquele fincado na Constituição" (COÊLHO, 2016, p. 628). Assim, toda legislação que contrariar a previsão constitucional será inconstitucional.

Entretanto, sob o pretexto de regulamentar a questão, o art. 10 da Lei Kandir impõe uma clara limitação ao exercício do direito do contribuinte: a exigência de um pedido de restituição, cujo prazo de resposta é de 90 dias:

> Art. 10. É assegurado ao contribuinte substituído o direito à restituição do valor do imposto pago por força da substituição tributária, correspondente ao fato gerador presumido que não se realizar.
>
> § 1º Formulado o pedido de restituição e não havendo deliberação no prazo de noventa dias, o contribuinte substituído poderá se creditar, em sua escrita fiscal, do valor objeto do pedido, devidamente atualizado segundo os mesmos critérios aplicáveis ao tributo.

§ 2º Na hipótese do parágrafo anterior, sobrevindo decisão contrária irrecorrível, o contribuinte substituído, no prazo de quinze dias da respectiva notificação, procederá ao estorno dos créditos lançados, também devidamente atualizados, com o pagamento dos acréscimos legais cabíveis.

A disposição representa um manifesto embaraço legal ao direito à restituição, afinal, conforme leciona o professor baiano, "imediato é o momento seguinte. Não há falar em pedido de restituição, administrativo ou judicial, ou em precatório, ou em autorização fiscal. Preferencial significa em primeiro lugar, antes de qualquer outro interesse" (COÊLHO, 2016, p. 628).

De fato, o requerimento e o prazo de 90 dias concedido ao Fisco estadual para análise são claramente contrários à Constituição. Frequentemente os pedidos são indeferidos, muitas vezes por motivos protelatórios e burocráticos, devendo o contribuinte recorrer administrativamente e até judicialmente, o que torna a devolução, que deveria ser "imediata e preferencial", completamente distante, trabalhosa e excepcional.

6.4 DA DIVERGÊNCIA ENTRE O FATO GERADOR PRESUMIDO E O PREÇO EFETIVAMENTE PRATICADO NA OPERAÇÃO: BREVÍSSIMAS CONSIDERAÇÕES SOBRE O RECURSO EXTRAORDINÁRIO N. 593.849

Ao longo dos anos, diversas foram as discussões quanto à regulamentação do ICMS-ST, especialmente nos casos em que verificada divergência positiva entre a base de cálculo do imposto e o preço da operação que foi efetivamente praticado nas operações realizadas com consumidores finais (não contribuintes).

Em 2016, como é de notório conhecimento, o Supremo Tribunal Federal (STF), no julgamento do Recurso Extraordinário (RE) n. 593.849 sob a sistemática da repercussão geral, fixou a tese de que é devida a restituição do ICMS-ST se comprovado que na operação ao consumidor final restou configurada obrigação tributária de valor inferior ao presumido.

Importante frisar que referido entendimento alterou a posição anterior da Corte exarada na Ação Direta de Inconstitucionalidade (ADI) n. 1.851, a qual estabeleceu que:

> O fato gerador presumido, por isso mesmo, não é provisório, mas definitivo, não dando ensejo a restituição ou complementação do imposto pago, senão, no primeiro caso, na hipótese de sua não-realização final. Admitir o contrário valeria por despojar-se o instituto das vantagens que determinaram a sua concepção e adoção, como a redução, a um só tempo, da máquina-fiscal e da evasão fiscal a dimensões mínimas, propiciando, portanto, maior comodidade, economia, eficiência e celeridade às atividades de tributação e arrecadação.

Após a decisão, a Procuradoria do Estado de Minas Gerais (PGE-MG) apresentou embargos de declaração a fim de provocar manifestação expressa da Corte acerca da possibilidade de instituição da complementação do ICMS-ST nas hipóteses em que a base presumida for inferior ao valor de venda praticado pelo substituído.

Em 8 de novembro de 2017 o pleito foi rechaçado, ao argumento de que o pedido consistia em inovação recursal, já que a matéria contemplada no RE 593.849 não abarcava a hipótese do complemento do ICMS-ST, envolvendo, tão somente, o caso específico de restituição.

Neste passo, um número relevante de contribuintes solicitou a restituição do ICMS-ST em face das Secretarias de Fazenda de seus respectivos estados, os quais, para tentar minimizar os impactos dos pedidos em seus orçamentos, passaram a defender que a complementação do ICMS-ST também poderia ser exigida.

À luz desse entendimento, diversos estados passaram a alterar suas legislações tributárias vigentes, de forma a contemplar não apenas a possibilidade de restituição, mas também a necessidade de complementar eventual pagamento do ICMS-ST, em que pese tal situação não tenha sido, em nenhum momento, tratada pela ação judicial, além de inexistir previsão legal para tanto.

6.5 DA DIVERGÊNCIA ENTRE O FATO GERADOR PRESUMIDO E O PREÇO EFETIVAMENTE PRATICADO NA OPERAÇÃO: BREVES CONSIDERAÇÕES A RESPEITO DO TRATAMENTO DADO À MATÉRIA PELO ESTADO DE SÃO PAULO

6.5.1 Da legislação do estado de São Paulo sobre as hipóteses de restituição e complementação do ICMS-ST antes do julgamento do Recurso Extraordinário n. 593.849

Via de regra, a Lei estadual n. 6.374/1989 estabelece que a base de cálculo tributável do ICMS-ST é "o preço estabelecido para o cliente final [...] autorizado ou determinado por uma autoridade competente". Em termos práticos, as autoridades fiscais divulgam uma lista compreendendo diversos produtos com as respectivas bases de cálculo presumidas.

Há, também, itens não incluídos na lista, sujeitos à exceção prevista no art. 28-A da própria lei, que estabelece o Índice de Valor Adicionado (IVA ou MVA) como critério de determinação da base de cálculo do imposto. A exceção é relevante porque o Decreto n. 45.490/2000 (RICMS/SP) contém dispositivos específicos que restringem a restituição ou que já trataram da possibilidade de complemento do ICMS-ST apenas às hipóteses em que os tributos são calculados e recolhidos por meio do "preço estabelecido ao cliente final".

É o caso do § 3º do art. 66-B da Lei n. 6.374/1989, inserido pela Lei n. 13.291/2008, que restringia a restituição às situações em que o preço final ao consumidor foi autorizado ou fixado por uma autoridade competente:

> Artigo 66-B. Fica assegurada a restituição do imposto pago antecipadamente em razão da substituição tributária:
>
> I – caso não se efetive o fato gerador presumido na sujeição passiva;
>
> II – caso se comprove que na operação final com mercadoria ou serviço ficou configurada obrigação tributária de valor inferior a presumida.

[...]

§ 3º O disposto no inciso II do *caput* deste artigo aplica-se apenas na hipótese de a base de cálculo do imposto devido por substituição tributária ter sido fixada nos termos do *caput* do artigo 28.

É ver o art. 28 da Lei n. 6.374/1989:

Artigo 28. No caso de sujeição passiva por substituição, com responsabilidade atribuída em relação às operações ou prestações subsequentes, a base de cálculo será o preço final a consumidor, único ou máximo, autorizado ou fixado por autoridade competente.

Na mesma linha, o art. 269 do Regulamento do ICMS do Estado de São Paulo (RICMS/SP), incluído pelo Decreto n. 54.239/2009, estabelece que a restituição, nos casos do ICMS recolhido a maior, somente seria aplicável às operações nas quais o ICMS-ST foi calculado e cobrado com base nas regras do art. 40-A do Regulamento:

Artigo 269. Nas situações adiante indicadas, o estabelecimento do contribuinte substituído que tiver recebido mercadoria ou serviço com retenção do imposto, observada a disciplina estabelecida pela Secretaria da Fazenda, poderá ressarcir-se (Lei 6.374/89, art. 66-B, na redação da Lei 9.176/95, art. 3º, e Convênio ICMS-81/93, cláusula terceira, § 2º, na redação do Convênio ICMS-56/97, cláusula primeira, I):

I – do valor do imposto retido a maior, correspondente à diferença entre o valor que serviu de base à retenção e o valor da operação ou prestação realizada com consumidor ou usuário final;

[...]

§ 6º O disposto no inciso I aplica-se apenas na hipótese de a base de cálculo do imposto devido por substituição tributária ter sido fixada nos termos do artigo 40-A (Lei 6.374/89, art. 66-B, § 3º, na redação da Lei 13.291/08).

Confira-se o art. 40-A do RICMS/SP:

Artigo 40-A. No caso de sujeição passiva por substituição com retenção antecipada do imposto, a base de cálculo será o preço final a consumidor, único ou máximo, autorizado ou fixado por autoridade competente (Lei 6.374/89, art. 28, na redação da Lei 12.681/07, art. 1º, II).

Destarte, desde 2008 o estado de São Paulo já possuía em sua legislação dispositivo específico restringindo a hipótese de restituição para os casos de recolhimento a maior do ICMS.

No que se refere à complementação do imposto devido por substituição tributária, enquanto a Lei n. 6.374/1989 era omissa, o RICMS/SP foi alterado pelo Decreto n. 54.239/2009 e passou a abordar a questão, delimitando a hipótese de complemento às situações em que o imposto foi calculado e cobrado também com base nas regras do art. 40-A:

Artigo 265. O complemento do imposto retido antecipadamente deverá ser pago pelo contribuinte substituído, observada a disciplina estabelecida pela Secretaria da Fazenda, quando:

I – o valor da operação ou prestação final com a mercadoria ou serviço for maior que a base de cálculo da retenção, na hipótese desta ter sido fixada nos termos do artigo 40-A;

Veja-se que a legislação paulista tratou, há bastante tempo, tanto da restituição quanto da complementação do ICMS-ST, excepcionando, de ambas as hipóteses, os contribuintes que não calculavam o imposto sobre o preço final a consumidor. Todavia, os dispositivos não eram utilizados pelo Fisco em razão do entendimento anterior do STF no sentido de que os valores recolhidos a título de ICMS-ST seriam definitivos.

6.5.2 Da legislação do estado de São Paulo a respeito das hipóteses de restituição e complementação do ICMS-ST após o julgamento do Recurso Extraordinário n. 593.849

Em 22 de maio de 2018 a Procuradoria do Estado de São Paulo (PGE-SP) divulgou interpretação oficial a respeito dos efeitos da decisão do STF sobre a restituição do ICMS devido por substituição tributária (Comunicado CAT n. 6/2018), vinculando todas as ações subsequentes das autoridades fiscais relacionadas ao assunto, como fiscalizações, avaliações e entendimentos sobre as consultas realizadas.

Em síntese, de forma contrária ao que entendeu a Suprema Corte, a PGE-SP afirmou que a restituição do ICMS-ST somente seria devida nas hipóteses apresentadas pelo § 3º do art. 66-B da Lei n. 6.374/1989, ou seja, estaria limitada aos casos em que o preço final ao consumidor foi autorizado ou fixado por uma autoridade competente. Em relação ao complemento do ICMS-ST nada foi comentado pelas autoridades fiscais.

Por sua vez, em 13 de dezembro de 2018, a PGE-SP publicou o Comunicado CAT n. 14, que forneceu esclarecimentos adicionais a respeito dos efeitos da decisão da Corte, estabelecendo que seriam admitidos pedidos referentes a período posterior a 19 de outubro de 2016, "data em que foram tornadas públicas as decisões do Supremo Tribunal Federal sobre o tema, sendo admitido também pedido de ressarcimento referente a casos pretéritos que já estavam em trâmite judicial". Mais uma vez, o complemento do ICMS-ST nem sequer foi citado.

Com a publicação da Portaria CAT n. 42, de 21 de maio de 2018, foi definido o "sistema de apuração do complemento ou ressarcimento do ICMS retido por substituição tributária ou antecipado", destinado à apuração do ressarcimento ou do complemento do ICMS-ST. Referido ato normativo foi alterado pela Portaria CAT n. 111, de 27 de dezembro de 2018, que promoveu modificações no processo administrativo do pedido de restituição.

Ocorre que, em 15 de outubro de 2020, foi publicada a Lei n. 17.293, que incluiu o art. 66-H na Lei n. 6.374/1989, passando a prever a exigência do complemento do ICMS-ST nos casos em que o valor da operação ou prestação final seja maior que a base de cálculo de retenção ou quando da superveniente majoração da carga tributária incidente sobre a operação ou prestação final com a mercadoria ou serviço. É ver:

> Artigo 66-H. O complemento do imposto retido antecipadamente deverá ser pago pelo contribuinte substituído, observada a sua regulamentação pelo Poder Executivo, quando:
>
> I – o valor da operação ou prestação final com a mercadoria ou serviço for maior que a base de cálculo da retenção;
>
> II – da superveniente majoração da carga tributária incidente sobre a operação ou prestação final com a mercadoria ou serviço.

A mesma lei também foi responsável por revogar o art. 66-B, § 3º, da Lei n. 6.374/1989, que restringia as hipóteses de restituição, conforme comentado no item anterior.

Relevante ressaltar que o art. 66-B, II, da Lei n. 6.374/1989 foi declarado constitucional pelo STF nos autos da ADI 2.777, julgada em 19 de outubro de 2016. Entretanto, a ação foi ajuizada em 2 de dezembro de 2002, ou seja, antes das alterações realizadas pela Lei n. 13.291/2008.

Atento a isso, o Órgão Especial do Tribunal de Justiça do Estado de São Paulo (TJSP) acolheu o Incidente de Arguição de Inconstitucionalidade n. 0033098-49.2018.8.26.0000, afastando a limitação prevista pelo § 3º do inciso II do art. 66-B da Lei n. 6.374/1989 em razão de sua incompatibilidade com o art. 150, § 7º, da Constituição e com o RE 593.849.[3]

Posteriormente, em 15 de janeiro de 2021, foi publicado o Decreto n. 65.471, que, reproduzindo o teor da Lei n. 17.293/2020, alterou o art. 265, I, do RICMS/SP para determinar a obrigatoriedade do pagamento do complemento do imposto retido por substituição tributária para todas as formas de fixação de base de cálculo. Confira-se a redação da norma:

> Artigo 265. O complemento do imposto retido antecipadamente deverá ser pago pelo contribuinte substituído, observada a disciplina estabelecida pela Secretaria da Fazenda e Planejamento, quando (Lei 6.374/89, art. 66-H, acrescentado pela Lei 17.293/20, art. 24):
>
> I – o valor da operação ou prestação final com a mercadoria ou serviço for maior que a base de cálculo da retenção;
>
> II – da superveniente majoração da carga tributária incidente sobre a operação ou prestação final com a mercadoria ou serviço.

Rememore-se que, antes da mencionada lei estadual, a legislação paulista já autorizava a exigência do complemento, mas somente daqueles contribuintes substituídos que calculavam o tributo sobre o preço final ao consumidor, único ou máximo, autorizado ou fixado por autoridade competente. Ato contínuo, a hipótese ainda não se aplicava às situações em que o imposto era calculado por meio da aplicação da MVA ou preço médio pesquisado ao consumidor.

Para além disso, tanto a Lei estadual n. 17.293/2020[4] quanto o Decreto n. 65.593/2021[5] trouxeram a possibilidade de os contribuintes paulistas, cujas mercadorias estejam rela-

---

3 O acórdão do Órgão Especial do TJSP transitou em julgado no dia 28.04.2021.
4 "Artigo 66-H. O complemento do imposto retido antecipadamente deverá ser pago pelo contribuinte substituído, observada a sua regulamentação pelo Poder Executivo, quando:
   [...]
   Parágrafo único. Fica o Poder Executivo autorizado a instituir regime optativo de tributação da substituição tributária, para segmentos varejistas, com dispensa de pagamento do valor correspondente à complementação do imposto retido antecipadamente, nas hipóteses em que o preço praticado na operação a consumidor final for superior à base de cálculo utilizada para o cálculo do débito de responsabilidade por substituição tributária, compensando-se com a restituição do imposto assegurada ao contribuinte."
5 "Artigo 265. O complemento do imposto retido antecipadamente deverá ser pago pelo contribuinte substituído, observada a disciplina estabelecida pela Secretaria da Fazenda e Planejamento, quando (Lei 6.374/89, art. 66-H, acrescentado pela Lei 17.293/20, art. 24):
   [...]

cionadas na Portaria CAT n. 68/2019, solicitarem um Regime Optativo de Tributação da Substituição Tributária (ROT-ST), que autoriza a dispensa de pagamento do valor correspondente à complementação do imposto retido antecipadamente, compensando-se com a restituição do imposto assegurada ao contribuinte. Em outras palavras, por meio da opção do ROT-ST, o Fisco paulista não cobra o complemento do ICMS-ST e o contribuinte renuncia à restituição do imposto.

6.5.3 Considerações a respeito da possibilidade do complemento do ICMS-ST perante o estado de São Paulo

É cediço que no regime de substituição tributária progressiva o tributo é recolhido no início da cadeia produtiva por um preço presumido, antecipando-se ao momento da venda realizado no fim da cadeia.

Conforme já pontuado, o objetivo de tal sistemática é simplificar os procedimentos de arrecadação e, principalmente, fiscalização, uma vez que concentra a atividade fiscal, antes vinculada a uma série de sujeitos passivos, em poucos contribuintes, se não em apenas um, facilitando, portanto, a verificação do recolhimento do tributo.

Referido regime foi devidamente consignado pelo art. 150, § 7º, da Constituição, que assegurou, tão somente, o direito do contribuinte à restituição do ICMS quando o valor presumido for superior ao valor da operação. De igual maneira dispôs a Lei Kandir, no já mencionado art. 10, resguardando ao contribuinte a possibilidade da restituição do imposto pago a maior. É evidente, pois, que ambas as disposições outorgam direito ao contribuinte e não ao estado.

Destarte, o estado de São Paulo, ao editar a Lei estadual n. 17.293/2020, extrapola os limites de sua competência, violando flagrantemente a Constituição e a Lei Kandir.

E nem se alegue que o estado estaria, ao editar a norma e ao criar obrigações acessórias a serem aplicadas imediatamente (Portaria CAT n. 42/2018), supostamente se adequando aos termos da decisão exarada pelo STF nos autos do RE 593.849. Isso porque, conforme mencionado anteriormente, o Ministro Edson Fachin, ao julgar os embargos de declaração opostos pela PGE-MG, foi categórico ao afirmar que a questão relativa ao complemento do ICMS-ST não deveria ser objeto de análise, por se tratar de pedido diverso daquele formulado no caso concreto, que só dizia respeito à restituição do imposto.

Além disso, o art. 155, § 2º, XII, "b", da Constituição estabelece que cabe à lei complementar dispor sobre a substituição tributária do ICMS, o que revela a inconstitucionalidade da legislação paulista por tratar de matéria reservada a lei complementar.

Parágrafo único. Os contribuintes do segmento varejista poderão solicitar, nos termos de disciplina estabelecida pela Secretaria da Fazenda e Planejamento, regime optativo de tributação da substituição tributária, com dispensa de pagamento do valor correspondente à complementação do imposto retido antecipadamente, na hipótese de que trata o inciso I deste artigo, compensando-se com a restituição do imposto assegurada ao contribuinte."

Importante destacar que, em oportunidade recente, a Suprema Corte se manifestou sobre a necessidade de dispositivo legal expresso em lei complementar para dispor sobre situações em que a Constituição assim o exige, o que não pode ser diferente em relação ao complemento de ICMS-ST, em relação ao qual nem sequer há previsão constitucional. É o caso do ICMS-Difal (diferencial de alíquotas do ICMS), abordado no julgamento do RE 1.287.019 e da ADI 5.469, onde restou declarada a inconstitucionalidade da cobrança do diferencial de alíquotas em razão de inexistir lei complementar federal sobre ele.

Desse modo, a exigência de eventual complemento do contribuinte não tem respaldo legal, sendo possível afirmar que o contribuinte paulista encontra bons argumentos para discutir a exigência perante o Poder Judiciário, uma vez que se trata de normativos inconstitucionais e ilegais.

6.6 CONSIDERAÇÕES CRÍTICAS SOBRE O INSTITUTO DA SUBSTITUIÇÃO TRIBUTÁRIA

Mesmo com sua constitucionalização e legitimação pela Suprema Corte, a substituição tributária progressiva continua sendo fortemente criticada por muitos tributaristas. Isso porque, em que pese facilite o exercício das atividades da Administração Tributária, a aplicação do instituto é extremamente complexa para os contribuintes, que devem analisar e interpretar cada uma das 27 legislações estaduais específicas existentes no país (leis, decretos, portarias, instruções normativas), ensejando altos custos de conformidade para as empresas (advogados, contadores, obrigações acessórias, sistema de gestão e controles de estoques).

Apenas para ilustrar essa afirmação, confiram-se alguns passos que devem ser seguidos pelas empresas ao realizarem operações sujeitas à substituição tributária:

- Verificar no Convênio ICMS n. 142/2018 e na legislação interna se a mercadoria pode ser sujeita ao regime.
- Se a operação for interestadual, checar se há convênio ou protocolo específico envolvendo os entes federados.
- Em se tratando de mercadoria para revenda, consultar a MVA ou o preço final previsto na legislação para realização do cálculo.
- Se a mercadoria foi destinada a uso e consumo, verificar se há a exigência antecipada do diferencial de alíquotas em convênio ou protocolo. Se houver, necessário identificar alíquota interestadual, alíquota interna do destino e a MVA-ajustada.
- Registrar as obrigações acessórias: emissão de nota fiscal, registro nos livros de apuração, saídas e entrada, em campos próprios.

Como se não bastassem as dificuldades operacionais, o uso desenfreado da substituição tributária tem causado distorções no ambiente econômico. Roberto Biava Júnior afirma que "o imposto pago antecipadamente pela primeira empresa da cadeia (no geral, industrial ou importador), se torna custo da mercadoria para os adquirentes seguintes (atacadistas e varejistas, no geral)" (BIAVA JÚNIOR, 2010, p. 79-80), pois, diferentemente do regime normal de tributação, em que o imposto recuperável é deduzido valor do produto na formação do preço de custo, na mercadoria sujeita à substituição tributária não há imposto a recuperar na compra nem imposto a pagar na venda, sendo o ICMS-ST somado ao valor do produto. Dessa forma, o custo do produto é menor quando adquirido pelo regime normal de tributação.

Além disso, considerando que a política de preços depende das condições competitivas e comerciais de cada mercado, o regime interfere na livre concorrência. A uma porque é possível que o substituído não consiga repassar todo o imposto retido por substituição tributária, arcando com um ônus que comprometa sua margem de lucro. A duas porque muitas vezes o comerciante pode se ver obrigado a praticar um preço de venda próximo ao presumido, pois, se praticar um preço abaixo, acabará reduzindo sua margem.

Luís Eduardo Schoueri aponta que a substituição tributária progressiva tem o intuito de assegurar a livre concorrência, já que busca a anulação das vantagens desfrutadas pelos sonegadores. Entretanto, sua adoção desmedida acabou por, paradoxalmente, contrariá-la:

> [...] analisando-se os mecanismos da substituição tributária "para frente", fica claro que o que, em um primeiro momento, tinha a função de proteger a concorrência, acabou por trazer novas distorções. Não é outra a opinião de Misabel Derzi, para quem, nessa espécie de substituição tributária, "[...] não raramente, criam-se preços arbitrários ou fictícios (pautas), interfere-se na formação dos valores de mercado, distorce-se a concorrência, ofende-se a capacidade contributiva do contribuinte e desnatura-se profundamente o perfil constitucional do tributo" (SCHOUERI, 2018, p. 585).

Segundo o doutrinador, como o tributo não é calculado em função do preço efetivo da operação, a eficiência de determinado comerciante não representa uma redução da carga tributária. Isso porque o montante repassado a título de tributo seria o mesmo de outros comerciantes que praticassem preços superiores, conforme o exemplo a seguir: se um tributo for recolhido, a título de substituição, por R$ 50,00, e o preço final da mercadoria for R$ 500,00, o ICMS representa 10% do valor pago pelo consumidor. Por sua vez, um mesmo tributo incidente sobre o mesmo bem, mas vendido por R$ 250,00, representa 20% do preço final, revelando que, quanto mais eficiente o empresário na redução de seus custos, maior seria, percentualmente, o peso do ICMS, o que representa uma verdadeira punição ao comerciante mais eficiente, que perde vantagem concorrencial (SCHOUERI, 2018, p. 586).

A segunda situação que, para o professor, demonstra que a substituição tributária progressiva viola a livre concorrência envolve a aquisição de um mesmo bem em diferentes estados. Caso o comerciante compre o bem de um estado em que não há ICMS-ST, é beneficiado, uma vez que a carga tributária incidente na venda não estaria distorcida pelas bases presumidas. Além disso, o estado que possui o regime se vê em desvantagem porque seus produtos são oferecidos a preços mais elevados, justamente por já terem sofrido o encargo da substituição tributária.

Entretanto, apesar de apontar esses problemas, Luís Eduardo Schoueri defende que o regime não ofenderia a livre concorrência caso se restringisse a produtos homogêneos e se o instituto fosse aplicado uniformemente em todo o território nacional.

Por outro lado, a exigência de pagamento antecipado do imposto é negativa porque impacta no fluxo de caixa do substituto. Em relação ao substituído, implica uma redução de seu capital de giro, tendo em vista que o substituto aumenta o preço da mercadoria para se ressarcir do ICMS-ST.

Deve-se pontuar, ainda, que originalmente a substituição tributária alcançava produtos homogêneos, com pouca variação do preço de venda ao consumidor e de difícil controle pelas fiscalizações estaduais. Entretanto, sua expansão desordenada ensejou a perda dessas características, aproximando o regime das famigeradas pautas fiscais, há muito repudiadas pela jurisprudência, além de gerar grandes distorções nos preços dos produtos heterogêneos e com grande variabilidade na margem de comercialização incluídos indevidamente no regime.

Finalmente, as dificuldades de restituição enfrentadas pelos contribuintes são mais um grave problema. Os estados costumam impor uma série de restrições, muitas vezes burocráticas e protelatórias, que demandam advogados e contadores para auxiliá-los em longos processos administrativos e judiciais de alto custo. A restituição, que deveria ser imediata e preferencial, muitas vezes nem sequer ocorre, como nos casos em que a maioria das operações do substituído seja sujeita ao regime, havendo um acúmulo de créditos perante o Fisco que não são devolvidos em dinheiro.

Dessa feita, a substituição tributária progressiva acaba transformando o ICMS em um imposto cumulativo e com sua neutralidade sensivelmente comprometida. Ato contínuo, surge o seguinte questionamento: a praticabilidade realmente é apta a justificar uma exigência que comprovadamente implica injustiça tributária?

Misabel Derzi ensina que a praticabilidade e a justiça fiscal são princípios incompatíveis. Isso porque a realização da justiça individual exige o conhecimento amplo dos fatos tributários envolvidos em um caso isolado, ao passo que a praticabilidade parte da impossibilidade de a Administração Tributária proceder a esse tipo de avaliação. Assim, caberia ao Judiciário cumprir seu papel institucional e promover a justiça do caso concreto, efetivando o direito fundamental à tributação de acordo com a capacidade contributiva e afastando arbitrariedades fiscais que não raramente impõem preços irreais, podendo deformar preços e competitividade (BALEEIRO, 2010, p. 1272-1273).

Além disso, a professora reconhece o desvirtuamento do instituto e alerta que ele não deve ser apenas um instrumento de arrecadação, focado na criação de fórmulas simplistas que desconsideram a realidade, abandonando compromissos do Estado Democrático de Direito. É ver:

> A praticidade tem sido desviada de seu sentido original (execução para realização dos fins da lei) para converter-se em mero instrumento de arrecadação, independentemente da aplicação, da boa gestão dos recursos e da eficiência dos serviços públicos. A era pós-moderna, ao substituir os paradigmas existentes por um outro paradigma, o da informalidade, o da deslegalização, pôs em questão a crença em grandes princípios constitucionais até então indiscutíveis, como a segurança, a capacidade econômica subjetiva e a justiça (DERZI, 2007, p. 362).

Rememore-se que a Constituição nasceu de um grande movimento popular para consagrar o Estado Democrático de Direito, o qual exige uma legitimidade plena de democracia participativa que também reflita nas relações entre a Administração Tributária e os contribuintes. Não há mais lugar para meras relações de poder; pelo contrário, a relação entre administração e contribuintes deve estar pautada pela confiança e pela boa-fé, sofrendo revisões periódicas com vistas a seu aperfeiçoamento.

Contudo, o atual formato da substituição tributária olvida-se desses pilares, tornando essa técnica injusta, incoerente e inadequada às premissas que ensejaram sua criação. Desde sua constitucionalização, inúmeros problemas foram apontados e incontáveis controvérsias levadas aos Tribunais, já que o instituto, que originalmente objetivava tornar o exercício da tributação mais prático, acabou por prejudicar o desenvolvimento das atividades dos contribuintes e do Fisco.

Esses questionamentos ganham ainda mais força diante da transformação digital e de sua crescente busca pela otimização de funções com uso de tecnologias para reduzir custos e aumentar a eficiência, que alcança cada vez mais os contribuintes e os Fiscos do Brasil. A nota fiscal eletrônica e o Sistema Público de Escrituração Digital (Sped), por exemplo, fornecem informações precisas e instantâneas sobre as transações das empresas, tornando os procedimentos fiscalizatórios mais simples diante da possibilidade de realização de cruzamento de dados.

Por fim, vale dizer que, recentemente, alguns estados, como Santa Catarina, Rio Grande do Sul e Goiás, têm diminuído o uso da substituição tributária do ICMS,[6] dando indícios de que as próprias Fazendas estaduais estão incomodadas com as inúmeras complexidades decorrentes do regime.

A própria decisão do STF proferida nos autos do RE 593.849 muito provavelmente teve forte influência nesses comportamentos, haja vista que a obrigação de devolver aos contribuintes os valores recolhidos a maior implica acréscimo de complexidade e perda de arrecadação.

6.7 CONSIDERAÇÕES FINAIS

O uso legítimo da substituição tributária progressiva em matéria de ICMS pressupõe a observância dos princípios do não confisco e da capacidade contributiva, afinal a praticabilidade não pode se sobrepor às garantias individuais do contribuinte. Portanto, acertada a decisão final proferida pela Suprema Corte no julgamento do RE 593.849, que assegurou ao contribuinte o direito à restituição dos valores pagos indevidamente quando a base de cálculo real for menor que a presumida pelos estados.

Por outro lado, a exigência da complementação do imposto nos casos em que o preço praticado for maior que o presumido representa uma tentativa desesperada e sem qualquer

---

6 Exemplificativamente, confiram-se o Decreto n. 104, de 23 de abril de 2019, e o Decreto n. 298, de 10 de outubro de 2020, de Santa Catarina; o Decreto n. 9.108, de 20 de dezembro de 2017, e o Decreto n, 9.813 de 9 de fevereiro de 2021, de Goiás; e o Decreto n. 54.736, de 30 de julho de 2019.

respaldo legal de os entes federados manterem a sua arrecadação. Isso porque, em primeiro lugar, inexiste previsão para tanto em lei complementar. Além disso, nos autos do processo o STF afirmou, expressamente, que a questão não foi abordada no julgado.

Sob outro prisma, cumpre alertar que o ICMS-ST, que originalmente objetivava tornar o exercício da tributação mais prático, acabou por prejudicar o desenvolvimento das atividades dos contribuintes e do Fisco, tornando o sistema tributário brasileiro cada vez mais complexo. Como se não bastasse, o instituto causa impactos negativos na própria natureza do ICMS, prejudicando a não cumulatividade e a neutralidade, além de impactar a livre concorrência.

Diante dessas constatações, são inevitáveis os questionamentos a respeito da necessidade da utilização do regime pelos estados, especialmente diante do atual estágio de desenvolvimento tecnológico, que permite, por meio de sistemas e ferramentas digitais, a otimização do exercício da atividade fiscal.

De fato, a substituição tributária do ICMS se tornou um instrumento de realização de injustiça tributária, completamente obsoleto e distante de seu propósito original, que era tornar o exercício da atividade tributária do estado mais prático e eficaz. Com a evolução tecnológica, novos paradigmas de fiscalização foram e têm sido construídos, o que revela a inexistência de justificativas para sua manutenção.

REFERÊNCIAS

BALEEIRO, A. *Limitações constitucionais ao poder de tributar*. Atualizado por Misabel Abreu Machado Derzi. 8. ed. atual. Rio de Janeiro: Forense, 2010.

BIAVA JÚNIOR, R. *Impactos da substituição tributária no ICMS*: um estudo qualitativo sob a ótica dos gestores empresariais. 211 f. Dissertação (Mestrado em Ciências Contábeis) – Universidade Presbiteriana Mackenzie, São Paulo, 2010.

BRASIL. Ministério da Economia. Confaz. *Boletim de arrecadação de tributos estaduais*. 2019-2020. Data de atualização: 22.11.2021. Disponível em: https://app.powerbi.com/view?r=eyJrIjoiYjE-1ZDQzNTAtNTUxMC00MTc2LWEyMTEtZjdkZjRlZjk4YzUyIiwidCI6IjNlYzkyOTY5LTVhNTEtNGYxO-C04YWM5LWVmOThmYmFmYTk3OCJ9.

COÊLHO, S. C. N. *Curso de direito tributário*. 15. ed. rev. e atual. Rio de Janeiro: Forense, 2016.

COMSEFAZ – Comitê Nacional dos Secretários de Fazenda dos Estados e do DF. *Nota Técnica Comsefaz n. 001/2020*. Disponível em: https://comsefaz.org.br/wp-content/uploads/2020/05/NOTA-TE%CC%81CNICA-COMSEFAZ-001.2020.pdf.

DERZI, M. A. Machado. *Direito tributário, direito penal e tipo*. 2. ed. São Paulo: Revista dos Tribunais, 2007.

GAIA, P. D. *Os limites da substituição tributária progressiva do ICMS para manifestação do princípio da preservação das empresas*. 254 f. Dissertação (Mestrado em Direito) – Faculdade de Direito Milton Campos, Nova Lima, 2010.

MOREIRA, A. M. *A não cumulatividade dos tributos*. 3. ed. rev. e atual. São Paulo: Noeses, 2018.

SCHOUERI, L. E. *Direito tributário*. São Paulo: Saraiva, 2018.

7

INCONSTITUCIONALIDADE DO REGIME DE ANTECIPAÇÃO DE ICMS COM SUBSTITUIÇÃO TRIBUTÁRIA – IMPACTO PARA EMPRESAS COMERCIAIS EM GERAL E PARA OPTANTES DO SIMPLES NACIONAL

Edinilson Dias Apolinário

7.1 INTRODUÇÃO

O Imposto sobre Operações Relativas à Circulação de Mercadorias e sobre Prestações de Serviços de Transporte Interestadual e Intermunicipal e de Comunicação (ICMS) tem sido de longa data a principal fonte de arrecadação dos estados e do Distrito Federal, e sem dúvida se tornou um dos tributos mais complexos no âmbito nacional e internacional.

Sua complexidade advém de inúmeros fatores, e dentre eles podemos citar a pluralidade de regimes de apuração (não cumulativo, substituição tributária, Simples Nacional), a autonomia territorial dos estados e do Distrito Federal em relação à internalização das normas legais de âmbito nacional (Constituição Federal, leis complementares, convênios e protocolos), a existência de tratamentos tributários diferenciados em cada unidade federativa, alterações constantes das normas legais, a criação e a modificação de obrigações fiscais acessórias, dentre outras situações que contribuem para a formação de um ambiente tributário extremamente ineficiente sob a perspectiva dos contribuintes, empresários, investidores e outros *stakeholders*.

O regime de substituição tributária traz um desafio ainda maior para os contribuintes, pois, além do recolhimento do ICMS próprio de suas operações, estes, na condição de substitutos tributários, também se tornam responsáveis pelo recolhimento do imposto (ICMS-ST) devido por terceiros (em geral, fornecedores ou clientes). Nesse regime há uma forte violação do Estado ao princípio constitucional da livre-iniciativa previsto nos arts. 1º, IV, e 170, *caput*, da Carta Magna, que fica externalizada pela definição da base de cálculo ficta para recolhimento do ICMS-ST (base de cálculo da retenção) fundamentada na presunção de lucro que poderia ocorrer em posteriores operações realizadas por atacadistas (substituídos tributários intermediários) e varejistas (substituídos tributários) a seus consumidores finais.

Além da citada distorção na carga tributária, vale destacar que o recolhimento antecipado do ICMS-ST também afeta severamente o fluxo de caixa dos contribuintes, pois na maioria dos casos o imposto é recolhido antecipadamente e o efetivo ingresso de caixa decorrente da venda (fato gerador) para os consumidores finais ocorrerá em momento posterior.

Regra geral, as operações envolvendo entradas interestaduais de mercadorias sujeitas ao recolhimento antecipado, atreladas ao regime de substituição tributária regular, são amparadas por convênios ou protocolos firmados entre os estados e o Distrito Federal, de modo que o contribuinte remetente localizado em outra unidade federativa (substituto tributário) se reveste da responsabilidade pelo recolhimento do imposto (ICMS-ST) que seria devido pelo contribuinte adquirente (substituído tributário) localizado no estado de destino. Entretanto, existe uma modalidade de recolhimento derivada do regime de substituição tributária envolvendo operações interestaduais, alcunhada de regime de antecipação de ICMS com substituição tributária (também chamado de regime de antecipação de ICMS com encerramento de tributação), a qual transfere ao adquirente da mercadoria a responsabilidade do recolhimento do ICMS-ST tendo como fato gerador e marco temporal a entrada em seu estado.

O regime de substituição tributária foi severamente criticado por muitos doutrinadores ao longo dos anos, tendo até mesmo questionada sua constitucionalidade no âmbito judicial devido à exigência do imposto antes da circulação da mercadoria, que é a essência do ICMS. Todavia, essa discussão perdeu força a partir da edição da Emenda Constitucional (EC) n. 3/1993, que trouxe expressamente a possibilidade de adoção desse regime por parte dos estados e do Distrito Federal, conforme pode ser observado na adição do art. 150, § 7º, da Constituição Federal, adiante transcrito:

> Art. 150. Sem prejuízo de outras garantias asseguradas ao contribuinte, é vedado à União, aos Estados, ao Distrito Federal e aos Municípios:
>
> [...]
>
> § 7º **A lei poderá atribuir a sujeito passivo de obrigação tributária a condição de responsável pelo pagamento de imposto** ou contribuição, **cujo fato gerador deva ocorrer posteriormente**, assegurada a imediata e preferencial restituição da quantia paga, caso não se realize o fato gerador presumido (grifos nossos).

Abstraindo as diversas discussões jurídico-tributárias correlatas à substituição tributária no âmbito do ICMS, este capítulo visa explorar a notória inconstitucionalidade da aplicação do regime de antecipação do ICMS com substituição tributária em operações interestaduais no contexto dos estados. Abordará questões relativas à fragilidade das normas que tentaram positivar no ordenamento jurídico brasileiro a exigência do recolhimento antecipado, impacto para empresas varejistas e atacadistas e reflexos agravados para empresas comerciais enquadradas no regime do Simples Nacional.

7.2 CONCEITOS FUNDAMENTAIS DOS REGIMES DE TRIBUTAÇÃO NO ÂMBITO DO ICMS

O ICMS é um imposto de competência estadual estabelecida na Magna Carta (art. 155, II), tendo como princípio fundamental a não cumulatividade, ou seja, o valor do imposto cobrado anteriormente é compensado com o imposto devido em operações futuras. A doutrina clássica, a exemplo de Geraldo Ataliba e Cléber Giardino (1984, p. 116), enfatiza que a não cumulatividade do ICMS confere ao contribuinte o direito pleno ao abatimento do imposto pago anteriormente, senão vejamos:

> O "abatimento" é, nitidamente, categoria jurídica de hierarquia constitucional: porque criada pela Constituição. Mais que isso: é direito constitucional reservado ao contribuinte do ICMS; direito público subjetivo de nível constitucional, oponível ao Estado pelo contribuinte do imposto estadual. O próprio Texto Constitucional que outorgou ao Estado o poder de exigir o ICMS deu ao contribuinte o direito de abatimento.

A própria Constituição Federal de 1988 (CF/1988) também trouxe a possibilidade de aplicação do instituto da substituição tributária ao ICMS, outorgando à lei complementar competência para definir os elementos da regra matriz de incidência tributária.

O ilustre jurista Marco Aurélio Greco (2020, p. 425) esclarece que a expressão "substituição tributária" é utilizada na experiência tributária brasileira em dois sentidos distintos. Ora se refere à atribuição da responsabilidade pelo tributo a um terceiro vinculado ao fato gerador, nos termos do art. 128 do Código Tributário Nacional (CTN), ora é utilizada para indicar a figura da antecipação do fato gerador, que pode se dar ou não, com a atribuição da respectiva responsabilidade a um terceiro.

7.2.1 Regime de tributação regular ou não cumulativo

Trata-se de regime de tributação que confere ao contribuinte do ICMS o direito ao abatimento em operações futuras do valor devido de ICMS em operações anteriores.

A garantia plena da compensação pelo contribuinte do ICMS é assegurada pela própria CF/1988, conforme se pode observar no art. 155, II, § 2º, I, adiante reproduzido:

> Art. 155. Compete aos Estados e ao Distrito Federal instituir impostos sobre:
> [...]
> II – operações relativas à circulação de mercadorias e sobre prestações de serviços de transporte interestadual e intermunicipal e de comunicação, ainda que as operações e as prestações se iniciem no exterior;
> [...]
> § 2º O imposto previsto no inciso II atenderá ao seguinte:
> I – será não-cumulativo, compensando-se o que for devido em cada operação relativa à circulação de mercadorias ou prestação de serviços com o montante cobrado nas anteriores pelo mesmo ou outro Estado ou pelo Distrito Federal.

Diante do princípio da autonomia dos entes federativos e visando fixar parâmetros de abrangência nacional, a CF/1988 estabeleceu premissas, limites e princípios fundamentais que orientam todo o arquétipo do imposto, outorgando para lei complementar a competência para disciplinar elementos importantes da regra matriz de incidência tributária, principalmente em relação à definição de contribuintes, regime de compensação do imposto, local da operação, base de cálculo, substituição tributária, dentre outros. O atendimento desse comando constitucional foi feito, principalmente, por meio da Lei Complementar (LC) n. 87, de 13 de setembro de 1996, onde estão contidas as normas gerais que orientam os estados na regulamentação do ICMS (não cumulativo).

7.2.2 Regime de substituição tributária

O regime de substituição tributária tem como essência atribuir ao contribuinte do ICMS a responsabilidade pelo recolhimento do imposto vinculado a fato gerador ocorrido anteriormente, concomitantemente ou futuramente.

Por romper um dos pilares fundamentais do ICMS, no qual o fato gerador está vinculado à circulação de mercadoria, a Magna Carta[1] impôs condições rigorosas para que as unidades federativas pudessem implementar esse regime, dentre elas a outorga de competência para que lei complementar disponha sobre substituição tributária.

A LC 87/1996 também foi o instrumento utilizado para atender a esse mandamento constitucional. Nela está contida a disciplina que deve orientar todas as unidades federativas na adoção do regime de substituição tributária, principalmente no tocante à definição de contribuintes, fato gerador, base de cálculo, aspecto temporal e outros elementos essenciais que compõem a matriz de incidência tributária.

Na forma mais comum, que vamos chamar de regime de substituição tributária regular, o contribuinte eleito como substituto tributário é responsável pelo recolhimento do ICMS de suas operações próprias (ICMS próprio) e também do ICMS devido em decorrência de operações (fatos geradores) realizadas por terceiros.

Quanto à base de cálculo, a LC 87/1996 elegeu o valor das operações e prestações antecedentes, concomitantes ou subsequentes realizadas entre contribuintes do imposto, os quais são qualificados como substituto, substituído tributário intermediário e substituído tributário.

O substituto tributário é o contribuinte que, além de recolher o ICMS de suas próprias operações, também é responsável, por determinação legal, pelo recolhimento do ICMS vinculado a fato gerador praticado por terceiros. O substituído é o contribuinte que pratica o fato gerador, mas não tem a responsabilidade pelo recolhimento do ICMS, na medida em que essa obrigatoriedade foi repassada para terceiro (substituto tributário). O substituído e o substituído intermediário são similares; a única diferença é que este último se encontra no meio da cadeia de valor e realizará saída para outro contribuinte substituído. Um exemplo típico de contribuinte substituído intermediário é o atacadista que posteriormente realiza revenda para um varejista.

---

1 "Art. 155. Compete aos Estados e ao Distrito Federal instituir impostos sobre:
[...]
XII – cabe à lei complementar:
[...]
b) dispor sobre substituição tributária."

A substituição tributária em relação às operações antecedentes ocorre quando o contribuinte remetente transfere a responsabilidade do pagamento do ICMS devido para o contribuinte adquirente da mercadoria. Apenas para exemplificar, essa situação é muito comum no setor de agronegócio, onde o agroindustrial (substituto tributário) recolhe o ICMS por ocasião da entrada em seu estabelecimento, que, *a priori*, deveria ter sido recolhido pelo produtor rural (substituído tributário) por ocasião da venda. Essa modalidade de substituição tributária também é classificada por parte da doutrina como diferimento do imposto, pois o fato gerador é consumado anteriormente e apenas o recolhimento do imposto se desloca para outro momento.

A modalidade concomitante é muito incomum e tem pouca aplicabilidade prática. Apenas para fixarmos o conceito, usando o mesmo exemplo anterior, vamos considerar que o agroindustrial também contrate o serviço de transporte para movimentar a mercadoria do produtor até seu estabelecimento e, por lei, seja o responsável pelo pagamento do ICMS do transportador. Nesse cenário, o agroindustrial seria substituto tributário, de forma concomitante, pelo pagamento do ICMS do produtor e do prestador de serviço.

A terceira modalidade, que inclusive exploraremos de forma mais detida no curso de nosso estudo, consiste na substituição tributária das operações subsequentes, também comumente chamada de substituição tributária progressiva. Como o próprio nome sugere, o ICMS que seria devido em operações futuras (fato gerador ainda não ocorrido) será recolhido de forma antecipada pelo contribuinte remetente da mercadoria. Para ilustrar a aplicação desse cenário, vamos considerar que o contribuinte agroindustrial (substituto tributário) tenha realizado a venda do produto industrializado para um contribuinte varejista (substituído tributário). Nessa transação o agroindustrial recolheria o ICMS próprio referente a sua venda e também o ICMS antecipado (ICMS-ST) correspondente ao imposto que seria devido pelo contribuinte varejista na venda a seu cliente consumidor final.

Desconsiderando a complexidade do regime de substituição tributária, cujos conceitos fundamentais exploramos anteriormente, podemos verificar que sua positivação por meio da LC 87/1996 ocorreu de forma eficaz e alinhada aos pressupostos de validade que uma lei deve conter, principalmente em relação ao fato gerador, base de cálculo e sujeito passivo da obrigação tributária.

7.2.3 Regime de antecipação sem substituição tributária

Na evolução do regime de substituição tributária, muitas unidades federativas instituíram o regime de antecipação sem substituição tributária, que também é comumente chamado pela doutrina de regime de antecipação sem encerramento de cadeia.

Essa modalidade normalmente é aplicada quando um contribuinte do ICMS recebe mercadorias de outra unidade da Federação e o estado exige o recolhimento antecipado do ICMS por ocasião da entrada em seu território. O valor recolhido antecipadamente em geral é a diferença entre a alíquota interestadual e a alíquota interna do estado.

O termo sem encerramento de cadeia está ligado ao fato de que o contribuinte deverá tributar normalmente suas operações de saídas futuras e poderá abater o valor do ICMS devido constante nas notas fiscais de aquisição e o valor pago antecipadamente por conta do regime de antecipação.

Na prática o estado recebe de forma antecipada parte do ICMS que somente arrecadaria por ocasião da venda futura a ser realizada pelo contribuinte estabelecido em seu estado.

Ao longo dos últimos 20 anos existiram várias controvérsias sobre o instituto da cobrança antecipada sem substituição tributária, principalmente quanto à forma de sua implementação nas diferentes unidades federativas, tendo em vista que alguns estados introduziram a cobrança por lei ordinária, por lei ordinária com delegação de poderes ao Executivo ou simplesmente por normas instituídas pelo próprio Poder Executivo. No quadro sinótico exibido na Figura 7.1 destacamos algumas decisões importantes sobre o tema e que contribuíram para formar o entendimento que prevalece hoje nos tribunais.

Figura 7.1 Evolução da jurisprudência tribunais superiores – últimos 20 anos. Regime de antecipação do ICMS sem substituição tributária e necessidade de lei ordinária.

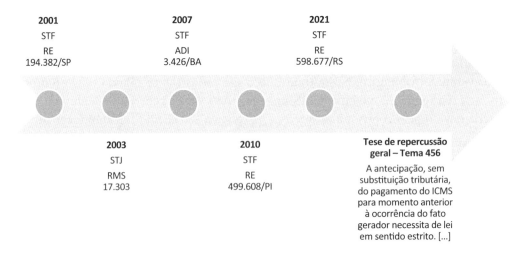

Fonte: elaborada pelo autor.

Depois da entrada em vigor da EC 3/1993 os tribunais uniformizaram seus posicionamentos, inclusive o Superior Tribunal de Justiça (STJ) e o Supremo Tribunal Federal (STF), de tal forma que prevalece o entendimento de que se mostra legítima a sistemática de pagamento antecipado, sem substituição tributária, quando devidamente instituída por lei ordinária. A posição que tem prevalecido no STJ, e corroborada pelo próprio STF, está brilhantemente retratada no Recurso em Mandado de Segurança (RMS) n. 17.303/2003, de relatoria da Ministra Eliana Calmon, cujo trecho do acórdão reproduzimos:

TRIBUTÁRIO – ICMS – PAGAMENTO ANTECIPADO – SANÇÃO PREVISTA EM LEI ORDINÁRIA.

1. O instituto da antecipação tributária, prevista no artigo 150, § 7º, da CF, encerra duas modalidades: com substituição e sem substituição.

2. A antecipação com substituição exige previsão em lei complementar, como determinado no art. 155, § 2º, "b", da Carta da República.

3. **A antecipação sem substituição, espécie de que tratam os autos, não exige lei complementar, podendo estar prevista em lei ordinária** (grifos nossos).

7.2.4 Regime de antecipação com substituição tributária

O regime de antecipação com substituição tributária também é conhecido como regime de antecipação com encerramento de cadeia.

Nessa modalidade, por ocasião da entrada oriunda de operação interestadual, o estado exige que o contribuinte recolha de forma antecipada o ICMS devido nas cadeias subsequentes. Em outras palavras, o contribuinte nesse caso será responsável, na condição de substituto tributário, pelo recolhimento do ICMS-ST vinculado a fatos geradores futuros ainda não ocorridos.

Esse regime normalmente é implementado pela unidade federativa, quando a mercadoria não está enquadrada no rol de produtos sujeitos à substituição tributária por meio de convênio ou protocolo firmado entres os estados e o Distrito Federal, contrariando, assim, a essência do instituto da substituição tributária que elege o contribuinte remetente localizado no estado de origem como substituto tributário.

Para facilitar a fiscalização, unificar o regime de tributação para produtos que já possuem substituição tributária nas operações internas e principalmente melhorar o processo de arrecadação, quase todas as unidades federativas utilizam esse instituto para o recebimento antecipado nas operações envolvendo aquisições interestaduais.

O regime de antecipação possui diferenças importantes em relação ao regime de substituição tributária regular, e sua positivação dentro do ordenamento jurídico está cercada de ilegalidades, as quais constituem o grande foco de nosso estudo.

7.3 REGIME DE ANTECIPAÇÃO COM SUBSTITUIÇÃO TRIBUTÁRIA E AUSÊNCIA DE LEI COMPLEMENTAR

Na instituição do regime de antecipação com encerramento de cadeia pelos estados, resta cristalina a criação de uma nova exação de ICMS, na qual a matriz de incidência tributária é facilmente identificada por meio do fato gerador (mercadoria adquirida de outro estado), elemento temporal (entrada interestadual), contribuinte (adquirente de mercadoria), base de cálculo (valor da operação do remetente localizado na unidade federativa de origem acrescido de margem de lucro presumida das cadeias subsequentes – MVA ou IVA-ST), dentre outros elementos essenciais.

Torna-se oportuno relembrar que nossa Magna Carta impõe limites rigorosos aos legisladores de todas as esferas (municipal, estadual ou federal) no processo de criação e modificação de tributos, devendo, portanto, ser observado o princípio da legalidade. Esse princípio está previsto no art. 5º, II, da CF/1988, no contexto dos direitos e das garantias fundamentais, ao afirmar que ninguém será obrigado a fazer ou deixar de fazer alguma coisa senão em virtude de lei, e, tratando-se de matéria envolvendo questões tributárias, está disciplinado no art. 150, I, da CF/1988, que assim prescreve:

> Art. 150. Sem prejuízo de outras garantias asseguradas ao contribuinte, é vedado à União, aos Estados, ao Distrito Federal e aos Municípios:
> I – exigir ou aumentar tributo sem lei que o estabeleça;

Na cediça lição de Roque Antonio Carrazza (2003, p. 224-225), em nosso direito positivo a Constituição impõe limites rígidos ao legislador em matéria tributária, ganhando contornos relevantes sob a perspectiva constitucional, na medida em que, por uma interpretação sistemática da Carta Magna, apenas lei (em sentido orgânico-formal) pode criar ou aumentar tributos.

O Mestre Alberto Xavier (1972, p. 291) é contundente ao afirmar que o princípio da legalidade, no tocante à instituição ou ao aumento de tributos, caracteriza-se como princípio da reserva absoluta da lei formal, tendo em vista que a lei ordinária (federal, estadual, municipal ou distrital) deve ser instituída pelo ente político competente, ter o detalhamento necessário sobre a materialidade do tributo, conter o fundamento da conduta da Administração, de tal forma que os agentes públicos se limitem à aplicação da norma por mera dedução da lei e não façam qualquer valoração pessoal.

No caso do ICMS, torna-se mandatória a observância do princípio da reserva absoluta da lei formal, devidamente alcunhada pelo ilustre Professor Alberto Xavier, principalmente pelo fato de a Constituição Federal exigir a edição de lei complementar para definir elementos materiais desse imposto, senão vejamos:

> Art. 155. Compete aos Estados e ao Distrito Federal instituir impostos sobre:
> [...]
> II – operações relativas à circulação de mercadorias e sobre prestações de serviços de transporte interestadual e intermunicipal e de comunicação, ainda que as operações e as prestações se iniciem no exterior;
> [...]
> § 2º O imposto previsto no inciso II atenderá ao seguinte:
> [...]
> **XII – cabe à lei complementar:**
> **a) definir seus contribuintes;**
> **b) dispor sobre substituição tributária;**
> **c) disciplinar o regime de compensação do imposto;**

d) **fixar, para efeito de sua cobrança e definição do estabelecimento responsável,** o local das operações relativas à circulação de mercadorias e das prestações de serviços;

[...]

i) **fixar a base de cálculo**, de modo que o montante do imposto a integre, também na importação do exterior de bem, mercadoria ou serviço (grifos nossos).

A necessidade de lei complementar para disciplinar a instituição da cobrança do ICMS já foi objeto de inúmeros debates no âmbito judicial.

Considerando a relevância e a pertinência ao nosso estudo, vale citar o recente julgamento do STF em relação ao Recurso Extraordinário (RE) n. 598.677, cuja decisão final, incluindo a fixação da tese em repercussão geral, ocorreu em março de 2021 e trouxe importantes elementos acerca do instituto do regime de antecipação do ICMS. A discussão envolveu um decreto do Rio Grande do Sul que exigia de seus contribuintes o recolhimento antecipado do ICMS próprio (regime de antecipação sem substituição tributária) por ocasião da entrada interestadual de mercadorias, cujo ICMS era calculado com base na diferença entre a alíquota interestadual e a alíquota interna daquele estado. Após longo escrutínio no plenário da Corte, a maioria dos Ministros decidiu que a cobrança antecipada do ICMS próprio não se tratava de mera mudança do prazo de recolhimento, uma vez que não pode ser cogitada a antecipação de pagamento de um fato gerador ainda não ocorrido. Ainda, foi assentado que, tratando-se de antecipação sem substituição tributária, a regulação da matéria deve, obrigatoriamente, ocorrer por meio de lei estadual, uma vez que o fato gerador é um dos aspectos da regra matriz de incidência sujeitos à reserva legal. Por derradeiro, foi fixada a tese de repercussão geral – Tema 456, conforme adiante reproduzida:

A antecipação, sem substituição tributária, do pagamento do ICMS para momento anterior à ocorrência do fato gerador necessita de lei em sentido estrito. **A substituição tributária progressiva do ICMS reclama previsão em lei complementar federal** (grifos nossos).

Note-se que, embora não tenha sido objeto de discussão no RE 598.677, a tese de repercussão geral fixada na segunda parte de seu texto também enfatizou que no caso de substituição tributária progressiva (ou subsequente) há necessidade de lei complementar. Aqui cabe uma crítica à Suprema Corte e aplauso para os Ministros Alexandre de Moraes e Cármen Lúcia, ambos com voto vencido. Por mais que a decisão da Corte, a nosso ver, tenha endereçado adequadamente a necessidade de lei complementar para a hipótese de regime de substituição tributária, de fato esse tema não foi objeto de discussão no referido recurso extraordinário. Em que pese a existência de semelhanças, há diferenças relevantes na forma como a substituição tributária progressiva está atualmente disciplinada na LC 87/1996 em comparação com o regime de antecipação com substituição tributária, conforme já tivemos a oportunidade de explorar anteriormente.

Outro caso julgado recentemente pelo STF e que também merece destaque é a decisão envolvendo a cobrança do diferencial de alíquotas do ICMS (Difal ICMS), introduzida pela EC 87/2015, que passou a aplicar a alíquota interestadual nas operações destinadas a não contribuintes (consumidores finais) e repassar ao estado de destino a diferença entre a alíquota interestadual e a interna deste. Diante da efetiva criação de um novo imposto devido ao estado de destino (Difal ICMS), o STF julgou, conjuntamente, o RE 1287019, com repercussão geral (Tema 1.093), e a Ação Direta de Inconstitucionalidade (ADI) n. 5.469. Ao final do julgamento, ocorrido em fevereiro de 2021, a Suprema Corte julgou inconstitucional a cobrança do Difal ICMS introduzida pela EC 87/2015, principalmente por entender que no caso de nova cobrança de ICMS a Magna Carta exige a edição de lei complementar. Assim, fixou-se a tese de repercussão geral – Tema 1.093 –, adiante transcrita:

> A cobrança do diferencial de alíquota alusiva ao ICMS, conforme introduzido pela emenda EC 87/2015, pressupõe a edição de lei complementar veiculando normas gerais.

Diante de todo o exposto e principalmente considerando a violação do princípio da absoluta reserva legal, podemos concluir que a ausência de lei complementar que discipline a exigência do ICMS pelo regime de antecipação com substituição tributária impede que os estados realizem a cobrança do imposto nessa modalidade.

7.4 REGIME DE ANTECIPAÇÃO COM SUBSTITUIÇÃO TRIBUTÁRIA À LUZ DA LC 87/1996

7.4.1 Ausência de base de cálculo – critério quantitativo

Admitindo-se uma extrapolação da análise do regime de antecipação com encerramento de tributação a partir da legislação norteadora do regime de substituição tributária, uma vez que, nos termos do Convênio ICMS n. 142/2018,[2] os estados tentam buscar essa equiparação por conta das semelhanças materiais, também são encontradas distorções relevantes.

Antes de avançar, cabe relembrar que, nos termos do art. 6º da LC 87/1996,[3] a atribuição de responsabilidade a contribuinte para recolher o ICMS devido de fato gerador futuro ou de terceiro faz com que este assuma a condição de substituto tributário. Consequentemente, os contribuintes vinculados aos fatos geradores futuros são considerados substituídos tributários.

No que se refere à base de cálculo para fins de substituição tributária, a LC 87/1996 define que, em relação às operações ou prestações antecedentes ou concomitantes, deve ser utilizado o valor da operação ou prestação praticado pelo contribuinte substituído. Já no caso das operações ou prestações subsequentes, a base de cálculo se fundamenta no valor da operação própria do substituto tributário acrescido de margem de valor agregado (MVA ou IVA-ST) e demais encargos transferidos ao adquirente.

---

[2] "Cláusula primeira: Os acordos celebrados pelas unidades federadas para fins de adoção do regime da substituição tributária do Imposto sobre Operações Relativas à Circulação de Mercadorias e sobre Prestações de Serviços de Transporte Interestadual e Intermunicipal e de Comunicação (ICMS) devido nas operações subsequentes observarão o disposto neste convênio.
[...]
§ 2º As referências feitas ao regime da substituição tributária também se aplicam ao regime da antecipação do recolhimento do ICMS com encerramento de tributação."

[3] "Art. 6º Lei estadual poderá atribuir a contribuinte do imposto ou a depositário a qualquer título a responsabilidade pelo seu pagamento, hipótese em que assumirá a condição de substituto tributário. (Redação dada pela Lcp 114, de 16.12.2002)."

O Quadro 7.1 traz uma visão estruturada das modalidades e elementos que compõem a base de cálculo aplicada ao instituto da substituição tributária.

Quadro 7.1 Modalidades de substituição tributária.

Modalidade de substituição tributária	Elementos que compõem a base de cálculo Art. 8º da Lei Complementar n. 87/1996		
	Base de cálculo (elemento 1)	Base de cálculo (acréscimo do elemento 2)	Base de cálculo (acréscimo do elemento 3)
Operações antecedentes	Valor da operação do **contribuinte substituído**	–	–
Operações concomitantes	Valor da operação do **contribuinte substituído**	–	–
Operações subsequentes	Valor da operação do **contribuinte substituto**	Acréscimo de seguro, frete e outros **encargos repassados aos adquirentes**	Acréscimo de **margem de valor agregado (MVA ou IVA-ST)**, inclusive lucro

Fonte: elaborado pelo autor.

A partir da análise do regime de antecipação sob o arquétipo da substituição tributária, quando se observam as previsões contidas na mencionada lei complementar acerca da base de cálculo, há grande dificuldade no enquadramento nas normativas estaduais que disciplinam o regime de antecipação. Isso porque, no regime de antecipação, o adquirente (substituto tributário) apura o valor do ICMS-ST devido nas operações subsequentes utilizando como base de cálculo o valor da operação do remetente localizado em outro estado, ou seja, não é utilizado como base de cálculo o valor de sua própria operação de saída, pelo simples fato de ela não ter ocorrido ainda.

Ao adotar essa base de cálculo, o regime de antecipação contraria de forma contundente um dos principais pilares do regramento definido para a substituição tributária, no qual a base de cálculo para fins de apuração do ICMS-ST, vinculado às operações subsequentes, deve ter como base o valor da operação do substituto tributário. Em outras palavras, levando em consideração que o adquirente localizado em outro estado será o substituto tributário, não há previsão na LC 87/1996 que determine como base de cálculo o valor da operação de aquisições anteriores.

Para que não restem dúvidas acerca desse entendimento, transcrevemos adiante o art. 8º, II, "a", da LC 87/1996, que corrobora nossa posição no sentido de que inexiste previsão legal para adoção do valor da aquisição como base de cálculo da substituição tributária progressiva, mas tão somente o valor de operação da saída do próprio substituto tributário:

> Art. 8º A base de cálculo, para fins de substituição tributária, será:
>
> [...]
>
> II – em relação às operações ou prestações subsequentes, obtida pelo somatório das parcelas seguintes:
>
> a) **o valor da operação ou prestação própria realizada pelo substituto tributário** ou pelo substituído intermediário; (grifos nossos)

Aqui podemos perceber claramente a inteligência e coerência do legislador ao condicionar a existência de acordo entre as unidades federativas quando o regime de substituição tributária é aplicado nas operações interestaduais. Ou seja, existindo acordo entre os estados envolvidos na operação mercantil, o remetente localizado em outro estado seria naturalmente o substituto tributário, e sobre o valor de sua própria operação seria aplicada a margem presumida para obtenção do valor a ser recolhido para o estado do contribuinte substituído adquirente.

Após o cotejo entre o regime de antecipação com substituição tributária e as normas disciplinadoras do regime de substituição tributária normatizado pela LC 87/1996, podemos concluir que, diante da ausência de previsão legal de base de cálculo, que é um dos elementos fundamentais da matriz de incidência tributária para que um tributo possa ser exigido, a cobrança do ICMS-ST nesse regime torna-se totalmente indevida.

7.4.2 Novo fato gerador e critério temporal

Na tentativa de identificar os elementos do regime de antecipação com substituição tributária nas disposições trazidas na LC 87/1996, também encontramos dificuldade nessa vinculação sob a ótica do fato gerador.

Conforme discorremos anteriormente, o regime de antecipação implementado pelos estados atribui a condição de substituto tributário ao contribuinte adquirente de mercadoria localizado na unidade federativa de destino, definindo como fato gerador e marco temporal a entrada em seu território. Assim, o fato gerador das futuras operações de saída a serem realizadas pelos contribuintes substituídos é deslocado e antecipado para esse momento.

Ao buscarmos o fundamento de validade do regime de antecipação sob a ótica da substituição tributária em operações antecedentes, a despeito da semelhança no que diz respeito ao critério temporal, chegamos à conclusão de que ambos os regimes são completamente diferentes, na medida em que um alcança operações futuras ainda não ocorridas, enquanto o outro, operações passadas já consumadas.

De igual modo, ao compararmos o regime de antecipação com substituição tributária em operações subsequentes (progressiva), a despeito da semelhança sob a vertente de que ambos os regimes antecipam fatos geradores futuros, também identificamos diferenças fundamentais que os tornam únicos. A principal delas está ligada ao critério temporal definidor do surgimento da obrigação tributária: enquanto um se vincula ao momento da entrada no estabelecimento do substituto tributário, o segundo está atrelado ao momento da saída deste. Aqui vale retomar a valiosa lição do ilustre Professor Paulo de Barros Carvalho (2000, p. 258) ao retratar a importância do critério temporal, pois é por meio dele que se verifica o exato momento em que se constitui o fato jurídico tributário e a consequente relação tributária com imposição de deveres ao sujeito passivo e de direitos ao sujeito ativo.

Nesse contexto, podemos concluir que o regime de antecipação com substituição tributária consiste em uma nova hipótese de incidência tributária de ICMS não prevista na LC 87/1996, pois possui fato gerador, sujeito passivo, base de cálculo e critério temporal próprios.

7.5 IMPACTOS DA INCONSTITUCIONALIDADE DO REGIME DE ANTECIPAÇÃO AOS OPTANTES DO SIMPLES NACIONAL

Como vimos, a inconstitucionalidade da cobrança do ICMS-ST decorrente do regime de antecipação com substituição tributária está principalmente vinculada à ausência de lei complementar e de previsão de elementos e supostos da norma jurídica tributária para a cobrança de um novo tributo.

Para que possa ser exigida, prescindirá da criação de nova lei complementar que defina de forma pormenorizada todos esses elementos da regra matriz de incidência tributária para que a cobrança por meio do regime de antecipação possa ser positivada de forma adequada em nosso ordenamento jurídico.

No caso de contribuintes optantes pelo regime do Simples Nacional, temos uma questão adicional a ser analisada. A LC 147/2014 trouxe uma alteração que objetivou excluir desse regime simplificado as operações sujeitas ao regime de antecipação com substituição tributária. Em outras palavras, tratando-se de aquisições interestaduais de produtos sujeitos ao recolhimento antecipado de acordo com a norma de cada estado, o contribuinte optante pelo Simples deveria apurar e recolher o ICMS-ST nos termos do art. 13, § 1º, XIII, "g", 1, da LC 123/2006:

> Art. 13. O Simples Nacional implica o recolhimento mensal, mediante documento único de arrecadação, dos seguintes impostos e contribuições:
>
> [...]
>
> § 1º O recolhimento na forma deste artigo **não exclui a incidência dos seguintes impostos ou contribuições**, devidos na qualidade de contribuinte ou responsável, em relação aos quais **será observada a legislação aplicável às demais pessoas jurídicas**:
>
> [...]
>
> XIII – **ICMS devido**:
>
> [...]
>
> g) **nas operações com bens ou mercadorias sujeitas ao regime de antecipação do recolhimento do imposto**, nas aquisições em outros Estados e Distrito Federal:
>
> 1. **com encerramento da tributação**, observado o disposto no inciso IV do § 4º do art. 18 desta Lei Complementar; (grifos nossos)

A leitura desatenta da citada norma, ou mesmo da tese de repercussão geral (Tema 456 – que determina a necessidade de lei complementar no caso de regime de antecipação com substituição tributária progressiva) –, poderia levar o intérprete a concluir equivocadamente que, tratando-se de empresas optantes pelo regime do Simples Nacional, a lacuna referente à ausência de lei complementar estaria suprida, culminando, por consequência, na suposta legalidade para que os estados continuem exigindo o ICMS-ST antecipado dos contribuintes sob esse regime.

Porém, ao analisarmos as normativas pela interpretação sistemática, podemos concluir que mesmo para os contribuintes optantes pelo Simples permanece a ilegalidade da cobrança.

O principal fundamento que afasta a cobrança para os optantes pelo Simples Nacional está no próprio § 1º do art. 13 da LC 123/2006 ao dispor que o recolhimento do imposto (ICMS devido na antecipação) observará a legislação aplicável às demais pessoas jurídicas. A partir dessa prescrição resta cristalino que, se a norma aplicável às demais pessoas jurídicas fora desse regime simplificado não se reveste de legalidade, conforme motivos e fundamentos apresentados nos tópicos anteriores, torna-se, por consequência, ineficaz a exigência desse recolhimento aos contribuintes optantes pelo regime do Simples Nacional.

Como consequência natural, ao serem considerados ilegais os dispositivos da LC 123/2006 que exigem o recolhimento do ICMS-ST antecipado pelos optantes do regime simplificado, retorna para estes a obrigatoriedade do recolhimento tão somente da parcela consolidada do próprio simples nacional.

Caso prático 1: regime de antecipação do ICMS com substituição tributária no estado de São Paulo

O regime de antecipação foi introduzido no estado de São Paulo com a edição da Lei n. 12.785/2007, que outorgou ao Poder Executivo a competência para dispor, por meio de decreto, sobre o tratamento a ser dispensado nas operações realizadas pelos contribuintes paulistas.

O Poder Executivo, por sua vez, instituiu o regime de antecipação por meio do Decreto n. 52.515/2007, posteriormente substituído pelo Decreto n. 52.742/2008, o qual incorporou ao Regulamento do ICMS no Estado de São Paulo (RICMS/SP) o art. 426-A, que assim dispõe:

Capítulo VIII
DO PAGAMENTO ANTECIPADO

Artigo 426-A. **Na entrada no território deste Estado** de mercadoria indicada no § 1º, procedente de outra unidade da Federação, o **contribuinte paulista que conste como destinatário** no documento fiscal relativo à operação **deverá efetuar antecipadamente o recolhimento** (Lei 6.374/89, art. 2º, § 3º-A): (Redação dada ao artigo pelo Decreto 52.742, de 22-02-2008; DOE 23-02-2008; Efeitos a partir de 01-02-2008)

I – do imposto devido pela própria operação de saída da mercadoria;

II – em sendo o caso, do imposto devido pelas operações subsequentes, na condição de **sujeito passivo por substituição.**

[...]

2º O imposto a ser recolhido **deverá ser calculado**, em se tratando de mercadoria cuja base de cálculo da sujeição passiva por substituição seja:

1 – determinada **por margem de valor agregado**, [...] (grifos nossos)

O recolhimento antecipado alcança todos os produtos sujeitos à substituição tributária nas operações internas e que não sejam objeto de protocolo ou convênio firmado entre São Paulo e as demais unidades federativas, uma vez que nesses casos o recolhimento é efetuado pelo próprio remetente na qualidade de substituto tributário, nos termos da LC 87/1996.

A principal fragilidade na introdução do regime de antecipação em São Paulo está vinculada à outorga de competência ao Poder Executivo para dispor, por meio de decreto, sobre fato gerador, critério temporal, contribuinte e base de cálculo. Mais uma vez recorremos a lição do Mestre Carrazza (2003, p. 223) ao rechaçar veementemente tal delegação:

O tributo, pois, deve nascer da lei (editada, por óbvio, pela pessoa política competente). Tal lei deve conter todos os elementos e supostos da norma jurídica tributária (hipótese de incidência do tributo, seus sujeitos ativo e passivo e suas bases de cálculo e alíquotas), **não se discutindo, de forma alguma, a delegação, ao Poder Executivo, da faculdade de defini-los**, ainda que em parte. **Remarcamos ser de exclusividade da lei, não só a determinação da *hipótese de incidência* do tributo, como, também, de seus elementos quantitativos (base de cálculo e alíquota)** (grifos nossos).

Além da tese de repercussão geral (Tema 456), que exige a edição de lei complementar na hipótese de antecipação vinculada à substituição tributária progressiva, a eficácia da legislação paulista se torna ainda mais frágil por ter instituído o regime de antecipação por meio de mero decreto.

Caso prático 2: regime de antecipação do ICMS com substituição tributária no estado de Santa Catarina

No caso de Santa Catarina podemos perceber a tentativa do legislador de sanar, por meio de lei ordinária, as ilegalidades vinculadas ao enquadramento do adquirente de mercadoria de outro estado como substituto tributário. Vejamos o disposto no Anexo 3 da Lei estadual n. 10.297/1996:

> Art. 37. Fica responsável pelo recolhimento do imposto devido, **na condição de substituto tributário:**
>
> [..]
>
> II – o estabelecimento que as houver produzido, o importador, **o atacadista ou o distribuidor, conforme dispuser o regulamento**, pelo imposto devido pelas saídas subsequentes das mercadorias relacionadas na Seção V do Anexo I desta Lei, caso em que a substituição tributária será implementada, relativamente a cada mercadoria, **por decreto do Chefe do Poder Executivo;**
>
> [..]
>
> § 8º **Fica atribuída a qualquer estabelecimento no Estado que receber mercadoria de outra unidade da Federação**, sujeita ao regime de substituição tributária, **a responsabilidade pelo imposto devido nas operações subsequentes, na hipótese do remetente não estar obrigado à retenção do imposto.**
>
> § 9º Nas hipóteses previstas em regulamento, o Fisco, mediante ato próprio, poderá:
>
> I – determinar sobre qual contribuinte recai a responsabilidade pelo recolhimento do imposto devido por substituição tributária; (grifos nossos)

Antes de avançarmos em nossa análise, vale trazer à tona a regulamentação realizada pelo Poder Executivo, que trouxe aos contribuintes adquirentes a responsabilidade pelo recolhimento antecipado com substituição tributária vinculado às operações advindas de outras unidades federativas. *Vide* o Anexo 3, art. 22 do Decreto n. 2.870/2001 (RICMS/SC):

> Seção VI
> Da Mercadoria Originária de Estado Não Signatário de Convênio ou Protocolo
>
> Art. 22. O destinatário, estabelecido neste Estado, de mercadorias sujeitas ao regime de substituição tributária, oriundas de unidade da Federação não signatária de Convênio ou Protocolo ou que os tenha denunciado, fica responsável pelo recolhimento do imposto devido nas etapas seguintes de circulação, apurado por ocasião da entrada na forma prevista no Capítulo VI.

Pois bem. O legislador catarinense, dentro de sua alçada, procurou suprir as lacunas existentes na LC 87/1996 em relação ao regime de antecipação do ICMS com substituição tributária, notadamente quando o remetente localizado em outro estado não se reveste da condição de substituto tributário pela ausência de convênio ou protocolo firmado com o estado de Santa Catarina.

O fato gerador antecipado, o aspecto temporal definidor do início da obrigação tributária e a definição do contribuinte substituto (qualquer contribuinte que receber mercadoria de outra unidade federativa) estão bem disciplinados na Lei n. 10.297/1996 e adequadamente regulamentados pelo Poder Executivo na extensão de sua competência.

Igual cuidado não se teve em relação à definição de base de cálculo. O regulamento[4] simplesmente prevê que as regras do regime de antecipação do ICMS com encerramento de tributação estão sujeitas às mesmas regras gerais da substituição tributária.

Ao observarmos a regra de base de cálculo para substituição tributária em operações subsequentes prevista no art. 41, II, da Lei n. 10.297/1996,[5] vamos concluir, pela interpretação sistemática, que ela apenas se aplica ao substituto tributário na condição de produtor, importador, atacadista ou distribuidor. A regra geral trazida na lei catarinense mostra coerência ao não incluir o varejista como substituto tributário, afinal este, por essência, apenas realiza venda para consumidor final (ciclo econômico único).

Avançando no raciocínio, e em linha com as argumentações trazidas ao longo deste capítulo, ao adotar o valor da operação do remetente localizado em outra unidade federativa como base de cálculo para fins de apuração do valor do ICMS-ST devido em operações subsequentes, não encontramos respaldo legal na lei estadual e na própria LC 87/1996. Ainda, se se for adotar o valor da operação própria do varejista para esse fim, mais uma vez fica totalmente incongruente, pois, como este realiza apenas um ciclo econômico (venda para consumidor final), não se haveria que falar em acrescer margem de valor presumida (MVA ou IVA-ST). Essa lacuna legal impacta severamente os varejistas, e, diante da ausência de norma infalível que defina a base de cálculo aplicável para essa hipótese, deve-se, por consequência natural, afastar a exigência do recolhimento antecipado e migrar para o regime de tributação não cumulativo.

---

4   RICMS/SC: "Art. 11. O regime de substituição tributária, em relação às operações e prestações subsequentes rege-se pelo disposto neste Título.
    § 1º Submete-se às mesmas regras o regime de antecipação do recolhimento do ICMS com encerramento de tributação".

5   "Art. 41. A base de cálculo, para fins de substituição tributária, será:
    [...]
    II – **em relação às operações ou prestações subsequentes**, o somatório das parcelas seguintes:
    a) **o valor da operação ou prestação própria realizada pelo substituto tributário** ou pelo substituído intermediário;
    b) o montante dos valores de seguro, de frete e de outros encargos cobrados ou transferíveis aos adquirentes ou tomadores de serviço;
    c) a margem de valor agregado, inclusive lucro, relativa às operações ou prestações subsequentes" (grifos nossos).

Vale relembrar que esse cenário apenas se aplica quando não há protocolo ou convênio de ICMS firmado com outras unidades federativas, uma vez que nesses casos o remetente será o substituto tributário.

O estado de Santa Catarina, principalmente por conta da tese de repercussão geral – Tema 201[6] – fixada pelo STF no contexto do julgamento do RE 593.849, de 19.10.2016, que trouxe a possibilidade de os varejistas restituírem o valor do ICMS-ST pago antecipadamente quando o preço final de venda ao consumidor for inferior à base de cálculo presumida, vem, paulatinamente, migrando para o regime não cumulativo diversos produtos que até então estavam sujeitos à substituição tributária, inclusive deixando de ser signatário de protocolos e convênios. Esse movimento teve início em 2019, e alguns segmentos relevantes já vêm operando na sistemática regular de tributação do ICMS, podendo-se citar: materiais de construção e elétricos, lâmpadas, reatores, tintas, vernizes e similares, artigos de papelaria e eletroeletrônicos, vinhos, espumantes, autopeças e rações "tipo *pet*" para animais domésticos.

Finalmente, podemos concluir que Santa Catarina tentou eliminar por meio de lei ordinária as lacunas existentes na LC 87/1996 quanto à aplicação do regime de antecipação com substituição tributária. Restam abertas as discussões se uma lei ordinária teria competência para tanto (à luz de tese de repercussão geral – Tema 456 – fixada pelo STF, que atribuiu à lei complementar essa função), bem como a fragilidade da ausência de uma base de cálculo de substituição tributária eficaz para que varejistas a utilizem no cálculo envolvendo operações subsequentes.

7.6 CONSIDERAÇÕES FINAIS

O regime de antecipação com substituição tributária foi instituído de forma inconstitucional por quase todos os estados por meio de normas editadas pelo próprio Poder Executivo e, em alguns casos, por lei estadual.

Após duas décadas de debate nos Tribunais Superiores, encerra-se um capítulo importante e favorável aos contribuintes, externalizado pela fixação da Tese de Repercussão Geral – Tema 456 –, a qual deve orientar todas as ações em curso a respeito do tema no âmbito judicial e determina a necessidade de edição de lei complementar para que os estados possam implementar o regime de antecipação com substituição tributária progressiva. As atuais leis complementares que disciplinam a substituição tributária, principalmente LC 87/1996 e LC 123/2006, não alcançam o regime de antecipação com substituição tributária, contrariando o comando constitucional previsto no 155, § 2º, XII, "b", da CF/1988. A ausência de aderência permeia diversas vertentes da matriz de incidência tributária, principalmente quanto às novas hipóteses de fato gerador antecipado, momento da ocorrência do fato gerador, sujeito passivo e base de cálculo.

---

6   "É devida a restituição da diferença do Imposto sobre Circulação de Mercadorias e Serviços (ICMS) pago a mais no regime de substituição tributária para a frente se a base de cálculo efetiva da operação for inferior à presumida."

Tendo em vista que os estados mantêm a cobrança do pagamento antecipado em suas normas internas, em contrariedade à própria posição do STF, no âmbito administrativo (inclusive por dever de ofício) as autoridades fazendárias estaduais continuarão exigindo dos contribuintes o recolhimento do ICMS-ST nessa sistemática. Nesse sentido, caberá aos contribuintes ingressarem com medida judicial objetivando recuperar os valores pagos a maior referentes ao período ainda não prescrito, bem como para evitar a necessidade de continuarem realizando o recolhimento indevido. Por se tratar de repetição de indébito referente a imposto (ICMS-ST) efetivamente pago indevidamente e motivado por óbice ilegal trazido pelas normativas estaduais ilegais, a restituição dos valores deverá ocorrer com a respectiva atualização monetária, nos termos do art. 10, § 1º, da LC 87/1996, Súmula 162 do STJ e base jurisprudencial nos Tribunais Superiores. Vale lembrar que em matéria tributária com relevância jurídica e econômica, como é o caso, o STF tem adotado, na maioria das vezes, a postura de modular os efeitos de sua decisão nos termos do art. 27 da Lei 9.868/1999.[7] Na prática isso significa manter o direito dos contribuintes que ingressam com medida judicial de recuperar os valores pagos a maior do período ainda não prescrito (regra geral últimos cinco anos) e afastar a cobrança para todos (independentemente do ingresso de medida judicial) a partir da decisão que julgar ilegal e/ou inconstitucional a norma tributária do estado. Assim, os contribuintes impactados devem avaliar a oportunidade e conveniência de ingressarem com medida judicial para garantir o direito de reaver os valores pagos indevidamente em períodos anteriores. Os principais beneficiários do afastamento do regime de antecipação com substituição tributária são as empresas comerciais optantes pelo regime do Simples Nacional, na medida em que a carga tributária pelo regime simplificado é bem inferior ao valor de ICMS recolhido sob o regime de antecipação. As empresas comerciais em geral que praticam margens de venda inferiores às definidas pelo Fisco para cálculo do ICMS-ST, que tenham ciclos longos de giro de estoque e que não tenham implementado o processo de restituição dos valores pagos a maior no âmbito administrativo por conta da complexidade envolvida, também são fortemente impactadas e podem buscar guarida do Judiciário para salvaguardar os seus direitos.

O processo iniciado por Santa Catarina, no tocante à migração dos produtos incluídos na sistemática de substituição para o regime não cumulativo de ICMS, deveria ser seguido por outros estados. Com o aumento da eficiência fiscalizatória do Fisco proporcionada por um ambiente tributário altamente digital (e.g., nota fiscal eletrônica, Sistema Público de Escrituração Digital – Sped –, entre outros), a adoção da sistemática de substituição tributária se tornou um instituto obsoleto, que, além de impactar fortemente o fluxo de caixa dos contribuintes (sem contar a ineficiência em relação ao tempo despendido para gestão das obrigações principais e acessórias), também traz para o Fisco uma enorme insegurança jurídica sob a perspectiva arrecadatória motivada pelas distorções jurídico-tributárias semelhantes ao tema que foi objeto deste capítulo.

---

7 "Art. 27. Ao declarar a inconstitucionalidade de lei ou ato normativo, e tendo em vista razões de segurança jurídica ou de excepcional interesse social, poderá o Supremo Tribunal Federal, por maioria de dois terços de seus membros, restringir os efeitos daquela declaração ou decidir que ela só tenha eficácia a partir de seu trânsito em julgado ou de outro momento que venha a ser fixado."

REFERÊNCIAS

ATALIBA, G.; GIARDINO, C. ICM: abatimento constitucional e o princípio da não cumulatividade. *Revista de Direito Tributário*, São Paulo, ano 8, n. 29-30, jul.-dez. 1984, p. 110-126.

BRASIL. *Constituição da República Federativa do Brasil de 1988, de 5 de outubro de 1988*. Disponível em: http://www.planalto.gov.br/ccivil_03/constituicao/Constituicao.htm. Acesso em: 3 jul. 2021.

BRASIL. *Convênio ICMS n. 142, de 14 de dezembro de 2018*. Disponível em: https://www.confaz.fazenda.gov.br/legislacao/convenios/2018/CV142_18. Acesso em: 3 jul. 2021.

BRASIL. *Emenda Constitucional n. 3, de 3 de março de 1993*. Disponível em: http://www.planalto.gov.br/ccivil_03/constituicao/emendas/emc/emc03.htm. Acesso em: 3 jul. 2021.

BRASIL. *Emenda Constitucional n. 87, de 16 de abril de 2015*. Disponível em: http://www.planalto.gov.br/ccivil_03/constituicao/emendas/emc/emc87.htm. Acesso em: 3 jul. 2021.

BRASIL. Lei n. 5.172, de 25 de outubro de 1966. *Código Tributário Nacional*. Disponível em: http://www.planalto.gov.br/ccivil_03/leis/lcp/lcp147.htm. Acesso em: 3 jul. 2021.

BRASIL. *Lei Complementar n. 87, de 13 de setembro de 1996*. Disponível em: http://www.planalto.gov.br/ccivil_03/leis/lcp/lcp87.htm. Acesso em: 3 jul. 2021.

BRASIL. *Lei Complementar n. 123, de 14 de dezembro de 2006*. Disponível em: http://www.planalto.gov.br/ccivil_03/leis/lcp/lcp123.htm. Acesso em: 3 jul. 2021.

BRASIL. *Lei Complementar n. 147, de 14 de agosto de 2014*. Disponível em: http://www.planalto.gov.br/ccivil_03/leis/lcp/lcp147.htm. Acesso em: 3 jul. 2021.

BRASIL. *Lei Federal n. 9.868, de 10 de novembro de 1999*. Disponível em: http://www.planalto.gov.br/ccivil_03/leis/l9868.htm. Acesso em: 3 jul. 2021.

BRASIL. Superior Tribunal de Justiça. *Recurso Ordinário em Mandado de Segurança – RMS n. 17.303*. Relatora: Min. Eliana Calmon. Segunda Turma, j. em 17 jun. 2004. Disponível em: https://processo.stj.jus.br/processo/revista/documento/mediado/?componente=ITA&sequencial=482931&num_registro=200301899630&data=20040913&peticao_numero=-1&formato=PDF. Acesso em: 3 jul. 2021.

BRASIL. Superior Tribunal de Justiça. *Súmula n. 162*. Disponível em: https://www.stj.jus.br/publicacaoinstitucional/index.php/sumstj/article/view/5508/5631. Acesso em: 3 jul. 2021.

BRASIL. Supremo Tribunal Federal. *Ação Direta de Inconstitucionalidade n. 3.426*. Relator: Min. Menezes Direito, Tribunal Pleno, j. em 29 nov. 2007. Disponível em: https://redir.stf.jus.br/paginadorpub/paginador.jsp?docTP=AC&docID=506571. Acesso em: 3 jul. 2021.

BRASIL. Supremo Tribunal Federal. *Ação Direta de Inconstitucionalidade n. 5.469*. Relator: Min. Dias Toffoli, Tribunal Pleno, j. em 24 fev. 2021. Disponível em: http://portal.stf.jus.br/processos/detalhe.asp?incidente=4922493. Acesso em: 3 jul. 2021.

BRASIL. Supremo Tribunal Federal. *Recurso Extraordinário n. 194.382*. Relator: Min. Maurício Corrêa, Tribunal Pleno, j. em 25 abr. 2001. Disponível em: http://stf.jus.br/portal/geral/verPdfPaginado.asp?id=233898&tipo=AC&descricao=Inteiro%20Teor%20RE%20/%20194382. Acesso em: 3 jul. 2021.

BRASIL. Supremo Tribunal Federal. *Recurso Extraordinário n. 499.608*. Relator: Min. Ricardo Lewandowski, Primeira Turma, j. em 28 jun. 2011. Disponível em: http://stf.jus.br/portal/geral/verPdfPaginado.asp?id=625951&tipo=AC&descricao=Inteiro%20Teor%20RE%20/%20499608%20-%20AgR. Acesso em: 3 jul. 2021.

BRASIL. Supremo Tribunal Federal. *Recurso Extraordinário n. 593.849*. Tese de Repercussão Geral – Tema 0201. Relator: Min. Edson Fachin, Tribunal Pleno, j. em 19 out. 2016. Disponível em: http://www.stf.jus.br/portal/jurisprudenciaRepercussao/verAndamentoProcesso.asp?incidente=2642284&numeroProcesso=593849&classeProcesso=RE&numeroTema=201#. Acesso em: 3 jul. 2021.

BRASIL. Supremo Tribunal Federal. *Recurso Extraordinário n. 598.677*. Tese de Repercussão Geral – Tema 0456. Relator: Min. Dias Toffoli, Tribunal Pleno, j. em 29 mar. 2021. Disponível em: https://portal.stf.jus.br/processos/detalhe.asp?incidente=2669747. Acesso em: 3 jul. 2021.

BRASIL. Supremo Tribunal Federal. *Recurso Extraordinário n. 1287019*. Tese de Repercussão Geral – Tema 1093. Relatores: Min. Marco Aurélio e Min. Dias Toffoli, Tribunal Pleno, j. em 24 fev. 2021. Disponível em: http://portal.stf.jus.br/processos/detalhe.asp?incidente=5994076. Acesso em: 3 jul. 2021.

CARRAZZA, R. A. *Curso de direito constitucional tributário*. 19. ed. São Paulo: Malheiros, 2003.

CARVALHO, P. de B. *Curso de direito tributário*. 13. ed. atual. São Paulo: Saraiva, 2000.

GRECO, M. A. *Curso avançado de substituição tributária*: modalidades e direitos do contribuinte à luz da atual jurisprudência do STF. 3. ed. São Paulo: Malheiros, 2020.

SANTA CATARINA. *Decreto n. 2.870, de 27 de agosto de 2001*. RICMS/SC. Disponível em: http://legislacao.sef.sc.gov.br/legtrib_internet/html/regulamentos/icms/ricms_01_00.htm#R01_art26. Acesso em: 3 jul. 2021.

SANTA CATARINA. *Decreto n. 52.742, de 22 de fevereiro de 2008*. Disponível em: https://legislacao.fazenda.sp.gov.br/Paginas/dec52742.aspx. Acesso em: 3 jul. 2021.

SANTA CATARINA. *Lei Estadual n. 10.297, de 26 de dezembro de 1996*. Disponível em: http://legislacao.sef.sc.gov.br/legtrib_internet/html/leis/1996/lei_96_10297.htm#art037. Acesso em: 3 jul. 2021.

SÃO PAULO. *Decreto n. 52.515, de 20 de dezembro de 2007*. Disponível em: https://legislacao.fazenda.sp.gov.br/Paginas/dec52515.aspx. Acesso em: 3 jul. 2021.

SÃO PAULO. *Decreto n. 52.742, de 22 de fevereiro de 2008*. Disponível em: https://legislacao.fazenda.sp.gov.br/Paginas/dec52742.aspx. Acesso em: 3 jul. 2021.

SÃO PAULO. *Lei Estadual n. 12.785, de 20 de dezembro de 2007*. Disponível em: https://legislacao.fazenda.sp.gov.br/Paginas/lei12785.aspx. Acesso em: 3 jul. 2021.

XAVIER, A. *Conceito e natureza do acto tributário*. Coimbra: Livraria Almedina, 1972.

8

REFORMA TRIBUTÁRIA BRASILEIRA: DESBUROCRATIZAÇÃO E VANTAGENS NO DESENVOLVIMENTO SOCIOECONÔMICO DO BRASIL À LUZ DE ASPECTOS CONTÁBEIS

Danilo Rocha Martins

8.1 INTRODUÇÃO

No Brasil, a carga de tributos é um tópico periódico no meio organizacional e na sociedade civil, uma vez que o tema tributário e seu método de incidência afetam francamente a produtividade e o desenvolvimento da economia. O sistema tributário nacional (STN) caracteriza-se pela comparência de uma quantidade exagerada de tributos, afora a burocracia e a obscuridade envolvendo a tributação de corporações, e, distintamente de outras nações americanas, o Brasil não é capaz de apor seus expedientes de forma eficaz, o que gera inconsistência no retorno da arrecadação à população, de forma a provocar enorme insatisfação.

Entre os sistemas tributários mundiais, o Brasil apresenta um dos mais intricados. Tal fato decorre das diversas normatizações e regulamentos que versam sobre o tema, o que transforma a empreitada do contribuinte e do legislador em algo extremamente desafiador.

O crescimento do país demanda uma reforma do aparelho tributário. Sem embargo, a missão de reforma do sistema é penosa, haja vista a existência de vários entes da Federação, e seus respectivos governantes, quando em períodos instáveis, com uma atitude receosa diante das alterações do formato vigente, perante a contingente redução da receita resultante das mudanças. Faz-se necessário, no Brasil, um sistema de tributação mais enxuto, que auxilie a entrada de recursos no território nacional e mostre transparência no que tange ao cidadão, pois é evidente que este só estará confortável com o pagamento de tributos quando for concebido um retorno dos valores pagos na forma de serviços e/ou obras públicas conciliáveis com os montantes arrecadados. Os objetivos específicos deste capítulo são: **verificar as regras básicas da legislação referente ao sistema tributário brasileiro; averiguar critérios e aspectos legais referentes aos tributos cobrados no Brasil; analisar as principais vantagens de uma reforma tributária brasileira à luz do**

contexto contábil nacional. Esse estudo foi realizado por meio da metodologia de revisão bibliográfica narrativa (revisão de literatura), baseando-se em obras literárias, em artigos publicados em periódicos *offline* e também em artigos *online* reconhecidos no meio científico, onde se buscou a verificação das principais vantagens de uma reforma tributária no Brasil à luz de aspectos contábeis.

A partir da Constituição Federal (BRASIL, 1988), diversos representantes políticos e representantes do Congresso Nacional têm apresentado propostas de reforma do sistema tributário. Reproduzindo tal tradição, igualmente brotam sugestões de reformulações no sistema tributário, as quais demandam, da mesma forma, alterações no documento constitucional. Todavia, via de regra, uma importante dificuldade para a aprovação de tais propostas está, justamente, no feito de objetivarem, em sua esmagadora maioria, modificações na Constituição Federal (BRASIL, 1988).

O sistema tributário do Brasil encontra-se entre os menos simples, quando comparado ao restante do mundo. Ainda antes da criação do STN – Lei n. 5.172 (BRASIL, 1966), especialistas do setor já estariam criticando a complicação envolvida com a coleta tributária no Brasil, ou em função da excessiva quantidade de legislações, que frequentemente são difusas, dificultando o ofício dos consultores em tributação, ou em virtude da dificuldade em cumprir as responsabilidades acessórias, complexas e que terminam por trazer mais despesas aos negócios e à população como um todo. O volume de tributos e legislações brasileiras é enorme, e, conforme o tempo passa, uma reformulação tributária é progressivamente mais iminente.

A demanda da população e a exigência oriunda do campo empresarial são capazes de indicar que referida reforma poderia ser simples. Nada obstante, uma avaliação acerca dos antecedentes das propostas indica que, a despeito da conformidade à volta da necessidade de remodelar o sistema de tributação brasileiro, muito pouco já foi realizado. O motivo se encontra ora na dificuldade do tema, na ausência de consenso no formato e onde as riquezas devem ser tributadas, ora na reduzida atração da discussão da matéria pelo poder político, que não percebe a reforma como uma ferramenta de arrecadação de votos.

No desígnio da política fiscal, cabe ressaltar a importância da política tributária para o fomento da harmonia econômica e do desenvolvimento do corpo social. Conforme defendido por Mendes (2008), não obstante, apresenta-se no país, perante a imensa carga de tributos e em virtude das deturpações no STN – Lei n. 5.172 (BRASIL, 1966), um empecilho ao crescimento socioeconômico, em função da diminuição da renda privada e das perturbações da sociedade que resultam de um padrão de tributação regressivo.

No Brasil, observa-se uma das máximas cargas tributárias experimentadas no mundo, a qual atinge aproximadamente 40% do Produto Interno Bruto (PIB) e segue aumentando, por isso, o valor dos produtos e dos serviços fabricados no país. Na contemporânea história brasileira, os governos, de forma geral, adotaram providências que majoraram a carga dos tributos. Os impostos decompostos em proveitos são expedientes indispensáveis aos governos no atingimento dos objetivos públicos estabelecidos.

A lei dos tributos exerce uma grande influência na área contábil, criando contendas com a normatização societária, e determina, frequentemente, códigos destinados a certos registros contábeis. Portanto, a contabilidade estabelece-se como relevante e necessária origem sobre os dados tributários, seja para os governos, seja para os administradores. Ante tal circunstância, adverte-se para uma elevação, progressiva, no meio acadêmico e trabalhista do empenho em estudar o campo tributário, com destaque para as pesquisas relacionadas ao planejamento tributário. Estudos indicam a existência, estrangeira, de diversos pesquisadores que conduziram seus estudos no ramo tributário, elaborados por profissionais da contabilidade e das demais áreas do conhecimento. Quanto ao Brasil, o estudo tributário no ramo contábil permanece incipiente, merecendo destaque, no entanto, os trabalhos conduzidos por Siqueira *et al.* (2001), Cunha e Teixeira (2004), Pohlmann (2005) e Bertolucci (2005).

Averiguando essa conjuntura, ressalta-se o seguinte problema de pesquisa: **quais são as principais vantagens de uma reforma tributária no Brasil à luz de aspectos contábeis?** Em relação ao objetivo geral, aferiram-se as principais questões sobre o sistema tributário brasileiro, com ênfase nos argumentos fundamentais que indicam a necessidade de uma reforma tributária no Brasil. Os objetivos específicos desse estudo são: **verificar as regras básicas da legislação referente ao sistema tributário brasileiro; averiguar critérios e aspectos legais relativos aos tributos cobrados no Brasil; analisar as principais vantagens de uma reforma tributária brasileira à luz do contexto contábil nacional.**

8.2 SISTEMA TRIBUTÁRIO BRASILEIRO

A nação brasileira carece, em suas disposições financeiras, de angariar recursos materiais para que se mantenha conservada sua estrutura, viabilizando desse modo os serviços essenciais para seus habitantes, assim como de assegurar a concretização dos desígnios estabelecidos sob o art. 3º da Constituição Federal (BRASIL, 1988), cujos aspectos estão baseados no ordenamento jurídico brasileiro com ênfase no Direito Tributário (SABBAG, 2013).

O Direito Tributário consiste na subdivisão soberana do segmento jurídico – associada ao Direito Público –, focando os aspectos jurídicos sobre a relação Estado *versus* contribuinte, com ênfase nas atividades financeiras do Estado envolvendo o estabelecimento, a inspeção e o recolhimento de impostos (SABBAG, 2013). O Direito Tributário é um corpo, *a priori*, independente do direito, porém se submete ao conjunto das disposições jurídico-normativas condicionadas, de modo direto ou indireto, à instituição, arrecadação e fiscalização de tributos (NUNES, 2013).

O Direito Tributário não possui autossuficiência, ou seja, seus preceitos estão relacionados às demais áreas do direito, não apresentando, desse modo, caráter díspar de nenhuma das áreas, pois não se encontram no ordenamento doméstico pressupostos constitucionais e administrativos singulares à sua constituição. Tal questão está condicionada ao princípio da unidade do sistema jurídico. Assim sendo, as normativas que regem o Direito Tributário estão relacionadas à soma das conjunturas jurídico-normativas, e dessa forma a escrita de tal esfera do direito é influenciada pela ordem jurídica que vigora em toda a sua cadeia hierárquica (CARVALHO, 2019).

Em síntese, o Direito Tributário é a área do direito público que se debruça sobre princípios e normas reguladoras dos ensejos de instituição, cobrança e fiscalização de tributos, sendo a instituição delegada ao Poder Legislativo, na medida em que as seguintes cabem ao Poder Executivo. A Constituição Federal (BRASIL, 1988) institui o Direito Tributário, por padrão, no capítulo que se refere ao STN, estabelecido por meio dos arts. 145 e 162, onde se encontra grande parte dos princípios que definem tal segmento jurídico.

Sistema é compreendido como a soma dos elementos ligados entre si e agregados à luz de uma referência específica. Assim, compreende-se por sistema o aglutinamento de normas (inter-)relacionadas, sendo estas interligadas a um objeto específico. O STN, desse modo, é o conjunto de normas presentes na Constituição Federal (BRASIL, 1988) que tratam sobre a questão tributária (CARVALHO, 2019). Ao analisar o STN estabelecido na Constituição Federal (BRASIL, 1988), verifica-se a existência de valores, procedimentos de otimização, sendo estes denominados princípios e objetivando estabelecer os encadeamentos jurídicos relacionados ao Direito Tributário. Este é formado pelo conjunto dos ordenamentos jurídicos e normativos que abarcam toda a hierarquia e setores indiretos. As normas tributárias, assim sendo, podem perfazer-se tanto em regras – art. 96, *caput*, do CTN (BRASIL, 1966) – quanto em princípios.

Sobre o conceito legal referente aos impostos aplicados no Brasil, a Lei n. 5.172 – CTN (BRASIL, 1966) – estabelece o seguinte: "Tributo é toda prestação pecuniária compulsória, em moeda ou cujo valor nela se possa exprimir, que não constitua sanção de ato ilícito, instituída em lei e cobrada mediante atividade administrativa plenamente vinculada" (BRASIL, 1966). As propriedades do tributo, a critério da definição legal supracitada, podem dividir-se em: obrigação legal; prestação pecuniária; não estabelecimento de sanção para ação ilícita; atividade vinculada; prestação compulsória. O tributo é uma obrigação prevista em lei, e sempre surge desta, jamais do contrato (CARVALHO, 2019).

Além disso, o tributo é uma prestação pecuniária, pois sempre deriva do compromisso do cidadão em fornecer parte de seus rendimentos – na forma de dinheiro – ao Estado. Essa afirmativa é relevante, pois a prestação pecuniária, estabelecida por meio do art. 3º do CTN (BRASIL, 1966), estabelece contornos claros e nitidamente patrimoniais ao vínculo tributário, já que o dinheiro – pecúnia – é a mais concreta forma de amostra econômica. Tal informação nos permite fazer referência ao enlace jurídico que se estabelece entre o Estado e o cidadão, como obrigação prevista em lei (CARVALHO, 2019). Assim, verifica-se que o imposto jamais será definido como obrigações relacionadas ao fazer ou não fazer, mas unicamente como uma obrigação de endereçar certa quantia em dinheiro ao Fisco.

Aprofundando-se no conceito, observa-se que o tributo é arrecadado a partir de atos administrativos inteiramente vinculados, que recebem o nome de lançamento. A efetivação dessa específica atividade é concebida a partir da otimização dos processos vinculados, diferentemente do que ocorre no poder discricionário, indulgente da ação de práticas discricionárias. Ao realizar atos vinculados, o agente restringe-se a perpetuar os elementos da lei que os constitui, sem qualquer reflexão sobre o cabimento e o ensejo da conduta (CARVALHO FILHO, 2011).

Tal situação pode ser constatada por meio do art. 142, parágrafo único, do CTN (BRASIL, 1966): "A atividade administrativa de lançamento é vinculada e obrigatória, sob pena de responsabilidade funcional". Em suma, procede do texto legal que o tributo é um pagamento compulsório, isto é, não facultativo. Desse modo, estabelecido o fato predisposto na norma jurídica, instaura-se, automática e impreterivelmente, o fato de que o cidadão ficará coadunado à conduta obrigatória de uma prestação pecuniária com o Estado (CARVALHO, 2019).

Com base nesse conceito legal a respeito do tributo, verificam-se cinco espécies tributárias: impostos; taxas; contribuições de melhoria; empréstimos compulsórios; contribuições especiais. O CTN (BRASIL, 1966) estabelece: "Imposto é o tributo cuja obrigação tem por fato gerador uma situação independente de qualquer atividade estatal específica, relativa ao contribuinte". Imposto é o tributo que apresenta por proposição de incidência um fato abstraído a qualquer ação do Poder Público (CARVALHO, 2019).

Outra questão importante dos impostos é a conhecida não presunção destes a determinada finalidade. O art. 167, IV, da Constituição Federal (BRASIL, 1988) impede, por padrão, a coadunação da receita arrecadada com impostos para finalidades específicas, isentando apenas o encaminhamento de recursos para áreas da saúde, educação e atividade de administração tributária. Os impostos se diferenciam pelas especificidades relacionadas à concretude fática e, com base nessa distinção, são delegados aos diversos órgãos que constituem o Poder Público (MACHADO, 2013).

Informa-se essa questão porque os impostos detêm um regime jurídico constitucional peculiar. Desse modo, a Constituição Federal (BRASIL, 1988) decompõe a competência legislativa daqueles entre as pessoas jurídicas de direito público interno: União; estados; Distrito Federal; municípios (CARVALHO, 2019). A Constituição Federal (BRASIL, 1988) dispõe, de modo taxativo, sobre os tipos de impostos e as correlatas competências. Se por um lado o art. 153 abarca os impostos de competência específica da União, o art. 155 estabelece aqueles concernentes aos estados e ao Distrito Federal, e, por fim, o art. 156 apresenta quais pertencem à esfera dos municípios e do Distrito Federal. Em contraponto ao imposto, a taxa refere-se ao tributo que possui vínculo, de maneira que recompensa determinado exercício estatal, estabelecido por meio do art. 145, II, da Constituição Federal (BRASIL, 1988).

> Art. 145. A União, os Estados, o Distrito Federal e os Municípios poderão instituir os seguintes tributos:
> [...]
> II – taxas, em razão do exercício do poder de polícia ou pela utilização, efetiva ou potencial, de serviços públicos específicos e divisíveis, prestados ao contribuinte ou postos a sua disposição (BRASIL, 1988).

Taxas referem-se a tributos caracterizados – sob hipótese da norma – pela descrição de um fato indicador sobre determinado exercício estatal (CARVALHO, 2019). Verifica-se que, ao contrário dos impostos, o fato gerador referente à taxa é aplicado por meio do Estado, isto é, ao desempenhar certa atividade, este exige o tributo do sujeito que é subvencionado (AMARO, 2013). Esses exercícios, de acordo com a Constituição Federal (1988), podem ser classificados por meio de duas espécies: espécie de serviço; espécie de polícia.

Importante ressaltar que o serviço público compreende toda atividade proporcionada pelo Estado ou por empresas contratadas, fundamentalmente relacionadas ao direito público, para que se possam satisfazer as necessidades essenciais e secundárias dos indivíduos. Contudo, para que se realize a tributação, o serviço público deve ser específico e divisível (CARVALHO FILHO, 2011). A contribuição de melhoria, no que lhe concerne, é um tributo constituído para custear obras públicas que aumentem a estima de imóveis particulares.

> Art. 81. A contribuição de melhoria cobrada pela União, pelos Estados, pelo Distrito Federal ou pelos Municípios, no âmbito de suas respectivas atribuições, é instituída para fazer face ao custo de obras públicas de que decorra valorização imobiliária, tendo como limite total a despesa realizada e como limite individual o acréscimo de valor que da obra resultar para cada imóvel beneficiado (BRASIL, 1966).

As contribuições de melhoria também se referem a tributos que possuem vínculo com um exercício estatal. Entretanto, diferem das taxas, pois implicam uma obra pública que irá acarretar a valorização dos imóveis particulares (CARVALHO, 2019). Além do mais, releva saber que a contribuição de melhoria necessita estar condicionada aos limites de cada cidadão, assim como ponderar sobre os limites da coletividade e dos valores e benefícios que as melhorias irão acarretar. Desse modo, não se cobra do contribuinte montante superior à valorização de seu imóvel, bem como arrecadação pelo Fisco de valores superiores aos custos totais da obra (PAULSEN, 2012). Quanto aos empréstimos compulsórios, trata-se de tributos que possuem vínculo instituído, cujo objetivo está associado à geração de recursos financeiros ao Estado, de acordo com as necessidades iminentes.

> Art. 148. A União, mediante lei complementar, poderá instituir empréstimos compulsórios:
>
> I – para atender a despesas extraordinárias, decorrentes de calamidade pública, de guerra externa ou sua iminência;
>
> II – no caso de investimento público de caráter urgente e de relevante interesse nacional, observado o disposto no art. 150, III, "b" (BRASIL, 1988).

Um aspecto que caracteriza o empréstimo compulsório é seu caráter restituível, isto é, a partir do pagamento advém a norma, que, antevendo sua restituição, suscita direito subjetivo do contribuinte a tal prestação em momento futuro (PAULSEN, 2012). Em desfecho, importante citar que o empréstimo compulsório é um tributo de alçada particular da União, sendo vedado aos estados, Distrito Federal e municípios lançar mão desse artifício, incorrendo em ofensa à competência tributária. Durante um longo período, a origem jurídica das contribuições de melhoria desenvolveu uma série de aspectos divergentes no meio jurídico. No entanto, após a promulgação da Constituição Federal (BRASIL, 1988), manteve-se irremediável a origem de tributação sobre tal cobrança (SABBAG, 2013).

> Compete exclusivamente à União instituir contribuições sociais, de intervenção no domínio econômico e de interesse das categorias profissionais ou econômicas, como instrumento de sua atuação nas respectivas áreas, observado o disposto nos arts. 146, III, e 150, I e III, e sem prejuízo do previsto no art. 195, § 6º, relativamente às contribuições a que alude o dispositivo (BRASIL, 1988).

As contribuições de melhoria referem-se a tributos com ênfase no financiamento de investimentos peculiares, divididas da seguinte maneira: contribuições relacionadas às necessidades e/ou demandas da sociedade; contribuições envolvendo interferência no ambiente da economia; contribuições associadas ao interesse das classes profissionais ou econômicas; contribuições referentes à iluminação gerida pelo Poder Público. Outrossim, aspecto positivo dessa tributação é sua vinculação com grupos específicos de profissionais, isto é, mesmo que não implique vantagens diretas ao contribuinte, a pecúnia apresenta benefícios indiretos ao grupo de profissionais que efetuam tal tributo (PAULSEN, 2012).

Precisamente, pode-se diferenciar a previsão abstrata – hipótese de incidência – de sua materialização em uma realidade concreta – fato gerador. A hipótese de incidência compreende as suposições relacionadas à norma tributária que será imposta. O fato gerador é a situação concreta, sucedida, que desse modo atrai a incidência da norma (PAULSEN, 2012). A materialização do fato gerador compreende a concretude imposta pelo contribuinte da hipótese de incidência, fazendo emergir a obrigação tributária.

Apesar disso, a obrigação tributária, em si mesma, não admite que o Estado determine que o contribuinte pague tributo, de forma que a instituição fiscal necessitará efetuar um lançamento, para que nesse momento se constitua um crédito a seu favor. Doravante nessa questão, exclusivamente depois do lançamento, o Estado irá constituir esse crédito a seu favor, o qual aufere o nome de crédito tributário, que pode ser compreendido como uma forma de ligação jurídica, de caráter obrigatório, que faz com que o Estado – sujeito ativo – requeira da parte particular, contribuinte ou responsável – sujeito passivo –, a quitação do tributo ou da penalidade pecuniária (MACHADO, 2013).

Nesse contexto, deve-se verificar de que maneira o sujeito ativo, inserido no ambiente jurídico e tributário, poderá realizar o lançamento de tal obrigação, transformando-a em um crédito e exigindo do sujeito passivo a realização do pagamento, com a finalidade de extinguir a obrigação legalmente. Com base no art. 142 do CTN (BRASIL, 1966), lançamento refere-se ao método realizado pela gestão, que, ao constatar o evento de um fato gerador estabelecido na legislação, concebe o crédito tributário, atribuído de certeza e liquidez. Os objetivos – funções – do lançamento estão associados a: verificação sobre concepção do fato gerador; determinação sobre a matéria tributável; cálculo referente à quantia total sobre o tributo justo; identificação do sujeito passivo; aplicação da penalidade cabível – quando houver necessidade (SABBAG, 2013).

8.2.1 Tributos no Brasil: critérios e aspectos legais

Uma reforma fiscal é uma vontade potente, manifestada por parte de diversos setores no Brasil, na conjuntura contemporânea social, especialmente em função do imaginário coletivo disseminado. Nesse seguimento o modelo tributário brasileiro revela-se supostamente ineficaz e impossibilitado ao atendimento, de maneira satisfatória, dos anseios da população. A contar da publicação da Constituição Federal (BRASIL, 1988), aproximadamente todos os Presidentes da República exibiram empenho político no avanço de melhoras no padrão tributário, do qual até mesmo distintas sugestões de alterações terminaram por ser despachadas ao Congresso Nacional, apesar de o conjunto completo ter fracassado depois de aproximadamente quatro décadas de regime democrático. A despeito, conjuntamente às ambições enfurecidas em benefício das reformas tributárias estruturais, rumores advindos de valorosas autoridades do setor do Direito Tributário repercutem em oposição a tal discurso comum. A análise de Piscitelli, Ellery Jr. e Costa (2009) acerca da reforma tributária, considerando um panorama relativo à "unanimidade de cada um", versa que, em virtude de praticamente todos os tópicos significativos da realidade brasileira, o assunto permanece sendo entendido de maneira partidária, antecipada, desvirtuada e oportunista.

O modelo fiscal trabalha de forma efetiva, tem sua arrecadação satisfatória e não necessita ser reparado. O progresso de proposições de mudanças está cada vez mais longínquo, já que existe uma quantidade superior a mil emendas substitutivas, que carecem de ser recompostas no Congresso, não existindo ameaça, conforme esse panorama, de advir uma reforma intensa, que altere os preceitos do sistema fiscal pátrio. O padrão nacional se comporta de forma adequada toda vez que é ativado, e o desfecho se dá conforme o que se espera da instituição, de forma contrária ao que ocorre em várias nações. O desafio fiscal nacional jaz muito mais sob uma perspectiva ética, no que tange à justiça tributária e à distribuição equânime da carga tributária. O sistema é adequadamente constituído, apresenta um bom funcionamento da ideia, ingênua, de que este trabalha para o bem. Na conjuntura brasileira, o sistema funciona somente no intuito de elevar a carga tributária, isto é, não funciona para o bem (CARVALHO, 2019).

Em síntese, não existe consenso acerca da imprescindibilidade, quiçá sobre a intensidade, de reformulações mais profundas no sistema fiscal nacional. O que existe, e isso é fato, é uma demanda por modificações específicas, de progressos precisos, com vistas a um melhor balanceamento entre o padrão de arrecadação e a repartição das riquezas. Afinal, o imposto é um dispositivo perturbador e crucial à política tributária, não concebendo apenas um artifício para a arrecadação de recursos econômicos para a construção, mas ainda para a destruição: o aniquilamento das categorias sociais favorecidas e dos modelos econômicos cruéis (LOPES *et al.*, 2011).

O cenário nacional tem se modificado no decurso dos últimos 20 anos, e certos ajustamentos tributários necessitam de implementação, especialmente a fim de adequar as mudanças da sociedade e a nova reunião de garantias positivadas pela Constituição Federal (BRASIL, 1988). No país, experimenta-se um Estado de Direito arrecadatório, é fato, embora prometa demasiado quanto à efetivação de direitos sociais, não sendo possível desconsiderar que tal modelo digno de felicidade sugira uma soma de receitas que deveriam ser partilhadas pela população (OLIVEIRA et al., 2015).

Todavia, por fim, o significado de uma reforma fiscal traz a ideia vital de assinalar que a reforma implica a reestruturação, de forma moderadamente destacada, da constituição da lei fiscal, isto é, a soma das regras que fazem obedecer à cessão de recursos privados ao âmbito público, com o propósito de asseverar a prestação efetiva dos serviços básicos aos cidadãos. Para Andrade (2015), uma das maiores preocupações nos regimes federativos reside na garantia do equilíbrio básico entre a distribuição de aptidões compelidas e a independência econômica dos entes políticos. Nesse ínterim, levando em consideração que o modelo fiscal nacional se mantém desenvolvido, de forma detalhada, no declarado na Constituição, é efeito consequente que todo empreendimento em prol de um remodelamento fiscal demanda esforços estatutários mais intensos, que abranjam verdadeiramente o cerne da Constituição Federal (BRASIL, 1988). Nesse seguimento, consoante o que sustenta Junqueira (2015), pode-se entender a "reforma tributária" exatamente no contíguo de três propostas essenciais de emenda constitucional acerca do tópico: n. 175, datada de 1995, n. 41, de 2003, e n. 233, de 2008. Na visão de Junqueira, seriam três os motivos que justificariam tal escolha: em um primeiro momento, a totalidade das propostas inclui reformulações no nível constitucional; em um segundo momento, as proposições teriam sido manifestadas por chefes de Estado; e, finalmente, e talvez mais relevante, tais iniciativas teriam sido entendidas como proposições de reforma fiscal por personagens políticos importantes, como a ampla mídia, o Poder Executivo e o Legislativo (JUNQUEIRA, 2015).

Presentemente, a contenda acerca da implantação de uma reforma fiscal recebeu um novo alento. O delineamento da proposição pretendida de ser apresentada ao Congresso Nacional, mesmo que em fase preparatória, coaduna-se ao padrão europeu de sistema fiscal, acordando na composição de um Imposto de Renda federal, um tributo sobre o valor agregado e um seletivo estadual, este último sob alçada federal, afora os demais tributos municipais sobre a riqueza. Avaliando as linhas norteadoras de tal proposição de reforma fiscal, é possível observar que uma mudança mais importante e profunda atinge exatamente as jurisdições estaduais e do Distrito Federal, onde se prevê um tributo sobre o valor agregado, o qual deverá ser compatível com um tributo seletivo de uma fase sobre determinados artigos. A proposição antecipa, também, a concepção de um novo departamento, coordenado por um Secretário Nacional, o qual aditará as tributações estaduais e do Distrito Federal (BOTELHO; ABRANTES, 2018).

Em contrapartida, não seria prudente denegar que o país transpassa um enorme conflito quanto a seu federalismo, o que poderia desestabilizar as próprias constituições republicanas. Conforme o ordenamento pátrio, de acordo com o ensinado por Ataliba e Miranda (2011), os preceitos mais relevantes são os federativos e republicanos, preenchendo um emprego capital da mais transcendente importância e motivando como carecem ser comentados os outros pedidos, cuja interpretação e efetivação nunca poderiam ensejar desabono ou perda à força, eficiência e expansão dos primeiros. Consoante Ataliba e Miranda (2011), desponta a Federação apropriadamente da união dos estados com sentido à formalização de um novo Estado (o Estado Federal), que experimentaria uma distribuição rigorosa de propriedades soberanas entre os próprios. No cenário contemporâneo, no entanto, não existe uma figura com capacidade de recusar a elevada potência econômica e política da União Federativa no Brasil, constantemente correlata aos entes estados e, especialmente, aos municípios. No que se refere aos motivos potencializadores e representativos dessa expressa desarmonia, seria suficiente não olvidar, como exemplo, que, no decorrer do tempo em que a Constituição Federal vigora, sucedeu-se uma supervalorização das atribuições da Federação, especificamente à instituição das contribuições sociais, onde as receitas não seguem subordinadas ao compartilhamento constitucional, inversamente ao que decorre quando se trata de impostos.

A adequação federativa, quiçá, representa o maior obstáculo ao progresso das reformas propostas, cabendo perfilhar que o aperfeiçoamento do modelo fiscal brasileiro não poderia ser concebido a contar de empenhos individualizados dos entes políticos, e sim dos oriundos da nação. Todo o estabelecimento de competências consecutivamente desencadeará certa contrariedade, tal qual cabe à hipótese das batalhas tributárias experimentadas presentemente entre os estados e os municípios. Consecutivamente, existirão conjuntos de descontentes. Contrariamente à época da Ditadura Militar, espaço no qual as providências decorriam de ordenamentos de Generais e infligidas verticalmente, no cenário contemporâneo os compromissos se estabelecem de forma bastante distinta. Lembra Carvalho (2019) que, no decorrer de transações fiscais, estão aproximados a União Federal, de um lado, e os contribuintes, ínfimo, junto dos estados, do Distrito Federal e dos mais de 5,5 mil municípios, de outro lado, diametralmente oposto (CARVALHO, 2019). Seguramente, esse seria o principal entrave à efetivação de uma verdadeira reforma no Estado Democrático de Direito.

Com efeito, uma das obrigações que praticamente ninguém sente prazer em pagar é a dos impostos, uma vez que os sujeitos não lembram, no geral, que tais tributos são, ainda, o preço da sociedade (NOGUEIRA *et al.*, 2012). A maior questão vislumbrada no cenário nacional, todavia, é a de não ser suficiente a arrecadação dos impostos, a qual deveria se dar aos cidadãos que apresentam capacidade de contribuir. O modelo de tributação vigente no país favorece a taxação sobre a compra, onerando principalmente as classes de renda mais baixa. De outro modo, a incidência de tributos sobre o consumo, o empenho daqueles cidadãos mais pobres em adimplir com obrigações fiscais é deveras maior que o dos mais favorecidos. Tal sistema contrário e almejado seria realidade, precisamente, no caso de a alternativa ser por um padrão fiscal progressivo, onde incide o imposto muito mais sobre o patrimônio e sobre a renda. No entendimento de Hickmann (2007), a despeito da vontade social em prol de uma grande reforma tributária, a discussão ainda permanece em torno da diminuição da dimensão da carga tributária, e não somente de uma mais adequada distribuição entre as bases adotadas quanto à incidência.

Uma atualização no modelo tributário nacional, transformando-o em um modelo mais igualitário do ponto de vista material, necessita se estabelecer como aspiração reconhecida pelo corpo social e almejado pelas entidades. Pesquisas recentes corroboram que o país permanece sendo um paraíso fiscal para os bem-aventurados hiper-ricos. Não são necessárias análises mais detalhadas para compreender que uma das razões mais extraordinárias dessa deturpação é justamente a desobrigação de impostos sobre lucros e dividendos, a qual foi conferida em 1995, no governo do ex-Presidente Fernando Henrique Cardoso. De acordo com a observação de Gobetti e Orair (2016), a estrutura tributária sobre a renda no país é minimamente progressiva e beneficia o acúmulo de riquezas. Conforme esse trabalho publicado, levando em consideração a renda integral dos cidadãos, a alíquota média equivale a 7% entre 0,05% dos cidadãos, os mais abastados, de forma que eles devam menos impostos, na proporção, quando comparados aos 4 milhões de pessoas que recebem, por ano, entre R$ 131 mil e R$ 1 milhão, compreendendo certos segmentos da classe média, em que a alíquota média equivale a cerca de 12%. Perante tal cenário, assinalado por vantagens tributárias ao rendimento do capital, dentre demais disparidades, maléficas ao coletivo, o país está na liderança do *ranking* das concentrações de renda mais elevadas, talvez a maior, quando comparado às demais nações no mundo (GOBETTI; ORAIR, 2016). É importante salientar que, dentre os 34 países que integram a Organização para a Cooperação e Desenvolvimento Econômico (OCDE), somente a Estônia ainda permite a isenção de dividendos, parecendo aceitável a retomada desse programa progressivo, há muito negligenciado no Brasil, resguardando fortunas bilionárias justamente dos sujeitos mais afortunados.

Finalmente, tamanhas opções adicionam-se à conjuntura de reformas prováveis. A taxação sobre as maiores fortunas, como exemplo, apesar de apresentar importantes problemas no exercício comparado e de efetivação duvidosa, nunca havia recebido uma intervenção séria ou fora submetida a reflexões mais sérias, consoante um formato de progressividade mais incisivo da taxação sobre a renda. Porventura, o Brasil pode não ter interesse em uma discussão desse calibre ser levada a cabo. Simultaneamente, heranças milionárias que tenham sido percebidas por sujeitos em território brasileiro são submetidas a uma taxação definitivamente pífia, determinada pelos estados, não obstante os favorecidos embolsarem tais legados não por seu próprio empenho, e sim pela sucessão de patrimônios familiares. Por sua vez, o imposto único sustentado de forma incisiva por vários especialistas renomados tem sido, também, repelido no decorrer do histórico tributário nacional, frequentemente contrariando os empenhos de grupos influentes, os quais são favorecidos pelo caos fiscal vigente. Para Baleeiro e Machado Segundo (2015), sem embargo, permanece na categoria utópica capaz de seduzir os espíritos lúcidos por determinado período, porém que, nas sociedades realmente distintas como as contemporâneas, parece impossível almejar um único imposto que atinja de modo efetivo todos os cidadãos, diante de uma enorme diversidade. Isto é, existem inúmeros caminhos na busca do debate consistente da reforma do modelo fiscal brasileiro; o que faltaria, verdadeiramente, seria a vontade para tal.

8.2.2 Política de tributos no contexto socioeconômico brasileiro

De modo igual aos demais países da América Latina, o Brasil apresenta dificuldades sociais e de estrutura, coexistindo modelos de saúde e de ensino obsoletos, além de imperfeições no sistema logístico brasileiro. É fato que a arrecadação de impostos no país constitui uma importante fração do PIB brasileiro, em escalas comparáveis às nações que compõem a OCDE. No ano de 2014, a tributação média sobre o PIB nas nações da OCDE equivalia a 33,5% e no Brasil a 31,6% conforme o estudo conduzido pela organização em 2014, sob o título *Estadísticas tributarias en América Latina y el Caribe 1990-2018* (OCDE, 2020). Apenas a Argentina, dentre os países da América Latina, apresenta um percentual similar, aproximando-se de 31,1%.

Uma elevada arrecadação, aliada a uma debilidade de infraestrutura, infla a insegurança do povo, o qual não tem condições de conceber os valores empregados com o governo regressando na forma de políticas públicas efetivas. O entendimento de que a tributação é elevada e de que os serviços públicos permanecem falhos culmina em uma nação muito suscetível à sonegação de impostos, o que eleva o *tax gap*, isto é, o saldo entre o montante de impostos devidos e o que deveria ter sido percebido a termo. Por meio de uma pesquisa realizada pelo Sindicato Nacional dos Procuradores da Fazenda Nacional (Sinprofaz), verificou-se que, no ano de 2014, o *tax gap* brasileiro equivalia a 23,6% do total arrecadado por impostos no país, o que representava aproximadamente 8,6% do PIB (FGV PROJETOS, 2018).

Considerando a nação brasileira, que experimenta uma carga fiscal elevada em comparação a seu grau de renda *per capita*, a fim de alcançar uma tributação do volume exigido ao financiamento de seus custos, invoca, de forma excessiva, o arrecadamento de impostos via indireta. Conquanto a taxação sobre bens e serviços equivalha a algo maior que 30% do montante arrecadado em outros países da OCDE, considerando o caso do Brasil, conforme os dados disponibilizados pela Receita Federal, tal participação atingiu valores de 47,4% do total arrecadado no ano de 2016 (MACHADO; BALTHAZAR, 2017).

As companhias que se encaixam no regime de lucro real, no país, arcam com o Imposto de Renda da Pessoa Jurídica (IRPJ) e a Contribuição Social sobre o Lucro Líquido (CSLL), perfazendo uma alíquota de 34% da receita da corporação. Tal alíquota é alta se correlacionada aos demais países. Considerando o Reino Unido como exemplo, a taxação sobre os lucros equivale a 21%, embora lá a tributação seja sobre a repartição dos lucros no formato de dividendos, procedimento que não acontece no Brasil. Aqui, a inserção da tributação sobre os dividendos deveria ser assistida por uma diminuição sobre o imposto devido do lucro das companhias (ANFIP, 2018).

Sem embargo, um dos maiores problemas no Brasil é estabelecido pelos regimes tributários especiais, que conduzem a uma realidade de injustiça tributária e de crescentes disparidades na disposição de investir e no porte das empresas. Uma companhia que se enquadre no regime do lucro presumido poderia apresentar uma tributação do seu lucro inferior a 15%, e, tal qual a repartição de dividendos não seja tributada, sobre os sócios da companhia incidirá uma carga fiscal demasiadamente abaixo da devida por uma instituição que se enquadra no regime de lucro real (MACHADO; BALTHAZAR, 2017).

As deturpações podem ser, ainda, mais exageradas ao se comparar a renda individual entre os distintos regimes trabalhistas no país. A carga fiscal de um sujeito brasileiro é menos dependente de sua renda e mais do regime de tributação de sua empresa. Um exemplo exibido por Appy (2015) sobre tal questão envolve um advogado que percebe um valor mensal de R$ 30 mil. Caso esse profissional seja empregado por uma companhia, a carga fiscal equivalente à sua renda bruta é de 39,9%. Não obstante, caso esse mesmo profissional seja sócio de uma companhia que se enquadre no regime especial de tributação de pequenas empresas, o denominado Simples, incidirão tributos sobre sua renda de somente 9,6%; caso seja sócio de uma companhia que se enquadre no regime do lucro presumido, a tributação sobre sua renda passará a ser de somente 14,7%.

A extensão do regime exclusivo para a micro e a pequena empresa, o denominado Simples, pode ser entendida como uma situação sem paralelo no mercado mundial. Geralmente, diversos países mostram uma tendência a estabelecer regimes especiais para a tributação de empresas de pequeno porte, embora na maior parte deles o limiar máximo da receita anual de uma empresa para que esta se enquadre nesse tipo de regime permanece abaixo de US$ 150 mil. Até 2016, no Brasil, esse limite permanecia na casa de R$ 3,6 milhões, equivalendo a aproximadamente US$ 1 milhão, embora tal limite já tenha sido estendido, no ano de 2018, para R$ 4,8 milhões, cerca de US$ 1,4 milhão (IPEA, 2019).

Em função da exagerada carga tributária no país, quando comparada ao grau de desenvolvimento, não parece tarefa simples transformar o sistema vigente em um sistema progressivo, considerando os limites de taxação de um mercado de trabalho onde praticamente metade da população com registro na carteira de trabalho se encontra na faixa considerada isenta do Imposto de Renda. No Brasil, o valor do salário mínimo vigente no ano de 2018 era de R$ 954,00. Levando em conta que aproximadamente metade da população com registro na carteira de trabalho percebe até dois salários mínimos, o que equivalia na época a cerca de R$ 1.908,00, tais indivíduos se enquadram na faixa isenta do Imposto de Renda, a qual estabelece um rendimento mensal de até R$ 1.999,18 (ANFIP, 2018).

Complementarmente, a extensão dos regimes especiais para a tributação termina por dificultar, progressivamente, a melhora na progressividade do padrão fiscal nacional, chegando ao ponto em que indivíduos com rendimento alto, sócios de companhias enquadradas em regimes de tributação especial, devem uma carga fiscal que pode chegar a menos da metade da devida por um trabalhador que tenha registro na carteira de trabalho, como supracitado (PÊGAS, 2017).

8.2.3 Burocracia e principais desafios: argumentos fundamentais para a reforma tributária

Considerando o Brasil, é bastante comum a tributação relativa ao consumo. Assim, Gassen, D'Araújo e Paulino (2013) assinalam que esta termina por consistir no mais relevante emblema da matriz fiscal nacional, respondendo por 68,2% do total arrecadado por tributos no Brasil. Não obstante, tal formato de taxação é extremamente censurado. Uma taxação com relação ao consumo traz a tributação igual a todos, incluindo aqueles que exibem uma renda bastante baixa ou uma renda extremamente elevada, confirmando a concepção de que o cliente com renda reduzida tenha gastos, proporcionalmente, sobre sua receita maiores do que quando comparado ao consumidor com uma renda bem mais elevada, no tocante ao mesmo bem ou produto (ABRAHAM; PEREIRA, 2015).

Conforme a visão de Silva (2003), o cunho é sinuoso quanto à taxação relativa ao consumo, considerando que tal tributação tem recaimento sobre o valor cobrado pelos bens e pelos serviços prestados à população. Relativamente aos impostos sobre a produção e o consumo, utiliza-se a referência do Imposto sobre Produtos Industrializados (IPI), do Imposto sobre Circulação de Mercadorias e Serviços (ICMS) e do Imposto sobre Serviços de Qualquer Natureza (ISSQN) (TAMARINDO; PIGATTO, 2018). Considerando o que está relacionado, especificamente, ao IPI, o recaimento do imposto tem como fato gerador a expedição de dado produto da própria instituição que o produz; por seu lado, a base adotada para o cálculo se estabelece no custo cobrado para a venda pela própria indústria. Outrossim, Gassen, D'Araújo e Paulino (2013) observam que o IPI é uma contribuição não cumulativa, contando com variadas alíquotas no que é atinente aos distintos bens, ainda podendo ser usado para políticas de incentivo à economia ou à oportunização de determinados setores.

Em contrapartida, o ICMS é a contribuição que mais cria recolhimento para os cofres públicos, considerando que aproximadamente 90% dos expedientes estaduais se originam do referido imposto. Também, é um tributo com essência não cumulativa, isto é, tem como premissa um valor, que tem aplicação somente uma vez no valor cobrado pela venda, de forma independente das fases do ciclo financeiro, o qual poderia ser contrabalançado pelas companhias considerando o lucro real ou o lucro presumido (CASTRO; MORAES, 2015). Em virtude de ser um tributo em nível nacional, embora seja da alçada estadual, a edição do ICMS mostra certas distinções e deformidades, como exemplo, os subsídios aos setores Norte e Nordeste do Brasil. Em virtude da comercialização, tal soma da coleta do referido tributo, considerando as distintas áreas brasileiras, é aportada sucessivamente na localidade originária do processo. Porém, tratando-se de realizações propostas ao cliente final, o qual pode ser contribuinte ou não de tal tributo, morador de outro estado, é dever do estado onde se localiza o destinatário o tributo atinente à alíquota interior e à interestadual. Também, pode ocorrer de o ICMS demonstrar normatizações distintas para os estados, isoladamente, o que pode tornar a questão muito mais complexa e suscetível a possíveis dolos, perante a experiência de se saldar uma fração reduzida em outro local, em referência aos contribuintes (MENDES, 2008).

No que se refere à taxação sobre o total faturado pelas companhias, essa é uma base relevante para o arrecadamento do estado brasileiro. O maior uso desse tipo de tributação ocorreu a contar da promulgação da Constituição Federal (BRASIL, 1988), onde a União teve a obrigação de compartilhar montantes maiores para com os entes subnacionais. A partir daí, foram estabelecidas novas políticas com o intuito de criar ou modificar as fontes das receitas, especialmente as que teriam como destino específico o âmbito social (LOPES; IUDÍCIBUS, 2012). Como importantes exemplos das contribuições sobre o total faturado encontram-se o Programa de Integração Social (PIS) e a Contribuição para Financiamento da Seguridade Social (Cofins), impostos destinados à Seguridade Social, incluindo a Previdência Social, a Assistência Social e a Saúde (GIAMBIAGI; ALÉM, 2016).

As contribuições federais PIS e Cofins possuem destinações específicas. O PIS, do mesmo modo que o Programa de Formação do Patrimônio do Servidor Público (Pasep), trabalha no formato de um fundo público destinado ao aporte dos valores referentes ao seguro-desemprego e ao abono salarial; afora isso, ainda responde pelos valores da manutenção de programas específicos do Banco Nacional de Desenvolvimento Econômico e Social (BNDES), por meio do Fundo de Amparo ao Trabalhador (FAT) (AYRES; SZUSTER, 2012). A Cofins apresenta seus valores com destino orientado para a área da saúde pública, para a Assistência Social e para a Previdência Social (AYRES; SZUSTER, 2012). Considerando a Cofins, esta equivale à maior origem de recebimento com destino à Saúde e à Assistência Social, dentre todas as tributações envolvidas com a área da Seguridade Social, apenas estando abaixo dos valores referentes às contribuições de funcionários e empregadores à Previdência Social. Uma significativa complexidade associada ao PIS e à Cofins reside em seu caráter cumulativo. Também, em função de terem incidido diretamente sobre os valores faturados e por serem impostos sobre o próprio consumo, aliados ao ICMS, seriam os mais importantes determinantes das disfunções tributárias e da regressão fiscal nacional.

A respeito da taxação relativa ao patrimônio e ao lucro, existe uma evidência superior quanto à tributação direta, em que a base para calculá-la seria estabelecida pela posse do artigo ou objeto e a contar do reconhecimento do contribuinte, sendo pessoa física ou pessoa jurídica (SILVA, 2003). Trata-se de a aplicação do imposto se dar sobre a propriedade dos bens ou da própria renda, sendo o caso para as pessoas físicas e para as jurídicas. Ter-se-ia como parâmetro o Imposto sobre a Propriedade de Veículo Automotor (IPVA), o Imposto Predial e Territorial Urbano (IPTU), o Imposto sobre a Propriedade Territorial Rural (ITR), além dos tributos que recaem sobre a transferência de bens e dos incidentes sobre a receita ou os lucros de pessoas físicas ou pessoas jurídicas. Considerando a referida última situação, merecem destaque o IRPJ e a CSLL; no caso de incidirem sobre o lucro, o denominado lucro real, também caberia o Imposto de Renda da Pessoa Física (IRPF) (SILVA, 2003; SALTO; ALMEIDA, 2016).

Inúmeros especialistas têm destacado o alto custo fiscal da atividade trabalhista no país, e tal questão poderia ser um fator determinante das taxas observadas de desemprego e atividades informais. Isto posto, conforme Silva *et al.* (2012), a lei trabalhista no Brasil é muito complexa, incluindo uma série de obrigações diversas destinadas aos funcionários e aos empregadores. Para Crespo (2013), cabe destacar que os tributos que se aplicam sobre o labor no país equivalem a praticamente duas vezes a taxação sobre o capital, incluindo patrimônio e renda, em uma taxação progressiva exemplar. Segundo Rocha e Macário (2015), o elevado custo trabalhista brasileiro responde pela grande parcela de pessoas envolvidas com atividades informais que vigora no país; afora isso, cerca de 46% da população que está em situação econômica ativa, no Brasil, não contribui com o setor da Previdência Social, encontrando-se desprotegida socialmente e, ainda, em posição dificultadora das despesas previdenciárias.

8.3 REFORMA TRIBUTÁRIA: PRINCIPAIS VANTAGENS À LUZ DE ASPECTOS CONTÁBEIS

A realidade de uma instituição interventora, ou de um governo, no mercado se faz necessária, tendo em vista que o setor privado pode não ser capaz de executar a totalidade das atribuições econômicas, perante a permanência de brechas no mercado. Tais brechas de mercado seriam equivalentes a questões econômicas que bloqueiam a ocorrência dos chamados "ótimos de Pareto", isto é, uma harmonia entre os valores ganhos pelos sujeitos. Nesse ínterim, não seria aceitável que um indivíduo pudesse melhorar sem que outro indivíduo piorasse suas condições econômicas. As incorreções mercadológicas seriam falhas como a ausência de efetividade em dado grau financeiro, dissimilaridades de dados existentes e exteriorizações capazes de alterar as associações econômicas (MARIANO, 2009; GIAMBIAGI; ALÉM, 2016). Uma reflexão acerca da intervenção estatal e um exame sobre uma suposta autonomia mercadológica, considerando que esta apresenta falhas, mantêm como fundamento as pesquisas seminais conduzidas por Keynes (2012), que discordava dos arranjos liberal-capitalistas e salientava o significado do Estado na função de assistir as situações da sociedade.

Na esfera do Erário público, ainda podem ser discutidas as afetações de recursos e a dimensão do Estado a receber, correlacionada a seu grau de aproveitamento de recursos, de acordo com o que discute Matias-Pereira (2010). Uma aplicação maior de recursos estaria associada a uma procura pela igualdade e incremento social, e nesse ínterim ainda se enquadra a teoria de uma tributação ótima, que tem como linha de pensamento a procura pela justiça social, já que a taxação ainda permanece associada à qualidade de vida da sociedade a contar de maior *performance* do Estado, criando a indigência de montantes mais elevados de recursos públicos. Uma composição tributária deveria apresentar como preceito a otimização do bem-estar da sociedade, a harmonia tributária e a efetividade financeira (CREPALDI; CREPALDI, 2019).

O sistema tributário imaginado deveria apresentar a qualidade de equidade para com os sujeitos que compõem a sociedade, embora ainda deva ser justo, considerando que os sujeitos que apresentam capacidade superior de contribuição deveriam ser aqueles com maior oneração, conforme o princípio da equidade e progressividade. Ademais, o sistema fiscal, ainda, deveria ser imparcial, isto é, deveria intervir o mínimo possível sobre a efetividade financeira, segundo o preceito da neutralidade. Finalmente, a taxação deveria se dar da maneira mais simples e acessível possível, seja em referência ao recebimento experimentado pelo governo, seja no que tange ao recolhimento do próprio contribuinte, conforme a premissa da simplicidade (GIAMBIAGI; ALÉM, 2016).

Os impostos deveriam acatar a competência de contribuição dos cidadãos. Seriam necessárias normas claras e acertadas, de forma a não ser uma condição arbitrária diante da sociedade; deveriam ser exequíveis e contemplar um procedimento com custo baixo para o Estado. Também, uma alta efetividade econômica deveria ser percebida no interior do modelo tributário (SANTOS, 2012).

Por seu turno, Giambiagi e Além (2016) entendem que no Brasil existe um modelo fiscal irregular e regressivo, que privilegia uma tributação relativa ao consumo, não separando os sujeitos que mantêm mais condições para pagamento daqueles sujeitos que mostram uma carência maior de recursos para tal adimplemento. Também, a cumulatividade que vigora embaraça a competitividade que os produtos brasileiros poderiam ter perante a disputa com os artigos derivados da importação. Considerando a alta taxa no valor de custo possibilitada por tal modelo, a cumulatividade ainda responde por disparidades mercadológicas, e nesse ínterim a necessidade de reformulações na estrutura do sistema é evidente e gritante, uma concepção praticamente uníssona entre os especialistas do setor.

8.3.1 Desburocratização

Os atritos vislumbrados na literatura referente ao STN fundamentam-se com maior frequência nos julgamentos atinentes à regressividade do modelo, às obscuridades que existem e à exagerada carga fiscal que nele vigora. A discussão acerca da tributação brasileira se dá a contar das orientações teóricas do sistema de tributação ótima, com o propósito de avaliar suas qualidades e capacidades no que tange às incidências de impostos. Para Giambiagi e Além (2016), os princípios da equidade, progressividade, neutralidade e simplicidade seriam os mais relevantes e merecedores de análise.

Evidencia-se uma transgressão ao princípio da equidade ou à competência de contribuição para com a taxação sobre o consumo, a qual vigora no país, extremamente onerosa para a classe menos favorecida da sociedade, que recebe, na sua enorme maioria, a coação em sustentar o Estado. Sem embargo, como resultado estabelecem-se um abismo social e uma das piores desigualdades sociais que o mundo experimenta (GASSEN; D'ARAÚJO; PAULINO, 2013).

Contrapondo a meta do governo com relação à equidade do modelo fiscal ou no que tange à elevação da efetividade do mercado, Sanchez (2015) procedeu a uma análise da atuação do arrecadamento referente ao IRPJ, CSLL e IRRF sobre os valores compatíveis com o rendimento do capital, com o propósito de averiguar a existência de um cuidado para com o incentivo a novos investimentos, considerando a eficácia do mercado, ou uma convergência à equidade fiscal. Conforme o autor, os resultados exibiram no período entre os anos de 2004 e 2009 uma prevalência de equidade tributária com um remanejamento da renda. Porém, entre os anos de 2010 e 2013, o governo abandonou a prática da política de ascensão na parcela dos impostos que incidem sobre o capital, retornando à estabilização da tributação sobre o capital e o consumo.

Uma tributação direcionada em relação à renda e ao patrimônio teria o dever de ser adotada na procura por um modelo fiscal mais equânime e progressivo. Os tributos sobre o valor percebido e o patrimônio versam sobre um modelo que pode permitir uma diminuição da disparidade social, já que ocasiona o dispêndio somente de contribuintes que puderam conquistar lucros ou que são proprietários de patrimônio, não prejudicando a ração da população que apresenta maior carência. São impostos que, conforme as proposições de reformulação fiscal fundamentadas pela teoria ótima de tributação, seriam significativos para a redução da disparidade social no país. Merece destaque, nesse escopo, a proposição de um imposto sobre as grandes fortunas, a qual permanece em trâmite no Congresso Nacional desde o ano de 2011 (BRASIL, 2011).

Com relação aos ordenamentos que circundam o princípio da neutralidade, constante na literatura especializada, é notório o efeito dos impostos em cascata na capacidade competitiva do mercado nacional na esfera internacional, a enorme intervenção nos preços que alcançam as prateleiras, e assim no consumidor final, perante a imensa tributação sobre o consumo, e os desvirtuamentos e batalhas tributárias que se sucedem no cenário nacional. Conforme defendem Castro e Moraes (2015), dever-se-ia ter planejado o abandono da competência estadual no que se refere aos ICMS, deixando-o a cargo da União, desde que exista uma unificação das alíquotas atinentes. Tal fato, com efeito, procederia a uma redução das batalhas fiscais que se sucedem entre as regiões estaduais, que concorrem entre si com o propósito de acolher os investidores, o que ocasiona variadas contendas entre as unidades da Federação (CASTRO; MORAES, 2015).

Consoante Mendes (2008), as deformidades do ICMS permitem que o modelo tributário nacional seja caracterizado como um fomentador de estímulos negativos tanto ao investimento como à poupança, aos postos de trabalho e, ainda, às exportações. Ainda, o autor salienta que, com a meta de alimentar o desenvolvimento nacional, seria necessário diminuir a carga de impostos, dominar, de forma mais adequada, as despesas públicas e enfocar as aplicações em infraestrutura e incremento social.

Finalmente, no que se refere ao princípio da simplicidade, conforme afirmam Giambiagi e Além (2016), o governo poderia procurar a efetividade com maior simplificação, reduzida burocracia e uma evidente facilidade em arrecadar e fiscalizar a arrecadação. Isto posto, a simplicidade gerencial seria o objetivo primeiro de qualquer modelo fiscal (SANTOS, 2012), conquanto, outra vez, tal premissa permanece longe de ser vislumbrada no modelo tributário brasileiro.

Por seu turno, Ayres e Szuster (2012) salientam que o modelo tributário brasileiro é exageradamente difícil, necessitando de equidade, de conveniência ao adimplemento e de economia na arrecadação. Também, quanto ao PIS/Pasep e à Cofins, cabe ressaltar a existência de normatizações e aplicabilidades demasiadamente complexas quanto a sua interpretação e carregadas de peculiaridades. Merece destaque a premente necessidade de revisão da normatização que regulamenta o PIS/Pasep e a Cofins, transformando-as em disposições mais justas e atinentes ao crescimento do país. Acerca da complexidade e ausência de objetividade e clareza, cabe salientar ainda o ICMS, e sua referente legislação nacional. Embora sob jurisdição dos estados, esse tributo apresenta distintas alíquotas e causa imensas disparidades, afora as já referidas batalhas fiscais. Conforme o entendimento de Lima e Rezende (2019), o modelo fiscal nacional é deveras complexo, mantendo aproximadamente

3 mil regras tributárias e mais de 60 classes de impostos cobrados pelo próprio governo, questão essa que confirma a origem dos elevados custos de administração, além dos sociais.

8.3.2 Vantagens no desenvolvimento socioeconômico do Brasil

Não obstante o Brasil ser uma nação com renda mediana, foi demonstrada no ano de 2016 uma capacidade arrecadatória fiscal bruta equivalente a R$ 2 trilhões, referente a 32,4% do PIB, valor aproximado à carga fiscal média de países que pertencem à OCDE. No ano de 2016, a arrecadação de tributos das nações participantes da OCDE compôs um valor de 34,3% do PIB. De tal modo, não resta dúvida de que, para o vigente grau de PIB *per capita* de aproximadamente US$ 10 mil, o país ostenta uma elevada carga tributária (OCDE, 2020).

Consoante a OCDE (2020), no ano de 2016, a carga de impostos média na América Latina e no Caribe estabeleceu-se em 22,7% do PIB, aproximadamente 10 pontos percentuais abaixo da exibida em relação ao PIB na carga tributária do Brasil. Isto posto, independentemente da comparação a ser conduzida, o Brasil manifesta uma carga tributária exagerada. Afora o volume da carga de tributos, o que decorre sobremaneira de desígnios sociais conscienciosos ou que não coadunam com a proporção do Estado brasileiro, especialmente quanto à dimensão do Estado de Bem-estar Social, o país ainda avulta na checagem internacional pela obscuridade tributária. As companhias brasileiras consomem aproximadamente 1.958 horas, em média, para o adimplemento de suas obrigações tributárias, perante as 332 horas gastas, em média, na América Latina e no Caribe (APPY, 2015).

É notório que o país foi um dos poucos que adotaram procedimentos dos *International Financial Reporting Standards* (IFRS) em expressões individuais, na medida em que tais normas são destinadas a declarações consolidadas, as quais, em contrapartida, apresentam como funcionalidade fundamental a informação aos partícipes de mercado com interesse em admitir o ânimo e a capacidade das associações empresariais em decisões sobre aplicações. Tal decisão, apesar de acertada sob uma perspectiva contábil, despontou assaz maléfica do prisma tributário (CURCINO *et al.*, 2013).

Os procedimentos dos IFRS exercem, de maneira abreviada, orientações fundamentais em referência ao trato e à disseminação do dado contábil: em primeiro lugar, a consideração das operações das instituições quanto a sua natureza econômica, propriedade entendida como inerente à elaboração das demonstrações financeiras, em virtude de se estabelecer como um componente nativo ao exame e interpretação do operante da contabilidade que busca perceber a funcionalidade financeira que as partes procuraram no acordo, com a perda de sua configuração jurídica, em concordância com o pronunciamento – CPC 00-R2, por parte do Comitê de Pronunciamentos Contábeis (CPC); em segundo lugar, os parâmetros de análise de ativos e passivos, os quais se mantêm conforme procedimentos definidos para tanto por parte da contabilidade e orientados de maneira prospectiva, guiados para o futuro e para a criação de caixa (DELGADO, 2017).

Sob uma perspectiva prática, as expressões do CPC acerca do reconhecimento de transações de arrendamento mercantil, conforme o CPC 06-R2, cujo adimplemento se baseia em ações, em conformidade com a CPC 10, de combinações de negócios, consoante a CPC 15-R2, das receitas de clientes, segundo o CPC 47, e de contratos de concessões, segundo a Interpretação ICPC 1, entre outros, consagram a utilização da natureza característica sobre o formato, rechaçando a manifestação pelo formato legal, que difere da substância financeira, que por sua vez não seria resultante da representação fiel, de acordo com as Bases para Conclusões, manifestas no CPC 00. No que diz respeito aos parâmetros de avaliação para ativos e passivos, as adaptações a valor justo e valor presente seriam os máximos exemplos (IUDÍCIBUS et al., 2017).

Assim, o parâmetro para reconhecer negócios conforme sua natureza econômica, na forma como é conduzido na contabilidade, não seria o ideal para fazer surgir a obrigação fiscal. Isso porque não se ajusta à presunção de aplicação delineada pela norma. Seria clássico o modelo adotado para as práticas contábeis determinantes do reconhecimento do balanço do arrendatário, não do arrendador, no caso, os bens arrendados a contar da observação de determinados pré-requisitos, entre os quais o de que o arrendatário assumiria os riscos e as vantagens do bem, de acordo com o estabelecido no CPC 06-R2. Não obstante, a operação de arrendamento, sendo mercantil ou não, caracterizar-se-ia como um acordo jurídico tradicional, habitual no modelo jurídico, uma vez que tal acordo, com a indispensável observância para aquele que tem a intenção de conduzir o negócio, cria os efeitos tributários (IUDÍCIBUS et al., 2017).

Os parâmetros de análise contábil também não se prestam a confirmar a competência contributiva, fundamental para que um sujeito seja onerado pelo imposto, uma vez serem reconhecidas as implicações prospectivas, futuras, as quais podem ou não se admitir, e exclusivamente depois de confirmadas é que poderiam ser capazes de criar efeitos tributários. Portanto, a compensação da análise a valor justo para um ativo apenas seria configurada como renda a ser tributável caso representasse um acrescentamento definitivo ao patrimônio, ao dispor pelo beneficiário e concretizado em crédito ou em moeda. Sem embargo do indispensável adimplemento das referidas condições para que a renda venha a ser tributada, a compensação da análise a valor justo poderia ser usada, pela instituição, conforme seu próprio discernimento, de modo inclusivo à repartição de lucros e dividendos (CREPALDI; CREPALDI, 2019).

Isto posto, os procedimentos contábeis suportados na preponderância da natureza econômica ou conforme seus próprios parâmetros de análise têm sido abertamente neutralizados, para propósitos fiscais, pela promulgação da Lei n. 12.973 (BRASIL, 2014). Essa expressão, seguida com o objetivo de impedir a criação de consequências tributárias pelos IFRS, nada obstante, não tem sido demonstrada como adequada (DELGADO, 2017). Progressivamente, o panorama de neutralização se desenvolve, assumindo uma grandeza inédita, considerando que a contabilidade seria a temática processual, a qual deve dispor-se de forma ágil acerca dos novos negócios e conjunturas financeiras. Assim, foi criada uma multiplicidade de regras a fim de neutralizar individualmente cada CPC editado, em seu comboio, gerando elevados custos aos contribuintes, além do risco de imprecisão e da cominação de autos de infração acompanhados de elevadas multas (SALTO; ALMEIDA, 2016).

Aparentemente, esse panorama irá eternizar-se, considerando que a contabilidade não para de crescer, seguindo a área econômica, e o Direito Tributário poderá receber os frutos de tais acordos jurídicos apenas no caso de a riqueza do contribuinte ser concretizada, de maneira peremptória.

Um entendimento a ser imposto, conforme a Lei n. 12.973 (BRASIL, 2014) e toda a sistematização introduzida pela referida lei, que intentava neutralizar as decorrências dos IFRS, falha em seus escopos e designa desafios e despesas que a razoabilidade demanda possam ser afastados. Até mesmo a Receita Federal do Brasil (RFB) se desprendeu dessa questão e tomou a frente, de forma a ser elogiada, na direção de extinguir tamanhos contratempos, demonstrando, recentemente, para ser debatida, a proposta denominada "Novo Lucro Real", que tem por base dois preceitos: a nova maneira de ser apurado o lucro real e o trato simplificado de determinadas situações tributárias. Uma nova maneira de ser apurado o lucro real tem por objetivo originar um fundamento de apuração que proceda das receitas tributáveis, as quais podem ser deduzidas como custos e despesas dedutíveis, apartando o lucro líquido contábil. Este seria o ponto de partida em vigor para a apuração do lucro real, considerando que poderia estar corrompido por práticas contábeis específicas. O procedimento simplificado de determinadas situações tributárias leva em conta os custos e as receitas decompostos de alguma influência contábil (CREPALDI; CREPALDI, 2019).

Sem embargo, seja o resultado fiscal, seja o universo onde são colhidos os referidos eventos fiscais, permanece a contabilidade das sociedades. Assim se desempenha a tarefa do cálculo do IRPJ nacional, a contar de sua criação, em meados de 1930: para sua montagem, a base inicial é composta dos valores registrados na área contábil, quer a receita bruta quer o lucro líquido, os singulares baluartes garantidos na retratação do produto tributável do exercício da empresa, a renda real ou o lucro real, de acordo com o determinado pelo CTN (art. 43 e consecutivos). Assim, não existem motivos para a elaboração de uma contabilidade colateral ou complementar, o que evitaria, maximamente, acolher informações externas da contabilidade ou, ainda, controles constituídos por contabilidades extralivros (ANFIP, 2018).

Ainda, conforme a RFB, os controles das subcontas poderão ser extintos, o que seria uma enorme vantagem aos contribuintes, bem como o banimento da origem de novos litigiosos. O sistema é, sem dúvida, uma etapa relevante e livra as instituições de uma inadequada neutralidade fiscal. Permanece assegurada a utilização de demonstrações financeiras, um componente seguro, mormente, conforme a apuração do IRPJ. A eleição de despesas e receitas, que criam consequências tributárias, denominadas "Resultado Fiscal", equivale à preservação do Livro de Apuração do Lucro Real (Lalur), excelente dispositivo inserido pelo Decreto-lei n. 1.598 (BRASIL, 1977), cuja funcionalidade permanece como o registro dos acertos ao lucro contábil, emprego esse crucial à apuração do imposto empresarial (FGV PROJETOS, 2018).

À vista disso, uma provável e admissível resposta seria a introdução de somente duas normas que possam neutralizar de maneira genérica e ampla essas discrepâncias entre a seara do Direito e a da Contabilidade: em primeiro lugar, a norma da neutralização de negócios confessos na contabilidade conforme o preceito da natureza sobre o formato; e, em segundo lugar, a neutralização das consequências da utilização de parâmetros de avaliação de acordo com os procedimentos contábeis, na ausência de mais particularizações, sendo responsabilidade do contribuinte o cumprimento da lei e do Fisco a obrigação de fazê-la ser cumprida. Seria função do Lalur o registro de tais discrepâncias, em substituição aos controles que vigoram hoje, os quais são necessários, reduzindo, desse modo, as despesas de fiscalização e o perigo de penalizações fiscais (FGV PROJETOS, 2018).

Outra questão de enorme importância ao tratar de reformas no IRPJ é atinente à tributação de lucros e dividendos, que, no cenário brasileiro, permanecem em isenção do Imposto sobre a Renda, na distribuição, do mesmo modo que na declaração dos rendimentos ou ajuste por conta dos sócios. A temática da conservação de tal desobrigação, conforme o estabelecido, permanece como ponto de discussão na agenda dos operadores da seara do direito, assim como dos debates constantes no Congresso Nacional, ininterruptamente dividindo julgamentos (DELGADO, 2017).

Inclusive, até 1995, momento no qual passou a vigorar o art. 10, inserido na Lei n. 9.249 (BRASIL, 1995), a repartição de dividendos seria tributada ainda na fonte. A Exposição de Motivos, presente na Lei n. 9.249 (BRASIL, 1995), estabelece que o objetivo da isenção tanto na distribuição como na declaração dos rendimentos de beneficiários seria tornar mais simples o cômputo do imposto empresarial, diminuindo os caminhos para o planejamento tributário, unificando a tributação de pessoas físicas e pessoas jurídicas e, notadamente, escolhendo o afastamento da tributação do mesmo montante lucrado por dois sujeitos passivos distintos, episódio ainda denominado bitributação econômica (MACHADO; BALTHAZAR, 2017). Tal disposição implicava, por decorrência racional, que as alíquotas do imposto sobre a receita do lucro empresarial pudessem ser acrescidas, conquanto o indivíduo do sócio seria desonerado. Aventa-se também um ajuste com a referida Exposição de Motivos, de eleição tributária, a qual objetivava fomentar o investimento em tarefas mais produtivas, por intermédio dos investidores (IUDÍCIBUS et al., 2017).

Tais afirmações da norma eram totalmente apropriadas, uma vez que na época vigorava o regime de tributação sobre os lucros e os dividendos ainda na fonte, convivendo-se com inúmeras e variadas situações, o que trazia enorme complexidade. Isto posto, existiam alíquotas distintas para arrecadações distribuídas por empresas de capital aberto, por sociedades uniprofissionais, por companhias orientadas às práticas rurais, por sociedades taxadas tendo por fundamento o lucro presumido, para os não residentes, na presunção de haver tratado de forma a impedir uma dupla tributação da receita, e prevendo alíquotas variadas daquelas acolhidas aos residentes no Brasil (TAMARINDO; PIGATTO, 2018). Afora isso, existia, ainda, um conjunto de casos nos quais era presumido serem os dividendos repartidos de maneira camuflada, com o intuito de impedir a aplicação de tributo, conforme tipifica a lei, além das demais abertamente perpetradas sem nenhuma decorrência, como seria a situação do acúmulo de ações ou quotas. Uma isenção quanto à repartição de dividendos e lucros procedeu à diminuição do litigioso fiscal que havia ao redor de tal incidência, notadamente das vias alternativas que seriam opções para dela escapar (DELGADO, 2017).

Desde que passou a vigorar a Lei n. 9.249 (BRASIL, 1995), iniciou o surgimento de proposições tramitando no Congresso Nacional a fim de revogar o art. 10, o que prevê a desobrigação. Os mais relevantes pressupostos são: o discernimento contra os demais indivíduos que granjeiam renda; a eliminação da receita por parte da União; o detrimento à progressividade, da qual deve ser revestido o Imposto sobre a Renda, privilegiando desse modo a categoria mais privilegiada da sociedade e fomentando a transformação de renda do exercício assalariado para a renda de capital. Quando analisados, tais argumentos poderiam não ser merecedores de progressão (SALTO; ALMEIDA, 2016).

De início, os dividendos só seriam distribuídos aos sócios após o que teria sido convenientemente tributado por parte da pessoa jurídica, hoje em função da alíquota geral combinada ao IRPJ e equivalente complementar, de 25%, além da Contribuição Social calculada sobre o Lucro, na ordem de 9%. É relevante destacar que a receita, oriunda do exercício da pessoa jurídica, primária etapa a fim de se alcançar o lucro, passa a ser severamente cunhada por variados tributos, os quais oneram a produtividade de bens e serviços, afora as contribuições sociais, que empenham a receita. Outrossim, o grau de valores deduzidos do lucro líquido parece ser progressivamente mais reduzido, o que acarreta uma elevação indireta da IRPJ. É fundamental ponderar que nações que empenham a repartição dos dividendos apresentam, geralmente, menores alíquotas de imposto acerca do lucro empresarial, cientes de assumirem variadas deduções à base (DELGADO, 2017).

Conforme a Lei n. 9.249 (BRASIL, 1995), no texto do art. 9º foi introduzida a contingência de as uniões societárias poderem deduzir juros estimados sobre as contas referentes ao patrimônio líquido, ou Juros sobre Capital Próprio (JCP), de fato saldados ou garantidos aos sócios, a título de gastos com correção. Assim, os montantes pertencentes ao sócio e que são mantidos em conta de patrimônio líquido procedem simétricos, para finalidades tributárias, aos capitais cedidos à instituição, investidos na operação de produção, e desse modo, sendo objeto de estipêndio. Adverte-se, sob uma perspectiva rigorosamente societária, na qual aos sócios parece autêntico contratar remuneração proveniente de contas do patrimônio líquido, que consiste em uma disposição de essência genuinamente negocial e que apenas afeta aos próprios (CREPALDI; CREPALDI, 2019). A inovação trazida pela Lei n. 9.249 (BRASIL, 1995), dessarte, teria sido a autorização da dedução tributária desse custo, a exemplo de empréstimos assentes com terceiros, motivando, para tanto, entraves e circunstâncias particulares.

Involuntariamente ao que tenha sido avençado entre os sócios, a dedução dos juros saldados ou creditados é limitada, consoante a Lei n. 9.249 (BRASIL, 1995), à variação *pro rata die* da Taxa de Juros de Longo Prazo (TJLP) por conta do BNDES, ou a denominada Taxa de Longo Prazo (TLP), durante o período em que o patrimônio permanecer subjugado a tal demonstração financeira. Em contrapartida, o pagamento ou o crédito dos juros permanece vinculado à comparência de lucros, estimados no período anterior à dedução de tais juros, ou dos lucros apurados e reservas de lucros, em valor idêntico ou acima do dobro do valor dos juros que devem ser adimplidos ou creditados (ANFIP, 2018).

Do mesmo modo como se sucedeu à desobrigação de dividendos e lucros, o dispositivo do JCP tem sido matéria de discussão a contar de sua proposição, já havendo intentados inúmeros projetos de lei com o objetivo de aboli-los. A mais significativa argumentação reside em representar uma dedução imprópria, a qual retira recursos dos cofres públicos em prol de sociedades corporativas e de seus elementos societários. Tal assertiva não é sustentada, uma vez que, caso os sócios admitissem parar de ceder recursos para a sociedade, deveriam, também, arrebatá-los no mercado, seguramente com valores mais elevados que os antevistos pela norma para o JCP (FGV PROJETOS, 2018). Outro pressuposto que não é sustentado seria o de que o JCP poderia ser representado como uma forma de pagamento de dividendos camuflada, o que não se aplicaria no contexto de isenção vigente quanto à repartição dos lucros, já que o JCP é taxado na razão de 15%, ainda na fonte. Mesmo que fortuitamente seja implementada em período futuro uma diminuição no valor da alíquota nominal empresarial, ainda deve ser mantido o estímulo ao sócio para o investimento na sociedade, haja vista que, caso lhe seja retirada essa possibilidade, este poderia procurar o mercado financeiro, no qual permanecem investimentos, até mesmo os não tributáveis, assaz atraentes. Dessarte, termina por frustrar-se, igualmente, o desenvolvimento da sociedade em benefício de uma discriminação que não seria prudente admitir (IPEA, 2018).

8.4 CONSIDERAÇÕES FINAIS

Considerando a carga tributária, esta coopera de maneira significativa para o aumento dos custos associados aos produtos e serviços, havendo a necessidade de as organizações conduzirem uma adequada gestão dos tributos, com o propósito de otimizar sua competitividade perante o mercado. Todavia, a demanda por uma reformulação tributária mais intensa não é uma condição universal no país. De forma paralela, com efeito, os cidadãos brasileiros sofrem com a falta de empenho do Estado e com o receio da implementação de modificações mais incisivas. O histórico de escândalos de corrupção e formação de conchavos é severamente enraizado na sociedade nacional, abstraído dos escopos republicanos, e adia uma reflexão que já não tolera mais ser aguardada. No Brasil, o sistema tributário tem o formato regressivo e sobrecarrega aquele que menos tem condições de pagar as obrigações do Fisco, não havendo interesse e verdadeiros motivos para que os intérpretes econômicos mais atuantes efetivamente procurem uma modernização estrutural ao modelo vigente.

Ao avaliar o STN – Lei n. 5.172 (BRASIL, 1966), observa-se que está desatualizado e vagaroso, embora tenha conquistado diversos sucessos no decorrer de sua existência, o que resultou na tarefa desenvolvida por experientes e competentes juristas à época em que foi publicado. Como o decurso do tempo, seu texto se tornou obsoleto. Existe a demanda por uma atualização legislativa, que deverá ser compatível com a série de direitos e garantias que foram cerimoniosamente promulgados na vigente Constituição Federal (BRASIL, 1988).

Uma aceitável reforma tributária brasileira deveria percorrer algumas etapas importantes, primeiro ultrapassar o cunho regressivo do sistema de tributação e a complicação vigente. A configuração fiscal vigente causa iniquidades sociais, que comprovam o panorama de disparidade social advindo no país. Nesse ínterim, os aludidos autores observam a função exercida pela tributação e a demanda do compromisso da sociedade com vistas à equidade tributária e social; a sociedade deve estar comprometida com a cobrança para com seus representantes, ainda no que tange ao voto da proposta que versa sobre a tributação para amplas fortunas, a qual está estagnada no Congresso Nacional.

No que se refere à complexidade, a alteração de jurisdição do ICMS poderia ser um enorme progresso, e até poderia se tornar significativa a análise da probabilidade de acumulação das contribuições em uma única alíquota, tal qual é realizado no modelo Simples Nacional, conquanto sem isenções, nesse ínterim, o modelo poderia ser substancialmente simplificado e ganhar maior facilidade de interpretação. Em que pese o tema tenha ganhado força recentemente, modificações em normatizações do PIS/Pasep e Cofins ainda são consideradas forçosas ao atingimento de um modelo tributário que seja mais imparcial e coerente. No que tange aos tributos sobre a função profissional, ainda deverão ser escopo de discussões. Caberia procurar modificações capazes de provocar uma constância na área produtiva e maior inserção dos profissionais no mercado de trabalho mais formal, ou pela diminuição da despesa tributária sobre os honorários profissionais, ou por uma tolerância quanto à normatização trabalhista, de acordo com a Lei n. 13.467 (BRASIL, 2017).

Afora as conjecturas aqui aventadas, existe um enorme ambiente para a sugestão de mudanças para a legislação do IRPJ, o qual impacta fortemente nas organizações. No intuito de manter a evolução, seria necessário ponderar sobre os episódios concretos que cada gestor experimenta e, a partir disso, elaborar questões de debate para equipes de trabalho especializadas ou, ainda, para entidades que representam as categorias profissionais, dirigindo-as a quem for de direito.

Concluiu-se, dessa maneira, que a reforma tributária é essencial para o Brasil, país que possui um sistema tributário burocrático, ultrapassado e desequilibrado sob diversos contextos – social, econômico e jurídico, principalmente. O Governo Federal, em conjunto com o Congresso Nacional, deve realizar um planejamento eficaz, de maneira que todos os ajustes necessários sejam realizados, a fim de promover equilíbrio, dinamismo e eficiência referente ao sistema tributário brasileiro. Nesse sentido, com base nos autores indicados no presente capítulo, verificou-se que devem ser planejadas soluções para duas características fundamentais no processo de reforma tributária brasileira: desburocratização referente ao sistema tributário, por meio de medidas profundas, que não se limitem à simplificação das alíquotas; diminuição do valor despendido para cumprir as obrigações tributárias.

Assim, acredita-se que a solução desses dois pontos aliviaria os gargalos burocráticos que impedem os investimentos no país. A partir dessas vertentes, outros aspectos importantes – e com maior especificidade – no contexto contábil nacional poderão ser efetivados de forma gradual.

Em síntese, este capítulo analisou as principais vantagens de uma reforma tributária no Brasil à luz de aspectos contábeis. Sugere-se, ainda, que outros estudos sejam desenvolvidos para discutir e fortalecer o tema da presente pesquisa, levando em consideração a evolução da sociedade, do mercado e da legislação, bem como os principais autores no campo da Contabilidade.

REFERÊNCIAS

ABRAHAM, M.; PEREIRA, V. P. *A jurisprudência tributária vinculante*: teoria e precedentes. São Paulo: Quartier Latin, 2015.

AMARO, Luciano. *Direito tributário brasileiro*. 19. ed. São Paulo: Saraiva, 2013.

ANDRADE, Jucilaine A. Reforma tributária no Brasil e seus impactos na redução da desigualdade: uma análise das propostas de emenda à Constituição sob a perspectiva da justiça fiscal. *Revista Eletrônica Gestão & Sociedade*, Belo Horizonte, v. 9, n. 22, p. 832-852, jan./abr. 2015. ISSN 1980-5756. Disponível em: https://www.gestaoesociedade.org/gestaoesociedade/article/download/2017/1106. Acesso em: 12 abr. 2021.

ANFIP. *A reforma tributária necessária*: diagnóstico e premissas. Anfip – Associação Nacional dos Auditores-Fiscais da Receita Federal do Brasil e Fenafisco – Federação Nacional do Fisco Estadual e Distrital. Eduardo Fagnani (org.). Brasília: Anfip; Fenafisco, 2018. São Paulo: Plataforma Política Social, 2018. ISBN: 978-85-62102-27-1. Disponível em: http://plataformapoliticasocial.com.br/wp-content/uploads/2018/05/REFORMA-TRIBUTARIA-SOLIDARIA.pdf. Acesso em: 12 abr. 2021.

APPY, Bernard. Por que o sistema tributário brasileiro precisa ser reformado? *Interesse Nacional*, v. 31, n. 9, 2015. Disponível em: http://www.ccif.com.br/wp-content/uploads/2018/07/Appy_Tributa%C3%A7%C3%A3o_1610.pdf. Acesso em: 12 abr. 2021.

ATALIBA, Geraldo; MIRANDA, Rosolea. *República e Constituição*. 3. ed. atual. São Paulo: Malheiros, 2011. ISBN-10: 8539200457. ISBN-13: 978-8539200450.

AYRES, Rosângela Mesquita; SZUSTER, Natan. PIS/Pasep, Cofins e EFD-contribuições: aplicação da legislação na contabilidade tributária. Percepção de especialistas em tributos. *Advances in Scientific and Applied Accounting*, São Paulo, v. 5, n. 2, p. 222-255, maio/ago. 2012. ISSN: 1983-8611. DOI 10.14392/ASAA/2012050204. Disponível em: http://asaa.anpcont.org.br/index.php/asaa/article/download/102/66. Acesso em: 12 abr. 2021.

BALEEIRO, Aliomar; MACHADO SEGUNDO, Hugo de Brito. *Uma introdução à ciência das finanças*. 19. ed. rev. e atual. Rio de Janeiro: Forense, 2015. ISBN-10: 8530961145. ISBN-13: 978-8530961145.

BERTOLUCCI, A. V. *O custo de administração de tributos federais no Brasil*: comparações internacionais e propostas para aperfeiçoamento. 2005. Tese (Doutorado em Controladoria e Contabilidade) – Faculdade de Economia, Administração e Contabilidade, Universidade de São Paulo, São Paulo, 2005.

BOTELHO, Luciano Henrique Fialho; ABRANTES, Luíz Antônio. Reflexões sobre as incidências tributárias no Brasil e suas relações com o desenvolvimento socioeconômico nacional. *Ciências Sociais Unisinos*, Unisinos, v. 54, n. 1, p. 126-133, jan./abr. 2018. DOI 10.4013/csu.2018.54.1.12.

BRASIL. Lei n. 5.172, de 25 de outubro de 1966. *Dispõe sobre o Sistema Tributário Nacional e institui normas gerais de direito tributário aplicáveis à União, Estados e Municípios.* Brasília, DF: Presidência da República. Disponível em: http://www.planalto.gov.br/ccivil_03/leis/l5172.htm. Acesso em: 12 abr. 2021.

BRASIL. Decreto-lei n. 1.598, de 26 de dezembro de 1977. *Altera a legislação do imposto sobre a renda.* Brasília, DF: Presidência da República. Disponível em: http://www.planalto.gov.br/ccivil_03/Decreto-Lei/Del1598.htm. Acesso em: 12 abr. 2021.

BRASIL. *Constituição da República Federativa do Brasil de 1988.* Brasília, DF: Presidência da República. Disponível em: http://www.planalto.gov.br/ccivil_03/constituicao/constituicao.htm. Acesso em: 12 abr. 2021.

BRASIL. Lei n. 9.249, de 26 de dezembro de 1995. *Altera a legislação do imposto de renda das pessoas jurídicas, bem como da contribuição social sobre o lucro líquido, e dá outras providências.* Brasília, DF: Presidência da República. Disponível em: http://www.planalto.gov.br/ccivil_03/LEIS/L9249.htm. Acesso em: 12 abr. 2021.

BRASIL. Emenda Constitucional n. 33, de 11 de dezembro de 2001. *Altera os arts. 149, 155 e 177 da Constituição Federal.* Brasília, DF: Presidência da República. Disponível em: http://www.planalto.gov.br/ccivil_03/constituicao/emendas/emc/emc33.htm. Acesso em: 12 abr. 2021.

BRASIL. Lei n. 12.973, de 13 de maio de 2014. *Altera a legislação tributária federal relativa ao Imposto sobre a Renda das Pessoas Jurídicas – IRPJ, à Contribuição Social sobre o Lucro Líquido – CSLL [...].* Brasília, DF: Presidência da República. Disponível em: http://www.planalto.gov.br/ccivil_03/_ato2011-2014/2014/lei/l12973.htm. Acesso em: 12 abr. 2021.

BRASIL. Lei n. 13.467, de 13 de julho de 2017. *Altera a Consolidação das Leis do Trabalho (CLT), aprovada pelo Decreto-Lei n. 5.452, de 1º de maio de 1943, e as Leis n. 6.019, de 3 de janeiro de 1974, [...].* Brasília, DF: Presidência da República. Disponível em: http://www.planalto.gov.br/ccivil_03/_ato2015-2018/2017/lei/l13467.htm. Acesso em: 12 abr. 2021.

BRASIL. Senado Federal. Projeto de Lei do Senado n. 534, de 2011 (Complementar). *Regulamenta o inciso VII do art. 153 da Constituição Federal, para dispor sobre a tributação de grandes fortunas.* Atividade legislativa. Autoria: Senador Antonio Carlos Valadares (PSB/SE). Brasília, DF: Senado Federal, Secretaria-Geral da Mesa. Disponível em: https://www25.senado.leg.br/web/atividade/materias/-/materia/101942/pdf. Acesso em: 12 abr.l 2021.

BRASIL. STF. REsp 478.958-PR 2002/0109326-8, Rel. Min. Luiz Fux, j. 24.06.2003, 1ª Turma, *DJ* 04.08.2003, p. 237, *REVJMG*, v. 165, p. 446. *RJADCOAS*, v. 49, p. 105.

CARVALHO, Paulo de Barros. *Curso de direito tributário.* 30. ed. São Paulo: Saraivajur, 2019. ISBN-10: 8553602680. ISBN-13: 978-8553602681.

CARVALHO FILHO, José dos Santos. *Manual de direito administrativo.* 24. ed. Rio de Janeiro: Lumen Juris, 2011.

CASTRO, I. R. de; MORAES, R. R. O ICMS e a guerra fiscal entre estados: uma análise a respeito desse tributo. *Revista de Administração e Contabilidade*, [s. l.], v. 2, n. 3, p. 2-17, 2015.

CREPALDI, Silvio Aparecido. *Contabilidade rural*: uma abordagem decisorial. 8. ed. São Paulo: Atlas, 2016. ISBN-10: 8597008296. ISBN-13: 978-8597008296.

CREPALDI, Silvio Aparecido; CREPALDI, Guilherme Simões. *Contabilidade fiscal e tributária:* teoria e prática. 2. ed. Saraiva Uni, 2019. ISBN-10: 8553131963. ISBN-13: 978-8553131969.

CRESPO, Silvio Guedes. Tributo sobre o trabalho é quase o dobro do que incide sobre o capital. *UOL Economia, Blog Achados Econômicos*. 6 ago. 2013. Disponível em: https://achadoseconomicos.blogosfera.uol.com.br/2013/08/06/tributo-sobre-o-trabalho-e-quase-o-dobro-do-que-incide-sobre-o-capital/. Acesso em: 12 abr. 2021.

CUNHA, A.; TEIXEIRA, A. The impacts of trade blocks and tax reforms on the Brazilian economy. *Revista Brasileira de Economia,* Rio de Janeiro, v. 58, n. 3, p. 325-42, jul./set. 2004.

CURCINO, Geordana Mendonça; ÁVILA, Lucimar Antônio Cabral de; MALAQUIAS, Rodrigo Fernandes. Percepção dos alunos de ciências contábeis em relação à carga tributária no Brasil: um estudo comparativo entre alunos ingressantes e concluintes. *Revista Catarinense da Ciência Contábil*, [s. l.], v. 12, n. 34, p. 66-79, 2013.

DELGADO, Carlos Henrique Crosara. *Contabilidade IFRS e IRPJ*: efeitos da nova contabilidade internacional sobre a tributação da renda. Lumen Juris, 2017. ISBN-10: 8551903160. ISBN-13: 978-8551903162.

ELLERY JR., Roberto; GOMES, Victor. Política fiscal, choques de oferta e a expansão econômica de 2003-2007. *Brazilian Business Review*, [s. l.], v. 11, n. 3, p. 56-80, 2014.

FGV PROJETOS. Reforma tributária: debates e reflexões. *Cadernos FGV Projetos*, São Paulo, ano 13, n. 34, out. 2018. ISSN 1984-4883. Disponível em: https://portalibre.fgv.br/data/files/52/92/A4/65/A714761099D314768904CBA8/WebPage.pdf. Acesso em: 12 abr. 2021.

GASSEN, Valcir; D'ARAÚJO, Pedro Júlio Sales; PAULINO, Sandra Regina da F. Tributação sobre consumo: o esforço em onerar mais quem ganha menos. *Seqüência*, Florianópolis, n. 66, p. 213-234, jul. 2013. DOI 10.5007/2177-7055.2013v34n66p213. Disponível em: https://www.scielo.br/pdf/seq/n66/09.pdf. Acesso em: 12 abr. 2021.

GIAMBIAGI, Fabio; ALÉM, Ana Cláudia. *Finanças públicas:* teoria e prática no Brasil. 5. ed. Rio de Janeiro: Campus Elsevier, 2016. ISBN 9788535284379.

GOBETTI, Sérgio Wulff; ORAIR, Rodrigo Octávio. *Tributação e distribuição da renda no Brasil*: novas evidências a partir das declarações tributárias das pessoas físicas. IPC-IG Working paper n. 136. Brasília, International Policy Centre for Inclusive Growth, fev. 2016.

HICKMANN, Clair Maria. Privilégios tributários: quando os pobres pagam pelos ricos. *Le Monde Diplomatique Brasil*. 11 set. 2007. Disponível em: https://diplomatique.org.br/quando-os-pobres-pagam-pelos-ricos/. Acesso em: 12 abr. 2021.

IPEA. *Reforma tributária:* Ipea-OAB/DF. Organizadores: Adolfo Sachsida e Erich Endrillo Santos Simas. Rio de Janeiro: Ipea: OAB/DF, 2018. ISBN 978-85-7811-328-5. Disponível em: http://repositorio.ipea.gov.br/bitstream/11058/8379/1/Reforma%20tribut%C3%A1ria_IPEA-OAB_DF.pdf. Acesso em: 12 abr. 2021.

IPEA. *Reforma tributária e federalismo fiscal:* uma análise das propostas de criação de um novo imposto sobre o valor adicionado para o Brasil. Texto para discussão n. 2530. Instituto de Pesquisa Econômica Aplicada – Ipea. Brasília; Rio de Janeiro: Ipea, 2019. ISSN 1415-4765. Disponível em: https://observatorio-politica-fiscal.ibre.fgv.br/sites/observatorio-politica-fiscal.ibre.fgv.br/files/u49/td_2530.pdf. Acesso em: 12 abr. 2021.

IUDÍCIBUS, Sérgio de; MARION, José Carlos; FARIA, Ana Cristina de. *Introdução à teoria da contabilidade.* De acordo com os CPCs e as normas internacionais de contabilidade. 6. ed. São Paulo: Atlas, 2017.

JUNQUEIRA, Murilo de Oliveira. O nó da reforma tributária no Brasil (1995-2008). *Revista Brasileira de Ciências Sociais*, São Paulo, v. 30, n. 89, p. 93-113, out. 2015. DOI 10.17666/308993-113/2015. Disponível em: https://www.scielo.br/pdf/rbcsoc/v30n89/0102-6909-rbcsoc-30-89-0093.pdf. Acesso em: 12 abr. 2021.

KEYNES, John Maynard. *Teoria geral do emprego, do juro e da moeda*. São Paulo: Saraiva, 2012. ISBN-10: 8502180355. ISBN-13: 978-8502180352.

LIMA, Emanoel Marcos; REZENDE, Amaury Jose. Um estudo sobre a evolução da carga tributária no Brasil: uma análise a partir da Curva de Laffer. *Interações*, Campo Grande, v. 20, n. 1, p. 239-255, jan./mar. 2019. Disponível em: https://www.scielo.br/pdf/inter/v20n1/1518-7012-inter-20-01-0239.pdf. Acesso em: 12 abr. 2021.

LOPES, Alexsandro Broedel; GALDI, Fernando Caio; LIMA, Iran Siqueira. *Manual de contabilidade e tributação de instrumentos financeiros e derivativos*. 2. ed. Grupo GEN, 2011. ISBN-13 8522462836. ISBN 9788522462834.

LOPES, Alexsandro Broedel; IUDÍCIBUS, Sérgio de. *Teoria avançada da contabilidade*. 2. ed. São Paulo: Atlas, 2012. ISBN-10: 8522467560. ISBN-13: 978-8522467563.

MACHADO, Carlos Henrique; BALTHAZAR, Ubaldo Cesar. A reforma tributária como instrumento de efetivação da justiça distributiva: uma abordagem histórica. *Seqüência*, Florianópolis, n. 77, p. 221-252, nov. 2017. DOI 10.5007/2177-7055.2017v38n77p221.

MACHADO, Hugo de Brito. *Curso de direito tributário*. 34. ed. São Paulo: Malheiros, 2013.

MARTINS, Sérgio Pinto. *Manual de direito tributário*. 18. ed. São Paulo: Saraivajur, 2018. ISBN-10: 8553605485. ISBN-13: 978-8553605484.

MARIANO, Fabricio. *Finanças Públicas:* teoria e questões. Rio de Janeiro: Quileditora, 2009. 248 p. ISBN-10: 8562634042. ISBN-13: 978-85626334048.

MATIAS-PEREIRA, José. *Finanças públicas*: a política orçamentária no Brasil. 4. ed. rev. e atual. São Paulo: Atlas, 2010. ISBN-10: 8522458723. ISBN-13: 978-8522458721.

MENDES, Marcos J. *Os sistemas tributários de Brasil, Rússia, China, Índia e México*: comparação das características gerais. Textos para discussão 49. Consultoria Legislativa do Senado Federal, Centro de Estudos, Brasília, out. 2008. ISSN 1983-0645. Disponível em: https://www12.senado.leg.br/publicacoes/estudos-legislativos/tipos-de-estudos/textos-para-discussao/td-49-os-sistemas-tributarios-de-brasil-russia-china-india-e-mexico-comparacao-das-caracteristicas-gerais. Acesso em: 12 abr. 2021.

NOGUEIRA, A. B.; TEIXEIRA, A. C. C.; BAPTISTA, E. C. S. Reforma da Cofins: um estudo comparativo da arrecadação projetada pela tributação cumulativa e o impacto da não-cumulatividade sobre as empresas de transportes de cargas. *Revista Gestão & Planejamento*, [s. l.], v. 13, n. 1, p. 145-163, 2012.

NUNES, Renato. *Tributação e contabilidade*: alguns apontamentos sobre as relações entre os sistemas jurídico e contábil. Almedina, 2013. ISBN-10: 8563182366. ISBN-13: 978-8563182364.

OCDE. *Revenue statistics in Latin America and the Caribbean*. 1990-2018. OCDE – Organização para a Cooperação e Desenvolvimento Econômico. Paris: OECD Publishing, 2020. DOI 10.1787/68739b9b-en-es. ISBN 978-92-64-72155-5 (print/impresa). ISBN 978-92-64-28282-7 (pdf). ISSN 2410-4728 (print/impresa). ISSN 2410-4736 (online/en línea). Disponível em: https://www.oecd-ilibrary.org/docserver/68739b9b-en-es.pdf?expires=1589450700&id=id&accname=guest&checksum=AAA-014867FD723DFF55CB7571BDAE09C. Acesso em: 12 abr. 2021.

OLIVEIRA, Luís Martins de; CHIEREGATO, Renato; PEREZ JUNIOR, José Hernandez; GOMES, Marliete Bezerra. *Manual de contabilidade tributária:* textos e testes com as respostas. 14. ed. São Paulo: Atlas, 2015. ISBN-10: 8597001992. ISBN-13: 978-8597001990.

PAULSEN, Leandro. *Curso de direito tributário*: completo. 4. ed. Porto Alegre: Livraria do Advogado, 2012.

PÊGAS, Paulo Henrique. *Reforma tributária já*: entenda quanto você paga de impostos, por que paga e para onde vai o seu dinheiro. CRV, 2017. ISBN-10: 8544415229. ISBN-13: 978-8544415221.

PISCITELLI, Roberto Bocaccio; ELLERY JR., Roberto; COSTA, Tania. *Reforma tributária*: a costura de um grande acordo nacional. São Paulo: Atlas, 2009. ISBN-10: 8522455422. ISBN-13: 978-8522455423.

POHLMANN, Marcelo Coletto. *Contribuição ao estudo da classificação interdisciplinar da pesquisa tributária e do impacto da tributação na estrutura de capital das empresas*. 2005. 273 f. Tese (Doutorado em Controladoria e Contabilidade) – Faculdade de Economia, Administração e Contabilidade da Universidade de São Paulo, São Paulo, 2005.

POHLMANN, Marcelo Coletto; IUDÍCIBUS, Sérgio de. Relação entre a tributação do lucro e a estrutura de capital das grandes empresas no Brasil. *Revista Contabilidade & Finanças, Universidade de São Paulo*, São Paulo, v. 21, n. 53, maio/ago. 2010. Disponível em: http://www.revistas.usp.br/rcf/article/view/34312/37044. Acesso em: 12 abr. 2021.

ROCHA, Flávia Rebecca Fernandes; MACÁRIO, Epitácio. Padrão atual de acumulação de capital, mundo do trabalho e reestruturação da previdência social no Brasil. *Revista Katálysis*, Florianópolis, v. 18, n. 2, p. 191-201, jul./dez. 2015. Disponível em: https://periodicos.ufsc.br/index.php/katalysis/article/download/37581/31319. Acesso em: 12 abr. 2021.

SABBAG, Eduardo. *Manual de direito tributário*. 5. ed. São Paulo: Saraiva, 2013.

SALTO, Felipe; ALMEIDA, Mansueto. *Finanças públicas*: da contabilidade criativa ao resgate da credibilidade. Rio de Janeiro, Record, 2016. ISBN-10: 8501091715. ISBN-13: 978-8501091710.

SANCHEZ, Andre Felipe de Carvalho. Eficiência x equidade na tributação sobre o capital no Brasil. *In: XXXIX Encontro da Anpad*. Belo Horizonte/MG, 13 a 16 de setembro de 2015. Belo Horizonte: Anpad, 2015. Disponível em: https://www.researchgate.net/profile/Andre_Sanchez8/publication/299474609_Eficiencia_x_Equidade_na_tributacao_sobre_o_capital_no_Brasil/links/5dd05f54a6fdcc7e138771ee/Eficiencia-x-Equidade-na-tributacao-sobre-o-capital-no-Brasil.pdf. Acesso em: 12 abr. 2021.

SANTOS, Técia Rodrigues dos. *A importância da reforma tributária para o desenvolvimento econômico do Brasil*. 2012. 62 f. Monografia (Graduação em Ciências Contábeis) – Centro de Ensino Superior do Ceará, Faculdade Cearense, Fortaleza, 2012. Disponível em: https://ww2.faculdadescearenses.edu.br/biblioteca/TCC/CCO/A%20IMPORTANCIA%20DA%20REFORMA%20TRIBUTARIA%20PARA%20O%20DESENVOLVIMENTO%20E%20TECIA%20RODRIGUES%20DOS%20SANTOS.pdf. Acesso em: 12 abr. 2021.

SILVA, Delso Morais da. Incidência tributária e estrutura de mercado. *Revista de Economia e Administração*, São Paulo, v. 2, n. 4, p. 61-80, out./dez. 2003. Disponível em: http://www.spell.org.br/documentos/download/25647. Acesso em: 12 abr. 2021.

SILVA, Denize Mirian da; PINTOS-PAYERAS, José Adrian. Análise da progressividade da carga tributária sobre a população da região Sul do Brasil. *Análise Econômica*, Porto Alegre, v. 35, n. 67, p. 147-167, mar. 2017. DOI 10.22456/2176-5456.42884. Disponível em: https://seer.ufrgs.br/AnaliseEconomica/article/download/42884/40803. Acesso em: 12 abr. 2021.

SILVA, Marcelo Pinto; MARTINS, Cíntia Rodrigues; VENDRUSCOLO, Maria Ivanice. Custo do trabalho no Brasil: um estudo nas empresas que se destacaram no *ranking* da internacionalização. *In: XIX Congresso Brasileiro de Custos* – Bento Gonçalves, RS, Brasil, 12 a 14 de novembro de 2012. Bento Gonçalves: CBC, 2012. Disponível em: https://anaiscbc.emnuvens.com.br/anais/article/download/327/327. Acesso em: 12 abr. 2021.

SIQUEIRA, R. B.; NOGUEIRA, J. R.; SOUZA, E. S. A incidência final dos impostos indiretos no Brasil: efeitos da tributação de insumos. *Revista Brasileira de Economia*, Rio de Janeiro, v. 55, n. 4, p. 513-44, set./dez. 2001.

TAMARINDO, Ubirajara Garcia Ferreira; PIGATTO, Gessuir. *Tributação no agronegócio:* uma análise geral dos principais tributos incidentes. Leme: Editora JH Mizuno, 2018. ISBN-10: 8577893510. ISBN-13: 978-8577893515.

9

TRIBUTAÇÃO DA ECONOMIA DIGITAL – ANÁLISE DA RECENTE JURISPRUDÊNCIA DO SUPREMO TRIBUNAL FEDERAL, TRIBUNAIS DE JUSTIÇA E TRIBUNAIS ADMINISTRATIVOS ACERCA DO CONFLITO DE INCIDÊNCIA ENTRE ICMS E ISS NA COMERCIALIZAÇÃO DE SaaS E *STREAMING*

Carlos Eduardo da Silva
Caroline Ramos dos Santos

9.1 INTRODUÇÃO

A digitalização da economia impôs diversos desafios às políticas fiscais dos países. No Brasil, mundialmente conhecido pela complexidade tributária, o crescente consumo de bens e serviços digitais ganhou contornos epopeicos na disputa travada entre os entes tributantes quanto à competência para tributar, agravada pela dificuldade de adaptar velhas normas aos novos negócios.

Especialmente impulsionadas pela pandemia e pelas medidas de isolamento, as ofertas de *software as a service* (SaaS) e *streaming* apresentaram expressivo crescimento. O *streaming*, apenas no primeiro semestre de 2020, mostrou crescimento de aproximadamente 145% no número de assinantes (SILVA, 2021).

Nesse contexto, objetivamos neste capítulo analisar brevemente, sob a perspectiva do sistema tributário brasileiro, a jurisprudência do Supremo Tribunal Federal (STF), Tribunais de Justiça e tribunais administrativos acerca do potencial conflito de incidência entre o Imposto sobre Serviços de Qualquer Natureza (ISS) e o Imposto sobre Circulação de Mercadorias e Serviços (ICMS) na comercialização de SaaS e *streaming*.

9.2 DEFINIÇÃO DE SaaS E *STREAMING*

9.2.1 SaaS (*software as a service* - *software* como serviço)

Na economia digital podemos dizer que a comercialização de *software* é a que apresenta maiores mudanças em seu processo de disponibilização ao usuário. Ao longo dos anos o *software* já foi disponibilizado por mídias como disquetes, CD-ROM, *download* e, mais recentemente, por meio de acesso a bancos de dados que se encontram em locais indeterminados, comumente chamados de nuvens ou *clouds*.

Daniela Silveira Lara, Beatriz Antunes Piazza, Christiane Alves Alvarenga, Vinicius Jucá Alves, Salvador Cândido Brandão Jr. e Maurício Barros, no artigo "IAAS, PAAS e SAAS: como tributar" (LARA *et al.*, 2019, p. 408), definem que:

> [...] o contrato de SaaS puro é misto, por envolver prestações de serviço de nuvem que abarcam tanto a infraestrutura quanto a plataforma, mas que têm como prestação preponderante o licenciamento de programa de computador.

Ademais, no artigo "*Software* como serviço: um modelo de negócio emergente" (MELO *et al.*, [20-]), Cássio A. Melo, Daniel F. Arcoverde, Éfrem R. A. Moraes, João H. C. Pimentel e Rodrigo Q. Freitas definem, em resumo, que no modelo de SaaS os clientes pagam pela utilização do serviço e não pela sua propriedade:

> *Software* como Serviço (*Software as a Service* – SaaS) é um modelo de entrega de *software* onde as empresas clientes pagam, não pela propriedade do *software*, mas pelo uso do mesmo e as companhias fornecedoras provêm manutenção e suporte técnico aos seus clientes.

Finalmente, Verônica Cristina Moura Silva Mota (2017) descreve:

> [...] *Software as a Service* (SaaS), é o modelo de computação em nuvem mais fácil de se visualizar, podendo ser acessado de qualquer computador ou dispositivo móvel pelos usuários, por meio de senha e de forma remota, por meio da internet, de onde o usuário acessa banco(s) de dados que se encontram hospedados em locais indeterminados, chamados de "nuvem".

Diante do exposto, é possível concluir que o SaaS é o modelo de computação em nuvem, no qual o fornecedor do *software* é responsável por prover toda a estrutura, atualização e suporte técnico ao cliente mediante pagamento pela utilização e sem transferência de propriedade.

9.2.2 Streaming

Embora o *streaming* seja algo presente na realidade de muitos brasileiros, o conceito para fins de tributação pode ser mais custoso. Por esse motivo, vamos recorrer à doutrina a fim de tentar conceituar essa atividade. Com efeito, o *streaming* é explicado por Bruno Capelli Fulginiti (2020) como:

> A disponibilização onerosa de conteúdos de multimídia protegidos por direitos autorais (músicas, filmes e séries), normalmente contratados por meio de uma assinatura mensal, que são reproduzidos à medida que recebidos pelo usuário. Ou seja, diferentemente do *download*, em que o conteúdo recebido fica definitivamente armazenado no dispositivo do usuário, os conteúdos acessados por meio do *streaming* são disponibilizados por uma plataforma *on-line* (*multicast* ou *broadcast*), armazenados temporariamente e imediatamente reproduzidos aos seus usuários.

De forma semelhante, Ana Carolina Carpinetti e Beatriz Antunes Piazza (2018, p. 290) trazem o seguinte conceito para referida atividade, fazendo inclusive analogia com a locadora de filmes:

> [...] nas operações de *streaming* há a disponibilidade ao cliente ou usuário de conteúdo organizados em um ambiente virtual específico, de forma muito semelhante a uma loja que organiza os bens destinados à revenda em seu estabelecimento (seja físico ou virtual).
>
> É possível que esse conteúdo seja adquirido individualmente (por obra por exemplo) ou que por meio de uma assinatura mensal que dá acesso ao assinante ao conjunto de obras disponíveis.
>
> A lógica é muito parecida com a de uma locadora de filmes, com a diferença de que, com a evolução tecnológica, as empresas passam a atribuir às suas atividades as facilidades proporcionadas pelo mundo hodierno. Temos, assim como no caso das locadoras de filmes, uma cessão temporária dos direitos de uso e gozo relacionados aos bens objeto da operação (filmes e músicas disponíveis no catálogo das empresas, por exemplo).
>
> Trata-se assim, primordialmente, de uma cessão de direito de uso das obras disponíveis.

Destarte, para fins de tributação, é possível entender o *streaming* como uma atividade paga pelo usuário para fins de obter acesso a um catálogo *on-line* de conteúdos que envolve música, cursos, filmes e/ou séries, porém não é possível realizar o *download* dos conteúdos em questão.

9.3 DEFINIÇÃO CONSTITUCIONAL PARA FINS DE TRIBUTAÇÃO

O Sistema Tributário Nacional é disciplinado pela Constituição Federal a partir do seu art. 145, que elenca os princípios gerais que deverão reger a matéria. Entre eles consta o mandamento constitucional de que a União, estados, Distrito Federal e municípios instituirão os tributos ali dispostos.

Especificamente no que diz respeito ao ICMS, o art. 155, II, do texto constitucional estabelece que é de competência dos estados e do Distrito Federal instituí-lo sobre as "operações relativas à circulação de mercadorias e sobre prestações de serviços de transporte interestadual e intermunicipal e de comunicação" (BRASIL, 1988).

Da leitura do referido dispositivo legal, verifica-se que uma das hipóteses de incidência do ICMS é a circulação de mercadorias. Sobre o tema, o Professor Roque Antonio Carrazza (2015, p. 45) preceitua:

> É bom também esclarecermos, desde logo, que tal "operação relativa à circulação de mercadorias" só pode ser jurídica (e não meramente física) o que, evidentemente, pressupõe a transferência, de uma pessoa a outra e pelos meios adequados, da titularidade de uma mercadoria – vale dizer, dos poderes de disponibilidade sobre ela. Sem esta mudança de titularidade não há que se falar em tributação válida por meio de ICMS.

Na mesma linha são os ensinamentos de José Eduardo Soares de Melo (2012, p. 523) sobre o termo "circulação":

> Circulação é a passagem das mercadorias de uma pessoa para outra, sob o manto de um título jurídico fundamentado em ato ou contrato, implicando mudança de patrimônio. É irrelevante a mera circulação física ou econômica.

Assim, para o presente trabalho, interessa saber das referidas lições que uma das hipóteses de incidência do ICMS é justamente a circulação de mercadorias, e o que está compreendido por esses termos, a fim de identificar se o SaaS e o *streaming* se inserem na definição constitucional.

Por sua vez, o art. 156, III, da Constituição Federal outorga aos municípios a competência para a instituição de imposto sobre "serviços de qualquer natureza, não compreendidos no art. 155, II, definidos em lei complementar" (BRASIL, 1988).

A simples leitura do dispositivo em referência revela que a hipótese de incidência do ISS é suplementar, ou seja, abrange os serviços que não forem tributados pelo ICMS. Ademais, para que determinado serviço possa estar sujeito ao ISS, deverá estar previsto em lei complementar.

Sobre o conceito constitucional de prestação de serviços, tomamos as lições de Aires F. Barreto (2009, p. 33):

> O conceito de serviço tributável, empregado pela CF para discriminar (identificar, demarcar) a esfera de competência dos Municípios, é um conceito de Direito Privado.
>
> Assim, é indispensável – para reconhecer-se a precisa configuração dessa competência – verificar o que, segundo o Direito Privado, se compreende no conceito de serviço.
>
> É no interior dos lindes desse conceito de Direito Privado que se enclausura a esfera de competência dos Municípios para a tributação dos serviços de qualquer natureza, dado que foi por ele que a CF, de modo expresso, a discriminou, identificou e marcou.

Considerando que os serviços pressupõem uma obrigação de fazer, necessário também se valer dos apontamentos do já citado Professor Aires F. Barreto (2009, p. 29) acerca dessa especificidade, essencial para o entendimento da hipótese de incidência do ISS:

> [...] não é todo e qualquer "fazer" que se subsume ao conceito, ainda que genérico, desse preceito constitucional. Serviço é conceito menos amplo, mais estrito que o conceito de trabalho constitucionalmente pressuposto. É como se víssemos o conceito de trabalho como gênero e o de serviço como espécie desse gênero. De toda a sorte, uma afirmação que parece evidente, a partir da consideração dos textos constitucionais que fazem referência ampla aos conceitos, é a de que a noção de trabalho corresponde, genericamente, a um "fazer". Pode-se mesmo dizer que trabalho é todo esforço humano, ampla e genericamente considerado. [...]. É lícito afirmar, pois, que serviço é uma espécie de trabalho. É o esforço humano que se volta para outra pessoa; é fazer desenvolvido para outrem. O serviço é, assim, um tipo de trabalho que alguém desempenha para terceiros. Não é esforço desenvolvido em favor do próprio prestador, mas de terceiros. Conceitualmente, parece que são rigorosamente procedentes essas observações. O conceito de serviço supõe uma relação com outra pessoa, a quem serve. Efetivamente, se é possível dizer-se que se fez um trabalho "para si mesmo", não o é afirmar-se que se prestou serviço "a si próprio". Em outras palavras, pode haver trabalho sem que haja relação jurídica, mas só haverá serviço no bojo de uma relação jurídica. Num primeiro momento, pode-se conceituar serviço como todo o esforço humano desenvolvido em benefício de outra pessoa (em favor de outrem).

Destarte, a partir dos mandamentos constitucionais a respeito do que poderia ser caracterizado como prestação de serviços, especificamente sobre a necessidade de se ter caracterizada uma obrigação de fazer, é possível analisar de maneira mais aprofundada se o SaaS e o *streaming* estão sob a hipótese de incidência desse imposto de competência municipal.

9.4 O QUE DETERMINAM OS ENTES TRIBUTANTES

A despeito da definição constitucional para a incidência do ISS e do ICMS, os entes federados ainda não têm um entendimento uníssono acerca de como o *streaming* e o SaaS devem ser tributados e qual a competência para tanto.

Com efeito, por se tratar de temas relativamente recentes, por certo que o ordenamento jurídico não teve tempo hábil a se atualizar, especialmente considerando que as tecnologias são desenvolvidas em tempo incompatível com a assimilação e a compreensão pelo Direito, de forma que sempre haverá um descompasso em menor ou maior grau entre o quanto previsto na legislação e aquilo que se verifica na prática.

A título de exemplo do imbróglio jurídico acerca da tributação dos temas tratados no presente capítulo, cumpre destacar o Decreto n. 63.099/2017 do estado de São Paulo, o Parecer Normativo SF n. 1/2017 da Secretaria Municipal da Fazenda de São Paulo e a Lei Complementar n. 7/1973 do município de Porto Alegre, que trazem regulamentações absolutamente contrapostas acerca da competência e do imposto incidente sobre o *streaming* e o SaaS.

O estado de São Paulo introduziu relevantes alterações na legislação por meio do citado decreto ao apagar das luzes de 2017, acrescentando alguns dispositivos ao Regulamento do Imposto sobre Operações Relativas à Circulação de Mercadorias e sobre Prestações de Serviços de Transporte Interestadual e Intermunicipal e de Comunicação (RICMS) que justificam a incidência do ICMS sobre o SaaS e o *streaming*, nesse contexto compreendido como uma mercadoria digital.

No mesmo ano de 2017, mais precisamente no dia 20 de setembro, as autoridades fiscais do estado de São Paulo, por meio da Decisão Normativa CAT n. 4, manifestaram o entendimento de que as operações envolvendo a comercialização de *software* na nuvem (SaaS) ou por meio de internet (*streaming*) estão sujeitas à tributação pelo ICMS. Da citada decisão normativa podemos extrair que as autoridades fiscais do estado de São Paulo possuíam o entendimento consolidado de que tanto o SaaS quanto o *streaming* se enquadram como mercadoria. Não menos importante, a edição dessa decisão normativa é um claro ataque na guerra travada entre o estado e o município ao definir que a alíquota do ICMS seria a mesma do ISS (exigido pelo município), conforme indicado em seus itens 3 a 5:

> 3. No que se refere à forma de comercialização, os *softwares* não personalizados podem ter suas cópias distribuídas em larga escala por meio físico ou serem negociados em meio digital, tanto por *download* como por *streaming* (utilização do *software* "na nuvem"). Essa alteração, no entanto, não tem o condão de descaracterizar a natureza de produto desse tipo de *software* (mercadoria). A circunstância de o adquirente instalar o *software* (de loja física ou virtual) em sua máquina (*download*)

ou utilizá-lo "na nuvem" por meio de internet (*streaming*) não descaracteriza a natureza jurídica da operação como comercialização de *software* pronto.

  4. Portanto, há incidência do ICMS nas operações com *softwares*, programas, aplicativos, arquivos eletrônicos, e jogos eletrônicos, padronizados, ainda que sejam ou possam ser adaptados, independentemente da forma como são comercializados.

  5. No cálculo do imposto incidente nas operações com as mercadorias objeto dessa decisão normativa – exceto jogos eletrônicos, ainda que educativos, independentemente da natureza do seu suporte físico e do equipamento no qual sejam empregados – fica reduzida a base de cálculo de forma que a carga tributária resulte no percentual de 5% do valor da operação (art. 73 do Anexo II do RICMS).

Com efeito, o Decreto estadual n. 63.099/2017 determinou que também seria considerado estabelecimento autônomo para fins de identificação daquele que dá saída a uma mercadoria "o *site* ou a plataforma eletrônica que realize a venda ou a disponibilização, ainda que por intermédio de pagamento periódico, de bens e mercadorias digitais mediante transferência eletrônica de dados" (SÃO PAULO, 2000), conforme estabelecido no art. 16, IV, do RICMS.

Ademais, indicou entre os necessários para a inscrição no Cadastro de Contribuintes do ICMS "o detentor de *site* ou a plataforma eletrônica que realize a venda, a disponibilização, a oferta ou a entrega de bens e mercadorias digitais mediante transferência eletrônica de dados, ainda que por intermédio de pagamento periódico e mesmo que em razão de contrato firmado com o comercializador" (SÃO PAULO, 2000), de acordo com a previsão do art. 19, XV-A, do referido texto legal.

Ainda, foi criado um capítulo específico para disciplinar a incidência do ICMS sobre operações com bens e mercadorias digitais, determinando o art. 478-A que referido imposto deverá ser recolhido quando da transferência eletrônica de dados ao consumidor final, bem como que o recolhimento será em favor da unidade federada em que se verificar o domicílio ou estabelecimento do adquirente.

Destarte, verifica-se que, para o estado de São Paulo, o *streaming* é visto como uma mercadoria digital sem suporte físico, bem como que a transferência de dados, mesmo que de forma eletrônica, deve ser considerada para fins de incidência do ICMS como circulação de mercadorias.

Nesse sentido, vale destacar que referido decreto teve como base algumas disposições consignadas no Convênio ICMS n. 106, de 29 de setembro de 2017, celebrado pelo Conselho Nacional de Política Fazendária (Confaz), visando disciplinar os procedimentos de cobrança de ICMS relacionado às operações com bens e mercadorias digitais comercializados por meio de transferência eletrônica de dados.

Muito embora o Convênio ICMS n. 106/2017 tenha concedido isenção nas saídas anteriores à saída destinada ao consumidor final, o dispositivo estabelece as principais operações nas quais incidirá o imposto estadual, quem é o contribuinte responsável pelo recolhimento e a necessidade de emissão de nota fiscal.

São indicados como bens e mercadorias digitais submetidos à tributação via ICMS: *softwares*, programas, jogos eletrônicos, aplicativos, arquivos eletrônicos e congêneres, padronizados ou não, passíveis ou não de adaptação, e que são comercializados por meio de transferência eletrônica de dados.

A fim de reforçar as disposições introduzidas pelo Decreto estadual n. 63.099/2017 no RICMS/SP, em 24 de março de 2018 foi publicada a Portaria CAT n. 24, responsável por disciplinar alguns procedimentos vinculados às operações com bens e mercadorias digitais. Da referida portaria vale destacar que foi especificado o que pode ser compreendido como bem ou mercadoria digital no parágrafo único do art. 1º:

> Parágrafo único – Para fins do disposto nesta portaria, são considerados bens e mercadorias digitais todos aqueles não personificados, inseridos em uma cadeia massificada de comercialização, como eram os casos daqueles postos à venda em meios físicos, por exemplo:
>
> 1 – *softwares*, programas, jogos eletrônicos, aplicativos, arquivos eletrônicos e congêneres, que sejam padronizados (de prateleira), ainda que tenham sido ou possam ser adaptados, independentemente de serem utilizados pelo adquirente mediante "*download*" ou em nuvem;
>
> 2 – conteúdos de áudio, vídeo, imagem e texto, com cessão definitiva ("*download*"), respeitada a imunidade de livros, jornais e periódicos.

Nesse sentido, verifica-se que o estado de São Paulo consolidou sua legislação para regulamentar expressamente a tributação tanto do *streaming* quanto do SaaS pelo ICMS.

Por sua vez, em contraponto ao entendimento do estado de São Paulo, o município de Porto Alegre alterou a legislação de regência, a fim de inserir o *streaming* como serviço passível de tributação pelo ISS. Referida alteração foi introduzida na Lei Complementar n. 7/1973 pela Lei Complementar n. 809/2016.

A partir da referida alteração, foi incluído o item 1.09 na lista de serviços anexa, indicando a "disponibilização, sem cessão definitiva, de conteúdos de áudio, vídeo, imagem e texto por meio da internet, respeitada a imunidade de livros, jornais e periódicos" (PORTO ALEGRE, 1973).

Assim, para o município de Porto Alegre, a disponibilização de qualquer conteúdo de áudio, vídeo ou imagem via internet, desde que sem a cessão definitiva, deve ser considerada como a prestação de um serviço a ensejar a incidência do ISS.

Nesse sentido, vale ressaltar que a modificação trazida na legislação traduz, em verdade, a inserção do item 1.09 na Lei Complementar n. 116/2003, responsável pela disciplina geral do ISS, incluindo a lista de serviços tributados pelos municípios.

Ademais, corroborando o entendimento do município de Porto Alegre, a Prefeitura de São Paulo, por meio do Parecer Normativo n. 1, de 18 de julho de 2017 (SÃO PAULO, 2017), com o objetivo de "uniformizar a interpretação acerca do enquadramento tributário dos negócios jurídicos de licenciamento ou cessão de direito de uso de programas de computação, por meio de suporte físico ou por transferência eletrônica de dados ('*download de software*') ou quando instalados em servidor externo ('*Software as a Service* – SaaS') e considerando a necessidade de assegurar aos agentes administrativos e contribuintes a necessária segurança jurídica para a consecução de suas atividades", firma o entendimento de que o SaaS enquadra-se no subitem 1.05 da lista de serviços e, dessa forma, deve ser tributado pelo ISS.

Destarte, mediante a análise da citada legislação aqui colacionada a título de exemplo, verifica-se que não há ainda um consenso entre os entes tributantes, o que traz manifesta insegurança jurídica aos contribuintes sobre a tributação do *streaming*. Ademais, a situação de incerteza pode gerar, além da bitributação, a necessidade de defesas administrativas em diferentes esferas (estadual e municipal), bem como o ajuizamento de ações a fim de discutir o real ente competente e, consequentemente, a qual imposto o *streaming* e o SaaS devem se submeter.

9.5 JURISPRUDÊNCIA ATUAL

Como amplamente divulgado e festejado, após mais de 20 anos, o STF julgou importantes ações em sede de repercussão geral pertinentes ao conflito de competência travado entre estados e municípios para tributar *softwares*. Será que finalmente essas importantes decisões representarão um fim à guerra travada entre os estados e municípios e, dessa forma, trarão segurança jurídica ao setor de tecnologia?

Analisando o histórico da Corte, é possível afirmar que de forma reiterada tem resolvido as indefinições entre o tributo municipal e o estadual (BRASIL, 2021b, p. 2):

> [...] com base em critério objetivo: incide apenas o primeiro se o serviço está definido por lei complementar como tributável por tal imposto, ainda que sua prestação envolva a utilização ou o fornecimento de bens, ressalvadas as exceções previstas na lei; ou incide apenas o segundo se a operação de circulação de mercadorias envolver serviço não definido por aquela lei complementar.

Contudo, além do critério objetivo, quando analisamos o conflito de competência para tributar entre municípios e estados nos perguntamos se ainda é suficiente para dirimir conflitos de competência entre ISS e ICMS o entendimento da distinção entre obrigação de fazer e obrigação de dar.

Essa e outras respostas buscamos encontrar com a análise da jurisprudência do STF.

Comecemos nossa análise no ano de 1998, por meio do Recurso Extraordinário (RE) n. 176.626/SP, o qual consagrou a diferenciação entre o *software* de "prateleira" e o "sob encomenda". Segundo o voto do relator, Ministro Sepúlveda Pertence (BRASIL, 1998):

> Não tendo por objeto uma mercadoria, mas um bem incorpóreo, sobre as operações de "licenciamento ou cessão do direito de uso de programas de computador" – matéria exclusiva da lide –, efetivamente não podem os Estados instituir ICMS: dessa impossibilidade, entretanto, não resulta que, de logo, se esteja também a subtrair do campo constitucional de incidência do ICMS a circulação de cópias ou exemplares dos programas de computador produzidos em série e comercializados no varejo – como a do chamado "*software* de prateleira" (*off the shelf*) – os quais, materializando o *corpus mechanicum* da criação intelectual do programa, constituem mercadorias postas no comércio.

Por meio desse voto foi fixado o entendimento de que o *software* de prateleira, também conhecido por ser padronizado e gravado em um corpo físico/tangível (*corpus mechanicum*), estaria sujeito ao ICMS. Por sua vez, o *software* sob encomenda ou customizável, cuja operação se define pela cessão de direito de uso de programas e/ou licenciamento, estaria sujeito ao ISS.

Após o citado julgamento, o mesmo STF analisou casos semelhantes e consolidou o entendimento quanto à diferenciação entre *software* de prateleira e por encomenda/customizável. Impensável, naquele longínquo momento, em outros meios de comercialização de *software*, como *streaming* e SaaS (nuvem).

Dando um salto no tempo, chegamos aos anos de 2020 e 2021 e ao julgamento no STF da Ação Direta de Inconstitucionalidade (ADI) n. 1.945, que discute a constitucionalidade da Lei mato-grossense n. 7.098/1998, com previsão de tributação do ICMS de programas de computador, e da ADI 5.659, que trata da exclusão da incidência do ICMS nas operações com *software* com base no Decreto n. 46.877/2015 e na Lei n. 6.763/1975, ambos de Minas Gerais, e no art. 2º da Lei Complementar n. 87/1996.

O Ministro Dias Toffoli foi o principal personagem desses julgamentos, como relator da ADI 5.659 e o redator para o acórdão da ADI 1.945, na qual proferiu voto bem fundamentado e, dessa forma, inaugurou o novo posicionamento da Corte, qual seja (BRASIL, 2021a, p. 36):

> Associo a esse critério objetivo, positivado no direito nacional, a noção de que a elaboração de um *software* é um serviço que resulta do esforço humano, seja o *software* (i) feito por encomenda, voltado ao atendimento de necessidades específicas de um determinado usuário; (ii) padronizado, fornecido em larga escala no varejo; (iii) customizado, o qual contempla características tanto do *software* padronizado quanto do *software* por encomenda; (iv) disponibilizado via *download*, cujo instalador é transmitido eletronicamente de um servidor remoto para o computador do próprio usuário; (v) disponibilizado via computação em nuvem. Com efeito, no caso de licenciamento ou cessão de uso de *software* personalizado por meio de transferência eletrônica direta, parece não haver controvérsia na jurisprudência da Corte quanto à incidência do ISS, com base no entendimento firmado no RE n. 176.626/SP.

Acrescenta ainda que:

> [...] o *software* é produto do engenho humano, é criação intelectual, sendo essa sua característica fundamental. Ou seja, faz-se imprescindível a existência de esforço humano direcionado para o desenvolvimento de um programa de computador. Não há como, a meu ver, desconsiderar esse elemento, ainda que estejamos diante de *software* que é replicado para comercialização com diversos usuários. E, mesmo se considerando que, na operação com *software* padronizado, existe a transferência de um bem digital, consubstanciado, usualmente, no arquivo digital ou no conjunto de arquivos digitais, julgo que deve incidir sobre a operação o ISS.
>
> [...]
>
> Como se vê, nessas considerações fica clara a existência de serviço prestado no modelo denominado *Software-as-a-Service* (SaaS), o qual se caracteriza pelo fato de que o consumidor acessa aplicativos disponibilizados pelo fornecedor diretamente na rede mundial de computadores, ou seja, o aplicativo utilizado pelo consumidor não é armazenado no disco rígido do computador do usuário, permanecendo *online*, em tempo integral, daí por que se diz que o aplicativo está localizado na nuvem, circunstância atrativa da incidência do ISS (BRASIL, 2021a, p. 36-37 e 41-42).

Em síntese, o Ministro Dias Toffoli define que incide ISS na comercialização de *software* mediante cessão de direito ou licenciamento, independentemente de se tratar de *software* de prateleira ou customizado/por encomenda, bem como é indiferente o meio utilizado, incluindo *streaming* e SaaS.

Os ministros que sucederam o voto do Ministro Toffoli seguiram o mesmo entendimento, bem como ainda destacaram que se trata de um tema bastante controverso e que no futuro pode ser objeto de mais debate, causando ainda certa insegurança jurídica ao contribuinte. Nesse ponto, vejamos parte do voto da Ministra Rosa Weber (BRASIL, 2021b, p. 65-66):

> [...] acompanho a divergência aberta pelo Ministro Dias Toffoli, acompanhado pelo Ministro Alexandre de Moraes e pelo Ministro Luís Roberto Barroso. O tema é complexo e merece, sem dúvida, reflexão. Talvez tenhamos de revisitá-lo em breve, como apontado, em função de outras ações que, no mínimo, versam sobre temas correlatos.
>
> [...] assento minha compreensão de que o licenciamento de uso de um programa de computador, no caso de um *software*, não se confunde, como disse, com uma operação de circulação de mercadoria. Em especial porque, na condição de artefato intelectual, regido pelos mesmos regimes conferidos às obras literárias pela legislação de direitos autorais e conexos – e aí me reporto ao art. 2º da Lei n. 9.609/1998 –, o uso de programas de computador no Brasil é objeto de contrato de licença. Não haveria, em princípio, falar em alienação – muito menos em tradição –, notadamente quando a cópia é transferida ao usuário por transferência eletrônica.
>
> Também me reporto, em minhas breves anotações escritas, à disseminação da computação feita em nuvem, cada vez mais, com o franqueamento do acesso do usuário a um determinado *software* e a disponibilização de uma ferramenta para uso.

Finalmente, em que pesem os entendimentos divergentes firmados pelos ministros, por maioria, a Suprema Corte firmou entendimento no julgamento conjunto das ações supracitadas no sentido da incidência do ISS e não do ICMS nas operações com *software*, aqui retratado como SaaS e *streaming*. Dessa forma, inaugurando um novo entendimento e, pelo menos à época deste estudo, pacificando a guerra entre municípios e estados.

Muito embora o STF tenha exarado o recente entendimento retromencionado em sede de repercussão geral acerca do tema, é certo que a tributação de SaaS e do *streaming* encontra dissenso na jurisprudência dos tribunais estaduais e administrativos.

No Tribunal de Justiça do Estado de São Paulo (TJSP) são diversos os casos que levam à análise daquele colegiado a questão acerca do Decreto estadual n. 63.099/2017, que inseriu as alterações no RICMS/SP a respeito da incidência de ICMS sobre operações com bens e mercadorias digitais.

São numerosos os julgados sobre o tema, muitos dos anos de 2020 e 2021, que, ainda que originários do mesmo Tribunal, também não chegaram a conclusões idênticas. A título de exemplo, a 12ª Câmara de Direito Público, ao apreciar o Recurso de Apelação n. 1067054-40.2019.8.26.0053 (SÃO PAULO, 2021), entendeu pelo afastamento da cobrança de ICMS sobre *streaming*, considerando que tanto o Convênio Confaz n. 106/2007 como o Decreto estadual n. 63.099/2017 não poderiam ampliar as hipóteses de incidência do imposto estadual, posto que as operações tributadas pelo estado de São Paulo não se enquadram na regra matriz de incidência tributária definida pela Constituição Federal.

Ainda, o julgado em questão consignou que haveria manifesto conflito com a Lei Complementar n. 116/2003, justamente considerando as alterações introduzidas pela Lei Complementar n. 157/2016, que inseriu item na lista anexa a fim de regulamentar a tributação de serviços de licenciamento ou cessão de direito de uso de programas de computação pelo ISS, imposto de competência dos municípios.

Nessa mesma linha, a 10ª Câmara de Direito Público em duas ocasiões já manifestou o entendimento de que o decreto paulista exorbitou o poder regulamentar, violando o princípio da legalidade tributária justamente considerando que foi criada hipótese de incidência não prevista em lei. Especificamente no caso da Apelação e Remessa Necessária n. 1016308-08.2018.8.26.0053 (SÃO PAULO, 2020), o TJSP entendeu que haveria ambiguidade semântica nas disposições do decreto paulista e do Convênio Confaz n. 106/2007 em decorrência da amplitude de equiparação de "bem ou mercadoria digital" e a disposição do art. 19, VX-A, do RICMS/SP, uma vez que se confundiria com os serviços tributados pelo ISS, nos termos do item 1.09 da lista anexa à já citada Lei Complementar n. 116/2003.

Por outro lado, a 8ª Câmara de Direito Público daquele Tribunal, no julgamento do Recurso de Apelação n. 1035654-08.2019.8.26.0053 (SÃO PAULO, 2020), consignou que o Decreto estadual n. 63.099/2017 não instituiu novo tributo ou majorou tributo existente, mas tão somente adequou a legislação quanto ao modo de circulação da mercadoria tributada, nesse caso via transmissão eletrônica de dados. Assim, no entendimento exarado nesse julgado, o decreto paulista teria tão somente regulamentado situação já existente, razão pela qual se consignou que seria plenamente legítima a tributação de transmissão eletrônica de dados pelo ICMS.

Já o Tribunal de Justiça do Estado do Rio Grande do Sul (TJRS) possui entendimento em sentido diametralmente oposto, em favor da legitimidade da tributação da transmissão de dados via eletrônica pelo ISS, tributo de competência dos municípios. Para fins de ilustração do cenário jurisprudencial naquele estado, destacam-se dois julgados de 2019.

Com efeito, a 1ª Câmara Cível, ao julgar o Recurso de Apelação n. 70082901190 (RIO GRANDE DO SUL, 2019a), entendeu que, na hipótese de transferência eletrônica de dados, desde que haja prova da personalização, ou seja, de que referido *software* foi criado de maneira específica para uso exclusivo do encomendante, resta caracterizada uma obrigação de fazer, sujeita portanto à incidência do ISS. Por sua vez, caso não seja comprovada a personalização do *software*, tem-se caracterizada uma obrigação de dar, na qual prevalece a mercadoria sobre o serviço, de forma a atrair a incidência do ICMS.

Por sua vez, a 22ª Câmara Cível, no julgamento do Recurso de Apelação n. 70078562246 (RIO GRANDE DO SUL, 2019b), expressou entendimento no sentido de que é legítima a incidência de ISS sobre a atividade de *streaming* e *download*, justamente por envolver uma obrigação de fazer, bem como de acordo com a disposição da Lei Complementar n. 116/2003 e da Lei Complementar municipal n. 7/1973 de Porto Alegre.

Assim, verifica-se que, de acordo com o racional aplicado pelo TJRS, a questão da tributação de *softwares* e *streaming* está estritamente relacionada à caracterização (ou não) de uma obrigação de fazer.

Por sua vez, na esfera administrativa, cumpre destacar um julgado do Tribunal de Impostos e Taxas (TIT), vinculado à Coordenadoria de Administração Tributária da Secretaria da Fazenda do Estado de São Paulo, de 2018, que analisou a possibilidade de incidência do ICMS sobre o *streaming* antes das alterações introduzidas na Lei Complementar n. 116/2003.

Com efeito, ao apreciar recurso ordinário interposto pelo contribuinte em face de autuação consubstanciada no Auto de Infração e Imposição de Multa (AIIM) n. 4069824-5 (SÃO PAULO, 2018), a 12ª Câmara Julgadora do TIT, sob a relatoria do Conselheiro Rodrigo Pansanato Osada, decidiu que o *streaming* seria considerado um serviço de comunicação, estando, portanto, sujeito à tributação do ICMS.

O acórdão lavrado não ignora o item 1.09 da lista anexa à Lei Complementar n. 116/2003. Contudo, ressalta que as referidas alterações inseridas pela Lei Complementar n. 157/2016 não poderiam retroagir, de forma que, para o caso sob análise naquela ocasião, seria plenamente possível a tributação do *streaming*, considerado um serviço de comunicação, pelo tributo estadual. Desse voto, cumpre destacar os seguintes trechos:

> Pela redação do artigo 1º, *caput*, da Lei Complementar Federal n. 116/2003, veicula-se o critério material da Regra Matriz de Incidência Tributária do ISS, sendo o complemento do verbo "prestar" a lista anexa de serviços nela constantes. Ao se estabelecer nova hipótese de incidência mediante o item 1.09, havendo nova espécie de fato gerador, submete-se o imposto aos princípios da anterioridade anual e da anterioridade nonagesimal, *vide* artigo 150, inciso III, alíneas "b" e "c", visto não estar a eles excepcionados. [...]
>
> Importante salientar que em não havendo ressalva expressa no debatido item 1.09 e tendo por supedâneo o artigo 1º, parágrafo 2º, da Lei Complementar Federal n. 116/2003, é de se constatar que o Poder Legiferante Federal trouxe à baila novo capítulo a ser resolvido no conflito de competência entre Estados e Municípios, entretanto, sem se olvidar que o Poder Constituinte Originário foi e é de clareza solar ao estabelecer a sujeição da prestação de serviços de comunicação ao ICMS.
>
> Por essa força absoluta da Constituição Federal, norma que define a divisão das competências tributárias ativas, sou de entendimento pessoal de que a prestação de serviço de "*streaming*" ainda é espécie de serviço de comunicação, sujeita, portanto, à regência do ICMS. [...]
>
> Atesto que não está aqui, este Relator, a descumprir com o comando legal do artigo 28 da Lei n. 13.457/2009, posto que, em relação ao presente caso, a debatida prestação de serviço de "streaming" ocorreu em momento anterior a essa alteração de legislação complementar federal, de modo que esse mero pensar apenas se projeta para o período posterior à edição da LC n. 157/2016. [...]
>
> Nesse teor e com a firme definição constitucional de competências, anteriormente apresentada, reforça-se que os serviços indicados no item 1.09 e prestados antes da eficácia a ele específica, trazida pela Lei Complementar Federal n. 157/2016, jamais poderiam se sujeitar à incidência do ISS. 56. Com base nos autorizados ensinamentos de Paulo de Barros Carvalho (CARVALHO, Paulo de Barros. *Curso de Direito do Trabalho* – 24. ed. – São Paulo: Saraiva, 2012, pp. 227), a respeito de serem as Leis Complementares normas gerais tendentes a solucionar inclusive conflitos de competência, mediante nova definição de fatos geradores, inclino-me pelo entendimento de que a Lei Complementar Federal n. 157/2016 ao estipular a incidência do ISS sobre os serviços do item 1.09, categoricamente impediu sua incidência para fatos geradores a ela anteriores, ao mesmo tempo em que não impediu a incidência do ICMS sobre os mesmos, caso tenha havido lei válida, vigente e eficaz à respectiva época.

Inclusive, para corroborar referido entendimento, suscitou-se a aplicação do art. 144 do Código Tributário Nacional, segundo o qual o lançamento tributário deve observar a legislação vigente à época do fato gerador. Ou seja, considerando que o AIIM 4069824-5 trata de período compreendido entre janeiro de 2011 e dezembro de 2012, não se poderia admitir a aplicação retroativa das alterações introduzidas no ordenamento jurídico pela Lei Complementar n. 157/2016.

Em contrapartida, o Conselheiro Rodrigo Rodrigues Leite Vieira apresentou voto de preferência para discordar do Relator no que se refere à natureza do *streaming*. Nos termos do referido voto, a lei responsável pela inclusão do item 1.09 na lista anexa à Lei Complementar n. 116/2003 teve o condão de dirimir conflito de competência entre estados e municípios, reconhecendo em verdade que o *streaming* consiste em serviço tributado pelo ISS, e não pelo ICMS. Do voto de preferência, merece destaque o seguinte excerto (SÃO PAULO, 2018):

> No que diz respeito aos serviços de *streaming* prestados pela Recorrente, o I. Juiz Relator entendeu que essa transmissão de áudio e vídeo por meio da Internet é típica prestação de serviço de comunicação, não sendo, portanto, cessão de direito de uso de *software*. Sustentou também que a Lei Complementar n. 157/2016 alterou a Lei Complementar n. 116/2003, incluindo na lista anexa de serviços sujeitos à incidência do ISS o item 1.09 [...]
>
> Contudo, peço mais uma vez licença ao I. Juiz Relator para discordar da sua posição quanto aos efeitos prospectivos da Lei Complementar n. 157/2016. No meu entendimento, a aludida Lei Complementar dirimiu o conflito de competência entre os Estados e Municípios, reconhecendo que os serviços de *streaming* são serviços tributados pelo ISS e não pelo ICMS. [...]
>
> Pelas mesmas razões acima expostas, entendo que falece competência ao Estado de São Paulo exigir ICMS sobre serviços de *streaming*, que sempre esteve sob a competência dos Municípios, como declarou o legislador complementar. Por fim, em razão das conclusões dos itens 1, 2 e 3, não pode subsistir a acusação do item 4 do AIIM, porquanto a Recorrente não é contribuinte do ICMS, mas apenas do ISS, não se submetendo, portanto, a norma veiculada pelo do artigo 7º, *caput*, e artigo 16, inciso I, da Lei n. 6.374/1989.

Assim, a modificação da lista anexa de serviços serviu para solucionar o conflito de competência em favor dos municípios, de forma que sempre estiveram sob a competência desses entes federados.

Ao final, por maioria, foi dado provimento ao recurso ordinário do contribuinte, cancelando as autuações, dentre elas justamente à falta de recolhimento do ICMS sobre *streaming*.

O citado julgado foi realizado em 31 de agosto de 2018 e revela que ainda não há um consenso também nos tribunais administrativos acerca da competência para tributação de *streaming*, mesmo após as alterações da Lei Complementar n. 116/2003.

Diante dos referidos precedentes, é certo que os contribuintes ainda enfrentarão diversos debates, tanto no âmbito administrativo como na esfera federal, justamente considerando os diferentes posicionamentos tanto dos entes tributantes como dos tribunais ao redor do país, incluindo a Corte Suprema.

9.6 CONSIDERAÇÕES FINAIS

Com base na análise da jurisprudência anteriormente exposta, resta claro que os Judiciários estaduais, por meio dos Tribunais de Justiça, bem como os tribunais administrativos, ainda não possuem um entendimento uníssono acerca da tributação do SaaS e do *streaming*. Contudo, da análise dos recentes julgados do STF, é possível avaliar uma tentativa de adequar conceitos tradicionais de aplicação das regras de tributação às novas modalidades de comércio digital.

Tarefa árdua, haja vista as constantes mudanças que o comércio digital apresenta, mas, mesmo que não unânime, é bastante positivo verificar dentre os ministros da Corte Suprema ideias mais próximas à realidade dos negócios ora transacionados.

É inegável que esses julgados do STF trazem certa tranquilidade às empresas de tecnologia, permitindo que tenham segurança jurídica para desenvolver seus negócios no Brasil. Contudo, gera estranheza, e até certa desconfiança ao contribuinte, ao acompanhar os votos dos ministros, constatar que, embora eles entendam pela tributação do ISS, ainda esperam que talvez tenham "[...] de revisitá-lo em breve, como apontado, em função de outras ações que, no mínimo, versam sobre temas correlatos" (BRASIL, 2021b, p. 66). Esse tipo de aceno, mesmo que os efeitos das decisões já tenham sido modulados, leva a crer que a discussão ainda não acabou. Será?

REFERÊNCIAS

BARRETO, Aires F. *ISS na Constituição e na lei*. 3. ed. São Paulo: Dialética, 2009.

BRASIL. Constituição Federal. *Diário Oficial da União*, Brasília, DF, 5 out. 1988. Disponível em: http://www.planalto.gov.br/ccivil_03/constituicao/constituicao.htm. Acesso em: 14 mar. 2021.

BRASIL. Supremo Tribunal Federal. *ADI 1.945/MT – Mato Grosso*. Ação direta de inconstitucionalidade. Direito Tributário, que discute a constitucionalidade da Lei mato-grossense n. 7.098/98 com previsão de tributação do ICMS de programas de computador. Relatora: Min. Cármen Lúcia, 24 de fevereiro de 2021a. Disponível em: https://redir.stf.jus.br/paginadorpub/paginador.jsp?docTP=TP&docID=755910765. Acesso em: 30 jul. 2021.

BRASIL. Supremo Tribunal Federal. *ADI 5.659-MG – Minas Gerais*. Ação direta de inconstitucionalidade. Direito Tributário. Lei n. 6.763/75-MG e Lei Complementar Federal n. 87/96. Operações com programa de computador (*software*). Critério objetivo. Subitem 1.05 da lista anexa à LC n. 116/03. Incidência do ISS. Aquisição por meio físico ou por meio eletrônico (*download, streaming* etc.). Relator: Min. Dias Toffoli, 24 de fevereiro de 2021b. Disponível em: https://redir.stf.jus.br/paginadorpub/paginador.jsp?docTP=TP&docID=755910810. Acesso em: 20 jul. 2021.

BRASIL. Supremo Tribunal Federal. *RE 176.626/SP – São Paulo*. Recurso Extraordinário. 1ª Turma. Relator: Min. Sepúlveda Pertence, 10 de novembro de 1998. Disponível em: https://jurisprudencia.stf.jus.br/pages/search/sjur108939/false. Acesso em: 20 jul. 2021.

CARPINETTI, Ana Carolina; PIAZZA, Beatriz Antunes. A incidência do ISS sobre as operações de *streaming* à luz da jurisprudência do STF. In: *Tributação de bens digitais*: a disputa tributária entre estados e municípios. São Paulo: Inhouse Editora e Soluções Educacionais Ltda., 2018. p. 290.

CARRAZZA, Roque Antonio. *ICMS*. 17. ed. São Paulo: Malheiros, 2015. p. 45.

FULGINITI, Bruno Capelli. Regras de competência e a tributação do *streaming*. *Revista Direito Tributário Atual*, São Paulo: IBDT, n. 44, p. 115-138, 1. sem. 2020.

LARA, Daniela Silveira; PIAZZA, Beatriz Antunes; ALVARENGA, Christiane Alves; ALVES, Vinicius Jucá; BRANDÃO JR., Salvador Cândido; BARROS, Maurício. IAAS, PAAS e SaaS: como tributar. In: *Tributação da nuvem*: conceitos tecnológicos, desafios internos e internacionais. São Paulo: Revista dos Tribunais, 2019. p. 408.

MELO, Cássio A.; ARCOVERDE, Daniel F.; MORAES, Éfrem R. A.; PIMENTEL, João H. C.; FREITAS, Rodrigo Q. *Software como serviço*: um modelo de negócio emergente. [20-]. Disponível em: https://www.cin.ufpe.br/~jhcp/publica/jhcp-saas.pdf. Acesso em: 23 jul. 2021.

MELO, José Eduardo Soares de. *Curso de direito tributário*. 10. ed. São Paulo: Dialética, 2012.

MOTA, Verônica Cristina Moura Silva. A tributação do ISS sobre *software* em nuvem ainda gera insegurança. *Migalhas*. 20 nov. 2017. Disponível em: https://www.migalhas.com.br/depeso/269355/a-tributacao-do-iss-sobre-softwares-em-nuvem-ainda-gera-inseguranca-juridica. Acesso em: 25 jul. 2021

PORTO ALEGRE (Município). Lei Complementar n. 7, de 7 de dezembro de 1973. *Institui e disciplina os tributos de competência do Município*. Disponível em: https://www.legisweb.com.br/legislacao/?id=176915. Acesso em: 13 mar. 2021.

RIO GRANDE DO SUL. Tribunal de Justiça do Estado do Rio Grande do Sul (1ª Câmara Cível). *Apelação Cível n. 70082901190*. Relator: Desembargador Irineu Mariani, 13 de novembro de 2019a. Diário de Justiça Eletrônico, 3 dez. 2019.

RIO GRANDE DO SUL. Tribunal de Justiça do Estado do Rio Grande do Sul (22ª Câmara Cível). *Apelação Cível n. 70078562246*. Relator: Desembargador Miguel Ângelo da Silva, 23 de maio de 2019b. Diário de Justiça Eletrônico, 30 maio 2019.

SÃO PAULO (Estado). Decreto n. 45.490, de 30 de novembro de 2000. *Regulamento do Imposto Sobre Operações Relativas à Circulação de Mercadorias e Sobre Prestações de Serviços de Transporte Interestadual e Intermunicipal e de Comunicação*. Disponível em: https://legislacao.fazenda.sp.gov.br/Paginas/ricms_1991_texto.aspx. Acesso em: 13 mar. 2021.

SÃO PAULO (Município). Parecer Normativo SF n. 1, de 18 de julho de 2017. *Incidência do Imposto Sobre Serviços de Qualquer Natureza – ISS relativamente aos serviços de licenciamento ou cessão de direito de uso de programas de computação, por meio de suporte físico ou por transferência eletrônica de dados, ou quando instalados em servidor externo*. Disponível em: https://legislacao.prefeitura.sp.gov.br/leis/parecer-normativo-secretaria-municipal-da-fazenda-sf-1-de-18-de-julho-de-2017/consolidado. Acesso em: 29 ago. 2021.

SÃO PAULO. Tribunal de Impostos e Taxas (12ª Câmara Julgadora). *Auto de Infração e Imposição de Multa n. 4069824-5*. Relator: Conselheiro Rodrigo Pansanato Osada, 31 de agosto de 2018. Diário Eletrônico, 3 set. 2018.

SÃO PAULO. Tribunal de Justiça do Estado de São Paulo (10ª Câmara de Direito Público). *Apelação Cível n. 1016308-08.2018.8.26.0053*. Relator: Desembargador Torres de Carvalho, 18 de novembro de 2020. Diário de Justiça Eletrônico, 18 nov. 2020.

SÃO PAULO. Tribunal de Justiça do Estado de São Paulo (12ª Câmara de Direito Público). *Apelação Cível n. 1067054-40.2019.8.26.0053*. Relator: Desembargador Edson Ferreira, 3 de março de 2021. Diário de Justiça Eletrônico, 5 mar. 2021.

SILVA, Rebecca. Um ano depois do início da pandemia, plataformas de *streaming* contabilizam ganhos. *Forbes*. 22 mar. 2021. Disponível em: https://forbes.com.br/forbes-money/2021/03/um-ano-depois-do-inicio-da-pandemia-plataformas-de-streaming-contabilizam-ganhos/. Acesso em: 20 jul. 2021.

10

A FUNÇÃO REDISTRIBUTIVA DO ISS NA LEI COMPLEMENTAR N. 175/2020

Irapuã Santana
Lorhena Pimenta Carneiro
Abner Alves Serapião da Silva

10.1 INTRODUÇÃO

O federalismo fiscal cooperativo brasileiro, nas suas mais variadas manifestações, procurou, em alguma medida, contemplar os municípios com maior grau de autonomia financeira em decorrência dos anseios descentralizadores presentes na Constituição de 1988. Todavia, tais objetivos não conseguiram ser alcançados a contento até os dias atuais, em virtude da nebulosa repartição de competências tributárias e dos mecanismos de participação na arrecadação elencados no texto constitucional.

A má estruturação do arranjo federativo fiscal corroborou a condensação de poderes da figura da União. Possibilitou, ainda, a manutenção de um cenário fiscal marcado pela debilidade municipal derivada da insuficiência de recursos para a provisão de bens e serviços públicos e para a diminuição das disparidades econômicas e sociais que assolam o território brasileiro.

É um quadro bastante visível em se tratando da tributação do Imposto sobre Serviços (ISS) pelas municipalidades brasileiras. Diante disso, este capítulo tem por escopo refletir, com enfoque institucional e voltado para os estudos de finanças públicas, sobre as incongruências da tributação de ISS pelos municípios, que prejudicam sua autonomia financeira, e sobre como a Lei Complementar n. 175/2020 pode contribuir para a melhora da conjuntura municipal hodierna.

Para isso, será feita uma sucinta introdução sobre a maneira como os municípios ganharam maior protagonismo dentro do federalismo cooperativo fiscal por meio da repartição de competências e da participação da arrecadação tributária. Em um segundo momento, será realizada uma análise parcial e sistemática, sob a ótica institucional e financeira, da tributação do ISS pelos municípios brasileiros. Por fim, serão traçadas considerações sobre como a Lei Complementar n. 175/2020 poderá afetar a redistribuição de receitas do ISS entre esses entes federativos de modo a aumentar seu campo autonômico.

10.2 OS CONTORNOS DO FEDERALISMO FISCAL NA REALIDADE BRASILEIRA A PARTIR DE UM ENFOQUE MUNICIPAL

10.2.1 Considerações gerais sobre o federalismo fiscal

Antes de introduzir o tema do federalismo fiscal, é preciso traçar, em breves linhas, o conceito de federação para melhor compreensão do objeto de pesquisa deste capítulo. Apesar das múltiplas diferenças que permeiam a formação de cada Estado nacional e que dificultam a definição conceitual da federação, é possível afirmar que ela se constitui como uma forma específica de Estado que visa à distribuição de poder entre os membros que a compõem e à preservação da autonomia dessas unidades federativas.[1] Nesse sentido, a adoção do modelo federativo de Estado busca tanto a viabilidade do exercício da autonomia dos entes federados quanto sua participação na formação da vontade nacional (CARVALHO, 2010b, p. 57).

O federalismo fiscal, por sua vez, nada mais é que uma faceta econômica do federalismo que se localiza dentro dos estudos de finanças públicas. Em outras palavras, enquanto o federalismo possui um sentido mais amplo e concentra-se na distribuição de poderes no âmbito constitucional e político, o federalismo fiscal detém um enfoque mais específico, voltado para o prisma econômico. Desse modo, pode-se dizer que esse recorte econômico que caracteriza o federalismo fiscal é uma espécie de restrição do conceito tradicional. Essa definição mais singular mantém uma relação inerente com a distribuição de receitas e de despesas públicas entre unidades federativas (CARVALHO, 2010b, p. 59).

Nessa seara, é concedida maior atenção a questões que giram em torno de importantes atribuições dadas aos entes federativos a partir da ideia de descentralização fiscal.[2] Assim, os principais pontos abordados dentro do federalismo fiscal se relacionam à capacidade de arrecadação de receitas pelo Estado federativo em seus diferentes níveis (seja por meio do exercício de autoridade coercitiva do Estado perante o particular, seja por meio de atividades empresariais com o intuito de obter renda) e ao dispêndio de recursos com o fito de prover bens e serviços públicos (PAZ, 2017, p. 7).

---

1 A federação é marcada por uma divisão que prevê a existência de governos regionais e um governo central, de modo que cada um dos entes federativos que a compõem seja detentor de autoridade em sua respetiva esfera de atuação. Nesse sentido, pode-se dizer que uma das características centrais das federações é a independência entre os níveis de governo. Assim, por mais que se governe o mesmo território e a mesma população, a tomada de decisão nos governos de cada nível federativo é realizada de maneira independente, com as relações entre as unidades subnacionais pressupondo a ideia de coordenação e de autonomia.

2 Dentro do estudo do federalismo fiscal, é feita uma análise da engenharia institucional federativa, de seus problemas, instrumentos e processos de distribuição de recursos fiscais dentro da federação de modo a garantir a isonomia e a autonomia de seus membros, a execução das responsabilidades a eles atribuídas e a forma como serão financiadas. Logo, o federalismo fiscal reporta-se às relações entre arrecadação de receita, distribuição intergovernamental do gasto público e, principalmente, transferências intergovernamentais (CARVALHO, 2010b, p. 59).

O tema é intensamente estudado pela ciência econômica e ganha cada vez mais relevo no âmbito jurídico (CARVALHO, 2010a, p. 165-167). No primeiro campo, o federalismo fiscal é definido, classicamente, como uma "divisão de tarefas entre os diferentes níveis de governo: quem (que níveis de governo) deve arrecadar cada um dos tributos do país e quem deve ofertar cada um dos serviços [...]. A ideia é buscar uma divisão de tarefas que maximize a eficiência do setor público". O principal objeto de análise é, portanto, a função alocativa estatal como avaliativa da eficácia de determinado sistema de federalismo fiscal, como meio para alcance da equidade macrorregional, inter-regional e intrarregional.

Na esfera jurídica, em seu turno, a questão é abordada de modo a estabelecer um arcabouço de regras e princípios capaz de viabilizar uma dinâmica salutar às relações interfederativas na atividade descentralizadora estatal. Dessa maneira, o Estado federativo organiza-se para conferir a seus membros certas competências e autonomias a fim de propiciar a descentralização fiscal.

Por meio da análise do impacto da arrecadação e de sua distribuição entre os entes federativos na literatura (OLIVEIRA; PEREIRA, 2019, p. 29), nota-se uma classificação da federação quanto a sua forma de organização, comportando o modelo dualista e o modelo cooperativo. A forma dual caracteriza-se pela repartição de competências bem delineadas, de modo estanque e sem a previsão de inter-relacionamento entre entes federativos.

No modelo cooperativo, por seu turno, a sobreposição ou a interferência entre os membros da federação são possíveis, uma vez que o federalismo cooperativo alberga a ideia de união de esforços dos governos central e subnacionais de forma coordenada para o alcance de uma finalidade universal da federação. Por conseguinte, uma mesma matéria pode ser de competência de mais de um nível federativo, já que se apregoa aqui uma atuação harmônica e coesa, pautada no ideal de solidariedade e ajuda mútua.

10.2.2 O federalismo fiscal brasileiro: a busca pelo aumento do campo autonômico municipal

A formação e o desenvolvimento da Federação brasileira foram marcados por um arranjo político e administrativo que tentou se basear na teoria madsoniana. Todavia, esse arranjo já estava fortemente atrelado a estratégias descentralizadoras advindas do período colonial, durante o qual a influência do poder central sempre foi preponderante. Diante dessa conjectura, as fases evolutivas do federalismo brasileiro foram significativamente caracterizadas pela condensação de poderes na esfera federal, sendo esse um dos principais motivos para a manutenção de desequilíbrios econômicos e de diferenças macro, inter e intrarregionais.

A título de exemplo, há as Constituição de 1934, 1937 e 1967, que evidenciam o papel altamente centralizador da União. Esses movimentos pendulares em direção à centralização acentuaram as disparidades já existentes no território brasileiro, facilmente perceptíveis no âmbito municipal. Os municípios, por disporem de menor poderio político e consequente diminuta capacidade de barganha, foram os mais vulneráveis às mudanças e aos desdobramentos administrativos, financeiros e políticos no decorrer da evolução da Federação brasileira.

Em face dos movimentos centrípetos que favoreceram o aumento do campo autonômico federal e também por tendências descentralizadoras, democráticas e de valorização do poder local, a Constituição de 1988 fez com que a Federação brasileira passasse por um processo de diferenciação bastante acentuado, se comparado com os modelos federativos dominantes no contexto ocidental, que abarcam somente duas figuras federativas – União e estados-membros.

No texto constitucional brasileiro, os municípios foram erigidos como novos componentes da Federação, denotando claramente a adoção de preceitos do federalismo cooperativo. As influências do municipalismo como mecanismo de reequilíbrio do poder fizeram com que o município fosse colocado na Lei Fundamental com o fito de funcionar como elemento neutralizador das profundas dissintonias entre a União e os estados e também para ajudar no processo de articulação de forças opostas na conjuntura federativa.

A forma cooperativa de organização do Estado federativo ganhou contornos interessantes e peculiares no Brasil. No campo jurídico e fiscal, as normas constitucionais corroboram o estabelecimento de uma boa convivência entre os membros da Federação para que a garantia da autonomia (seja ela financeira, orçamentária, constitucional, organizacional, administrativa ou política), entre os entes federativos, não seja ameaçada (MATA, 2019, p. 114-116).

Em face da necessidade de manutenção da autonomia dos entes federados e da consequente conservação do pacto federativo no Brasil, existe uma preocupação constitucional com a repartição de competências tributárias cujo objetivo é o de captar recursos próprios por meio de suas receitas tributárias e de suas respectivas fontes.[3] Com essas ferramentas, busca-se evitar o surgimento de obstáculos capazes de dificultar o planejamento político e a gestão pública em virtude da dependência financeira e também de enfraquecer as relações entres as unidades federativas.

Além das repartições das competências tributárias, a Constituição de 1988 preocupou-se ainda com a repartição das fontes de receitas tributárias aos estados e municípios como importante instrumento de sustentação do pacto federativo. O objetivo aqui foi o de compensar a hipossuficiência dos entes mais descentralizados. Nesse sentido, a Carta Magna elencou, nos arts. 157 a 159, a redistribuição ou partilha do produto da arrecadação das receitas tributárias a fim de garantir a autonomia dos entes federativos.

A mudança de tratamento conferida aos entes locais constituiu um avanço se levadas em consideração as heterogeneidades presentes no território brasileiro. Os modelos federativos não devem ser, simplesmente, transplantados de um Estado para outro sem as devidas análises e adequações. Por isso se torna tão importante fazer as devidas modulações, como ocorreu na esfera municipal. Entretanto, a diminuição das disparidades e a busca de uma menor sujeição dos municípios dentro do sistema institucional federativo fiscal ainda estão longe de se tornar uma realidade.

---

3   A Constituição de 1988, em seus arts. 153, 148, 149 e 154, elenca as fontes tributárias da União. Nos arts. 155 e 156, dispõe, respectivamente, sobre as fontes tributárias dos estados, Distrito Federal e municípios, tratando ainda sobre a competência tributária concorrente reservada às taxas e à contribuição de melhoria.

10.2.3 Autonomia orçamentária e financeira

Um dos principais elementos para a caracterização de uma federação é a autonomia federativa de seus integrantes. Esse componente ganha ainda mais relevância dentro do contexto brasileiro, em razão da adoção de uma forma de organização cooperativa de Estado federal e das grandes diferenças econômicas e sociais que atravessam a Federação brasileira. Na Lei Fundamental, essa autonomia se desdobra em várias outras. Todavia, como o objeto de pesquisa se volta para questões atreladas ao federalismo fiscal e à arrecadação tributária, é pertinente tratar aqui da autonomia orçamentária e financeira.

A autonomia federativa consubstancia-se na ideia de autodeterminação, em que um ente federativo possui poder próprio dentro de um círculo traçado pelo texto constitucional para gerir os próprios negócios. A autonomia das unidades subnacionais está prevista na Carta Magna, por meio do disposto nos artis. 18 e 25 a 28, onde é plasmada a capacidade de auto-organização, de autolegislação, de autogoverno e de autoadministração daqueles que compõem a Federação brasileira (SILVA, 2005, p. 608-610).

É preciso salientar, no entanto, que a autonomia federativa não é a capaz de se sustentar sem que os componentes da Federação brasileira sejam dotados também de autonomia orçamentária e financeira. Dessa maneira, os últimos são pressupostos para a existência da autonomia federativa (COSTA; NUNES, 2019, p. 191-193), na medida em que são elementos que conferem realidade ou, ao menos, possibilidade a todas as demais formas de autonomia. É por meio da autonomia orçamentária e financeira que são garantidos o planejamento de despesas e gastos e a suficiência de receitas para a satisfação de demandas sociais previstas na Constituição de 1988.

A autonomia orçamentária relaciona-se ao poder de disposição que o ente federativo possui de definir a alocação de seus recursos financeiros, ou seja, de decidir onde e de que modo serão utilizadas as receitas recebidas pela unidade subnacional.[4] O orçamento se torna, portanto, importante mecanismo de planejamento, na medida em que, por meio dele, administram-se receitas, dívidas e despesas dos governos, com principal enfoque para o atendimento de demandas políticas e sociais.

---

4 De acordo com Flávio Azambuja Berti, "cabe afirmar que a autonomia orçamentária se refere à prerrogativa de quem dispõe as pessoas políticas no Brasil para definir efetivamente onde alocar as receitas de que disponham, vale dizer, definir de modo detalhado as despesas e gastos a serem feitos com base nos recursos cujo recebimento é esperado para o exercício fiscal seguinte àquele em que se dá a discussão, votação e aprovação da chamada lei orçamentária anual. Ora, já foi inclusive referido antes que as finanças públicas demandam a prévia autorização em lei para que se efetivem os gastos de modo que somente a despesa autorizada pode ser realizada. Pois bem, significa isto dizer que se a Administração Pública, seja ela federal, estadual ou municipal, pretende contratar uma obra ou um serviço, enfim, se pretende realizar um gasto, só poderá juridicamente fazê-lo se houver dotação orçamentária própria, pelo que a lei de orçamentos públicos funciona como uma verdadeira condição *sine qua non* para a despesa pública. [...] a autonomia orçamentária significa justamente a possibilidade de que o próprio Estado-membro defina o conteúdo da peça orçamentária ou, no âmbito local, que o próprio Município escolha quais são as despesas a serem procedidas no próximo ano, tudo isso mediante a aprovação de uma lei cujo conteúdo é justamente a especificação de despesas e receitas tributárias" (BERTI, 2005, p. 77-78).

No caso dos municípios, com o marco constitucional de 1988, essas unidades federativas foram dotadas de maior autonomia orçamentária. Um conjunto de ferramentas de planejamento, no âmbito federal, foi positivado na Constituição de 1988 – como o Plano Plurianual de Ação (PPA), a Lei de Diretrizes Orçamentárias (LDO) e a Lei Orçamentária Anual (LOA), previstos no art. 165 da CRFB/1988 – e ajudou a nortear a criação de instrumentos orçamentários dentro da esfera municipal. Posteriormente, a Lei de Responsabilidade Fiscal (Lei Complementar n. 101/2000) introduziu, efetivamente, novas responsabilidades para o administrador público com relação aos orçamentos dos municípios, sendo uma nova diretriz mais rígida, apta a conferir maior controle fiscal e equilíbrio às contas públicas.

A autonomia financeira, por sua parte, consubstancia-se como um meio para a execução da autonomia orçamentária. Isso ocorre pois a autonomia financeira está relacionada à possibilidade de obtenção de receitas advindas de fontes próprias. O planejamento das contas atrelado à autonomia orçamentária só se torna viável se houver recursos disponíveis, ou seja, se a autonomia financeira de um ente federativo for efetiva e não simbólica.

Para a manutenção da autonomia federativa na esfera municipal, por consequência, deve também ser garantida a autonomia financeira. Sua manutenção ocorre através da existência de fontes de receita independentes de outros níveis federativos e suficientes para as despesas e gastos públicos. Ademais, é necessário que a autonomia financeira seja assegurada por meio de mecanismos que possibilitem que as receitas dos municípios não sejam reféns de decisões de outros órgãos de poder. Ou seja, os municípios devem ter liberdade para arrecadar suas fontes próprias de recursos (e.g., tributos, taxas), e gerir os valores oriundos de repasses constitucionais (e.g., porcentagem do Imposto sobre Produtos Industrializados – IPI – e do Imposto de Renda – IR) e da participação em fundos (e.g., Fundo de Participação dos Municípios – FPM).

Nota-se, portanto, que a verificação da real existência de um regime federalista está diretamente atrelada à autonomia orçamentária e financeira, uma vez que a falta desses dois elementos causa o enfraquecimento dos municípios. Com a diminuição do grau de autodeterminação dessas unidades subnacionais, a probabilidade de intervenção da União para correção de desequilíbrios econômicos torna-se maior. Assim, a proximidade da configuração de um modelo de Estado unitário desconcentrado aumenta, causando o gradual desmantelamento do pacto federativo e do conceito de federação (MATA, 2019, p. 116-119).

Com um Estado centralizador de recursos, a tendência é que o atendimento à coletividade se torne cada vez mais deficitário em virtude do alto grau de diversidades regionais no Brasil. Por esse motivo, é importante destacar que, em um Estado com dimensões continentais, como é o caso brasileiro, mostra-se fundamental que o federalismo, sobretudo o fiscal, seja estruturado de modo a fortalecer a autonomia orçamentária e financeira para o atendimento às diferentes necessidades sociais próprias dos municípios.

10.2.4 A repartição de competências tributárias e a participação na arrecadação

O arranjo federativo fiscal pressupõe a divisão de poder entre aqueles que o integram a fim de que a autonomia das unidades subnacionais seja preservada. Logo, o Estado federal, para sua efetiva estruturação, necessita arquitetar muito bem a repartição de competências tributárias, a participação na arrecadação dos entes federativos e demais formas de partilha de receitas públicas. Esses instrumentos são de extrema importância, pois são eles que demarcam as atribuições de cada um, fortalecem a noção de autonomia federativa e possibilitam o equilíbrio orçamentário e financeiro dos integrantes de uma federação (DEL FIORENTINO, 2010, p. 67-69).

Nesse sentido, a atribuição de competências tributárias e os mecanismos de repartição de receitas imprimem à Federação seu grau de centralização ou descentralização, uma vez que esses dois pontos são chaves da estrutura do poder federal a partir da ótica fiscal. É com eles e a partir deles que os interesses nacionais, regionais e locais são conciliados de modo que se mantenha a harmonia dentro do pacto federativo.

Com a Constituição de 1988, a repartição de competências tributárias e a participação na arrecadação passaram por forte influência do federalismo cooperativo. Dessa forma, é possível, em um primeiro momento, analisar positivamente o texto constitucional que trouxe consigo o ideal de descentralização fiscal. No entanto, na prática, ainda persiste o federalismo centrípeto, que mantém o campo autonômico federal com maiores dimensões se comparado com os demais entes federativos.

A Carta Magna de 1988, de fato, procurou resolver algumas das distorções presentes nos arranjos constitucionais anteriores. Assim, medidas foram tomadas, como a proibição da concessão de isenções fiscais estaduais e municipais pela União (art. 151, III, da CRFB/1988), a restrição ao campo residual de competência tributária da União (art. 154, I, da CRFB/1988), o aumento da autonomia dos estados-membros e dos municípios para disciplinar seus próprios tributos (arts. 155 e 156 da CRFB/1988) e a melhor repartição do produto da arrecadação em favor dos municípios e dos estados-membro (arts. 157 a 162 da CRFB/1988) (OLIVEIRA; PEREIRA, 2019, p. 33).

Em matéria de repartição de receitas tributárias, a CRFB/1988 prevê que a distribuição seja feita de forma vertical, ou seja, de modo que a União repasse recursos aos estados e aos municípios, e os estados partilhem valores com os municípios. No âmbito federal, os repasses são compostos pelo produto da arrecadação dos impostos federais (com a ressalva dos impostos aduaneiros e do imposto sobre grandes fortunas) e da contribuição elencada no art. 177, § 4º, do texto constitucional (todas as demais contribuições não se sujeitam à repartição com os estados e municípios). Além da partilha da arrecadação tributária em sede federal, existem também os repasses do produto arrecadado dos impostos estaduais realizados de forma direta aos municípios (Imposto sobre a Propriedade de Veículos Automotores – IPVA – e Imposto sobre Operações relativas à Circulação de Mercadorias e sobre Prestações de Serviços de Transporte Interestadual e Intermunicipal e de Comunicação – ICMS) (CORREIA NETO, 2010, p. 204-207).

Em relação aos munícipios, que possuem maior destaque dentro desta pesquisa, foi estabelecido, constitucionalmente, que essas unidades federativas receberão da União:

- 100% do produto arrecadado pelo Imposto sobre a Renda e Proventos de Qualquer Natureza, incidente na fonte, sobre rendimentos pagos, a qualquer título, por eles, suas autarquias e pelas fundações que instituírem e mantiverem (IRRF, art. 158, I, da CRFB/1988);
- 50% do produto da arrecadação do Imposto sobre a Propriedade Territorial Rural (ITR), relativamente aos imóveis neles situados, cabendo a totalidade na hipótese da opção a que se refere o art. 153, § 4º, III, da CRFB/1988 (art. 158, II, da CRFB/1988); e
- 70% da arrecadação do Imposto sobre Operações Financeiras sobre o ouro (IOF-Ouro, art. 153, § 5º, II, da CRFB/1988).

Quanto aos repasses realizados pelos estados-membros aos municípios:

- 50% do produto da arrecadação do IPVA de veículos licenciados em seus territórios pertence aos municípios (art. 158, III, da CRFB/1988);
- 25% do produto da arrecadação do ICMS é redirecionado às municipalidades (art. 158, IV e parágrafo único, da CRFB/1988);
- 25% dos 10% da arrecadação do IPI transferido pela União aos estados são destinados aos municípios (art. 159, § 3º, c/c art. 158, parágrafo único, I e II, da CRFB/1988); e
- 25% dos 29% do produto da arrecadação da Contribuição de Intervenção no Domínio Econômico sobre Petróleo e demais combustíveis (Cide-combustíveis) repassados pela União aos estados são transferidos aos municípios (art. 159, § da 4º, CRFB/1988).

Além dos valores relacionados acima, em seu art. 159, I, "b", "d", e "e", a CRFB/1988 prevê que 24,5% do produto da arrecadação dos impostos sobre renda e proventos de qualquer natureza e sobre produtos industrializados será destinado ao FPM (Lei Complementar n. 62/1989, Decreto n. 7.827/2012, Emendas Constitucionais n. 55/2007 e n. 84/2014).

No que respeita às competências tributárias, a CRFB/1988 elencou critérios de repartição das bases econômicas da tributação que se alteram de acordo com a espécie tributária.[5]

---

[5] De acordo com Fiorentino, "A Constituição atribui competência à União para instituir impostos sobre: importação, exportação renda, produtos industrializados, operações financeiras e propriedade territorial rural (Constituição Federal, art. 153). Pode, ainda, instituir impostos sobre grandes fortunas, nos termos da lei complementar, embora esta competência não tenha sida exercida até hoje (art. 153, VIII). Cabem, ainda, à União os impostos extraordinários (art. 154, II) e a competência residual para instituir impostos não previstos (art. 154, I). A União ficou com faculdade de instituir empréstimos compulsórios (art. 148) e contribuições em geral (art. 149). Os Estados e o Distrito Federal, conforme o art. 155 da Constituição Federal, têm competência para instituir os impostos sobre a transmissão *causa mortis* e doação (ITCMD), sobre operações relativas à circulação de mercadorias e serviços de transporte e comunicação (ICMS) e sobre a propriedade de veículos automotores (IPVA). Pode também instituir contribuições sobre os salários dos seus servidores que são destinadas a custear sistemas próprios de previdência e assistência social

Para as taxas e contribuições de melhoria, a competência para instituição dos tributos leva em consideração quem é responsável administrativamente por desempenhar determinado serviço público ou para exercer o poder de polícia. Assim, a competência tributária é atrelada ao ente federativo que exercita uma atividade estatal específica. Nesse caso, a competência residual foi dada aos estados (art. 25, § 1º, da CRFB/1988).

No que tange às demais contribuições e aos empréstimos compulsórios, a competência é exclusiva da União (arts. 148 e 149 da CRFB/1988). Excetuam-se somente as contribuições destinadas a custear os sistemas próprios de previdência e assistência social dos estados-membros, Distrito Federal e municípios, que são de sua própria competência (art. 149, § 1º, da CRFB/1988).

Em se tratando de impostos, há uma rigidez maior na delimitação e na atribuição de competências entre os entes federativos. A competência para instituição de impostos foi concedida a todos, no entanto as materialidades sobre tais exações são diferentes. A competência residual fica a cargo da União (art. 154, I, da CRFB/1988).

Em que pese o esforço do poder constituinte para propiciar o aumento da autonomia financeira dos municípios, ainda restam graves distorções na forma como se delineou o arranjo federativo fiscal. O sistema tributário foi marcado por um severo regime de separação de fontes tributárias, no qual a União se colocava como ente predominante, centralizando as competências tributárias e prejudicando em demasia os ideários de descentralização e de cooperação.

Nesse sentido, Arretche (2004, p. 18) trouxe importantes contribuições sobre o tema ao advertir sobre o caráter extremamente concentrador do sistema de arrecadação tributária, afirmando que cinco dos principais impostos da Federação brasileira são responsáveis por mais de 70% da arrecadação total, sendo quatro deles arrecadados pela União (a contribuição para a previdência social, o Imposto de Renda – IR –, a Contribuição para o Financiamento da Seguridade Social – Cofins – e o IPI). Com isso, pode-se inferir que há uma significativa problemática que gira em torno do sistema tributário nacional.

As imperfeições da estrutura federativa cooperativa se tornaram ainda mais complexas se analisadas conjuntamente com o desenho das outras competências atribuídas aos entes federativos, anunciando, desde seu início, futuras dificuldades na dinâmica institucional federativa e significativas contradições internas no texto constitucional.

A repartição de competências, em algumas matérias, tendo em vista a ideia de cooperação que permeava os anseios federalistas à época da elaboração da Constituição de 1988, foi um tanto quanto confusa e caracterizada por uma obscura superposição de atribuições que se mantém até hoje. Dessa forma, em algumas situações, todas as entidades federativas se veem constitucionalmente incumbidas de executar ações relacionadas às políticas públicas em áreas coincidentes, sem o devido estímulo para a atuação conjunta (VALLE, 2015, p. 208).

(art. 149, parágrafo único). Os Municípios podem instituir sobre a propriedade predial e territorial urbana (IPTU), a transmissão *intervivos* de bens imóveis (ITBI) e sobre serviços de qualquer natureza (ISS) (Constituição Federal, art. 156). Da mesma forma que os Estados e Distrito Federal, podem também instituir contribuições sobre os salários dos seus servidores destinadas a custear sistemas próprios de previdência e assistência social (art. 149, parágrafo único)" (DEL FIORENTINO, 2010, p. 89).

Os municípios, quando da divisão de competências, foram revestidos com múltiplas atribuições para a execução de políticas públicas no intuito de concretizar o efetivo exercício da cidadania. No entanto, a partir da constatação de uma arrecadação tributária concentrada na figura da União, as receitas dessas unidades federativas locais acabaram por ser bastante limitadas, prejudicando o desempenho municipal na execução de ações finalísticas ligadas ao atendimento de demandas sociais. Esse prejuízo, por sua vez, repercutiu na materialização da tão idealizada autonomia municipal e trouxe grandes obstáculos à garantia de direitos sociais (SANTOS, 2011, p. 3).

No mundo dos fatos, portanto, a existência de receitas públicas próprias não garante, por si só, a autonomia municipal. José Roberto Rodrigues Afonso, Cristóvão Correia, Erika Araújo, Júlio Ramundo, Maurício David e Rômulo dos Santos (AFONSO, 1998), em um trabalho comparativo sobre a participação dos governos locais na arrecadação tributária em sistemas federativos diversos, já apontavam para essa realidade de muitos municípios brasileiros, onde os recursos próprios não são suficientes e onde esse cenário é piorado pela centralização de recursos financeiros na esfera federal. Os autores demonstraram, a partir do levantamento de dados do Fundo Monetário Internacional (FMI), que, nos países tidos como desenvolvidos, dentre os quais os Estados Unidos, a participação municipal na receita nacional chegava próximo a 20%; no Japão, totalizava aproximadamente 38%. Apesar do alto grau de concentração notado nesses países, a situação consegue ser ainda mais complexa em se tratando da Federação brasileira.

Apesar da propagada descentralização fiscal no arranjo federativo com as mudanças realizadas a partir da Constituição de 1988, observa-se que a situação na qual se encontra a Federação brasileira está muito aquém daqueles países considerados desenvolvidos. Segundo dados levantados, no ano de 2014, pela Associação Mineira dos Municípios (AMM) (CNM, [20-]), a realidade atual apresentava uma alta concentração da participação no bolo tributário total nas mãos da União Federal. Enquanto esta representava 70% dos valores totais, os estados ficavam com 25%, e os municípios com algo em torno de 5% da arrecadação.

A partir das premissas expostas, resta evidenciada a necessidade de mudanças estruturais no pacto federativo brasileiro, tendo em vista que os municípios continuam à mercê dos desmandos da União e de seus respectivos repasses, a fim de que consigam ter o mínimo de receita necessária para arcar com os custos de execução de medidas elementares para sua respectiva população. Dentro dessa problemática é que surge uma série de desafios aos municípios no que tange à reforma tributária.

10.3 DESAFIOS DOS MUNICÍPIOS NA REFORMA TRIBUTÁRIA

No geral, as discussões acerca da Reforma Tributária objetivam coibir as guerras fiscais entre os entes federativos e simplificar o sistema, tanto acerca dos cálculos quanto das hipóteses de incidência. É nesse sentido que se têm apresentado as recentes propostas legislativas, que se resumem na fusão de alguns tributos em uma única obrigação, bem como na concentração da atividade arrecadatória. Consequentemente, haveria aptidão por uniformizarem as alíquotas dos diversos setores da economia e os percentuais auferidos pelos estados e municípios.[6] Teoricamente, essa simplificação incentivaria um ambiente de negócio mais propício ao desenvolvimento econômico nacional.

Entretanto, em uma possível Reforma Tributária, dois desafios estão à frente no que tange aos municípios:

- a diferença de arrecadação entre os diferentes entes da Federação – União, estados e municípios;
- a diferença de arrecadação entre as cidades.

10.3.1 Diferença arrecadatória entre os diferentes entes da Federação brasileira

Segundo a Receita Federal, em 2018 o ICMS correspondeu a 20% do montante de tributos arrecadados. Entretanto, apenas 25% do coletado com o ICMS fora destinado aos municípios. Os outros 75% ficaram concentrados na administração estadual. A situação é semelhante quando comparada com a União, que detinha aproximadamente 68% do total de tributos arrecadados; os municípios tiveram apenas 6% desse valor, enquanto os estados receberam 26% (RODRIGUES, [202-]).

No ano de 2016, um estudo do Tesouro Nacional expôs o alto nível de dependência orçamentária e financeira que os municípios apresentavam em relação às transferências federais e estaduais.[7] A pesquisa demonstrou que aproximadamente 82% das prefeituras dependiam dessas transferências para cobrir mais de 75% de seus orçamentos. Dos municípios restantes, menos de 2% conseguiam estabelecer metade de seus orçamentos sem estarem sujeitos a esses repasses (MÁXIMO, 2017). Desse modo, percebe-se que esses valores são contrastantes com as amplas competências atribuídas às prefeituras pela CRFB/1988 na execução dos serviços públicos e na provisão de bens públicos. Assim, o constituinte originário prospectou que, para os entes municipais atingirem a autonomia financeira indispensável à sua independência administrativa,[8] seria necessário conferir a eles competência tributária própria e assegurar a participação nas receitas arrecadadas (ABRAHAM, 2018, p. 145).

O art. 159, I, "b", da CRFB estabeleceu que o FPM fosse constituído por 22,5% da arrecadação do IR e do IPI. Emenda por emenda, esse percentual tem aumentado. O primeiro acréscimo ocorreu pela Emenda Constitucional (EC) n. 55/2007, que incluiu a alínea "d", estabelecendo um repasse de 1% no primeiro decêndio do mês de dezembro de cada ano. O segundo acréscimo veio com a alínea "e", incluída pela EC 84/2014, adicionando mais um repasse de 1%, agora no decêndio do mês de julho de cada ano (ABRAHAM, 2018, p. 145).

---

6 É o caso da PEC 110, de iniciativa do Senado Federal, em adição ao Projeto de Lei n. 3.887/2020. A PEC 110 lança a criação de um Imposto sobre Valor Agregado dual, ou seja, os tributos incidentes sobre o consumo e serviços seriam agrupados em dois impostos, um federal e outro estadual. Ainda que essa proposta represente um avanço perante as propostas de um IVA puro, ainda é precária no tocante aos repasses para os entes municipais e à efetivação de sua autonomia.

7 As receitas públicas tributárias transferidas decorrem dos arts. 157 a 162 da Carta Magna. Trata-se de modalidade de transferência intergovernamental que não decorre do patrimônio do particular (receita pública derivada) ou da exploração do patrimônio estatal (receita pública originária) (TORRES, 2008b, p. 100).

8 Aqui entendida como o poder de auto-organização, autogoverno e autoadministração inerente aos entes da Administração pública direta.

Em 2019, o FPM repassou R$ 109 bilhões (MOTA, 2020). Ainda assim, os municípios enfrentam dificuldade para manter a continuidade da provisão de bens e serviços públicos sem uma receita autossuficiente (MÁXIMO, 2017).

Pequenos municípios não possuem recursos para manter suas estruturas administrativas básicas, como prefeitura e Câmara, muito menos para manter uma atividade arrecadatória. Além de a legislação atual, incluindo a atinente ao FPM, não incentivar a atividade arrecadatória dos municípios pequenos, manter uma estrutura administrativa fiscal é dispendioso e requer uma máquina pública muito mais complexa. Desse modo, fica claro que os municípios, sobretudo os de até 10 mil habitantes, possuem uma restrição: a alta dependência orçamentária e financeira das transferências constitucionais, tanto dos estados[9] como da União (AMM, 2018).

O quadro desenhado se agravou com a crise causada pelas medidas de combate ao coronavírus (Sars-CoV-2), que expôs, em última análise, a fragilidade econômica de municípios, mas também dos estados, bem como a dependência desses junto à União. As medidas de isolamento social recomendadas pela Organização Mundial da Saúde (OMS) desaceleraram uma economia que já vinha empacando, uma vez que representaram a redução da cadeia produtiva e de consumo. Essa redução está atrelada ao contingente reduzido de funcionários nas fábricas, à retração dos investimentos devido ao elevado grau de incerteza, às baixas ocupações em setores de turismo e comércio etc.

Tabela 10.1 Dados da dívida pública federal dos anos de 2011-2017.

	Resultado primário[10]	Serviço da dívida[11]	Resultado nominal[12]	Dívida líquida	Dívida bruta
2011	2,9	5,4	2,5	34,5	51,3
2012	2,2	4,5	2,3	32,2	53,8
2013	1,7	4,7	3,0	30,7	51,5
2014	–0,6	5,5	6,1	32,7	56,3
2015	–1,9	8,4	10,2	35,6	65,3
2016	–2,5	6,5	9	46	69,6
2017	–2,5	6,5	9	46	69,6

Fonte: Banco Central do Brasil (séries temporais – 2017).

---

9   Os incisos III e IV do art. 158 da CRFB estabelecem que os estados devem repassar aos municípios, respectivamente: 50% do valor arrecadado a título de IPVA e 25% do valor arrecadado a título de ICMS.

10   O resultado primário indica se os níveis de gastos orçamentários públicos são compatíveis com sua arrecadação. Seu resultado é obtido pela diferença entre as receitas primárias e as despesas primárias. Quando o valor das receitas supera o valor das despesas dizemos que houve um superávit primário. Quando ocorre o oposto, temos um déficit primário. Receita primária ou não financeira: é aquela decorrente da atividade fiscal do governo. São exemplos as receitas tributárias, de transferências recebidas de outros entes públicos e *royalties*. Despesa primária ou não financeira: são aqueles gastos necessários para promover os serviços públicos à sociedade, desconsiderando o pagamento de empréstimos e financiamentos.

11   O serviço da dívida são os custos associados à dívida pública federal, que envolvem todos os pagamentos que o país realiza para quitar amortizações e juros de empréstimos e investimentos. Quanto maior for o serviço da dívida, mais o governo terá de desembolsar recursos para cobrir esse gasto.

12   O resultado nominal representa a diferença entre receitas e despesas totais no exercício.

Como podemos observar na Tabela 10.1, desde 2014 o total arrecadado em tributos ficou abaixo da dívida pública federal (BATISTA, 2021). O fato é que o país tem enfrentado uma crise econômica que antecede a pandemia sanitária. Ainda assim, diante da excepcionalidade como no contexto pandêmico, a emissão de títulos públicos e o refinanciamento da dívida são recursos potenciais que a União possui para honrar seus compromissos.

Recurso esse que os estados e municípios não possuem. Verbas adicionais dependem de uma agenda diligente e de incessantes diálogos com o Congresso Nacional. Em 2020 esses diálogos surtiram efeito, e foi aprovado um plano de compensação para as unidades da Federação brasileira que sofreram perdas na arrecadação de ICMS e do ISS durante a crise (RODAS, 2020). Porém, essa dependência financeira da União é um problema bastante antigo e que persiste. Assim, superada a pandemia, é importante que o legislador busque novas formas de aumentar e efetivar a autonomia financeira atribuída aos entes federados pela Constituição da República.

10.3.2 Diferença arrecadatória entre municípios

Em 2020 o Produto Interno Bruto (PIB) teve sua maior queda em 24 anos. O PIB brasileiro recuou 4,1% em comparação ao ano de 2019 (COM PANDEMIA..., 2021). Esse retrocesso econômico repercute negativamente na atuação dos entes federados. Isso ocorreu porque a receita derivada dos estados e municípios está fortemente pautada na tributação do consumo, que é essencialmente um sistema tributário regressivo. Esse sistema onera sobremodo as parcelas mais humildes da sociedade e, também, as mais afetadas nas crises.

Segundo o Instituto Brasileiro de Geografia e Estatística (IBGE), dos 5.570 municípios do Brasil, apenas 69 foram responsáveis por gerar quase metade do PIB do país, além de concentrarem mais de um terço da população nacional em 2017. Os dados impressionam ainda mais quando se aproxima a lente e se verifica que 25% da economia nacional se concentra em apenas sete municípios. Separando os 100 municípios que mais contribuíram para o PIB em 2017, a região Sudeste tem a liderança da produção econômica, com 56 municípios, seguida pela região Sul (17), Nordeste (15), Centro-Oeste (7) e, por fim, o Norte (5) (SILVEIRA, 2019).

Figura 10.1 Distribuição regional dos 100 municípios com maiores PIB em 2017.

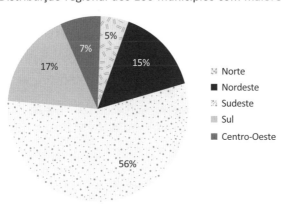

Fonte: IBGE.

Como já afirmamos, a Reforma objetiva simplificar o sistema tributário. Entretanto, ao analisarmos mais atentamente os municípios, verificamos que ela terá ainda o desafio de preservar a arrecadação fiscal municipal em uma sociedade que se ressente com a alta carga tributária (BRASIL, 2020).

Atualmente, o Congresso Nacional discute duas propostas de Reforma Tributária, uma por intermédio de uma Comissão Especial na Câmara dos Deputados, e outra de iniciativa do Senado Federal. O objetivo principal é simplificar o sistema tributário, unificando diversos tributos sobre o consumo e a produção (ICMS, ISS, PIS/Pasep, Cofins e IPI) em um único tributo, o chamado Imposto sobre Valor Adicionado (IVA).[13] Apesar de ser um modelo consagrado internacionalmente, sua principal característica é a aplicação do princípio do destino. No contexto de desigualdades regionais, um IVA puro repassa a arrecadação aos estados e municípios em que resida o contribuinte, o que pode ser tanto mais eficiente quanto mais justo. Nesse modelo, os tributos são convertidos mais rapidamente em serviços públicos de forma mais equânime entre as cidades (CNM, [20-]).

No modelo atual, a receita de ICMS é direcionada aos estados e municípios produtores, concentrando receita, por exemplo, nos entes sedes de refinarias de petróleo, hidrelétricas etc. A receita de ISS, maior fonte de arrecadação dos municípios, acompanha esse mesmo modelo de concentração, exprimindo uma legislação que privilegia a receita do local da sede do prestador de serviço, ao arrepio da Constituição. É comum que instituições bancárias se aproveitem dessa distorção do ISS para elidir a cobrança de imposto sobre a taxa de administração dos cartões de crédito e de débito e as operações de *leasing*. Assim, estabelecem suas sedes em pequenos municípios que garantem uma redução da base de cálculo em até 90%, entre outras vantagens tributárias (CNM, [20-]).

Em suma, os tributos sobre consumo são sinônimos de ineficiência econômica, injustiça e impulsionam guerras fiscais, carecendo de alterações radicais.

10.4 O IMPOSTO SOBRE SERVIÇOS E A PERSPECTIVA DO DIREITO PRIVADO NA LEI COMPLEMENTAR N. 116/2003

Como se sabe, são três os impostos cobrados pelos municípios no Brasil:

- o Imposto sobre a Propriedade Predial e Territorial Urbana (IPTU);
- o Imposto sobre a Transmissão "intervivos" de Bens Imóveis (ITBI);
- e, por fim, o Imposto sobre Serviços de qualquer natureza (ISS).

Desses três, o que gera mais receita para as cidades é o ISS. O Imposto sobre Serviços de qualquer natureza foi atribuído aos municípios pelo art. 156, III, da CRFB/1988.

---

13 O IVA é um modelo de origem francesa que se popularizou na Europa e nas Américas. Entre seus muitos objetivos está o de evitar a tributação acumulada em diferentes etapas da produção econômica e do ciclo de consumo. Além disso, também evitaria um efeito cascata, que é a incidência de um tributo sobre outro tributo, ou seja, quando um tributo é cobrado sobre um valor que já foi tributado anteriormente, o que aumenta o seu valor ao consumidor final.

Segundo Ricardo Lobo Torres, seu caráter residual gera dois problemas: o primeiro é o desequilíbrio horizontal pelo critério espacial entre os municípios; o segundo é o desequilíbrio vertical, que seria o potencial conflito com outros tributos, sobretudo o ICMS (TORRES, 2008a, p. 358).

Apesar de a EC 37/2002 ter incluído o § 3º no art. 156 da Constituição, submetendo o ISS a limitação por meio de lei complementar, no ano de 2019 os municípios brasileiros arrecadaram em torno de R$ 23 bilhões somente com ISS, contra R$ 51 bilhões de IPTU e R$ 13 bilhões de ITBI. Conforme se observa na Figura 10.2:

Figura 10.2 Receitas dos três impostos municipais, desagregadas por imposto (2003-2019), em R$ bilhões, de maio/2020, deflacionados pelo IPCA.

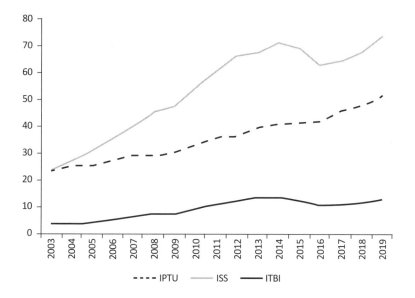

Fonte: Grupo de Conjuntura da Dimac/Ipea.

Isso nos traz ao cerne deste item, que é o estudo específico do ISS. O princípio da legalidade e a tipicidade tanto atuam como limitação ao poder de tributar como, também, uma salvaguarda das competências atribuídas aos municípios, evitando eventuais conflitos.

Segundo o Professor Heleno Torres, a competência tributária tem duas exigências: a primeira é a discriminação dos serviços de forma que garanta a certeza e a previsibilidade das hipóteses de incidência; e a última, que essas mesmas hipóteses sejam separadas por municípios e por critérios espaciais como o local da prestação do serviço ou o estabelecimento do prestador. Essas medidas evitariam conflitos territoriais e confeririam segurança jurídica aos jurisdicionados (TORRES, 2017). Nesse sentido, o art. 156, III, da CRFB/1988 trouxe a possibilidade da edição da Lei Complementar n. 116/2003, que nos arts. 3º e 4º define os critérios de territorialidade municipal para fins de competência do ISS. Assim, elucida conflitos territoriais e determina o regime de sujeição ativa do ISS.

Quanto ao princípio da tipicidade tributária, este estabelece um marco à atividade legislativa e administrativa sobre o ISS. O princípio da tipicidade tributária é entendido como a necessidade da previsão dos elementos tributários, para que a partir desse ponto possa ser exigida a obrigação tributária pelo contribuinte. Como o conceito de "prestação de serviços" é o centro material da competência tributária do ISS e por força do art. 110 do Código Tributário Nacional (CTN), deve ele ser preservado e mantido segundo seu significado de base, ou seja, de acordo com os critérios adotados pelo Direito Privado, como o designado nos arts. 593 e seguintes do Código Civil.

A exemplo do contrato de prestação de serviço, disciplinado pelas normas de Direito Civil, caracteriza-se pela presença de alguns elementos, dentre os quais destacamos a presença do prestador ou devedor do serviço, o tomador ou credor do serviço, o objeto de serviço a ser prestado e, por fim, a contraprestação pecuniária ou pagamento pelo serviço. Esses elementos devem ser evidenciados como causa jurídica de incidência da Lei Complementar n. 116/2003, por exemplo, o art. 5º, que estabelece que o sujeito passivo da obrigação tributária é o prestador do serviço.

Complementarmente, o art. 3º apresenta três regras básicas para estabelecer a competência espacial de cada município para arrecadação do ISS. A primeira regra diz respeito ao local da prestação do serviço, a qual incide nos incisos I a XXII do art. 3º. As duas últimas dizem respeito ao prestador de serviço, a saber: o local do estabelecimento do prestador e o local do domicílio do prestador.[14] A regra geral é que o ISS seja cobrado no município onde se encontra o estabelecimento prestador do serviço, independentemente de ser sede ou filial, bastando que o local se configure como uma (1) unidade econômico-profissional e que nela seja (2) concluída a prestação do serviço. Essa relação é de suma importância para dirimir conflitos de competência entre municípios, pois, uma vez não provada a relação desses dois elementos, a competência tributária será do município da sede.

Assim, por força da interpretação sistemática dos arts. 114 do CTN e 3º e 4º da Lei Complementar n. 116/2003, os municípios terão competência tributária quando ocorrer a prestação de serviço, por unidade econômico-profissional que caracterize o estabelecimento prestador, independentemente de ser temporária ou informalmente constituída. Em outras palavras, a força de atração da competência do município para arrecadar o ISS se aperfeiçoa com a prova da existência em seu território de estabelecimento combinado com a efetiva prestação do serviço tributável.

Apesar das premissas teóricas apresentadas, no cenário tributário, dentre outros aspectos, esse imposto gera muitas discussões práticas no que diz respeito a seu local de incidência.

---

14 Aqui cabe elucidar que a sede de uma pessoa jurídica é o lugar escolhido por seus controladores para serem demandados para o adimplemento de obrigações. Por sua vez, o domicílio é o lugar onde funcionam as respectivas diretorias e administrações. No caso de a pessoa jurídica ter diversos estabelecimentos em diferentes lugares, cada um deles poderá ser considerado domicílio, podendo o contribuinte eleger um deles para ser o domicílio tributário. Resumidamente, os estabelecimentos serão tantos quantos a pessoa jurídica possuir, e o domicílio será aquele eleito para cumprir as obrigações tributárias, ressalvado quando tal escolha impossibilitar a atividade fiscal. Esse imbróglio é consequência da legislação comercialista, que delegou aos atos constitutivos da empresa a eleição da sede em vez de criar critérios objetivos de seleção.

Discussões sobre onde se reputa ocorrido o fato gerador do ISS – se seria onde os serviços são prestados ou onde o prestador de serviço possui seu domicílio – ainda persistem. A jurisprudência do Superior Tribunal de Justiça (STJ) privilegiava o local onde o serviço está sendo prestado (SILVA; GOMES, 2016). Entretanto, com o advento da Lei Complementar n. 116/2003, o STJ mudou seu entendimento e passou a considerar que o ISS era devido pelo estabelecimento prestador do serviço.

> RECURSO ESPECIAL. TRIBUTÁRIO. EMBARGOS À EXECUÇÃO FISCAL. INCIDÊNCIA DE ISS SOBRE ARRENDAMENTO MERCANTIL FINANCEIRO. QUESTÃO PACIFICADA PELO STF POR OCASIÃO DO JULGAMENTO DO RE 592.905/SC, REL. MIN. EROS GRAU, DJE 05.03.2010. **SUJEITO ATIVO DA RELAÇÃO TRIBUTÁRIA NA VIGÊNCIA DO DL 406/68: MUNICÍPIO DA SEDE DO ESTABELECIMENTO PRESTADOR. APÓS A LEI 116/03: LUGAR DA PRESTAÇÃO DO SERVIÇO.** *LEASING.* CONTRATO COMPLEXO. A CONCESSÃO DO FINANCIAMENTO É O NÚCLEO DO SERVIÇO NA OPERAÇÃO DE *LEASING* FINANCEIRO, À LUZ DO ENTENDIMENTO DO STF. O SERVIÇO OCORRE NO LOCAL ONDE SE TOMA A DECISÃO ACERCA DA APROVAÇÃO DO FINANCIAMENTO, ONDE SE CONCENTRA O PODER DECISÓRIO, ONDE SE SITUA A DIREÇÃO GERAL DA INSTITUIÇÃO. O FATO GERADOR NÃO SE CONFUNDE COM A VENDA DO BEM OBJETO DO *LEASING* FINANCEIRO, JÁ QUE O NÚCLEO DO SERVIÇO PRESTADO É O FINANCIAMENTO. IRRELEVANTE O LOCAL DA CELEBRAÇÃO DO CONTRATO, DA ENTREGA DO BEM OU DE ATIVIDADES PREPARATÓRIAS E AUXILIARES À PERFECTIBILIZAÇÃO DA RELAÇÃO JURÍDICA, A QUAL SÓ OCORRE EFETIVAMENTE COM A APROVAÇÃO DA PROPOSTA PELA INSTITUIÇÃO FINANCEIRA.
>
> [...]
>
> 4. A opção legislativa representa um potente duto de esvaziamento das finanças dos Municípios periféricos do sistema bancário, ou seja, através dessa modalidade contratual se instala um mecanismo altamente perverso de sua descapitalização em favor dos grandes centros financeiros do País. [...]
>
> 6. Após a vigência da LC 116/2003 é que se pode afirmar que, existindo unidade econômica ou profissional do estabelecimento prestador no Município onde o serviço é perfectibilizado, ou seja, onde ocorrido o fato gerador tributário, ali deverá ser recolhido o tributo. [...]
>
> 8. As grandes empresas de crédito do País estão sediadas ordinariamente em grandes centros financeiros de notável dinamismo, onde centralizam os poderes decisórios e estipulam as cláusulas contratuais e operacionais para todas suas agências e dependências. Fazem a análise do crédito e elaboram o contrato, além de providenciarem a aprovação do financiamento e a consequente liberação do valor financeiro para a aquisição do objeto arrendado, núcleo da operação. Pode-se afirmar que é no local onde se toma essa decisão que se realiza, se completa, que se perfectibiliza o negócio. **Após a vigência da LC 116.2003, assim, é neste local que ocorre a efetiva prestação do serviço para fins de delimitação do sujeito ativo apto a exigir ISS sobre operações de arrendamento mercantil** (STJ, REsp 1060210/SC, 1ª Seção, Rel. Min. Napoleão Nunes Maia Filho, j. 28.11.2012 – grifos nossos).

No entanto, em virtude das distorções e incongruências econômicas e fiscais que o sistema federativo apresenta e que as normas gerais da LC 116/2003 ajudam a aumentar, foi editada a LC 157/2016. Indo de encontro ao que foi colocado como regra geral do local de incidência do ISS pela LC 116/2003 e ao entendimento do Supremo Tribunal Federal (STF), a LC 157/2016 trouxe consigo alguns mecanismos de combate à competição interfederativa predatória, visando à diminuição dos equilíbrios horizontais e verticais aludidos anteriormente.

Com o fito de tentar corrigir algumas das mencionadas dificuldades que se apresentam na Federação brasileira no nível municipal, estabeleceu-se uma alíquota mínima de 2% para o ISS, com a previsão inclusive da configuração de ato de improbidade administrativa caso essa norma fosse burlada pelos municípios. No mais, a LC 157/2016 teve o intento de propiciar uma alteração gradual para o critério do destino em algumas categorias de serviços, mais relacionadas à guerra fiscal e à concentração de receitas tributárias em poucos municípios (como a prestação de serviços ligados a planos de saúde, operações de *leasing* e administração de fundos e consórcios e cartões de crédito e de débito).

Apesar dos pontos positivos trazidos pela LC 157/2016, a imprecisão técnica dessa lei complementar fez com que seus dispositivos se tornassem alvo da Ação Direta de Inconstitucionalidade (ADI) n. 5.835/DF e tivessem sua eficácia suspensa por meio da concessão de medida cautelar. A falta de precisão na definição dos conceitos de "tomador do serviço" e de "domicílio" na LC 157/2016, somada à inexistência de um sistema de padronização das formas de cobrança e recolhimento do ISS, foram pontos cruciais para a suspensão da eficácia de alguns dos seus dispositivos legais pelo STF na referida ação direta de inconstitucionalidade, dificultando a redução dos equilíbrios horizontais e verticais na Federação brasileira.

É dentro do panorama apresentado que se tem o advento da LC 175/2020 e que poderá haver uma grande mudança no arranjo intermunicipal de cobrança e de arrecadação de ISS.

10.5 O ADVENTO DA LEI COMPLEMENTAR N. 175/2020

Devido à suspensão de efeitos de alguns dispositivos presentes na LC 157/2016, aos problemas que a guerra fiscal suscita e à necessidade de mudanças legislativas que atenuem os efeitos negativos advindos dessa competição tributária, nova lei complementar foi editada. Assim, a LC 175/2020 buscou sanar as imprecisões presentes na LC 157/2016 e os conflitos de competência dela derivados. A nova legislação realizou alterações e inclusões na LC 116/2003 para, dentre outros objetivos, trazer mais segurança jurídica e dirimir conflitos de competência territorial quanto à arrecadação do ISS em relação a alguns serviços previstos na lista anexa à referida lei complementar, mais sujeitos à guerra fiscal.

Vale destacar que a prestação dos mencionados serviços é marcada por uma complexa cadeia de atividades que se materializam em diferentes cidades. Em virtude de o tomador e o prestador de serviços se encontrarem em locais diferentes, a delimitação do sujeito ativo e do aspecto espacial dessa exação se torna bastante importante, mas também de difícil consecução, como será visto a seguir por meio da apresentação de problemas de ordem prática que impactam diretamente na correta cobrança e arrecadação do ISS pelos municípios brasileiros.

Entre os principais objetivos da LC 175/2020 encontra-se a necessidade de elencar serviços que estejam, de fato, inseridos em um contexto de guerra fiscal e relacionados à maior concentração da carga tributária em alguns municípios. A nova lei complementar também se preocupou em sanar as dúvidas criadas pela LC 157/2016 acerca da obrigação acessória de declaração do ISS pelo contribuinte de direito e sobre as questões relacionadas à determinação do sujeito ativo e do elemento espacial da obrigação tributária do ISS.

Assim, em seu art. 1º, a LC 175/2020 estabeleceu que o critério do destino se aplica especificamente aos serviços previstos nos seguintes subitens da lista anexa à LC 116/2003:

> Serviços de plano de saúde e medicina:
>
> 4.22. Planos de medicina de grupo ou individual e convênios para prestação de assistência médica, hospitalar, odontológica e congêneres
>
> 4.23. Outros planos de saúde que se cumpram através de serviços de terceiros contratados, credenciados, cooperados ou apenas pagos pelo operador do plano mediante indicação do beneficiário.
>
> 5.09. Planos de atendimento e assistência médico-veterinária.
>
> Serviços do setor bancário e financeiro:
>
> 15.01. Administração de fundos quaisquer, de consórcio, de cartão de crédito ou débito e congêneres, de carteira de clientes, de cheques pré-datados e congêneres.
>
> 15.09. Arrendamento mercantil (*leasing*) de quaisquer bens, inclusive cessão de direitos e obrigações, substituição de garantia, alteração, cancelamento e registro de contrato, e demais serviços relacionados ao arrendamento mercantil (*leasing*).

Vale destacar que os serviços listados foram inseridos pela LC 157/2016 no rol de incisos do art. 3º da LC 116/2003, trazendo a previsão de cobrança do ISS no domicílio do tomador do serviço. No entanto, cabe salientar que a LC 175/2020 retirou da lista o item 10.4, que prevê a prestação de serviços de agenciamento, corretagem ou intermediação de contratos de arrendamento mercantil (*leasing*), de franquia (*franchising*) e de faturização (*factoring*). Esses serviços voltaram a ser tributados a partir do critério da origem, pois se percebeu que neles os valores arrecadados seriam de pequena monta, já que a maioria das empresas que presta esses serviços é de pequeno porte e faz parte do Simples Nacional.[15] Como a mudança para o critério do destino, nesse caso, poderia causar mais transtornos às empresas do que benefícios – não só a elas, mas ao sistema federativo como um todo –, foi feita a modificação.

Outra questão importante, mas problemática, relaciona-se à obrigação acessória de declaração do ISS. O art. 2º da LC 175/2020 determinou que a apuração será feita pelo contribuinte de direito e que a declaração do ISS será realizada por meio de um sistema eletrônico de padrão unificado em todo o território nacional, a ser desenvolvido pelo próprio contribuinte de direito, de forma individual ou conjunta e de acordo com os *layouts* e padrões estabelecidos pelo Comitê Gestor de Obrigações Acessórias. Apesar das modificações da LC 175/2020 com o objetivo de fazer correções na LC 157/2016 que viabilizem a realização das obrigações acessórias e, consequentemente, a escorreita cobrança do ISS, ainda persistem as dúvidas sobre a efetiva criação do comitê gestor e sobre as especificações da obrigação acessória.

---

15 Nome abreviado do Regime Especial Unificado de Arrecadação de Tributos e Contribuições devidos pelas Microempresas e Empresas de Pequeno Porte.

Artur Matos (2020), primeiramente, afirma que, se cada empresa optar por fazer seu próprio sistema eletrônico individualmente, haverá um tremendo trabalho para cada município no fornecimento de informações (alíquotas, arquivos da legislação vigente que versem sobre os mencionados serviços, dados do domicílio bancário, notas fiscais dos referidos serviços) diretamente ao sistema eletrônico do contribuinte. Isso também demandará significativa mobilização e esforço administrativos para as próprias empresas prestadoras de serviços, uma vez que existem dificuldades tanto quanto à padronização do sistema de informações como quanto à delimitação do sujeito ativo e do elemento espacial dessa exação.[16]

Para além disso, existem problemas para o cumprimento das obrigações acessórias, relacionados ao prazo para a disponibilização de dados e informações tanto pelos municípios quanto pelos contribuintes, pois a LC 175/2020 dispõe que o contribuinte deve declarar as informações no sistema eletrônico até o 25º do dia do mês seguinte ao da ocorrência dos fatos geradores, mas também afirma a lei complementar que o pagamento do montante devido ao Fisco deve ser efetuado até o 15º dia do mês subsequente ao da ocorrência dos fatos geradores. A interpretação sistemática faz com que os dispositivos sejam incongruentes e contraditórios, pois o prazo para o pagamento deveria ser posterior ao prazo de declaração das informações necessárias para sua realização (arts. 3º e 7º da LC 175/2020).

Existem ainda outros imbróglios. Uma das maiores discussões da LC 175/2020 gira em torno do aspecto espacial e do sujeito ativo da obrigação tributária de ISS. Para além das questões jurídicas já abordadas, há problemas na forma como será feita a fiscalização da cobrança do ISS, para que os municípios consigam, de fato, arrecadar mais a partir das mudanças dos elementos espacial e subjetivo do fato gerador desse tributo. Os casos mais complicados relacionam-se à prestação do serviço de *leasing* e de administração de cartão de crédito e de débito.

Segundo as considerações de Artur Matos (2020), no caso do *leasing*, o ponto geográfico onde se reputa verificado o fato gerador do ISS não é o local do domicílio do tomador do serviço, mas sim o local do domicílio do beneficiado. A título ilustrativo, o professor diz que, se um fazendeiro domiciliado no município de Belo Horizonte contrata uma operação de *leasing* de um trator, com uma empresa multinacional de arrendamento mercantil com seu estabelecimento matriz em São Paulo, sendo que a unidade federativa beneficiada (onde a máquina irá, efetivamente, trabalhar) é o município de Uberaba, o município competente para a cobrança do ISS será Uberaba. Como se pode notar, há uma alta complexidade nas etapas de prestação do serviço de *leasing*, e isso faz com que a mudança do elemento espacial do fato gerador do ISS exija grandes esforços e aprimoramentos da administração tributária municipal para que seja feita a devida fiscalização e acompanhamento dos contratos de *leasing*.[17]

---

16 Notícia fornecida por Artur Matos (2020).

17 Essas questões de regulamentação, por sua vez, deveriam ser estabelecidas por meio do comitê gestor previsto na LC 175/2020.

Outro grande desafio, que as mudanças legislativas impõem, diz respeito aos serviços de administração de cartão de crédito ou de débito e de congêneres. De acordo com Matos,[18] a prestação desses serviços pode ocorrer de duas formas. A primeira delas se estabelece quando os serviços são prestados diretamente às pessoas físicas portadoras de cartões de crédito ou de débito. Nesse caso, é previsto que o local onde se reputa ocorrido o fato gerador será o do domicílio da pessoa titular do cartão. Assim, a LC 175/2020, em seu art. 14, que modifica o art. 3º, § 8º, da LC 116/2003, dispõe aqui que o município competente para a cobrança do ISS será aquele onde se encontra o domicílio do primeiro titular do cartão.

Como se pode notar, a primeira situação parece estar bem definida legalmente. No entanto, quando a relação ocorre entre as administradoras de cartões e os estabelecimentos comerciais ou estabelecimentos prestadores de outros serviços, o ISS é devido no local onde foi realizada a operação de compra ou prestado o serviço, ou seja, no local do estabelecimento credenciado às empresas de administração de cartões de crédito ou de débito e de congêneres.[19] É nessa segunda hipótese que se estabelece um sério problema. Matos afirma que as máquinas de cartão de crédito e de débito, muitas vezes, não são cadastradas no mesmo município em que é realizada a operação de compra ou prestado o serviço (em outras palavras, onde se localiza o estabelecimento credenciado às empresas administradoras de cartões).[20]

Para melhor compreensão, pode-se exemplificar a situação da seguinte forma (MATOS, 2020): por vezes, as máquinas de cartões de crédito podem estar cadastradas em São Paulo, mas os estabelecimentos credenciados onde são efetivadas as operações de compra ou prestados os serviços encontram-se em Taubaté. Isso causa uma grande dificuldade de fiscalização na cobrança do ISS. Assim, por mais que a intenção do legislador seja a de viabilizar a redistribuição da carga tributária do ISS em favor dos municípios onde a prestação dos serviços de administração de cartões realmente produziu utilidade e efeitos econômicos, existem grandes possibilidades de ocorrer o contrário, devido às irregularidades no cadastramento das máquinas de cartões ou à falta de correspondência entre o cadastro da máquina e o local onde a operação de compra foi efetivamente feita. Essa seria mais uma questão que demandaria um grande trabalho de inteligência fiscalizatória por parte dos municípios, principalmente dos que se localizam no interior do país.

Como se pode notar, alguns problemas práticos ainda não foram solucionados com a LC 175/2020, entre eles a questão da criação de um comitê gestor, a padronização das obrigações tributárias atreladas ao ISS, a delimitação do sujeito ativo e do elemento espacial

---

18 Notícia fornecida por Artur Matos (2020).
19 De acordo com o art. 14 da LC 175/2020, que modifica o art. 3º, § 9º, da LC 116/2003: "O local do estabelecimento credenciado é considerado o domicílio do tomador dos demais serviços referidos no subitem 15.01 da lista de serviços anexa a esta Lei Complementar relativos às transferências realizadas por meio de cartão de crédito ou débito, ou a eles conexos, que sejam prestados ao tomador, direta ou indiretamente, por: I – bandeiras; II – credenciadoras; ou III – emissoras de cartões de crédito e débito".
20 Notícia fornecida por Artur Matos (2020).

e a forma como será fiscalizado o cumprimento das obrigações tributárias para a correta cobrança desse imposto. Essas dificuldades, relacionadas à segurança jurídica e à necessidade de diminuir a imprecisão das normas jurídicas referentes ao ISS, fizeram com que persistissem os imbróglios que sustentaram a propositura da ADI 5.835/DF.

Como a LC 175/2020 não foi capaz de sanar os problemas da LC 157/2016 e não delimitou de forma clara os pressupostos e as ferramentas técnicas e operacionais necessárias para a incidência do ISS, a sanção da LC 175/2020 fez com que as entidades que propuseram a ADI 5.835/DF enviassem novo ofício ao STF, reiterando o pedido de manutenção da cautelar já concedida pelo Ministro relator Alexandre de Moraes. Essas questões técnicas e práticas acabaram, portanto, por permitir a suspensão dos efeitos da LC 175/2020 e por impedir o alcance do objetivo maior dessas legislações, qual seja, a redução da concentração da arrecadação tributária em poucos municípios e a diminuição dos desequilíbrios fiscais, que o critério da origem e a guerra fiscal municipal causam à Federação brasileira.

Cumpre notar que esse movimento pela melhor redistribuição tributária entre as unidades federativas é uma demanda antiga dos municípios, conforme se verifica na Justificativa da LC 175/2020:

> A aprovação da matéria foi resultado de uma intensa luta dos Municípios que por meio da Confederação Nacional de Municípios (CNM) lutam, desde 2013, por uma **desconcentração da arrecadação do ISS**, seguindo a tendência observada nos sistemas tributários mundo afora de que o imposto seja devido no destino (onde se localiza o usuário final daquela operação) e não na origem (onde se localiza o fornecedor do bem ou serviço daquela operação) (grifos nossos).

Segundo os dados levantados pela Confederação Nacional dos Municípios (CNM), em 2017, 35 municípios arrecadaram cerca de 63% do total do ISS de toda a Federação brasileira. A CNM ainda afirma que, "Do total de Municípios brasileiros, mais de 2.600 deles respondem juntos pela arrecadação de apenas 1% do ISS" e que, dentre os 5.570 Municípios, apenas duas unidades federativas concentram cerca de 33,83% de todo o ISS arrecadado no país. Além disso, a confederação afirma que, "Em mais de 1.800 Municípios, o ISS não representa 1% da receita corrente e, em mais de 4.000 Municípios, ele não representa 5% da receita corrente" (CNM, 2017).

Esses dados demonstram que, por mais que a LC 175/2020 seja imperfeita, apresenta-se aqui uma questão federativa de extrema relevância, que merece receber a devida tutela e ser solucionada a partir da complexidade que possui e dos efeitos sistêmicos negativos que pode produzir na Federação brasileira. Dessa forma, fica evidente o caráter distributivo da LC 175/2020, que pode gerar bons frutos para os municípios brasileiros menores, capazes de propiciar maior independência nas esferas política, financeira e administrativa e também de potencializar a concretização dos direitos fundamentais dos cidadãos em nível local.

10.6 CONSIDERAÇÕES FINAIS

O federalismo fiscal brasileiro passou por um processo evolutivo que culminou na busca pelo aumento do campo autonômico municipal. Esse intento foi plasmado no texto constitucional de 1988 por meio de repartição de receitas tributárias que contemplasse mais os municípios. No entanto, o papel altamente centralizador da União ainda se faz presente, apesar das mudanças constitucionais e demais alterações legislativas.

Como já salientado, para que o conceito de autonomia efetivamente se materialize, é preciso desmembrá-lo. Dentro desse processo é que ganham relevo a autonomia financeira e os instrumentos utilizados para alcançá-la. Assim, a engenharia institucional criada para dar concretude e trazer harmonia ao federalismo fiscal brasileiro deve ser pautada em mecanismos capazes de robustecer a autonomia financeira dos entes federativos – em especial, dos municípios.

Diante dessa necessidade é que a repartição de competências tributárias e a participação na arrecadação dos municípios se colocam como ferramentas essenciais para a manutenção do pacto federativo brasileiro, por possibilitarem o equilíbrio orçamentário e a manutenção da saúde financeira dos integrantes da Federação. Contudo, apesar dos esforços do constituinte e do legislador ordinário dedicados ao aumento da autonomia das municipalidades, graves incongruências se fazem ainda presentes de forma patente no arranjo federativo do Brasil.

O sistema tributário nacional evidencia a discrepância existente entre as fontes de receitas tributárias das unidades federativas, onde a União aparece como ente predominante, com participação de 70% no bolo tributário nacional, enquanto os municípios ficam apenas com 5% da arrecadação. Essa conjuntura prejudica demasiadamente a concreção da autonomia financeira municipal, em virtude de todas as responsabilidades que foram repassadas para os municípios desde 1988, sendo a estes atribuído executar uma vasta gama de serviços públicos atrelados a direitos sociais.

Em que pese o esforço do poder constituinte e do legislador ordinário para propiciar o aumento da autonomia financeira dos municípios, ainda restam graves distorções na forma como se delineou o arranjo federativo fiscal. O sistema tributário foi marcado por um severo regime de separação de fontes tributárias, no qual a União se colocava como ente predominante, centralizando as competências tributárias e prejudicando em demasia os ideários de descentralização e de cooperação que norteiam o federalismo fiscal brasileiro.

Esse padrão de concentração resvala na tributação de ISS, que representa a maior fonte de arrecadação própria dos municípios. Os problemas se tornam bastante complexos em razão do local de incidência desse tributo. Uma das divergências de maior relevância diz respeito ao local onde seria devido o imposto: no destino (onde está o usuário final daquela operação) ou na origem (onde se encontra o fornecedor do bem ou do serviço daquela operação).

A escolha do local de incidência faz toda a diferença se a questão for analisada a partir de uma ótica redistributiva, que visa à ampliação da autonomia financeira municipal. Isso ocorre porque, se o tributo for devido no local onde o prestador do serviço é estabelecido ou domiciliado, haverá uma significativa condensação de receitas tributárias apenas em municípios mais desenvolvidos economicamente. Essa conjuntura vai de encontro aos ideários federalistas, uma vez que prejudica municípios com menor índice de desenvolvimento econômico e que necessitam aumentar suas receitas.

Diante das desigualdades socioeconômicas que permeiam a Federação brasileira, faz-se mister um redesenho do sistema tributário nacional que seja capaz de atender às demandas locais por meio da atuação institucional dos municípios – a qual só se torna viável se estes possuírem autonomia financeira. Portanto, para que seja possível a execução das funções atribuídas aos municípios, estes precisam de recursos financeiros.

É nesse sentido que a LC 175/2020 se coloca como instrumento extremamente importante. Com essa lei complementar, pelo menos em um primeiro momento, pode-se talvez chegar mais perto de uma federação na qual é mais concreta a busca pela desconcentração das riquezas advindas do ISS em apenas alguns municípios. Com isso, tornar-se-ia mais factível a diminuição dos desequilíbrios fiscais em níveis horizontais e, consequentemente, a descentralização de poder político, devido ao aumento da autonomia municipal.

REFERÊNCIAS

ABRAHAM, Marcus. *Curso de direito financeiro*. 5. ed. Rio de Janeiro: Forense, 2018.

AFONSO, José Roberto Rodrigues *et al*. Municípios, arrecadação e administração tributária: quebrando tabus. *Banco Nacional do Desenvolvimento (BNDES)*. 1998.

ARRETCHE, Marta. Federalismo e políticas sociais no Brasil: problemas de coordenação e autonomia. *São Paulo em Perspectiva*, v. 18, n. 2, 2004.

ASSOCIAÇÃO MINEIRA DE MUNICÍPIOS (AMM). *Dependência de transferências do governo são desafios para os pequenos municípios*. 17 dez. 2018. Disponível em: https://portalamm.org.br/dependencia-de-transferencias-do-governo-sao-desafios-para-os-pequenos-municipios. Acesso em: 2 abr. 2021.

BATISTA, Vera. Dívida pública cresceu R$ 760,7 bilhões, em 2020, 18% a mais que no ano anterior. *Correio Braziliense*. 27 jan. 2021. Disponível em: https://www.correiobraziliense.com.br/economia/2021/01/4902969-divida-publica-cresceu-rs-7607-bilhoes-em-2020-18--a-mais-que-no-ano-anterior.html. Acesso em: 2 abr. 2021.

BERTI, Flávio Azambuja. *Federalismo fiscal e defesa de direitos do contribuinte*: efetividade ou retórica. Campinas: Bookseller, 2005.

BRASIL. Senado Federal. Para representante dos municípios reforma deve equalizar divisão de tributos. *Agência Senado*. 17 ago. 2020. Disponível em: https://www12.senado.leg.br/noticias/materias/2020/08/19/para-representante-dos-municipios-reforma-deve-equalizar-divisao-de-tributos. Acesso em: 2 abr. 2021.

CARVALHO, André Castro. Mecanismo para a otimização do federalismo fiscal. *In*: CONTI, José Maurício; SCAFF, Fernando Facury; BRAGA, Carlos Eduardo Faraco (org.). *Federalismo fiscal*: questões contemporâneas. Florianópolis: Conceito Editorial, 2010a.

CARVALHO, José Augusto Moreira. Federalismo e descentralização: características do federalismo fiscal brasileiro e seus problemas. *In*: CONTI, José Maurício; SCAFF, Fernando Facury; BRAGA, Carlos Eduardo Faraco (org.). *Federalismo fiscal*: questões contemporâneas. Florianópolis: Conceito Editorial, 2010b.

COM PANDEMIA, PIB do Brasil cai 4,1% em 2020, pior queda em 24 anos. *UOL*. 3 mar. 2021. Disponível em: https://www.economia.uol.com.br/noticias/redacao/2021/03/03/pib-brasil-2020-ibge.htm. Acesso em: 2 abr. 2021.

CONFEDERAÇÃO NACIONAL DOS MUNICÍPIOS (CNM). *As propostas de reforma tributária e os municípios*. [20-]. Disponível em: https://www.cnm.org.br/cms/images/stories/Links/08032017_As_propostas_de_Reforma_Tributaria_e_os_Municipios.pdf. Acesso em: 2 abr. 2021.

CONFEDERAÇÃO NACIONAL DOS MUNICÍPIOS (CNM). *ISS 2017*. Disponível em: https://www.cnm.org.br/index.php/institucional/iss_2017. Acesso em: 2 abr. 2021.

CORREIA NETO, Celso de Barros. Repartição de receitas tributárias e transferências intergovernamentais. *In*: CONTI, José Maurício; SCAFF, Fernando Facury; BRAGA, Carlos Eduardo Faraco (org.). *Federalismo fiscal*: questões contemporâneas. Florianópolis: Conceito Editorial, 2010.

COSTA, Alexandre Freitas; NUNES, Rafael Alves. O federalismo fiscal em crise: a insuficiência do FPM. *In:* DERZI, Misabel Abreu Machado; BATISTA JUNIOR, Onofre Alves; MOREIRA, André Mendes (org.). *Estado federal e tributação*: das origens à crise atual. Belo Horizonte: Arraes Editores, 2019.

DEL FIORENTINO, Luiz Carlos Fróes. *As transferências intergovernamentais no federalismo fiscal brasileiro*. 2010. 230 f. Dissertação (Mestrado em Direito Econômico e Financeiro) – Faculdade de Direito, Universidade de São Paulo, São Paulo, 2010.

MATA, Juselder Cordeiro da. As contribuições e sua interferência no equilíbrio do federalismo brasileiro. *In:* DERZI, Misabel Abreu Machado; BATISTA JUNIOR, Onofre Alves; MOREIRA, André Mendes (org.) *Estado federal e tributação*: das origens à crise atual. Belo Horizonte: Arraes Editores, 2019.

MATOS, Artur. *Lei Complementar 175/2020: a mudança no critério do ISS para o destino*. Palestra proferida no *webinar* realizado pela Associação Baiana dos Auditores Fiscais Municipais (ABAM), em 25 de novembro de 2020. Disponível em: https://www.youtube.com/watch?v=7MSTmVyOvY8. Acesso em: 2 abr. 2021

MÁXIMO, Wellton. Transferências representam mais de três quartos da receita de 82% dos municípios. *Agência Brasil*. 7 ago. 2017. Disponível em: https://agenciabrasil.ebc.com.br/economia/noticia/2017-08/transferencias-representam-mais-de-tres-quartos-da-receita-de-82-dos. Acesso em: 2 abr. 2021.

MOTA, Camilla Veras. Brasil tem milhares de cidades que não arrecadam o suficiente nem para sustentar prefeitura e Câmara. *BBC News Brasil*. 9 nov. 2020. Disponível em: https://www.bbc.com/portuguese/brasil-54669538. Acesso em: 2 abr. 2021.

OLIVEIRA, Júlio M. de; PEREIRA, André Luiz dos Santos. Do federalismo dualista ao federalismo de cooperação: a evolução dos modelos de estados e a repartição do poder de tributar. *In:* DERZI, Misabel Abreu Machado; BATISTA JUNIOR, Onofre Alves; MOREIRA, André Mendes (org.). *Estado federal e tributação*: das origens à crise atual. Belo Horizonte: Arraes Editores, 2019.

PAZ, Rodrigo Noleto. *Análise econômica dos gastos públicos nos municípios brasileiros*: uma abordagem em dados em painel. Trabalho de Conclusão de Curso (Especialização em Controle Externo) – Departamento de Administração, Faculdade de Economia, Administração e Contabilidade, Universidade de Brasília, Brasília, 2017.

RODAS, Sérgio. Crise mostra necessidade de aumentar autonomia financeira de estados e municípios. *Conjur*. 27 abr. 2020. Disponível em: https://www.conjur.com.br/2020-abr-27/crise-mostra-urgencia-aumentar-autonomia-estados-municipios. Acesso em: 2 abr. 2021.

RODRIGUES, Matheus. Qual será o impacto da reforma tributária nos estados e municípios?. *Centro de Liderança Pública*. [202-]. Disponível em: https://www.clp.org.br/qual-sera-o-impacto-da-reforma-tributaria-nos-estados-e-municipios. Acesso em: 2 abr. 2021.

SANTOS, Angela Moulin S. Penalva. Federalismo no Brasil: uma abordagem da perspectiva dos Municípios. *Revista de Direito da Cidade*, Santos, v. 3, n. 1, 2011.

SILVA, José Afonso da. *Curso de direito constitucional positivo*. 24. ed. São Paulo: Malheiros, 2005.

SILVA, Maria Emanoela Pinheiro da; GOMES, Francisco José. O local de incidência do ISS: uma análise na legislação, na doutrina e na jurisprudência. *Revista de Contabilidade da UNI7,* Fortaleza, v. 1, n. 1, 2016. Disponível em: https://periodicos.uni7.edu.br/index.php/revistadecontabilidade/article/view/21. Acesso em: 20 out. 2021.

SILVEIRA, Daniel. Em 2017, quase metade do PIB do país foi gerado por apenas 69 municípios, aponta IBGE. *G1*. 13 dez 2019. Disponível em: https://g1.globo.com/economia/noticia/2019/12/13/em-2017-quase-metade-do-pib-do-pais-foi-gerado-por-apenas-69-municipios-aponta-ibge.ghtml. Acesso em: 2 abr. 2021.

TORRES, Heleno Taveira. Tributação do ISS no eterno dilema sobre local da prestação do serviço. *Conjur*. 24 maio 2017. Disponível em: https://www.conjur.com.br/2017-mai-24/tributacao-iss-eterno-dilema-local-servico. Acesso em: 2 abr. 2021.

TORRES, Ricardo Lobo. *Tratado de direito constitucional financeiro e tributário*. 3. ed. Rio de Janeiro: Renovar, 2008a. v. IV: Os tributos na Constituição.

TORRES, Ricardo Lobo. *Tratado de direito constitucional financeiro e tributário*. 3. ed. Rio de Janeiro: Renovar, 2008b. v. V: O orçamento na Constituição.

VALLE, Vanice Lírio do. Desafio de um novo federalismo: o reencontro pelos municípios de um espaço para a vontade de coordenação. *Revista Bras. de Dir. Mun.*, Belo Horizonte, ano 16, n. 56, abr./jun. 2015.

11

A IMPOSSIBILIDADE JURÍDICA DA INCLUSÃO DOS DESCONTOS INCONDICIONADOS NA BASE DE CÁLCULO DO ICMS-ST

Rodolfo Paolo Costa de Souza

O Imposto sobre Circulação de Mercadorias e Serviços (ICMS) é um imposto estadual essencial à receita dos estados. Nesse diapasão, de acordo com levantamento realizado em 2020 pelo Conselho Nacional de Política Fazendária – Confaz (BRASIL, 2021) –, sua arrecadação equivaleu a 84,56% das receitas derivadas[1] desses entes federados. Desse montante, aproximadamente 20% no estado de São Paulo equivale ao numerário referente ao ICMS-ST, de acordo com levantamento feito pelo jornal *Valor Econômico* (IGNÁCIO, 2020).

Conforme longamente assentado na doutrina, a base de cálculo do imposto é seu principal critério de identidade. Assim, dada a relevância econômica e jurídica da subsunção do fato gerador à hipótese de incidência, este capítulo tem por escopo investigar a possibilidade da inclusão de descontos incondicionados na base de cálculo do ICMS-ST.

Com esse fim, realizou-se uma investigação sobre os conceitos de desconto incondicionado, a materialidade da base de cálculo do ICMS e do ICMS-ST, bem como sua evolução histórica de acordo com o entendimento dos tribunais pátrios, a fim de obter uma conclusão científica quanto ao tema.

11.1 INTRODUÇÃO

Desde os primórdios do Direito Tributário, percebeu-se a necessidade de que a cobrança de tributos fosse expressão da soberania estatal com atenção ao direito à propriedade privada. Assim, era preciso ficar claro e bem definido quais ações ou omissões gerariam a obrigação dos sujeitos passivos de levarem ao Erário montantes para a satisfação das despesas públicas.

---

[1] Toma-se o conceito de receita pública como aquele constante das lições do emérito Professor Ricardo Lobo Torres, replicadas por Edson Garcia, ao aporem: "Sendo assim, considera-se atividade financeira, sendo a arrecadação de receitas, juntamente com sua gestão, fiscalização e a realização de seus gastos, com o cunho de atender as necessidades públicas". Afirmam, ainda, que: "**As receitas, nesse particular, podem ser originárias ou derivadas. Quando aufere receitas públicas originárias, a Administração atua sem exercer o seu poder de soberania, não havendo, pois, obrigatoriedade no seu pagamento pelo particular, diferentemente das receitas públicas derivadas (tributos), em que há a compulsoriedade.** São, portanto, receitas contratuais de Direito Privado, também chamadas receitas patrimoniais" (GARCIA, 2016 – grifos nossos).

Notou-se, ainda, que, em um Estado Democrático de Direito, e, portanto, buscando afastar quaisquer arbítrios do Poder, tal previsão deve anteceder cronologicamente os fatos que se almeja gerarem o dever de pagar tributo, cujos elementos devem estar todos contidos em lei, expressão da vontade pública por excelência.

Desse modo é possível dizer que o mais fundamental dos princípios do Direito Tributário é o princípio da legalidade,[2] pois é esse que legitima as obrigações e direitos que regularão a atuação de Estado e contribuinte.

Nessa toada, relevantes são os apontamentos, quanto à construção histórica do princípio da legalidade, trazidos por Aliomar Baleeiro (2010, p. 79-80), que discorre:

> Nas suas origens, a legalidade em matéria tributária, como autoconsentimento ou autotributação, ou como defesa da economia privada à ação do poder público, é conquista prévia e anterior à autorização orçamentária e à anualidade [...] As bases políticas das limitações ao poder de tributar vêm provavelmente da Idade Média, quando se desagrega a estrutura estatal e o rei perde força frente aos senhores feudais, os quais, por "vontade própria", e não por imposição anuem ao pagamento de tributos. RASTELLO, em seu **Diritto tributario** (nota 13, p. 207), observa que as prestações patrimoniais do senhor do feudo, nos primeiros tempos, têm caráter voluntário e de subsídio oferecido ao Estado (são os *donum, benevolence, joyeuse entrée etc. help, adiutorum, aide, susidy, Stuer de stuern* – ajudar). Com a decadência do feudalismo e o reforço da autoridade estatal, posteriormente o sentido dessa terminologia começa a ser alterado, destacando-se a conotação de dever (cf. AUGUSTO FANTOZZI. **Diritto tributario**. Torino: Utet, 1991. 70). Por isso, o princípio da legalidade dos tributos, antes de afirmar-se na Revolução Francesa e de manifestar-se enquanto princípio fundamental do Estado de Direito no constitucionalismo do século XIX, derivou primeiro, como registra OTTMAR BÜHLER, do corporativismo medieval (ver **Principios de derecho internacional tributario**. Tradução: Fernando Cervera Torrejin. Madrid: Ed. de Derecho Financiero, 1968. p. 200). Seus precedentes históricos montam ao século XI, sendo, portanto, anteriores à Carta Magna Inglesa de João-Sem-Terra. Corresponderam ao princípio da autotributação, vale dizer, ao juízo de que os encargos tributários deveriam ser previamente consentidos por aqueles que o suportassem. VICTOR UCKMAR (**Princípios comuns de direitos constitucional tributário**. Tradução: Marco Aurélio Greco. São Paulo: RT, 1976. p. 10-20), citando MITCHELL (**Taxation in medieval England**. New Haven, 1951. p. 158), lembra os seguintes fatos que exemplificam o princípio da autotributação nos séculos XI e XII: a promessa de Anselmo a William Rufus, em 1906, de quinhentas libras esterlinas, repelida pelo rei, por insuficiente, teve na recusa do arcebispo um empecilho para ser aumentada; a autotributação eclesiástica, consagrada no *Lateran Council*, de 1179; as decisões de 1188, que instituíram o tributo de um décimo da renda, foram tomadas com a intervenção pessoal de Henrique II a fim de se obter o consentimento da cidade ao pagamento; incidente semelhante

---

2 Cumpre salientar que, para os fins do presente capítulo, toma-se como princípio o mesmo conceito usado por Celso Bandeira de Mello, que aponta: "Princípio – já averbamos alhures – é, por definição, mandamento nuclear de um sistema, verdadeiro alicerce dele, disposição fundamental que se irradia sobre diferentes normas compondo-lhes o espírito e servindo de critério para sua exata compreensão e inteligência, exatamente por definir a lógica e a racionalização do sistema normativo, no que lhe confere a tônica e lhe dá sentido harmônico. É o conhecimento dos princípios que preside a intelecção das diferentes partes componentes do todo unitário que há por nome sistema jurídico positivo [...]. Violar um princípio é muito mais grave que transgredir uma norma qualquer. A desatenção ao princípio implica ofensa não apenas a um específico mandamento obrigatório, mas a todo o sistema de comandos. É a mais grave forma de ilegalidade ou de inconstitucionalidade, conforme o escalão do princípio atingido, porque representa insurgência contra todo o sistema, subversão de seus valores fundamentais, contumélia irremissível a seu arcabouço lógico e corrosão de sua estrutura mestra. Isto porque, com ofendê-lo, abatem-se as vigas que o sustêm e alui-se toda a estrutura nelas esforçada" (BANDEIRA DE MELLO, 2000, p. 747-748).

se dá em 1192, quanto ao recolhimento de cem mil libras esterlinas, necessárias para resgatar Ricardo I etc. Também consignado na famosa Carta do século XIII, o princípio da legalidade ali foi mantido intocado. Paulatinamente alargou-se a concepção do prévio consentimento, antes limitado a segmentos privilegiados da população, com a declaração do princípio da representação através do *Act of Appropriation* (1626), da compilação do *Petittion of Rights* (1628) e do *Bill of Rights* (1688) em que se exigia a imposição de tributos por ato do Parlamento [...] (grifos do original).

Debruçou-se sobre o tema, ainda, o Professor Hugo de Brito Machado (2004, p. 46), tendo assentado que:

> **Sendo a lei a manifestação legítima da vontade do povo, por seus representantes nos parlamentos, entende-se que o ser instituído em lei significa ser o tributo consentido. O povo consente que o Estado invada seu patrimônio para dele retirar os meios indispensáveis à satisfação das necessidades coletivas.** Mas não é só isto. Mesmo não sendo a lei, em certos casos, uma expressão desse consentimento popular, presta-se **o princípio da legalidade para garantir a segurança nas relações do particular (contribuinte) com o Estado (fisco), as quais devem ser inteiramente disciplinadas, em lei, que obriga tanto o sujeito passivo como o sujeito ativo da relação obrigacional tributária** (grifos nossos).

Confirmando a proeminência que ocupa o princípio da legalidade no ordenamento jurídico brasileiro, o magistério de Celso Antônio Bandeira de Mello (2013), que afirma:

> [...] o princípio da legalidade e captar-lhe o sentido profundo cumpre atentar para o fato de que ele é a *tradução jurídica* de um propósito político: o de submeter os exercentes do poder em concreto – o administrativo – a um quadro normativo que embargue favoritismos, perseguições ou desmandos. Pretende-se através da norma geral, abstrata e por isso mesmo impessoal, a lei, editada, pois, pelo Poder Legislativo – que é o colégio representativo e todas as tendências (inclusive minoritárias) do corpo social garantir que a atuação do Executivo nada mais seja senão a concretização desta vontade geral. O princípio da legalidade contrapõe-se, portanto, e visceralmente, a quaisquer tendências de exacerbação personalista dos governantes. Opõe-se a todas as formas de poder autoritário, desde o absolutista, contra o qual irrompeu, até as manifestações caudilhescas ou messiânicas típicas dos países subdesenvolvidos. O princípio da legalidade é o antídoto natural do poder monocrático ou oligárquico, pois tem como raiz a ideia de soberania popular, de exaltação da *cidadania*. Nesta última se consagra a radical subversão do anterior esquema de poder assentado na relação soberano-súdito (submisso). Instaura-se o princípio de que todo poder emana do povo, de tal sorte que os cidadãos e que são proclamados como os detentores do poder (grifos nossos).

Corroborando o quanto esposado, há a previsão no ordenamento jurídico brasileiro, em caráter geral, constante do art. 5º, II,[3] da Constituição Federal, comando este repisado na seara constitucional-tributária no art. 150, I,[4] do mesmo diploma e, ainda, replicado

---

[3] "Art. 5º Todos são iguais perante a lei, sem distinção de qualquer natureza, garantindo-se aos brasileiros e aos estrangeiros residentes no País a inviolabilidade do direito à vida, à liberdade, à igualdade, à segurança e à propriedade, nos termos seguintes:
[...]
II – ninguém será obrigado a fazer ou deixar de fazer alguma coisa senão em virtude de lei;"

[4] "Art. 150. Sem prejuízo de outras garantias asseguradas ao contribuinte, é vedado à União, aos Estados, ao Distrito Federal e aos Municípios:
I – exigir ou aumentar tributo sem lei que o estabeleça;"

em nível infraconstitucional no art. 97, I,[5] da Lei n. 5.172/1966, recepcionada pela Carta Magna como lei complementar.[6]

Todavia, percebeu-se que a simples previsão da possibilidade de cobrança de tributo pelo Estado não contém elementos suficientes para que os contribuintes, em atenção ao princípio da segurança jurídica,[7] possam ter previsibilidade das consequências do que lhes é permitido, proibido, incentivado ou desestimulado.[8]

Ciente dessa questão, a doutrina pátria sempre demonstrou imensa preocupação com a definição do conceito mínimo de previsão legal e anterior de tributo. Merece destaque a basilar obra do saudoso Professor Geraldo Ataliba (2006, p. 62), que discorre profundamente sobre o tema no livro *Hipótese de incidência tributária*. Pontificou o mestre:

> O vínculo obrigacional que corresponde ao conceito de tributo nasce, por força da lei, da ocorrência do fato imponível. **A configuração do fato (aspecto material)**, sua conexão com alguém (aspecto pessoal), sua localização (aspecto espacial) e sua consumação um momento fático determinado (aspecto temporal), reunidos unitariamente determinam inexoravelmente o efeito jurídico desejado pela lei: criação de uma obrigação jurídica concreta, a cargo de pessoa determinada, num momento preciso (grifos nossos).

De todos os elencados, possui precípua importância para o presente trabalho o aspecto material da incidência tributária. Discorra-se.

11.2 BASE DE CÁLCULO NO ORDENAMENTO JURÍDICO BRASILEIRO

O aspecto material, usualmente subdividido em (1) alíquota e (2) base de cálculo,[9] vem, historicamente, recebendo extensa atenção da doutrina brasileira, por vezes em detrimento

---

5   "Art. 97. Somente a lei pode estabelecer:
    I – a instituição de tributos, ou a sua extinção;"

6   Tanto assim que se fala, em Direito Tributário, no princípio da legalidade estrita, cuja definição foi magistralmente esplanada por Roque Carrazza: "De fato, em nosso ordenamento jurídico, os tributos só podem ser instituídos e arrecadados com base em lei. Este postulado vale não só para os impostos, como para as taxas e contribuições que, estabelecidas coercitivamente, também invadem a esfera patrimonial privada. No direito positivo pátrio o assunto foi levado às últimas conseqüências, já que uma interpretação sistemática do Texto Magno revela que só a lei ordinária (lei em sentido orgânico-formal) pode criar ou aumentar tributos. Dito de outro modo só à lei – tomada na acepção técnico-específica de ato do Poder Legislativo, decretado em obediência aos trâmites e formalidades exigidos pela Constituição – é dado criar ou aumentar tributos" (CARRAZZA, 2006, p. 269-297).

7   Por princípio da segurança jurídica, tomamos as abalizadas lições do eminente constitucionalista José Afonso da Silva, que afirma: "... a segurança jurídica consiste no conjunto de condições que tornam possível às pessoas o conhecimento antecipado e reflexivo das consequências diretas de seus atos e de seus fatos à luz da liberdade reconhecida" (SILVA, 2006, p. 133).

8   Por fugir ao escopo do presente, inviável tratar dos efeitos extrafiscais da tributação. Contudo, recomenda-se a leitura de Marcus de Freitas Gouvêa (2006).

9   Frise-se que há razoável dissonância na terminologia utilizada quanto ao nome do segundo item do aspecto material da hipótese de incidência. Evitando essa controvérsia, este capítulo utilizar-se-á tanto do termo "base de cálculo" como de "base imponível".

doutras questões. É inegável que ele ocupa posição destacada na legislação tributária, dada a multiplicidade de eventos que capta, assim como as distintas funções que exerce.

Em apertadíssima síntese, a alíquota, cujo estudo foge ao escopo do presente, é uma parcela da grandeza captada pela base de cálculo, que pode ser expressa como valor fixo, ou porcentagem daquela outra.

Noutro giro, há a base de cálculo. Essa, segundo parcela relevante da doutrina, é o critério de identidade do tributo. Além disso, serve como critério de mensuração da situação ou fato jurídico que o legislador identifica como sinal de riqueza, passível de tributação e essencial à quantificação do crédito tributário. Com contumaz precisão, pontua Paulo de Barros Carvalho (2019, p. 317), ao dissertar sobre o aspecto material, que em sua metodologia utiliza a nomenclatura de critério material da hipótese tributária:

> Temos para nós que a base de cálculo é a grandeza instituída na consequência da regra-matriz tributária, e que se destina, primordialmente, a dimensionar a intensidade do comportamento inserto no núcleo do fato jurídico, para que, combinando-se à alíquota, seja determinado o valor da prestação pecuniária. Paralelamente, tem a virtude de confirmar, infirmar ou afirmar o critério material expresso na composição do suposto normativo. **A versatilidade categorial desse instrumento jurídico se apresenta em três funções distintas: a) medir as proporções reais do fato; b) compor a específica determinação da dívida; e c) confirmar, infirmar ou afirmar o verdadeiro critério material da descrição contida no antecedente da norma** (grifos nossos).

Relevantíssimas, também, as conclusões de Geraldo Ataliba (2006, p. 111), com sua usual didática:

> **Efetivamente, fica evidente a posição central da base imponível** – relativamente à hipótese de incidência – **pela circunstância de ser impossível que um tributo, sem se desnaturar, tenha por base imponível uma grandeza que não ínsita na materialidade de sua hipótese de incidência** (grifos nossos).

Arrematando o tema, Amílcar Falcão (1997, p. 138) expõe: "De outro modo, a inadequação da base de cálculo pode representar uma distorção do fato gerador e, assim, desnaturar o tributo".

Em face do exposto, restam a seguintes conclusões: (1) a função primeva da base de cálculo é trazer elementos previstos em lei que ajudem a consubstanciar o fato gerador, a fim de que se obtenha o crédito tributário, ou seja, montante determinado e líquido de um fenômeno ou situação jurídica demonstradora de riqueza tributável. Ademais, (2) como critério por excelência da relação obrigacional quantificada, uma vez que imprestável obrigação monetária imensurável, **deve guardar estreita relação com a riqueza que se pretende tributar**.

Ressalte-se, também, que, diante do rol taxativo de competências tributárias, somado à vocação identitária da base imponível, seu desvirtuamento gera dissonância com o poder constitucionalmente previsto de tributar, que, somado à imperiosidade de legislação *stricto sensu* anterior, tem como resultado a invalidade da exegese tributária.

Dadas essas premissas, necessário discorrer sobre qual a base de cálculo constitucionalmente prevista do ICMS.

11.3 A BASE DE CÁLCULO DO ICMS

A base de cálculo do ICMS, por expressa previsão constitucional,[10] pode abranger cinco hipóteses de incidência, quais sejam:

1. operação de circulação de mercadorias;
2. serviço de transporte intermunicipal e interestadual;
3. serviço de comunicação;
4. sobre transmissão e geração de energia elétrica;
5. sobre importação de bens.

Destas, será analisada neste capítulo apenas a primeira das hipóteses.

Fora demonstrado anteriormente que quaisquer desvirtuamentos na base de cálculo do tributo o desnaturam e, consequentemente, ferem as competências tributárias rigidamente definidas pelo legislador constitucional. Apontou-se, ainda, que o princípio da legalidade estrita exige que os elementos ou aspectos do fato imponível constem previamente da lei. Firmes nessas premissas, resta verificar quais fenômenos podem ser captados para que a cobrança do ICMS sobre a circulação de mercadorias atenda **precisamente** ao que permite o ordenamento jurídico pátrio.

Pois bem, a circulação de mercadorias à qual se refere o legislador não se trata de mera movimentação física, mas sim da transferência de propriedade, de forma onerosa, ocorrida entre partes diversas. Posto doutro modo, tem-se que a circulação de mercadorias nada mais é que operação mercantil.

A título exemplificativo, a corroborar o quanto asseverado até o momento, principalmente no que tange à descrição prévia e exaustiva do fato imponível, cuja atenção é cogente, se a operação não for onerosa, estar-se-ia talvez diante de Imposto de Transmissão *Causa Mortis* e Doação (ITCMD), tributo de competência também estadual, mas com perfil constitucional inconfundível com o do ICMS. Ou mesmo prestação de serviço com fornecimento de mercadoria, sujeita a tributo de competência municipal.

Considerando o quanto tratado em relação à estreita correlação entre a base de cálculo e os fatos no plano fenomenológico, insofismável que a **única** base imponível possível é o valor da operação mercantil.

Nesse sentido e confirmando o afirmado, a literalidade do art. 13, I, da Lei Complementar (LC) n. 87/1996, que determina:

---

10 "Art. 155. Compete aos Estados e ao Distrito Federal instituir impostos sobre:
[...]
II – operações relativas à circulação de mercadorias e sobre prestações de serviços de transporte interestadual e intermunicipal e de comunicação, ainda que as operações e as prestações se iniciem no exterior;"

Art. 13. **A base de cálculo do imposto é:**
I – na saída de mercadoria prevista nos incisos I, III e IV do art. 12, **o valor da operação** (grifos nossos).

Aponha-se a abalizada doutrina de Leandro Paulsen e José Eduardo Soares de Melo (PAULSEN; MELO, 2018, p. 531), que afirma:

> **A base de cálculo é o valor da operação mercantil**; é o preço dos serviços de transporte interestadual e intermunicipal e de comunicação. Assim, **o imposto não incide sobre serviços gratuitos, demandando sempre a onerosidade, reveladora da capacidade contributiva**. [...] **Somente devem integrar a base de cálculo os valores inerentes às mercadorias e/ou serviços de transporte e de comunicação, bem como os reajustes e acréscimos intrinsecamente vinculados a tais valores**. Não deveriam ser incluídos elementos estranhos ao valor da operação ou do preço, porquanto correspondem a verbas que têm natureza diversa das operações mercantis e das prestações de serviços, não havendo fundamento para o ICMS ser calculado sobre meras entradas financeiras os créditos [sic] (grifos nossos).

Derradeiramente, aponta Carrazza (2006, p. 98):

> Incumbe, pois, à base de cálculo especificar, em termos matemáticos, a hipótese de incidência do tributo. Assim, se a hipótese de incidência do tributo for **"vender mercadoria", sua base de cálculo somente poderá ser "o valor da venda realizada". Tudo o que fugir disso (v.g., o custo do dinheiro necessário à obtenção deste valor) não estará medindo de modo adequado o fato tributário e, no momento da apuração do** *quantum debeatur*, **fará com que o contribuinte pague além da conta – circunstância que lhe vulnera o direito de propriedade** (grifos nossos).

Repita-se, o valor da operação mercantil é o preço pago pelas mercadorias. Esse é o perfil constitucional do tributo, no que tange a sua base de cálculo. Alterá-lo é se imiscuir nas rígidas balizas constitucionais sem permissivo legal, situação que não se pode albergar.

Postas essas premissas, cumpre analisar se o ICMS, na modalidade substituição tributária para a frente (doravante ICMS-ST), pode ter em sua base de cálculo valores diferentes desse perfil, ou seja, que o numerário divirja do montante pago pela operação mercantil.

11.4 A BASE DE CÁLCULO DO ICMS-ST

Entretanto, antes é necessário que se discorra brevemente sobre o que é o ICMS-ST "para a frente". O ICMS-ST "para a frente", ou progressivo, cuja previsão constitucional consta no art. 150[11] da Carta Magna vigente, surge em decorrência da atribuição de responsabilidade

---

11 "Art. 150. Sem prejuízo de outras garantias asseguradas ao contribuinte, é vedado à União, aos Estados, ao Distrito Federal e aos Municípios:
[...]
§ 7º A lei poderá atribuir a sujeito passivo de obrigação tributária a condição de responsável pelo pagamento de imposto ou contribuição, cujo fato gerador deva ocorrer posteriormente, assegurada a imediata e preferencial restituição da quantia paga, caso não se realize o fato gerador presumido."
(grifos nossos)

tributária pelo recolhimento do tributo pelo sujeito passivo, não só pelas operações mercantis que praticou (próprias), mas, ainda, por aquelas que serão realizadas.

Percebeu o legislador que, por medida de conveniência, e em atenção ao princípio da eficiência,[12] a arrecadação tributária é simplificada pela fiscalização de alguns poucos contribuintes, em detrimento da realizada sobre todas as operações subsequentes, por vezes fortemente capilarizadas. A substituição tributária progressiva foi reiteradamente declarada constitucional e legítima.[13]

Dessa forma, resta assente que o legislador poderá, por medida de praticidade e em atenção ao princípio da eficiência, criar ficção jurídica ao presumir que ocorrerão fatos geradores ao longo da cadeia produtiva.

Todavia, essa ficção se restringe à ocorrência do fato gerador futuro. Posto de outra forma, o que foi autorizado pela legislação e confirmado pela interpretação das Cortes Pátrias é criar ficção que permita que, em determinados setores econômicos, por força da capilaridade do ramo, em vez de a Fiscalização Tributária acompanhar cada uma das operações, poderá concentrar suas atividades em alguns poucos contribuintes, atribuindo a eles a responsabilidade pelo restante da cadeia, cujos fatos geradores há manifestos indícios de que ocorrerão.

Quanto à **ficção jurídica**, tomam-se as lições de Cristiano Carvalho (2008, p. 223) ao afirmar: "um ato de fala, que propositadamente não vincula algum aspecto da regra à realidade jurídica, à realidade institucional ou à realidade objetiva, de modo a assim poder gerar efeitos que não seriam possíveis de outra forma". Aclara, ainda, quanto aos limites de sua aplicabilidade no âmbito do Direito Tributário, que:

---

12 O princípio da eficiência é comando advindo do *caput* do art. 37 da CF/1988 ("Art. 37. A administração pública direta e indireta de qualquer dos Poderes da União, dos Estados, do Distrito Federal e dos Municípios obedecerá aos princípios de legalidade, impessoalidade, moralidade, publicidade e **eficiência** e, também, ao seguinte:" – grifos nossos) que ordena à Administração Pública, portanto surtindo efeitos também na seara tributária, que os objetivos legais do Poder Público sejam atingidos da forma mais racional possível e com o dispêndio do menor número de recursos. Sobre o tema, relevantes os apontamentos de Beatriz Biaggi Ferraz e Ives Gandra da Silva Martins, que afirmam, respectivamente:
"O princípio da eficiência visa que os atos da administração pública sejam o menos onerosos possível e que atinjam a máxima eficiência e o maior alcance possível" (FERRAZ, 2018, p. 66).
"[...] a obrigação da Administração Pública de utilizar os recursos públicos do Estado com a maior pertinência e adequação possível em prol da sociedade" (MARTINS, 2007, p. 31).

13 Sobre o tema, manifestou-se o STF, durante o julgamento do RE 213.396/SP, cuja ementa é:
"TRIBUTÁRIO. ICMS. ESTADO DE SÃO PAULO. COMÉRCIO DE VEÍCULOS NOVOS. ART. 155, § 2º, XII, *B*, DA CF/88. CONVÊNIO ICM N. 66/88 (ART. 25) E ICMS N. 107/89. ART 8º, INC XIII E § 4º, DA LEI PAULISTA N. 6.374/89.
O regime de substituição tributária, referente ao ICM, já se achava previsto no Decreto-lei n. 406/68 (art. 128 do CTN e art. 6º, §§ 3º e 4º, do mencionado decreto-lei), nomas recebidas pela Carta de 1988, não se podendo falar, nesse ponto, em omissão legislativa capaz de autorizar o exercício, pelos Estados, por meio de Convênio ICM n. 66/88, da competência prevista no art. 34, § 8º, do ADCT/88.
[...]
A responsabilidade, como substituto, no caso, foi imposta por lei, como medida de política fiscal, autorizada pela Constituição, não havendo que se falar em exigência tributária despida de fato gerador.
Acórdão que se afastou desse entendimento.
Recurso conhecido e provido" (Rel. Min. Ilmar Galvão, Tribunal Pleno, *DJ* 01.12.2000 – grifos nossos).

[...] são legítimas ficções cuja única função é tornar o subsistema tributário operacional, sem, no entanto, ferir a capacidade contributiva. Ficções que ultrapassam essa função meramente integradora devem sucumbir ao teste da constitucionalidade (grifos nossos).

Portanto, a violação do princípio da capacidade contributiva[14] é situação que **impossibilita a aplicação da ficção jurídica, dado que violaria as balizas constitucionais de tributação, precipuamente o princípio da legalidade estrita.**

Assim, tem-se que o ICMS-ST é ficção jurídica, constitucionalmente prevista e permitida, que, sob a égide do princípio da eficiência, transfere a responsabilidade tributária por eventos futuros a contribuinte apenas indiretamente vinculado aos "fatos geradores futuros".

Porém, não há alteração da base de cálculo possível do ICMS (ST ou não), uma vez que, como demonstrado anteriormente, tal conduta violaria os princípios tributários mais comezinhos ao desnaturar o perfil constitucional do tributo. Aduziu-se alhures, também, que a base de cálculo do ICMS é **a operação mercantil. Em todas as suas modalidades.**

Especificamente em relação ao ICMS-ST, a legislação complementar, consubstanciada pela Lei Kandir, é precisa ao dizer:

Art. 8º **A base de cálculo, para fins de substituição tributária, será:**
[...]
II – em relação às operações ou prestações subseqüentes, obtida pelo somatório das parcelas seguintes:

a) **o valor da operação** ou prestação própria realizada pelo substituto tributário ou pelo substituído intermediário (grifos nossos).

Desse modo, a inclusão de quaisquer valores que não intrinsecamente ligados à operação mercantil gerará outro tributo que não o ICMS. Em face da ausência de permissivo constitucional para isso, ocorrerá flagrante inconstitucionalidade.

Postas essas premissas, resta estabelecer o critério de "desconto incondicionado", a fim de analisar a possibilidade, ou não, de sua inclusão na base de cálculo do ICMS e do ICMS-ST, investigando, para isso, se são valores intrinsecamente ligados ao valor da operação mercantil.

---

14 A doutrina qualifica o princípio da capacidade contributiva nos seguintes termos:
"... a potencialidade de contribuir com os gastos públicos que o legislador atribui ao sujeito particular, e que significa, ao mesmo tempo, **existência de uma riqueza em posse de uma pessoa ou em movimento entre duas pessoas e a gradação da obrigação tributária segundo a magnitude da capacidade contributiva que o legislador lhe atribui**" (JARACH, 2011, p. 87 – traduzido por Mônica Pereira Coelho de Vasconcellos; grifos nossos).
"**A capacidade contributiva é um dos alicerces do dever fundamental de pagar tributos. Origina-se na Constituição Federal, como uma correspondência aos direitos fundamentais, mas, sobretudo, pela realização da capacidade contributiva**, juntamente com a imperiosa necessidade de implementação dos princípios da dignidade da pessoa humana, da função social e da solidariedade como mandamentos norteadores de uma ética tributária. **Assim, tem o seu aspecto impositivo (de impor a cobrança de tributo sobre quem detém condições financeiras) e negativo (de restringir a incidência tributária sobre aqueles desprovidos de condições financeiras)**" (ABRAHAM, 2018, p. 121 – grifos nossos).

11.5 O DESCONTO INCONDICIONADO E A BASE DE CÁLCULO DO ICMS E DO ICMS-ST

Descontos incondicionados são redutores do preço final da mercadoria, que constam da nota fiscal e que não estão sujeitos a situação futura ou incerta. Aponha-se, ainda, que é submodalidade do desconto incondicional, portanto, aplicando-se as mesmíssimas regras, o desconto em mercadoria,[15] ou bonificação em mercadoria,[16] na qual o vendedor/fabricante, em vez de reduzir o preço final da operação, por juízo de conveniência exclusivamente seu, entrega mercadorias em montante superior ao que se daria usualmente, em face do preço pago.

No mesmo diapasão, as conclusões a que chegou Heleno Taveira Torres (2017):

> Isolados dos demais aspectos, serão sempre descontos incondicionais aqueles que independem de **evento futuro e incerto**, em conformidade com aquilo que estabelece o artigo 121 do Código Civil, quanto aos requisitos da "condição":
>
> Art. 121. Considera-se **condição** a cláusula que, derivando exclusivamente da vontade das partes, subordina o efeito do negócio jurídico a evento **futuro e incerto** (grifos nossos).

Ora, se descontos incondicionados reduzem o valor da operação mercantil, que, por sua vez, é a base de cálculo do ICMS sob análise, fatalmente se terá que ele não poderá ser desconsiderado, a fim de que seja acrescido ao valor da operação, majorando ilegalmente o imposto supracitado.

Repise-se à exaustão, desconto incondicionado é redução do valor da operação mercantil, de forma que desconsiderá-lo para que se aumente a tributação é caminho obstado pelo ordenamento jurídico.

Neste passo, cogente que se aponte que o conceito de bonificação em mercadoria, entendido como equivalente, ou submodalidade do desconto incondicional, é interpretação antiga da legislação aplicável, compartilhada mesmo pelo Fisco, conforme entendimento exarado no Parecer CST/SIPR n. 1.386/1982, cujo trecho segue colacionado:

> **Bonificação significa, em síntese, a concessão que o vendedor faz ao comprador, diminuindo o preço da coisa vendida ou entregando quantidade maior que a estipulada. Diminuição do preço da coisa vendida pode ser entendido também como parcelas redutoras do preço de venda,**

---

15 Quanto ao tema, expõe Hugo de Brito Machado: "Quando o vendedor de cem unidades de medicamento dá em bonificação dez unidades, na verdade ele está vendendo cento e dez unidades pelo preço das cem. Não importa que as cem unidades tenham sido vendidas, e as dez tenham sido doadas. Há, nestes casos, evidente relação de dependência entre a doação e a venda, de sorte que sem esta aquela não existiria. Houve na realidade apenas uma operação, cuja forma é mista, de venda e de doação. O valor da operação, como um todo, é o que importa. Esse valor é a base de cálculo do imposto" (MACHADO, 1999, p. 79-80).

16 A Receita Federal do Brasil adota posicionamento análogo, como se observa da leitura da Solução de Consulta n. 49/2015: "Nesse caso o valor do bônus do cliente aceito por um dos estabelecimentos conveniados, nada mais é que um desconto, já que o bônus perde suas funções uma vez utilizado pelo cliente. Trata-se do conceito de desconto incondicional, isto é, não há condições pós-venda para obtenção do desconto. A única condição é possuir o bônus. Mas esta condição é pré-venda, o que não descaracteriza o desconto como incondicional" (BRASIL, 2015).

as quais, quando constarem da Nota Fiscal de venda dos bens e não dependerem de evento posterior à emissão desse documento, são definidas, pela Instrução Normativa SRF n. 51/78, como descontos incondicionais, os quais, por sua vez, estão inseridos no art. 178 do RIR/80.

[...]

Isto pode ser feito computando-se, na Nota Fiscal de venda, tanto a quantidade que o cliente deseja comprar, como a quantidade que o vendedor deseja oferecer a título de bonificação, transformando-se em cruzeiros o total das unidades, como se vendidas fossem. **Concomitantemente, será subtraída, a título de desconto incondicional, a parcela, em cruzeiros, que corresponde à quantidade que o vendedor pretende ofertar, a título de bonificações, chegando-se, assim, ao valor líquido das mercadorias** (grifos nossos).

Ainda nesse tema, rememore-se o quanto disposto no art. 110 do Código Tributário Nacional (CTN) ao proibir a transmutação de conceitos do direito privado, a saber, valor da operação mercantil, para fins de tributação:

Art. 110. A lei tributária não pode alterar a definição, o conteúdo e o alcance de institutos, conceitos e formas de direito privado, utilizados, expressa ou implicitamente, pela Constituição Federal, pelas Constituições dos Estados, ou pelas Leis Orgânicas do Distrito Federal ou dos Municípios, para definir ou limitar competências tributárias.

Note-se que a imperiosidade da exclusão de valores a título de desconto incondicionado da base de cálculo do ICMS já foi analisada pelo Superior Tribunal de Justiça (STJ) ao julgar, em sede de recurso repetitivo, o Recurso Especial (REsp) n. 1.111.156/SP, cuja ementa se colaciona:

TRIBUTÁRIO – ICMS – **MERCADORIAS DADAS EM BONIFICAÇÃO – ESPÉCIE DE DESCONTO INCONDICIONAL** – INEXISTÊNCIA DE OPERAÇÃO MERCANTIL – ART. 13 DA LC 87/96 – NÃO INCLUSÃO NA BASE DE CÁLCULO DO TRIBUTO.

1. A matéria controvertida, examinada sob o rito do art. 543-C do Código de Processo Civil, restringe-se tão-somente à incidência do ICMS nas operações que envolvem mercadorias dadas em bonificação ou com descontos incondicionais; não envolve incidência de IPI ou operação realizada pela sistemática da substituição tributária.

2. A bonificação é uma modalidade de desconto que consiste na entrega de uma maior quantidade de produto vendido em vez de conceder uma redução do valor da venda. Dessa forma, o provador das mercadorias é beneficiado com a redução do preço médio de cada produto, mas sem que isso implique redução do preço do negócio.

3. A literalidade do art. 13 da Lei Complementar n. 87/96 é suficiente para concluir que a base de cálculo do ICMS nas operações mercantis é aquela efetivamente realizada, não se incluindo os "descontos concedidos incondicionais".

4. A jurisprudência desta Corte Superior é pacífica no sentido de que o valor das mercadorias dadas a título de bonificação não integra a base de cálculo do ICMS.

5. Precedentes: AgRg no REsp 1.073.076/RS, Rel. Min. Humberto Martins, Segunda Turma, julgado em 25.11.2008, *DJe* 17.12.2008; AgRg no AgRg nos EDcl no REsp 935.462/MG, Primeira Turma, Rel. Min. Francisco Falcão, *DJe* 8.5.2008; REsp 975.373/MG, Rel. Min. Luiz Fux, Primeira Turma, julgado em 15.5.2008, *DJe* 16.6.2008; EDcl no REsp 1.085.542/SP, Rel. Min. Denise Arruda, Primeira Turma, julgado em 24.3.2009, *DJe* 29.4.2009.

Recurso Especial provido para reconhecer a não-incidência do ICMS sobre as vendas realizadas em bonificação. Acórdão sujeito ao regime do art. 543-C do Código de Processo Civil e da Resolução 8/2008 do Superior Tribunal de Justiça (STJ, 2ª T., Rel. Min. Humberto Martins, REsp 1.111.156/SP, j. 14.10.2009, *DJe* 22.10.2009).

Dessa forma, assente tanto na jurisprudência quanto na doutrina que não podem ser incluídos na base de cálculo os descontos incondicionados. Porém, surge celeuma quando diante do ICMS-ST.

O tema, no âmbito do STJ, foi pacificado quando do julgamento dos Embargos de Divergência em REsp n. 715.255/MG. Na ocasião, entendeu-se por maioria de votos que na modalidade ICMS-ST, diante da impossibilidade de determinar se o desconto incondicionado seria replicado ao longo da cadeia e considerando a tributação nessa modalidade como definitiva, à luz da jurisprudência do STF, tais valores deveriam ser incluídos na base de cálculo do tributo em comento.

Pois bem, contra-argumentando os pontos que, na modesta opinião deste estudo, merecem reparo, seguem colacionados os motivos que levaram à conclusão pela inclusão dos descontos incondicionados na base imponível do ICMS-ST. Assentou a Ministra Eliana Calmon, relatora, que:

> Na hipótese de bonificação – concessão de mais mercadorias pelo mesmo preço – há favorecimento tão-somente ao partícipe imediato da cadeia de circulação (contribuinte seguinte na cadeia de circulação), a não ser que a bonificação seja estendida a toda a cadeia até atingir o consumidor final, o que demanda prova da repercussão. Presume-se, portanto, que não será assim, tendo em vista o intuito de lucro que permeia a atividade mercantil.
>
> **Portanto, embora não incida, em regra, ICMS sobre mercadorias dadas em bonificação, a exemplo do que ocorre com os descontos incondicionais, tal fato não se estende automaticamente à cadeia de circulação de mercadorias, de modo que é lícito ao Estado federado exigir o destaque do ICMS/ST nas operações mercantis interestaduais do substituto tributário** (grifos nossos).

Chegando à mesma conclusão, o voto do Ministro Humberto Martins. Colaciona-se:

> A base de cálculo da segunda operação é o valor que **presumidamente** aquele produto alcançaria ao chegar ao mercado, realizando o objetivo de que o ICMS incida durante toda a cadeia de consumo. Desse modo, não há como se pautar o Fisco pelo valor da operação entre substituto e substituído quanto à bonificação em produtos concedida, sob pena de ferir o objetivo precípuo do mecanismo da substituição tributária. [...] Em conclusão, a substituição tributária é – inegavelmente – regime especial que auxilia na garantia de que não ocorrerá evasão fiscal e, sob tal enfoque, não pode estar sujeita a condições potestativas entre as partes substituídas e substitutas sob pena de se tornar inócuo o próprio sistema arquitetado no art. 150, § 7º, da Constituição Federal. Nesse sentido, não há como se pautar o Fisco pelo valor da operação entre substituto e substituído quanto à bonificação em produtos concedida, sob pena de ferir o objetivo precípuo do mecanismo da substituição tributária. Ante o exposto, **acompanho o voto da Ministra Relatora Eliana Calmon** [...] (grifos nossos).

Na mesma linha do voto da relatora, pontuou o Ministro Mauro Campbell Marques:

> A base de cálculo do tributo, no regime de substituição tributária, é **presumida** e **definitiva**, não sofrendo qualquer oscilação, para mais ou para menos, em face do valor real de venda da mercadoria adotado na etapa seguinte da cadeia de circulação e somente admitindo repetição no

caso de não ocorrência em absoluto do fato gerador (o fato gerador ocorrido a menor não admite a repetição). [...] Desta maneira, com a devida licença dos que pensam de modo diverso, considero falacioso o argumento de que quando a mercadoria é dada em bonificação, portanto, sem custo para o adquirente, não há valor na operação anterior que possa servir de parâmetro para a determinação da base de cálculo do ICMS/ST porque, via de regra, o valor agregado (base de cálculo do ICMS/ST) é calculado mediante a aplicação de um percentual sobre o valor da operação anterior que é zero. A falácia advém do fato de que **o valor agregado não deve ser calculado sobre o valor da operação anterior praticada no caso concreto, mas sim sobre o valor da operação anterior usualmente praticado no mercado**, independentemente do preço que foi praticado naquela operação específica. A toda evidência, palavra "usualmente" se refere a um conjunto de operações praticadas no mercado que não aquela efetivamente praticada pelo substituto (grifos do original).

Desse modo, a posição que restou vencedora[17] se apoia nas seguintes premissas: (1) a concessão de bonificação se aplica apenas ao primeiro elo da cadeia, e não se pode pre-

---

17 A despeito do resultado do julgamento, a cujas conclusões se objeta, há apontamentos valiosos e que se mantêm relevantes. Destaque-se:
"... **2.** O art. 146, inciso III, alínea 'a', da Carta Maior reserva à lei complementar a definição de tributos e de suas espécies, bem como em relação aos impostos discriminados na própria Constituição, como é o caso do ICMS (art. 155, II), a definição dos respectivos contribuintes, fatos geradores e bases de cálculo.
3. Infere-se do texto constitucional que este, implicitamente, delimitou a base de cálculo possível do ICMS nas operações mercantis, como sendo o valor da operação mercantil efetivamente realizada ou, como consta do art. 13, inciso I, da LC n. 87/96, **'o valor de que decorrer a saída da mercadoria'. Neste sentido, a doutrina especializada: 'Realmente a base de cálculo do ICMS não é o preço anunciado ou constante de tabelas. É o valor da operação, e este se define no momento em que a operação se concretiza. Assim, os valores concernentes aos descontos ditos promocionais, assim como os descontos para pagamento à vista, ou de quaisquer outros descontos cuja efetivação não fique a depender de evento futuro e incerto, não integram a base de cálculo do ICMS, porque não fazem parte da do valor da operação da qual decorre a saída da mercadoria. [...]'** (MACHADO, Hugo de Brito. 'Direito Tributário – II', São Paulo, Ed. Revista dos Tribunais, 1994, p. 237)
4. Consectariamente, tendo em vista que a Lei Complementar n. 87/96 indica, por delegação constitucional, a base de cálculo possível do ICMS, fica o legislador ordinário incumbido de explicitar-lhe o conteúdo, devendo, todavia, adstringir-se à definição fornecida pela Lei Complementar.
5. Desta sorte, afigura-se incontestê que o ICMS descaracteriza-se acaso integrarem sua base de cálculo elementos estranhos à operação mercantil realizada, como, por exemplo, o valor intrínseco dos bens entregues por fabricante à empresa atacadista, a título de bonificação, ou seja, sem a efetiva cobrança de um preço sobre os mesmos.
6. Deveras, revela *contraditio in terminis* ostentar a Lei Complementar que a base de cálculo do imposto é o valor da operação da qual decorre a saída da mercadoria e a um só tempo fazer integrar ao preço os descontos incondicionais ou bonificações (Precedentes: **REsp n. 721.243/PR**, Rel. Min. João Otávio de Noronha, *DJ* de 07/11/2005; **REsp n. 725.983/PR**, Rel. Min. José Delgado, *DJ* de 23/05/2005; **REsp n. 477.525/GO**, deste Relator, *DJ* de 23/06/2003; e **REsp n. 63.838/BA**, Rel. Min. Nancy Andrighi, *DJ* de 05/06/2000)
7. As assertivas ora expostas infirmam a pretensão do fisco de recolhimento do ICMS, incidente sobre as mercadorias dadas em bonificação, em regime de substituição tributária. Isto porque, a despeito dos propósitos de facilitação arrecadatória que fundam a substituição tributária, é evidente que a mesma não pode ensejar a alteração dos elementos estruturais do ICMS, especialmente no que atine à composição de sua base de cálculo. Esta é justamente a lição de Roque Antônio Carrazza:
'De qualquer forma, mesmo sem perdermos de vista os propósitos arrecadatórios da substituição tributária, é óbvio que ela não pode servir de instrumento para alterar os elementos estruturais do ICMS, sobretudo os que dizem respeito à composição de sua base de cálculo. Vai daí que, se – como estamos plenamente convencidos – as vendas bonificadas têm como única base de cálculo o preço efetivamente praticado, esta realidade, imposta pela própria Constituição (que, conforme vimos, traça todos os elementos da regra-matriz do ICMS), em nada é afetada pela circunstância de a operação mercantil desencadear o mecanismo da substituição tributária. Não temos dúvidas, pois, em afirmar que nos

sumir que os reflexos tributários desse desconto incondicional serão repassados às outras etapas; (2) o fato gerador do ICMS-ST é presumido, assim o Fisco não fica adstrito ao valor da operação entre substituto e substituído quanto à bonificação em produtos concedida. Ademais, a substituição tributária progressiva tem por escopo impedir a sonegação fiscal. Portanto, permitir aos contribuintes ingerências nessa sistemática tem o condão de esvaziar a finalidade da substituição tributária; e (3) a base de cálculo do tributo, no regime de substituição tributária, **é presumida e definitiva**, não sofrendo qualquer oscilação, para mais ou para menos, em face do valor real de venda da mercadoria adotado na etapa seguinte da cadeia de circulação.

Todavia, esses posicionamentos não merecem prosperar. *Ab ovo*, há de se rememorar que ficções jurídicas, como apontado alhures, **somente** são possíveis quando **não violado o princípio da capacidade contributiva**.

---

casos em que o contribuinte emite nota fiscal (seja de venda, seja de outras saídas) destinada a Estados onde se adota o mecanismo da substituição tributária de ICMS o valor a ser deduzido como forma de crédito há de ser o efetivamente praticado na operação de venda com bonificação, vale dizer, zero. Nossa convicção lastreia-se na circunstância de que a bonificação é realidade acessória da operação de compra e venda mercantil, estando, destarte, submetida à regra *acessorium sequitur suum principale*. Esta realidade acessória em nada é abalada pelo mecanismo da substituição tributária, que não tem, de per si, o condão de desnaturar os efeitos tributários da operação mercantil, tal como expostos neste estudo' (*in* 'ICMS', 10ª ed., São Paulo, Malheiros Editores, 2005, pp. 117/118)".

Ressalte-se, ainda, no voto do ilustríssimo Ministro Castro Meira:

"Na linha do que até aqui foi exposto, se a mercadoria foi dada em bonificação, portanto, sem custo para o adquirente, não há valor na operação anterior que possa servir de parâmetro à determinação da base de cálculo do ICMS-Substituição. Se a operação anterior tem saldo 0 (zero) – esse deve ser o valor levado em consideração para se fixar a base de cálculo do ICMS-Substituição –, multiplicado pela margem de agregação e pela alíquota do ICMS para aquele produto, 0 (zero) também será o imposto devido sobre aquela mercadoria. Mesmo que se objete que a bonificação apenas reduz o valor unitário da mercadoria (desconto incondicional), ainda assim, não se altera a conclusão de que o ICMS não incide, no regime de substituição, sobre a mercadoria dada em bonificação, pois o resultado aritmético é o mesmo".

Derradeiramente, o voto do Ministro Benedito Gonçalves, que assentou:

"Dessa forma, é certo que a apuração da base de cálculo do ICMS recolhido sob a égide do regime de substituição tributária 'para frente', mesmo em se tratando de operação posterior, se dá com base no valor da operação realizada em momento anterior pelo substituto. **Assim, não há outra conclusão a não ser a de que os descontos incondicionais e as mercadorias concedidas em bonificação influenciam diretamente no valor devido a título de ICMS-ST, sob pena de se considerar que a expressão legal 'valor da operação' muda de sentido conforme se modifica o regime de recolhimento do tributo**. Nessa esteira, oportuno frisar que comungo do entendimento segundo o qual não é relevante para a apuração do ICMS substituição tributária saber se o substituído irá ou não transferir a bonificação ou o desconto incondicional na etapa seguinte da cadeia de circulação da mercadoria. Isso porque, por se tratar de tributo recolhido em momento anterior à ocorrência do fato gerador, nos termos já mencionados, **sua base de cálculo é presumida e calculada antecipadamente, não dependendo da margem de lucro efetivamente auferida pelo substituído na operação posterior**. De fato, ao definir os critérios da base de cálculo, o legislador elege uma terceira pessoa como responsável pelo recolhimento do tributo, que deve fazê-lo com base nos parâmetros legais, não podendo este (substituto) ser responsabilizado por eventual diferença de ICMS em razão de eventual saída do produto por quantia superior à fixada como base de cálculo. **Até porque não se pode exigir do substituto que saiba qual será o valor efetivo da venda pelo substituído ou, até mesmo, se ela ocorrerá. O único preço real que cabe ao substituto tributário conhecer é o valor da operação por ele praticada, o qual, nos termos já mencionados, é o ponto de partida para a definição da base de cálculo do ICMS-ST, o qual, na hipótese em comento, não existe (por se tratar de bonificação) ou é reduzido pelos descontos incondicionais**" (REsp 715.255/MG, Rel. Min. Luiz Fux, *DJ* 10.04.2006 – grifos nossos).

Ora, no caso em epígrafe há flagrante vulneração desse princípio, pois se está presumindo a existência de riqueza que inexiste! Tal conduta amesquinha, ainda, o princípio da segurança jurídica, o da legalidade estrita e o da isonomia.[18] O primeiro, pois impede que se precise quais situações serão ou não tributadas, bem como quais são seus critérios. O segundo, pois, ao alterar sem permissivo constitucional o perfil da base de cálculo do ICMS-ST, cria tributo novo, e o último, ao tratar de forma desigual contribuintes que estão concretamente na mesma situação, diante da pequenez da diferença entre as modalidades do ICMS.

Além disso, é preciso ressaltar, refutando o argumento "1", que, na época da prolação do acórdão debatido, estava vigente ainda a jurisprudência, agora superada, como se demonstrará em tópico específico, estabelecida pela Ação Direta de Inconstitucionalidade (ADI) n. 1.851.

Naquele momento histórico, a tributação pelo ICMS-ST era tida como definitiva e final, impedindo a restituição de valores na maior parte dos casos. Ora, se definitiva e final a tributação, para que se investigue seu alcance é **irrelevante** se os descontos incondicionais se replicam, ou não, ao longo da cadeia.

Quanto ao ponto "2", a ficção jurídica **necessariamente** partirá de elementos certos e concretos para que seja alcançado o fim criado pela ficção jurídica. **Nesse caso, o que se almeja é que a tributação seja simplificada e realizada de forma eficiente.** É cediço que a melhor forma de "prever" o futuro consiste em analisar os dados concernentes ao passado.

Nessa situação, os melhores dados para que seja estimada a operação futura são justamente aqueles da última operação. Logo, necessário levar em consideração os descontos incondicionados! Ademais, a razão de existir da substituição tributária, ao contrário do que consignou o ilustríssimo Ministro Humberto Martins, é a eficiência tributária e não evitar que se cometam ilícitos.

Em um Estado Democrático de Direito, como é o brasileiro, presume-se que as leis serão cumpridas. Agir de outra forma não só subverte toda a sistemática normativa como fulmina o princípio da boa-fé, que permeia todo o arcabouço legal. Ademais, por expressa

---

18 Toma-se por princípio da isonomia aquele descrito por Marcus Abraham e Aurélio Pitanga Seixas Filho, respectivamente:
"A Constituição Federal de 1988 traz em seu texto, de forma expressa, o **princípio da isonomia**, estabelecendo, de forma genérica, no art. 5º, que todos são iguais perante a lei, sem distinção de qualquer natureza, e de forma específica para os tributos, no art. 150, II, vedando-se:
[...] instituir tratamento desigual entre contribuintes que se encontrem em situação equivalente, proibida qualquer distinção em razão de ocupação profissional ou função por eles exercida, independentemente da denominação jurídica dos rendimentos, títulos ou direitos" (ABRAHAM, 2018, p. 120).
"... a regra constitucional da *isonomia* deve ser entendida como a autorização concedida ao legislador para igualar as pessoas, após serem identificadas as suas desigualdades, através do tratamento jurídico particular que produza o efeito de nivelar as diferenças que mereçam ser corrigidas, e sendo certo, também, que, em direito tributário, as isenções se justificam por serem o instrumento jurídico adequado para nivelar os contribuintes através do que Ives Gandra denominou de desisonomia seletiva, é pertinente que se examinem as consequências sociais provocadas pelas normas isencionais no sentido de se confirmar o bom uso que tem feito o legislador da autorização constitucional para discriminar os contribuintes" (SEIXAS FILHO, 1989, p. 119).

determinação do art. 3º do CTN,[19] tributo não é sanção por ato ilícito. Portanto, fogem ao escopo, ao menos inicialmente, do Direito Tributário as condutas ilícitas.

Por fim e não menos importante, tem-se que a tributação por substituição progressiva não é definitiva. Assim, se realizada em valor menor do que aquele que fora presumido, há o direito à restituição do montante indevidamente recolhido. Ou, noutro giro, sua complementação caso o valor efetivo supere o que havia sido inicialmente mensurado.

11.6 CONSIDERAÇÕES FINAIS: O JULGAMENTO DO RECURSO EXTRAORDINÁRIO N. 593.849/MG E A SUPERAÇÃO DO ENTENDIMENTO QUANTO À TRIBUTAÇÃO FINAL, EM SEDE DE ICMS-ST, BEM COMO O USO DE FICÇÕES JURÍDICAS COMO CRITÉRIOS NORTEADORES

Como anteriormente dito, o STF, quando do julgamento do Recurso Extraordinário (RE) n. 593.849/MG, superou entendimento anterior, não só quanto ao caráter final da tributação na modalidade de substituição tributária (e com isso permitindo a complementação da tributação, ou restituição, a depender de realizada a maior, ou menor, o fato gerador presumido), mas quanto a seus critérios norteadores.

Trazendo lume à questão, segue a ementa do supracitado julgado:

> RECURSO EXTRAORDINÁRIO. REPERCUSSÃO GERAL. DIREITO TRIBUTÁRIO. IMPOSTO SOBRE CIRCULAÇÃO DE MERCADORIAS E SERVIÇOS – ICMS. SUBSTITUIÇÃO TRIBUTÁRIA PROGRESSIVA OU PARA FRENTE. CLÁUSULA DE RESTITUIÇÃO DO EXCESSO. BASE DE CÁLCULO PRESUMIDA. BASE DE CÁLCULO REAL. RESTITUIÇÃO DA DIFERENÇA. ART. 150, § 7º, DA CONSTITUIÇÃO DA REPÚBLICA. REVOGAÇÃO PARCIAL DE PRECEDENTE. ADI 1.851.
>
> 1. Fixação de tese jurídica ao Tema 201 da sistemática da repercussão geral: "**É devida a restituição da diferença do Imposto sobre Circulação de Mercadorias e Serviços – ICMS pago a mais no regime de substituição tributária para frente se a base de cálculo efetiva da operação for inferior à presumida**".
>
> 2. A garantia do direito à restituição do excesso não inviabiliza a substituição tributária progressiva, à luz da manutenção das vantagens pragmáticas hauridas do sistema de cobrança de impostos e contribuições.
>
> *3. O princípio da praticidade tributária não prepondera na hipótese de violação de direitos e garantias dos contribuintes, notadamente os princípios da igualdade, capacidade contributiva e vedação ao confisco, bem como a arquitetura de neutralidade fiscal do ICMS.*
>
> *4. O modo de raciocinar "tipificante" na seara tributária não deve ser alheio à narrativa extraída da realidade do processo econômico, de maneira a transformar uma ficção jurídica em uma presunção absoluta.*
>
> 5. De acordo com o art. 150, § 7º, *in fine*, da Constituição da República, a cláusula de restituição do excesso e respectivo direito à restituição se aplicam a todos os casos em que o fato gerador presumido não se concretize empiricamente da forma como antecipadamente tributado.

---

19 "Art. 3º **Tributo** é toda prestação pecuniária compulsória, em moeda ou cujo valor nela se possa exprimir, **que não constitua sanção de ato ilícito**, instituída em lei e cobrada mediante atividade administrativa plenamente vinculada."

6. Altera-se parcialmente o precedente firmado na ADI 1.851, de relatoria do Ministro Ilmar Galvão, de modo que os efeitos jurídicos desse novo entendimento orientam apenas os litígios judiciais futuros e os pendentes submetidos à sistemática da repercussão geral.

7. Declaração incidental de inconstitucionalidade dos artigos 22, § 10, da Lei 6.763/1975, e 21 do Decreto 43.080/2002, ambos do Estado de Minas Gerais, e fixação de interpretação conforme à Constituição em relação aos arts. 22, § 11, do referido diploma legal, e 22 do decreto indigitado.

8. Recurso extraordinário a que se dá provimento (STF, Plenário, Rel. Min. Edson Fachin, RE 593.849/MG, j. 19.10.2016 – grifos do original e acrescidos)

Nesse julgamento restou consignada a possibilidade da criação de ficções jurídicas para que fosse atendido o princípio da eficiência, racionalizando o uso dos recursos da Fiscalização. Porém, não se pode olvidar que o permissivo constitucional se esvazia quando entra em conflito com os princípios da vedação ao confisco,[20] da capacidade contributiva e da estrita legalidade.

Lídima a lição dada pelo Ministro Barroso, quando assenta:

> Assim, acredito que permanecer com o entendimento atual do Supremo em tais hipóteses viola a dimensão objetiva da capacidade contributiva, aplicável também aos tributos indiretos, já que se autoriza que o tributo incida onde, em verdade, sabidamente não há manifestação de riqueza.[21] Esse mandamento constitucional também se aplica a norma de incidência que cria o fato gerador presumido, que deve permitir que ele se abra, como regra, à confrontação com a realidade havida em contrário (presunção relativa). **Hipóteses de presunção absoluta, como a que foi admitida pelo Supremo no julgamento da ADI n. 1.851 no que diz respeito à base de cálculo, são excepcionalíssimas e apenas se justificam como última medida para garantir a efetividade da tributação,** combater a sonegação **e garantir a tributação de manifestações de riqueza quando de outro modo não seja possível fazê-lo** (grifos nossos).

---

20   Quanto ao princípio da vedação ao confisco, além de sua expressa previsão na Carta Magna ("Art. 150. Sem prejuízo de outras garantias asseguradas ao contribuinte, é vedado à União, aos Estados, ao Distrito Federal e aos Municípios: [...] IV – utilizar tributo com efeito de confisco;"), utiliza-se o conceito de Héctor Villegas: "a faculdade de estabelecer impostos é essencial para a existência do governo, mas tal poder, quando ilimitado, seja quanto à eleição da matéria imponível, seja quanto a sua quantia, traz em si a possibilidade de aniquilar a própria fonte da tributação, uma vez que há um limite além do qual nenhuma coisa, pessoa ou instituição é capaz de tolerar o fardo de determinado tributo" (VILLEGAS, 2007, p. 277 – tradução livre).

21   Nesse sentido é o pensamento de Ricardo Lodi Ribeiro, para quem qualquer tributo deve respeitar, ainda que apenas na eleição da hipótese de incidência de um fato economicamente apreciável, a capacidade contributiva. Em suas próprias palavras: "Em resumo, em seu aspecto objetivo, a Capacidade Contributiva funciona como fundamento jurídico do tributo e como diretriz para eleição da hipótese de incidência. Em sua dimensão subjetiva, como critério de graduação do tributo e limite à tributação" (RIBEIRO, 2010, p. 163). Ver também Lapatza (2006, p. 283-284).
No mesmo sentido, STF, 2ª T.: "AGRAVO REGIMENTAL. TRIBUTÁRIO. IMPOSTO SOBRE A PROPRIEDADE DE VEÍCULOS AUTOMOTORES. IPVA. PROGRESSIVIDADE.
1. Todos os tributos submetem-se ao princípio da capacidade contributiva (precedentes), ao menos em relação a um de seus três aspectos (objetivo, subjetivo e proporcional), independentemente de classificação extraída de critérios puramente econômicos. 2. Porém, as razões não deixam entrever a má utilização de critérios como essencialidade, frivolidade, utilidade, adequação ambiental etc. Considerado este processo, de alcance subjetivo, a alegação de incompatibilidade constitucional não pode ser genérica. 3. Em relação à fixação da base de cálculo, aplicam-se os mesmos fundamentos, dado que o agravante não demonstrou a tempo e modo próprio a inadequação dos critérios legais adotados. Agravo regimental ao qual se nega provimento" (STF, 2ª T., RE 406.955, AgR, Rel. Min. Joaquim Barbosa, j. 04.10.2011, *DJe*-203, divulg. 20.10.2011, public. 21.10.2011, ement. vol. 02612-01, p. 43, *RDDT* n. 196, 2012, p. 208-210, *RTFP* v. 19, n. 101, 2011, p. 413-417).

Corveja-se, as ficções jurídicas **apenas** se justificam, à luz do princípio da eficiência, quando sua grandeza não pode ser captada ou sua mensuração é dificílima e custosa. Mesmo nessas situações, é necessário que se permita a produção de provas em sentido contrário, uma vez que odiosas as presunções absolutas em matéria tributária.

Desse modo, forçoso concluir que, inexistindo motivo para ser afastada a realidade em favor da ficção, os descontos incondicionados não deverão ser incluídos na base de cálculo do ICMS-ST, uma vez que fazê-lo é violar o perfil constitucional do tributo, ao adicionar valores alóctones ao valor da operação mercantil, em patente oposição aos basilares princípios que regem a tributação.

REFERÊNCIAS

ABRAHAM, Marcus. *Curso de direito tributário brasileiro*. Rio de Janeiro: Forense, 2018.

ATALIBA, Geraldo. *Hipótese de incidência tributária*. 4. ed. São Paulo: RT, 2006.

BALEEIRO, Aliomar. *Limitações constitucionais ao poder de tributar*. 8. ed. atual. por Misabel Abreu Machado Derzi. Rio de Janeiro: Forense, 2010.

BANDEIRA DE MELLO, Celso Antônio. *Curso de direito administrativo*. 12. ed. São Paulo: Malheiros, 2000.

BANDEIRA DE MELLO, Celso Antônio. *Curso de direito administrativo*. 30. ed. rev. e atual. até a Emenda Constitucional 71, de 29.11.2012. São Paulo: Malheiros, [2013].

BRASIL. Ministério da Economia. Conselho Nacional de Política Fazendária (Confaz). *Boletim de Arrecadação de Tributos Estaduais*. Brasília, 11 abr. 2021. Disponível em: https://app.powerbi.com/view?r=eyJrIjoiYjE1ZDQzNTAtNTUxMC00MTc2LWEyMTEtZjdkZjRlZjk4YzUyIiwidCI6IjNlYzkyOTY5LTVhNTEtNGYxOC04YWM5LWVmOThmYmFmYTk3OCJ9. Acesso em: 15 abr. 2021.

BRASIL. Receita Federal. Coordenação-Geral de Tributação. *Solução de Consulta n. 49 – Cosit*. 26 de fevereiro de 2015. Disponível em: http://normas.receita.fazenda.gov.br/sijut2consulta/anexoOutros.action?idArquivoBinario=34852. Acessado em 10 dez. 2021.

CARRAZZA, Roque Antonio. *Curso de direito constitucional tributário*. 22. ed. São Paulo: Malheiros, 2006.

CARVALHO, Cristiano. *Ficções jurídicas no direito tributário*. São Paulo: Noeses, 2008.

CARVALHO, Paulo de Barros. *Curso de direito tributário*. 30. ed. São Paulo: Saraiva Educação, 2019.

FALCÃO, Amílcar de Araújo. *Fato gerador da obrigação tributária*. 6. ed. Rio de Janeiro: Forense, 1997.

FERRAZ, Beatriz Biaggi. *Transação em matéria tributária*. São Paulo: Pontifícia Universidade Católica de São Paulo, 2018.

GARCIA, Edson. Atividade financeira do Estado e receitas públicas. *Anais do Congresso Brasileiro de Processo Coletivo e Cidadania*, Ribeirão Preto, n. 6, out. 2016.

GOUVÊA, Marcus de Freitas. *A extrafiscalidade no direito tributário*. Belo Horizonte: Del Rey, 2006.

IGNÁCIO, Laura. São Paulo transfere responsabilidade por ICMS-ST. *Valor Econômico*. 8 out. 2020. Disponível em: https://valor.globo.com/legislacao/noticia/2020/10/08/sao-paulo-transfere-responsabilidade-por-icms-st.ghtml. Acesso em: 15 abr. 2021.

JARACH, Dino. *El hecho imponible*: teoría general del derecho tributario sustantivo. 3. ed. Buenos Aires: Abeledo Perrot, 2011.

LAPATZA, José Juan Ferreiro. *Curso de derecho financiero español*: instituciones. Madrid: Marcial Pons, 2006.

MACHADO, Hugo de Brito. *Aspectos fundamentais do ICMS*. 2. ed. São Paulo: Dialética, 1999.

MACHADO, Hugo de Brito. *Curso de direito tributário*. 24. ed. atual. e ampl. São Paulo: Malheiros, 2004.

MARTINS, Ives Gandra da Silva. O princípio da eficiência em matéria tributária. *Scientia Ivridica*, São Paulo, 2007.

PAULSEN, Leandro; MELO, José Eduardo Soares de. *Impostos federais, estaduais e municipais*. 11. ed. São Paulo: Saraiva, 2018.

RIBEIRO, Ricardo Lodi. *Limitações constitucionais ao poder de tributar*. Rio de Janeiro: Lumen Juris, 2010.

SEIXAS FILHO, Aurélio Pitanga. *Teoria e prática das isenções tributárias*. Rio de Janeiro: Forense, 1989.

SILVA, José Afonso da. *Comentário contextual à Constituição*. São Paulo: Malheiros, 2006.

TORRES, Heleno Taveira. Descontos incondicionados não integram a base de cálculo do ICMS. *Conjur*. 22 fev. 2017. Disponível em: https://www.conjur.com.br/2017-fev-22/consultor-tributario-descontos-incondicionados-nao-integram-base-calculo-icms. Acesso em: 15 abr. 2021.

VASCONCELLOS, Mônica Pereira Coelho de. *ICMS*: distorções e medidas de reforma. Dissertação (Mestrado) – Universidade de São Paulo, São Paulo, 2013.

VILLEGAS, Héctor Belisario. *Curso de finanzas, derecho financiero y tributario*. 9. ed. Buenos Aires: Astrea, 2007.

12

AS RESPONSABILIDADES TRIBUTÁRIAS IMPOSTAS AOS *MARKETPLACES* NO BRASIL EM FACE DAS PRÁTICAS SUGERIDAS PELA OCDE

Luiz Henrique Dutra
Natalia Salviano Obstat

12.1 INTRODUÇÃO

Com o considerável aumento das transações comerciais por meio da internet, estamos presenciando, nos dias atuais, a mudança nos hábitos de consumo da população mundial. Para muitas pessoas a forma de comprar mudou, foi atualizada.

Na esteira desses novos hábitos, a legislação brasileira também vem tentando se adequar, e, por óbvio, a legislação tributária não poderia ficar de fora da tendência mundial, uma vez que as receitas públicas derivadas, originadas da tributação, são uma grande fonte de renda ao Estado.

Assim, notando a mudança na forma de comprar, alguns estados brasileiros editaram leis atribuindo responsabilidade solidária ao *marketplace* quando do não recolhimento de Imposto de Circulação de Mercadorias e Serviços (ICMS) pelo contribuinte originário.

Este capítulo tem por objeto sustentar a impossibilidade da responsabilização supracitada, bem como avaliar as demais medidas envolvendo as obrigações tributárias acessórias que vêm surgindo, seja por meio de análise da Constituição Federal (CF) e do Código Tributário Nacional (CTN), seja por meio de análise das orientações expedidas pela Organização para a Cooperação e Desenvolvimento Econômico (OCDE). Dessa forma, a responsabilidade será analisada compreendendo desde o recolhimento do ICMS (obrigação principal) até sua extensão no cumprimento de novas obrigações acessórias atribuídas aos *marketplaces*, à luz da legislação nacional e das orientações dadas pela Organização.

Nesse aspecto, vale destacar que o Governo Federal tem como um de seus objetivos a entrada do Brasil na OCDE, e a formalização desse convite exige, dentre outros aspectos, a necessária aproximação entre as formas de tributação previstas na legislação brasileira e as recomendadas pela Organização. Assim, é também escopo de estudo deste capítulo entender se o Brasil está mais ou menos alinhado à OCDE no que tange à tributação solidária do *marketplace* e às obrigações acessórias criadas.

Para tanto, o seguinte percurso será abordado: serão analisados o conceito de *marketplace* e as relações jurídicas que cercam essa loja virtual; na sequência abordaremos as hipóteses legislativas que permitem a atribuição de responsabilidade solidária no Brasil, bem como demonstraremos os posicionamentos adotados pelos estados que buscam essa forma de arrecadação, até chegarmos à análise sobre os mecanismos propostos pelo Conselho Nacional de Política Fazendária (Confaz), enquanto órgão instituidor de normas gerais que visa trazer harmonia e cooperação entre os estados brasileiros.

Ainda, após entendida a perspectiva nacional sobre esse assunto, será apresentada a OCDE em sua importância global, bem como os passos necessários para a entrada definitiva do Brasil nessa Organização. Em continuidade, será feita a análise de como a OCDE tem se posicionado sobre o tema.

A importância desta análise se dá no contexto do aumento da globalização da economia e do necessário alinhamento internacional, objetivando as melhores práticas para tributar e para impulsionar o empreendedorismo, sobretudo envolvendo o crescimento dos *marketplaces* e das demais plataformas digitais.

12.2 O CONCEITO DA PRESTAÇÃO DE SERVIÇO DESEMPENHADO PELAS PLATAFORMAS DE *MARKETPLACE*

A palavra "*marketplace*" refere-se a um conjunto de condições comerciais ou ambiente de negócios (MARKETPLACE, 2021), sendo que a terminologia pode vir acompanhada do termo "*online*". Entender o que é o "*marketplace online*" exige o conhecimento prévio do conceito de "plataforma *online*", definida pela OCDE como um serviço digital que facilita a interação entre dois ou mais usuários (que podem ser pessoas físicas ou jurídicas) por meio da internet (OECD, 2019).

Logo "*marketplace online*", ou apenas "*marketplace*" para fins deste capítulo, refere-se ao serviço digital que integra usuários, no ambiente *online*, objetivando a realização de negócios. Sua natureza é a de ser uma plataforma colaborativa de compras coletivas, reunindo um conjunto de lojas virtuais, podendo ser equiparado a um *shopping center* virtual.

O *shopping* virtual traz vantagens para a loja virtual e também para os potenciais compradores dessa loja. A loja virtual é beneficiada com a conexão aos vários tipos de mídia de propaganda utilizados pelo *shopping* virtual; ao mesmo tempo, os potenciais compradores da loja virtual se beneficiam pela variedade de produtos e serviços, segurança e praticidade oferecidos pelo *shopping* virtual. Desse modo, quanto maior o número de produtos e serviços disponibilizados no *shopping* virtual, menor o preço, haja vista a massificação dos negócios.

Logo, verificam-se ao menos três partes atuantes nesse comércio digital, com relações jurídicas diferentes entre si: (1) o *shopping* virtual (*marketplace*), (2) a loja virtual e (3) o comprador virtual.

Este capítulo objetiva estudar as consequências jurídico-tributárias decorrentes da triangulação supracitada, portanto é necessário primeiro entender o vínculo entre o *marketplace* e a loja virtual.

A relação entre o *marketplace* e a loja virtual é formalizada por meio de contrato de prestação de serviços, mediante o qual o *marketplace*, exercendo atividades de intermediação e agenciamento de serviços e negócios, disponibiliza ao contratante "espaço virtual" e a ferramenta para gestão de sua loja virtual, permitindo ao contratante a divulgação e o gerenciamento das informações relativas a seu comércio digital.

É de notar que o serviço prestado pelo *marketplace* é em grande parte de exposição midiática da marca da loja virtual e pode ser categorizado no item 10.02 da Lei Complementar (LC) n. 116/2003 (agenciamento, corretagem ou intermediação de títulos em geral, valores mobiliários e contratos quaisquer).

Devemos destacar que, para os fins do estudo pretendidos neste capítulo, o operador do *marketplace* não é o dono (proprietário) das mercadorias e serviços encontrados em sua plataforma *online*, a exemplo do *e-commerce*, mas sim o facilitador de transações comerciais. Sua função é aproximar o vendedor/prestador de serviço de seus potenciais consumidores.

As vendas realizadas por meio do *marketplace* se mostram como a atual tendência de mercado e têm conquistado espaço cada vez maior na vida do consumidor. Dados levantados pela Ebit/Nielsen mostram que, nos anos 2000, período considerado como o início da internet comercial, o comércio eletrônico teve um faturamento de R$ 500 milhões, sendo que esse valor passou para R$ 2,5 bilhões em 2005, R$ 10 bilhões em 2010, R$ 41 bilhões em 2015 e R$ 53 bilhões em 2018 (CRESCE..., 2019).

Ora, por se tratar de um mercado bilionário, e com potencial certamente ainda não atingido em sua capacidade máxima, o tema tem despertado diversas ações pelos legisladores, e neste capítulo daremos enfoque às edições estaduais, diante do movimento de criação de leis que passam a identificar os *marketplaces* como responsáveis tributários do ICMS.

Nesse sentido, faz-se necessário compreender as formas de responsabilização atribuídas ao *marketplace* no cenário nacional juntamente com as orientações já expedidas pela OCDE na tributação dessa forma de comércio digital.

12.3 DEFINIÇÃO ACERCA DAS RESPONSABILIDADES TRIBUTÁRIAS PRÓPRIAS E AS HIPÓTESES DE RESPONSABILIDADE SOLIDÁRIA NO BRASIL

De acordo com os arts. 44 e seguintes do Código Civil, o *marketplace* (*shopping* virtual) deve ter personalidade jurídica de "pessoa jurídica", podendo, dessa forma, adquirir direitos e contrair deveres. Ainda, sendo pessoa jurídica, poderá ser considerado sujeito passivo de obrigação tributária caso se enquadre no critério pessoal da regra matriz de incidência tributária, conforme doutrina criada pelo Professor Paulo de Barros Carvalho (2018).

Em razão da hierarquia das normas, é primordial iniciarmos nossa análise observando que a Constituição Federal já fornece indícios de quem é o sujeito passivo, ao vinculá-lo, indiretamente, ao tributo. Por exemplo, o *marketplace* será sujeito passivo perante a União Federal, sendo devedor de Imposto de Renda sempre que auferir renda (art. 153, III, da CF).

Nessa toada, o *marketplace* deverá recolher impostos próprios relacionados a sua operação e sempre que se enquadrar no critério pessoal da regra matriz. Assim, como diretriz geral, o *marketplace* fica sujeito ao recolhimento de Imposto sobre Serviços (ISS), Programa de Integração Social (PIS), Contribuição para o Financiamento da Seguridade Social (Cofins), Imposto de Renda Pessoa Jurídica (IRPJ), Contribuição Social sobre o Lucro Líquido (CSLL), Contribuições ao Instituto Nacional do Seguro Social (INSS) e Contribuição Patronal Previdenciária (CPP), sendo todos esses tributos devidos em razão do exercício da atividade de intermediação e agenciamento de serviços e negócios.

Entretanto, como já pincelado no tópico anterior e como será melhor abordado nos tópicos subsequentes, há um recente movimento de alguns estados no sentido de criar legislações que atribuem, de diversas formas, a responsabilidade pelo pagamento do ICMS às intermediadoras em situações em que as operações são realizadas por meio das plataformas digitais. Entre esses estados, podemos citar: Mato Grosso (Lei n. 10.978/2019), Ceará (Lei n. 16.904/2019), Paraíba (Lei n. 11.615/2019), Bahia (Lei n. 14.183/2019) e Rio de Janeiro (Lei n. 8.795/2020).

Assim, antes de adentrarmos na análise das legislações supracitadas, importa analisarmos as hipóteses de responsabilidade tributária, sendo imperioso destacar que não é o objetivo deste capítulo o esgotamento do assunto "responsabilidade tributária".

Para nos auxiliar na compreensão do que é "responsabilidade", buscamos socorro ao Professor Daniel Monteiro Peixoto, segundo o qual (PEIXOTO, 2012, p. 151):

> Responsabilidade tributária é conjunto de relações jurídicas, previstas em normas jurídicas tributárias, que tem por objetivo a efetivação da cobrança do crédito tributário, prescrevendo: a) deveres instrumentais de retenção e recolhimento do valor do tributo, b) deveres de ressarcimento do crédito tributário, ou ainda, c) deveres de submissão à determinada punição.

Ainda, e conforme já salientado, importa destacar que o legislador constituinte forneceu alguns parâmetros para entendermos a quais relações jurídicas o Professor Daniel Monteiro se refere. Vamos a eles: ao trazer o limite material para a incidência do ICMS (art. 155, II, da CF), bem como ao trazer o princípio da capacidade contributiva (art. 145, § 1º, da CF), e ao prever expressamente a substituição tributária em operações futuras (art. 150, § 7º, da CF), o constituinte definiu quem é o contribuinte do ICMS, podendo ser este resumido na palavra "comerciante".

Tratando de previsão legal infraconstitucional sobre responsabilidade tributária, temos os arts. 121 e 128 do CTN, que estipulam três categorias de sujeitos passivos, assim resumidas:

1. contribuinte: pessoa com relação pessoal e direta com o fato gerador (ou a pessoa que realiza o fato imponível);
2. substituto: aquele que, sem ser o contribuinte, está vinculado ao fato gerador; e

3. responsável: aquele que, sem ser o contribuinte e sem ter vinculação com o fato gerador, deva recolher o tributo em razão de imposição legal.

Desse modo, importa ressaltar que as obrigações tributárias devem ser exigidas, em um primeiro momento, do contribuinte, uma vez que ele é o único diretamente vinculado ao fato gerador, demonstrando, portanto, capacidade contributiva, ou seja, "fato-signo presuntivo de riqueza", nas palavras de Alfredo Augusto Becker (2013, p. 532).

Nessa toada, as atribuições de responsabilidade ao substituto ou responsável (terceiros ao fato gerador) são exceções no direito pátrio em razão da limitação imposta pela Constituição Federal:

> Desse modo, pode-se afirmar que a Constituição limita a responsabilidade tributária relativa ao ICMS ao terceiro que: (a) possuir estrita ligação com a operação de circulação de mercadoria (art. 155, II); (b) tenha condições de acessar a riqueza do terceiro exprimida na operação, por meio do exercício do direito de retenção, sob pena de violação ao princípio da capacidade contributiva (art. 145, § 1º); e (c) tenha meios de determinar previamente e com elevado nível de certeza, a satisfação dos pressupostos de sua responsabilidade sobre tributos devidos na operação (AYRES, 2020).

Tendo em vista que a responsabilização do terceiro é exceção, ficamos com o posicionamento do Supremo Tribunal Federal (STF) de que a responsabilização de terceiro exige duas regras matrizes de incidência tributária: a primeira seria a comumente existente e que determina o dever de pagamento do tributo, e a segunda exige a responsabilização do terceiro quando ele contribuiu para o não recolhimento do tributo.[1]

Esse preceito de que o terceiro pode ser responsabilizado quando não contribui para o recolhimento do tributo deve ser acrescentado do art. 5º da LC 87/1996, segundo o qual a lei poderá atribuir a terceiros a responsabilidade pelo pagamento do imposto e acréscimos devidos pelo contribuinte ou responsável, quando os atos ou omissões daqueles concorrerem para o não recolhimento do tributo.

Dessa forma, quando o terceiro praticar conduta dolosa (ato ou omissão) da qual decorra o não recolhimento do tributo, ele poderá ser responsabilizado se houver previsão legal (alínea "a" do inciso III do art. 146 da CF).

Ora, a previsão legal necessária para atribuir responsabilidade de terceiros, conforme acima exposto, não se trata de qualquer espécie normativa, mas sim de lei complementar. É de lembrar que, dentre os pontos mais alarmantes das legislações estaduais que atribuem responsabilidade solidária ao *marketplace*, chama a atenção a ausência de lei complementar.

---

1   "A responsabilidade tributária pressupõe duas normas autônomas: a regra matriz de incidência tributária e a regra matriz de responsabilidade tributária, cada uma com seu pressuposto de fato e seus sujeitos próprios. A referência ao responsável enquanto terceiro (*dritter Persone, terzo* ou *tercero*) evidencia que não participa da relação contributiva, mas de uma relação específica de responsabilidade tributária, inconfundível com aquela. O 'terceiro' só pode ser chamado responsabilizado na hipótese de descumprimento de deveres próprios de colaboração para com a Administração Tributária, estabelecidos, ainda que *a contrario sensu*, na regra matriz de responsabilidade tributária, e desde que tenha contribuído para a situação de inadimplemento pelo contribuinte" (RE 562.276, Rel. Min. Ellen Gracie, Tribunal Pleno, j. 03.11.2010, repercussão geral – mérito, *DJe*-027, divulg. 09.02.2011, public. 10.02.2011).

Como sabido, o art. 146, III, da Constituição Federal estabelece que caberá à lei complementar estabelecer normas gerais em matéria de legislação tributária, especialmente quando se tratar de obrigação tributária (alínea "a" do artigo supramencionado). Segundo nosso entendimento, norma geral tributária são todas as normas que orientam o exercício da tributação, ou seja, são todas as normas que vão converter a norma geral e abstrata em norma individual e concreta.

Nesse sentido, damos ênfase ao julgamento do Recurso Extraordinário (RE) n. 562.276/PR, decidido em sede de repercussão geral, segundo o qual a possibilidade de ampliação da responsabilidade tributária, conforme autorização prevista no art. 124, II, do CTN, exige a devida observância ao art. 128 do mesmo Código.[2]

Decisão de semelhante teor foi proferida pelo STF ao julgar Ação Direta de Inconstitucionalidade (ADI) n. 4.845 (Mato Grosso), ficando decidido que "É inconstitucional lei estadual que disciplina a responsabilidade de terceiros por infrações de forma diversa da matriz geral estabelecida pelo Código Tributário Nacional".

Compete, portanto, ao Poder Legislativo determinar todos os elementos da hipótese de incidência tributária (fato gerador, sujeição, base de cálculo, alíquota), em homenagem ao princípio da estrita legalidade (arts. 5º, II, e 150, I, da CF/88). Assim, diante da lei que fixe os elementos da hipótese de incidência tributária, compete ao Poder Executivo apenas "expedir decretos e regulamentos para sua fiel execução", consoante expressa disposição do art. 84, IV, da Constituição Federal.

Analisando as delimitações constitucionais em face das leis estaduais que atribuem responsabilidade tributária aos *shopping centers* virtuais, entendemos que a responsabilização do *marketplace* é inconstitucional, uma vez que a Carta Magna determina quais fatos jurídicos ensejam a tributação e quais são as pessoas que podem ser atingidas pelo Poder de Tributar. A nosso ver, esse contribuinte responsável não pode ser o *marketplace*, justamente em razão da inconstitucionalidade dessa responsabilização.

12.4 OS MECANISMOS ADOTADOS POR DETERMINADOS ESTADOS E PELO CONFAZ PARA FINS DE CONTROLE DAS OPERAÇÕES TRANSACIONADAS VIA *MARKETPLACES*

Como já introduzido no tópico anterior, alguns estados vêm editando leis atribuindo ao *marketplace* responsabilidade solidária pelo recolhimento de ICMS. Trata-se de um

---

2 "O preceito do art. 124, II, no sentido de que são solidariamente obrigadas 'as pessoas expressamente designadas por lei', não autoriza o legislador a criar novos casos de responsabilidade tributária sem a observância dos requisitos exigidos pelo art. 128 do CTN, tampouco a desconsiderar as regras matrizes de responsabilidade de terceiros estabelecidas em caráter geral pelos arts. 134 e 135 do mesmo diploma. A previsão legal de solidariedade entre devedores – de modo que o pagamento efetuado por um aproveite aos demais, que a interrupção da prescrição, em favor ou contra um dos obrigados, também lhes tenha efeitos comuns e que a isenção ou remissão de crédito exonere a todos os obrigados quando não seja pessoal (art. 125 do CTN) – pressupõe que a própria condição de devedor tenha sido estabelecida validamente" (RE 562.276, Rel. Min. Ellen Gracie, Tribunal Pleno, j. 03.11.2010, repercussão geral – mérito, *DJe*-027, divulg. 09.02.2011, public. 10.02.2011).

movimento a fim de estender a responsabilidade com base nas atividades realizadas pelas plataformas, sendo a condição de atuarem como *marketplace* suficiente para fins de responsabilização, além de o critério de promover o arranjo de pagamento e/ou repasses ser mais um fator também determinante.

Têm-se, assim, os estados do Ceará,[3] Paraíba,[4] Bahia,[5] Rio de Janeiro[6] e Mato Grosso[7] como expoentes dessa modalidade de responsabilidade, que, segundo compartilhado por Cibelle Anea (2021, p. 21), corresponde a um movimento iniciado a partir do Projeto de Lei n. 43/2019 proposto pelo Ceará, por volta de maio do mesmo ano. Ainda, em complemento, Anea expõe que à época houve manifestação por parte da Secretaria da Fazenda do Ceará indicando que a medida objetivava a garantia da arrecadação do estado, destinando a aplicação dos valores em políticas públicas.

Referidos estados, portanto, passaram a contar com dispositivos em suas legislações locais que atribuem a responsabilidade solidária para recolhimento do ICMS, caso os vendedores usuários dos *marketplaces* não efetuem a emissão do documento fiscal obrigatório para acobertar a operação, com exceção da Paraíba, que apenas atribuiu a responsabilização às plataformas, sem a indicação de tal requisito formal.

Nesse mesmo contexto, o estado de São Paulo, por meio da publicação da Lei n. 13.918/2009, já contava com as hipóteses de responsabilidade tributária do ICMS expostas nos incisos XIII a XV, que foram acrescidos ao art. 9º da Lei n. 6.374/1989, que, em resumo, atribuiu a solidariedade do recolhimento do imposto às pessoas jurídicas prestadoras de serviço de intermediação comercial em ambiente virtual ou prestadoras de serviços de tecnologia de informação, tendo por objeto o gerenciamento e o controle de operações comerciais realizadas em ambiente virtual.

Ocorre, no entanto, que o tratamento dado pelo estado de São Paulo foi diferente da linha seguida pelos estados anteriormente citados. As autoridades paulistas estabeleceram como critério capaz de deslocar a responsabilidade a ausência de prestação de informações solicitadas pelo Fisco. Para tanto, por meio da Portaria CAT n. 156, de 24 de setembro de 2010, foi estabelecida uma nova obrigação acessória diretamente relacionada à atividade dos *marketplaces* e demais intermediadores, com o objetivo de coletar e disponibilizar as principais informações envolvendo as transações ocorridas por meio das plataformas.

Em maiores detalhes, a Portaria CAT n. 156/2010 conta com a entrega trimestral de um arquivo digital que deverá reunir informações relativas às operações dos clientes que no período ultrapassem cumulativamente os seguintes requisitos: (1) transações em R$ 60 mil e (2) nove unidades de mercadorias.

---

3   Art. 16, XI, da Lei n. 12.670/1996, alterada pela Lei n. 16.904/2019.
4   Art. 32, X, da Lei n. 6.379/1996, alterada pela Lei n. 11.615/2019.
5   Art. 6º, XIX, da Lei n. 7.014/1996, alterada pela Lei n. 14.183/2019.
6   Art. 18, VIII e IX, da Lei n. 2.657/1996, alterada pela Lei n. 8.795/2020 – *sem vigência, pendente regulamentação*.
7   Art. 18, X, da Lei n. 7.098/1998, alterada pela Lei n. 10.978/2020.

Quanto ao leiaute, a portaria apresenta diversos registros obrigatórios de preenchimento, sendo importante destacar os seguintes campos:

- dados cadastrais dos clientes usuários da plataforma;
- detalhamento dos serviços contratados pelos usuários nas plataformas;
- CPF ou CNPJ do cliente final da intermediação comercial;
- data da operação e descrição do produto ou anúncio;
- valor total da operação e informação de eventuais descontos;
- dados referentes ao provimento da operação de pagamento.

Dessa forma, nota-se que a obrigação acessória criada pelo Fisco paulista comporta a coleta dos principais dados que compreendem a intermediação, trazendo visibilidade às autoridades de dados suficientes para identificar a cadeia comercial completa envolvendo uma transação ocorrida no *marketplace*. A disponibilização desses dados é o critério estabelecido para que não haja responsabilização tributária solidária estendida aos intermediadores.

Nesse mesmo sentido, mais recentemente em sede do Confaz, órgão federal responsável por reunir e trazer harmonia entre as ações fiscais ocorridas em todos os estados do Brasil, foi editado o Convênio ICMS n. 71, de 30 de julho de 2020, alterando o Convênio ICMS n. 134, de 9 de dezembro de 2016. Referida publicação estendeu o leiaute da Declaração de Informações de Meios de Pagamentos (DIMP), a fim de comportar informações relativas aos prestadores de serviços de intermediação, conforme segue:

> Convênio ICMS 134, de 9 de dezembro de 2016
>
> Cláusula terceira-A Os intermediadores de serviços e de negócios fornecerão às unidades federadas alcançadas por este convênio, até o último dia do mês subsequente, todas as informações relativas às operações realizadas pelos estabelecimentos e usuários de seus serviços, conforme leiaute previsto em Ato Cotepe/ICMS.
>
> [...]
>
> Cláusula sexta – A Secretaria da Receita Federal do Brasil e as unidades federadas estabelecerão novo formato e leiaute para o fornecimento das informações das transações realizadas a partir de janeiro de 2018.
>
> Parágrafo único. As unidades federadas compartilharão entre si as informações provenientes dos arquivos que serão disponibilizados conforme leiaute previsto em Ato Cotepe/ICMS (Ato da Comissão Técnica Permanente do ICMS).

Assim, o Ato Cotepe/ICMS n. 65, de 19 dezembro de 2018, foi alterado por atos posteriores[8] de modo a comportar o novo formato de leiaute da DIMP disponível via manual de orientação, que anteriormente contava com registros específicos à prestação de informações relativas a instituições e intermediadores financeiros e de pagamento, integrantes ou não do Sistema de Pagamentos Brasileiro (SPB), relativas às transações com cartões de débito,

---

8 Ato Cotepe/ICMS n. 71, de 26 de novembro de 2020; Ato Cotepe/ICMS n. 81, de 24 de dezembro de 2020.

crédito, de loja (*private label*), transferência de recursos, transações eletrônicas do sistema de pagamento instantâneo e demais instrumentos de pagamento eletrônicos.

Atualmente, portanto, a DIMP se encontra em sua versão 6, sendo que o manual de orientação pelo qual há a materialização do leiaute da obrigação acessória conta com os seguintes principais registros envolvendo a disponibilização das operações de intermediadores de serviços e de negócios:

- dados cadastrais dos clientes usuários da plataforma;
- registros referentes ao meio de captura utilizado para fins de pagamento;
- informação da unidade federada (UF) para a qual foi destinada a transação comercial ou a prestação de serviço;
- CPF ou CNPJ do cliente final da intermediação comercial;
- registros de operações por comprovante ou efetivação de transação, contendo a identificação (ID), com data, hora e valor da operação;
- chave da nota fiscal eletrônica ou nota fiscal de consumidor eletrônica emitida pelo usuário contra o cliente final.

Diferentemente da periodicidade estabelecida pelo Fisco paulista em relação a sua obrigação acessória própria, a DIMP contará com entregas mensais, sendo definido pelo Convênio ICMS n. 134/2016 que os intermediadores prestarão conta das informações em relação a cada UF, inclusive em casos em que não haja ocorrência de transações, sendo necessário o envio do arquivo ao respectivo estado com finalidade de "remessa de arquivo zerado".[9]

Ressalta-se que a experiência relativa à nova fase da obrigação acessória ainda é nova, não sendo possível trazer grandes elementos acerca do comportamento das plataformas bem como dos estados, tendo em vista que o prazo para a primeira entrega foi postergado do mês de abril de 2021 para até o dia 31 de dezembro de 2021.[10]

No entanto, é importante mencionar que todo o projeto envolvendo a extensão da DIMP para os intermediadores conta com um grupo de trabalho específico no Confaz, o GT60,[11] que reúne as Secretarias da Fazenda de todos os estados do Brasil, promovendo debates, estudos, entre outras iniciativas relativas a meios de pagamento. Há, portanto, grande interesse nas agendas dos Fiscos estaduais pelo tema.

Assim, embora os reflexos da DIMP ainda não sejam mensuráveis, importante destacar que a obrigação acessória conta com um leiaute único, de acordo com o que dispõe o *caput* da cláusula terceira-A do Convênio n. 134/2016, ao mencionar que a obrigação seguirá o previsto em Ato Cotepe/ICMS. Tal informação compreende um conceito importante acerca

---

9 Convênio ICMS n. 134, de 9 de dezembro de 2016, cláusula terceira-A, § 3º.
10 Postergação de prazo ocorrida por meio da publicação do Convênio ICMS n. 76, de 31 de maio de 2021.
11 O GT60 é um dos grupos de trabalho do Cotepe/ICMS, conforme o item 25 do organograma disponibilizado em https://www.confaz.fazenda.gov.br/menu-de-apoio/organograma-1. Acesso em: 4 jul. 2021.

da obrigação, qual seja, a ideia de manter a uniformidade do modelo de coleta e disponibilização de dados, permitindo uma visão padrão a ser disponibilizada pelos intermediadores, independentemente da UF.

Por fim, cabe mencionar que, até a redação do presente capítulo, não foi identificada publicação específica de lei ou decreto por algum estado no Brasil relacionando o deslocamento de responsabilidade tributária aos *marketplaces* em caso de ausência de entrega da DIMP. O que se tem, até o presente momento, é a utilização da obrigação como um meio de viabilizar maior visibilidade das transações ocorridas nas plataformas, não sendo de pleno conhecimento quais serão os desdobramentos pelas autoridades em posse dos dados, ou mediante a ausência das informações.

Unindo os cenários expostos, portanto, é possível sintetizar que os mecanismos existentes para fins de controle das operações ocorridas nos *marketplaces* no Brasil comportam tanto uma responsabilização solidária de ICMS independente de atos de cooperação entre as plataformas e autoridades locais quanto a existência de deslocamento de responsabilidade somente diante da omissão de prestação de informações relevantes ocorridas. O país vem passando por uma organização mais coordenada em relação à coleta e disponibilização de dados que atingirá todos os seus estados, diante do surgimento do novo formato da DIMP.

O questionamento que surge, no entanto, diz respeito ao alinhamento dessas práticas ao que vem acontecendo no cenário internacional. Embora o Brasil possua diversas distinções em relação a seu sistema tributário comparado a outros países, sobretudo envolvendo os tributos indiretos, a discussão acerca do rumo que a responsabilização tributária das plataformas vem tomando é global, diante do crescimento do comércio eletrônico mundial, que passou a proporcionar o surgimento de diversas empresas de tecnologia com foco na intermediação de serviços e negócios, motivo pelo qual se faz necessário acompanhar o que vem acontecendo em outras jurisdições.

Assim, a seguir será analisado se a OCDE já se posicionou em relação ao tema, dada a relevância do Órgão para a comunidade internacional, bem como serão avaliados eventuais mecanismos sugeridos pela Organização, caso haja.

12.5 DEFINIÇÃO DA OCDE E A RESPECTIVA RELAÇÃO COM O BRASIL

Criada em 1948, ao ser financiada pelos Estados Unidos, a Organização para a Cooperação Econômica Europeia (OECE), posteriormente denominada Organização para a Cooperação e Desenvolvimento Econômico (OCDE), teve como pano de fundo a execução do Plano Marshall objetivando a reconstrução da Europa após a Segunda Guerra Mundial. Seu escopo foi o engajamento dos países europeus para o estabelecimento de uma política de cooperação.

Durante sua trajetória, a OCDE consolidou o papel de ser uma organização harmoniosa e que busca desenvolver boas práticas de governança. Uma vez que seus membros, em sua maioria, são considerados países ricos, essa organização também foi apelidada como "clube dos ricos" (THORSTENSEN; NOGUEIRA, 2020).

A OCDE é um organismo internacional composto atualmente por 37 países membros e tem como escopo promover o trabalho em conjunto de governos para "encontrar soluções para desafios comuns, desenvolver padrões globais, compartilhar experiências e identificar as melhores práticas para promover melhores políticas para uma vida melhor" (OECD, [202-]). A atuação desse organismo pode ser resumida em três pilares: informar, engajar e definir padrões.

A busca por soluções globais e que literalmente ultrapassem fronteiras deve ter por base o consenso, ou seja, a OCDE tem por natureza ser um organismo democrático. Sua estrutura pode ser exposta da seguinte maneira:

- Secretariados: responsáveis pela evidência, coleta e análise de dados, formulando propostas para basear as discussões dos comitês.

- Fazedores de política e modeladores de política: representantes do governo, de negócios, da sociedade civil e da academia participam por meio de consultas e trocas regulares de informações.

- Comitês e outros grupos: trabalhando na discussão e revisão dos dados, os especialistas se reúnem com membros, países parceiros e outros interessados para compartilhar experiências políticas, desenvolver padrões, inovar e revisar políticas de implementação e impacto.

- Conselho: composto pelos representantes dos países membros e a União Europeia, sendo um órgão deliberativo que tem por objetivo estabelecer orientações estratégicas por meio do consenso.

Após determinado tema ter sido objeto de estudo e análise pelos órgãos internos da OCDE, é possível termos como resultado os "instrumentos legais", também chamados de "atos da OCDE" e que podem ser divididos em decisões, recomendações, declarações, acordos internacionais com acertos e entendimentos.

Como regra geral, as tomadas de decisão pela Organização são de cumprimento obrigatório para os membros que não se abstiveram durante o processo de elaboração da decisão, entretanto a OCDE não aplica sanções pelo não cumprimento de seus atos. Por ser uma organização fundada na colaboração, é frequente a vigilância multilateral, de modo que os membros acabam acompanhando e monitorando os resultados alcançados, ou não, com a implementação de uma decisão do órgão. O citado acompanhamento é chamado de "revisão por pares" (GODINHO, 2018).

Justamente por conta de sua estrutura de ação exigir efetiva colaboração entre seus membros, a Organização não foi concebida como aberta a adesão irrestrita. O processo de admissão à OCDE é adaptado para cada país-candidato, podendo ser assim resumido:

- Elaboração do roteiro para acessão: esse documento vai definir quais comitês da Organização analisarão tecnicamente a legislação, as políticas e as práticas do país, emitindo parecer final sobre sua convergência com o acervo normativo da OCDE e a capacidade e disposição do governo para realizar eventuais ajustes necessários.

- Apresentação, pelo país-candidato, do memorando inicial: o país-candidato se posiciona sobre cada instrumento do acervo normativo da OCDE, explicando como deve proceder para se adaptar ao conjunto dos regulamentos. Nessa etapa o candidato recebe "missões técnicas" objetivando a coleta de dados e reuniões com equipes e autoridades do Órgão.
- Consultas aos presidentes dos comitês.
- Memorando final: posicionamento do país-candidato sobre cada um dos instrumentos da Organização, inclusive no tocante a eventuais reservas.
- Votação do conselho a respeito do envio de carta-convite formalizando o ingresso efetivo.

Nesse sentido, importa ressaltar que o Brasil não é membro da Organização, tendo formalizado sua solicitação de ingresso em 2017. A admissão do Brasil depende da adoção de uma série de melhores práticas no que diz respeito à governança, educação, comércio e tecnologia. Atualmente, o governo brasileiro já aderiu a 100 dos 246 instrumentos da organização (BRASIL, 2021).

A complexidade do processo de adesão pode ser exemplificada no fato de que o governo brasileiro vem implementando "estruturas organizacionais, novos mecanismos de governança, sistemas de informação e processos de trabalho que têm permitido atuação mais integrada e sistêmica de todo o conjunto de órgãos e entidades governamentais para esse objetivo" (IPEA, 2020). Ressalte-se ainda que o processo de adesão é acompanhado pelo Conselho para a Preparação e o Acompanhamento do Processo de Acessão, instituído por meio do Decreto n. 9.920/2019.

Apesar de não ser um membro efetivo, o Brasil é considerado "parceiro-chave" da OCDE, cooperando com a Organização desde 1990. Em 2007 foi publicada uma resolução para formalizar o Engajamento Aprimorado do Brasil e outros países como China, Índia, Indonésia e África do Sul. Como resultado do estreitamento dessa relação, foi criado, inclusive, um espaço específico para o Brasil no *site* da Organização, com possibilidade de acesso em língua portuguesa, destinado à divulgação de relatórios econômicos periódicos.

Ora, como já destacado, nota-se um elevado esforço na agenda do governo federal para que a entrada definitiva na Organização se concretize. Isso porque, no entendimento do ex-secretário especial de relacionamento externo da Casa Civil, Marcelo Barros Gomes, "ao cumprir os instrumentos da OCDE, as políticas públicas executadas no Brasil sofrem impacto positivo, pois passam a ser realizadas alinhadas às práticas internacionais" (BRASIL, 2020).

Nesse sentido, nota-se a importância de avaliar quais vêm sendo as discussões e eventuais orientações trazidas pelo Órgão no que diz respeito à relação das plataformas digitais e à responsabilização tributária, tendo em vista as investidas nacionais de uniformizarmos as nossas práticas com o que é praticado pela comunidade internacional.

12.6 OS MECANISMOS SUGERIDOS PELA OCDE PARA FINS DE CONTROLE DAS OPERAÇÕES TRANSACIONADAS VIA *MARKETPLACES*

Antes de adentrar especificamente nos mecanismos de responsabilização discutidos pela Organização, vale retomar qual vem sendo o conceito de plataforma digital utilizado. Assim, reunindo uma parte dos relatórios publicados pelo Órgão (OECD, 2020a, p. 10; OECD, 2019, p. 26), trata-se de *software* que pode ser operacionalizado via *site* ou aplicativo, que tem por objetivo conectar vendedores e/ou prestadores de serviços a compradores interessados, por meio de transações *online* que utilizam a tecnologia da informação como base. É comum, portanto, alguns países utilizarem nomenclaturas como "plataforma", "*marketplace*" ou "intermediário" ao tratar das plataformas digitais que atuam no comércio eletrônico, destacando-se a posição da Organização em expressar que o conceito em si ainda se encontra em evolução.

Dessa forma, o conceito utilizado no âmbito da OCDE até o momento guarda relação direta com o utilizado pelas autoridades fazendárias no Brasil, sendo possível analisar as discussões do Órgão e prever os impactos no ambiente nacional, por se tratar do mesmo perfil de atividade.

Com base no relatório publicado pelo Órgão que teve por objetivo analisar o papel das plataformas no recolhimento de VAT/GST[12] em relação às vendas *online*, a OCDE inicialmente demonstra a motivação política e administrativa de considerá-las aliadas no recolhimento e no cumprimento das obrigações acessórias, diante do crescente aumento do comércio *online* concentrado em um número limitado de plataformas (OECD, 2019, p. 25), o que poderia ser visto como um fator positivo à implementação de responsabilidades a estas.

Nesse sentido, a primeira alternativa compartilhada pelo Órgão diz respeito à introdução de um regime de responsabilidade integral de recolhimento do VAT/GST pelas plataformas. Embora não sejam listados os países, a OCDE parte do argumento de que diversas jurisdições já implementaram ou estão em vias de implementar referido regime para a tributação de serviços e bens envolvidos no comércio transfronteiriço, com destaque para a melhoria no que diz respeito à importação de bens de pequeno valor (OECD, 2019, p. 25 e item 63 da p. 32).

Em resumo, trata-se de regime que, por força de lei, deslocaria a responsabilidade para que as plataformas passassem a ser as responsáveis pelo recolhimento do VAT/GST em relação às vendas *online*, de modo que a atividade de avaliação, preparo e recolhimento do tributo às autoridades fiscais locais deixe de ser dos reais vendedores.

Para tanto, o Órgão entende ser necessário que as autoridades criem uma lista que demonstre seu entendimento acerca da aplicabilidade ou não de referido regime de

---

[12] Tanto o *Value Added Tax* (VAT – imposto sobre valor agregado) quanto o *Goods and Services Taxes* (GST – imposto sobre produtos e serviços) são utilizados pela OCDE para representar um imposto sobre valor agregado que incide sobre o consumo, ou seja, representam um imposto que recai sobre o consumo final, dada sua natureza indireta.

responsabilidade integral, materializando seus critérios por meio de indicadores positivos ou excludentes. A título de exemplo de tal orientação, a OCDE apresentou uma lista não exaustiva de critérios que podem ser utilizados nessa cartilha, sendo importante destacar os seguintes (OECD, 2019, item 47 da p. 27 e Anexo I da p. 73):

- capacidade da plataforma de ter informações suficientes para cumprir o recolhimento do tributo;
- envolvimento direto ou indireto no processamento dos pagamentos;
- envolvimento direto ou indireto no processo de entrega e/ou fornecimento.

Adicionalmente, nota-se uma preocupação da Organização no que diz respeito à efetividade do mecanismo sugerido, diante da rápida evolução do setor, que poderia acarretar um desequilíbrio em que determinadas plataformas são englobadas no regime, enquanto outras ficam de fora em razão de eventual exceção representada na lista. Assim, a solução sugerida pelo Órgão a fim de mitigar referido risco seria a adoção de uma abordagem flexível por parte das autoridades fiscais, que podem solicitar evidências para as plataformas provarem não ser possível cumprirem com o regime de responsabilidade integral, deslocando as obrigações para um cenário mais cooperativo em vez da atribuição de recolhimento efetivamente (OECD, 2019, itens 48 e 49 da p. 27).

Em complemento aos mecanismos para a implementação do regime, o Órgão ressalta a importância de algumas considerações gerais que possam suportar a aplicabilidade da responsabilidade, garantindo a consistência do procedimento, sobretudo sob a ótica de plataformas que podem enfrentar a atribuição em diversas jurisdições. Dentre as principais considerações, têm-se (OECD, 2019, item 86 das p. 36-39):

- simplificação no cumprimento do *compliance* e obrigações fiscais locais;
- garantir como um dos pilares a boa-fé das plataformas no cumprimento dos recolhimentos, especialmente em casos de erros ocorridos;
- consulta das autoridades locais à comunidade de negócio (p. ex., plataformas, correios, despachantes aduaneiros);
- publicação de um cronograma adequado para implementação do regime para a razoável adequação dos envolvidos;
- definição clara das obrigações da plataforma e dos fornecedores, após a implementação.

Em relação ao tópico de consulta das autoridades à comunidade de negócio, é importante ressaltar o posicionamento da OCDE a respeito. Especificamente em relação às plataformas, a Organização possui o entendimento de que é essencial que os agentes fiscais adquiram um conhecimento profundo acerca da capacidade de as plataformas assumirem a responsabilidade integral pelo recolhimento do VAT/GST, em linha com as funções que desempenham, de forma que não sejam criados entraves de *compliance* e/ou administrativos desproporcionais às receitas envolvidas nas operações em que transacionam, o que poderia desconfigurar o objetivo da implementação do regime (OECD, 2019, item 51 da p. 28).

Dessa forma, a conclusão por parte da OCDE (OECD, 2019, itens 106 e 107 da p. 48) acerca da eficiência do regime de responsabilidade integral às plataformas no recolhimento do VAT/GST dependerá da forma como referido regime será implementado, tendo em vista diversos pontos a serem ponderados que exigirão análises econômicas, jurídicas, administrativas e diálogo com os agentes envolvidos no processo. No entanto, o Órgão destaca que se trata de ferramenta que possui potencial para o combate à sonegação fiscal, inclusive reduzindo custos do ente público, uma vez que as fiscalizações passam a se concentrar nas principais plataformas atuantes, em vez da infinidade de comerciantes.

Por outro lado, alternativamente ao regime de responsabilidade integral, o Órgão propõe outros modelos que também poderiam representar eficiência no que diz respeito ao recolhimento do VAT/GST. Trata-se das possibilidades de implementar uma (1) obrigação de compartilhamento de informações pelas plataformas; (2) educação aos usuários vendedores; (3) criação de acordos formais com as autoridades fiscais ou (4) adesão voluntária para fins de recolhimento integral.

Em relação à obrigação de compartilhamento de informações, a medida teria como previsão a disponibilização pelas plataformas de informações relevantes que as autoridades fiscais estipularem como necessárias, e que sejam úteis na identificação dos processos que envolvam o recolhimento do VAT/GST pelos comerciantes usuários (OECD, 2019, itens 117 a 119 da p. 51). Nesse sentido, seria uma forma prática de utilizar os dados transacionados na plataforma como fonte de identificação dos responsáveis pelo recolhimento do tributo, a partir da ocorrência de seu fato gerador. Assim, dentre as sugestões de informação, têm-se: a natureza da transação, a data e o valor transacionado, a identificação do fornecedor, a localização do cliente final, o meio de pagamento utilizado, a fatura ou documento emitido para o cliente.

No entanto, assim como as alternativas anteriormente mencionadas, tal medida exigiria esforço também por parte das autoridades fiscais para que estipulem quais seriam as informações a serem prestadas, além da necessidade de ponderar quais dados estariam ao alcance das plataformas para fins de extração e posterior compartilhamento, sem que sejam oneradas nesse processo. Outro ponto relevante mencionado pela Organização diz respeito ao cuidado para que nesse processo não haja a indicação de dados que eventualmente já foram extraídos e reportados pelas plataformas por outros meios, de forma a evitar uma duplicação desnecessária (OECD, 2019, item 120 da p. 51).

A educação aos usuários vendedores, por sua vez, surge como alternativa a partir da constatação de que a ausência de conhecimento de regras tributárias pode ser um dos fatores que contribuem para a falta de recolhimento de tributos, sobretudo em relação a comerciantes que atuam em diferentes países, por exemplo. A OCDE parte do entendimento, portanto, de que o envolvimento de contribuintes em programas de educação ajuda na compreensão das obrigações necessárias (OECD, 2019, item 133 da p. 55). Assim, trata-se de mecanismo que visa utilizar o alcance que as plataformas possuem de se comunicar com diferentes usuários, disseminando as regras tributárias em uma linha cooperativa e adicional à atuação das autoridades fiscais.

Quanto à criação de acordos formais com as autoridades fiscais, trata-se de medida baseada em uma relação de confiança com as plataformas, efetivada por meio da criação de acordos de compartilhamento de informações periódicas, unida às ações de educação aos usuários, dentre outras práticas firmadas com o objetivo de juntos combaterem os desvios relativos à falta de *compliance* fiscal. Assim, tais acordos se pautam em uma colaboração proativa e harmoniosa entre o setor público e o privado.

Por fim, a adesão voluntária para fins de recolhimento integral do VAT/GST seria um caminho alternativo à exigência unilateral por parte das autoridades, uma vez que a análise da necessidade e eficiência de implementar tal regime partiria de um pleito trazido pela própria plataforma. Dessa forma, trata-se de mecanismo que poderia agregar às rotinas de fiscalização realizadas pelas autoridades, que deverão disponibilizar caminhos facilitadores para a concretização, por meio de um processo claro e bem definido com as plataformas voluntárias.

Além de todas as alternativas e orientações expostas, diante da crescente demanda de auferição de renda por trabalhadores que utilizam as plataformas, mais recentemente a OCDE realizou a publicação de um relatório (OECD, 2020a) compreendendo o formato de um modelo capaz de reunir as principais informações acerca das operações, a fim de serem consolidadas e compartilhadas com as autoridades fiscais locais. Assim, trata-se de instrumento desenvolvido para capturar via plataforma os pagamentos realizados e o consequente aumento de renda por parte de usuários vendedores, garantindo o acompanhamento acerca do recolhimento dos tributos aplicáveis nesses casos.

Como mencionado anteriormente, o relatório apresenta um modelo, ou seja, refere-se a uma sugestão de ferramenta preestabelecida, com foco na padronização da coleta de dados relevantes, visando auxiliar a troca de informações entre jurisdições distintas, inclusive. Adicionalmente, embora o foco do modelo esteja relacionado à consolidação de informações que impactem no recolhimento dos tributos diretos, a OCDE expressamente partiu de um desenho que também poderá contribuir para o monitoramento dos demais tributos (OECD, 2020a, p. 8).

Nota-se, portanto, que a Organização possui genuíno interesse em utilizar as plataformas digitais como aliadas no combate à sonegação fiscal e no cumprimento das obrigações acessórias e administrativas que envolvem o comércio eletrônico. É possível sustentar tal afirmativa diante do posicionamento adotado pelo Órgão em seus principais pontos trazidos via relatórios ora analisados, em que se percebe o esforço para relacionar alternativas para implementação de regimes de responsabilidade tributária do VAT/GST, seja integral ou em cenários subsidiários.

Além disso, a Organização partiu para um caminho ainda mais objetivo em relação ao monitoramento acerca dos tributos incidentes sobre a renda auferida por usuários vendedores, ao realizar a publicação de um modelo de regras próprio que poderá ser utilizado como ponto de partida pelas jurisdições que assim desejarem, além de servir como inspiração para a implementação de novos modelos compreendendo demais tributos.

12.7 AS RESPONSABILIDADES TRIBUTÁRIAS NO BRASIL EM FACE DAS ORIENTAÇÕES SUGERIDAS PELA OCDE

Partindo para uma análise comparativa acerca das iniciativas adotadas pelo Brasil, e do que a OCDE vem publicando como mecanismos para fins de controles fiscais das transações ocorridas nos *marketplaces*, é possível identificar diversas diferenças na condução de tais práticas. Tal afirmativa pode ser sustentada a partir dos pontos vistos a seguir.

12.7.1 Atribuição de responsabilidade solidária do ICMS *versus* regime de responsabilidade integral de VAT/GST proposto pela OCDE

Como já mencionado, existe um movimento instaurado no Brasil em que determinados estados vêm editando regulamentações que estendem a responsabilidade de recolhimento do ICMS às plataformas, caso não seja feito pelos usuários vendedores.

A OCDE, por sua vez, propôs a instauração de um regime de responsabilidade integral de VAT/GST a ser recolhido pelas plataformas, diante da análise de que a experiência poderia agregar no combate à sonegação e ao *compliance* fiscal.

Embora seja possível identificar uma semelhança na ideia final do mecanismo proposto, a implementação passa por algumas nuances que afastam os institutos. O que se percebe é que existe uma unilateralidade por parte dos estados ao estenderem a responsabilidade às plataformas, enquanto a OCDE discute o instituto de forma ordenada, na figura de um regime acordado entre poder público e setor privado, pautado em diversos pilares, tais como análise de eficiência, diálogo com o mercado, dentre outros princípios fundamentais para o bom funcionamento da iniciativa.

Nota-se, portanto, que há incompatibilidade entre uma imposição de responsabilidade solidária por alguns estados, por meio de suas próprias regras locais, e a instauração de um regime que alcança toda a jurisdição e setor. É importante mencionar que parte dessa distorção se daria justamente pela forma como o sistema tributário no Brasil se organiza, em relação à autonomia constitucionalmente concedida aos estados na apuração do ICMS, em face do que se pratica para fins de apuração de VAT/GST. No entanto, em essência, a discussão nesse aspecto é sobre segurança jurídica, tendo em vista que as plataformas no Brasil passam a ser obrigadas a acompanhar 27 formas de eventualmente serem cobradas por imposto não recolhido por terceiros, em diferentes dinâmicas.

Adicionalmente, válido mencionar que a OCDE, ao propor a responsabilidade às plataformas, reconhece a necessidade de os agentes fiscais terem conhecimentos profundos sobre a capacidade de essas assumirem os recolhimentos, para que não se crie uma exigência desproporcional às receitas envolvidas nas operações em que transacionam. Tal aspecto é ignorado pelos estados no Brasil ao disciplinarem o regime de responsabilidade solidária, o que pode representar inclusive uma ameaça ao crescimento e à perenidade dos negócios desses contribuintes no país.

12.7.2 Responsabilidade solidária mediante a ausência de apresentação de informações *versus* atribuições de responsabilidades predefinidas sugeridas pela OCDE

Quanto à prática, que vem sendo utilizada pelo estado de São Paulo, de afastar a responsabilidade solidária dos *marketplaces* a partir da entrega de obrigação acessória própria interna (Portaria CAT n. 156/2010), também é possível concluir que não se trata de prática sugerida pela OCDE, com base nos relatórios analisados.

Dentre as alternativas avaliadas nas publicações da Organização, nota-se a preocupação de haver clareza em relação aos pactos feitos entre as autoridades fiscais e as plataformas digitais, o que se desdobra na implementação de um regime integral de recolhimento de VAT/GST ou na adoção de exigência de cooperação e compartilhamento de informações, sem que haja a responsabilidade efetiva pela coleta do tributo. Essa divisão pode ser representada pelos mecanismos alternativos à imposição do regime de recolhimento integral anteriormente citados, quais sejam:

1. obrigação de compartilhamento de informações pelas plataformas;

2. educação aos usuários vendedores;

3. criação de acordos formais com as autoridades fiscais; ou

4. adesão voluntária para fins de recolhimento integral.

É possível concluir que as alternativas de 1 a 3 possuem como natureza a cooperação com as autoridades, sem o emprego de cobrança efetiva do tributo como penalidade em casos de eventual disponibilização, enquanto a 4 parte justamente para um deslocamento de responsabilidade pelo recolhimento, não existindo, portanto, um instituto intermediário tal como praticado pelo estado de São Paulo.

12.7.3 Implementação da DIMP *versus* pilares da OCDE nas responsabilidades (integral ou alternativa) atribuídas às plataformas

A implementação da DIMP, por sua vez, consiste na obrigação imposta às plataformas que mais se assemelha aos moldes do que vem sendo discutido no âmbito da OCDE. Isso porque a criação e a condução da obrigação acessória nascem a partir de um modelo federal, tratado pelo Confaz, além do fato de que em sua essência há inicialmente a ideia de cooperação no fornecimento de dados entre intermediadores e autoridades fiscais.

Em relação ao fato de se criar uma obrigação em âmbito federal, com leiaute único, inclusive por meio de discussões via grupo de estudo especificamente criado para tanto (o GT60), mostra-se que há bons caminhos atuais no Brasil para fins de harmonia e maior segurança jurídica aos contribuintes, no caso específico ora analisado, às plataformas. Trata-se, inclusive, de papel fundamental a ser representado pelo Confaz, que possibilita a ideia de utilizar os contribuintes como aliados, o que guarda relações diretas com o entendimento da OCDE de enxergar a força das plataformas no combate à sonegação fiscal de forma cooperativa e ordenada, propondo por exemplo um modelo de regras a ser utilizado pelas jurisdições que assim desejarem.

Por outro lado, há algumas incongruências latentes que podem ser vistas como contrárias aos pilares pregados pela Organização, ao discriminar tanto as premissas da criação do regime de recolhimento integral de VAT/GST quanto os mecanismos alternativos de compartilhamento de informações. A primeira delas diz respeito à ausência de simplificação no cumprimento do *compliance* e de obrigações fiscais locais. O surgimento da DIMP acarreta a atribuição de mais uma obrigação acessória mensal imposta às plataformas, que até o momento não deu lugar à exclusão ou simplificação de outras obrigações anteriores. Inclusive, em relação ao estado de São Paulo, as autoridades locais vêm mantendo a obrigatoriedade de entrega da DIMP, bem como da Portaria CAT n. 156/2010, sendo que ambas possuem natureza e finalidade semelhantes, o que em resumo poderia representar uma duplicidade de entrega de dados, situação combatida pela OCDE.

A segunda distorção seria em relação à publicação de um cronograma adequado para fins de implementação. Como mencionado anteriormente, diante da alta complexidade na gestão de diversas obrigações acessórias já existentes, as empresas no Brasil precisam de um intervalo razoável para o preparo na entrega de mais uma nova obrigação, seja do ponto de vista operacional ou do financeiro. Como já descrito, a extensão da DIMP aos intermediadores ocorreu por meio da publicação do Convênio ICMS n. 71/2020, sendo que o prazo para a primeira entrega das informações será até o dia 31 de dezembro de 2021. Ou seja, mesmo após a dilação de prazo de abril para dezembro, trata-se de um intervalo de pouco mais de um ano para que as plataformas se preparem e passem a entregar a nova obrigação, que comporta dados massivos traduzindo todas as transações ocorridas mensalmente, de forma organizada e com métricas específicas.

Do ponto acima decorre uma terceira incompatibilidade da implementação da DIMP, qual seja, a ausência de consulta prévia das autoridades locais à comunidade de negócio. Em que pese a atuação do GT60 tenha compreendido uma parcela de diálogo entre autoridades fiscais e as plataformas, a interação se deu de modo secundário, ou seja, não houve uma centralidade para fins de discussão se a obrigação era o melhor caminho, qual seria o melhor momento para fins de implementação dentro do ano fiscal, qual seria o prazo razoável para fins de entrega, dentre outros pontos essenciais envolvendo a instituição efetivamente da obrigação. Se assim houvesse, certamente os prazos e os custos de implementação seriam amplamente discutidos, sobretudo em um cenário de pandemia global em curso.

12.8 CONSIDERAÇÕES FINAIS

É possível, portanto, concluir que a jornada empregada pelas autoridades fiscais brasileiras não guarda relação integral com o que vem sendo proposto pela OCDE, em relação às práticas internacionais sugeridas pela Organização quanto às responsabilidades tributárias impostas aos *marketplaces*. Embora determinadas atribuições demonstrem um possível alinhamento, a operacionalização vem se desenvolvendo por meio de uma experiência que desvirtua os mecanismos discutidos pelo Órgão, conforme os pontos a seguir:

- Há uma evidente inconstitucionalidade na atribuição de responsabilidade solidária do ICMS aos *marketplaces,* o que causa um distanciamento da sugestão compartilhada pela Organização de instituir um regime de recolhimento integral de VAT/GST, pautado em diversos pilares que exigem análises econômicas, jurídicas, administrativas e diálogo com os agentes envolvidos no processo. O que se nota em relação a esse tema é que há um grande desejo por parte dos estados de aumentar sua arrecadação, e para tanto diversos preceitos vêm sendo inobservados, sendo o mais grave deles o desrespeito ao poder de tributar, um de nossos princípios constitucionais.

- Ainda que seja materializada por vias constitucionais a extensão de responsabilidade tributária aos *marketplaces*, para que haja uma efetiva aproximação do regime de recolhimento integral proposto pela OCDE, faz-se necessária uma coordenação mais ordenada na estruturação da exigência, de modo a trazer segurança jurídica para que as plataformas e autoridades desempenhem seus papéis com clareza, evitando a possibilidade de existirem 27 formas de eventualmente serem cobradas por imposto não recolhido por terceiros, ou seja, uma forma por estado do Brasil em diferentes dinâmicas.

- Ainda em relação à atribuição de responsabilidade solidária de recolhimento do ICMS pelas plataformas (se criada pelos devidos meios legais), ao tratar do regime de recolhimento integral, a OCDE traz uma provocação quanto à necessidade de as autoridades fiscais terem conhecimentos profundos sobre a capacidade de os *marketplaces* assumirem os recolhimentos, para que não se crie uma exigência desproporcional às receitas envolvidas nas operações em que transacionam, sob pena de se criarem entraves aos negócios e/ou ao crescimento do setor. Sobre esse tema, de modo a demonstrar o distanciamento do Brasil em relação à premissa trazida pela Organização, cabe compartilhar um trecho do pleito (FECOMERCIO, 2020) direcionado ao Confaz pelas principais plataformas ativas e sediadas no Brasil, representadas por meio da associação FecomercioSP, em resposta ao cenário de criação de leis imputando a responsabilidade solidária por alguns estados:

    Doc. n. 20200190.1
    São Paulo, 20 de fevereiro de 2020
    [...]
    Esta Entidade e seu Conselho entendem que tal medida impõe às empresas do segmento de *e-commerce* obrigação excessiva de controle e fiscalização de impossível cumprimento, o que, na prática, torna inviável a continuidade dos negócios nesses estados e nos demais que venham a implementar medidas similares. A nova exigência aumenta a burocracia já desmedida e dificulta ainda mais o desenvolvimento econômico de um setor que tem grande potencial para gerar emprego e renda, inclusive nas localidades destinatárias das mercadorias.

- Mesmo a criação de um mecanismo de atração de responsabilidade solidária do ICMS somente a partir da ausência de entrega de informações, tal como praticado pelo estado de São Paulo, não possui embasamento em instituto semelhante sugerido pela OCDE, uma vez que os mecanismos sugeridos pela Organização ou partem da adoção de um regime de recolhimento integral acordado entre as autoridades e plataformas, ou versam acerca de alternativas de disponibilização de informações por essas, sem o emprego de cobrança efetiva de tributo como penalidade direta caso não haja cooperação.

- Em relação à DIMP, mesmo representando uma obrigação acessória que se assemelha aos mecanismos sugeridos pela OCDE, no contexto de cooperação e compartilhamento de informações entre as plataformas e as autoridades fiscais, na prática se trata de mais uma obrigação acessória mensal que até o presente momento não representou uma simplificação no *compliance* e nas obrigações fiscais locais. Em alguns casos (p. ex., São Paulo) representará inclusive a duplicação de transmissão de dados pelos contribuintes, situação tão combatida pela Organização.

- Adicionalmente, entre a extensão aos intermediadores e a entrega dos primeiros arquivos da DIMP por essas empresas, levou pouco mais de um ano, mesmo se tratando de obrigação acessória que demanda alto preparo para fins de coleta, organização e entrega de dados massivos no leiaute legalmente exigido. Ou seja, essa determinação conflita com o preceito tratado pela OCDE quanto à necessidade de observar um cronograma adequado para fins de implementação de mecanismos de controle cooperativo entre poder público e privado, evitando a atribuição de ônus operacional e financeiro às plataformas.

- Quanto ao ônus operacional e financeiro na criação de mais uma obrigação acessória complexa como a DIMP, inclusive, importante mencionar que a própria OCDE já se manifestou no passado ao tratar do processo de digitalização do Brasil, atribuindo esse fator como um limitador à inovação e crescimento de novos negócios no país, ao citar que "o tempo necessário para que uma empresa de referência no Brasil cumpra suas obrigações tributárias, era de cerca de 1.501 horas em 2018, mais tempo do que em qualquer outro lugar do mundo (PwC, 2019)" (OECD, 2020b, p. 207).

Dessa forma, em síntese, a OCDE enxerga nos *marketplaces* e demais plataformas digitais a oportunidade de construir um melhor caminho fiscalizatório e de arrecadação, pautando as diretrizes de implementação dos mecanismos para tanto em pilares como a boa-fé das empresas, o diálogo aberto e a simplificação. Nesse sentido, cabe ao Brasil trilhar o caminho na consolidação desse tipo de ambiente, em que os *marketplaces* sejam vistos verdadeiramente como aliados nessa construção, o que contribuirá para a jornada de transformação digital do país, conforme bem observa a Organização (OECD, 2020b, p. 24):

> 1. O Brasil na Transformação Digital: Oportunidades e Desafios
>
> [...]
>
> Confiança
>
> A confiança é fundamental para a transformação digital; sem ela, as pessoas, empresas e governos não usarão as tecnologias digitais de forma plena, deixando inexplorada uma importante e potencial fonte de crescimento e progresso social. [...].

REFERÊNCIAS

ANEA, Cibelle. A atribuição de responsabilidade tributária aos *marketplaces* pelo recolhimento do ICMS. *In:* BARRETO, Paulo Ayres (coord.). *Estudos tributários sobre a economia digital*. São Paulo: Noeses, 2021.

BARRETO, Paulo Ayres. Limites normativos à responsabilidade tributária das operadoras de *marketplace*. *Revista Direito Tributário Atual*, São Paulo: IBDT, n. 45, p. 625-650, 2. sem. 2020.

BECKER, Alfredo Augusto. *Teoria geral do direito tributário*. 6. ed. São Paulo: Noeses, 2013.

BRASIL. Governo do Brasil. *Brasil recebe aprovação da OCDE de novos instrumentos legais na área de ciência e tecnologia*. 3 jul. 2020. Disponível em: https://www.gov.br/pt-br/noticias/educacao-e-pesquisa/2020/07/brasil-recebe-aprovacao-da-ocde-de-novos-instrumentos-legais-na-area-de-ciencia-e-tecnologia. Acesso em: 17 mar. 2021.

BRASIL. SECOMVC. *Brasil atinge 100 instrumentos de aderência à OCDE*. 1 jun. 2021. Disponível em: https://www.gov.br/pt-br/noticias/financas-impostos-e-gestao-publica/2021/06/brasil-atinge-100-instrumentos-de-aderencia-a-ocde. Acesso em: 4 jul. 2021.

CARVALHO, Paulo de Barros. *Curso de direito tributário*. 29. ed. São Paulo: Saraiva Educação, 2018.

CRESCE a importância do *marketplace* no comércio eletrônico brasileiro, defende *head* do Ebit/Nielsen. *E-commerce Brasil*. 22 out. 2019. Disponível em: https://www.ecommercebrasil.com.br/noticias/marketplace-no-brasil-ebit/. Acesso em: 2 abr. 2021.

FECOMERCIO. Ref.: Responsabilidade solidária pelo pagamento do ICMS por parte das empresas que atuam com *marketplaces* e arranjos de pagamentos. *Doc. n. 202000190.1*. São Paulo, 20 de fevereiro de 2020. Disponível em: http://www.sindicomis.com.br/sindicomis/SZS%20 2020/Responsabilidade%20solid%C3%A1ria%20pelo%20pagto.%20de%20ICMS%20-%20mktplaces_Oficio%20CONFAZ....pdf. Acesso em: 15 abr. 2021.

GODINHO, Rodrigo de Oliveira. *A OCDE em rota de adaptação ao cenário internacional*: perspectivas para o relacionamento do Brasil com a Organização. Brasília: Funag, 2018.

IPEA. *Boletim de Economia e Política Internacional*, n. 28, Brasília: IPEA: Dinte, set./dez. 2020. Disponível em: https://www.ipea.gov.br/portal/images/stories/PDFs/boletim_internacional/210224_bepi_28.pdf. Acesso em: 10 abr. 2021.

MARKETPLACE. *Cambridge Dictionary*. 2021. Disponível em: https://dictionary.cambridge.org/pt/dicionario/ingles-portugues/marketplace. Acesso em: 6 mar. 2021.

OECD. *A caminho da era digital no Brasil*. Paris: OECD Publishing, 2020b. Disponível em: https://doi.org/10.1787/45a84b29-pt.

OECD. *An introduction to online platforms and their role in the digital transformation*. Paris: OECD Publishing, 2019. Disponível em: https://doi.org/10.1787/53e5f593-en. Acesso em: 6 mar. 2021.

OECD. *Discover the OECD:* bettter policies for better lives. [202-]. Disponível em: http://www.oecd.org/general/Key-information-about-the-OECD.pdf. Acesso em: 7 abr. 2021.

OECD. *Model rules for reporting by platform operators with respect to sellers in the sharing and gig economy*. Paris: OECD, 2020a. Disponível em: www.oecd.org/tax/exchange-of-tax-information/model-rules-for-reporting-by-platform-operators-with-respect-tosellers-in-the-sharing-and-gig-economy.htm.

OECD. *The role of digital platforms in the collection of VAT/GST on online sales*. Paris: OECD, 2019. Disponível em: www.oecd.org/tax/consumption/the-role-of-digital-platforms-in-the-collection-of-vat-gst-on-online-sales.pdf.

PEIXOTO, Daniel Monteiro. *Responsabilidade tributária e os atos de formação, administração, reorganização e dissolução de sociedades*. São Paulo: Saraiva, 2012 (Col. Direito em Contexto: Problemas Dogmáticos).

THORSTENSEN, Vera; NOGUEIRA, Thiago Rodrigues São Marcos (coord.). *O Brasil a caminho da OCDE*: explorando novos desafios. São Paulo: VT Assessoria Consultoria e Treinamento Ltda., 2020.

13

DEDUTIBILIDADE DOS *ROYALTIES*: UMA ANÁLISE CONTEMPORÂNEA ACERCA DAS REGRAS BRASILEIRAS EM FACE DAS REGRAS E PADRÕES RECOMENDADOS PELA OCDE

Lucas Roncaia Pardim
Valdemir da Conceição Lopes do Couto

13.1 INTRODUÇÃO

Este capítulo se propõe realizar uma análise das regras tributárias brasileiras vigentes, tendo como foco o estudo das regras de dedutibilidade das bases de cálculo dos tributos incidentes sobre o lucro[1] dos montantes pagos, por sociedades brasileiras, a título de remuneração por licenças pelo uso de patentes de invenção, processos e fórmulas de fabricação ou pelo uso de marcas de indústria ou de comércio, especialmente para as sociedades que se utilizem da forma do lucro real.[2]

Adicionalmente, será apresentada uma breve leitura sobre o interesse do Brasil em se tornar membro de um bloco econômico que vem contribuindo ativamente para a melhoria do ambiente econômico na perspectiva global, assim como estabelecendo, de certa forma, padrões globais para a melhoria no âmbito social e econômico, com base no estabelecimento de requerimentos básicos para aceitação dos países interessados em compor esse seletivo grupo.

Ainda, serão apresentados, brevemente, casos de nações que se basearam em institutos globais para internalizar em suas legislações locais as regras já aplicadas mundialmente no que tange aos *royalties*. É de conhecimento que o tema proposto neste capítulo já foi, de alguma forma, abordado por outros colegas da área, assim como as tratativas poderiam ser

---

[1] Terminologia utilizada para determinar o resultado obtido pela sociedade a partir das receitas deduzidas, posteriormente, de valores relativos a custos e despesas.

[2] Lucro real é o nome do regime de tributação segundo o qual o cálculo do Imposto de Renda da Pessoa Jurídica (IRPJ) e da Contribuição Social sobre o Lucro Líquido (CSLL) é obtido a partir do lucro contábil da sociedade (basicamente, receitas reduzidas por custos e despesas), acrescido ou reduzido dos ajustes previstos em lei.

extensas, inclusive sobre meios de neutralização da tributação, em operações envolvendo diferentes países, o que tem extrema relevância. No entanto, devido às particularidades envolvidas, tais aspectos não serão tratados neste trabalho, nem mesmo os impactos gerados pela aplicação dos tributos retidos, que exigiria um estudo à parte.

Dessa forma, ao final do capítulo, esperamos apresentar os pontos que, a nosso ver, demonstram ser as principais vantagens e desvantagens do modelo brasileiro quando comparado às demais normas internacionais. A partir dessa análise o objetivo é sugerir, no contexto acadêmico, um possível cenário de adaptação do modelo nacional às práticas já consolidadas globalmente.

13.2 DEFINIÇÃO DE *ROYALTIES*

O termo "*royalties*", no contexto tributário brasileiro, foi apresentado inicialmente pela Lei n. 3.470/1958. Advindo do inglês, pode ser assemelhado de certo modo na língua portuguesa ao termo "direitos", remetendo à ideia de que seu proprietário possui garantias pelas quais, como resultado, espera uma contrapartida (normalmente monetária) em decorrência da concessão, contratual, pelo uso dessa propriedade.

Dessa forma, a relação jurídica relacionada aos *royalties* é seguida por registros contábeis na forma de uma obrigação de pagar, remuneração devida pelo licenciado, e de um direito a receber pelo licenciante, durante o período de vigência do contrato. Os efeitos contábeis para ambas as sociedades, especialmente a parte pagadora, que terá em seus livros e demonstrações uma despesa decorrente dessa operação, deverão ser submetidos ao crivo da análise dos critérios tributários, bem como a limites e formas previstos na legislação fiscal.

Notadamente as despesas registradas nos livros contábeis e financeiros a título de *royalties* são responsáveis pela geração de diversos impactos tributários, na medida em que tais despesas do licenciado são, de certa forma, deduzidas das bases de cálculo dos tributos incidentes sobre o lucro.

Da análise da Lei n. 4.506/1964, podemos entender que os *royalties* são qualificados por seu art. 22 como rendimentos decorrentes do uso, fruição ou exploração de direitos, vinculados às seguintes operações:

- direito de colher ou extrair recursos vegetais, inclusive florestais;
- direito de pesquisar e extrair recursos minerais;
- uso ou exploração de invenções, processos e fórmulas de fabricação e de marcas de indústria e comércio;
- exploração de direitos autorais, salvo quando percebidos pelo autor ou criador do bem ou obra.

Nesse contexto, entende-se que os pagamentos efetuados pela exploração dos direitos relacionados podem ser classificados como direitos de propriedade incorpóreos, isto é, bens que que não possuem matéria física. Ainda nessa seara, cabe destacar que, em alguns fóruns, esses itens são classificados como ativos intangíveis, definição emprestada da contabilidade, reforçada pelo Pronunciamento Técnico CPC 04 – Ativo Intangível como sendo um ativo não monetário identificável sem substância física ou incorpóreo, isto é, tem valor econômico, porém se ausenta da existência física. O conceito também é corroborado pelo art. 179, VI, da Lei n. 6.404/1976 quando menciona "os direitos que tenham por objeto bens incorpóreos destinados à manutenção da sociedade ou exercidos com essa finalidade, inclusive o fundo de comércio adquirido".

13.3 DIFERENÇA ENTRE CESSÃO E LICENÇA DE USO

No contexto deste capítulo torna-se indispensável a delimitação de dois conceitos que, em que pese sejam distintos, podem causar confusão para o leitor que não tem vivência na esfera dessas discussões: cessão e licenciamento.

Por definição, cessão é o ato por meio do qual uma pessoa cede (transfere) os direitos de uma marca ou bem a um terceiro definitivamente e, portanto, perde o direito sobre esse item. O resultado financeiro obtido em decorrência dessa transferência é classificado como ganho de capital.[3] Por outro lado, a licença de uso é o ato administrativo e voluntário realizado pelo autor do direito em favor de um terceiro, autorizando este (terceiro) a utilizar sua marca ou bem por determinado período. O autor do direito pode ser ou não remunerado por essa liberalidade, e as situações em que sejam constatados esses elementos serão abarcadas pelo contexto dos *royalties*, entendimento corroborado por Rafael Marchetti Marcondes (2012, p. 97-98).

13.4 REFLEXOS TRIBUTÁRIOS BRASILEIROS NO PAGAMENTO DOS *ROYALTIES*

O tema proposto tem grande amplitude nas discussões no contexto tributário, o que, por óbvio, fomenta análises sobre os reflexos causados para todos os participantes das operações envolvendo *royalties*, independentemente de onde estejam localizados os participantes – no polo ativo (recebedor) ou no passivo (devedor/pagador). Em virtude da espessa gama de discussões, especialmente na esfera tributária, concentramos nossas análises nos reflexos e impactos gerados sobre as sociedades que figurem como sujeitos passivos da obrigação (pagadores).

Sem nos afastarmos dessa premissa, é relevante destacar que os pagamentos realizados a título de *royalties* representam, na maior parte das vezes, para a entidade que os realiza, uma despesa (normalmente operacional) e, por consequência, reduzem a lucratividade das sociedades. Assim, são por essência um importante elemento, se não o principal, na

---

[3] Ganho de capital é a diferença (positiva) entre o valor realizado na venda e o valor praticado na compra de determinado bem.

formação da base de cálculo[4] dos tributos incidentes sobre o lucro, quais sejam, o Imposto de Renda da Pessoa Jurídica (IRPJ) e a Contribuição Social sobre o Lucro Líquido (CSLL).

Considerando as regras atuais para a determinação do IRPJ e da CSLL sob o regime de apuração do lucro real, que são de aplicação obrigatória para sociedades com faturamento anual superior a R$ 78 milhões, as informações são provenientes das respectivas demonstrações contábeis, especialmente a demonstração de resultados do exercício (DRE), na qual também são realizados ajustes (adições ou exclusões) para identificação da base de cálculo, ou lucro tributável. Isso reforça a importância e a vinculação das informações e regras contábeis às tributárias. E é por causa da vinculação entre elementos contábeis e jurídicos que se torna essencial entender que os pagamentos realizados a título de remuneração desse licenciamento são, para quem realiza o pagamento, considerados despesas, influenciando diretamente na determinação dos tributos incidentes sobre o lucro – conceitos que serão tratados com maior detalhamento nas seções seguintes.

13.5 CRITÉRIOS PARA A DEDUTIBILIDADE DOS *ROYALTIES* ORA VIGENTES

A legislação tributária, no âmbito da regulação do cálculo do IRPJ e da CSLL, determina quais as despesas passíveis de dedução para fins da apuração desses tributos. São elas denominadas "despesas dedutíveis" quando autorizadas e "despesas não dedutíveis" quando não devam ser abatidas no cálculo dos tributos devidos.

Nesse sentido, o legislador trouxe, em novembro de 1958, por intermédio da Lei n. 3.470, em seu art. 74, a limitação máxima para dedução dos dispêndios relacionados aos pagamentos por contrapartida do licenciamento pelo uso de ativo intangível, teto estabelecido em 5% da receita bruta dos produtos fabricados e posteriormente vendidos. Pouco tempo depois, a norma foi seguida por uma portaria editada pelo Ministério da Fazenda[5] (atualmente Ministério da Economia), documento que trouxe o detalhamento acerca da aplicação do limite máximo de *royalties* para diferentes segmentos industriais, e em alguns casos o percentual de 5% foi reduzido para valores ainda inferiores.

Alguns anos depois da edição dos atos legais e normativos mencionados, após a chegada dos militares ao poder, as normas de dedutibilidade dessas despesas sofreram alterações. O legislador introduziu,[6] no ano de 1964, critérios adicionais aos já vigentes, objetivando garantir a manutenção desses dispêndios como despesas dedutíveis, especialmente quando:

- considerados necessários à geração de rendimentos para a sociedade que os realiza;[7]
- registrados na Superintendência da Moeda e do Crédito – Sumoc (atual Banco Central do Brasil);

---

4   Sob o regime de apuração do lucro real.
5   Portaria MF n. 436, de 30 de dezembro de 1958.
6   Lei n. 4.506, de 30 de novembro de 1964, art. 71.
7   Previsão legal também contida no art. 311 do Regulamento do Imposto de Renda (Decreto n. 9.580/2018).

- registrados no Instituto Nacional da Propriedade Industrial (INPI);
- os montantes não excedam os limites fixados "periodicamente" pelo Ministério da Fazenda;[8]
- não sejam pagos a matriz localizada no exterior (uso de patentes de invenção, processos e fórmulas de fabricação ou uso de marcas de indústria ou de comércio);
- não sejam pagos a sociedade localizada no exterior que detenha controle de capital com direito a voto, direta ou indiretamente (uso de patentes de invenção, processos e fórmulas de fabricação ou uso de marcas de indústria ou de comércio).

Dessa feita, as entidades que respeitarem os requisitos vistos estarão habilitadas a manterem a dedutibilidade fiscal em relação aos pagamentos realizados.

Torna-se tempestiva a análise detalhada de alguns desses requisitos, para que seja possível ilustrar certas evoluções consideradas relevantes já atualizadas na legislação brasileira no decorrer dos anos que se passaram, assim como aqueles temas que ainda aguardam tratativa pelas autoridades responsáveis.

Ainda, em relação aos critérios de dedutibilidade fiscal dos valores pagos a título de *royalties*, destaca-se o item no qual é exigido que os dispêndios sejam considerados necessários para a manutenção da fonte pagadora. É indispensável a constatação de que, diante de sua ausência, o resultado esperado não seja alcançado, ou, ainda que obtido, não se constatem de forma integral e plena os mesmos resultados esperados quando de sua inclusão. Essa previsão guarda uma indistinta e relevante mensagem agregada, e destaca que, indiretamente, emprega uma ideia de condicionalidade quanto às regras apresentadas exclusivamente no direito positivado, abordagens corroboradas por José Artur Lima Gonçalves e Márcio Severo Marques (1999, p. 197).

13.5.1 Averbação dos contratos no INPI

Durante muito tempo a necessidade de registro dos contratos de *royalties* junto ao Banco Central e ao INPI foi questionada por importantes juristas, sob as alegações de que tais instituições teriam a responsabilidade de avaliar somente se as determinações técnicas desses acordos estavam de acordo com as diretrizes legais, e não tinham competência para avaliar se critérios tributários haviam sido respeitados.

E foi assim que, em 1º de julho de 2017, o INPI publicou a Instrução Normativa n. 70, que apresentou detalhamentos acerca dos critérios para análise e averbação dos contratos com natureza similar ou não. De forma discreta, essa instrução normativa trouxe em um dos últimos incisos a tentativa de limitar o escopo de responsabilidade sobre as análises realizadas[9]

---

8   Os limites levam em consideração cada grupo de atividades ou produtos, segundo o grau de sua essencialidade.

9   Art. 13, "XI – Uma nota informativa com o seguinte conteúdo: O INPI não examinou o contrato à luz da legislação fiscal, tributária e de remessa de capital para o exterior".

e também, de forma clara, de vincular sua atuação a temas atinentes a aspectos técnicos, desvinculando-a das questões tributárias, especialmente para aquelas transações que envolvessem remessas de capital ao exterior. Cabe destacar que esse ato consiste em documento administrativo, portanto sem força legal.

De todo modo, pouco tempo antes da publicação de referida instrução normativa o Superior Tribunal de Justiça (STJ), por meio do Recurso Especial (REsp) n. 1.200.528/RJ, já havia se posicionado no sentido de reiterar que a aprovação pelo INPI produz, para as operações que envolvam licenciante localizado no exterior e licenciado no Brasil, os seguintes efeitos:[10]

- Autoriza a remessa de pagamentos ao exterior, habilitando o licenciado brasileiro a realizar os contratos de câmbio.
- Quando o licenciado é uma sociedade tributada pelo lucro real, a aprovação pelo INPI permite a dedutibilidade fiscal dos pagamentos como despesas operacionais, dentro de limites fixados pela Portaria n. 436/1958 do Ministério da Fazenda.
- Concede ao licenciado legitimidade *ad causam* ativa para mover ações contra terceiros infratores, desde que tal possibilidade esteja prevista no contrato.
- Cria a presunção legal de publicidade, ou seja, de conhecimento *erga omnes* do contrato.

Referida decisão do STJ não agradou as sociedades em vista das pretensões de simplificação de processos; pelo contrário, apenas reforçou a contínua burocratização ao vincular de forma precária a decisão de órgão técnico à análise de matéria tributária.

Finalmente, destaca-se a importância de definir quais são os contratos que apresentam obrigatoriedade de averbação e registro junto ao INPI, dos quais listamos:

- licença para exploração de patente e desenho industrial;
- licença para uso de marca;
- fornecimento de tecnologia;
- serviços de assistência técnica e científica;
- franquia;
- cessão de patente, desenho industrial e marca

13.5.2 Limites fixados "periodicamente" pelo Ministério da Fazenda

Conforme já visto, a legislação tributária brasileira que rege tais despesas determinou um percentual máximo geral de dedutibilidade de 5% e, adicionalmente, por meio de

---
[10] Como apresentado em artigo de autoria do Mestre em Direito pela USP Gabriel Leonardos, sócio de Kasznar Leonardos Advogados (LEONARDOS, 2017).

portaria do Ministério da Fazenda, também já mencionada, trouxe uma lista específica sobre os percentuais individualizados por operações e por segmentos de atividade econômica, estabelecidos da seguinte forma:

- *royalties*, pelo **uso de patentes de invenção, processos e fórmulas de fabricação**, despesas de assistência técnica, científica, administrativa ou semelhante – de 1 a 5%;
- *royalties*, pelo **uso de marcas de indústria e comércio, ou nome comercial**, quando o uso da marca ou nome não seja decorrente da utilização de patente, processo ou fórmula de fabricação – 1%.

Aplicando as normas acima mencionadas a um caso prático, passamos a analisar o exemplo de uma entidade inserida no setor de atividade econômica de produção de **material de acondicionamento e embalagens**, que mantém contratos firmados com outras entidades para remuneração de *royalties* relativos ao uso de fórmulas de fabricação (*know-how*) e pelo uso de marcas, que pretende identificar os valores máximos permitidos para fins de dedutibilidade tributária em face da realidade proposta.

Consideremos que, em decorrência da sua atividade econômica, o percentual máximo de dedutibilidade do pagamento referente aos *royalties* de *know-how* deve ser limitado a 4%, calculado sobre a receita líquida vinculada aos produtos licenciados. Adicionalmente, assumindo a existência de outro contrato pelo uso de marcas, essa mesma sociedade poderia realizar a remessa de valores adicionais sob esse título relativo a 1% sobre a receita líquida das marcas licenciadas. Importante destacar que há limitações legais para a prática de remuneração de ambos os *royalties*, apresentados no exemplo acima, quando a fonte de remuneração seja um mesmo produto, sendo o segundo contrato, muito provavelmente, não averbado pelo INPI, não habilitando a remessa ao exterior e, por consequência, não permitindo a dedução desses valores no cálculo dos tributos.

Ainda nesse contexto, a lei que faz referência a esse ato (Lei n. 3.470/1958) dispõe, em seu art. 74, § 1º:

> § 1º **Serão estabelecidos e revistos periodicamente** mediante ato do Ministro da Fazenda, os coeficientes percentuais admitidos para as deduções de que trata este artigo, considerados os tipos de produção ou atividades, reunidos em grupos, segundo o grau de essencialidade (grifos nossos).

Como visto, o legislador, muito assertivamente, a nosso ver, delegou dentro do ato legal o mandato ao agente administrativo para que, periodicamente, sejam revisitados os percentuais de dedutibilidade apresentados anteriormente, o que demonstra, em uma leitura inicial, uma forma de desburocratização do processo de atualização dos percentuais, pois não vincula uma lei a essa ação. Por outro lado, porém, ao incluir tal referência, o legislador também parecia esperar que esse processo se tornasse algo a aproximar, de alguma forma, as normas do momento político, econômico ou social pelo qual a sociedade pudesse atravessar durante os períodos futuros e, ainda que limitado ao percentual máximo de 5%, equilibrar os segmentos em face de suas particularidades.

Infelizmente os limites estabelecidos em 1958, aproximadamente 63 anos atrás, não acompanharam a evolução ocorrida na sociedade, tampouco retratam as operações realizadas no ambiente de negócios atual, principalmente em um momento de desconstrução de operações tradicionais, em que se discute cada vez mais a influência da tecnologia, os ambientes virtuais, o que resulta em fronteiras cada vez mais próximas e, por fim, a situação da internet (que em 1958 ainda não era uma *commodity*). Esses fatores rotineiros das relações humanas e jurídicas no cenário contemporâneo ainda encontram regras vigentes retratando uma nostálgica realidade vivenciada por nossos pais e avós.

Diante desse cenário, entendemos imprescindível trazer luz às discussões endossadas por alguns atuantes na área tributária em relação à utilização da Portaria n. 436/1958 do Ministério da Fazenda, que, de alguma forma, majora a tributação aplicada ao IRPJ e à CSLL, não de forma direta, por meio da ampliação da base de cálculo ou até mesmo da elevação da alíquota, mas sim por intermédio da limitação na prática de determinar o montante a ser reduzido da base de cálculo a valores inferiores aos pagamentos efetivamente realizados. Alguns autores[11] trabalharam em profundidade na análise desse tópico, inclusive, de alguma forma, invocando as disposições do art. 150, I, da Carta Magna, e reiterada pelo art. 97 do Código Tributário Nacional, que, anteriormente, ressalta uma possível ofensa ao princípio da estrita legalidade ao agente do Executivo tentar majorar a arrecadação, por intermédio de ato administrativo, ao definir limites inferiores, para alguns setores, àquele previsto em lei (5%), não sendo antecipadamente respaldado por dispositivo legal.

13.5.3 Pagamentos realizados a matriz localizada no exterior

É de conhecimento que diversos grupos econômicos se utilizam de operações específicas para poderem coordenar a alocação, por meio da utilização de critérios próprios, dos lucros gerados em subsidiárias estabelecidas nos mais diversos países para outros países onde possuem vantagens tributárias. Essas operações podem, direta ou indiretamente, envolver países que possuam regras internas para tributar a renda utilizando percentuais considerados baixos quando comparados aos convencionais,[12] o que acarreta a deterioração da base tributável nos países onde são registradas essas despesas. Essa razão reforça ainda mais um conceito de notável importância incluído nas discussões sobre políticas públicas, atualmente pautado nas principais discussões relativas ao BEPS[13] – sigla utilizada para simbolizar a erosão de base e transferência de lucros, ação que entendemos plausível e justificável.

Em um contexto similar, o legislador entendeu que os pagamentos realizados ao exterior, para entidades não estabelecidas em paraísos fiscais, que figurem na posição de matrizes das subsidiárias brasileiras, são valores não elegíveis para serem tratados como dedutíveis,

---

11   Como Rafael Marchetti Marcondes (2012, p. 134).
12   Países que são usualmente denominados paraísos fiscais.
13   Acrônimo em linguagem inglesa que significa *base erosion and profit shifting*.

sob a justificativa de que tais operações poderiam ser utilizadas, por determinados grupos econômicos, como instrumentos para sonegação tributária no Brasil. Em que pese o fato de as considerações e premissas em que se baseia esse entendimento nos parecerem sensatas, apresenta-se ao mesmo tempo injusto equiparar todas as sociedades e grupos econômicos, nesse caso, à régua do agente sonegador. Ainda, cabe destacar que referida disposição pode acarretar efeito nulo do ponto de vista prático, pois poderia ser facilmente evitada por intermédio da utilização de outras sociedades do grupo, porém sem participação na sociedade brasileira, nos fluxos de recebimento para a manutenção da dedutibilidade dessa despesa, para fins tributários, à entidade estabelecida no Brasil.

13.5.4 Pagamentos realizados a contratantes estabelecidas no Brasil

Há muitas discussões acerca da obrigatoriedade das exigências relacionadas à averbação do contrato junto ao INPI, bem como do registro desse documento no Banco Central do Brasil para manutenção da dedutibilidade das despesas relacionadas aos pagamentos realizados pelos licenciantes, para os casos em que os beneficiários estão estabelecidos no Brasil. Em nosso entendimento, estariam dispensadas dessa obrigatoriedade, inicialmente pelo fato de ambas as sociedades estarem submetidas ao regime tributário brasileiro, isto é, todos os tributos devidos para ambas serão devidos e recolhidos para o Brasil. Esse posicionamento é corroborado pela Conselheira do Conselho Administrativo de Recursos Fiscais (Carf) Sandra Faroni em voto proferido em 16 de abril de 2004 no Acórdão n. 101-94.552.[14]

Além disso, é imprescindível entender a motivação pela qual essas travas foram estabelecidas: foram elaboradas para evitar que práticas operacionais pudessem acarretar um ato invasivo aos cofres públicos brasileiros por ocasião de práticas deliberadas de envio ao exterior que não respeitassem as determinações locais, situação que não se aplica aos casos nos quais ambas as sociedades estejam estabelecidas no Brasil e sem prejuízo ao Erário local. Esse entendimento é similar ao estabelecido pelo já inexistente Tribunal Federal de Recursos por ocasião do julgamento da Apelação Cível n. 59.884/SP, em que se considerou que a norma ora em comento objetivava disciplinar as operações envolvendo tão somente capital estrangeiro, assim como aquelas que implicassem remessas para o exterior.

Por outro lado, há que destacar que o Supremo Tribunal Federal (STF), em decisão ao REsp 104.368/SP, apresentou leitura distinta daquela previamente apresentada pela Conselheira do Carf, ao passo de considerar essas ações, quais sejam, o registro do contrato junto ao Banco Central e sua averbação junto ao INPI, imposições indispensáveis para o atendimento da dedutibilidade analisada nos casos de pagamentos destinados a residentes, ou não, no país.

---

14 "[...] em relação aos *royalties* pagos a beneficiário no Brasil, a única limitação específica estabelecida na nova lei é que são indedutíveis os *royalties* pagos a sócios ou dirigentes de sociedades, e seus parentes ou dependentes (art. 71, parágrafo único, alínea *d*). Todas as demais restrições se dirigem a *royalties* pagos, direta ou indiretamente, a beneficiários no exterior."

13.5.5 Exemplo de cálculo

Com o objetivo de tornar um pouco mais tangíveis os contextos trazidos, apresentaremos um caso que, apesar de simples, pode auxiliar na compreensão sobre a aplicação da regra a um caso concreto, e para tanto consideremos os dados seguintes:

- Sociedade atuante no segmento industrial de fabricação de embalagens.
- Receita líquida no mês de referência no valor de $ 1.000.000,00.
- Limite geral máximo de dedutibilidade de 5%.
- Limite específico para o segmento industrial de fabricação de embalagens de 4%.
- Contrato averbado no INPI e no Banco Central.
- Pagamento realizado por sociedade estabelecida no Brasil para entidade estabelecida no exterior, não sendo matriz da entidade brasileira.

Levando em conta as premissas anteriores, bem como assumindo a premissa de que os pagamentos realizados sejam necessários para a atividade industrial, especialmente para a produção dos itens contemplados na atividade preponderante da sociedade, e por consequência classificados como necessários para suas atividades, teremos o seguinte cenário, senão vejamos:

**Receita líquida x percentual dedutível do segmento industrial =
= valor máximo dedutível**

$ 1.000.000,00 x 4% = $ 40.000,00

Cabe destacar que, para o caso proposto, ainda que o percentual geral de dedutibilidade definido em lei seja de 5%, em decorrência da existência do Parecer CST n. 436/1958, no sentido de impor um limite inferior a esse, para o setor de atividade da sociedade analisada, o montante máximo dedutível será reduzido para o teto de 4%.

Por outro lado, se utilizássemos o mesmo exemplo anterior subtraindo a informação de que o os contratos haviam sido registrados no Banco Central, ainda que os valores estivessem dentro dos percentuais máximos, esses montantes seriam obrigatoriamente acrescidos às bases de cálculo dos tributos incidentes sobre o lucro.

13.5.6 Os *royalties* e as regras de preços de transferência

As regras de preços de transferência foram introduzidas no ordenamento jurídico tributário brasileiro inicialmente em 1996, a partir da edição da Lei n. 9.430, processo que incluiu o país no roteiro de boas práticas tributárias adotadas globalmente, como uma das nações pioneiras nesse processo. Tal fato é corroborado pela Exposição de Motivos dessa lei, que demonstrou o desejo de manter o Brasil em conformidade com as regras de outros países, especialmente aqueles integrantes da Organização para a Cooperação e Desenvolvimento Econômico (OCDE).

A abordagem brasileira no que se refere ao tratamento despendido aos valores pagos a título de *royalties*, por meio do art. 18, § 9º, da Lei n. 9.430/1996,[15] visou isentar essas operações da obrigatoriedade de aplicação das regras de preços de transferência, submetendo-as a condições específicas definidas em outros atos infralegais. Outras nações estabilizaram o entendimento distinto, mantendo tais pagamentos no campo da obrigatoriedade para a aplicação das regras de preços de transferência. Esses procedimentos constroem, em muitos casos, situações em que a autoridade tributária brasileira impõe sanções tributárias majoritariamente superiores àquelas aplicadas em outros países.

13.6 DISCUSSÕES LEVADAS AO CONTENCIOSO (ADMINISTRATIVO E JUDICIAL)

Ao analisar as demandas remetidas ao contencioso, administrativo ou judicial, relacionadas à dedutibilidade das remessas realizadas a título de *royalties*, fica evidente que a matéria não se apresenta como algo de litigância, muito pelo fato de a legalidade ter sido seguida à risca pelo legislador ao tratá-la.

O que se pode qualificar por meio dos dados consultados relacionados aos acórdãos existentes no Poder Judiciário (STF e STJ) é que as discussões vinculadas à dedutibilidade da despesa não são representativas quando comparadas com o cenário geral relacionados aos *royalties*, representando em média menos de 6% do total dos recursos. Essa situação se modifica demasiadamente quando passamos à análise dos acórdãos levados à apreciação da esfera administrativa (Carf). Nesse tribunal técnico, administrativo, as discussões são mais volumosas, alcançando o patamar de um quinto (20%) das matérias analisadas.

Tabela 13.1 Recursos e acórdãos[16] relacionados a *royalties*.

	Royalties	Relacionados à dedutibilidade
STF	31	1
STJ	130	6
Carf	554	110

Fonte: *sites* do STF[17], STJ[18] e Carf.

---

15 Lei n. 9.430/1996: "Art. 18. Os custos, despesas e encargos relativos a bens, serviços e direitos, constantes dos documentos de importação ou de aquisição, nas operações efetuadas com pessoa vinculada, somente serão dedutíveis na determinação do lucro real até o valor que não exceda ao preço determinado por um dos seguintes métodos: [...] § 9º O disposto neste artigo não se aplica aos casos de *royalties* e assistência técnica, científica, administrativa ou assemelhada, os quais permanecem subordinados às condições de dedutibilidade constantes da legislação vigente".

16 Por meio de pesquisas realizadas pelos critérios: *royalties, royalties* dedução e *royalties* dedutibilidade.

17 RE 104.368.

18 REsp 1821336, 260.513/RS, 1759081/SP, 1200528/RJ, 378.575/RS e 204.696/RJ.

Dado o contexto das discussões relacionadas aos *royalties*, temos que a grande maioria das lides levadas a esses tribunais relaciona-se à compensação financeira nas transações de exploração e distribuição de gás natural e petróleo, no que tange à segregação da forma de repartição entre estados e municípios (federalismo) envolvidos na transação. Outras discussões acessórias também integram a listagem de temas analisados, por exemplo, a cobrança sobre a exploração de peça teatral.

13.6.1 Recursos extraordinários no Supremo Tribunal Federal

A matéria tributária relacionada à dedutibilidade levada à apreciação do STF remonta ao ano de 1988 e questiona, de forma geral, tema importante relacionado à revogação tácita do art. 74 da Lei n. 3.470/1958, que impunha a limitação máxima de 5% sobre a receita líquida, em virtude da publicação do art. 71 da Lei n. 4.506/1964, que trouxe outras premissas a serem analisadas para garantia da dedução e, por esse motivo, suprimiria a limitação anterior.

Em que pese a discussão apresentada pudesse ter seus méritos legais, estes não foram providos pelo STF ao entender que a lei mais recente não regulou inteiramente a matéria, trazendo somente critérios adicionais e, por essa razão ambos os dispositivos legais poderiam coexistir simultaneamente.

13.6.2 Recursos especiais no Superior Tribunal de Justiça

O STJ, dada sua competência, julgou um número maior de títulos, incluídos alguns daqueles levados ao STF, assentando-se em definições similares às da Suprema Corte, especialmente ao definir maioria no entendimento de que não houve revogação tácita pela Lei n. 4.506/1964 da legislação anterior e no entendimento de que o INPI pode intervir no âmbito negocial, na fase de análise dos contratos ali submetidos, mesmo que de forma unilateral.

Ainda nas discussões na seara dessa instituição, é possível destacar que outras matérias importantes foram encaminhadas a apreciação, inclusive algumas que indicam uma tendência nas análises de matérias relacionadas a modelos e padrões de convenção utilizados pela OCDE.

E foi nesse sentido que, em 2000, o Ato Declaratório n. 1, emitido pela Receita Federal do Brasil (RFB), que enquadra os serviços técnicos e de assistência técnica como "outros rendimentos não expressamente mencionados", nos termos do art. 22 do modelo padrão de convenção (OCDE), sujeitando-se, nessa condição, à incidência do Imposto de Renda Retido na Fonte (IRRF), foi questionado no STJ, que o considerou ilegal e deslocou o enquadramento dessas remunerações para o art. 7º do Modelo de convenção para evitar a bitributação definidas pela OCDE ("lucro das sociedades"), sem a incidência do Imposto de Renda Retido na Fonte (IRRF). Nesse caso, o rendimento seria tributado exclusivamente no exterior, em nome do beneficiário.

Esse primeiro julgamento do STJ ocorreu em 2012, e, tendo firmado entendimento desfavorável ao Fisco, provocou uma reação deste. Em 2014 foi editado o Ato Declaratório n. 5, que apontou os seguintes critérios de avaliação para enquadramento dos rendimentos, a serem avaliados nesta ordem:

- 1ª etapa: se envolvem serviços de "profissões independentes" (art. 14 do Modelo de convenção para evitar a bitributação definidas pela OCDE);
- 2ª etapa: se envolvem o pagamento de *royalties* "embutido no contrato de prestação de serviços sem transferência de tecnologia" (art. 12 do Modelo);
- 3ª etapa: se não enquadráveis nas hipóteses anteriores, serão considerados "lucro das sociedades" (art. 7º do Modelo).

Esse ato normativo também foi levado à apreciação do Poder Judiciário, e, em 2020, o STJ firmou o entendimento de que, de fato, é necessário avaliar cada uma dessas etapas, naquela ordem. Assim, somente se ultrapassadas as etapas 1 e 2 é que o rendimento poderia ser considerado, em caráter residual, "lucro das sociedades".

Dessa forma, em uma análise cronológica do tema, o STJ partiu de uma posição direta e objetiva (em 2012), pela qual tais rendimentos já seriam enquadráveis como "lucro das sociedades" independentemente de qualquer outro aspecto, para uma posição mais "moderada" ou "conservadora" (em 2020), pela qual tal característica (ser, ou não, "lucro das sociedades") só ocorreria se afastadas as duas condições anteriores. Ou seja, somente se o rendimento não puder ser enquadrado nos arts. 12 e 14 da convenção é que, aí sim, será considerado lucro isento de retenção na fonte.

Outro relevante aspecto extraível dos precedentes do STJ sobre o tema é a exclusão do elemento "transferência de tecnologia" como identificador do *royalty*. Ou seja, esse aspecto deixou de ser um critério para caracterizar (ou não) o pagamento de *royalties*.

Há, ainda, três relevantes processos já julgados no STJ[19] que apresentavam o mesmo cenário jurídico (apesar de os países de destino serem diversos): a Fazenda Nacional defendia que os rendimentos não se enquadraram como lucro das sociedades (para afastar a isenção), mas o contribuinte defendeu o inverso e saiu vencedor (ou seja, prevaleceu o art. 7º sobre os arts. 12 e/ou 14, todos da convenção).

Contudo, não se pode dizer que a situação esteja consolidada no Poder Judiciário brasileiro. Bem ao contrário, há outros oito casos relevantes no STJ envolvendo idêntico tema, dos quais seis já estão com julgamento iniciado perante as duas Turmas competentes. Destes, em apenas um processo o recurso pendente de análise é do contribuinte; nos outros cinco processos o recurso é da Fazenda Nacional – o que talvez nos permita enxergar uma prevalência de decisões favoráveis ao contribuinte (é lucro, é isento do IRRF) e um caminho para a pacificação do tema.

---

19   REsp 1.161.467/RS, 1.272.897/PE e 1.618.897/RJ.

13.6.3 Acórdãos do Conselho Administrativo de Recursos Fiscais

A corte administrativa, reconhecida por seu nível de especialização nos temas tributários, analisou uma quantidade elevada de situações diferentes atreladas à dedução desses pagamentos. Em meio a tais julgamentos, passaram pela agenda do Carf importantes discussões, algumas das quais se referem à pretensão da União de ampliar a limitação dos pagamentos realizados a sociedade sócia aos valores pagos a sociedades do mesmo grupo, situação que tem sido fortemente afastada pelo Conselho Administrativo.[20] Adicionalmente, o tribunal administrativo também analisou questionamento relativo à aplicação das mesmas regras de dedução do IRPJ à base de cálculo da CSLL, de forma a garantir a dedutibilidade de 5%,[21] posicionando-se no sentido de que a Instrução Normativa RFB n. 1.700/2017 garantia ser dado esse mesmo tratamento.

Ao final, mas não menos importante, essa corte administrativa reforçou temas que posteriormente foram encaminhados à apreciação do STJ, como a afirmação de que o atendimento aos critérios legais de dedução, previstos nas leis editadas em 1958 e 1964, não isentaria o licenciante da manutenção da documentação hábil e idônea,[22] bem como não dispensaria a necessidade de averbação dos contratos aplicáveis junto ao INPI.

13.7 APROXIMAÇÃO DO BRASIL DAS DIRETRIZES DA OCDE

A OCDE é uma organização internacional fundada em 30 de setembro de 1961, e atualmente formada por 37 países, que trabalha para desenvolver diretrizes e padrões de políticas públicas visando estimular o progresso econômico, social e o comércio mundial. Esse grupo é reconhecido por manter em sua lista países que apresentam altos índices de PIB (Produto Interno Bruto) e IDH (Índice de Desenvolvimento Humano) em escala mundial, motivo pelo qual é amplamente reconhecido como um "clube dos países ricos".

Como apresentado, a OCDE possui em seu acervo políticas e padrões elaborados para apoiar os países participantes do grupo na condução de diversos temas em face de suas realidades, documentos denominados "instrumentos legais". Atualmente, a entidade conta com cerca de 450 documentos,[23] dos quais cerca de 245[24] são itens considerados obrigatórios e exigidos das nações que apresentam interesse em ingressar no bloco, e os demais são complementares. Os atos em referência são classificados em cinco diferentes grupos, apresentados a seguir:

---

20 Acórdão n. 1301-004.374.
21 Acórdão n. 9101-003.062.
22 Acórdão n. 1301-000.817.
23 Informação extraída do site de *legal affairs* da OCDE.
24 Informação extraída do sítio da Casa Civil do Brasil.

Decisões: instrumentos jurídicos da OCDE que **são juridicamente vinculativos para todos os Membros**, exceto aqueles que se abstêm no momento da adoção. Embora não sejam tratados internacionais, eles acarretam o mesmo tipo de obrigações legais. **Os aderentes são obrigados a implementar as Decisões e devem tomar as medidas necessárias para tanto.**

Recomendações: os instrumentos jurídicos da OCDE que **não são juridicamente vinculativos**, mas cuja prática lhes confere grande força moral, por representar a vontade política dos aderentes. Há uma expectativa de que os aderentes farão o possível para implementar totalmente uma recomendação. Assim, **os Membros que não pretendem fazê-lo geralmente se abstêm quando uma Recomendação é adotada, embora isso não seja exigido nos termos legais.**

Declarações: instrumentos jurídicos da OCDE que são preparados dentro da Organização, geralmente dentro de um órgão subsidiário, e **não são juridicamente vinculativos**. Geralmente estabelecem princípios gerais ou objetivos de longo prazo, **têm caráter solene e costumam ser adotados em reuniões ministeriais do Conselho ou de comitês da Organização.**

Acordos internacionais: instrumentos jurídicos da OCDE negociados e celebrados no âmbito da Organização. **Eles são juridicamente vinculativos para as partes.**

Acordo, entendimento e outros: vários instrumentos jurídicos substantivos *ad hoc* foram desenvolvidos no âmbito da OCDE ao longo do tempo, como o Acordo sobre Créditos de Exportação com Apoio Oficial, o Entendimento Internacional sobre Princípios de Transporte Marítimo e as Recomendações do Comitê de Assistência ao Desenvolvimento (CAD) (tradução livre e grifos nossos).

Os atos relacionados se dividem da seguinte forma:

Tabela 13.2 Documentos da OCDE.

245	Instrumentos legais em vigor
24	Decisões
169	*Recommendations*
28	Declarações

Fonte: OCDE. *OECD legal instruments*. Disponível em: https://www.oecd.org/legal/legal-instruments.htm. Acesso em: 14 mar. 2021.

Inseridos nesse contexto, muito tem sido divulgado na mídia nacional sobre os avanços nas discussões entre o Brasil e a organização mundial acerca de temas vinculados a questões tributárias, porém é de suma importância destacar que as políticas sobre as quais ora versamos não são atreladas exclusivamente a um único tema. As discussões realizadas vão muito além da área tributária, contemplando também: meio ambiente; finanças e meio ambiente; governança; agricultura e alimentos; educação; problemas sociais e saúde; mobilidade urbana; entre outros.

Ainda, é necessário observar que o Brasil, mesmo que de forma incipiente, iniciou sua aproximação com a OCDE no ano de 1990 por meio das ações realizadas pelo **Comitê do Aço**, seguidas de muitas outras ações que culminaram, em 2017, na formalização da candidatura deste território ao processo de acesso ao órgão, muito bem elucidada na linha do tempo que segue.

Figura 13.1 Linha do tempo da relação entre o Brasil e a OCDE.

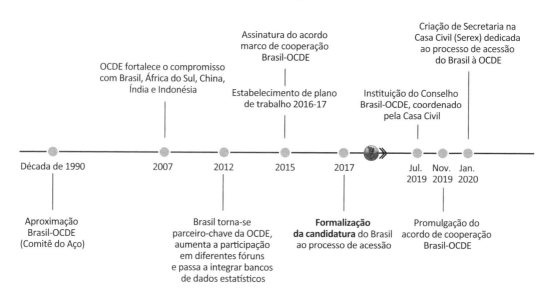

Fonte: BRASIL. Casa Civil. *Relacionamento entre o Brasil e a OCDE*. 16 jul. 2020. Disponível em: https://www.gov.br/casacivil/pt-br/elementos-ocde/brasil-na-ocde-conteudo/relacionamento-entre-o-brasil-e-a-ocde. Acesso em: 5 jan. 2022.

Essa pauta ganhou ainda mais força nos últimos anos, com a intenção do governo brasileiro de ampliar sua participação no contexto da economia global, muito por conta da atuação desse órgão, bem como da adequação aos procedimentos e às normas nacionais àquelas observadas pelos demais países integrantes do grupo. Assim, a Casa Civil brasileira mantém em seu *site* a informação de que o país já atendeu, até o momento, 94 dos 245 instrumentos obrigatórios exigidos para a entrada na Organização, número que se aproxima dos 38% de aderência. O governo brasileiro informa ainda que este país é o que atende ao maior número de requisitos para ingressar na instituição em vista dos países aspirantes.

Ao tratarmos dessas discussões atreladas à esfera tributária, tivemos significativos avanços desde fevereiro de 2018, especialmente em decorrência do trabalho realizado pela Receita Federal do Brasil e pela OCDE quando lançaram um projeto conjunto para examinar as semelhanças e divergências entre as abordagens de preços de transferência constantes nas diretrizes da instituição e aquelas vigentes no Brasil. Esse projeto foi, sem dúvida, a empreitada mais significativa atrelada a questões tributárias em um contexto de aderência das normas tributárias nacionais àquelas adotadas por outras nações. O estudo contou com a participação de representantes da OCDE e da Receita Federal do Brasil, bem como de representantes do Reino Unido, um dos grandes parceiros e financiadores desse estudo, Espanha e Estados Unidos.

13.8 O TRATAMENTO DOS *ROYALTIES* EM OUTROS PAÍSES

Partindo das informações já compartilhadas, mesmo que o Brasil não tenha sido aceito ainda como país membro da OCDE, é considerado pela Organização um parceiro-chave, devido a sua relevância nas transações comerciais, sob a ótica da atuação desse grupo econômico. E é em virtude desse fato que entendemos significativo para o que propõe este estudo comparar as regras brasileiras, responsáveis por delimitar os limites a serem abatidos para fins tributários, às diretrizes aplicadas por países que integram o bloco. Por esse motivo, e com vistas a tornar tangível a comparação, selecionamos três países, membros da OCDE, que possuem em suas legislações regras específicas para o tratamento despendido aos *royalties* (pagos ou remetidos) e que podem ser fonte de inspiração para possíveis e futuras adequações pelo legislador brasileiro. Reforçamos que a posição das autoridades fiscais brasileiras, que no passado eram questionadas sob a alegação de tratarem todos os contribuintes sob a régua de sonegadores, tem sido alterada de modo a se apresentar mais compreensiva a possíveis itens de menor importância ou não observados pelo contribuinte em decorrência do desconhecimento e não como um planejamento tributário abusivo, atuação corroborada e referenciada durante as discussões do projeto de convergência das regras de preços de transferência brasileiras à OCDE por Espanha, Reino Unido e Estados Unidos, bem como dois países integrantes do BRICS,[25] China e Índia.

Anteriormente à apresentação dos dados atinentes e particulares de cada um dos países escolhidos, é relevante delimitar o conceito comum a esses três países com base em análises realizadas pelo International Bureau of Fiscal Documentation (IBFD).[26]

Em que pese cada dos países possuir legislação própria para promover o tratamento acerca dos *royalties*, os três conceituam os *royalties* de maneira muito similar, tendo como unanimidade a definição a seguir:

> [...] pagamentos de qualquer tipo recebidos como contraprestação pelo uso de, ou o direito de usar, qualquer direito autoral de obra literária, artística ou científica, incluindo filmes cinematográficos e *software*, qualquer patente, marca registrada, *design* ou modelo, plano, fórmula secreta ou processo, ou para informações relativas à experiência industrial, comercial ou científica; pagamentos pelo uso de, ou o direito de uso, industrial, comercial ou científico o equipamento é considerado como *royalties* (UNITED NATIONS, 2017 – tradução livre).

De forma prática, o tratamento despendido por grande parte dos países integrantes da OCDE é o de se aproximarem das regras de preços de transferência, no sentido de tornar obrigatória a realização desses procedimentos para permitirem às entidades que realizarem esse tipo de operação a comprovação de que os valores envolvidos estejam em condições próximas daquelas praticadas no mercado.

---

25 BRICS é um acrônimo das iniciais dos países que integram esse grupo econômico: Brasil, Rússia, Índia, China e África do Sul.

26 O International Bureau of Fiscal Documentation (IBFD) é um renomado e reconhecido centro de estudos tributários internacional com sede nos Países Baixos.

Ainda, muitas das legislações internas desses mesmos Estados incluem a previsão e a utilização do princípio denominado *arm's length* (em tradução literal, "tamanho do braço") quando tratam das regras a serem aplicadas, conceito que traz consigo a definição de um preço considerado sem interferência, assemelhando-se àquele que seria o acordado entre partes consideradas não relacionadas, isto é, partes independentes, que não mantêm relação de interesse mútuo entre si, equivalente às provenientes das operações comerciais tradicionais. E é por intermédio da aplicação desse princípio que as sociedades estabelecidas em países que positivaram essa regra em suas respectivas legislações internas a utilizam para determinar os valores máximos a serem considerados dedutíveis ou disponíveis para remessas ao exterior.

Importante ressaltar que referida regra traz à luz um conceito considerado principal, que é o de recomendar que as sociedades comparem os preços, condições e outros elementos atinentes às operações comerciais quando praticadas com sociedades consideradas relacionadas[27] com os dados oriundos da análise de operações realizadas entre sociedades consideradas não relacionadas, a fim de tornar disponíveis elementos e condições de mercado tidos como independentes. Evidencia-se assim a não ocorrência de operações que possam, de alguma forma, ter se apresentado e originado benefícios, ainda que somente para uma das sociedades da negociação. Ademais, para os casos em que sejam identificadas condições que possam ser consideradas "privilegiadas", a respectiva parcela deverá ser ajustada (acrescida) às bases de cálculo dos tributos incidentes sobre o lucro, efeito que se equipara ao previsto na legislação fiscal brasileira ao considerar não dedutíveis os pagamentos que não respeitem as regras constantes nos atos legais e administrativos elucidados em seções anteriores.

Em que pese a discussão acerca da aplicação das regras de preços de transferência, de modo geral, seja muito interessante e muito nos agrade, por entendermos ser muito específica e demandar análises mais detalhadas, não constituiu o objeto deste estudo aprofundar questões técnicas relativas às regras de preços de transferência, especialmente os benefícios e desafios atrelados à convergência das regras ora vigentes no Brasil com aquelas gerenciadas pela OCDE, ou aquelas aplicadas particularmente por qualquer outro país, o que não afasta, contudo, a utilização desse cenário e elementos aqui apresentados para o contexto da discussão proposta no capítulo.

13.8.1 Tratamento tributário dos *royalties* na Espanha

Na Espanha, a base de cálculo para a incidência dos tributos sobre o lucro é, fundamentalmente, originária dos lucros registrados nos livros comerciais. Tais valores são seguidos de ajustes previstos na legislação local para posterior aplicação das respectivas alíquotas, conceito muito similar ao adotado no Brasil na forma de cálculo de lucro real. Nesse contexto, os montantes relativos aos pagamentos realizados a título de *royalties* são considerados integralmente dedutíveis no que se refere à formação da base de cálculo dos tributos calculados sobre o lucro, desde que enquadrados nos preceitos contidos no princípio *arm's length*.

---

27 São consideradas sociedades relacionadas, para fins da legislação brasileira atual, hipóteses apresentadas no art. 2º da Instrução Normativa RFB n. 1.312, de 28 de dezembro de 2012.

É dessa maneira que a legislação hispânica procura aproximar os conceitos e práticas adotados quanto às regras de preços de transferência, vigentes naquela localidade, ao limite máximo de remuneração por contrapartida das licenças de uso, e consequente dedutibilidade dos *royalties*, prática também aplicada por outros países europeus e outros que seguem, em seu direito positivo, as diretrizes apresentadas pela OCDE (CRENDE, 2007). Cabe destacar que esse procedimento nos parece maduro, pois compara situações reais das sociedades a outras situações independentes, a fim de atestar a ausência de privilégios naquelas operações. No mais, há que ressaltar que esse modelo pode representar um risco tributário a países em desenvolvimento, pois é influenciado pela análise de ativos, intangíveis e riscos de negócios, o que, para a maioria dos casos envolvendo multinacionais com matriz no exterior, tende a favorecer muito as sociedades residentes no exterior, visto que tais elementos raramente estão sob gerência da sociedade brasileira.

13.8.2 Tratamento tributário dos *royalties* no Reino Unido

Diferentemente de muitos países, o Reino Unido possui um sistema aparentemente transparente, e de certa forma simplificada, de divulgação de normas, elemento marcante de países que seguem o *common law*.[28] O que, em uma primeira análise, destaca-se como muito positivo pode se tornar um desafio a esse país que já integrou a União Europeia quando é necessário esclarecer dúvidas e evitar litigância, especialmente quando a análise é realizada por profissionais advindos de uma estrutura de *civil law*.[29]

Nesse contexto, destacamos que, ainda que existam normas próprias em sua legislação interna, a regra aplicável internamente aos pagamentos realizados a título de *royalties* remete às diretrizes estabelecidas nas normas na OCDE, sendo essencialmente analisados os critérios baseados no princípio *arm's length*, já discriminados anteriormente, e que sujeitam as entidades interessadas na realização de pagamentos a observar, e até mesmo comparar, essas operações com índices econômicos e financeiros obtidos de operações similares, porém realizadas entre entidades independentes, situação muito semelhante às já apresentadas nas regras espanholas.

13.8.3 Tratamento tributário dos *royalties* nos Estados Unidos

O sistema tributário norte-americano é internacionalmente conhecido pela complexidade muito por conta das regras relacionadas ao federalismo e sua interface com a aplicação dos tributos. Esse cenário não se altera de forma substancial quando tratamos das regras fiscais de dedutibilidade aplicadas aos *royalties*, aplicação dada de maneira muito similar àquela apresentada pela Espanha, isto é, os Estados Unidos da América internalizaram as

---

28 *Common law* ("direito comum" em português) é o sistema jurídico normalmente aplicado em países de cultura inglesa que tem como principal característica ser baseado em precedentes criados a partir de casos jurídicos e não de códigos.

29 *Civil law* ("direito civil" em português) é o sistema jurídico adotado no Brasil. Sua principal caraterística é a utilização do ordenamento jurídico de normas escritas, publicadas e documentadas em regras específicas.

regras para análise da porção dedutível, relacionada à remessa de valores em contrapartida aos contratos de licenciamento, de forma a refletirem de forma conceitual os preceitos estabelecidos nas diretrizes da OCDE.

De todo modo, de forma geral, a comprovação da aplicação de valores de mercado, tributariamente aceitáveis, realizada com sociedades consideradas vinculadas também é em regra aplicável utilizando o conceito apresentado no Reino Unido e na Espanha.

13.8.4 Tratamento tributário dos *royalties* na China

A China, como muitos outros países, trata questões de preços de transferência dentro de uma perspectiva de critérios de dedutibilidade do Imposto de Renda, controle que insere a previsão de aplicação do princípio *arm's length*.

Destaca-se que, em que pese a China adote, em sua legislação local, critérios similares àqueles adotados pela OCDE, ela não é integrante do bloco econômico, e mantém alguns critérios divergentes daqueles previstos nas diretrizes tributárias da Organização, por exemplo, ao considerar que uma sociedade deva ser tida como vinculada quando detenha no mínimo 25% de controle direto ou indireto em uma sociedade chinesa, enquanto a OCDE sugere que tal percentual mínimo seja de 50%.

Outras discussões são atreladas às regras desse país, por exemplo, qual a base de dados a ser utilizada para justificar (comparar) os valores pagos a sociedades relacionadas com a prática de mercado. Naquele país continental se discute se os dados disponíveis no mercado americano seriam passíveis de utilização em face da realidade chinesa.

13.8.5 Tratamento tributário dos *royalties* na Índia

As autoridades tributárias indianas controlam a dedutibilidade dos pagamentos realizados sob o título de *royalties* de modo muito similar ao tratamento dado pela China, ainda mais pelo fato de a Índia também não integrar a OCDE e seguir os elementos tributários estabelecidos pela Organização. A legislação indiana determina que os valores pagos a entidades estrangeiras classificados nessa rubrica sejam comparados com operações consideradas independentes, como indicam as premissas vinculadas ao princípio *arm's length*, inclusive no que se refere aos métodos indicados pelo bloco.

Cabe ressaltar que, devido a uma limitação na legislação local, não podem ser aplicados os métodos *Resale Price Method* (RPM), *Cost Plus Method* e *Profit Split Method* para justificação do valor, restando o *Comparable Uncontrolled Price Method* (CUP) como prática usual pelos contribuintes daquela nação.

13.9 VANTAGENS E DESVANTAGENS DO MODELO BRASILEIRO

Mediante a análise dos dados apresentados até aqui, apresentaremos de forma sumária os elementos que mais se destacaram acerca do modelo brasileiro quando comparado às tendências aplicadas por outros países em escala global, segregados entre vantagens e desvantagens.

13.9.1 Vantagens

1. **Regras objetivas:** é inegável que as regras brasileiras trazem consigo, em decorrência da forma como foram elaboradas, uma confortável sensação de objetividade, haja vista o estabelecimento de critérios bem definidos e assentados em percentuais fixos. Adicionalmente, como apresentado por Ricardo Gregorio (2011, p. 27), a objetividade das normas brasileiras contribui para evitar que os agentes públicos revestidos de poderes para realizar procedimentos de auditorias fiscais precisem analisar regras de preços de transferência, por vezes baseados em critérios subjetivos, e criando de forma concreta a praticidade nas respectivas atividades de ofício vinculados a estes.

2. **Proteção da base tributável:** a regra de preço de transferência, aplicada por grande parte dos países associados à OCDE, apresenta uma noção de "justiça" ao utilizar informações econômicas para suportar reflexos tributários. Todavia, essas diretrizes podem impactar negativamente nos países em desenvolvimento, no contexto de que muitas das entidades detentoras dos direitos dos intangíveis, alvo de remuneração, estão estabelecidas em países considerados desenvolvidos e, portanto, impactam na arrecadação dos países menos desenvolvidos ao passo que habilitam, normalmente, o envio de maiores remessas a outras localidades. Em sentido similar, algumas dessas entidades se utilizam desse instrumento (*royalties*) para realocar receitas entre os diferentes países onde suas subsidiárias estão localizadas, fato que muito prejudica a arrecadação e a política fiscal dessas nações consideradas em desenvolvimento. Assim, de certa forma a legislação brasileira alcança seu objetivo, que é o de garantir um valor mínimo tributável para os cofres públicos nacionais, posicionamento reforçado pelo Professor Luís Eduardo Schoueri (2013, p. 373-374) quando analisa os impactos das regras de preços de transferência, aqui mencionadas como parte importante da discussão sobre *royalties*.

3. **Baixo volume de litigância:** é notável o baixo número de processos existentes nos tribunais superiores relacionados aos *royalties*. Isso sem dúvida deriva da objetividade das determinações, bem como do modo como foram apresentadas, o que reflete na ausência de motivação, legal, para questionamento. Ressalte-se que não negamos o fato de que as regras possuem suas fragilidades, todavia a forma como foram editadas afasta muitos argumentos para questioná-las, inclusive sob o viés da legalidade.

13.9.2 Desvantagens

1. **Desatualização das normas:** como apresentado, as regras brasileiras remontam à década de 1950, atos que contabilizam mais de 60 anos. Isoladamente isso já se apresenta como um problema, ainda mais quando comparamos o modo como os negócios são gerenciados atualmente, como também as tecnologias que surgiram no decorrer desse período, ressalte-se, mais de meio século. Por vezes já nos assustam as inovações ocorridas desde o ano 2000, por isso são incontáveis as diferenças

entre as realidades desse período, especialmente no que se refere à digitalização e à globalização. Certamente não erramos ao dizer que muitos dos países que existiam na década de 1950 não se apresentam mais nos quadros da geografia, o que reforça a necessidade de revisão da norma atual.

2. **Percentual de dedutibilidade:** a legislação que impõe o percentual máximo de dedutibilidade de 5% não inclui em suas análises qualquer segregação para exame da relação societária entre as sociedades pagadora e recebedora, fato que limita muito a correta remuneração para o autor do intangível remunerado, inclusive para aqueles casos em que as entidades sejam totalmente independentes. Isso nos leva a identificar um possível impacto econômico pelo fato de que, em algumas situações, podem existir discrepâncias entre o benefício gerado pela utilização do intangível e a remuneração do criador desse direito.

3. **Condicionamento da dedutibilidade à aprovação do INPI:** a necessidade de registro no INPI, e de consequente análise técnica do contrato, como item condicional para a determinação da dedutibilidade é de relevante valor para o processo como um todo, pois certifica a correta alocação técnica e a tipificação desse pagamento. Por outro lado, a análise meramente técnica pouco tem influência nos elementos tributários, e, em vez de tornar o processo confiável, acrescenta mais etapas a um processo já burocrático. Não longe disso, entendemos que não há vantagem, do ponto de vista tributário, em vincular a dedutibilidade da despesa a um processo que gerará um benefício de cunho técnico. Haja vista a necessidade dessa análise, entendemos que ela poderia delimitar questões voltadas tão somente às remessas ao exterior, isentando entidades brasileiras, bem como as matérias tributárias atreladas.

4. **Impossibilidade de deduzir valores combinados sobre a mesma operação:** como já apresentado, há uma limitação para a dedutibilidade de pagamentos relacionados a *royalties* segundo a qual a soma de todos os pagamentos não pode exceder 5% da receita líquida dos produtos alvo de contrato. Adicionalmente, quando são inseridos outros elementos nessa análise, é identificada a restrição para pagamentos relativos a diferentes naturezas contratuais vinculadas a uma mesma operação. Por exemplo, uma sociedade industrial que manufatura embalagens e possui um contrato averbado no INPI para remuneração a título de *royalties* sobre a transferência de tecnologia (*know-how*) a uma alíquota de 4% não pode manter, concomitantemente, contrato para remuneração sobre marcas à alíquota de 1% (respeitando o limite geral) quando essas marcas estejam já contempladas no primeiro contrato (de remuneração por utilização de tecnologia).

5. **Remuneração indevida ao autor da tecnologia:** é sabido que o desenvolvimento de uma tecnologia ou marca, assim como sua manutenção, são atividades que exigem tempo e muitos recursos, especialmente recursos financeiros. Estabelecer uma limitação para remunerar o autor do intangível não deveria ser uma decisão que cabe meramente ao Estado, pois as regras impostas influenciam diretamente na

forma de conduzir os negócios. Ainda nessa seara, referida limitação estabelecida pelo legislador gera aumento nos valores percebidos a título de custos pela entidade brasileira, não diretamente, mas de forma acessória, a ponto de influenciar grandes conglomerados a desenvolverem, ou até mesmo compartilharem, tecnologias avançadas com entidades brasileiras, entendendo que a remuneração por contrapartida não será considerada adequada. Isso influencia na decisão de manter o país fora das importantes cadeias de geração de valor, leitura muito bem-feita por Romero Tavares ao mencionar que a revisão de certas políticas fiscais poderia "incrementar a produtividade da indústria nacional e sua inserção em cadeias globais de valor" (TAVARES, 2016, p. 43).

6. **Possível efeito de dupla tributação:** sabendo que a receita recebida pelo desenvolvedor da tecnologia ou da marca será integralmente tributada, para fins de Imposto de Renda, o ato de estabelecer limitação da dedutibilidade em relação aos valores pagos pela entidade (brasileira) licenciante ocasionam, invariavelmente, um efeito de dupla tributação, análise corroborada por Ramón Falcón y Tella e Elvira Pulido Guerra, segundo os quais

> [...] una misma renta o un mismo elemento patrimonial se grava, en el mismo periodo impositivo, por dos (o más) Estados a través de un impuesto de la misma o similar naturaleza (identidad de concepto tributario) (FALCÓN Y TELLA; PULIDO GUERRA, 2010, p. 87).

13.10 CONSIDERAÇÕES FINAIS

Ainda que inicialmente o título deste capítulo pudesse remeter a uma discussão simples e marginal, especialmente pelo fato de essa pauta não ser trabalhada com frequência por outros colegas de área, conseguimos constatar, no decorrer das pesquisas, estudos, análises e discussões realizados durante sua elaboração, que existem muitos temas adjacentes a esse e que podem ser alvo de novos trabalhos, sobretudo quando a questão da dedutibilidade de certas despesas é abordada.

O estudo permitiu constatar que as regras brasileiras apresentam diversos elementos relevantes que as fazem positivas na objetivação de simplicidade, bem como na redução de litígios derivados das normas legais e administrativas existentes, fato que favorece a convalidação pelo agente fazendário do cumprimento das regras pelos contribuintes. Ao mesmo tempo, porém em sentido contrário, constatamos que o cenário no qual tal tais regras foram editadas (há mais de 60 anos) não reproduz, tampouco consegue se aproximar, dos negócios realizados na era da informação e digitalização, situação essa que tem chamado a atenção e vem sendo discutida pela OCDE desde 1998 (OCDE, 1998, p. 7). Esse panorama demonstra, mais uma vez, o atraso legislativo brasileiro em relação ao dia a dia negocial, e de certa maneira contradiz a postura pioneira adotada por este Estado em anos anteriores.

Ademais, o distanciamento entre a regra e a situação fática somente ressalta a posição na qual as sociedades estabelecidas no Brasil estão inseridas.

A discussão é precedida por Aline Dias e Romero Tavares (2016), que entendem que o posicionamento adotado pelo Brasil acarreta, invariavelmente, sérias barreiras à inserção do país nas cadeias de alto valor, gerando um cenário de elevados níveis de tributação e, sem dúvida, acabando por criar situações de dupla tributação. Somada a todos os elementos já propostos, tal conjuntura impossibilita a inserção ativa das sociedades brasileiras nas cadeias comerciais relevantes globalmente.

Em decorrência dos elementos versados, é inquestionável, a nosso ver, a necessidade de revisão da política tributária brasileira no que tange aos critérios para dedutibilidade, não somente por não refletirem o ambiente negocial posto no Brasil ou internacionalmente, mas por serem uma importante ferramenta econômica de fomento ao investimento internacional nas sociedades brasileiras, o que culmina na geração de riquezas para as entidades aqui estabelecidas, assim como contribuirá para o aumento da arrecadação tributária – e, por consequência, retornará à sociedade como um todo.

E é na análise do contexto e da experiência internacional, que evidentemente não pode ser elevada a patamares de modelo perfeito, que entendemos estar a oportunidade que se apresenta em face das regras atuais vigentes no Brasil, como um modelo mais sólido e já testado por diversos Estados, ao considerarmos a complexidade das relações jurídicas e econômicas para a determinação da parcela a ser considerada não dedutível, minimizando os fatores fixos, que por vezes não são aplicáveis a diversos segmentos, e agregando (felizmente ou infelizmente) critérios subjetivos em sua análise, de modo a contrapor a complexidade existente no ambientes de negócios. Tal complexidade não é representada por critérios fixos, o que vem sendo observado pela OCDE no contexto de aplicação das regras de preços de transferência.

Isso não exime, porém, o possível incremento no volume de judicialização por entidades e autoridades tributárias brasileiras, a ponto de se questionarem os elementos e critérios utilizados nos respectivos estudos, o que também, a nosso ver, destaca a elevada importância do Direito para garantir a justiça aos casos analisados. Podemos mencionar como exemplos os casos ocorridos na Alemanha e na Polônia, que atualmente discutem métodos, para fins de aplicação das regras de preços de transferência, não constantes em suas respectivas legislações. Tal situação nos faz entender a complexidade envolvida na questão, bem como a necessidade de evolução constante dos procedimentos, sobretudo tributários, que delimitam particularmente cada um dos temas, ainda que preliminarmente saibamos que o princípio da legalidade tornaria esse cenário de difícil aplicação no país verde e amarelo.

Por fim, destacamos que o desafio aqui lançado reforçaria a posição brasileira no sentido de alcançar melhor condição no ambiente de negócios, bem como representaria um alinhamento com os demais países dos BRICS, além de outras nações, que já realizaram movimentações similares à proposta aqui, saindo de um cenário de políticas baseadas em conceitos fixos para uma metodologia mais subjetiva (UNITED NATIONS, 2013), sugerida pelas diretrizes da OCDE.

REFERÊNCIAS

BRASIL. Casa Civil. *Instrumentos legais*. 16 jul. 2020. Disponível em: https://www.gov.br/casacivil/pt-br/assuntos/ocde/sobre-a-ocde-1/instrumentos-legais. Acesso em: 24 mar. 2021.

BRASIL. Casa Civil. *Relacionamento entre o Brasil e a OCDE*. 16 jul. 2020. Disponível em: https://www.gov.br/casacivil/pt-br/elementos-ocde/brasil-na-ocde-conteudo/relacionamento-entre-o-brasil-e-a-ocde. Acesso em: 5 jan. 2022.

BRASIL. *Decreto n. 7.212, de 15 de junho de 2010*. Disponível em: http://www.planalto.gov.br/ccivil_03/_ato2007-2010/2010/decreto/d7212.htm. Acesso em: 16 fev. 2021.

BRASIL. *Decreto n. 9.580, de 22 de novembro de 2018*. Disponível em: http://www.planalto.gov.br/ccivil_03/_ato2015-2018/2018/decreto/D9580.htm. Acesso em: 16 fev. 2021.

BRASIL. INPI. *Perguntas frequentes*: transferência de tecnologia. 13 maio 2020. Disponível em: https://www.gov.br/inpi/pt-br/servicos/perguntas-frequentes/transferencia-de-tecnologia. Acesso em: 14 mar. 2021.

BRASIL. *Instrução Normativa n. 70, de 11 de abril de 2017*. Disponível em: https://www.in.gov.br/materia/-/asset_publisher/Kujrw0TZC2Mb/content/id/20161195/do1-2017-04-12-instrucao-normativa-n-70-de-11-de-abril-de-2017-20161173. Acesso em: 16 fev. 2021.

BRASIL. *Lei n. 3.470, de 28 de novembro de 1958*. Disponível em: http://www.planalto.gov.br/ccivil_03/leis/l3470.htm. Acesso em: 16 fev. 2021.

BRASIL. *Lei n. 4.506, de 30 de novembro de 1964*. Disponível em: http://www.planalto.gov.br/ccivil_03/leis/L4506.htm. Acesso em: 16 fev. 2021.

BRASIL. *Lei Complementar n. 116, de 31 de julho de 2003*. Disponível em: http://www.planalto.gov.br/ccivil_03/leis/lcp/lcp116.htm. Acesso em: 16 fev. 2021.

BRASIL. *Portaria MF n. 436, de 30 de dezembro de 1958*. Disponível em: https://www.gov.br/inpi/pt-br/servicos/contratos-de-tecnologia-e-de-franquia/arquivos/legislacao-contratos/portaria436.pdf. Acesso em: 16 fev. 2021.

CRENDE, Antonio Fernández. Transfer pricing in Spain. *Revista para el Análisis del Derecho (InDret)*, Barcelona, abr. 2007. Disponível em: https://indret.com/wp-content/uploads/2010/02/440_en.pdf. Acesso em: 14 mar. 2021.

FALCÓN Y TELLA, Ramón; PULIDO GUERRA, Elvira. *Derecho fiscal internacional*. Madrid: Marcial Pons, 2010.

FERREIRA FILHO, Alberto Esteves; GOMES, Andreia de Andrade. Nova norma do INPI cria viabilidade de maior remessa de royalties. *Conjur*. 31 jul. 2017. Disponível em: https://www.conjur.com.br/2017-jul-31/opiniao-norma-inpi-viabilidade-remessa-royalties. Acesso em: 24 mar. 2021.

GONÇALVES, José Artur Lima; MARQUES, Márcio Severo. A tributação dos sistemas de franquia na esfera federal. *In*: DINIZ, Maria Helena (coord.). *Atualidades jurídicas*. São Paulo: Saraiva, 1999.

GREGORIO, Ricardo Marozzi. *Preços de transferência: arm's length* e praticabilidade. São Paulo: Quartier Latin, 2011.

IBFD. *Country Survey – Spain*. 15 dez. 2005. Disponível em: https://ec.europa.eu/taxation_customs/sites/taxation/files/docs/body/ir_dir_es_en.pdf. Acesso em: 24 mar. 2021.

LEONARDOS, Gabriel. O recente *leading case* do STJ a respeito da atuação do INPI na análise dos contratos de transferência de tecnologia. *Portal Intelectual*. 22 jun. 2017. Disponível em: https://www.portalintelectual.com.br/o-recente-leading-case-do-stj-a-respeito-da-atuacao-do-inpi-na-analise-dos-contratos-de-transferencia-de-tecnologia/. Acesso em: 14 dez. 2021.

MARCONDES, Rafael M. *A tributação dos royalties*. São Paulo: Quartier Latin, 2012.

MIRSHAWKA, Valéria Zimpeck. *Preços de transferência*: diferentes visões. 2012. Dissertação (Mestrado) – Faculdade de Direito, Universidade de São Paulo, São Paulo, 2012. Disponível em: https://www.teses.usp.br/teses/disponiveis/2/2133/tde-22042013-093407/publico/DISSERTACAO_COMPLETA_VALERIA_ZIMPECK_MIRSHAWKA.pdf. Acesso em: 14 mar. 2021.

OCDE. *A borderless world:* realising the potential of electronic commerce, as presented to ministers at the OECD Ministerial Conference. 8 out. 1998. Disponível em: http://www.oecd.org/officialdocuments/publicdisplaydocumentpdf/?cote=sg/ec(98)14/final&doclanguage=en. Acesso em: 14 mar. 2021

OCDE. *OECD legal instruments*. [S. d.]. Disponível em: https://www.oecd.org/legal/legal-instruments.htm. Acesso em: 14 mar. 2021.

OCDE. *OECD legal instruments*. 2021. Disponível em: https://legalinstruments.oecd.org/en/. Acesso em: 14 mar. 2021.

OCDE. *OECD Ministerial conference "A borderless world: realizing the potential of global electronic commerce"*. 7-9 out. 1998. Disponível em: https://www.oecd.org/officialdocuments/publicdisplaydocumentpdf/?cote=sg/ec(98)14/final&doclanguage=en. Acesso em: 14 mar. 2021.

ROCHA, Sérgio André; SOARES, Romero Lobão. Dedutibilidade de pagamentos de *royalties* para o exterior pelo direito de distribuição/comercialização de *software*. *R. Fórum de Dir. Tributário – RFDT*, Belo Horizonte, ano 17, n. 98, p. 49-68, mar./abr. 2019. Disponível em: http://www.sarocha.com.br/wp-content/uploads/2019/07/Artigo-SAR-dedutibilidade-de-royalties.pdf. Acesso em: 16 fev. 2021.

SCHOUERI, Luís Eduardo. *Preços de transferência no direito tributário brasileiro*. 3. ed. São Paulo: Dialética, 2013.

SOARES, Romero Lobão; SIQUEIRA, Marcelo Gustavo Silva. A Instrução Normativa INPI n. 70/2017: dedutibilidade e remessa de *royalties* para o exterior em face do novo posicionamento do Instituto Nacional de Propriedade Industrial – INPI. *Revista Direito Tributário Internacional Atual*, n. 3, 2018. Disponível em: https://www.ibdt.org.br/RDTIA/3/a-instrucao-normativa-inpi-n-70-2017-dedutibilidade-e-remessa-de-royalties-para-o-exterior-em-face-do-novo-posicionamento-do-instituto-nacional-de-propriedade-industrial-inpi/. Acesso em: 16 fev. 2021.

TAVARES, Romero J. S. Política tributária internacional: OCDE, BEPS e Brasil. *Revista Brasileira de Comércio Exterior*, ano 30, v. 127, abr./jun. 2016.

TAVARES, Romero; DIAS, Aline. What will a post-BEPS Latin America look like? *Tax Notes International*, article 3 of 9 in Latin American perspectives. 15 ago. 2016. Disponível em: https://www.tax-notes.com/tax-notes-international/base-erosion-and-profit-shifting-beps/what-will-post-beps-latin-america-look/2016/08/15/18568366. Ago. 2016. Acesso em: 14 mar. 2021

TRENTINI, Helena. As consequências das restrições à dedutibilidade de despesas com *royalties* incorridas por sociedades brasileiras: desinvestimento ao investimento em tecnologia. *Revista de Direito Tributário Atual*, v. 48, 2. quadr. 2021. Disponível em: https://ibdt.org.br/RDTA/45-2020/as-consequencias-das-restricoes-a-dedutibilidade-de-despesas-com-royalties-incorridas-por-sociedades-brasileiras-desincentivo-ao-investimento-em-tecnologia/. Acesso em: 16 fev. 2021.

UNITED KINGDOM GOVERNMENT. *INTM440180 – Transfer pricing*: types of transactions: intangibles: royalties. Disponível em: https://www.gov.uk/hmrc-internal-manuals/international-manual/intm440180. Acesso em: 14 mar. 2021.

UNITED NATIONS. *Comitê de especialistas em cooperação internacional para temas tributários da ONU.* 17-20 out. 2017. Disponível em: https://www.un.org/development/desa/financing/sites/www.un.org.development.desa.financing/files/2020-04/15STM_CRP25_Royalty-Royalties.pdf. Acesso em: 15 maio 2021.

UNITED NATIONS. *United Nations Practical Manual on Transfer Pricing for Developing Countries.* New York, 29 maio 2013. Disponível em: https://www.un.org/esa/ffd/wp-content/uploads/2014/08/2013_4TP_Newsletter.pdf. Acesso em: 14 mar. 2021.

UNITED NATIONS. *United Nations Practical Manual on Transfer Pricing for Developing Countries.* 4 maio 2013. Disponível em: https://www.un.org/esa/ffd/wp-content/uploads/2014/08/2013_4TP_Newsletter.pdf. Acesso em: 14 mar. 2021.

UNITED STATES INTERNAL REVENUES SERVICE (IRS). *Royalties.* Disponível em: https://www.irs.gov/pub/irs-tege/eotopicd89.pdf. Acesso em: 14 mar. 2021.

14

OS LIMITES DE ATUAÇÃO DA FAZENDA PÚBLICA NA RECUPERAÇÃO JUDICIAL

Mirlles Humberto Ruben Luneta
Adriana dos Santos

14.1 INTRODUÇÃO

O presente capítulo tem como finalidade analisar a aparente contradição existente entre dois princípios relevantes para o Direito Empresarial e para o Direito Tributário. De um lado, nos deparamos com decisões do Superior Tribunal de Justiça (STJ) que determinam a não submissão do crédito tributário aos efeitos da recuperação judicial, cujo objetivo, em última instância, é atender ao interesse coletivo. Já do outro lado, temos o princípio da preservação da empresa, postulado fundamental do Direito Empresarial, o qual também possui relevante função social.

A aparente dicotomia entre essas duas normativas em um processo de execução fiscal ajuizado contra uma sociedade recuperanda despoleta infindáveis discussões entre a Fazenda Pública e o devedor, haja vista que a penhora de bens pertencentes à parte executada é regra nesse procedimento (art. 10 da Lei n. 6.830/1980 – a Lei de Execução Fiscal – LEF), o que pode ser compreendido como impeditivo à continuidade da atividade empresarial.

É nessa linha que, com este capítulo, pretendemos apresentar os diferentes posicionamentos que vêm sendo adotados pelo STJ no tocante à possibilidade ou não de o juízo da execução fiscal determinar a prática de atos constritivos sobre o patrimônio de empresa em recuperação judicial, tendo em vista a observância do princípio da preservação da empresa.

Também será analisado o entendimento da 3ª Turma do STJ, que havia afastado a aplicabilidade do art. 57 da Lei n. 11.101/2005, que desobriga a empresa em recuperação judicial de apresentar as certidões negativas de débitos tributários (CND), perante a mais recente decisão do Supremo Tribunal Federal (STF), que passou a exigir CND para a homologação do plano de recuperação judicial.

Ademais, serão analisados, em um primeiro momento, os efeitos da recuperação judicial sobre o crédito de natureza tributária, e, posteriormente, os argumentos adotados pela Fazenda Pública para dar suporte à possibilidade da realização de penhora, além das justificativas apresentadas pela empresa recuperanda para obstaculizar a tese de inviabilidade da prática de tais constrições. Por fim, apontaremos o conflito entre os posicionamentos existentes no âmbito dos Tribunais Superiores, bem como a atual tentativa adotada para encerrar tais discussões.

14.2 A RECUPERAÇÃO JUDICIAL DA EMPRESA E OS CRÉDITOS TRIBUTÁRIOS

O instituto da recuperação judicial surgiu pela primeira vez no ordenamento jurídico brasileiro com a aprovação da Lei n. 11.101/2005. Esse instituto sempre primou pelo princípio da preservação da empresa, cuja função social é servir de estímulo à atividade econômica (SOUZA NETTO, 2019).

Não obstante, a Lei n. 11.101/2005 vigeu por quinze anos sem sofrer grandes alterações, o que motivou urgentes ajustes para adequá-la à realidade econômica atual do Brasil.

Assim, em janeiro de 2021, entrou em vigor a Lei n. 14.112, de 24 de dezembro de 2020, para atualizar a legislação referente à recuperação judicial, à recuperação extrajudicial e à falência do empresário e da sociedade empresária, mantendo seu bojo o princípio da preservação da empresa.

Esse é inclusive o entendimento referendado pelo STJ com base no art. 47 da referida lei, que dispõe no seguinte sentido:[1]

> A recuperação judicial tem por objetivo viabilizar a superação da situação de crise econômico-financeira do devedor, a fim de permitir a manutenção da fonte produtora, do emprego dos trabalhadores e dos interesses dos credores, promovendo, assim, a preservação da empresa, sua função social e o estímulo à atividade econômica.

O caráter principiológico revestido na lei determina a forma como se dá a condução de todo o processo de recuperação judicial, de maneira que o Estado, por intermédio do Poder Judiciário, possa viabilizar o soerguimento das empresas e, por outro lado, salvaguardar os interesses coletivos.

Não é diferente a interpretação feita por Mario Ghindini (*apud* PERIN JR., 2009, p. 34), para quem a empresa é uma organização produtiva de suma relevância social. Segundo esse autor:

> Essa deve ser salvaguardada e defendida, enquanto: constitui o único instrumento de produção de (efetiva) riqueza; constitui o instrumento fundamental de ocupação e de distribuição de riqueza; constitui um centro de propulsão do progresso, também cultural, da sociedade

---

1 Art. 47 da Lei n. 11.101/2005 (LFRE).

É possível extrair por esses excertos, com clareza meridiana, o entendimento de que a lei e a doutrina exauriram a necessidade de preservação da empresa, ressaltando sua função social e valorizando seu papel como fonte produtora de riquezas, de empregos e de desenvolvimento da nação.

Por sua vez, Manoel Justino Bezerra Filho (2009, p. 123) é enfático ao afirmar que:

> A Lei, não por acaso, estabelece uma ordem de prioridades na finalidade que diz perseguir, ou seja, colocando como primeiro objetivo a "manutenção da fonte produtora", ou seja, a manutenção da atividade empresarial em sua plenitude tanto quanto possível, com o que haverá possibilidade de manter também o "emprego dos trabalhadores". Mantida a atividade empresarial e o trabalho dos empregados, será possível então satisfazer os "interesses dos credores".

A preocupação com a preservação da empresa por parte do legislador está em consonância com os princípios constitucionais que regem a atividade econômica nos termos do art. 170 da Constituição Federal, na medida em que valoriza o trabalho humano e a livre-iniciativa, garantindo que a empresa atinja sua função social.

Em outras palavras, as empresas guardam grande interesse social, como polo produtivo de fomento da economia, haja vista que por meio delas os bens e serviços são distribuídos para atender às demandas de consumo interno e externo, gerando reflexos positivos na balança de pagamentos, fundamental para a economia.

A bem da verdade, trata-se de pura cadeia produtiva. Ao serem mantidos em postos de trabalho, os colaboradores funcionam como mola propulsora da economia, na medida em que, ao adquirirem os bens e serviços que são tributados, o Estado arrecada riquezas (PERIN JR., 2009, p. 36).

Em suma, a recuperação judicial consiste em espécie de acordo de maioria de vontade, que tramita no âmbito de um regramento processual. A finalidade da recuperação é evitar a falência, disponibilizando soluções viáveis para o funcionamento da empresa. Economicamente, deve-se analisar a profundidade da crise enfrentada pela empresa, coactando desvio de finalidade e banalizações. Os credores analisam essa viabilidade, com base nos elementos fáticos a sua disposição. A lei outorgou aos credores poder de decisão sobre qual caminho a recuperação judicial deve tramitar, visto que compete à assembleia geral de credores a votação sobre a aprovação do plano de recuperação judicial.

Não obstante os objetivos preconizados no art. 47 da lei, a recuperação judicial não abrange todas as dívidas da empresa, e isso representa uma barreira à efetiva reestruturação das dívidas. Com efeito, a lei exclui certos créditos do processo de recuperação judicial, o que será discutido no decorrer deste capítulo.

14.3 CLASSIFICAÇÃO DOS CRÉDITOS TRIBUTÁRIOS NA RECUPERAÇÃO JUDICIAL

Inicialmente, pode-se mencionar que o processo de recuperação judicial não alcança todas as dívidas da empresa, o que representa, na maioria das vezes, grande entrave à efetiva reestruturação do passivo, e pode contrariar a finalidade insculpida na norma.

A lei afasta alguns créditos do processo de recuperação judicial, créditos esses de titularidade de instituições financeiras e do Poder Público, conforme previsão contida no art. 49, §§ 3º e 4º, da Lei n. 11.101/2005.[2]

Os vencimentos desses créditos são organizados de tal forma que um vencimento de segunda classe só poderá ser pago após o crédito da classe anterior ter sido adimplido.[3] Salta aos olhos o art. 187 do Código Tributário Nacional (CTN), que estabelece: "Art. 187. A cobrança judicial do crédito tributário não é sujeita a concurso de credores ou habilitação em falência, recuperação judicial, concordata, inventário ou arrolamento".

Quer isso dizer que existe uma autonomia fiscal que faz as pendências tributárias terem preferência sobre as outras e acabarem sendo pagas primeiro. A apresentação de CND exigida para homologação do plano de recuperação judicial privilegia os créditos fiscais, na medida em que força a recuperanda a desembolsar importâncias elevadas para a obtenção de certidão negativa. O fato é que essas saídas de caixa deixam a recuperanda em situação financeira desfavorável, comprometendo, inclusive, os termos do plano.

Podemos, ainda, apontar a controvérsia que existe acerca da posição sobre a apresentação de CND, isso porque, de tempos em tempos, somos surpreendidos com liminares do STJ e STF, como a do dia 14 de setembro de 2020, monocraticamente concedida pelo Ministro Luiz Fux, que entendeu necessária a apresentação de certidão de regularidade fiscal para a homologação do plano de recuperação judicial.

Fato é que há muito as cortes vêm divergindo sobre essa temática, e a jurisprudência não é unânime, o que contraria o art. 926 do Código de Processo Civil, que impõe aos tribunais o dever de uniformizar sua jurisprudência e mantê-la estável, íntegra e coerente.

---

[2] Art. 49 da Lei n. 11.101: "Estão sujeitos à recuperação judicial todos os créditos existentes na data do pedido, ainda que não vencidos.
§ 1º Os credores do devedor em recuperação judicial conservam seus direitos e privilégios contra os coobrigados, fiadores e obrigados de regresso.
§ 2º As obrigações anteriores à recuperação judicial observarão as condições originalmente contratadas ou definidas em lei, inclusive no que diz respeito aos encargos, salvo se de modo diverso ficar estabelecido no plano de recuperação judicial.
§ 3º Tratando-se de credor titular da posição de proprietário fiduciário de bens móveis ou imóveis, de arrendador mercantil, de proprietário ou promitente vendedor de imóvel cujos respectivos contratos contenham cláusula de irrevogabilidade ou irretratabilidade, inclusive em incorporações imobiliárias, ou de proprietário em contrato de venda com reserva de domínio, seu crédito não se submeterá aos efeitos da recuperação judicial e prevalecerão os direitos de propriedade sobre a coisa e as condições contratuais, observada a legislação respectiva, não se permitindo, contudo, durante o prazo de suspensão a que se refere o § 4º do art. 6º desta Lei, a venda ou a retirada do estabelecimento do devedor dos bens de capital essenciais a sua atividade empresarial.
§ 4º Não se sujeitará aos efeitos da recuperação judicial a importância a que se refere o inciso II do art. 86 desta Lei. [...]".

[3] Fábio Ulhoa Coelho (2013) assevera que os credores não são tratados igualmente, e por isso seguem a obedecer à ordem de pagamento na falência, de acordo com as categorias.

Assevera brilhantemente Gladston Mamede (2018, p. 44):

> O artigo 187 do Código Tributário Nacional, alterado pela Lei Complementar 118/05, estabelece que a cobrança judicial do crédito tributário não é sujeita a concurso de credores, portanto, falência, recuperação judicial ou extrajudicial de empresa, insolvência civil, intervenção e liquidação extrajudicial e, mesmo, inventário ou arrolamento. A regra aplica-se indistintamente às Fazendas Federal, Estaduais, Distrital e Municipais, com o que as execuções fiscais manterão seu trâmite em apartado, sendo que, em se tratando de execução movida pela União, esse trâmite se fará na Justiça Federal, por força do artigo 109, I, da Constituição da República.

Sem a intenção de esgotar o assunto, até aqui procuramos demonstrar que somente o crédito tributário de titularidade da União, estados e municípios permanece fora do processo de recuperação judicial. Os demais créditos se sujeitam a esse processo.

14.4 AUTONOMIA NA COBRANÇA DOS CRÉDITOS TRIBUTÁRIOS

Sabe-se que as ações de execução fiscal e correlatos embargos são ações autônomas, não se sujeitando ao concurso de credores ou à habilitação em falência, recuperação judicial, concordata, liquidação, inventário ou arrolamento, conforme explicitado pelo art. 187 do CTN e também pelo art. 29 da LEF.

Dentre as alterações trazidas pela Lei n. 14.112, de 2020, destaca-se a regra incutida no art. 6º no sentido de se saber se a decretação da falência ou deferimento do processamento da recuperação judicial implica ou não a suspensão das execuções fiscais da recuperanda.

Pela leitura do § 4º do mesmo artigo, a primeira impressão que se tem é no sentido afirmativo, isto porque tal regra determina a suspensão das execuções fiscais e demais atos constritivos por 180 dias, prorrogáveis por igual período, uma única vez, em caráter excepcional, desde que o devedor não haja concorrido para a superação do lapso temporal. Trata-se a bem da verdade do *stay period*, instituto esse que já era tratado na lei antiga de falência e recuperação judicial.

Analisando de perto as disposições do § 7º-B do mesmo artigo, percebe-se que o sobrestamento das execuções e atos constritivos do *stay period* não se aplicam às execuções fiscais desse parágrafo, na medida em que os atos constritivos não são suspensos. O que a lei trouxe foi apenas a codificação daquilo que já era o entendimento da jurisprudência no sentido de centralizar a competência no juízo da recuperação judicial, para que este possa então controlar os atos constritivos.

De acordo com a interpretação do art. 187 do CTN, somente o crédito fiscal é excluído do processo de recuperação judicial. O que se tem, portanto, é a preferência em face dos créditos de outras naturezas, ressalvados os de natureza trabalhista, nos termos do art. 186 do CTN:

> Art. 186. O crédito tributário prefere a qualquer outro, seja qual for sua natureza ou o tempo de sua constituição, ressalvados os créditos decorrentes da legislação do trabalho ou do acidente de trabalho.

Parágrafo único. Na falência:

I – o crédito tributário não prefere aos créditos extraconcursais ou às importâncias passíveis de restituição, nos termos da lei falimentar, nem aos créditos com garantia real, no limite do valor do bem gravado;

II – a lei poderá estabelecer limites e condições para a preferência dos créditos decorrentes da legislação do trabalho; e

III – a multa tributária prefere apenas aos créditos subordinados.

Não bastassem as disposições dos arts. 186 e 187 do CTN, o art. 29[4] da LEF dispõe que a cobrança judicial da dívida ativa da Fazenda Pública não está sujeita a concurso de credores ou a habilitação em falência, concordata, liquidação, inventário ou arrolamento.

Cabe ressaltar também que são proibidos atos constritivos ao patrimônio da empresa devedora sem o crivo do juízo da recuperação judicial, conforme entendimento jurisprudencial do STJ.

Como mencionado alhures o art. 6º, § 7º-B, da Lei n. 14.112/2020 trouxe a seguinte redação:

> O disposto nos incisos I, II e III do *caput* deste artigo não se aplica às execuções fiscais, admitida, todavia, a competência do juízo da recuperação judicial para determinar a substituição dos atos de constrição que recaiam sobre bens de capital essenciais à manutenção da atividade empresarial até o encerramento da recuperação judicial, a qual será implementada mediante a cooperação jurisdicional, na forma do art. 69 da Lei n. 13.105, de 16 de março de 2015 (Código de Processo Civil), observado o disposto no art. 805 do referido Código.

Entretanto, resta claro que cabe ao juízo da recuperação judicial determinar a substituição dos atos de constrição que recaiam sobre bens de capital essenciais à manutenção da atividade empresarial até o encerramento da recuperação judicial.

Quando o ente fazendário solicitar o deferimento de ato de constrição, em face de empresa em recuperação judicial, em sede de execução fiscal, o STJ entende que, embora as demandas executivas fiscais não se suspendam, a prática de atos constritivos não poderia ser deferida quando dotados de potencial para causar dano ao funcionamento da empresa recuperanda. Esse entendimento foi adotado pelo STJ:

> PROCESSUAL CIVIL. AGRAVO INTERNO NO RECURSO ESPECIAL. SUBMISSÃO À REGRA PREVISTA NO ENUNCIADO ADMINISTRATIVO 3/STJ. EXECUÇÃO FISCAL. EMPRESA EM RECUPERAÇÃO JUDICIAL. MEDIDAS CONSTRITIVAS. POSSIBILIDADE COM BASE NAS CIRCUNSTÂNCIAS DO CASO CONCRETO. PRECEDENTE.

---

4 "Art. 29. A cobrança judicial da Dívida Ativa da Fazenda Pública não é sujeita a concurso de credores ou habilitação em falência, concordata, liquidação, inventário ou arrolamento.
Parágrafo único. O concurso de preferência somente se verifica entre pessoas jurídicas de direito público, na seguinte ordem:
I – União e suas autarquias;
II – Estados, Distrito Federal e Territórios e suas autarquias, conjuntamente e *pro rata*;
III – Municípios e suas autarquias, conjuntamente e *pro rata*."

1. Se deferida a recuperação judicial sem a comprovação da regularidade fiscal, a execução fiscal ajuizada em desfavor da sociedade em recuperação deve prosseguir (REsp 1512118/SP, Rel. Ministro HERMAN BENJAMIN, SEGUNDA TURMA, julgado em 05/03/2015, DJe 31/03/2015). Eventual prática de atos constritivos, a ser autorizada na forma e nos limites estabelecidos no precedente em questão, será verificada no âmbito das instâncias ordinárias.

2. Agravo interno não provido (STJ, REsp 1.619.054/RS, Rel. Min. Mauro Campbell Marques, DJe 22.03.2017).

Era com base nesse entendimento que os atos de constrição patrimonial, em execução fiscal, restavam sempre indeferidos, conforme será melhor explanado a seguir. Acabava-se por ter a seguinte contradição: a execução de natureza fiscal não se suspende, mas não se pode ter deferidos atos de constrição e de alienação de bens voltados contra o patrimônio da devedora, ora executada. Assim sendo, questiona-se a impossibilidade de continuidade da execução fiscal, ainda que, hipoteticamente, não suspensa, uma vez que obstar a prática de atos contra o patrimônio da recuperanda pode interferir no andamento da execução fiscal.

Existe uma polêmica no que diz respeito à obrigatoriedade prevista no art. 57 da Lei n. 11.101/2005, que assim dispõe:

Após a juntada aos autos do plano aprovado pela assembleia-geral de credores ou decorrido o prazo previsto no art. 55 desta Lei sem objeção de credores, o devedor apresentará certidões negativas de débitos tributários nos termos dos arts. 151, 205, 206 da Lei n. 5.172, de 25 de outubro de 1966 – Código Tributário Nacional.

O art. 57 mencionado, em interpretação conjunta com o art. 191-A do CTN, é claro ao dispor que a aprovação do plano de recuperação judicial em assembleia geral não seria suficiente para garantir ao devedor a concessão da recuperação judicial, porque o juiz deveria exigir a apresentação de CND para a concessão de recuperação judicial.

No entanto, no bojo da recuperação judicial, a apresentação de CND ou de certidão positiva com efeitos de negativa (CP-EN), antes da decisão concessiva, deixou de ser imprescindível para o processamento da recuperação judicial, tal qual disposto nos arts. 57 da Lei n. 11.101/2005 e 191-A do CTN. Vejamos trecho de acórdão proferido pelo STJ:[5]

Assim, de se concluir que os motivos que fundamentam a exigência da comprovação da regularidade fiscal do devedor (assentados no privilégio do crédito tributário), não têm peso suficiente – sobretudo em função da relevância da função social da empresa e do princípio que objetiva sua preservação – para preponderar sobre o direito do devedor de buscar no processo de soerguimento a superação da crise econômico-financeira que o acomete.

Entretanto, houve uma mudança no entendimento do STJ quando o Ministro Luiz Fux, atual presidente do STF, em medida cautelar, na Reclamação n. 43.169, concedeu liminar suspendendo os efeitos do acórdão do STJ. Segundo Fux, a inexigibilidade da CND para a concessão da recuperação judicial dará espaço para a continuidade da execução fiscal. Contudo, a desobediência a essas normas pode levar à constrição de bens pertencentes à empresa em recuperação.

---

5   *Vide* a decisão completa do STJ no REsp 1.864.625/SP, Rel. Min. Nancy Andrighi, *DJe* 26.06.2020.

Isso provocou divergências nas discussões sobre a efetividade da execução *versus* o objetivo ao qual se propõe o instituto da recuperação judicial.

14.4.1 Conflito de competência

A Lei n. 11.101/2005 estabelece a prevalência do princípio da preservação da empresa em recuperação sobre o interesse privado dos credores, dispondo, em seu art. 47, que:

> A recuperação judicial tem por objetivo viabilizar a superação da situação de crise econômico-financeira do devedor, a fim de permitir a manutenção da fonte produtora, do emprego dos trabalhadores e dos interesses dos credores, promovendo, assim, a preservação da empresa, sua função social e o estímulo à atividade econômica.

Por outro lado, considerando que o crédito tributário é bem público indisponível, irrenunciável e imodificável por vontade do seu titular (HARADA, 2006, p. 44), o CTN dispôs em seu art. 187 o seguinte: "A cobrança judicial do crédito tributário não é sujeita a concurso de credores ou habilitação em falência, recuperação judicial, concordata, inventário ou arrolamento". Diferentemente do que dispunha até então o revogado § 7º do art. 6º da Lei n. 11.101/2005, as execuções de natureza fiscal não eram suspensas pelo deferimento da recuperação judicial, que leva o Fisco a cobrar seus créditos em qualquer juízo da execução fiscal, assim como o requerimento de atos constritivos.

Com o advento da Lei n. 14.112, de 2020, o crédito tributário passa a sofrer influência do processo de recuperação judicial, de modo que o Fisco procede a sua cobrança judicial por meio da execução individual, mas quem decide sobre os atos constritivos é o juízo da recuperação judicial, sempre levando em consideração o princípio da preservação da empresa e a menor onerosidade do devedor.

Percebe-se também que a Lei n. 14.112/2020 superou o problema do conflito de competência que imperava entre os dois juízos (recuperação judicial e execução fiscal). Em determinadas situações, os institutos da recuperação judicial e da execução fiscal se esbarravam.

Considerando a divergência, a 2ª Seção do STJ, especializada em falências e recuperações judiciais, reafirmou a competência do juízo da recuperação judicial sobre o controle de atos constritivos contra o patrimônio de empresa sujeita à recuperação judicial, ainda que haja execução fiscal em andamento contra ela. Aliás, é o que fica muito claro no Enunciado 8 da 37ª edição de *Jurisprudência em Teses* do próprio STJ, assim redigido: "8) o deferimento da recuperação judicial não suspende a execução fiscal, mas os atos que importem em constrição ou alienação do patrimônio da Recuperanda devem se submeter ao juízo universal". E a nova lei sacramentou o que já vinha sendo o entendimento.

Norteia a jurisprudência dominante, pautada exclusivamente no princípio da preservação da empresa, positivado no supramencionado art. 47 da Lei n. 11.101/2005, o entendimento de manter concentrado em um único juízo – no caso o da recuperação judicial, mais aparelhado para definir as necessidades das empresas em dificuldade – o poder de decidir acerca do destino dos bens pertencentes à empresa em recuperação. Como o juízo da execução pode proferir decisões viabilizando a alienação dos bens penhorados, os tribunais costumam manter a competência do juízo da recuperação judicial para análise dos atos que importem em constrição ou alienação do patrimônio da recuperanda.

Em que pese o entendimento majoritário do STJ, a divergência entre os juízos de recuperação judicial e de execução fiscal continua.

14.5 A PENHORA DE BENS E ATIVOS FINANCEIROS DE EMPRESAS EM RECUPERAÇÃO JUDICIAL

Até a presente data, o art. 6º da Lei n. 11.101/2005 foi objeto de três importantes alterações:[6]

1. A suspensão do curso da prescrição das obrigações do devedor sujeitas ao regime dessa lei, dada pela Lei n. 14.112/2020.

2. A suspensão das execuções ajuizadas contra o devedor, inclusive daquelas dos credores particulares do sócio solidário, relativas a créditos ou obrigações sujeitos à recuperação judicial ou à falência, dada pela Lei n. 14.112/2020.

3. A proibição de qualquer forma de retenção, arresto, penhora, sequestro, busca e apreensão e constrição judicial ou extrajudicial sobre os bens do devedor, oriunda de demandas judiciais ou extrajudiciais, cujos créditos ou obrigações se sujeitem à recuperação judicial ou à falência, dada pela Lei n. 14.112/2020.

Os incisos I a III do art. 6º da Lei n. 11.101/2005 têm o condão de assegurar que, na execução fiscal, os atos de constrição do patrimônio do devedor devem ser direcionados ao magistrado competente, isto é, àquele responsável pela condução do processo de recuperação judicial.

Apesar de não haver obstáculo quanto ao ajuizamento de ação de execução fiscal, mesmo nos casos em que haja processo de recuperação judicial, a jurisprudência já vinha caminhando no sentido de firmar o entendimento de que o ato de constrição de bens e ativos financeiros de empresa nessa situação é prejudicial ao cumprimento do plano de recuperação judicial pela empresa recuperanda.

Assim, conforme mencionado alhures, ainda que o deferimento da recuperação judicial não suspenda o curso da execução fiscal, não se pode permitir o bloqueio de recursos, que, além de torná-la ineficiente e de frustrar o adimplemento dos créditos, pode colocar em risco a conservação da empresa executada em recuperação judicial, onerando demasiadamente o devedor que busca a reabilitação econômica como alternativa à falência. Por isso, segundo a jurisprudência dos tribunais que analisam a matéria, há proibição de atos de constrição nas execuções fiscais.

---

6   Art. 6º da Lei n. 11.101/2005.

Em conclusão, a execução fiscal não deve ser suspensa pelo deferimento da recuperação judicial. Contudo, fica determinado o juízo da recuperação judicial para apreciar atos de alienação ou de constrição, em obediência ao princípio da preservação da empresa.

14.5.1 Visão da Fazenda sobre a penhora

A Fazenda Pública entende que a cobrança dos créditos tributários não pode ser suspensa com a aprovação do plano de recuperação judicial, uma vez que esses comandos estatuem de forma ululante que a recuperação judicial não interfere no direito desta de reaver os créditos de natureza fiscal, fazendo com que a execução prossiga dentro dos ritos processuais.

O Fisco, lastreado na interpretação literal desses artigos, sustenta que o juízo executivo seria competente para autorizar atos de constrição sobre o patrimônio da recuperanda (se essa fosse aprovada sem a apresentação de CND), haja vista que o crédito tributário permanece exigível.

Estriba-se, ainda, que entendimento diverso referendaria a prevalência do crédito privado sobre o público, haja vista que o crédito tributário goza de privilégios e tem suas garantias asseguradas, e o Estado dele necessita para satisfazer as necessidades coletivas. Até então, esse entendimento encontrava lastro no art. 6º, § 7º, da Lei n. 11.101/2005, revogado pela Lei n. 14.112/2020.

Sem a pretensão de exaurir o assunto, é importante notar que nos últimos anos, pelo menos no nível da esfera federal, foram instituídos várias garantias e privilégios do crédito tributário, não se limitando a essas, conforme muito bem apontou Helenilson Pontes (2019), tais como

> [...] a medida cautelar fiscal (Lei 8.397/92), o arrolamento de bens e direitos (Lei 9.532/97), os crimes tributários (Leis 8.137/90 e 9.430/96), o protesto da Certidão de Dívida Ativa (Lei 12.767/12) e a indisponibilidade administrativa de bens (Lei 13.606/18).

Essas normas apenas reforçam o argumento do Fisco de que, nas condições estabelecidas no plano de recuperação judicial, seus créditos viriam em segundo plano, somente sendo pagos diante de eventual convolação da recuperação judicial em falência ou se algum parcelamento fosse firmado pela recuperanda.

Ademais, o crédito tributário é indisponível, e o Estado precisa de recursos financeiros para fazer frente a suas demandas, por exemplo, com saúde, educação, segurança pública, assistência social etc. Tudo implica o aumento de despesas públicas, portanto não se submete a negociação como os créditos no direito privado.

A segunda posição defendida pela Fazenda Pública é a de que o plano de recuperação judicial não pode ser aprovado sem que o crédito de natureza tributária esteja quitado ou ao menos com sua exigibilidade suspensa, haja vista a inteligência dos arts. 57 e 58 da Lei n. 11.101/2005, fazendo supor que a apresentação de CND é condição fundamental para o deferimento da recuperação judicial e que o legislador infraconstitucional já teria superado o vácuo legislativo com relação à instituição da Lei n. 13.043/2014, lei especial de parcelamento, que possibilita o pagamento do tributo em várias prestações.

Diante disso, o Fisco entende que, quando a recuperação judicial é concedida sem o cumprimento desses requisitos (quitação do tributo ou parcelamento), a execução fiscal deve prosseguir, com a determinação de constrição de bens para satisfação do crédito de natureza fiscal.

14.5.2 Visão do contribuinte sobre a penhora

Sob a ótica do contribuinte, o objetivo da recuperação judicial é ultrapassar a crise econômico-financeira do empresário ou da sociedade empresária, a fim de conservar os negócios sociais, manter os empregos e, igualmente, satisfazer os direitos e interesses dos credores.[7]

À luz do princípio da preservação da empresa, os dispositivos devem ser interpretados de modo a garantir o funcionamento da empresa, podendo esta desempenhar sua atividade *core*, e viabilizar seu soerguimento.

Por essa razão, a interpretação literal dos arts. 6º, § 7º (revogado pela Lei n. 11.112/2020), e 57 da Lei n. 11.101/2005, outrora adotada pela Fazenda Pública como fundamentos para legitimar a possibilidade de o juízo do executivo fiscal engendrar os atos constritivos sobre bens da recuperanda, é insustentável. Isso porque inviabiliza a recuperação judicial, indo na contramão do próprio instituto, visto que na maioria dos casos grande parte do passivo das recuperandas é tributário.

Há que observar que o juiz da recuperação judicial reúne as melhores condições para determinar quais bens são essenciais para viabilizar a reestruturação da recuperanda, isso porque acompanha os relatórios comerciais, contábeis, financeiros, fiscais e de recursos humanos, que demostram detalhadamente o grau e o nível do reerguimento da empresa, ao contrário do juízo da execução fiscal, que não dispõe de informações detalhadas sobre a situação enfrentada pela recuperanda.[8]

---

[7] Art. 47 da Lei n. 11.101/2005: "A recuperação judicial tem por objetivo viabilizar a superação da situação de crise econômico-financeira do devedor, a fim de permitir a manutenção da fonte produtora, do emprego dos trabalhadores e dos interesses dos credores, promovendo, assim, a preservação da empresa, sua função social e o estímulo à atividade econômica".

[8] *Vide* o deferimento do processamento da recuperação judicial da Companhia Energética Santa Clara, nos autos do Processo n. 1031026-29.2019.8.26.0100: "Determino à recuperanda a apresentação de contas até o dia 30 de cada mês, sob pena de destituição dos seus controladores e administradores. Todas as contas mensais deverão ser protocoladas diretamente nos autos principais. Sem prejuízo, à recuperanda caberá entregar mensalmente ao administrador judicial os documentos por ele solicitados e, ainda, extratos de movimentação de todas as suas contas bancárias e documentos de recolhimento de impostos e encargos sociais, bem como demais verbas trabalhistas a fim de que possam ser fiscalizadas as atividades de forma adequada e verificada eventual ocorrência de hipótese prevista no art. 64 da LRF [...]".

14.5.3 Visão e posicionamento do Superior Tribunal de Justiça

As ações de recuperação judicial são intentadas por empresas com passivo tributário elevado e, muitas vezes, que já enfrentaram execuções fiscais contra si instauradas. Não possuindo o devedor CND (a maioria das empresas), as execuções têm seu trâmite normal, conforme previsto na lei.

Por isso se verifica, paralelamente, por parte dos juízos de execução fiscal, o deferimento dos pedidos de penhora no rosto nos processos de recuperação judicial, como mecanismo adequado para dar ciência aos credores sobre a dívida fiscal existente, e demonstrando estes que os tais créditos (fiscais) gozam de primazia em seu pagamento, ainda que contrariando os objetivos da recuperação judicial. Daí surge a problemática sobre ser possível ou não determinar a penhora dos bens específicos, fazendo com que os tribunais divergissem em suas decisões nessa matéria, conforme os excertos colacionados:

a) Em 18.12.2019, a Corte Especial do STJ decidiu que cabe à 2ª Seção, de Direito Privado, julgar conflitos de competência em processos que envolvam execuções fiscais com penhora de bens de empresas em recuperação judicial (Processo n. 1031026-29.2019.8.26.0100).

b) No julgamento do Conflito de Competência n. 153.998, os magistrados da Corte Especial discutiram sobre qual colegiado do STJ, a 1ª Seção (especializada em tributação e execuções fiscais) ou a 2ª Seção (especializada em falências e recuperações judiciais), deveria julgar o Conflito de Competência n. 149.622, **em que tanto o juízo federal da execução fiscal quanto o juízo recuperacional se declararam competentes para julgar a suspensão da execução fiscal ajuizada em face de empresa em recuperação judicial em que há penhora de bens.**[9]

c) No mesmo julgamento, o Ministro Mauro Campbell conheceu do recurso mas votou pela competência da 1ª Seção para **"os casos em que a discussão restringe-se ao prosseguimento da execução fiscal, ainda que com penhora determinada, sem pronunciamento do juízo da recuperação judicial acerca da incompatibilidade da medida com o plano de recuperação"** (grifos nossos).

Há que observar que, em que pese o crédito tributário não se sujeite ao plano de recuperação judicial e com este à desnecessidade de apresentação da CND ou parcelamento, as execuções fiscais não ficarão suspensas pelo processamento da recuperação judicial. Os bens necessários ao plano poderão ser constritos e poderão frustrar e comprometer a própria recuperação judicial. Nesse sentido, caberá ao magistrado da recuperação judicial apreciar a menor onerosidade à recuperanda, conforme a jurisprudência:

---

9   *Vide* decisão integral nos Conflitos de Competência n. 153.998 e 149.622.

PROCESSUAL CIVIL. EXECUÇÃO FISCAL. BLOQUEIO UNIVERSAL DE BENS. ART. 185-A DO CTN. INAPLICABILIDADE EM RELAÇÃO ÀS EMPRESAS EM RECUPERAÇÃO JUDICIAL. EXEGESE HARMÔNICA DOS ARTS. 5º E 29 DA LEI 6.830/80 E DO ART. 6º, PARÁGRAFO 7º, DA LEI 11.101/2005 (STJ, 2ª T., REsp 46238-63.2012.8.26.0000 SP/0009213-1, Rel. Min. Herman Benjamin, j. 05.03.2015, *DJE* 31.03.2015).

Seguramente, a jurisprudência dominante é no sentido de manter tudo concentrado em um único juízo, qual seja, o da recuperação judicial, o mais municiado para definir as necessidades da recuperanda, reunindo a competência para decidir sobre o destino da recuperanda. Como o juízo da execução pode exarar decisões que promovam e facilitem a alienação dos bens penhorados, os tribunais costumam outorgar poderes ao juízo da recuperação para decidir a respeito da destinação de bens da empresa em recuperação.[10]

14.6 PARCELAMENTO DOS CRÉDITOS TRIBUTÁRIOS

A Lei n. 13.043/2014, originária da Medida Provisória n. 651/2014, estabeleceu, no atual ordenamento jurídico brasileiro, uma modalidade especial de parcelamento para empresas em recuperação judicial, regulamentando o disposto no art. 155-A, § 3º, do CTN: "Lei específica disporá sobre as condições de parcelamento dos créditos tributários do devedor em recuperação judicial".

Por outro lado, cumpre apresentar as disposições do art. 57 da Lei n. 11.101/2005, *in verbis*:

> Após a juntada aos autos do plano aprovado pela assembleia geral de credores ou decorrido o prazo previsto no art. 55 desta Lei sem objeção de credores, o devedor apresentará certidões negativas de débito tributário nos termos dos arts. 151, 205 e 206 do Código Tributário Nacional.

Esse entendimento se coaduna com o disposto no art. 191-A do CTN, incluído pela Lei Complementar n. 118/2008, colacionado a seguir:

> Art. 191-A. A concessão de recuperação judicial depende da apresentação da prova de quitação de todos os tributos, observado o disposto nos arts. 151, 205 e 206 desta Lei. (Incluído pela Lcp n. 118, de 2005).

A necessidade de comprovação de pagamento de determinado tributo como medida de viabilização da concessão da recuperação judicial tem sua relevância: essa prerrogativa objetiva garantir a quitação do crédito tributário, crédito este que não se sujeita à Lei de Recuperação Judicial.

Com efeito, em respeito ao princípio constitucional da capacidade contributiva, o legislador facultou à recuperanda, que ajuizou ou teve deferido seu pedido de recuperação judicial, o direito ao parcelamento de seus débitos com a Fazenda Nacional. Em vista disso,

---

10 *Vide* a decisão integral do Conflito de Competência n. 159.771.

a maior parte da jurisprudência passou a entender que é inaplicável o disposto nos arts. 57 da Lei n. 11.101/2005 e 191-A do CTN até que fosse criada lei específica.

Sobreveio, então, a referida Lei n. 13.043/2014, regulamentada pela Portaria Conjunta PGFN/RFB n. 1/2015, que concedeu às recuperandas o prazo de 84 meses para parcelar seus débitos com a Fazenda Nacional, prazo mais elástico se comparado ao de 60 meses previsto no art. 10 da Lei n. 10.522/2002, que cuida do parcelamento ordinário.

E não só. Referida lei escalonou os percentuais entre uma parcela e outra, estabelecendo prestações menores no início do período de fruição do benefício, variando entre 0,666% da 1ª à 12ª prestação, com posterior aumento para 1% da 13ª à 24ª prestação, 1,333% da 25ª à 83ª prestação e o restante na 84ª. Viabilizou, pelo menos em tese, o pagamento do crédito constituído após o ajuizamento da ação da recuperação judicial.

Vale dizer que essa lei também deve ser aplicada com relação aos tributos estaduais e municipais, conforme dispõe o § 4º do art. 155-A do CTN:

> Art. 155-A, § 4º. A inexistência da lei específica que se refere o § 3º deste artigo importa na aplicação das leis gerais de parcelamento do ente da Federação ao devedor em recuperação judicial, não podendo, neste caso, ser o prazo de parcelamento inferior ao concedido pela lei federal específica.

Além disso, o art. 11, § 1º, da Lei n. 10.522/2002 exige, quando do parcelamento do débito, prestação de garantia. Há aspectos negativos na referida lei, entre eles o prazo: está estipulado um prazo máximo de 84 parcelas consecutivas para o pagamento de todos os tributos em atraso, sem redução da multa e dos juros.

A Lei n. 14.112/2020 proporcionou mudanças de extrema importância na legislação tributária federal para empresas que tiveram sua recuperação judicial concedida, assim como cuidou de prever expressamente forma de parcelamento de créditos tributários para empresas em situação de recuperação judicial.

De acordo com as regras atuais, a empresa recuperanda que tiver dívida ativa de natureza tributária ou não tributária pode realizar o pagamento em até 120 meses (10 anos) ou usar o prejuízo fiscal para cobrir 30% da dívida e parcelar o restante em até 84 prestações.

Assim, entende-se que a previsão expressa de uma modalidade especial de parcelamento para empresas em recuperação tende a ser um impacto tributário positivo às empresas recuperandas, tornando-se um marco nacional nessa questão. No entanto, recomenda-se verificar qual é a modalidade de parcelamento mais vantajosa.

14.7 O PERDÃO DE DÍVIDA E A RECUPERAÇÃO JUDICIAL

O ponto de partida para iniciarmos a análise do tratamento tributário dado ao perdão de dívidas na recuperação judicial é a conceitualização do que é receita tributável. Do ponto de vista contábil, o perdão total ou parcial de dívida constitui um ganho, ou seja, um incremento de receita financeira, que por si só ensejaria a tributação do Programa de Integração Social (PIS) e da Contribuição para o Financiamento da Seguridade Social (Cofins), quer no regime cumulativo, quer no regime não cumulativo. Essas premissas também se aplicam ao Imposto de Renda da Pessoa Jurídica (IRPJ) e à Contribuição Social sobre o Lucro (CSLL) apurados com base na sistemática do lucro presumido.

14.7.1 PIS e Cofins

Sob o ponto de vista contábil, os valores obtidos com o perdão de dívida configuram receita auferida pelo devedor. Esse é o entendimento adotado no item 4.47 do Pronunciamento CPC 00 (R1):

> 4.47. A receita deve ser reconhecida na demonstração do resultado quando resultar em aumento nos benefícios econômicos futuros relacionado com aumento de ativo ou com diminuição de passivo, e puder ser mensurado com confiabilidade. Isso significa, na prática, que o reconhecimento da receita ocorre simultaneamente com o reconhecimento do aumento nos ativos ou da diminuição nos passivos (por exemplo, o aumento líquido nos ativos originado da venda de bens e serviços ou o decréscimo do passivo originado do perdão de dívida a ser paga).

No entanto, a mera redução de um passivo tributário, resultante do perdão de dívida da empresa em recuperação judicial, não pode ser considerada receita tributável pelo PIS e Cofins, uma vez que não se trata de receita nova. Cabe trazer à luz precedente no mesmo sentido:

> EMENTA
>
> Assunto: Normas Gerais de Direito Tributário
>
> Período de apuração: 01/01/2011 a 31/01/2011
>
> DAÇÃO EM PAGAMENTO. CESSÃO DE CRÉDITO. EFICÁCIA.
>
> O efeito que a dação em pagamento produz é a extinção do crédito, qualquer que seja o valor da coisa dada em substituição. Juridicamente, não importa que valha mais ou menos de que a quantia devida ou a coisa que deveria ser entregue, pois a sua eficácia liberatória é plena.
>
> RECEITA BRUTA. CONCEITO CONTÁBIL E JURÍDICO. REDUÇÃO DE PASSIVO.
>
> O conceito contábil de receita, para fins de demonstração de resultados, não se confunde com o conceito jurídico, para fins de apuração das contribuições sociais.
>
> Na esteira da jurisprudência do Supremo Tribunal Federal, receita bruta pode ser definida como o ingresso financeiro que se integra no patrimônio na condição de elemento novo e positivo, sem reservas ou condições.
>
> A mera redução de passivo, conquanto seja relevante para apuração de variação do patrimônio líquido, não se caracteriza como receita tributável pelo PIS e Cofins, por não se tratar de ingresso financeiro.
>
> Recurso Voluntário Provido
>
> Crédito Tributário Exonerado (Acórdão n. 3402-004.002, Rel. Conselheiro Carlos Augusto Daniel Neto, j. 30.03.2017).

De outra sorte, o Conselho Administrativo de Recursos Fiscais (Carf) também já proferiu decisões em sentido contrário ao entendimento dos contribuintes, conforme excerto colacionado:

> PERDÃO DE JUROS DE MORA. NORMAS GERAIS DE DIREITO TRIBUTÁRIO. A remissão de dívida importa para o devedor (remitido) acréscimo patrimonial (receita operacional diversa da receita financeira), por ser uma insubsistência do passivo, cujo fato imponível se concretiza no momento do ato remitente (Acórdão n. 1401-001.114. Data: 11.02.2014).

É deveras complexo definir uma posição firme do Carf, haja vista que existem decisões em ambos os sentidos. Portanto, é necessário reconhecer às empresas credoras o direito de crédito do PIS e Cofins efetivamente recolhidos.

14.7.2 IRPJ e CSLL

É necessário fixar algumas premissas no que se refere à tributação pelo IRPJ e pela CSLL: as observações feitas neste item referem-se às empresas tributadas com base no lucro presumido. Com o propósito de determinar a base de cálculo dos referidos tributos, nas hipóteses em que se remete às receitas auferidas pela pessoa jurídica optante por essas modalidades de apuração, a receita em questão somente poderá ser a tributável que resulte em aumento do patrimônio líquido da empresa recuperanda.

O conceito de renda pressupõe ganho ou acréscimo patrimonial, ou seja, a diferença positiva entre o que existia e aquilo que ingressa, representando aumento de seu patrimônio. O tributarista Hugo de Brito Machado (1999, p. 263) assim preceitua:

> Não há renda, nem provento sem que haja acréscimo patrimonial, pois, o CTN adotou expressamente o conceito de renda como acréscimo. [...]. Quando afirmamos que o conceito de renda envolve acréscimo patrimonial, como o conceito de proventos também envolve acréscimo patrimonial, não queremos dizer que escape à tributação a renda consumida. O que não se admite é a tributação de algo que na verdade em momento algum ingressou no patrimônio, implicando incremento do valor líquido deste. Como acréscimo há de se entender o que foi auferido, menos parcelas que a lei, expressa ou implicitamente, e sem violência à natureza das coisas, admite sejam diminuídas na determinação desse acréscimo.

Para as empresas tributadas pelo lucro presumido, a linha de raciocínio adotada na análise referente ao PIS e à Cofins também é aplicável ao IRPJ e à CSLL, tendo em vista que tais receitas decorrentes da redução de empresas em recuperação, via de regra, não representam qualquer ingresso financeiro. Logo, não há falar em acréscimo patrimonial. Trata-se, portanto, de rendimento não tributável.

14.8 O PARADOXO DAS CERTIDÕES NEGATIVAS DE DÉBITOS TRIBUTÁRIOS

Com a aprovação do plano de recuperação judicial, isto é, pela assembleia geral de credores, a recuperanda deverá apresentar as CND, em obediência ao art. 57 da Lei de

Recuperação Judicial e Extrajudicial (LRJE),[11] ou comprovar o parcelamento dos créditos tributários, nos termos de lei específica a ser editada, conforme estatuído pelo art. 68 da referida lei, como pressuposto à concessão da recuperação judicial.

Ante a ausência de lei sobre o parcelamento especial, o legislador aditou o CTN, modificando a redação de seu art. 155-A, que passou a prever que a inexistência de lei específica sobre o parcelamento dos créditos tributários da recuperanda importaria a aplicação das leis gerais de parcelamento do ente da Federação a empresa em recuperação judicial.

Todavia, a jurisprudência por muitos anos fora no sentido da não aplicação de parcelamento dos créditos tributários aos pedidos distribuídos antes da lei que dispunha sobre o parcelamento durante a recuperação judicial. A justificativa sustentava-se muito mais na preservação da fonte geradora de riqueza em crise (empresa) do que na ausência de legislação especial, a qual, como modificado pelo CTN, era ociosa.

Como já acontecia antes da lei, e conforme se manteve a jurisprudência, ante a relevância social da preservação da empresa, a manutenção dos empregos e a conservação da atividade econômica, a doutrina e a jurisprudência têm entendido ser dispensável a apresentação de certidão negativa de débitos fiscais ou de parcelamento especial para a concessão da recuperação judicial, conforme extrato do agravo colacionado:

> AGRAVO DE INSTRUMENTO – Recuperação Judicial concedida independentemente da apresentação de certidões negativas de débitos fiscais – Minuta recursal da Fazenda Nacional voltada à exigência da apresentação de CNDs – Preliminar de ilegitimidade recursal, uma vez que o crédito fiscal não sujeita-se à recuperação – Descabimento – A apresentação das certidões de regularidade fiscal decorre de previsão legal, portanto, presente o interesse da Fazenda Nacional ao postular ao Juízo Recuperacional a observância do art. 57 da Lei n. 11.101/2005 e art. 191-A do Código Tributário Nacional – Preliminar rejeitada. AGRAVO DE INSTRUMENTO – Recuperação Judicial concedida independentemente da apresentação de certidões negativas de débitos fiscais – Minuta recursal da Fazenda Nacional que defende necessária a apresentação das CNDs e protesta pela determinação neste sentido – Descabimento – Exercício lícito, porém, não razoável e desproporcional de poder de oposição – Precedentes desta Corte – Dispensa da apresentação de certidões negativas mantida – Agravo improvido. Dispositivo: Rejeitam a preliminar e negam provimento ao recurso (Ag. n. 2109677-09.2015, Rel. Ricardo Negrão).

Todavia, na mais recente decisão do STF, datada de 4 de setembro de 2020, nos autos da Reclamação n. 43.169, proposta pela União Federal, o Ministro Luiz Fux concedeu a liminar requerida, que buscava a cassação da decisão proferida pela 3ª Turma do STJ nos autos do Recurso Especial (RE) n. 1.864.625/SP, sob o fundamento de que

---

11 "Art. 57. Após a juntada aos autos do plano aprovado pela assembleia-geral de credores ou decorrido o prazo previsto no art. 55 desta Lei sem objeção de credores, o devedor apresentará certidões negativas de débitos tributários nos termos dos arts. 151, 205, 206 da Lei n. 5.172, de 25 de outubro de 1966 – Código Tributário Nacional."

[...] a exigência de Certidão de Regularidade Fiscal para a homologação do plano de recuperação judicial faz parte de um sistema que impõe ao devedor, para além da negociação com credores privados, a regularização de sua situação fiscal, por meio do parcelamento de seus débitos junto ao Fisco.[12]

Parece-nos que o propósito da Lei de Recuperação Judicial é preservar a atividade econômica, manter empregos e gerar tributos. Em um país como o Brasil, cuja carga tributária é tão alta, os programas de parcelamento tributário são pouco atraentes, e o sistema tributário é complexo. Entretanto, entendemos que a exigência de apresentação de certidão negativa de regularidade fiscal constitui óbice ao processo de recuperação judicial, pois essa condição coloca a Fazenda Pública em posição privilegiada no concurso de credores, diga-se de passagem, acima dos credores laborais.

Quase três meses depois, isto é, em 3 de dezembro de 2020, o Supremo Tribunal Federal, na pessoa do Ministro Dias Toffoli, na qualidade de ex-presidente da Corte, tornou sem efeito liminar do Ministro Luiz Fux que exigia CND para homologação dos planos de recuperação judicial, nos autos do **REsp 1.864.625**.

O ministro argumentou que, dada a existência de aparente antinomia entre a norma do art. 57 da LRE e o princípio incurso no seu art. 47 (preservação da empresa), a obrigatoriedade de comprovação da regularidade fiscal do devedor para concessão do benefício recuperatório deve ser interpretada em harmonia com o princípio da proporcionalidade. Ressaltou, ainda, que se trata de matéria infraconstitucional e não constitucional, que já foi apreciada pela Corte Especial do STJ no REsp 1.187.404/MT, que na época concluiu pela desproporcionalidade da exigência de certidão de regularidade fiscal, que se opõe aos princípios norteadores da recuperação judicial.[13]

O que a 3ª Turma do STJ fez foi nada mais do que encarar o princípio finalístico da Lei n. 11.101/2005, como um todo, e procurar a solução com menor restrição possível às

---

12 "Noutro giro, em relação ao perigo de dano, a Reclamante informa que as empresas devedoras em recuperação judicial mantêm passivo tributário superior aos 40 milhões de reais que vem em linha ascendente e sem perspectiva de recuperação. Assim, a aplicação dos dispositivos legais seria elemento relevante para que o devedor fosse incentivado a abrir procedimento de negociações com o Fisco para a equalização da dívida. *Ex positis*, DEFIRO A LIMINAR pleiteada, para sobrestar os efeitos da decisão prolatada pela Terceira Turma do Superior Tribunal de Justiça, aplicando-se à beneficiária da decisão reclamada os ditames dos artigos 57, da Lei 11.101/2005, e 191-A, do Código Tributário Nacional, até o julgamento final desta Reclamação [...]."

13 "Tribunal de Justiça foi olhar a teleologia da Lei n. 11.101/05, como um todo, e procurar a solução que apresenta menor restrição possível às normas legais que nortearam o instituto da recuperação judicial, que é 'viabilizar a superação da situação de crise econômico-financeira do devedor, a fim de permitir a manutenção da fonte produtora, do emprego dos trabalhadores e dos interesses dos credores, promovendo, assim, a preservação da empresa, sua função social e o estímulo à atividade econômica' (REsp 1.187.404/MT, Corte Especial, Rel. Min. Luis Felipe Salomão, *DJe* 21.08.2013) A análise das razões subjacentes à presente controvérsia, portanto, levam-me a reconhecer a inexistência, na espécie, de situação caracterizadora de desrespeito ao enunciado constante da Súmula Vinculante n. 10 e do art. 97 da Constituição Federal. Ante o exposto, nos termos do art. 21, § 1º do Regimento Interno deste Supremo Tribunal, nego seguimento à presente reclamação, ficando, por consequência, sem efeito a liminar deferida. Publique-se. Int. Brasília, 3 de dezembro de 2020."

normas legais que orientam o instituto da recuperação judicial, o que se confirma com a decisão do eminente ministro.[14]

Portanto, essa decisão atribui maior segurança jurídica para as concessões de recuperações ao manter a jurisprudência do STJ, na medida em que ela já vinha sendo aplicada nos casos concretos, e isso proporciona maior conforto às empresas que se encontram em recuperação judicial ou às vésperas de entrarem com o pedido, diante das incertezas políticas e econômicas do país.

14.9 CONSIDERAÇÕES FINAIS

A Lei n. 14.112/2020 manteve no ordenamento jurídico brasileiro a necessidade da manutenção da empresa e sua função social como vetores da economia brasileira. Dessa forma, a preservação das empresas que contribuem para o desenvolvimento nacional é um requisito necessário. O instituto da recuperação judicial tem como objetivo que as empresas se reerga, celebrando um acordo com seus credores de modo que permaneçam no exercício de suas atividades e cumprindo sua função social.

O crédito tributário não se submente à recuperação judicial. Isso significa dizer que ocupa a posição privilegiada de não ter sua cobrança suspensa quando do deferimento do plano de recuperação judicial, haja vista a inteligência do art. 6º, § 7º, da LRE.

Com efeito, o STJ tem procurado consolidar o entendimento no sentido de que os atos de constrição de bens da empresa recuperanda impostos pelo juízo da execução fiscal permaneçam sob o crivo do juízo da recuperação judicial, como um juízo a fim de não comprometer o plano de restruturação da empresa.

Nos termos do art. 191-A do CTN e do art. 57 da LRE para o deferimento da recuperação judicial é necessário que a recuperanda apresente certidão que ateste sua regularidade fiscal perante a Fazenda Pública.

No entanto, diante do gigantesco passivo tributário que assola as empresas, muitos magistrados têm dispensado a apresentação de CND e deferido o pedido de recuperação judicial de empresas, ainda que ausente esse pressuposto. A dificuldade alegada por muitos para a obtenção da referida certidão fora por muito tempo a inviabilidade de parcelamento de dívidas tributárias, seja pela insuficiência de lei específica que concedesse condições especiais para a empresa em crise, seja porque a lei do parcelamento ordinário se mostrava inapta para preencher o vácuo previsto no art. 155-A, § 3º, do CTN.

Por tradição, o STJ tem entendido pela suspensão das execuções fiscais das empresas em recuperação judicial e dispensado a apresentação de CND. No entanto, já surgem posicionamentos mais recentes em sentido contrário. Recentemente, o Ministro Luiz Fux, atual presidente do STF, entendeu que a empresa em processo de recuperação judicial deve apresentar a certidão negativa de regularidade fiscal para homologação de seu plano aprovado em assembleia geral de credores.

---

14 Processo: Rcl 43.169.

Não demorou e referida decisão veio a ser revogada pelo Ministro Dias Toffoli, fundamentando que na exegese sistemática das normas infraconstitucionais se exerceu um juízo de proporcionalidade dada a "existência de aparente antinomia entre a norma do artigo 57 da LFRE e o princípio insculpido em seu artigo 47, o da preservação da empresa, argumentando que ponderação de proporcionalidade entre duas normas infraconstitucionais com base na orientação do Órgão Especial, firmada no Recurso Especial n. 1.187.404/MT, o qual foi julgado sob a sistemática dos recursos repetitivos, não tem o condão, por si só, de transformar uma controvérsia eminentemente infraconstitucional em constitucional",[15] e tornou sem efeito a liminar nos termos do art. 21, § 1º, do Regimento Interno do Supremo Tribunal Federal.

Podemos concluir que em todos os momentos se deve prezar pela manutenção da atividade empresarial por tudo o que ela representa para a sociedade. Isso porque a realidade econômica do Brasil demonstra que as sociedades empresárias em crise via de regra possuem débitos fiscais muito elevados, sendo essas obrigações as primeiras a deixarem de ser adimplidas, sobretudo quando se consideram a alta carga tributária e a complexidade do sistema tributário vigente.

À luz desse contexto, a apresentação de certidão de regularidade fiscal pelo devedor que objetiva, no Judiciário, o soerguimento de sua empresa é uma situação de difícil cumprimento. Dessa forma, a decisão do Ministro Dias Toffoli se revela adequada para o alcance do objetivo perseguido pela Lei de Recuperação Judicial e Falência, além de se mostrar necessária para garantia da efetividade do direito tutelado e de guardar equilíbrio no que concerne ao princípio da proporcionalidade.

REFERÊNCIAS

BEZERRA FILHO, Manuel Justino. *Lei de Recuperação de Empresas e Falência comentada*. 6. ed. São Paulo: Revista dos Tribunais, 2009.

COELHO, Fábio Ulhoa. *Manual de direito comercial*. 25. ed. 2. tir. São Paulo: Saraiva, 2013.

HARADA, Kiyoshi. *Aspectos tributário da nova Lei de Falências*. 1. ed. (ano 2005). 2. tir. Curitiba: Juruá, 2006.

MACHADO, Hugo de Brito. *Curso de direito tributário*. 19. ed. São Paulo: Malheiros, 1999.

MAMEDE, Gladston. *Direito empresarial brasileiro:* falência e recuperação de empresas. 9. ed. São Paulo: Atlas, 2018.

PERIN JR., Ecio. *Preservação da empresa na lei de Falências*. São Paulo: Saraiva, 2009.

PONTES, Helenilson. Os privilégios e garantias do crédito tributário e a lei complementar. *Conjur*. 23 jan. 2019. Disponível em: https://www.conjur.com.br/2019-jan-23/consultor-tributario-privilegios-garantias-credito-tributario-lei-complementar.

SOUZA NETTO, Antonio Evangelista de. Orientação principiológica da recuperação judicial. *Juristas*. 12 set. 2019. Disponível em: https://juristas.com.br/2019/09/12/186989/#google_vignette.

---

15 Reclamação n. 43.169 – São Paulo.

15

SISTEMA TRIBUTÁRIO BRASILEIRO: UM MODELO DE TRIBUTAÇÃO SEM JUSTIÇA FISCAL

Fernanda Cimbra Santiago
Celso Ferreira da Cruz

15.1 INTRODUÇÃO

O sistema tributário brasileiro se apresenta como mais um elemento de promoção de injustiça social a despeito da previsão constitucional principiológica da obrigatoriedade de respeito ao princípio da isonomia. Neste capítulo vamos examinar como tem sido pensada a tributação no Brasil e alertar para a necessidade de incluir o tema da justiça fiscal na pauta de eventual reforma tributária.

A preocupação em promover a reflexão sobre o tema surge após a observância de que as discussões em torno das possíveis reformas tributárias têm se pautado, sobretudo, na simplificação da arrecadação, sob o argumento da atração de investimentos e do desenvolvimento nacional, do fim da guerra fiscal e outros.[1] No entanto, o aspecto da promoção da justiça fiscal não tem recebido o protagonismo que merece.

Por definição, a tributação nasce no espaço aberto pelas liberdades constitucionais, na medida em que o poder de tributar é decorrente de parcela de direitos de que os indivíduos abdicam em troca da organização estatal. Existem, entretanto, direitos que o Estado não pode deixar de observar, por serem inerentes ao princípio da dignidade da pessoa humana. Nesse contexto está o postulado da igualdade.

Nas palavras do Professor Ricardo Lobo Torres (2007, p. 235-236):

> A relação jurídica tributária, por outro lado, aparece totalmente vinculada pelos direitos fundamentais declarados na Constituição. Nasce, por força da lei, no espaço previamente aberto pela liberdade individual ao poder impositivo estatal. É rigidamente controlada pelas garantias dos direitos e pelo sistema de princípios da segurança jurídica. Todas essas características fazem com

---

[1] Vale esclarecer que entendemos serem válidos os demais objetivos perseguidos pelos diversos estudos acerca da reforma tributária. No entanto, consideramos que a justiça fiscal e o reequilíbrio da tributação entre pobres e ricos também deveriam estar entre as principais preocupações.

que se neutralize a superioridade do Estado, decorrente dos interesses gerais que representa sem que, todavia, se prejudique a publicidade do vínculo jurídico.

Demais disso, não se esgota na lei formal, senão que deve buscar seu fundamento na ideia de justiça e nos princípios constitucionais dela derivados, máxime os da capacidade contributiva, do custo/benefício e da solidariedade social.

Além disso, a tributação não pode perder de vista quais são os objetivos fundamentais da República, que devem ser o mister das políticas estatais. Delimitados pelo art. 3º da Constituição de 1988, tais mandamentos são:

I – construir uma sociedade livre, justa e solidária;

II – garantir o desenvolvimento nacional;

III – erradicar a pobreza e a marginalização e reduzir as desigualdades sociais e regionais;

IV – promover o bem de todos, sem preconceitos de origem, raça, sexo, cor, idade e quaisquer outras formas de discriminação.

É certo que não devem existir na Constituição da República normas cujo conteúdo não produza efeitos. Ainda que não se possa erradicar a pobreza ou construir uma sociedade mais justa e livre de discriminação de um dia para o outro, não pode o Estado agir de forma a contrariar esses propósitos (FEITAL, 2019, p. 40). Do contrário, a atuação estatal, inclusive no que tange à tributação, deve se ocupar de caminhar para a frente no atingimento de, ao menos, algum de seus objetivos fundamentais.

É importante ressalvar que não se desconhece o dever arrecadatório do Direito Tributário para o sustento e o financiamento do Estado e para a promoção de políticas públicas, como finalidade última. Não se pretende subverter esse objetivo, no entanto cumpre lembrar que, assim como qualquer atividade estatal, a tributação deve respeitar e promover a proteção de direitos fundamentais.

Nessa linha, entender que a tributação deve obedecer aos princípios de justiça fiscal não pressupõe alterar seu fundamento, mas tão somente cumprir a Constituição da República de 1988, no sentido de observar os limites ao poder de tributar. Assim, dividir de forma equânime o ônus da tributação é exigência constitucional para a justa fiscalidade e não implica extravasar da função do Direito Tributário.

Trata-se da efetivação do valor supraconstitucional pelo qual se deve tratar iguais como iguais e diferentes como diferentes, positivado, *a contrario sensu*, no inciso II do art. 150, com a seguinte disposição:

Art. 150. Sem prejuízo de outras garantias asseguradas ao contribuinte, é vedado à União, aos Estados, ao Distrito Federal e aos Municípios:

[...]

II – instituir tratamento desigual entre contribuintes que se encontrem em situação equivalente, proibida qualquer distinção em razão de ocupação profissional ou função por eles exercida, independentemente da denominação jurídica dos rendimentos, títulos ou direitos.

Portanto, o que se quer enfatizar é que cabe ao Estado, no exercício de seu poder de tributar, levar em consideração a desigualdade social no Brasil, seja para evitar efeitos que a agravem ou para promover ações que a diminuam. Ambas as situações não têm ocorrido.

O quadro atual revela baixa progressividade no Imposto de Renda, insuficiente tributação sobre a renda proveniente do capital e do patrimônio recebido em razão de herança, além de regressividade na tributação sobre o consumo. Esses fatores justificam um sistema tributário nacional que colabora para a concentração de renda do país, na contramão do que determina o art. 3º da Constituição da República.

À evidência, não se está a defender que caiba ao Direito Tributário implementar políticas públicas direcionadas exclusivamente para a distribuição de renda, mas deve-se reconhecer uma função redistributiva da fiscalidade, relacionada a cobrar mais de quem mais pode pagar, comprometendo menor parcela do percentual da renda responsável pela garantia de suas subsistências básicas.

15.2 IMPORTÂNCIA DA PROMOÇÃO DA JUSTIÇA FISCAL

O tributo exerce papel essencial, não só em seu caráter arrecadatório ou regulatório (no caso dos impostos extrafiscais), mas na promoção da justiça. O Estado, ao prever um tributo, põe-se como responsável direto pela garantia da justiça social, pois deve observar a condição de cada um dos indivíduos, a fim de que o tributo venha a ser equilibrado e justo.

A partir desse ponto se inicia o que se entende por justiça fiscal, pois o Estado, para tributar, deve verificar as desigualdades econômicas entre os contribuintes e os efeitos da tributação.

Do mesmo modo que o Estado deve observar a capacidade contributiva para tributar, também deve assegurar direitos básicos e garantias mínimas aos cidadãos, sobretudo no que se refere ao mínimo existencial.

A justiça fiscal não envolve apenas questões e princípios tributários, mas também tem importância em relação às questões orçamentárias, por exemplo, na forma de utilização do tributo na sociedade, principalmente para as camadas menos privilegiadas. São precisas as lições de Ricardo Lobo Torres (1995, p. 34-35):

> A justiça fiscal é uma das possibilidades mais concretas da justiça política. Sendo a justiça que se atualiza por intermédio do Fisco, tem a sua problemática indissoluvelmente ligada à das instituições políticas e da Constituição. [...]
>
> A teoria da justiça fiscal envolve os seguintes aspectos e orientações:
>
> 5.1.1 Teoria da Justiça Tributária, com a meditação sobre o justo tributário, a exigir o estudo sobre os princípios constitucionais a ele vinculados [...]
>
> 5.1.2 Teoria da Justiça Orçamentária, com as regras e princípios para a efetivação do justo nas despesas e na receita pública. Absorve, mas o transcende, o conceito de justiça tributária, entendida como a ideia vinculada à vertente da receita e que se consubstancia em princípios como o da capacidade contributiva. Também incorpora, sem com elas se confundir, as considerações de justiça das políticas sociais e econômicas e dos gastos do Estado. A justiça orçamentária deve expressar os dois lados da mesma ideia, em síntese própria: a justiça das receitas e dos gastos públicos.

No atual cenário, não é necessário grande esforço para identificarmos a inobservância da justiça fiscal. Além da crítica geral de desalinhamento entre a carga tributária e a contraprestação do Estado, verifica-se a ausência de uma tributação que respeite a capacidade contributiva e celebre a igualdade.

Para a tributação ser justa, a igualdade, a capacidade contributiva, o mínimo existencial, a legalidade, bem como os efeitos da carga tributária, devem ser observados pelo sistema constituído. Porém, em nosso país, embora a carga tributária seja considerada elevada,[2] não se notam melhorias no desenvolvimento econômico ou na qualidade de vida.

Ao tratar da questão da justiça fiscal, Ricardo Lobo Torres (1995, p. 35) explica a importância de a tributação manter equilíbrio com as prestações entregues pelo Estado:

> A capacidade contributiva continua a ser o princípio mais importante de justiça tributária, podado, entretanto, nos seus excessos, o que leva ao equilíbrio no plano político entre o tributo e as prestações entregues pelo Estado, ou seja, o aspecto tributário passa a ser visualizado em conjunto com a questão da despesa pública e do tamanho do Estado.

Assim, verifica-se que o desequilíbrio entre a arrecadação tributária e o retorno em serviços públicos torna a tributação injusta e a faz deixar de observar, consequentemente, a isonomia prevista na Constituição da República de 1988.

Após esse panorama geral, importa dizer que nossa abordagem será a injustiça pelo aspecto da tributação. A previsão e a execução das despesas por meio do orçamento público são a outra face do tema, igualmente relevante, no entanto este espaço seria insuficiente para a análise.

Também cabe mencionar que a injustiça fiscal não é um problema exclusivamente brasileiro. A doutrina neoliberal divulgou pelo mundo falsas premissas que conduziram inclusive países desenvolvidos a acumularem anos de aprofundamento de problemas sociais, a partir da inserção de tributações benéficas para os donos do capital em detrimento daqueles que vivem com dinheiro oriundo somente do trabalho.

Na última década, o economista francês Thomas Piketty, após reunir inclusive dados de países como os europeus e os Estados Unidos, demonstrou que o crescimento econômico tem sido estimulado com prejuízo para a igualdade social, comprovando o aprofundamento das desigualdades sociais, apesar do aumento da riqueza daqueles que estão no topo da pirâmide financeira. Sob a perspectiva da tributação, o autor alerta para sua baixa progressividade sobre a renda proveniente do capital e o patrimônio (PIKETTY, 2013) como fatores que têm contribuído para a estratificação social.

Portanto, os estudos econômicos de Piketty justificam o aprofundamento da investigação acerca da contribuição do Direito Tributário para o aumento da desigualdade social. Segundo o economista, a taxa de acumulação de patrimônio nos países estudados é maior que a taxa de distribuição de renda.

---

2 A carga tributária está abaixo da média da OCDE, e o estudo de 2018 demonstra os números (cf. TÓPICO..., 2018).

Considerando que o Brasil é um dos países com maior desigualdade social do mundo, reduzir a injustiça na tributação é premissa necessária para a consolidação de um Estado efetivamente democrático. Vale lembrar que a democracia não se concretiza materialmente quando se percebe a existência de cidadãos excluídos das oportunidades.

Quando um cidadão mais pobre paga mais tributo proporcionalmente que detentores de grandes fortunas, verifica-se uma absoluta assimetria nas oportunidades de desenvolvimento do primeiro. Na prática, as falhas na tributação viabilizam a existência de um sistema em que a maioria das pessoas trabalha para pagar contas, sem quaisquer chances de realizar investimentos pessoais ou profissionais.

Segundo a doutrina neoliberal, em tese, os mais ricos merecem a proteção de sua riqueza, pois seriam eles os responsáveis pelo desenvolvimento econômico, na medida em que utilizam seus recursos para investir em inovação. Ocorre que isso não é uma verdade completa. Frequentemente esses recursos se tornam patrimônio que permite às pessoas que não contribuíram para sua formação continuarem no topo da pirâmide econômica, assim como seus pais.

No Brasil, boa parte da riqueza dos mais ricos é recebida por herança, ou seja, sem qualquer relação de mérito. No entanto, esse patrimônio que chega sem a realização de esforço é tributado menos gravemente que a renda oriunda do trabalho, causando uma distorção não só entre os extremos da pirâmide social, mas também entre a classe média e os ricos.

Dessa forma, a tributação idealizada pelos neoliberais tem privilegiado os ricos, o que implica a ilação de que o Estado tem se ocupado da proteção daqueles indivíduos que menos precisam dele em detrimento dos demais.

A falta de debate político sobre possíveis soluções para a redução da desigualdade tributária sugere a influência do interesse das classes dominantes nos parlamentos, bem como na manipulação das mídias e da massa populacional, no sentido de divulgar a ideia de que a solução para a crise fiscal está sempre no âmbito da redução das despesas do Estado. Esse discurso desconsidera a existência de um espaço para aumento da tributação das grandes fortunas, o que entendemos que não necessariamente decorreria da instituição do Imposto sobre Grandes Fortunas (IGF), mas da readequação dos elementos quantitativos da regra matriz de incidência dos impostos sobre patrimônio e renda.

Essas são as premissas que ancoram este capítulo. Passamos, então, a analisar a progressividade tributária, sua previsão legal e a interpretação pelo Poder Judiciário. Ao final, serão tratados os aspectos pelos quais o sistema tributário brasileiro pode ser considerado regressivo e, portanto, indutor de desigualdade.

15.3 DA PROGRESSIVIDADE PREVISTA NO BRASIL

Ao analisarmos a progressividade tributária, passamos pela análise de diversos princípios que visam, em suma, tornar justa e adequada a tributação no país.

Dentre os princípios, destaca-se o da capacidade contributiva, um dos basilares do direito tributário e o que melhor fundamenta a ideia de progressividade. O princípio está previsto constitucionalmente, no § 1º do art. 145 da Constituição da República:

> Art. 145. A União, os Estados, o Distrito Federal e os Municípios poderão instituir os seguintes tributos:
> [...]
> § 1º Sempre que possível, os impostos terão caráter pessoal e serão graduados segundo a capacidade econômica do contribuinte, facultado à administração tributária, especialmente para conferir efetividade a esses objetivos, identificar, respeitados os direitos individuais e nos termos da lei, o patrimônio, os rendimentos e as atividades econômicas do contribuinte.

Quanto ao princípio da capacidade contributiva, Roque Carrazza (1997, p. 86) explica que:

> O princípio da capacidade contributiva hospeda-se nas dobras do princípio da igualdade e ajuda a realizar, no campo tributário, os ideais republicanos. Realmente, é justo e jurídico que quem, em termos econômicos, tem muito pague, proporcionalmente, mais imposto do que quem tem pouco. Quem tem maior riqueza deve, em termos proporcionais, pagar mais imposto do que quem tem menor riqueza. Noutras palavras, deve contribuir mais para a manutenção da coisa pública. As pessoas, pois, devem pagar impostos na proporção dos seus haveres, ou seja, de seus índices de riqueza.

De acordo com o princípio da capacidade contributiva, o ônus da tributação deve ser proporcionalmente maior para os que possuem mais riqueza e menor para os que têm pouco. O princípio funciona como uma limitação ao poder de tributar do Estado e visa promover igualdade e justiça tributária.

Nesse aspecto se inicia a ideia de progressividade tributária, que tem por objeto a previsão de alíquotas variáveis e progressivas, que aumentam de acordo com a riqueza do contribuinte. São estas as lições de Roque Carrazza (1997, p. 86):

> Se alguém ganha 10 e paga 1, e outrem ganha 100 e paga 10, ambos estão pagando, proporcionalmente, o mesmo tributo (10% da base de cálculo). Apenas, o sacrifício econômico do primeiro é incontendivelmente maior. De fato, para quem ganha 10, dispor de 1 encerra muito maiores ônus econômicos do que para quem ganha 100 dispor de 10. O princípio da capacidade contributiva só será atendido se o imposto for progressivo, de tal arte que, por exemplo, quem ganha 10 pague 1, e quem ganha 100 pague 25.

Em um sistema tributário que traz como princípios, por exemplo, capacidade contributiva, igualdade, mínimo existencial, legalidade, entre outros, a aplicação da progressividade é medida essencial para que o sistema vise efetivamente à celebração da justiça fiscal.

Para a observância da progressividade, quanto aos tributos diretos, a tributação deve variar conforme a base da incidência tributária, que é a renda do contribuinte.

No caso dos tributos indiretos, a verificação da existência da progressividade necessitaria também da análise da renda do contribuinte, além de seu perfil de consumo. Inegável que a renda é fator que deve ser considerado para a avaliação, pois é o principal signo presuntivo de riqueza do contribuinte.

Rezende, Afonso e Gaiger (2011, p. 105), ao analisarem a questão, destacam a necessidade de avaliação dos impactos da tributação na renda, tanto no caso dos impostos diretos quanto no dos impostos indiretos:

> Para que os tributos diretos tenham efeitos distributivos eles devem ser necessariamente progressivos, ou seja, as alíquotas devem crescer com a renda – que é a base de incidência tributária. Já na tributação indireta a avaliação da progressividade depende da associação entre a renda das famílias e os respectivos perfis de consumo.
>
> É fato que, enquanto nas famílias pobres, ou situadas nos estratos inferiores de renda, as despesas em consumo perfazem a quase totalidade do orçamento, no caso das mais ricas parcela dos rendimentos se destina à poupança, o que implica regressividade na tributação do consumo. Isso se considerarmos a renda como parâmetro da capacidade de pagamento e não as despesas de consumo. E é quanto a essa escolha que se assiste ao debate em que uns defendem os gastos, como o parâmetro da capacidade do pagamento para os tributos incidentes sobre o consumo, e outros acreditam que se deve preservar a renda como tal parâmetro.

No caso dos tributos indiretos, tem-se uma dificuldade de aplicação da progressividade, pois tais tributos incidem, principalmente, sobre o consumo. Em razão disso, no momento da tributação não há distinção entre os contribuintes de fato de acordo com a renda.

Essa circunstância traz o fenômeno contrário à progressividade, que é a regressividade, conforme será exposto adiante. Considerando que os contribuintes com menos renda despendem maior parcela de seus rendimentos para o consumo, acabam por pagar mais tributos se comparados aos contribuintes com maior renda.

Assim, em razão de o sistema tributário nacional ter como foco a tributação do consumo, já de início é possível concluir que não há falar em celebração da progressividade na tributação, mas sim de regressividade, que acaba por impulsionar ainda mais a desigualdade de renda existente no país.

Na Constituição da República, embora conste a disposição de que, **sempre que possível, os impostos serão graduados segundo a capacidade econômica do contribuinte**, há a previsão expressa da progressividade apenas quanto ao Imposto sobre a Renda e proventos de qualquer natureza (IR – art. 153, § 2º, I, da CF), do Imposto sobre a Propriedade Territorial Urbana (IPTU – art. 182, § 4º, II, c/c o art. 156, § 1º, I) e do Imposto sobre a Propriedade Territorial Rural (ITR – art. 153, § 4º, I), todos esses impostos diretos. Vale ressaltar que há previsão para o IPTU e para o ITR de progressividade extrafiscal, mas sem a finalidade de promover isonomia fiscal e sim de funcionar como estímulo ao comportamento não especulativo no que se refere ao uso da propriedade.

Importante destacar que, mesmo nos casos dos tributos diretos, com previsão constitucional expressa, nota-se que normas infraconstitucionais amenizam a progressividade. Além disso, a jurisprudência nem sempre contribuiu para a promoção de um sistema mais progressivo e, portanto, mais justo. Analisaremos o caso específico do Imposto de Renda e depois a jurisprudência do Supremo Tribunal Federal (STF) sobre a tributação dos impostos sobre o patrimônio.

15.4 A BAIXA PROGRESSIVIDADE DO IMPOSTO DE RENDA

Segundo Thomas Piketty (2013, p. 612), o imposto progressivo sobre a renda é a inovação tributária mais importante do século XX e teve papel decisivo na redução das desigualdades. Seu protagonismo foi substituído pela tributação sobre o consumo no final do século passado, ameaçando sua importante função de promover isonomia dentro do sistema tributário.

No Brasil, a alíquota aplicável varia de acordo com a renda auferida pelo contribuinte, conforme tabela progressiva. No ano de 2021, segundo a tabela progressiva anual, os rendimentos de até R$ 22.847,76 estão isentos; de R$ 22.847,77 até R$ 33.919,80 são tributados à alíquota de 7,5%; de R$ 33.919,81 até R$ 45.012,60, à alíquota de 15%; de R$ 45.012,61 até R$ 55.976,16, à alíquota de 22,5%; e acima de R$ 55.976,16, tributados à alíquota de 27,5%.

Para a progressividade, a regra, no caso do Imposto de Renda, seria simples: quem aufere mais renda **deveria** pagar mais tributos em comparação aos contribuintes com menos renda.

Vale lembrar o histórico da tributação do Imposto de Renda. Os pesquisadores Sérgio Wulff Gobetti e Rodrigo Octávio Orair, ambos do Instituto de Pesquisa Econômica Aplicada (Ipea), resumiram em estudo os efeitos da desigualdade de renda a partir da análise das declarações de Imposto de Renda da Pessoa Física (IRPF).[3] Da conclusão é possível notar como o país está na contramão do que se espera de uma nação em desenvolvimento.

Como regra, o aperfeiçoamento da tributação sobre a renda acompanha o desenvolvimento de Estados do Bem-Estar Social. Em nosso país aconteceu o oposto. Desde 1988, quando da edição da Constituição da República que mais direitos sociais assegurava aos cidadãos, a tributação sobre a renda de pessoas físicas tem sido minorada.

No Brasil, a tributação sobre a renda surge com a incidência sobre os valores decorrentes do capital e do trabalho. No entanto, atualmente se concentra na renda sobre o trabalho.

Nos governos de Jânio Quadros e João Goulart, as alíquotas de IRPF chegaram respectivamente a 60 e 65%. O governo militar baixou-a para 50% e manteve 12 faixas de renda com alíquotas progressivas. Já no momento pós-democratização, José Sarney reduziu drasticamente a alíquota máxima para 25% e diminuiu as faixas de renda da progressividade para somente três. Ao final, Fernando Henrique Cardoso, no primeiro mandato, a pretexto da estabilização da economia, consolidou a tributação favorável aos mais ricos, com a isenção de dividendos e a dedutibilidade dos juros sobre capital próprio no Imposto de Renda das empresas (GOBETTI; ORAIR, 2017, p. 163-164). Nem mesmo os governos do Partido dos Trabalhadores ousaram desagradar a elite do país, promovendo poucas alterações na legislação tributária do Imposto de Renda.

Esse histórico brasileiro não destoa de boa parte do mundo ocidental, que, influenciado pela doutrina de Ronald Reagan e Margaret Thatcher, promoveu a redução da carga tributária para os donos do capital nos anos 1980 e 1990.

---

[3] O resumo desse estudo está no livro organizado por José Roberto Afonso e outros intitulado *Tributação e desigualdade* (2017).

Apesar da notória falta de vontade política dos últimos governantes para a reversão desse quadro, a responsabilidade pela ausência de leis que suportem um sistema de tributação sobre a renda mais progressivo deve ser compartilhada com os parlamentares. Não é demais lembrar que não há iniciativa privativa do presidente da República para direito tributário, já que a matéria não está no rol do art. 61 da Constituição da República. Dessa forma, qualquer parlamentar poderia estimular a discussão legislativa.[4]

Há por trás desse cenário um discurso medianamente aceito de que não se pode penalizar os indivíduos mais empreendedores, pois seriam eles capazes de trazer prosperidade econômica ao país; bem como de que a tributação sobre o consumo, em tese, estimularia a poupança e o investimento. Nesse sentido, a solução seria que o orçamento público enfatizasse a redução de gastos e não a tributação.

Não são do nosso conhecimento estudos que tratem do destino do dinheiro daqueles que estão no topo da pirâmide. Se esse capital gera emprego ou se boa parte se torna especulativo. O fato é que a baixa progressividade não atinge somente a base da pirâmide, mas boa parte daqueles que também poderiam financiar o desenvolvimento econômico do país. Seguem os dados que contribuem para essa conclusão.

As faixas de renda mais oneradas do país pelo Imposto de Renda estão entre aqueles que têm rendimentos entre R$ 162 mil e R$ 650 mil reais anuais, com tributação efetiva em torno de 12%.[5] Já aqueles que recebem mais de R$ 1 milhão e 300 mil anuais possuem tributação efetiva na casa de 7%. Este último grupo era composto por 71.440 pessoas em 2013, enquanto o outro, por 2 milhões. Outro dado importante sobre os super-ricos: cerca de 21 mil declarantes pagaram Imposto de Renda somente sobre 6% dos valores declarados (LETTIERI, 2017, p. 145), o que demonstra a distorção causada pelos benefícios fiscais dos mais ricos e os coloca em absoluta vantagem mesmo diante da classe alta.

Além da existência de poucas faixas de renda para progressividade, a discussão acerca do fundamento da isenção dos rendimentos auferidos por meio de dividendos é uma agenda inadiável. Dividendos, em suma, decorrem da distribuição do lucro de certa sociedade, como remuneração aos acionistas. Até o governo Fernando Henrique Cardoso, o recolhimento de Imposto de Renda sobre os dividendos era devido.

Conforme previsto no art. 10 da Lei n. 9.249/1995, tais rendimentos não estão mais sujeitos à incidência do Imposto de Renda na fonte, nem integrarão a base de cálculo do Imposto de Renda do beneficiário, pessoa física ou jurídica, domiciliado no país ou no exterior.

O benefício fiscal deveria ser instrumento utilizado para promover direitos constitucionais ou para induzir condutas dos contribuintes que interessem à coletividade. Os ricos não precisam que o Estado proteja – sob o aspecto econômico – seu patrimônio. No mais, se é tributável a renda proveniente do trabalho, por que aquele que obtém renda sem trabalhar deveria ter privilégio?

---

4   Por óbvio, criar um movimento contrário dependeria da formação de uma boa base parlamentar nesse sentido.

5   Pesquisa realizada com base na declaração do IRPF 2014, ano-base 2013 (ZOCKUN, 2017, p. 26).

Uma das premissas é que esse dinheiro que virou capital já teria sido tributado quando um dia decorreu do trabalho, portanto ocorreria uma dupla tributação. Ocorre que a tributação deve ocorrer, no mínimo, sobre o percentual que exceder o valor inicialmente conquistado com a força do trabalho, sob pena de – ao contrário do que diziam pretender os neoliberais – não se estimular o investimento, mas se favorecer a existência do indivíduo que não precisa trabalhar, porque pode viver de renda, como os 21 mil brasileiros já mencionados que pagam imposto somente sobre 6% de sua renda.

A não tributação dos dividendos é questionada, não sob o aspecto apenas de ser um rendimento, em tese, não tributado, mas pelo fato de o país não seguir uma tendência mundial de tributação dos dividendos. São essas as lições de Sérgio Wulff Gobetti e Rodrigo Octávio Orair (2015, p. 1) ao analisarem os efeitos da isenção em rendimentos de capital:

> Utilizando dados recentes das declarações de imposto das pessoas físicas e aplicando diferentes técnicas, demonstramos que a desigualdade é maior do que a estimada a partir de pesquisas domiciliares e que o princípio da progressividade tributária (ou seja, que o nível de tributação cresça com a renda) é violado no topo da distribuição de renda brasileira, o que representa um achado importante frente a outras pesquisas empíricas semelhantes. Estimamos que o nível de tributação atinge seu ponto máximo de 12,1% em média no estrato de renda entre R$ 201 e R$ 328 mil reais por ano, caindo para 7% no último meio milésimo, que reúne os brasileiros que ganham acima de R$ 1,3 milhão anuais. O principal motivo desta distorção é porque a renda dos mais ricos provém predominantemente de lucros e dividendos distribuídos, que são isentos de imposto pela legislação brasileira. O Brasil, conforme mostramos, é um dos poucos países do mundo que confere esse tratamento tributário às rendas do capital, só se comparando a um caso no âmbito da OCDE, que é o da Estônia.

Os mesmos pesquisadores também analisam que os mais ricos acabam tendo rendimentos oriundos do capital, o que atenua a progressividade se comparado aos contribuintes que possuem rendimentos do trabalho tributáveis:

> A estrutura do imposto de renda no Brasil é pouco progressiva no seu conjunto, quando considerados os diferentes tipos de renda e tratamento tributário que recebem. O fato de que uma fração predominante dos rendimentos dos mais ricos provém do capital e é isenta ou submetida a alíquotas de tributação linear mais baixas do que as que se aplicam às rendas do trabalho cria inúmeras distorções, como a de que a alíquota efetiva global do imposto de renda dos muito ricos seja inferior à da classe média alta [...] (GOBETTI; ORAIR, 2015, p. 35).

Assim, independentemente da conclusão acerca dos efeitos e da atenuação da progressividade no Imposto de Renda em razão de isenções sobre rendimentos de capital, deve-se discutir a retomada da tributação sobre a renda proveniente do capital com caráter arrecadatório, de forma que quem está no topo pague uma alíquota efetiva maior que os demais.

Não se concretiza o objetivo fundamental da República de **construir uma sociedade livre, justa e solidária**, bem como de **erradicar a pobreza e a marginalização e reduzir as desigualdades sociais e regionais**, com a redução de gastos com direitos sociais, quando existem espaços de privilégios tributários, justamente, para os mais ricos.

Ainda a respeito da isenção de tributação sobre dividendos, é importante destacar que esse comportamento não é mais adotado nos países desenvolvidos e em desenvolvimento. Somente Brasil e Estônia entre os países da Organização para a Cooperação e Desenvolvimento Econômico (OCDE) não tributam dividendos, o que para o nosso país é inexplicável, tendo em vista que ocorre em detrimento dos mais pobres, conduzidos a pagar a mesma alíquota de tributos que os mais ricos na tributação focada no consumo.[6]

Ao contrário daqueles que sugerem que a baixa tributação na renda seria um impulso para o desenvolvimento do país, a corrente a que nos filiamos entende que o desenvolvimento socioeconômico é obstado na medida em que o sistema tributário pouco progressivo promove maior concentração de renda e se apresenta como mais um obstáculo para o crescimento econômico da maioria dos brasileiros e, portanto, do país. Nessa linha, Marcelo Lettieri (2017, p. 156) conclui, depois de estudo acerca das declarações de Imposto de Renda:

> [...] demonstrou-se que o sistema tributário não só não contribui para reduzir a concentração de riqueza, como potencializa a concentração de riqueza, ao tratar muito mais favoravelmente a renda do capital em detrimento da renda do trabalho; a renda dos homens em detrimento à renda das mulheres [...] Portanto, não se deve ignorar que um sistema tributário regressivo e uma baixa equidade vertical na tributação de renda, são entraves para a adoção de um modelo socioeconômico justo [...] é essencial que as reformas tributárias vindouras instituam uma nova ordem tributária não somente voltada para a busca do crescimento econômico, mas que tenham no horizonte próximo, preferencialmente, a premissa de que a tributação é instrumento imprescindível ao combate das desigualdades de renda e riqueza, principalmente, mediante o resgate do princípio da progressividade e da isonomia da tributação dos vários tipos de renda.

Em resumo, mesmo com a progressividade prevista na Constituição da República, sua aplicação no Imposto de Renda é atenuada, seja pela existência de faixas de renda insuficientes ou – principalmente – por conta de exceções que fazem com que rendimentos sobre o capital não sejam tributados adequadamente.

15.5 INTERPRETAÇÃO JURISPRUDENCIAL DA PROGRESSIVIDADE TRIBUTÁRIA

Como já explicitado, a Constituição Federal prevê expressamente a progressividade quanto ao IR, ao IPTU e ao ITR:

> Art. 153. Compete à União instituir impostos sobre: [...]
>
> III – renda e proventos de qualquer natureza; [...]
>
> § 2º O imposto previsto no inciso III:

---

[6] Em sentido semelhante, Simone Dias Musa publicou no jornal *Valor Econômico*: "Embora o retorno a esse modelo de tributação possa parecer retrógrado, ele está atualmente mais alinhado com o modelo de tributação sobre a renda vigente internacionalmente. Além disso, o modelo viabiliza a maior progressividade da tributação sobre a renda pretendida pelo governo brasileiro em sua proposta de reformas. Mas para ser viável e positivo ao ambiente de negócios no Brasil, é necessário que a proposta de tributação de dividendos seja aprovada em conjunto com a redução substancial da alíquota aplicável às pessoas jurídicas" (*apud* MUSA, 2020).

I – **será informado pelos critérios** da generalidade, da universalidade e da **progressividade**, na forma da lei; [...]

Art. 156. Compete aos Municípios instituir impostos sobre: [...]

§ 1º Sem prejuízo da progressividade no tempo a que se refere o art. 182, § 4º, inciso II, o imposto previsto no inciso I poderá:

I – **ser progressivo em razão do valor do imóvel**; [...]

Art. 153. Compete à União instituir impostos sobre: [...]

VI – propriedade territorial rural; [...]

§ 4º O imposto previsto no inciso VI do *caput*:

I – **será progressivo** e terá suas alíquotas fixadas de forma a desestimular a manutenção de propriedades improdutivas;

Embora a progressividade seja um princípio que não possui expressa previsão constitucional, é técnica de tributação que possibilita a celebração dos demais princípios previstos no sistema tributário. Em um sistema tributário que tem como princípios, por exemplo, a igualdade (art. 150, II, da CF), a capacidade contributiva (art. 145, § 1º, da CF) e o não confisco (art. 150, IV, da CF), a adoção da progressividade não possui apenas o caráter de **regra** aplicável exclusivamente aos casos em que houve a previsão constitucional, mas também tem o papel de **princípio**, por se tratar de importante instrumento na busca do valor justiça fiscal.

Assim, a progressividade é relevante técnica de tributação, passível de cumprir os objetivos pretendidos pelo sistema tributário. Dessa forma, trata-se efetivamente de um princípio. São estas as lições de Misabel Derzi (na atualização da obra de BALEEIRO, 2013, p. 331):

> A progressividade no Direito Tributário, princípio que conduz à elevação de alíquotas à medida que cresce o montante de riqueza demonstrada ou a capacidade econômica do contribuinte, é apenas um instrumento dentre tantos outros à disposição do Estado (Democrático de Direito) para a construção de uma sociedade mais livre, justa e solidária.

Nesse aspecto, é possível questionar a possibilidade da criação ou alteração de norma tributária com o objetivo de torná-la **progressiva**, mesmo nos casos de tributos em que a progressividade não está constitucionalmente prevista.

Em um primeiro momento, o STF fora instado a se manifestar sobre essa questão e entendeu que a adoção de alíquotas progressivas não seria possível sem previsão constitucional expressa.

Com relação ao IPTU, esse mesmo tribunal se manifestou em diversas oportunidades pela impossibilidade da progressividade de alíquotas do IPTU antes da Emenda Constitucional n. 29/2000, por falta de previsão na Constituição Federal.

Podemos citar o julgamento do Recurso Extraordinário (RE) n. 602.347/MG, em que se discutiu norma do município de Belo Horizonte que previu alíquotas progressivas de IPTU.

Nesse caso, o STF decidiu pela inadmissibilidade da progressividade fiscal com fundamento na capacidade contributiva. Tal entendimento reiterado gerou, inclusive, a Súmula 668:

> É inconstitucional a lei municipal que tenha estabelecido, antes da Emenda Constitucional 29/2000, alíquotas progressivas para o IPTU, salvo se destinada a assegurar o cumprimento da função social da propriedade urbana.

No caso do IPTU, além de ter sido afastado o entendimento da aplicação da progressividade com base na capacidade contributiva, foi relevante nos julgamentos no Supremo o fato de a Constituição Federal, antes da Emenda Constitucional n. 29/2000, prever que o imposto poderia ser progressivo apenas para assegurar o cumprimento da função social da propriedade.

Quanto ao Imposto sobre a Transmissão de Bens Imóveis (ITBI), o STF também consolidou o entendimento acerca da impossibilidade de alíquotas progressivas. Nesse caso, em diversos julgamentos, o entendimento foi o de que a Constituição Federal não autoriza a progressividade das alíquotas, realizando-se o princípio da capacidade contributiva proporcionalmente ao preço da venda (RE 234.105/SP). Esse entendimento ocasionou a Súmula 656:

> É inconstitucional a lei que estabelece alíquotas progressivas para o imposto de transmissão *inter vivos* de bens imóveis – ITBI com base no valor venal do imóvel.

Há alguns anos o STF voltou a decidir o tema, analisando a aplicação da progressividade quanto ao Imposto sobre Transmissão *Causa Mortis* e Doação (ITCMD). No RE 562.045/RS foi discutida a progressividade da alíquota do ITCMD (de 1 a 8%) prevista na lei do estado do Rio Grande do Sul.

Nesse caso, embora não exista expressa previsão constitucional acerca da progressividade na Constituição Federal quanto ao ITCMD, restou declarada constitucional a norma que previu a progressividade, com o entendimento de que, nesse caso, a adoção de alíquotas progressivas é plenamente cabível, em atenção ao princípio da capacidade contributiva, previsto na Constituição.

Importante o destaque aos votos dos Ministros Eros Grau e Ellen Gracie ao analisarem a questão:

> Ministro Eros Grau:
> [...] todos os impostos podem e devem guardar relação com a capacidade contributiva do sujeito passivo e não ser impossível aferir-se a capacidade contributiva do sujeito passivo do ITCD. Ao contrário, tratando-se de imposto direto, a sua incidência poderá expressar, em diversas circunstâncias, progressividade ou regressividade direta. Todos os impostos – repito – estão sujeitos ao princípio da capacidade contributiva, especialmente os diretos, independentemente de sua classificação como de caráter real ou pessoal; isso é completamente irrelevante.
>
> Ministra Ellen Gracie:
> O art. 145, § 1º, da CF faculta à administração a identificação do patrimônio, rendimentos e atividades econômicas do contribuinte como meio de dar caráter pessoal (entenda-se, também,

subjetivo) aos impostos e de graduá-los segundo a capacidade econômica dos contribuintes. Pretende, com isso, que o legislador tenha condições de verificar, sempre que possível, a capacidade econômica de cada contribuinte que implique efetiva capacidade contributiva e, com isso, tributar mais pesadamente quem mais tem condições de absorver a carga tributária. 6. O ITCMD permite mais do que uma simples presunção indireta da capacidade contributiva do contribuinte.

Nesse caso, embora o STF não o tenha feito expressamente, verifica-se o entendimento de aplicação da progressividade como princípio apto a celebrar a capacidade contributiva.

Porém, a alteração não significa exatamente que o entendimento do STF mudou e será aplicado a outras situações que venham a ser analisadas no órgão.

No próprio julgamento do RE 562.045/RS, em trechos dos votos dos Ministros Ayres Britto e Ellen Gracie,[7] é possível verificar o destaque para o fato de o ITCMD estar em situação diferente em relação aos demais tributos.

Ou seja, embora a discussão em torno da progressividade do ITCMD tenha sido importante, principalmente pelo fato de a progressividade ter sido considerada princípio intrínseco ao sistema tributário nacional, parece prevalecer no STF o entendimento de que a desnecessidade de autorização constitucional para a aplicação da progressividade variará de acordo com o tributo que esteja sendo discutido.

O fato é que a tributação sobre o ITCMD merece especial atenção. Tradicionalmente, o STF mostrou resistência à aplicação da progressividade aos impostos sobre o patrimônio, mas alterou sua jurisprudência para permitir, em caso que tratava do ITCMD, que a progressividade dos impostos reais fosse fixada em lei, desde que respeitada a alíquota máxima prevista em resolução do Senado.

Ainda assim, o imposto sobre a herança tem alíquotas máximas bastante baixas, com a fixação do máximo de 8%. A comparação com os países desenvolvidos demonstra uma tributação excessivamente benéfica no Brasil. Pesquisa de Eduardo Gomor dos Santos (2020, p. 195) concluiu que:

---

7 Ministro Ayres Britto:
"Daqui se seguem os dois fundamentos daquela decisão: 1) por ser um imposto real, o IPTU não admitiria progressividade de alíquotas com base na norma geral do § 1º do art. 145 da Magna Lei; e 2) a progressividade do IPTU, de caráter extrafiscal, decorria da conjugação do § 1º do art. 156 com o inciso II do § 4º do art. 182 da Constituição. Dispositivos, estes, que previam para o IPTU alíquotas progressivas exclusivamente como instrumento da política de desenvolvimento urbano. É dizer: no caso do IPTU, a própria Constituição originária impunha uma condição: a progressividade de alíquotas só poderia ocorrer como ferramenta de garantia de cumprimento da função social da propriedade urbana. Condição, esta, que não ficaria afastada mesmo que fosse admitida a progressividade fiscal de impostos reais".
Ministra Ellen Gracie:
"O ITCMD, portanto, distingue-se do ITBI. Não se trata sequer de um típico imposto real, porquanto o próprio fato gerador revela inequívoca capacidade contributiva dele decorrente. Nessa medida e considerando a subjetivação que admite, pode-se mesmo considerar que, na classificação entre impostos reais e pessoais, o ITCMD penderia mais para esta categoria".

Para níveis de comparação, dados de 2013 apontam que nos Estados Unidos as taxas variaram de 18 a 40%; no Japão, de 10 a 50%; na Alemanha, de 7 a 50%; na França, de 5 a 60%, na Inglaterra, 40%. O imposto sobre a herança é uma demanda liberal no sentido de equalizar as oportunidades para todos os indivíduos da sociedade, cuja mobilidade social acaba sendo constrangida pela alta concentração de renda. Esse fato perpetua ciclos geracionais de pobreza e de riqueza existentes há séculos, atentando contra o conceito de mérito, ainda em termos de liberalismo econômico.

O imposto sobre herança deveria ser uma forma de equalizar as oportunidades e de reduzir a concentração de renda. Se a tributação sobre a renda proveniente do trabalho alcança alíquota de 27,5% e a tributação sobre a herança apenas 8%, premia-se aquele que recebeu a propriedade gratuitamente em prejuízo daquele que obtém recursos mediante o trabalho. Dessa forma, novas gerações de famílias com pouca herança têm dificuldade na formação de patrimônio, o que tende a aumentar a diferença entre as classes sociais e a dificuldade de mobilidade social.[8]

Segundo o Sindicato Nacional dos Auditores-Fiscais da Receita Federal do Brasil (Sindifisco), em termos de arrecadação total, a parcela dos impostos sobre o patrimônio nas três esferas de governo é muito baixa, da ordem de 1,51% do Produto Interno Bruto (PIB) em 2016. A pressão em torno da baixa tributação sobre o patrimônio também não é uma peculiaridade brasileira, todavia estamos bem abaixo do que se espera de uma tributação que já tende a ser reduzida. A carga tributária do Brasil sobre a propriedade é 1,5%, enquanto países desenvolvidos como França, Reino Unido e Estados Unidos estão acima de 4% (SANTOS, 2020, p. 196).

15.6 DA REGRESSIVIDADE DA TRIBUTAÇÃO BRASILEIRA

A carga tributária no Brasil incide especialmente sobre o consumo. Essa tributação acaba por fazer com que o sistema tributário tenha efeitos regressivos, obrigando contribuintes com menos recursos financeiros a contribuir em valor maior em comparação aos contribuintes com mais recursos financeiros.

O Ipea realizou estudo denominado "Equidade fiscal no Brasil: impactos distributivos da tributação e do gasto social" (BRASIL, 2011, p. 6) no ano de 2011, em que analisou a tributação no país.

A conclusão foi a de que a tributação no Brasil é regressiva, em razão de seu direcionamento para priorizar impostos sobre o consumo. Segundo o estudo, considerando os 10% mais pobres, a tributação atingiu cerca de 30% da renda, enquanto nos 10% mais ricos a tributação alcançou 12% da renda. Vale a menção aos seguintes trechos do trabalho do Ipea:

---

8   Também não cobramos adequadamente o ITR, o Imposto sobre a Propriedade de Veículos Automotores (IPVA) e o IPTU. O Brasil é um dos países com maior frota executiva de helicópteros, jatinhos, lanchas e iates, os quais não estão incluídos como fato gerador do IPVA.

Figura 15.1 Carga tributária sobre renda total.

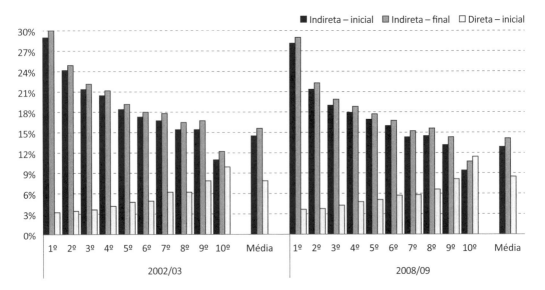

A regressividade da tributação indireta e a progressividade da tributação direta encontram-se evidenciadas no gráfico, tendo por resultado a regressividade da carga tributária total: nos 10% mais pobres ela atinge cerca de 30%, caindo continuamente até representar, nos 10% mais ricos, 12%. Como já apontado, as alterações ocorridas entre 2003 e em 2009 são pouco expressivas, observando-se, de um lado, uma diminuição tênue na incidência da tributação indireta entre um e dois pontos percentuais, e, de outro, um incremento, também marginal, na tributação direta de meio ponto percentual. Logo, a carga tributária total sobre as famílias e seu perfil distributivo pouco se alteram, e os índices de progressividade dos tributos diretos e indiretos em 2003 e em 2009 permanecem muito semelhantes.

Fonte: BRASIL. Instituto de Pesquisa Econômica Aplicada (Ipea). Equidade fiscal no Brasil: impactos distributivos da tributação e do gasto social. *Comunidades do Ipea*, n. 92, 19 maio 2011. p. 6. Disponível em: http://repositorio.ipea.gov.br/handle/11058/5207. Acesso em: 23 abr. 2021.

Quando se afirma que o sistema tributário brasileiro gera o indesejável efeito da regressividade, deve-se compreender o que isso implica: quanto menor a renda auferida por determinada parcela da população, maior o impacto da carga fiscal em sua vida. Atribui-se esse fenômeno ao reflexo da elevada carga tributária incidente sobre o consumo de bens e serviços, que são os chamados impostos indiretos.

Os impostos indiretos têm a peculiar característica de serem repassados ao consumidor final. Nesse caso, quem arca com o ônus da tributação não integra a relação jurídica tributária, daí a adequada denominação desses tributos como indiretos.

Essa modalidade de exação não é capaz de avaliar a capacidade contributiva do contribuinte para que sejam definidos os elementos quantitativos do tributo. Isso porque, empiricamente, não é possível identificar previamente quem irá consumir o produto ou serviço. Por outro lado, o contribuinte de direito – integrante da relação jurídica – não suporta a carga tributária; logo, aferir sua capacidade contributiva não traria justiça fiscal.

O resultado é que indivíduos com as mais diversas condições econômicas pagam o mesmo tributo se consomem igual produto ou serviço. A possibilidade de diferenciação de alíquotas está em uma análise comportamental. Por exemplo, pessoas mais pobres tendem a gastar maior percentual da renda com produtos da cesta básica. Assim, para reduzir o impacto na isonomia, a cesta básica é exonerada, mas isso acaba por beneficiar todos os que a consomem, independentemente da renda.

Segundo estudo divulgado pela Receita Federal do Brasil, em 2018, a carga tributária bruta brasileira foi de 32,26%, sendo calculada como a razão entre a arrecadação e o PIB, ambos em valores nominais. A análise por base de incidência revela que bens e serviços são as bases de incidência mais oneradas com tributação, sendo responsáveis por 44,74% da tributação, seguidos de 27,39% da folha de salários (onerada por conta de a previdência ser pública), 21,62% da renda, 4,64% da propriedade e 1,60% das transações financeiras (BRASIL, 2020).

Segundo referido estudo, quando se compara a tributação por base de incidência, observa-se que para a base "renda" o Brasil tributa menos que a média dos países da OCDE, enquanto para a base "bens e serviços" se tributa, em média, mais que a maioria dos países analisados.

Em seguida, o estudo acrescenta a análise dos países integrantes da OCDE em 2017, da qual se pode concluir que o Brasil tributa renda, lucro e ganho de capital em 7%, enquanto a média dos países da OCDE está em 11,4%. A carga tributária do Brasil sobre a propriedade é de 1,5%, enquanto países como França, Reino Unido e Estados Unidos estão acima de 4%. Já a tributação sobre bens e serviços estava com 14,3% (na quarta posição), enquanto a média dos países da OCDE é 11,1%.

Pelos dados, consegue-se perceber que a renda e a propriedade estão sujeitas a tributação menos expressiva, apesar de serem bases de incidência cuja capacidade contributiva é decisiva na definição da carga tributária. De outro lado, os bens e serviços representam uma parcela significativa da tributação.

Em regra, nos países considerados no estudo, o consumo é mais onerado que as demais bases. Ocorre que, no Brasil, essa tributação é ainda mais acentuada se comparada à renda e à propriedade.

Não fosse um país com tanta desigualdade social, o problema da regressividade seria menos relevante e, possivelmente, mais fácil de sanear. No Canadá, por exemplo, existe um mecanismo de transferências financeiras (*refundable tax credits*) para pessoas que preencham determinados requisitos (a questão social é ponderada em conjunto com a situação familiar). No entanto, naquele país, a tributação sobre bens e serviços é bem inferior à do Brasil, somando apenas 7% do PIB. Além disso, cerca de 9 milhões de pessoas são beneficiadas (GODOI, 2017, p. 545-570).

Segundo o Instituto Brasileiro de Geografia e Estatística (IBGE), em 2018 as pessoas que ganhavam até dois salários mínimos mensais gastaram 92,6% de seus rendimentos com consumo (SOUZA, 2019). Ocorre que quase 25% dos brasileiros vivem com até dois salários mínimos mensais, cerca de 50 milhões de pessoas. Ou seja, um programa de restituição no Brasil exigiria uma estrutura mais complexa que a do Canadá.[9]

Dessa forma, a tributação excessiva sobre o consumo é um tema que deveria estar na centralidade da pauta da reforma tributária, com uma abordagem relacionada ao aspecto de redução das desigualdades sociais, o que não ocorre. Entende-se que a simplificação do sistema para atrair investimentos internacionais e desenvolver o empreendedorismo nacional é efeito desejável, entretanto refletir acerca do aumento da injustiça fiscal também é pauta que merece espaço.

A Constituição da República previu alguns instrumentos que podem ser utilizados para conferir maior isonomia ao sistema tributário nacional. No art. 145, § 1º, o constituinte dispôs: "Sempre que possível, os impostos terão caráter pessoal e serão graduados segundo a capacidade econômica do contribuinte". Por óbvio, a norma revela um objetivo, mas não parece que o "sempre que possível" seja um irrelevante jurídico. Do contrário, a interpretação que mais efetivamente se alinha com a finalidade constitucional de justiça fiscal é a de que a atuação dos poderes constituídos deve buscar promover um sistema tributário mais isonômico sob todos os aspectos.

Portanto, verifica-se certa contradição no sistema como um todo, pois, ao mesmo tempo que se prevê como princípio que o tributo deverá ser graduado de acordo com a capacidade contributiva do contribuinte, por outro lado se permite a concentração da tributação no consumo e pouco se aplica a progressividade tributária sobre a renda e o patrimônio.

Impende lembrar que a capacidade contributiva é corolário do princípio da igualdade e, se bem aplicada, seria capaz de conferir mais justiça fiscal ao sistema tributário, pois impõe que cada um pague tributos na medida em que possua rendas ou bens. No entanto, conforme já explicamos, somada à dificuldade de aplicação na tributação sobre o consumo, a progressividade é interpretada tanto pelo legislador como pelo Judiciário de forma excessivamente branda, o que impede o efeito desejado de se cobrarem mais tributos daquele que aparenta mais riqueza.

Repita-se que, pela progressividade, quanto mais se aumentar a base de cálculo, maior será a alíquota cobrada. Isso porque se entende que, quanto maior a capacidade econômica do contribuinte, menos a parcela do patrimônio que visa garantir o mínimo existencial está ameaçada e maior a possibilidade de se pagarem tributos sem comprometimento da subsistência. Não se pode esquecer dos dados do IBGE que indicam que famílias pobres gastam cerca de 90% de seus rendimentos com consumo.

A proporcionalidade também é considerada uma medida possível para a capacidade contributiva, mas implica a manutenção das alíquotas iguais mesmo com o aumento do

---

9   A Proposta de Emenda à Constituição n. 45, que tramita no Congresso Nacional, traz um mecanismo de restituição, mas trata o tema de forma simplista. Entendemos que, além da restituição, deveria ser mantida a seletividade, por ser uma forma de garantir alguma igualdade nos tributos sobre o consumo, uma vez que se podem eleger os produtos mais importantes para as famílias de baixa renda para redução de alíquotas.

valor dos bens ou renda, o que se mostra injusto em países com intensa desigualdade social, pois as diversas classes sociais tendem a comprometer um percentual de suas rendas bastante distinto, no sentido de que quem recebe menos usa maior parte livre[10] de seu salário/recebimentos para pagar tributos.

Um fator que deve ser combinado ao quadro da baixa progressividade e da elevada tributação sobre o consumo para revelar os motivos pelos quais a tributação deveria buscar reduzir desigualdades é a dificuldade de mobilidade social no país. Ressalta-se que, no *ranking* da OCDE, estamos entre aqueles Estados com pior estratificação social (OECD, 2018).

A tributação se apresenta como mais um fator que impede o desenvolvimento econômico da maioria da população do país, na medida em que exclui a maior parte das pessoas das oportunidades de geração de riqueza por meio de um ônus que não lhes permite ter alguma sobra financeira para investir ou consumir algo fora do essencial. Esses excluídos, portanto, são destinados a suportar proporcionalmente a pior carga tributária, comprometendo grande parcela de sua renda somente para pagar tributos.

No mesmo sentido, Maria Helena Zockun (2017, p. 29) conclui:

> O desenho do sistema tributário brasileiro não leva em consideração que a intensa concentração de renda do país se traduz em propensões a consumir muito diferentes entre as famílias, de acordo com suas rendas, o que torna inevitável a regressividade dos impostos sobre o consumo. Ao privilegiar esse tipo de tributo como principal fonte de arrecadação e, ao mesmo tempo, atenuar a progressividade dos tributos diretos, o sistema tributário brasileiro se tornou um instrumento de intensificação da concentração de renda.

Outro fato que agrava esse quadro é a ausência de tributação sobre os dividendos, que demonstra o baixo interesse em tributar-se o topo da pirâmide econômica. Sobre o assunto, Luciana Grassano de Gouvêa Melo (2020, p. 21), após analisar os dados do Ipea de 2008, conclui que:

> [...] Quanto mais elevado o rendimento total do contribuinte, menos esse rendimento advém dos trabalho e mais ele se apresenta como renda de capital. Considerando que no Brasil o rendimento do capital é menos tributado e tributado por alíquota linear ou é desonerado (como a distribuição de lucros e dividendos e os juros sobre capital próprio), parece claro que para as maiores faixas de renda menor é a alíquota efetiva do imposto de renda, o que certamente agrava o quadro de regressividade do sistema tributário brasileiro.
>
> Além disso, os tributos sobre a propriedade tradicionalmente não são relevantes no Brasil. Já foi demonstrado como a jurisprudência, mesmo com as alíquotas baixas que são aplicadas, ainda teve resistência para compreender a relevância de se aplicar a progressividade no que se refere aos impostos sobre a propriedade.

Esse é o nosso cenário: baixa progressividade na tributação sobre renda e propriedade, além de tributação focada na tributação sobre o consumo, o que resulta na regressividade expressiva.

---

10 Parte que não comprometa a subsistência.

Se fizermos um recorte sob o manto do direito antidiscriminatório, é possível afirmar que os padrões raciais de discriminação se repetem no ambiente tributário. De forma que, se dividida a população em grupos de renda (dez possibilidades), a maior parte das pessoas com menor renda – entre 62,35 e 68% (segundo Salvador [2014]) – é formada por homens e mulheres negros, os quais arcam com carga tributária, proporcionalmente, 240% maior que a dos 10% mais ricos.[11] Estes últimos são em sua maioria homens brancos, não tributados adequadamente na tributação incidente sobre sua renda e seu patrimônio.

Portanto, o sistema tributário nacional, conforme modelado, onera de forma proporcionalmente maior aqueles que estão na base da pirâmide social, agravando a dificuldade de acesso a oportunidades no país e colaborando para a perpetuação da estratificação social nos moldes em que está sedimentada nos dias atuais.

15.7 CONSIDERAÇÕES FINAIS

Vivemos em um país com condições únicas de desigualdade, e nesse contexto a tributação exerce um importante papel para que o Estado busque maior equilíbrio e justiça. A Constituição da República de 1988, ao prever, no § 1º do art. 145, que os impostos tenham caráter pessoal **sempre que possível** e que sejam graduados de acordo com a **capacidade econômica do contribuinte**, constitui importante instrumento para que o tributo seja exigido de forma justa e solidária.

A tributação concentrada no consumo, aliada à atenuação das normas que preveem a progressividade nos impostos sobre a renda e patrimônio, faz com o que o sistema tributário brasileiro seja regressivo, com maior impacto da carga fiscal sobre os contribuintes com menor renda auferida.

Atualmente, então, enfrentamos uma situação de elevada desigualdade imposta pelo sistema tributário, embora com princípios e normas aptos a adequar a carga tributária de acordo com a capacidade contributiva de cada um, o que auxilia no aumento do problema, na medida em que tributa mais aqueles que menos possuem.

Os efeitos da tributação na sociedade desrespeitam o princípio da igualdade, pois os indivíduos com menos riqueza pagam mais tributos que os mais ricos, e desrespeitam também o princípio da capacidade contributiva, já que os mais pobres acabam por ter uma quantia considerável de sua renda direcionada ao pagamento de tributos, o que dificulta sua própria evolução econômica e tem o potencial de aumentar ainda mais nossos problemas sociais.

Neste momento temos discussões voltadas para reformas tributárias, que se pautam na simplificação da arrecadação, porém é importante que o foco do debate esteja nas questões relativas à progressividade tributária, à tributação sobre o consumo e à justiça fiscal, celebrando os princípios previstos constitucionalmente. A falta de interesse nesse debate revela um ambiente político incapaz de analisar o interesse da maioria numérica da população.

---

11   POF 2008/9 (microdados), Tabela 2, elaboração de Fernando Gaiger Silveira (BRASIL, 2011).

Não é possível sustentar que o sistema tributário nacional esteja de acordo com o art. 3º da Constituição da República, visto que, ao invés de promover os objetivos fundamentais da República, cria óbices a sua efetivação. Somado a isso, além de violar o direito fundamental da isonomia, o sistema tributário nacional contraria o princípio democrático, uma vez que impede o desenvolvimento econômico da maioria das famílias brasileiras, aprofundando sua exclusão econômico-social.

Enfim, este capítulo pretendeu trazer um alerta para o tema, que demanda a complexa realização de estudos a fim de indicar o espaço correto para o aumento da tributação, sem oneração daqueles que já estão suportando uma carga tributária significativa. A princípio entendemos que, associado à redução da tributação sobre o consumo, existe espaço para a ampliação da tributação sobre herança, o aumento da progressividade do IRPF e a retomada da tributação sobre os dividendos, de forma a tentar promover alguma justiça fiscal no âmbito da tributação.

REFERÊNCIAS

AFONSO, José Roberto *et al.* (org.). *Tributação e desigualdade*. Belo Horizonte: Letramento: Casa do Direito: FGV Direito Rio, 2017.

BALEEIRO, Aliomar. *Direito tributário brasileiro*. Atualizada por Misabel Abreu Machado Derzi. 12. ed. Rio de Janeiro: Forense, 2013

BRASIL. Instituto de Pesquisa Econômica Aplicada (Ipea). Equidade fiscal no Brasil: impactos distributivos da tributação e do gasto social. *Comunidades do Ipea*, n. 92, 19 maio 2011. Disponível em: http://repositorio.ipea.gov.br/handle/11058/5207. Acesso em: 23 abr. 2021.

BRASIL. Ministério da Economia. Receita Federal. *Carga tributária no Brasil 2018:* análise por tributos e bases de incidência. Mar. 2020. Disponível em: https://www.gov.br/receitafederal/pt-br/acesso-a-informacao/dados-abertos/receitadata/estudos-e-tributarios-e-aduaneiros/estudos-e--estatisticas/carga-tributaria-no-brasil/ctb-2018-publicacao-v5.pdf/view. Acesso em: 8 mar. 2021.

CARRAZZA, Roque Antonio. *Curso de direito constitucional tributário*. 9. ed. São Paulo: Malheiros, 1997.

FEITAL, Thiago Álvarez. A dependência entre os direitos humanos e o direito tributário. *RIL*, Brasília, ano 56, n. 224, out./dez. 2019.

GOBETTI, Sérgio Wulff; ORAIR, Rodrigo Octávio. Progressividade tributária: a agenda esquecida. *In:* XX *Prêmio Tesouro Nacional 2015 – Concurso de Monografia em Finanças Públicas.* Brasília, 2015.

GOBETTI, Sérgio Wulff; ORAIR, Rodrigo Octávio. Tributação e desigualdade de renda no Brasil: uma análise a partir da DIRPF. *In:* AFONSO, José Roberto *et al.* (org.). *Tributação e desigualdade*. Belo Horizonte: Letramento: Casa do Direito: FGV Direito Rio, 2017.

GODOI, Marciano Seabra de. Tributação do consumo e efeitos redistributivos: alíquotas reduzidas conforme a essencialidade dos produtos/serviços (seletividade) *versus* alíquotas uniformes com transferências financeiras (*refundable tax credits*) para famílias de baixa renda. *In:* AFONSO, José Roberto *et al. Tributação e desigualdade*. Belo Horizonte: Letramento: Casa do Direito: FGV Direito Rio, 2017. p. 545-570.

LETTIERI, Marcelo. Imposto de Renda das Pessoas Físicas no Brasil: a desigualdade escancarada. *In*: AFONSO, José Roberto et al. *Tributação e desigualdade*. Belo Horizonte: Letramento: Casa do Direito: FGV Direito Rio, 2017.

MELO, Luciana Grassano de Gouvêa. A tributação da renda e a invisibilidade da mulher negra no Brasil. *In:* MELO, Luciana Grassano de Gouvêa; SARAIVA, Ana Pontes; GODOI, Marciano Seabra de (org.). *Política fiscal e gênerol*. Belo Horizonte: Letramento: Casa do Direito, 2020 (Col. Direito Tributário e Financeiro).

MUSA, Simone Dias. Tributação de dividendos na reforma. *IBET*. 9 set. 2020. Disponível em https://www.ibet.com.br/tributacao-de-dividendos-na-reforma/. Acesso em: 30 abr. 2021.

OECD. *A broken social elevator?* How to promote social mobility. 15 jun. 2018. Disponível em: https://www.oecd.org/social/broken-elevator-how-to-promote-social-mobility-9789264301085-en.htm. Acesso em: 25 abr. 2021.

OXFAM BRASIL. *A distância que nos une:* um retrato das desigualdades brasileiras. 25 set. 2017. Disponível em: https://www.oxfam.org.br/um-retrato-das-desigualdades-brasileiras/a-distancia-que-nos-une/. Acesso em: 30 abr. 2021.

PIKETTY, Thomas. *O capital do século XXI*. Tradução Monica Baumgarten de Bolle. Rio de Janeiro: Intrínseca, 2013.

REZENDE, Fernando; AFONSO, José Roberto; GAIGER, Fernando. *Equidade fiscal no Brasil*: relatório final de pesquisa para o BID. Brasília, 2011.

SALVADOR, Evilásio. *As implicações do sistema tributário brasileiro nas desigualdades de renda*. Brasília, 2014. Disponível em: https://www.inesc.org.br/wp-content/uploads/2019/04/Sistema_tributario_e_desigualdades_evilasio.pdf. Acesso em: 25 abr. 2021.

SANTOS, Eduardo Gomor dos. O outro lado do orçamento público: sistema tributário e racismo estrutural. *In*: XAVIER, Elaine de Melo (org.). *Gênero e raça no orçamento público brasileiro*. Brasília: Assecor, 2020.

SOUZA, Diana Paula de. Famílias com até 2 salários gastam 61% do orçamento com alimentos e habitação. *Agência IBGE*. 4 out. 2019. Disponível em: https://agenciadenoticias.ibge.gov.br/agencia-noticias/2012-agencia-de-noticias/noticias/25606-familias-com-ate-dois-salarios-gastam-61-do-orcamento-com-alimentos-e-habitacao. Acesso em: 30 abr. 2021.

TÓPICO especial: carga tributária no Brasil e nos países da OCDE. *Instituição Fiscal Independente – Relatório de Acompanhamento Fiscal*, dez. 2018. Disponível em: https://www2.senado.leg.br/bdsf/bitstream/handle/id/551026/RAF23_DEZ2018_TopicoEspecial_CargaTributaria.pdf. Acesso em: 30 abr. 2021.

TORRES, Ricardo Lobo. *Curso de direito financeiro e tributário*. Rio de Janeiro: Renovar, 2007.

TORRES, Ricardo Lobo. Justiça distributiva: social, política e fiscal. *Revista de Direito Tributário*, São Paulo: Malheiros, n. 70, 1995.

ZOCKUN, Maria Helena. Equidade da tributação. *In*: AFONSO, José Roberto et al. *Tributação e desigualdade*. Belo Horizonte: Letramento: Casa do Direito: FGV Direito Rio, 2017.

16

AFINAL, A LEI COMPLEMENTAR N. 939/2003 ESTABELECEU O PRAZO PARA A CONCLUSÃO DO PROCEDIMENTO FISCALIZATÓRIO COM A CONSEQUENTE LAVRATURA DO AUTO DE INFRAÇÃO OU APENAS O PRAZO PARA O RESTABELECIMENTO DA ESPONTANEIDADE DO CONTRIBUINTE?

Valter do Nascimento

16.1 INTRODUÇÃO

Apesar de seus quase 19 anos de existência, a Lei Complementar (LC) n. 939, de 3 de abril de 2003, que instituiu o Código de Direitos, Garantias e Obrigações do Contribuinte no Estado de São Paulo, ainda é pouco conhecida.

Diante disso, sua leitura é recomendada não só para aqueles que militam na área contenciosa tributária como também para os contabilistas, advogados e consultores tributários, para que possam orientar adequadamente seus clientes/contribuintes diante de um procedimento fiscalizatório.

Ressalte-se inicialmente que o primeiro estado da Federação a instituir um Código de Defesa para os contribuintes foi o de Minas Gerais, por meio da Lei n. 13.515/2000, seguido por São Paulo, que no dia 21 de dezembro de 2000 apresentou na Assembleia Legislativa o Projeto de Lei Complementar n. 81/2000, posteriormente convertido na lei complementar ora em destaque.

Esclareça-se que os objetivos da instituição de referido Código estão elencados em seu artigo 2º,[1] sendo o primeiro objetivo o de promover o bom relacionamento entre o Fisco e o contribuinte.

---

1 "Art. 2º São objetivos do Código:
I – promover o bom relacionamento entre o fisco e o contribuinte, baseado na cooperação, no respeito mútuo e na parceria, visando a fornecer ao Estado os recursos necessários ao cumprimento de suas atribuições;

Embora a lei complementar paulista tenha como um dos objetivos "proteger o contribuinte contra o exercício abusivo do poder de fiscalizar, de lançar e de cobrar tributo instituído em lei", uma questão importante precisa ser dirimida.

Tal questão repousa justamente no prazo que o agente do Fisco do estado de São Paulo tem para finalizar o procedimento fiscalizatório e, se for o caso, constituir o crédito tributário, por meio do lançamento,[2] ou seja, lavrar o auto de infração e imposição de multa (AIIM).

Aludido prazo está intimamente ligado ao restabelecimento da espontaneidade do contribuinte, pois a LC 939/2003, conforme veremos adiante, estabelece que, findado o prazo de 90 dias sem que o procedimento de fiscalização tenha sido concluído, desde que o contribuinte tenha entregado todas as informações e documentos solicitados, será reaberta a oportunidade para que ele faça a denúncia espontânea.[3]

A pergunta que se faz é: o prazo de 90 dias, prorrogável pelo mesmo período, sinaliza o fim do procedimento de fiscalização, com ou sem a lavratura do AIIM, ou apenas restabelece a espontaneidade do contribuinte?

É o que será respondido nas linhas que seguem.

16.2 DA COMPETÊNCIA FISCALIZATÓRIA

Conforme dispõe o art. 145 da Constituição Federal (CF),[4] a União, os estados, o Distrito Federal e os municípios podem instituir seus próprios tributos.[5]

II – proteger o contribuinte contra o exercício abusivo do poder de fiscalizar, de lançar e de cobrar tributo instituído em lei;
III – assegurar a ampla defesa dos direitos do contribuinte no âmbito do processo administrativo-fiscal em que tiver legítimo interesse;
IV – prevenir e reparar os danos decorrentes de abuso de poder por parte do Estado na fiscalização, no lançamento e na cobrança de tributos de sua competência;
V – assegurar a adequada e eficaz prestação de serviços gratuitos de orientação aos contribuintes;
VI – assegurar uma forma lícita de apuração, declaração e recolhimento de tributos previstos em lei, bem como a manutenção e apresentação de bens, mercadorias, livros, documentos, impressos, papéis, programas de computador ou arquivos eletrônicos a eles relativos;
VII – assegurar o regular exercício da fiscalização."

2 "Art. 142. Compete privativamente à autoridade administrativa constituir o crédito tributário pelo lançamento, assim entendido o procedimento administrativo tendente a verificar a ocorrência do fato gerador da obrigação correspondente, determinar a matéria tributável, calcular o montante do tributo devido, identificar o sujeito passivo e, sendo o caso, propor a aplicação da penalidade cabível."

3 "Art. 138. A responsabilidade é excluída pela denúncia espontânea da infração, acompanhada, se for o caso, do pagamento do tributo devido e dos juros de mora, ou do depósito da importância arbitrada pela autoridade administrativa, quando o montante do tributo dependa de apuração.
Parágrafo único. Não se considera espontânea a denúncia apresentada após o início de qualquer procedimento administrativo ou medida de fiscalização, relacionados com a infração."

4 "Art. 145. A União, os Estados, o Distrito Federal e os Municípios poderão instituir os seguintes tributos: [...]"

5 "Art. 3º Tributo é toda prestação pecuniária compulsória, em moeda ou cujo valor nela se possa exprimir, que não constitua sanção de ato ilícito, instituída em lei e cobrada mediante atividade administrativa plenamente vinculada."

Ao instituírem os tributos, estabelecerão, por meio de normas específicas, os critérios e sujeitos para sua incidência e posterior recolhimento, tais como fato gerador[6] (p. ex., circulação econômica de mercadorias, no caso do Imposto sobre Circulação de Mercadorias e Serviços – ICMS[7]), sujeito ativo[8] (União, estados, DF e municípios), sujeito passivo[9] (contribuinte ou responsável), alíquota[10] e base de cálculo.[11]

Para verificar se o contribuinte está recolhendo o tributo com regularidade ou se deixou de recolhê-lo, os entes tributantes inicialmente mencionados necessitam de um personagem importante, o agente fiscal, que na execução de seu trabalho deverá observar os comandos constitucionais[12] e legais inerentes a sua função.

Destaque-se que o art. 194 do Código Tributário Nacional (CTN)[13] estabelece que é a legislação tributária de cada ente tributante que regulará a competência e os poderes das autoridades administrativas no tocante à fiscalização.

Observando as diretrizes estabelecidas pelo art. 194 do CTN, o estado de São Paulo, cujos tributos são administrados pela Secretaria da Fazenda e Planejamento, instituiu, por meio do Decreto n. 45.490, de 30 de novembro de 2000, o Regulamento do ICMS (RICMS/2000), que, no *caput* do art. 490, sobre a competência fiscalizatória, estabelece:

> Art. 490. A fiscalização do imposto compete privativamente ao Agente Fiscal de Rendas que, no exercício de suas funções, deverá, obrigatoriamente, exibir ao contribuinte sua cédula funcional, fornecida pela Secretaria da Fazenda.

---

6 "Art. 114. Fato gerador da obrigação principal é a situação definida em lei como necessária e suficiente à sua ocorrência."

7 O Imposto sobre Operações Relativas à Circulação de Mercadorias e sobre Prestações de Serviços de Transporte Interestadual e Intermunicipal e de Comunicação.

8 "Art. 119. Sujeito ativo da obrigação é a pessoa jurídica de direito público, titular da competência para exigir o seu cumprimento."

9 "Art. 121. Sujeito passivo da obrigação principal é a pessoa obrigada ao pagamento de tributo ou penalidade pecuniária.
Parágrafo único. O sujeito passivo da obrigação principal diz-se:
I – contribuinte, quando tenha relação pessoal e direta com a situação que constitua o respectivo fato gerador;
II – responsável, quando, sem revestir a condição de contribuinte, sua obrigação decorra de disposição expressa de lei.
Art. 122. Sujeito passivo da obrigação acessória é a pessoa obrigada às prestações que constituam o seu objeto."

10 Segundo Eduardo Marcial Ferreira Jardim (2003, p. 24), alíquota é o *fator representado por uma percentagem ou por qualquer unidade de medida, destinado a conjugar-se com a base de cálculo para o fim de traduzir o importe da prestação pecuniária.*

11 *Grandeza contida no critério quantitativo da norma jurídica tributária* (JARDIM, 2003, p. 33).

12 "Art. 37. A administração pública direta e indireta de qualquer dos Poderes da União, dos Estados, do Distrito Federal e dos Municípios obedecerá aos princípios de legalidade, impessoalidade, moralidade, publicidade e eficiência."

13 "Art. 194. A legislação tributária, observado o disposto nesta Lei, regulará, em caráter geral, ou especificamente em função da natureza do tributo de que se tratar, a competência e os poderes das autoridades administrativas em matéria de fiscalização da sua aplicação.
Parágrafo único. A legislação a que se refere este artigo aplica-se às pessoas naturais ou jurídicas, contribuintes ou não, inclusive às que gozem de imunidade tributária ou de isenção de caráter pessoal."

Nota-se pela leitura do dispositivo legal que a competência para fiscalizar o tributo, no caso o ICMS, é do agente fiscal de Rendas, que sempre deverá identificar-se perante o contribuinte a ser fiscalizado.

Atualmente a visita do agente do Fisco ao estabelecimento do contribuinte está cada vez mais rara, haja vista que, com os avanços tecnológicos, as informações fiscais são enviadas e conferidas eletronicamente pelos sistemas informatizados do ente tributante.

Assim, quando encontrada qualquer divergência, o agente fiscalizador notificará o contribuinte para prestar esclarecimentos. Sendo confirmada a irregularidade, fará o lançamento, ou seja, lavrará o AIIM, no qual exigirá o valor do tributo devido, acrescido de juros e multa.

Importante destacar que o procedimento de fiscalização não pode ser iniciado sem que haja a emissão pelo Fisco de, ao menos, um dos documentos próprios para esse fim, salvo nos casos de flagrante infração à lei tributária ou denúncia, por exemplo, mas nesses casos o documento que inaugura a fiscalização deverá ser elaborado logo em seguida, conforme veremos adiante com a leitura do art. 9º da LC 939/2003.

Nesse passo, o art. 491 do RICMS/2000 dá um panorama da maneira como o agente fiscal deve proceder ao comparecer ao estabelecimento do contribuinte que será fiscalizado. Veja-se:

> Art. 491. O Agente Fiscal de Rendas, quando, no exercício de suas funções, comparecer a estabelecimento de contribuinte, lavrará, obrigatoriamente, termos circunstanciados de início e de conclusão da verificação fiscal, fazendo constar o período fiscalizado, as datas inicial e final da execução dos trabalhos, a relação dos livros e documentos examinados e o histórico das infrações apuradas, com indicação das medidas preventivas ou repressivas adotadas, bem como quaisquer outros dados de interesse da fiscalização.
>
> § 1º Os termos serão lavrados no livro Registro de Utilização de Documentos Fiscais e Termos de Ocorrências – RUDFTO – ou, na sua falta, em qualquer outro livro fiscal ou, ainda, se não exibido nenhum livro, em instrumento apartado, entregando-se cópia ao interessado.
>
> § 2º No termo de início de fiscalização lavrado em apartado, o Agente Fiscal de Rendas deverá notificar o contribuinte a apresentar os livros e documentos.
>
> § 3º Qualquer autoridade fiscal que tomar conhecimento de início de fiscalização sem a lavratura do correspondente termo é obrigada a representar para efeito de instauração de procedimento administrativo contra o Agente Fiscal de Rendas para apuração de responsabilidade funcional.
>
> § 4º A Secretaria da Fazenda poderá adotar disciplina diversa ou complementar à estabelecida neste artigo, inclusive para adoção de procedimentos decorrentes de sistema eletrônico de processamento de dados.

Conforme pode ser visto, os comandos normativos do artigo acima transcrito precisam ser observados pelo agente fiscal, sob pena de nulidade do procedimento fiscalizatório e de uma possível apuração de responsabilidade funcional.

Registre-se que o art. 491 do RICMS está em consonância com a redação dos arts. 195 e 196 do CTN.[14]

---

14 "Art. 195. Para os efeitos da legislação tributária, não têm aplicação quaisquer disposições legais excludentes ou limitativas do direito de examinar mercadorias, livros, arquivos, documentos, papéis e efeitos comerciais ou fiscais, dos comerciantes industriais ou produtores, ou da obrigação destes de exibi-los.

Importante destacar que a LC 939/2003, no Capítulo III, "Dos Deveres da Administração Fazendária", reforça os preceitos estabelecidos no art. 491 do RICMS/2000, deixando claro, em seu art. 9º, que o trabalho a ser executado pelo Fisco será precedido da emissão de um dos seguintes documentos:

- ordem de fiscalização;
- notificação;
- ou outro ato administrativo compatível autorizando a execução de procedimentos fiscais.

Confira-se:

> Art. 9º A execução de trabalhos de fiscalização será precedida de emissão de ordem de fiscalização, notificação ou outro ato administrativo autorizando a execução de quaisquer procedimentos fiscais, exceto nos casos de extrema urgência, tais como flagrante infracional, continuidade de ação fiscal iniciada em outro contribuinte ou apuração de denúncia, nos quais adotar-se-ão de imediato as providências visando a garantia da ação fiscal, devendo nesses casos a ordem de fiscalização, notificação ou outro administrativo ser emitido no prazo máximo de 48 (quarenta e oito) horas.
>
> Parágrafo único. A ordem de fiscalização, a notificação ou o ato administrativo referido no *caput* conterá a identificação dos Agentes Fiscais de Rendas encarregados de sua execução, a autoridade responsável por sua emissão, o contribuinte ou local onde será executada, os trabalhos que serão desenvolvidos e o número do telefone ou endereço eletrônicos onde poderão ser obtidas informações necessárias à confirmação de sua autenticidade.

A despeito de o artigo transcrito ser claro, é importante frisar que o trabalho fiscal, em regra, não pode ser iniciado antes da expedição da Ordem de Fiscalização, também conhecida como Ordem de Serviço Fiscal (OSF); da notificação ou outro ato administrativo competente, excetuando-se os casos de extrema urgência, como flagrante infracional, continuidade de ação fiscal iniciada em outro contribuinte ou apuração de denúncia, sendo que nesses casos a OSF deverá ser emitida no prazo máximo de 48 horas.

Lembrando que na Ordem de Serviço Fiscal deverão constar os trabalhos que serão desenvolvidos. A falta de tal documento ou outro pertinente nulifica o procedimento fiscalizatório.

Registre-se, por fim, que o procedimento de fiscalização está intimamente ligado à resolução do questionamento trazido neste capítulo, motivo pelo qual julgamos necessário apresentar os detalhes que foram expostos para melhor compreensão do que será explanado mais adiante.

Parágrafo único. Os livros obrigatórios de escrituração comercial e fiscal e os comprovantes dos lançamentos neles efetuados serão conservados até que ocorra a prescrição dos créditos tributários decorrentes das operações a que se refiram.
Art. 196. A autoridade administrativa que proceder ou presidir a quaisquer diligências de fiscalização lavrará os termos necessários para que se documente o início do procedimento, na forma da legislação aplicável, que fixará prazo máximo para a conclusão daquelas.
Parágrafo único. Os termos a que se refere este artigo serão lavrados, sempre que possível, em um dos livros fiscais exibidos; quando lavrados em separado deles se entregará, à pessoa sujeita à fiscalização, cópia autenticada pela autoridade a que se refere este artigo."

16.3 DA ENTREGA DOS DOCUMENTOS REQUISITADOS X O EMBARAÇO À FISCALIZAÇÃO

Conforme demonstrado, compete ao agente fiscal de Rendas vinculado à Secretaria da Fazenda e Planejamento fiscalizar os contribuintes no estado de São Paulo.

Vimos também que o início da fiscalização é marcado pela entrega da OSF, da notificação ou outro ato administrativo pertinente.

Iniciado o procedimento de fiscalização, o agente fiscal de Rendas solicitará ao contribuinte livros, documentos, arquivos e informações necessárias para verificar o cumprimento da obrigação tributária.[15]

Cabe destacar que o contribuinte é obrigado a colaborar com a fiscalização, não podendo dificultá-la, criar obstáculos, ou seja, embaraçá-la, conforme acentua o *caput* do art. 494 do RICMS/00:

> Art. 494. Não podem embaraçar a ação fiscalizadora e, mediante notificação escrita, são obrigados a exibir impressos, documentos, livros, programas e arquivos magnéticos relacionados com o imposto e a prestar informações solicitadas pelo fisco.

Referido enunciado está em harmonia com o art. 200 do CTN,[16] deixando claro que, havendo embaraço à fiscalização, o agente do Fisco poderá requisitar auxílio da força policial.

Além disso, de acordo com o art. 527 do RICMS/2000, quando o contribuinte deixar de exibir à autoridade fiscalizadora livros e documentos solicitados, estará sujeito a multa de 1% do valor das operações e prestações.[17]

Portanto, o contribuinte deve colaborar com o procedimento de fiscalização para não ser penalizado pelo embaraço a que der causa, que é passível de aplicação de multa. A entrega da totalidade dos documentos requisitados pelo Fisco é importante para que o contribuinte fiscalizado possa invocar o benefício do restabelecimento da espontaneidade, conforme veremos adiante.

---

15 "Art. 113. A obrigação tributária é principal ou acessória.
§ 1º A obrigação principal surge com a ocorrência do fato gerador, tem por objeto o pagamento de tributo ou penalidade pecuniária e extingue-se juntamente com o crédito dela decorrente.
§ 2º A obrigação acessória decorre da legislação tributária e tem por objeto as prestações, positivas ou negativas, nela previstas no interesse da arrecadação ou da fiscalização dos tributos.
§ 3º A obrigação acessória, pelo simples fato da sua inobservância, converte-se em obrigação principal relativamente à penalidade pecuniária."

16 "Art. 200. As autoridades administrativas federais poderão requisitar o auxílio da força pública federal, estadual ou municipal, e reciprocamente, quando vítimas de embaraço ou desacato no exercício de suas funções, ou quando necessário à efetivação de medida prevista na legislação tributária, ainda que não se configure fato definido em lei como crime ou contravenção."

17 "Artigo 527. O descumprimento da obrigação principal ou das obrigações acessórias, instituídas pela legislação do Imposto sobre Circulação de Mercadorias e sobre Prestações de Serviços, fica sujeito às seguintes penalidades: [...]
V – infrações relativas a livros fiscais, contábeis e registros magnéticos:
l) extravio, perda, inutilização ou não-exibição à autoridade fiscalizadora de livro fiscal ou contábil – multa equivalente a 1% (um por cento) do valor das operações e prestações que nele devam constar; não existindo operações ou prestações – multa equivalente ao valor de 70 (setenta) Ufesps, por livro."

16.4 DENÚNCIA ESPONTÂNEA ANTES E DEPOIS DO PROCEDIMENTO FISCALIZATÓRIO

A denúncia espontânea está prevista no já referenciado art. 138 do CTN, e de sua leitura resta claro o entendimento de que só pode ser formalizada antes do procedimento de fiscalização. Isso porque, a partir do momento em que o contribuinte começa a ser fiscalizado, não há mais falar em espontaneidade.

No estado de São Paulo a figura da denúncia espontânea está prevista no art. 88 da Lei n. 6.374, de 1º de março de 1989.[18]

Corroborando o disposto na legislação paulista, a Secretaria da Fazenda e Planejamento do Estado de São Paulo, por meio de sua Consultoria Tributária, manifestou-se sobre o tema na **Resposta à Consulta Tributária 21217/2020, de 7 de abril de 2020**, que cuida justamente de um questionamento sobre a aplicação da denúncia espontânea, cujos trechos adiante se amoldam perfeitamente ao presente tópico. Vejamos:

> **RESPOSTA À CONSULTA TRIBUTÁRIA 21217/2020, de 07 de abril de 2020**
>
> [...]
>
> 4. O Código Tributário Nacional – CTN (Lei 5.172, de 25-10-1966), por sua vez, prevê, em seu artigo 138, o instituto da denúncia espontânea, o qual tem por objetivo incentivar o contribuinte que infringiu a norma tributária a regularizar sua situação, de forma espontânea, antes do conhecimento da infração pelo fisco.
>
> "Art. 138. A responsabilidade é excluída pela denúncia espontânea da infração, acompanhada, se for o caso, do pagamento do tributo devido e dos juros de mora, ou do depósito da importância arbitrada pela autoridade administrativa, quando o montante do tributo dependa de apuração.
>
> Parágrafo único. Não se considera espontânea a denúncia apresentada após o início de qualquer procedimento administrativo ou medida de fiscalização, relacionados com a infração."
>
> 5. No Estado de São Paulo, o instituto da denúncia espontânea está previsto no artigo 88 da Lei 6.374, de 01-03-1989, nos seguintes termos:
>
> "Artigo 88. O contribuinte que procurar a repartição fiscal, antes de qualquer procedimento do fisco, para sanar irregularidade relacionada com o cumprimento de obrigação pertinente ao imposto fica a salvo das penalidades previstas no artigo 85, desde que a irregularidade seja sanada no prazo cominado.
>
> § 1º Tratando-se de infração que implique falta de pagamento do imposto, aplicam-se as disposições do artigo anterior.
>
> [...]"
>
> 6. A denúncia espontânea, na forma estabelecida pelo "caput" do artigo 88 da Lei 6.374/89, combinado com o disposto em seu § 1º, afasta, em regra, tanto as penalidades relativas ao descumprimento de obrigação principal quanto aquelas relativas ao descumprimento de obrigações acessórias, desde que o contribuinte, voluntariamente, procure o fisco para regularizar sua situação, antes do início de qualquer procedimento administrativo de fiscalização.

---

18   "Dispõe sobre a instituição do Imposto sobre Operações Relativas à Circulação de Mercadorias e sobre Prestação de Serviços de Transporte Interestadual e Intermunicipal e de Comunicação – ICMS."

> 7. Note-se que o marco temporal, para efeito de caracterizar como denúncia espontânea a ação do contribuinte de regularizar a sua situação, é o início da ação fiscal, por meio de qualquer procedimento administrativo ou medida de fiscalização, conforme determinado pelo próprio artigo 88 da Lei 6.374/89, à semelhança do artigo 138 do Código Tributário Nacional – CTN.
>
> 8. Assim sendo, ao se verificar, cumulativamente, que houve iniciativa do contribuinte de comunicar irregularidade ao fisco, relativo ao cancelamento de documentos fiscais eletrônicos, visando o seu saneamento, e que inexiste procedimento administrativo ou medida de fiscalização relacionada com a referida infração, não será aplicada a penalidade prevista no artigo 85, inciso IV, alínea "z1", da Lei 6.374/89, por força do instituto da denúncia espontânea.
>
> [...].

Portanto, constatando a ocorrência da infração à legislação tributária e voluntariamente procurando o Fisco para sanar a irregularidade antes de qualquer procedimento fiscal, o contribuinte não será penalizado.

Por outro lado, o art. 5º, VII, § 3º, da LC 939/2003 fala em restabelecimento da espontaneidade do contribuinte, nos casos em que o agente fiscal já iniciou o procedimento de fiscalização, porém não o concluiu no prazo de 90 dias, mesmo tendo arrecadado todos os documentos, arquivos e informações solicitados.

Nesse caso, o fiscalizado terá uma nova oportunidade para fazer a denúncia espontânea, recolhendo, se devido, o tributo com os acréscimos legais, sem a exigência de multa.

Ressalte-se que o restabelecimento da espontaneidade do contribuinte é aplicável somente nos casos em que a conclusão dos trabalhos fiscais dependa exclusivamente das informações constantes nos elementos apresentados, tornando desnecessárias outras verificações.

É possível que muitos contribuintes, por não conhecerem a fundo a mencionada lei complementar, deixem de aproveitar o benefício do restabelecimento da denúncia espontânea e acabem tendo lavrados contra si AIIM, com a exigência do valor do imposto, acrescido de multa e juros.

Portanto, reforça-se que a leitura da LC 939/2003 é de extrema importância não só pelos contribuintes, mas também pelos contadores, consultores e advogados, que poderão prestar o auxílio necessário a seus clientes diante de um procedimento de fiscalização.

16.5 PRAZO PARA A CONCLUSÃO DO TRABALHO FISCAL COM A CONSEQUENTE LAVRATURA DO AUTO DE INFRAÇÃO E IMPOSIÇÃO DE MULTA

Após discorrermos sobre o procedimento de fiscalização no âmbito estadual, esclarecemos que o assunto não foi esgotado, cabendo ao leitor interessado debruçar-se sobre os outros artigos do RICMS/2000 e da LC 939/2003 para melhor compreensão sobre o procedimento fiscalizatório.

Chegamos ao ponto principal deste capítulo. Afinal, a LC 939/2003 estabeleceu o prazo para a conclusão do procedimento fiscalizatório com a consequente lavratura do AIIM ou apenas o prazo para o restabelecimento da espontaneidade do contribuinte?

Para respondermos a esse questionamento nos socorreremos inicialmente dos comentários tecidos pelos Drs. Walter Carlos Cardoso Henrique[19] e Marcos Tavares Leite[20] na obra *Código de Defesa do Contribuinte comentado*: Lei Complementar n. 939 de 3 de abril de 2003, idealizado pelo Conselho Estadual de Defesa do Contribuinte (Codecon/SP, [s. d.]).

Citados juristas, aos analisarem o art. 5º, VII e § 3º, da LC 939/2003, destacaram:

> **Artigo 5º** São garantias do contribuinte:
> [...]
> **VII** – o restabelecimento da espontaneidade para sanar irregularidades relacionadas com o cumprimento de obrigação pertinente ao imposto caso a auditoria fiscal não esteja concluída no prazo de 90 (noventa) dias, contados da data em que ocorrer a entrega à autoridade fiscal da totalidade das informações, livros, documentos, impressos, papéis, programas de computador ou arquivos eletrônicos solicitados;
> **O dispositivo é uma garantia ao contribuinte de que a auditoria sobre ele realizada tenha um prazo de conclusão, não se prorrogando indefinidamente. O restabelecimento da espontaneidade configura-se em estímulo para que a Administração Pública cumpra a fiscalização no prazo legalmente previsto. Ou seja, o descumprimento do prazo legal impossibilita a cobrança de penalidades por infração.**
> [...]
> **§ 3º** O prazo fixado no inciso VII poderá ser prorrogado por mais 90 (noventa) dias, mediante requisição fundamentada do Agente Fiscal de Rendas responsável pelos trabalhos à autoridade que determinou a sua realização.
> **A disposição autoriza a prorrogação por igual período (90 dias) por uma única vez, tendo em vista a necessidade do contribuinte se sujeitar a uma série de exigências – entrega à autoridade fiscal da totalidade das informações, livros, documentos, impressos, papéis, programas de computador ou arquivos eletrônicos solicitados** (grifos nossos).

De acordo com os eminentes juristas e Conselheiros do Codecon/SP citados, a fiscalização não pode se perpetuar no tempo. Caso não esteja concluída em 90 dias, o restabelecimento da espontaneidade configura verdadeiro estímulo para que o Fisco cumpra o prazo legalmente previsto, pois, se não o cumprir, o contribuinte, sabendo que é devedor do tributo, poderá recolhê-lo, sem a incidência da penalidade, ou seja, sem a aplicação de multa.

Aludido prazo pode, ainda, ser prorrogado por igual período, desde que haja requisição fundamentada do agente fiscal de Rendas à autoridade que determinou a fiscalização.

---

19 Advogado em São Paulo. Conselheiro Efetivo do Conselho Estadual de Defesa do Contribuinte (Codecon/SP), representando a Ordem dos Advogados do Brasil – Seção São Paulo (OAB/SP). Professor de Direito Tributário da PUC-SP. Membro Consultor da Comissão de Assuntos Tributários da OAB/SP. Conselheiro do Conselho de Assuntos Tributários da Federação do Comércio de Bens, Serviços e Turismo do Estado de São Paulo (FecomercioSP). Foi Presidente da Comissão Especial de Assuntos Tributários da OAB/SP. Participou da redação da Lei da Transparência Fiscal – Lei n. 12.741/2012.

20 Advogado em São Paulo. Conselheiro Suplente do Conselho Estadual de Defesa do Contribuinte (Codecon/SP), representando a Ordem dos Advogados do Brasil – Seção São Paulo (OAB/SP). Membro da Comissão Especial de Estudos Tributários da OAB/SP. Membro do Fórum Permanente da Microempresa e Empresa de Pequeno Porte, sendo o Coordenador da Iniciativa Privada no Comitê Temático de Desoneração e Desburocratização. Relator da 5ª Turma do Tribunal de Ética e Disciplina da OAB/SP. Diretor Titular do Centro do Comércio do Estado de São Paulo (Cecomercio). Conselheiro do Conselho de Assuntos Tributários da Federação do Comércio de Bens, Serviços e Turismo do Estado de São Paulo (FecomercioSP).

Portanto, pela regra legal, contando com uma única prorrogação, o Fisco tem o prazo total de 180 dias para concluir o processo de fiscalização e lavrar o AIIM, se for o caso.

Do que até aqui foi exposto, pode-se concluir que a LC 939/2003 estabeleceu não só o prazo para a conclusão do trabalho fiscal, mas também o prazo para o restabelecimento da espontaneidade do contribuinte.

Ocorre que referida LC foi omissa no que diz respeito aos casos em que o agente do Fisco exceda o prazo estabelecido de 180 dias para concluir o trabalho fiscal, não prevendo qualquer penalidade para a Administração Pública, por exemplo, a nulidade do lançamento (AIIM) lavrado após referido prazo legal.

Para os julgadores tributários administrativos e juízes de direito, conforme será demonstrado adiante, a penalidade do ente tributante pela inobservância do prazo acima mencionado é simplesmente o restabelecimento da espontaneidade do contribuinte, o que, com todo o respeito, é inaceitável, pois há casos em que o Fisco leva anos para concluir o trabalho de fiscalização e em seguida lavrar o AIIM.

Tem-se conhecimento de casos em que a fiscalização demorou mais de dois anos para ser concluída, gerando, dessa forma, tortura psicológica para o contribuinte, além de ser uma verdadeira afronta à LC 939/2003. Afinal, como vimos, a fiscalização poderá ser prorrogada por mais 90 dias, mediante requisição fundamentada do agente fiscal de Rendas à autoridade que determinou a fiscalização, e não mais do que isso.

Nesses casos, não só a lei complementar é violada, mas principalmente a Constituição Federal, que, como já referenciado, estabelece em seu art. 37 que a Administração Pública deverá obedecer aos **princípios da legalidade**, "que como princípio administrativo, significa que o administrador público está em toda a sua atividade funcional, sujeito aos mandamentos da lei e às exigências do bem comum, e deles não pode se afastar ou desviar, sob pena de praticar ato inválido e expor-se a responsabilidade disciplinar, civil e criminal, conforme o caso" (MEIRELLES, 2015, p. 90), e da **eficiência**, que "exige que a atividade administrativa seja exercida com presteza, perfeição e rendimento funcional" (MEIRELLES, 2015, p. 102).

Muitos contribuintes, ao se depararem com uma autuação fiscal lavrada após o prazo de 180 dias da entrega de todas as informações e documentos ao Fisco, alegam, em suas defesas e recursos, a nulidade do auto de infração (AIIM), por ofensa à LC 939/2003, porém as decisões dos órgãos de julgamento da Secretaria da Fazenda e Planejamento (DTJ – Delegacias Tributárias de Julgamento – 1ª instância) e do Tribunal de Impostos e Taxas – 2ª instância (TIT), conforme veremos mais à frente, são uníssonas no sentido de que a LC 939/2003 não fala em nulidade da autuação fiscal, mas apenas em restabelecimento da espontaneidade. Esta pode ser aproveitada antes da lavratura do AIIM, desde que o trabalho de fiscalização tenha excedido o prazo legalmente previsto, como já vimos.

Logo, não resta a menor dúvida de que as decisões proferidas pelos órgãos de julgamento administrativo, nesse caso, estão favorecendo o Fisco, que geralmente não cumpre o que determina a legislação e se escora na falha legislativa de não ter previsto uma sanção exemplar pelo descumprimento do prazo referido para a conclusão do procedimento de fiscalização, com a consequente lavratura do AIIM.

Portanto, para que haja equilíbrio na relação Fisco-contribuinte é urgente a edição de uma lei complementar, acrescentando ao art. 5º da existente um dispositivo que trate da penalidade pelo descumprimento de prazo legal para concluir a fiscalização.

16.6 A IMPORTÂNCIA DO PEDIDO DE PRORROGAÇÃO DO TRABALHO FISCAL

Restou evidenciado que o prazo para que o trabalho de fiscalização seja concluído é de 90 dias, prorrogável por igual período, desde que haja requisição fundamentada pelo agente fiscal à autoridade que determinou o procedimento fiscalizatório.

O pedido de prorrogação é um requisito essencial que deve ser observado pelo agente para dar validade não só à fiscalização, mas também ao AIIM, que é o fruto da atividade fiscalizatória.

É importante que o contribuinte se atenha ao lapso temporal entre a arrecadação de todos os documentos e a lavratura do AIIM pelo Fisco, pois, se constatar que o lançamento fiscal (AIIM) veio a lume após o prazo de 180 dias, pode, em sua defesa administrativa, requisitar ao julgador tributário que determine que o agente fiscal comprove que solicitou à autoridade competente o pedido de prorrogação do prazo inicial de 90 dias para concluir o serviço, e que comprove também que seu pedido foi atendido pela autoridade responsável.

Apesar de ser um documento interno da fiscalização, que geralmente não acompanha o AIIM, o pedido de prorrogação devidamente fundamentado, ou seja, indicando os motivos pelos quais foi solicitado pelo agente fiscal, deve ser juntado aos autos do processo administrativo, sempre que solicitado pelo contribuinte em sua defesa.

Por fazer parte do procedimento fiscalizatório, o pedido de prorrogação deverá estar devidamente numerado, datado, assinado, autorizado pela autoridade competente e na sequência lógica procedimental para que não pairem dúvidas quanto a sua autenticidade.

Como demonstrado anteriormente, os órgãos de julgamento da Secretaria da Fazenda e Planejamento não acatam a alegação de nulidade feita pelos contribuintes nos casos em que o AIIM é lavrado fora do prazo de 180 dias, após serem arrecadados todos os documentos e informações junto ao contribuinte. Isso porque, como vimos, a LC 939/2003 apenas restabeleceu a espontaneidade para o contribuinte, nos casos em que a fiscalização exceda a 90 dias.

De outra sorte, nos casos em que restar demonstrado que o agente fiscal não solicitou o pedido de prorrogação para a continuidade do procedimento fiscalizatório e havendo sido lavrado o AIIM, este pode ter sua nulidade decretada pela autoridade julgadora administrativa, em estrita observância ao inciso II do artigo único da LC 939/2003, que estabelece:

> Artigo único. São inválidos os atos e procedimentos de fiscalização que desatendam os pressupostos legais e regulamentares, especialmente nos casos de:
>
> [...]
>
> II – **omissão de procedimentos essenciais** (grifos nossos).

Cediço que o pedido de prorrogação para que o trabalho fiscal seja concluído é um procedimento essencial, e sua ausência torna os atos e procedimentos de fiscalização inválidos, ou seja, nulos.

A título elucidativo, muito embora o caso a seguir envolva tributo administrado pela Receita Federal do Brasil, o procedimento fiscal foi considerado nulo pelo Tribunal Regional Federal da 1ª Região (TRF-1), porque não foi concluído no prazo legalmente previsto e porque não houve a comprovação de que o pedido de prorrogação foi solicitado pelo agente da Receita. Observemos:

> **TRIBUTÁRIO. MANDADO DE PROCEDIMENTO FISCAL. PRORROGAÇÃO IRREGULAR. MANUTENÇÃO DO AUDITOR FISCAL ORIGINÁRIO. ART. 16, PARÁGRAFO ÚNICO, DA PORTARIA SRF N. 3.007/2001.**
>
> Na hipótese vertente, o Mandado de Procedimento Fiscal – MPF tem por data inicial o dia 26/02/2009 e **deveria ter sido concluído no prazo de sessenta dias**, conforme determinava a Portaria SRF n. 3.007/2001 (art. 12) e determina atualmente a Portaria RFB n. 1.687/2014 (art. 11), pois se cuida de Procedimento Fiscal de Diligência (coleta de informações). Assim, o prazo de validade do MPF se encerrou no dia 27/04/2009.
>
> A Fazenda Nacional alega que "tanto houve a prorrogação regular do MPF que em 30/06/2009 a DRF-Goiânia expediu o Termo de Intimação n. 02 (recebido pelo contribuinte em 06/07/2009) solicitando novos documentos do contribuinte".
>
> Ora, em 30/06/2009 o prazo de validade do MPF já estava extinto, como visto acima, e **a Fazenda Nacional, por sua vez, nem sequer informa o dia em que houve a efetiva prorrogação do ato fiscalizatório. Na verdade, cabia à Fazenda Nacional demonstrar a data em que houve a prorrogação do Mandado de Procedimento Fiscal** (art. 333, II, do Código de Processo Civil). [...]
>
> Entretanto, **a Fazenda Nacional nem sequer alude à existência daquele registro eletrônico para demonstrar a regular prorrogação do MPF** com a manutenção do auditor fiscal originário. Houve, portanto, violação ao art. 16, parágrafo único, da extinta Portaria SRF n. 3.007/2001. [...]
>
> **Apelação provida. Sentença reformada. Pedido julgado procedente** (1ª T., Apelação Cível n. 0003308-48.2011.4.01.3507, publicado em 22.05.2015 – grifos nossos).

Portanto, a ausência do pedido de prorrogação para que o trabalho fiscal seja concluído enquadra-se perfeitamente no inciso II do artigo único da LC 939/2003, de modo que nesses casos, havendo a lavratura do AIIM, este deve ser considerado nulo pelos órgãos de julgamento da Secretaria da Fazenda e Planejamento em razão de omissão de um procedimento essencial previsto em aludida legislação complementar.

16.7 JURISPRUDÊNCIA SOBRE O TEMA

Como explicitamos, os contribuintes, ao se defenderem de um AIIM, têm alegado em suas defesas e recursos a nulidade do lançamento quando o trabalho fiscal que precede a lavratura do AIIM excede o prazo estabelecido.

Porém, como vimos, aludida alegação não encontra amparo nas decisões proferidas pelos órgãos de julgamento, porque a lei complementar não estabeleceu uma sanção para esses casos. Julgadores tributários e juízes de direito aduzem que não há falar em nulidade, e sim em restabelecimento da espontaneidade, mesmo que o procedimento de fiscalização que antecede a lavratura do AIIM leve anos para ser concluído.

Apenas um parêntese para demonstrar a falta de paridade entre as partes: enquanto o Fisco muitas vezes leva anos para constituir o crédito tributário, ultrapassando, em muito, o prazo estabelecido na LC 939/2003, os contribuintes têm somente 30 dias corridos para apresentar suas razões de defesa e de recursos, restando demonstrada a desigualdade na relação entre Fisco e contribuinte.

Voltando ao tema e com a finalidade de demonstrar o entendimento até então consolidado pelas Câmaras Julgadoras do TIT, no que toca à alegação de nulidade do lançamento tributário pelos contribuintes diante do descumprimento do prazo de 90 dias, prorrogáveis por igual período, destacamos dois julgados, os quais são enfáticos ao dizerem que a LC 939/2003 nada fala em termos de nulidade do trabalho fiscal pela inobservância do prazo mencionado, mas apenas em restabelecimento da espontaneidade do contribuinte. Vejamos:

> **Ementa: ICMS.** Crédito indevido de ICMS, por lançar extemporaneamente no Livro Registro de Apuração e na GIA campo 058, estornos de débitos referentes ao imposto destacado a maior nas notas fiscais emitidas no período de setembro/2009 a setembro/2012 e que teriam o benefício da redução da base de cálculo nos termos do Art. 26 do Anexo II do RICMS/00. AIIM – mantido – A Lei Complementar 939/2003 não impõe nulidade no lançamento, apenas restabelece a espontaneidade. Portanto, não se pode declarar nulo o AIIM que foi lavrado após o escoamento do prazo de 90 dias.
>
> No mérito a autuada não nega que deixou de cumprir o quanto estabelecido no § 2º do artigo 1º, Capítulo I e art. 3º do Capítulo II da Portaria CAT n. 83/91, o que impõe a manutenção integral do AIIM. Recurso Ordinário Conhecido e Não Provido
>
> As questões trazidas em sede recursal já foram devidamente enfrentadas na r. decisão recorrida que deve ser mantida integralmente.
>
> Inexiste a alegada nulidade por excesso de prazo no procedimento de fiscalização. O artigo 5º, inciso VII, § 3º da Lei Complementar 939/2003, dispõe:
>
> Artigo 5º São garantias do contribuinte:
>
> [...]
>
> VII – o restabelecimento da espontaneidade para sanar irregularidades relacionadas com o cumprimento de obrigação pertinente ao imposto caso a auditoria fiscal não esteja concluída no prazo de 90 (noventa) dias, contados da data em que ocorrer a entrega à autoridade fiscal da totalidade das informações, livros, documentos, impressos, papéis, programas de computador ou arquivos eletrônicos solicitados;
>
> [...]
>
> § 3º O prazo fixado no inciso VII poderá ser prorrogado por mais 90 (noventa) dias, mediante requisição fundamentada do Agente Fiscal de Rendas responsável pelos trabalhos à autoridade que determinou a sua realização.
>
> A leitura do dispositivo legal, acima transcrito, demonstra que a não conclusão da auditoria fiscal, sem a devida requisição de prorrogação fundamentada, acarreta no restabelecimento da espontaneidade.
>
> **A Lei Complementar não impõe nulidade no lançamento, apenas restabelece a espontaneidade. Portanto, não se pode declarar nulo o AIIM que foi lavrado após o escoamento do prazo de 90 dias.**

Atente-se que a Lei Complementar 939/2003 é clara ao definir o prazo de conclusão do fiscal, bem como é clara ao definir a penalidade ao Fisco, qual seja o restabelecimento da espontaneidade e não a nulidade do lançamento como alega a autuada (Processo DRTC-II-4109316-1/2018 – Recurso Ordinário, Rel. Silvio Ryokity Onaga, julgado pela 5ª Câmara Julgadora em 31.01.2019 – grifos nossos).

Ementa: ICMS. Preliminar de nulidade do auto de infração: não há qualquer norma legal prevendo prazo máximo para término das fiscalizações. O artigo 5º, VII, da LC 939/03 prevê apenas o restabelecimento da espontaneidade do contribuinte, caso a fiscalização não tenha sido concluída no prazo de 90 dias. Restabelecimento da espontaneidade – somente seria válida a denúncia espontânea, se houvesse transcorrido 90 dias da entrega à autoridade fiscal da totalidade das informações e documentos solicitados e a recorrente tivesse regularizado sua situação perante o fisco antes da lavratura do presente auto de infração. [...] (Processo DRT-12-4080192-5/2016 – Recurso Ordinário, Rel. Samuel de Oliveira Magro, julgado pela 7ª Câmara Julgadora em 19.09.2019 – grifos nossos).

Algumas Câmaras do Tribunal de Justiça do Estado de São Paulo (TJSP) também já apreciaram a questão aqui aventada, de modo que destacamos o julgado abaixo:

A sentença proferida pelo I. Magistrado MARCOS PIMENTEL TAMASSIA, muito bem fundamentada, denegou a ordem pelas seguintes razões:

"Alega a impetrante que a fiscalização excedeu o prazo para o término dos trabalhos, que deveria ser de noventa dias.

Muito embora não haja dúvidas de que os livros e documentos fiscais ficaram em poder do Fisco por mais de noventa dias, entendo que o excesso de prazo não leva à nulidade do auto.

É que dispõe o artigo 196 do CTN: 'A autoridade administrativa que proceder ou presidir a quaisquer diligências de fiscalização lavrará os termos necessários para que se documente o início do procedimento, na forma da legislação aplicável, que fixará prazo máximo para a conclusão daquelas'.

O supracitado dispositivo não comina de nulidade o desrespeito ao prazo e a sua análise feita de forma conjunta com o artigo 5º, inciso VII e § 3º da Lei Complementar Estadual 939/2003, tampouco leva a conclusão diversa. A eventual consequência do desrespeito ao prazo seria a possibilidade do restabelecimento da denúncia espontânea que, no caso, não é mais possível, como adiante será visto.

Rejeito a alegação de que há inconsistência nos valores apontados pelo Fisco como sendo os do imposto sonegado, porquanto incabível tal análise nos estreitos limites do mandado de segurança, por envolver a obrigatoriedade da realização de outras provas que não as existentes nos autos, como por exemplo perícia contábil, sendo inadmissível a dilação probatória nesse sentido.

Finalmente, nos termos do art. 138, § único, do CTN, o exercício da denúncia espontânea somente poderia ocorrer até o momento do início de qualquer procedimento administrativo ou medida de fiscalização, relacionados com a infração.

No caso dos autos, retardando o Fisco o término da fiscalização, o direito à denúncia espontânea poderia ter sido utilizado, desde que até o momento anterior à lavratura do auto".

Tais razões de decidir, que adoto integralmente, demonstram, à saciedade, a improcedência do pedido. Por isso a manutenção da sentença dispensaria acréscimo, nos termos do art. 252 do Regimento Interno deste Tribunal: "Nos recursos em geral, o relator poderá limitar-se a ratificar os fundamentos da decisão recorrida, quando, suficientemente motivada, houver de mantê-la".

Apesar disso, não custa salientar que, conforme consignado pelo Magistrado, além de o art. 196 do CTN não cominar nulidade para o caso de não observância dos 90 dias fixados para o término do procedimento fiscalizatório, o artigo 5º, inciso VII e § 3º, da Lei Complementar Estadual 939/2003 não deixa dúvida de que o excesso de prazo só pode ter implicação no tocante ao restabelecimento da espontaneidade. Vale transcrever o dispositivo:

"Artigo 5º São garantias do contribuinte:

[...]

VII – o restabelecimento da espontaneidade para sanar irregularidades relacionadas com o cumprimento de obrigação pertinente ao imposto caso a auditoria fiscal não esteja concluída no prazo de 90 (noventa) dias, contados da data em que ocorrer a entrega à autoridade fiscal da totalidade das informações, livros, documentos, impressos, papéis, programas de computador ou arquivos eletrônicos solicitados;

[...] § 3º O prazo fixado no inciso VII poderá ser prorrogado por mais 90 (noventa) dias, mediante requisição fundamentada do Agente Fiscal de Rendas responsável pelos trabalhos à autoridade que determinou a sua realização."

Na verdade, apesar de restabelecida a espontaneidade, a apelante não aproveitou a oportunidade para denunciar o débito. Depois de lavrado o auto de infração, é evidente que não pode fazê-lo.

[...].

Pelo meu voto, nego provimento ao recurso (TJSP, 10ª Câmara de Direito Público, Apelação Cível n. 0000567-23.2010.8.26.0053, Rel. Antonio Carlos Villen, j. 25.02.2013; data de registro: 27.02.2013).

Existem inúmeras decisões sobre o assunto em destaque, cujas conclusões são justamente no sentido de que a LC 939/2003 não estabeleceu que o AIIM lavrado após o prazo legalmente previsto enseja sua nulidade.

Destacamos essas três decisões para justificar o que foi até aqui afirmado, deixando o leitor à vontade para fazer a pesquisa jurisprudencial que considerar necessária e saciar sua sede por conhecimento.

Portanto, cremos que nesses casos, em vez de o contribuinte alegar a nulidade do AIIM em decorrência do descumprimento, pelo agente do Fisco, do prazo de 90 dias, prorrogável por igual período, seria mais combativo alegar a nulidade, escorando-se no inciso II do artigo único da LC 939/2003, pois, se restar comprovado que o agente fiscal não solicitou a prorrogação do trabalho fiscalizatório, estaremos diante da ausência de um procedimento essencial, que, como vimos, invalida todo o procedimento fiscal e os atos dele decorrentes.

16.8 CONSIDERAÇÕES FINAIS

Conforme se pode aferir, a LC 939/2003 estabeleceu o prazo de 90 dias, prorrogável por igual período, para que o agente fiscal de Rendas conclua o procedimento de fiscalização. Se tal procedimento não tiver sido concluído em 90 dias, contados da data de entrega de todos os documentos e informações pelo contribuinte, a espontaneidade do fiscalizado será restabelecida, ou seja, ele poderá utilizar-se da denúncia espontânea prevista no art. 138 do CTN.

O restabelecimento da espontaneidade é um benefício que poderá ser utilizado pelo contribuinte antes que o procedimento fiscal seja concluído, portanto antes da lavratura do AIIM.

Nos casos em que o AIIM é lavrado após o transcurso do prazo de 180 dias (90 dias + 90 dias de prorrogação, sendo esta última solicitada formalmente), a alegação de nulidade do lançamento pelo contribuinte não encontra sustentáculo na LC 939/2003, na jurisprudência dos órgãos administrativos de julgamento tributário (DTJ e TIT) ou na jurisprudência do Tribunal de Justiça do Estado de São Paulo.

A lei complementar em destaque estabeleceu o prazo para o término do procedimento fiscal. Porém, segundo o entendimento da jurisprudência, nos casos em que há a lavratura do AIIM após o prazo previsto na LC 939/2003 (90 + 90), a sanção é justamente o restabelecimento da espontaneidade do contribuinte e não a nulidade do AIIM, que costuma ser arguida nas defesas e recursos dos autuados.

O fato é que a lei complementar é omissa no que diz respeito aos casos em que o agente do Fisco lavre o AIIM após o prazo de 180 dias e não previu penalidade específica para tal situação.

Cremos que, para que haja equilíbrio na relação Fisco-contribuinte, é urgente a edição de uma lei complementar acrescentando ao art. 5º da LC existente um dispositivo tratando da penalidade pelo descumprimento de prazo legal para concluir a fiscalização e, consequentemente, lavrar o AIIM.

De outra sorte, em vez de o contribuinte insistir na alegação da nulidade do AIIM em decorrência do descumprimento do prazo mencionado pelo agente do Fisco, deve requerer, em sua defesa ou recurso, que seja determinada diligência para que o agente fiscal que lavrou o AIIM comprove que solicitou a prorrogação do prazo do procedimento fiscalizatório.

Caso reste demonstrada a inocorrência de aludida solicitação, pode-se invocar o inciso II do artigo único da LC 939/2003, pois o pedido de prorrogação de prazo (art. 5º, VII, § 3º) é um procedimento essencial, e a ausência de tal pedido invalida todo o procedimento fiscal e consequentemente o AIIM.

Portanto, como frisamos no início, é importante que empresários, contabilistas, consultores tributários, advogados e outros interessados façam a leitura da LC 939/2003 para conhecer os direitos, garantias e obrigações do contribuinte no estado de São Paulo.

REFERÊNCIAS

CONSELHO ESTADUAL DE DEFESA DO CONTRIBUINTE (Codecon/SP). *Código de Defesa do Contribuinte comentado*: Lei Complementar n. 939 de 3 de abril de 2003. Coordenador geral Márcio Olivio Fernandes da Costa. [S. d.]. Disponível em: http://sindicatosfecomerci1.tempsite.ws/sincomerciosfs/wp-content/uploads/sites/20/2016/08/12-C%C3%B3digo-de-Defesa-do-Contribuinte-Comentado.pdf.

JARDIM, Eduardo Marcial Ferreira. *Dicionário jurídico tributário*. São Paulo: Dialética, 2003.

MEIRELLES, Hely Lopes. *Direito administrativo brasileiro*. 41. ed. São Paulo: Malheiros, 2015.

17

AS IMPLICAÇÕES CONTÁBEIS E TRIBUTÁRIAS DO *EARN-OUT* NAS OPERAÇÕES DE M&A

Fabio Pereira da Silva
Vitória Queiroz Santos

17.1 INTRODUÇÃO

Poucos temas atraem tanta atenção da doutrina tributária como as operações de aquisição de participações societárias. Há uma profusão de trabalhos dedicados a avaliar cada aspecto relacionado às conhecidas transações de M&A.[1]

Alguns fatores justificam o interesse pelo assunto. O primeiro deles está relacionado ao amplo escopo que evolve as transações dessa natureza, abrangendo diversas áreas do direito e que – como decorrência – requerem alta especialização dos profissionais da área jurídica inseridos nesse campo de atuação. Dada a exigência de qualificação, naturalmente esses profissionais são ávidos consumidores de doutrina tributária abordando os variados aspectos que afetam tais operações.

Em segundo lugar, é seguro dizer que os principais embates de contencioso fiscal em trâmite no Conselho Administrativo de Recursos Fiscais (Carf) se relacionam às autuações em que as autoridades fiscais questionam algum aspecto tributário presente nas operações de M&A. Se não pela quantidade de autuações, certamente em termos de valores em discussão o tema atrai a atenção das autoridades fiscais e, consequentemente, dos profissionais do direito.

Por último, mas não menos proeminente, é a constatação de que o assunto é multidisciplinar, abrangendo, embora não somente (VIEIRA, 2018, p. 559), a intersecção entre direito e contabilidade, o que obriga os profissionais a não apenas conhecer os meandros da ciência jurídica no que é pertinente ao tema mas, igualmente, compreender a normatização contábil aplicada e suas consequências fiscais.

---

1   Sigla em inglês para *mergers and acquisition*. No vernáculo, *fusões e aquisições*.

Especificamente em relação a este último ponto, é relevante lembrar que a estrutura normativa contábil brasileira sofreu uma verdadeira revolução a partir do início do processo de convergência aos padrões contábeis internacionais – no caso as *International Financial Reporting Standards* (IFRS), o que se deu no país com a edição da Lei n. 11.638/2007, que alterou profundamente a Lei n. 6.404/1976, dedicada a regular as sociedades por ações.

Em razão da profundidade das alterações, seria hercúlea a tarefa de resumir de maneira precisa as mudanças mais significativas nos padrões contábeis e que – por consequência – geram controvérsias tributárias. De qualquer forma, a doutrina especializada parece concordar que o centro propulsor de tais atritos tem origem na substituição de um sistema de regras (*rule-based*), adotado anteriormente pela contabilidade, por um sistema baseado em princípios (*principles-rules*). Conforme expõem Eduardo Flores, Nelson Carvalho e Guillermo Oscar Braunbeck (2020, p. 156), é intuitivo que regras rígidas e ortodoxas se distanciem da realidade econômica, ao passo que normas principiológicas permitem maior flexibilidade e, portanto, adaptação ao modelo microeconômico atual.

Igualmente intuitivo é perceber que o direito tributário, especialmente o brasileiro, baseia-se em regras rígidas, inclusive em atendimento ao princípio da legalidade e da segurança jurídica, não cedendo muito espaço para adaptações. Logo, na medida em que o direito tributário parte de registros contábeis para regular a relação entre o Fisco e o contribuinte, é natural concluir que haverá um choque entre as regras do direito, que buscam estabilizar relações jurídicas, e os princípios contábeis, cujo objetivo é retratar a realidade econômica da entidade que reporta. Diante desse panorama, admirável seria a inexistência de controvérsias jurídico-contábeis.

Inseridos nesse contexto, podemos assumir estar distante do esgotamento das análises envolvendo os aspectos jurídico-contábeis das operações de M&A, sendo louváveis as contínuas iniciativas de aprofundar a compreensão do tema, mormente aqueles que abordam aspectos práticos específicos das aquisições societárias.

Um desses aspectos, intensamente presente nas operações de M&A, refere-se ao fato de ser usual condicionar o pagamento ou reembolso de parte do preço a eventos futuros de ocorrência incerta, conhecidos como cláusulas de *earn-out*. O modo como são registrados pela contabilidade levanta diversas dúvidas sobre o impacto no campo do direito.

É exatamente o que se almeja neste capítulo, cujo objetivo geral é abordar operações de M&A nas quais as partes concordam com a inclusão da cláusula de *earn-out* no contrato de compra e venda de participação societária. É indiscutível que essa figura jurídica tem sido cada vez mais utilizada na prática negocial brasileira, tendo por objetivo aproximar os interesses e as expectativas das partes, dissipando as incertezas em relação ao preço da transação e contribuindo para a conclusão do negócio (PIVA, 2019, p. 29).

Pretende-se, portanto, analisar o escopo das cláusulas de *earn-out*, permitindo sua correta conceituação jurídica, bem como avaliar o tratamento contábil exigido pelo Pronunciamento Técnico do Comitê de Pronunciamentos Contábeis (CPC)15, que trata de combinações de negócios; e, finalmente, abordar as consequências tributárias advindas do processo de reconhecimento e mensuração contábil.

Para tanto, iniciaremos definindo o *earn-out* e sua importância para as operações de M&A, apresentando justificativas para sua presença em negócios dessa natureza. Objetivando fornecer ao leitor uma visão prática do tema, propomos um exemplo ilustrativo, para, a partir dele, adentrarmos na avaliação das exigências do CPC 15 a respeito do processo de reconhecimento e mensuração dos valores referidos na cláusula em questão. Seguimos com a análise dos impactos tributários decorrentes desse processo contábil e, finalmente, apresentamos nossas conclusões.

Trata-se de tema relevante e de aplicação corriqueira na prática de mercado, justificando novas incursões, notadamente quando consideramos as alterações relativamente recentes da normatização contábil, bem como da edição da Lei n. 12.973/2014 e posterior Instrução Normativa (IN) n. 1.700/2017, as quais regulam o assunto no campo tributário. Indene de dúvidas que a cláusula de *earn-out* oferece eficiência econômica para as transações societárias, e, muitas vezes, diante de incertezas e divergências sobre a avaliação da empresa, é a saída encontrada pelas partes para finalização do negócio. Consequentemente, conhecer essa figura jurídica é recomendável para todos os que atuam nesse campo.

Não há, por óbvio, qualquer pretensão de esgotamento do tema, tornando definitiva nossa análise. O objetivo, partindo de um exemplo ilustrativo aplicado, é fornecer ao público especializado e estudioso da matéria novos *insights* envolvendo o *earn-out* e as operações de M&A no Brasil.

17.2 CONCEITUAÇÃO DE *EARN-OUT*

Em uma combinação de negócios é natural pairarem incertezas relacionadas a possíveis obrigações ocultas não captadas pelo processo de *due diligence* ou mesmo dúvidas acerca do potencial da empresa-alvo de gerar caixa, fatores que influenciam significativamente a oferta da ponta compradora envolvida na negociação. Ramon Tomazela Santos (2020, p. 135), conhecedor do contexto que permeia esse tipo de negócio, menciona que transações relacionadas à aquisição do poder de controle das empresas são realizadas em ambiente onde predominam a tensão e a desconfiança entre as partes.

A eficiência econômica das negociações dessa natureza é prejudicada, em parte, pela assimetria de informações existente entre os envolvidos. É incontroverso que os potenciais vendedores possuem acesso às informações internas da empresa, ao passo que os potenciais compradores se deparam com acesso restrito, muitas vezes compreendendo detalhes sensíveis do negócio.[2] Como consequência, prevalece um ambiente de incerteza, o que prejudica o andamento das negociações entre as partes.

Isso decorre do fato de a disposição da ponta compradora em ofertar um preço considerado justo pela ponta vendedora ser diretamente relacionada com sua percepção de risco. É assente na economia a noção de que, conforme aumenta a percepção de risco do

---

2 Não podemos perder de perspectiva que muitas dessas operações são realizadas entre concorrentes, o que aumenta a tendência de informações sensíveis serem ocultadas.

investidor, maior será o prêmio por ele exigido por assumir tal risco.[3] Oportuno alertar, entretanto, que a percepção sobre o risco é um elemento de ordem comportamental, de modo que uma mesma situação de risco-retorno poderá ter desfechos distintos a depender de cada indivíduo porventura envolvido, bem como de sua capacidade de identificar e avaliar os riscos e, inclusive, de sua propensão a aceitá-los ou não.

Em outras palavras, espera-se de um ativo um retorno condizente com o seu risco (ROSTAGNO et al., 2006, p. 7). No caso em análise, em termos práticos, quanto maior a desconfiança do comprador, maior será sua tendência a reduzir o valor da oferta, adequando o preço a sua percepção de risco, por vezes relacionada com sua compreensão do conjunto informacional disponível. É dizer: à medida que vai compreendendo o ativo, suas potencialidades e nuances, a percepção de risco do comprador varia, o que retroalimenta sua função de preço, de modo a incrementá-lo ou reduzi-lo a depender do processamento dessas novas informações.

Avaliando contextos dessa natureza, George Arthur Akerlof (1970) teorizou que a percepção de qualidade dos bens comercializados em determinado mercado é prejudicada na presença de assimetria de informações entre os agentes envolvidos na negociação. O autor exemplifica sua tese mencionando o mercado de carros usados. Na medida em que há assimetria de informações sobre a qualidade do carro – o vendedor conhece o histórico do produto, ao contrário do comprador –, a tendência do interessado na aquisição é ofertar preço abaixo da média, justamente em razão de sua percepção de risco ser elevada dada a ausência de informações. Como consequência, o proprietário de um carro de boa qualidade tende a não aceitar as ofertas abaixo do valor justo do veículo, abandonando o mercado. Assumindo correto esse modelo, o resultado, como intuitivo concluir, é que o mercado de carros usados só incluiria veículos de baixa qualidade, os quais o autor chama de *bad lemons*.[4]

Apesar de a teoria de Akerlof ser muito bem fundamentada em seus propósitos, é pertinente alertar que ela se vale de uma premissa que pode passar despercebida diante de análises mais açodadas, qual seja, a presunção da racionalidade econômica. Esse quase postulado assume que os indivíduos são racionais e, diante de decisões de riscos, tenderiam a sempre selecionar escolhas objetivando maximizar seus retornos e mitigar suas exposições. Porém, como exposto anteriormente, cada agente econômico reage de forma distinta, não sendo a percepção de risco um atributo de natureza objetiva, comportando variedades peculiares a cada avaliador. A ressalva se justifica para que não surjam conclusões definitivas no ensejo de distorcer a realidade, fazendo a prática adequada aos modelos teóricos quando, na verdade, as teorias servem para explicá-la.

Feita essa ressalva, é correto assumir que a assimetria informacional tem potencial para gerar divergência sobre o preço do negócio, em razão de expectativas dissonantes entre os

---

3   O conhecido modelo de precificação de ativos CAPM (*Capital Asset Pricing Model*) confirma essa tese ao incluir o risco no cálculo do preço dos ativos.

4   A genialidade do trabalho de Akerlof está em sua "simplicidade", que torna intuitiva a compreensão de sua tese e permite diversos *insights* sobre o funcionamento do mercado. A leitura é recomendada.

envolvidos, especialmente em relação às estimativas dos retornos financeiros da sociedade objeto da negociação (PAULA, 2019, p. 235). A tendência é de o vendedor supervalorizar a empresa, ao passo que o comprador tende a adotar visão mais pessimista (BOTREL, 2012, p. 245), o que é natural considerando ser a parte ativa que empregará recursos para assumir o negócio, o que sempre envolve riscos.

Visando aumentar a eficiência desse tipo de transação, reduzindo a desconfiança entre os participantes, tornou-se popular o emprego das chamadas contraprestações contingentes.[5] Segundo Ramon Tomazela Santos (2020, p. 135), esse artifício negocial serve justamente para proteger os envolvidos de riscos e incertezas futuras, por meio de cláusulas que garantem contraprestação adicional ao vendedor ou o reembolso de parte da contraprestação inicial, no caso de certas condições serem ou não confirmadas no futuro.

Entre as contraprestações contingentes insere-se o *earn-out*, que, segundo Fernando Aurelio Zilveti e Daniel Azevedo Nocetti (2021, p. 134), é estratégia cujo emprego não é recente, sendo tema abordado pelo Direito Privado desde a década de 1970, com alguma consistência conceitual.

Luciano Zordan Piva (2019, p. 30) conceitua o *earn-out* como uma cláusula de determinação ou preço contingente, cuja função é justamente alinhar as expectativas das partes em relação ao valor da transação. O autor indica que, por meio da cláusula de *earn-out*, os envolvidos estabelecem que parte do preço será paga somente após confirmadas certas condições estabelecidas previamente. A lógica subjacente do *earn-out*, continua o autor (PIVA, 2019, p. 77), é tranquilizar compradores e vendedores, de modo que, se as expectativas acerca do desempenho financeiro da empresa forem confirmadas, os vendedores receberão preço adicional, ao passo que os compradores estarão em posição confortável para realizar o pagamento, visto o sucesso financeiro do negócio. Se, por outro lado, as expectativas não se confirmarem, os compradores estarão dispensados de realizar o pagamento adicional, o que lhes dá garantias sobre o real valor justo da participação societária adquirida.

Destarte, objetivando compartilhar dos riscos em relação ao negócio ou em razão da falta de consenso sobre o preço da transação, é comum o emprego das contraprestações contingentes nos processos de M&A, servindo para alinhar os interesses das partes (VIEIRA, 2018, p. 600).

Em dissertação de mestrado tratando amplamente sobre o tema, Daniel Rodrigues Alves afirma que o objetivo do *earn-out* é prorrogar o pagamento de parcela do preço para momento futuro, posterior à aquisição, na hipótese de que certos requisitos anuídos pelas partes sejam confirmados (ALVES, 2016, p. 11). Segundo o autor, regra geral, essas condições envolvem metas vinculadas ao desempenho financeiro da empresa adquirida (ALVES, 2016, p. 35). Convém alertar, dissipando confusões, que o *earn-out* não se assemelha com

---

5   Luciano Zordan Piva (2019, p. 76) conta-nos que uma das primeiras notícias de que se tem ciência sobre o uso da cláusula de *earn-out* refere-se à aquisição da Cypress Eletronics pela Brajdas Corp, ocorrida em 1985 nos Estados Unidos. O mecanismo permitiu às partes chegarem ao consenso sobre o preço, e a transação foi efetivada com sucesso.

a concessão de prazo de pagamento de preço certo e previamente definido (BENTO, 2015, p. 144). Com efeito, o *earn-out* tem escopo mais abrangente, não servindo para prorrogação da data do pagamento, mas sim como meio de alinhar os interesses das partes, reduzindo os riscos sobre a oferta.

Saindo da aridez do plano teórico, vamos retornar à tese proposta no artigo "The market for 'lemons'", de George Arthur Akerlof, citada previamente, apresentando uma ilustração didática. Suponha que, na pretensão de adquirir um carro usado, em que prevalecem dúvidas acerca da qualidade do produto, fosse possível estabelecer que parte do preço somente será quitada se, após o prazo de um ano contado da data da aquisição, o carro não apresentar nenhum defeito, servindo esse fato como confirmação de sua qualidade. Note que, ao estabelecer esse preço contingente, há evidente redução do risco na contratação do negócio para o comprador. Como consequência, ele estará mais inclinado a adquirir o veículo, oferecendo o preço considerado justo pelo vendedor. Em síntese, o preço contingente permite a realização do negócio, objetivo comum das partes, o que somente foi possível – nesse exemplo ilustrativo – pela redução dos riscos inerentes à assimetria de informação.

Guardadas as devidas proporções, a cláusula de *earn-out* funciona de forma semelhante. Judith Martins-Costa (2014, p. 154), nessa linha, define o *earn-out* como uma forma de pagamento em que parte do preço é transferida para momento futuro. No caso de operações societárias, conforme indica a autora, o "gatilho" do preço contingente são metas predefinidas pelas partes, em geral envolvendo questões financeiras, estratégicas e operacionais e cujo objetivo primordial é permitir a finalização da transação. Luis Flávio Neto e Victor Borges Polizelli (2021, p. 524) reverberam essa opinião sobre o objetivo do *earn-out*, mencionando que serve para "permitir a conclusão da negociação e implementação a compra".

Por essa razão, é precisa a definição de Luciano Zordan Piva (2019, p. 73) ao afirmar que o *earn-out* parece ser o mecanismo mais hábil na aproximação dos interesses das partes em torno do objetivo comum, especialmente no que se refere à qualidade das promessas do vendedor em relação ao desempenho financeiro da empresa. Isso permite às partes estipular um valor justo para a transação, de modo que o vendedor receba o montante desejado e o comprador pague o preço que inicialmente estava disposto a oferecer, ainda que parte seja diferida para o momento da ocorrência de eventos específicos no futuro.

Igualmente preciso é o escólio de Fernando Zilveti e Daniel Nocetti (2021, p. 131) ao dizerem que o preço contingente serve de ponte entre o vendedor e o comprador, alinhando as expectativas acerca do preço da participação societária. Os autores (ZILVETI; NOCETTI, 2021, p. 134 e 145) se referem ao *earn-out* como uma estipulação contratual que torna um componente do valor acordado entre as partes condicionado à ocorrência de evento futuro, em razão de a avaliação da participação societária negociada estar atrelada à geração de resultados pós-aquisição. Arrematam (ZILVETI; NOCETTI, 2021, p. 130) dispondo que esse preço contingente atenua a desconfiança do adquirente em relação à transação, na medida em que fica dispensado do pagamento adicional caso não se confirme a expectativa original de rentabilidade do negócio.

Essa intrínseca ligação do *earn-out* com as expectativas relacionadas à avaliação da empresa é reforçada diante da posição exposta por Daniel Rodrigues Alves (2016, p. 35), ao aduzir não ser aconselhável estabelecer cláusula desconectada do ambiente econômico que envolve o negócio, na medida em que seu papel é reduzir o ambiente de insegurança da transação e regular as expectativas das partes. Por isso é fundamental a definição de todos os aspectos relacionados, especialmente no que se refere às metas a serem atingidas no futuro.

Imperioso notar que a cláusula de *earn-out* pode assumir feição positiva ou negativa, conforme seja o conteúdo estipulado pelos contratantes.[6] Assim, caso o dispositivo contratual preveja que, atingidas certas metas, a consequência é o pagamento de parte do preço pela aquisição societária, a cláusula assume caráter positivo. De outro lado, na hipótese de as partes estabelecerem que, não ocorrendo o evento contingente, cabe ao vendedor devolver parte do preço, então estaremos diante do *earn-out* com feição negativa (PIVA, 2019, p. 86).

Luciano Zordan Piva (2019, p. 28-29) ainda adverte sobre o aspecto amplo da cláusula de *earn-out*, mencionando o fato de ela se mostrar eficiente no contexto em que o comprador deseja que o vendedor permaneça na condução dos negócios da empresa, mesmo após o ajuste da transação, movido pelo interesse de contar com o *know-how* que este último pode agregar na condução das atividades operacionais da empresa. Nesse caso, o *earn-out* reveste-se de características remuneratórias, tendo um tratamento tributário específico.

Oportuno aludir que o *earn-out* não se confunde com outros instrumentos jurídicos igualmente comuns em operações de M&A, como é o caso da chamada *escrow account*. Há, é verdade, intrínseca ligação entre ambos, conforme relata Bianca Xavier (2020, p. 483). Segundo a autora, a *escrow account* se consubstancia por uma conta aberta sob custódia de terceiro – geralmente instituição financeira – para depósito de valores que somente serão liberados ao vendedor mediante o cumprimento de determinadas metas expressamente estipuladas em contrato. Caso tais eventos contingentes não se aperfeiçoem, os valores devem ser liberados em favor do comprador. Outro uso comum das chamadas *escrow accounts* refere-se à garantia acerca de eventuais passivos ocultos não identificados no momento da transação, de modo que parte do preço fica retida nessa conta caução até que se confirme ou não aquele passivo (SANTOS, 2020, p. 139).

Em síntese, na medida em que estamos diante de contrato de natureza civil, havendo liberdade de contratação – desde que presentes os requisitos previstos no Código Civil –, as partes têm ampla margem de definição do alcance do *earn-out*, sendo ele mecanismo eficiente de dissolução de desavenças acerca do preço da transação, que naturalmente decorrem de incertezas presentes nessas ocasiões. Como solução para possíveis impasses sobre o valor justo do negócio, as partes podem estabelecer contratualmente que parte do preço será paga conforme a ocorrência de eventos contingentes num futuro especificamente definido.

---

6   O Apêndice A do Pronunciamento Técnico CPC n. 15 expressamente menciona os aspectos positivos ou negativos ao definir prestação contingente.

17.3 NATUREZA JURÍDICA DO *EARN-OUT*

Conforme discutido no item precedente, o *earn-out* pode ser definido como uma estratégia contratual cujo objetivo é equilibrar a relação entre vendedor e comprador, conquanto as expectativas em relação ao preço da participação societária negociada podem variar em razão das incertezas que permeiam a transação. Contudo, o *earn-out* pode se revestir de características diversas, e, como consequência, podem surgir dúvidas envolvendo sua natureza jurídica.

Mariana Monte Alegre Paiva (2017, p. 60) esclarece que, em sua forma mais tradicional, o *earn-out* é um mecanismo de diferimento de preço condicionado a eventos futuros, definidos pelas partes. Nessa concepção, portanto, a natureza jurídica do *earn-out* é de preço. Contudo, a autora vai além, expondo que a natureza jurídica da cláusula pode variar conforme a intenção das partes. Assim, por exemplo, se as partes definirem que o ex-acionista receberá valor adicional atrelado a prestação de serviços em favor da sociedade, então estaremos diante de remuneração, e não de preço relacionado a compra e venda de participação societária (PAULA, 2019, p. 238). Em escólio semelhante, Luciano Zordan Piva (2019, p. 74) alerta que a definição da natureza jurídica do *earn-out* depende do estudo de suas funcionalidades. Similar é o tratamento contábil que igualmente diferencia o pagamento de *earn-out* que compõe a contraprestação transferida e aqueles cuja justificativa é remunerar os vendedores em razão de serviços prestados (FLÁVIO NETO; POLIZELLI, 2021, p. 524).

Neste capítulo, entretanto, considerando a limitação de extensão, o escopo abordado cingirá a definição da cláusula de *earn-out* cuja natureza jurídica é de preço.[7] Nessa medida, há convicção de que, em sua concepção clássica, o *earn-out* tem por objetivo reduzir as incertezas do negócio, o que é feito por meio do diferimento de parte do preço, definido na forma da legislação civil em vigor.

Sobre o tema, valemo-nos do precioso estudo produzido por José Arnaldo Godoy de Costa Paula (2019, p. 236). Segundo o autor, a aquisição de participação societária se enquadra no conceito de compra e venda previsto no ordenamento jurídico brasileiro, mais especificamente no Código Civil de 2002 (CC/2002), que estabelece, em seu art. 481, que o contrato de compra e venda é o contrato pelo qual um dos contratantes "se obriga a transferir o domínio de certa coisa" e o outro a "pagar-lhe certo preço em dinheiro". Em complemento, cita o Código Civil em vigência, no qual é possível confirmar que:

> a "compra e venda, quando pura, considerar-se-á obrigatória e perfeita, desde que as partes acordarem no objeto e preço" (art. 482); e
>
> "é lícito às partes fixar o preço em função de índices e parâmetros, desde que suscetíveis de objetiva determinação" (art. 487).

---

7   Para discussão de outras naturezas jurídicas da cláusula de *earn-out* indicamos o trabalho de José Arnaldo Godoy Costa de Paula (2019) e o de Mariana Monte Alegre de Paiva (2017).

Concordando com a posição adotada pelo autor, extraímos da leitura dos referidos dispositivos legais que o aperfeiçoamento do contrato de compra e venda depende do acordo de vontade das partes em relação a seu objeto e preço. Por sua vez, o preço é definido livremente pelas partes de acordo com as leis de mercado, sendo chamado pela doutrina de preço convencional (GONÇALVES, 2019, p. 227). Finalmente, a lei autoriza que parte do preço seja fixada em função de metas, desde que seja possível sua determinação objetiva.

Nota-se que a definição de preço convencional consubstanciado de acordo com as leis de mercado se assemelha ao conceito de valor justo empregado pelo CPC – 46 (Avaliação ao Valor Justo). Segundo o normativo contábil, valor justo é o preço que seria recebido pela venda de um ativo ou que seria pago pela transferência de um passivo em uma transação não forçada entre participantes do mercado na data de mensuração.[8] Portanto, para o direito civil, preço é o valor em dinheiro ou título conversível em moeda, pago em troca de aquisição da coisa, convencionado pelas partes livremente, assumindo-se não haver dolo, fraude ou simulação que macule o negócio jurídico. Em síntese, preço, regra geral, é o valor justo definido pelas partes no momento da transação.[9]

Em face do exposto, é plausível concluir que o aperfeiçoamento do contrato ocorre a partir do momento em que as partes chegam ao consenso acerca do objeto e do preço, conforme ensina Ramon Tomazela Santos (2020, p. 137). O autor (SANTOS, 2020, p. 138), entretanto, alerta que as cláusulas prevendo preço contingente não se confundem com as denominadas condições de fechamento, em que os efeitos do negócio jurídico ficam condicionados a eventos futuros e incertos. No caso do *earn-out*, tão somente parte do preço fica condicionada aos eventos posteriores, permanecendo a eficácia do negócio jurídico, que, para o direito, estará integralmente aperfeiçoado.

Raciocínio semelhante é empregado por Fernando Aurelio Zilveti e Daniel Azevedo Nocetti (2021, p. 131) ao aduzirem que a incerteza do preço contingente não torna o contrato condicional a um evento futuro, apenas afetando o preço do negócio como um todo. Os autores (ZILVETI; NOCETTI, 2021, p. 137), inclusive, são enfáticos ao definir o *earn-out* como meio de determinação do preço do negócio, e não como condição para seu aperfeiçoamento.

Retornando à trilha inicial, considerando a definição de *earn-out* como mecanismo de determinação de parte do preço cujo pagamento é condicionado à ocorrência de eventos futuros,[10] e cotejando com a definição conceitual de preço do Direito Civil, mormente em face da previsão do art. 487 do Código Civil no sentido de ser lícito às partes fixar o preço

---

8   Item 09.

9   A regra comporta exceção, sendo impreciso dizer que nem todo preço se iguala ao valor justo na forma definida na contabilidade. Existem hipóteses, por exemplo, em que uma parte deseja fazer o negócio em razão de premente necessidade financeira, ocasião em que o preço não necessariamente equivalerá ao valor justo do bem transacionado. Ernesto Rubens Gelbcke, Ariovaldo dos Santos, Sérgio de Iudícibus e Eliseu Martins (2018, p. 139).

10 O art. 197 da Instrução Normativa n. 1.700, de 14 de março de 2017, confirma essa definição ao expressamente dispor que contraprestação contingente são: a) as obrigações contratuais assumidas pelo adquirente de transferir ativos adicionais ou participações societárias adicionais aos ex-proprietários da adquirida, subordinadas a evento futuro e incerto; ou b) o direito de o adquirente reaver parte da contraprestação previamente transferida ou paga, caso determinadas condições sejam satisfeitas.

em função de índices e parâmetros, desde que suscetíveis de objetiva determinação, podemos concluir que a natureza jurídica do *earn-out*, ao menos em sua forma mais tradicional, é de preço, o que terá implicações contábeis e tributárias, como veremos adiante.

17.4 DO EXEMPLO PRÁTICO

Doravante, para oferecer maior natureza prática à análise, propõe-se um exemplo ilustrativo, permitindo ao leitor visualização mais adequada e, consequentemente, maior compreensão acerca dos meandros do tratamento contábil e tributário da cláusula de *earn-out*. Para melhor absorção dos conceitos, simplificaremos o exemplo de forma a isolar os pontos sensíveis e que merecem atenção neste estudo.

Consideremos a realização de uma combinação de negócios, por meio da qual a pessoa jurídica "A" pretende adquirir 100% da participação societária da pessoa jurídica "B", cujo patrimônio líquido é de R$ 150 milhões. Durante as tratativas, as partes divergem sobre o preço do negócio, especialmente em razão de incertezas relacionadas ao potencial de geração de fluxo de caixa da empresa adquirida. Diante do impasse, as partes resolvem estabelecer cláusula de *earn-out*, pela qual a pessoa jurídica "A" se compromete a pagar valor adicional escalonado aos acionistas de "B" caso a margem Ebit[11] da empresa-alvo atinja determinados percentuais parâmetros estipulados pelas partes, dentro do prazo de 24 meses a contar da data da aquisição. Assim, fica estipulado o seguinte:

I. R$ 200 milhões pela aquisição de 100% das ações de B, sendo R$ 170 milhões relativos ao valor justo dos ativos e passivos líquidos adquiridos e R$ 30 milhões de ágio (*goodwill*).

II. a) parcela contingente de R$ 80 milhões, caso a margem Ebit supere o parâmetro de 20%;

II. b) parcela contingente de R$ 120 milhões, caso a margem Ebit supere o parâmetro de 23%.[12]

No ato da aquisição, isto é, antes de tomar posse integral das atividades da adquirida "B", a pessoa jurídica "A" conclui não ser provável que a margem Ebit superará, no prazo estipulado, o parâmetro estipulado de 20%.

Durante o primeiro ano como controladora da Companhia "B", a Empresa "A" tem ciência de informações relativas a fatos e circunstâncias de que deveria saber no momento da aquisição e que mudam suas expectativas a respeito do resultado operacional da adquirida. Com base nessas novas estimativas, a adquirente conclui ser provável que a margem Ebit supere o parâmetro de 20%, o que indica que terá que pagar a parcela contingente de R$ 80 milhões estipulada em contrato.

---

11 Sigla que representa *earnings before interest and taxes* ou *lucro antes dos juros e tributos* no vernáculo.

12 Portanto, se a margem Ebit superar o parâmetro de 20%, o vendedor recebe mais 80 milhões; caso supere 23%, além dos 80 milhões por atingir a meta anterior, recebe mais 40 milhões, totalizando 120 milhões.

Após alguns meses, a adquirente "A" verifica que o faturamento da empresa "B" vem crescendo, em decorrência do aumento da demanda do produto que fabrica, consequência do desenvolvimento de nova técnica de produção que aumentou – significativamente – sua qualidade. Logo, conclui, com bases nesses novos fatos, ser provável que a margem Ebit supere o parâmetro de 23% previsto contratualmente.

Finalmente, com o encerramento do prazo estipulado de dois anos, é constatado que essa previsão derradeira estava correta, confirmando que a margem Ebit da empresa "B" superou o percentual parâmetro de 23%, de modo que a empresa "A" efetua o pagamento da prestação contingente aos acionistas de "B", no montante total de R$ 120 milhões. O preço total do negócio, conclui-se, foi de 320 milhões.

Diante desse cenário, o desafio é avaliar os registros contábeis e as consequências fiscais daí decorrentes, o que propomos realizar a seguir. Não há pretensão de apresentar posição definitiva sobre o tema, haja vista que ainda pairam muitas dúvidas na doutrina, especialmente sobre o correto tratamento fiscal desses eventos econômicos. De toda sorte, ao trabalharmos com um exemplo ilustrativo, tornamos a análise e o entendimento mais inteligíveis e focados nos pontos centrais.

17.5 TRATAMENTO CONTÁBIL DO *EARN-OUT*

Partindo do exemplo ilustrativo proposto, vamos abordar as diretrizes contábeis para mensuração e registro dos eventos econômicos relacionados à combinação de negócios.

Sabemos que a norma contábil que trata do tema é o Pronunciamento Contábil CPC 15. Encontramos a definição de combinações de negócios no Apêndice A desse pronunciamento, a seguir reproduzido:

> Combinação de negócios é uma operação ou outro evento por meio do qual um adquirente obtém o controle de um ou mais negócios, independentemente da forma jurídica da operação. Neste Pronunciamento, o termo abrange também as fusões que se dão entre partes independentes (inclusive as conhecidas por *true mergers* ou *merger of equals*).

No caso do exemplo proposto, considerando os dados disponíveis, é seguro afirmar tratar-se de uma combinação de negócios, o que exige a aplicação do CPC 15, sobretudo por "A" e "B" não serem empresas vinculadas a um mesmo conglomerado econômico previamente à aquisição. Disso decorre o ponto nodal acerca da identificação do custo da operação para fins de registros contábeis, o que encontramos no item 18 da norma, que estabelece que "o adquirente deve mensurar os ativos identificáveis adquiridos e os passivos assumidos pelos respectivos valores justos da data da aquisição".[13]

---

13 De forma mais detalhada, o item 37 do CPC 15 traz o mesmo conceito. Confira-se: "a contraprestação transferida em troca do controle da adquirida em combinação de negócios deve ser mensurada pelo seu valor justo, o qual deve ser calculado pela soma dos valores justos na data da aquisição: a) dos ativos transferidos pelo adquirente; b) dos passivos incorridos pelo adquirente junto aos ex-proprietários da adquirida; e c) das participações societárias emitidas pelo adquirente".

Sendo mais precisos, notaremos que o CPC 15 determina que a composição do preço se subdivide em: valores justos da data da aquisição e *goodwill* ou compra vantajosa. Fugindo da abstração, suponha uma combinação de negócios em que o valor justo da participação societária adquirida seja de R$ 100 milhões e o preço acordado tenha sido de R$ 130 milhões. Nesse caso, conforme o item 32 da norma, parte do preço (R$ 30 milhões) refere-se ao *goodwill*. Lado outro, na hipótese de o preço acordado ser de R$ 90 milhões, estaremos diante de uma compra vantajosa, na forma estabelecida pelo item 34 do CPC 15.[14]

Nesse cenário, retornando ao nosso exemplo, em relação à parcela do preço paga no momento da transação (R$ 200 milhões), parte dela (R$ 170 milhões) será considerada como valor justo dos ativos líquidos adquiridos e o montante residual (R$ 30 milhões) é classificado como ágio por expectativa de rentabilidade futura (*goodwill*).

Contudo, rememorando, as partes definiram contratualmente contraprestação contingente, no seguinte formato:

II. a) parcela contingente de R$ 80 milhões, caso a margem Ebit supere o parâmetro de 20%;

II. b) parcela contingente de R$ 120 milhões, caso a margem Ebit supere o parâmetro de 23%.

Referida contraprestação contingente,[15] conforme determina o item 39 do CPC 15, deve ser reconhecida "pelo seu valor justo na data da aquisição como parte da contraprestação transferida em troca do controle da adquirida". Considerando que no exemplo em discussão a adquirente, com base em estimativas confiáveis, conclui não ser provável que as metas "II.a" e "II.b" serão atingidas, então o custo registrado no momento da transação limita-se ao montante de R$ 200 milhões, referente a parcela fixa do preço.

Na sequência, no decorrer do período de mensuração estipulado pelo item 45 do CPC 15 (prazo máximo de um ano), a adquirente tem ciência de novas informações relativas a fatos e circunstâncias existentes na data da aquisição, a qual, se conhecidas naquela data, teriam afetado a mensuração dos valores reconhecidos, posto revelarem que a projeção do resultado operacional da empresa "B" é maior do que o previamente estimado, e tornando provável que a meta prevista no item "II.a" será atingida. Esse fato exige, conforme determina o item supramencionado do CPC 15, que o custo da transação seja retificado, de forma a considerar as novas informações obtidas. Como consequência, a adquirente ajusta o custo

---

14   Devemos aplicar certo grau de ceticismo na presença de operações em que se identifique uma compra vantajosa. Em condições normais, a compra vantajosa ocorre em um ambiente de transação forçada (item 35 do CPC 15). Não por outro motivo o item 36 da norma exige revisão das mensurações realizadas, demonstrando determinado nível de prudência do normatizador em face da hipótese excepcional.

15   Segundo o Apêndice A do CPC 15, contraprestação contingente consiste em obrigações contratuais, assumidas pelo adquirente na operação de combinação de negócios, de transferir ativos adicionais ou participações societárias adicionais aos ex-proprietários da adquirida, caso certos eventos futuros ocorram ou determinadas condições sejam satisfeitas. Contudo, uma contraprestação contingente também pode dar ao adquirente o direito de reaver parte da contraprestação previamente transferida ou paga, caso determinadas condições sejam satisfeitas.

para adicionar a diferença relacionada à parcela contingente que provavelmente será paga, no valor de R$ 80 milhões, contabilizando a contrapartida no passivo. Totaliza-se, assim, o custo de R$ 280 milhões.

Em tempo notar que o normatizador contábil foi hábil ao perceber que combinações de negócios são realizadas em ambiente de incertezas. Por isso, previu expressamente um período de mensuração, quando permitiu ajustes no valor justo após a adquirente assumir o controle da adquirida e, portanto, passar a ter acesso às informações da empresa de forma mais ampla.

Ocorre que, alguns meses após a aquisição, a adquirente verifica que o resultado operacional da empresa "B" vem superando as estimativas iniciais, tornando provável que, no prazo estipulado pelas partes, a margem Ebit superará o percentual parâmetro de 23%, o que, como consequência, gera a obrigação de efetuar o pagamento adicional da prestação contingente de R$ 120 milhões, em vez dos R$ 80 milhões antes estimados. Note que a mudança das estimativas iniciais decorre do desenvolvimento – após a aquisição – de nova técnica de produção que aumenta significativamente sua qualidade, e não em razão de informações antes desconhecidas sobre fatos presentes no momento da aquisição.

Nesse caso, a adquirente deve aplicar as diretrizes contidas no item 58 do CPC 15. Assim, atendendo ao disposto nos itens b (i) e b (ii),[16] registra o passivo adicional de R$ 40 milhões e a contrapartida no resultado do período. Note que, nessa hipótese, não há ajuste do custo do ativo, mas sim registro do montante adicional diretamente no resultado, afetando o lucro do período.

Finalmente, ao cabo do período de dois anos, são confirmadas as condições previstas na cláusula de *earn-out* e a adquirente realiza o pagamento da contraprestação contingente no valor de R$ 120 milhões, operação que reduz o caixa da empresa "A" e elimina o passivo contabilizado no seu balanço.

Superado o desafio de tratar dos registros contábeis envolvendo o reconhecimento e a mensuração do preço da transação de combinação de negócios, passamos às consequências tributárias decorrentes. Como teremos oportunidade de concluir, as implicações tributárias são bem mais controversas.

17.6 AS CONSEQUÊNCIAS TRIBUTÁRIAS DA MENSURAÇÃO CONTÁBIL DO *EARN-OUT*

A tarefa, doravante, será analisar as implicações tributárias decorrentes dos registros contábeis dos eventos econômicos relacionados com a combinação de negócios do exemplo ilustrativo proposto. Para tornar mais clara a visualização dos eventos que mereceram considerações tributárias, propomos a seguinte linha do tempo com quatro etapas, na qual constarão valores, contrapartidas contábeis e suas correspondentes explicações resumidas sobre ao que se refere:

---

16 Para objetividade didática, não estamos avaliando se a obrigação está no escopo do CPC 48 ou não, mas sim assumindo que a contrapartida é no resultado, conforme os itens b (i) e b (ii) do item 48 do CPC 15.

Figura 17.1 Linha do tempo dos eventos que mereceram considerações tributárias.

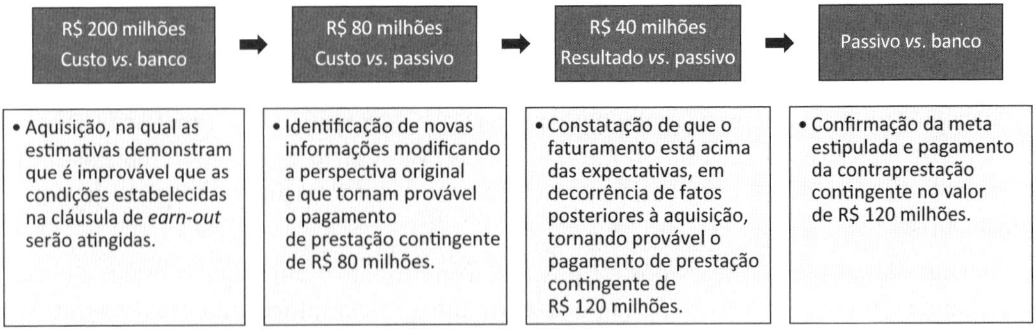

R$ 200 milhões Custo *vs.* banco	➡	R$ 80 milhões Custo *vs.* passivo	➡	R$ 40 milhões Resultado *vs.* passivo	➡	Passivo *vs.* banco
• Aquisição, na qual as estimativas demonstram que é improvável que as condições estabelecidas na cláusula de *earn-out* serão atingidas.		• Identificação de novas informações modificando a perspectiva original e que tornam provável o pagamento de prestação contingente de R$ 80 milhões.		• Constatação de que o faturamento está acima das expectativas, em decorrência de fatos posteriores à aquisição, tornando provável o pagamento de prestação contingente de R$ 120 milhões.		• Confirmação da meta estipulada e pagamento da contraprestação contingente no valor de R$ 120 milhões.

Fonte: elaborada pelos autores.

Identificamos quatro eventos que merecem nossa atenção e avaliação sobre as consequências tributárias. O primeiro deles, relativo à aquisição, não traz grandes controvérsias, e seu tratamento fiscal é bastante consolidado no sistema jurídico pátrio.

Com efeito, o art. 20 do Decreto n. 1.598/1977, que regula o tratamento tributário em operações dessa natureza, dispõe que o custo de aquisição deve ser desdobrado pelo adquirente em:

I – valor de patrimônio líquido na época da aquisição; e

II – mais ou menos-valia, que corresponde à diferença entre o valor justo dos ativos líquidos da investida, na proporção da porcentagem da participação adquirida, e o valor de que trata o item anterior; e

III – ágio por rentabilidade futura (*goodwill*), que corresponde à diferença entre o custo de aquisição do investimento e o somatório dos valores de que tratam os itens I e II acima.

Objetivamente, no caso do exemplo proposto, no momento da aquisição, a adquirente desdobrará o custo da seguinte forma:

Figura 17.2 Desdobramento do custo de aquisição.

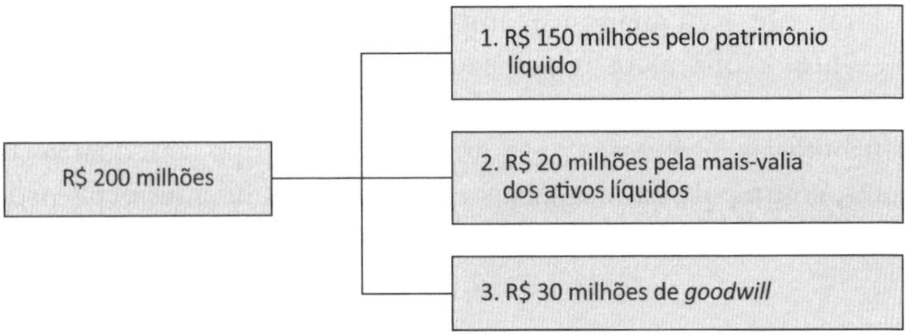

R$ 200 milhões
1. R$ 150 milhões pelo patrimônio líquido
2. R$ 20 milhões pela mais-valia dos ativos líquidos
3. R$ 30 milhões de *goodwill*

Fonte: elaborada pelos autores.

Não é escopo deste capítulo avaliar a consequência tributária de cada componente do custo, sendo suficiente para nossos propósitos indicar que o valor relativo à equivalência patrimonial tem efeito tributário inicial neutro;[17] o montante referente à mais-valia poderá, na hipótese de incorporação, fusão ou cisão, ser considerado integrante do custo do bem ou do direito que lhe deu causa e, a partir daí, terá tratamento tributário definido conforme a realização desses bens;[18] e o ágio será dedutível no prazo mínimo de 60 meses no caso de incorporação, fusão ou cisão entre as empresas envolvidas.[19]

Superado o registro inicial, em razão de novas informações obtidas no período de mensuração, envolvendo fatos e circunstâncias existentes na data da aquisição, a adquirente ajusta o valor do custo, aumentando o ágio em R$ 80 milhões, em contrapartida ao reconhecimento da contraprestação contingente por seu valor justo no passivo. As controvérsias começam a surgir a partir desse estágio "02", na medida em que esse registro decorre de estimativas confiáveis da empresa, não havendo certeza de que as condições previstas na cláusula de *earn-out* se efetivarão.

Sobre o tema, Ramon Tomazela Santos (2020, p. 141) é assertivo ao defender que o valor justo da contraprestação contingente não pode ter efeitos tributários, dado seu caráter subjetivo e incerto, o que viola o conceito de renda, o princípio da realização da renda e a capacidade contributiva. Dissertando sobre o assunto, Sérgio Bento (2015, p. 145) parece concordar com essa afirmação, mesma posição defendida por José Arnaldo Godoy Costa de Paula (2019, p. 242), ressalvando, por oportuno, que este autor costura seus argumentos especificamente em relação ao *earn-out*, cujas características são de preço, como é o caso em análise.

Entendemos estarem com a razão os insignes juristas. Não há qualquer dúvida de que, ainda que baseada em estimativas confiáveis, a obrigação de pagamento do preço contingente, conforme previsto na cláusula de *earn-out*, envolve mera expectativa a ser confirmada no futuro. Em outras palavras, não há certeza em relação ao evento e ao direito, até por decorrência do princípio da segurança jurídica, que exige objetividade e concretude em relação aos fatos tributários, inclusive por força dos arts. 116 e 117 do Código Tributário Nacional (CTN), conforme alerta José Arnaldo Godoy Costa de Paula (2019, p. 242).

Ademais, a contraprestação contingente refere-se a evento futuro e incerto, e a IN 1.700/2017 parece ter acatado a tese em exposição ao dispor:

> Art. 196. Os reflexos tributários decorrentes de obrigações contratuais em operação de combinação de negócios, subordinadas a evento futuro e incerto, inclusive nas operações que envolvam contraprestações contingentes, devem ser reconhecidos na apuração do lucro real e do resultado ajustado nos termos dos incisos I e II do art. 117 da Lei n. 5.172, de 1966:
>
> I – sendo suspensiva a condição, a partir do seu implemento;
>
> II – sendo resolutória a condição, desde o momento da prática do ato ou da celebração do negócio.

17　Não é exatamente acurado dizer que a equivalência patrimonial tem efeito tributário neutro, daí a inclusão da expressão *inicial*. Na medida em que o valor compõe o custo do ativo, afeta eventual ganho de capital para fins tributários no momento de sua alienação, conforme extraímos do art. 507 do RIR/2018.

18　Art. 431 do RIR/2018 (Lei n. 12.973, de 2014, art. 20, *caput*).

19　Art. 433 do RIR/2018 (Lei n. 12.973, de 2014, art. 22, *caput*).

Perceptível a preocupação normativa no sentido de expressamente indicar que os reflexos tributários subordinados a eventos futuros e incertos, sendo suspensiva a condição, somente deverão ser reconhecidos na apuração do lucro real a partir de seu implemento. É exatamente o caso da contraprestação contingente, que prevê o pagamento de parcela adicional no caso do atingimento de metas financeiras definidas pelas partes.

Em tempo esclarecer que a condição suspensiva é aquela em que a parcela do preço contingente somente adquire eficácia quando implementada sua condição, ao passo que na condição resolutiva o preço é devido desde o início, ou seja, trata-se de condição concreta, contudo, em razão de eventos previstos contratualmente, pode se tornar indevida (SANTOS, 2020, p. 142). Em termos práticos, diante de condição resolutória, o preço é certo e devido no momento da transação, conquanto possa tornar-se indevido no futuro. Por sua vez, no caso de condição suspensiva, o valor somente se torna exigível por ocasião de eventos futuros predeterminados pelas partes, como o atingimento de metas financeiras, por exemplo.

Logo, no caso que estamos avaliando, podemos concluir que a cláusula de *earn-out* prevê condição suspensiva, e, portanto, seus reflexos tributários ocorrem apenas no caso de implemento das condições previstas em contrato, o que não é o caso nas etapas "02" e "03".

Dizendo de outro modo, o montante de R$ 80 milhões registrado na contabilidade como custo do ativo (participação societária) não terá efeito tributário enquanto não implementadas as condições que tornem devidos os valores. Até lá, o direito tributário vê a prestação contingente como algo provisório, fruto de estimativas e, portanto, não realizado. Equivale a concluir que, no caso de incorporação, não será possível deduzir na forma de ágio a parcela de R$ 80 milhões da prestação contingente, o que acontecerá, contudo, a partir de implementada a condição prevista contratualmente.

Em resumo, em relação à etapa "02", ainda que diante de ajustes retrospectivos no período de mensuração, em decorrência de novas informações sobre fatos preexistentes à aquisição, nada muda em relação à aplicação do art. 196 da IN 1.700/2017, haja vista tratar-se de mera expectativa (SANTOS, 2020, p. 147).

Passamos, doravante, para o terceiro evento de nossa linha do tempo, ou seja, a constatação por parte da adquirente de que o faturamento da adquirida vem superando as expectativas, tornando provável o atingimento do Ebit de 23% estipulado pelas partes na cláusula de *earn-out*. Note que não estamos diante de novas informações sobre fatos até então desconhecidos, porém presentes no momento da transação. Nesse estágio, as perspectivas se alteram em decorrência de fatos posteriores ao negócio, e, em razão disso, a normatização contábil determina que o ajuste seja registrado no resultado, em contrapartida ao passivo da adquirente.

Nesse passo, podem surgir algumas controvérsias sobre a opção dicotômica do normatizador contábil: quando o ajuste se relaciona a fatos desconhecidos, mas presentes no momento da transação, o registro se dá no custo do ativo; quando o ajuste se relaciona a eventos ocorridos após a transação, o ajuste é realizado diretamente em resultado.

Não se trata de uma incoerência ou descuido por parte do normatizador contábil, embora a defesa dessa forma dicotômica de registro da prestação contingente não seja tarefa simples. Registros em resultado denotam a eficiência da administração na condução operacional dos negócios da empresa. Trata-se, portanto, de medida de desempenho, conforme, inclusive, podemos extrair do item 4.71 do Pronunciamento Contábil CPC 00. Sobre a tênue diferenciação entre custos e despesas, Endon S. Hendriksen e Michael F. van Breda assinalam que, quando o uso de bens e serviços não beneficia o período corrente nem se relaciona com uma perda, devemos concluir que beneficiará períodos futuros. Como consequência, atendendo ao regime da competência, registramos um custo a ser transferido para resultado quando o ativo gerar receitas, de forma que ocorra um "pareamento" entre receitas e despesas (HENDRIKSEN; BREDA, 2012, p. 237). Como se nota, a diferença entre custo e despesas é de natureza temporal.[20]

Retornando ao polêmico ponto, quando o ajuste decorre do conhecimento de informações sobre fatos preexistentes à transação, podemos concluir que não decorre de desempenho da administração, tampouco está relacionado a qualquer sacrifício a beneficiar o período corrente. Na verdade, estamos apenas reconhecendo que, se todas as informações estivessem disponíveis no momento da transação, o custo seria mensurado de forma diversa. Por essa razão, o normatizador oferece oportunidade ao adquirente para ajustar o valor justo durante o período estipulado de mensuração, pois o acesso às informações pode revelar que o registro inicial destoa do correto valor justo.

Contudo, quando o ajuste decorre de eventos cuja ocorrência é posterior à transação, como o caso de um desempenho excepcional da adquirida que modifica a expectativa da confirmação da condição contingente, então seria possível defender tratar-se de uma medida de desempenho da administração, que, adicionalmente, estaria beneficiando o período corrente, o que justifica seu registro no resultado, e não como custo de aquisição. Ademais, nesse caso não estaríamos diante de um equívoco na mensuração do valor justo. Muito ao contrário: o valor justo estará perfeitamente mensurado de acordo com os fatos presentes no momento da aquisição, e, consequentemente, seria incoerente exigir o ajuste retroativo.

Fernando Aurelio Zilveti e Daniel Azevedo Nocetti (2021, p. 145) aparentemente se alinham com esse raciocínio, afirmando que a rentabilidade futura depende da *performance* do negócio alienado. Dessa forma, o custo adicional decorre da confirmação de uma *performance* superior, portanto deve ser registrado, em razão do regime de competência, no mesmo período, permitindo a avaliação do desempenho da empresa. Os autores, inclusive, alertam que nessas hipóteses o preço do negócio é destacado em duas partes, uma certa e determinada, que compõe o custo, e a outra incerta e dependente de *performance*, com traços de despesas (ZILVETI; NOCETTI, 2021, p. 131). Ocorre, entretanto, que os autores

---

20 Ricardo Mariz de Oliveira (2020, p. 833) discorre sobre a distinção entre custos e despesas, atrelando aqueles a sua permanência no patrimônio, em contas de ativo. Contudo, ao final, reconhece que todos os dispêndios da empresa acabam afetando o resultado, muito embora em períodos diversos.

constroem o raciocínio baseado em operações segundo o qual as partes estipulam preço contingente em razão de *performance* do vendedor, que permanece vinculado às operações da sociedade alienada, de modo que essa conclusão pode ser modificada caso a hipótese seja distinta.

O leitor atento, entretanto, disputará essa tese por uma questão de ordem prática; parece incoerente aceitar o registro em resultado na adquirente, ao passo que o desempenho acima das expectativas ocorreu na empresa adquirida. Contudo, do ponto de vista da essência econômica é possível admitir a existência de uma única realidade, concluindo que, embora controversa, está longe de ser equivocada a opção do normatizador contábil.

De toda forma, fato é que a norma contábil expressamente determina que o registro seja realizado em contrapartida de resultado, de modo que é – ao menos para nossas pretensões neste momento – irrelevante o aprofundamento dessa discussão, que certamente merece novas reflexões. A problemática surge, verdadeiramente, das consequências tributárias decorrentes desse registro em resultado, algo que merece nosso olhar.

Isso porque o art. 6º do Decreto-lei n. 1.598/1977 dispõe que o lucro real é o lucro líquido do exercício ajustado pelas adições, exclusões ou compensações prescritas ou autorizadas pela legislação tributária. Adicionalmente, o § 1º do dispositivo aduz que o lucro líquido do exercício deverá ser determinado com observância dos preceitos da lei comercial.

Parte-se, portanto, do lucro contábil para, então, serem realizados os ajustes determinados expressamente pela legislação tributária. Como consequência, caso silente a lei, prevalecem os registros realizados na contabilidade. No que se refere ao montante de R$ 40 milhões registrado no resultado em razão das mudanças de perspectivas sobre o preço contingente, a solução novamente é encontrada no próprio art. 196 da IN 1.700/2017, ou seja, os efeitos tributários ficam diferidos para o momento em que implementada a condição suspensiva. Em outras palavras, a adquirente deverá realizar o ajuste (adição) de modo que a redução do lucro contábil não afete o lucro real, ou seja, o ajuste realizado na etapa "03" do exemplo tem efeito fiscal neutro, ao menos enquanto não ocorrer a condição prevista na cláusula contratual de *earn-out*, opinião compartilhada por Jorge Vieira (2018, p. 602).

Não parece haver dúvidas quanto a essa conclusão. Do ponto de vista tributário, apesar da intrínseca relação entre direito e contabilidade, não podemos admitir de forma apriorística os efeitos fiscais dos registros contábeis sem uma análise mais detida do ordenamento jurídico, inclusive em razão da necessidade de observância do princípio da realização da renda, que, segundo Victor Borges Polizelli, exigem materialidade, objetividade, mensurabilidade e troca de mercado (POLIZELLI, 2012, p. 193-195). Em reforço, é imprescindível ressaltar que a própria Lei n. 12.973/2014 seguiu a linha de não considerar tributável o valor justo por se tratar de mera expectativa que pode não ser confirmada e que, portanto, trata-se de evento não realizado, o que sugere que o princípio da realização da renda, em certa medida, balizou os legisladores (PINTO *et al.*, 2019a, p. 266). Dizendo de outro modo, ainda que na ausência do art. 196 da IN 1.700/2017, esse raciocínio prevaleceria, afinal, como nota Ramon Tomazela Santos (2020, p. 143), esse diploma legal apenas reflete a estipulação genérica do art. 117 do CTN, que, por sua vez, atende os princípios da realização da renda e da capacidade contributiva.

O problema, afinal, surge na etapa "04", na medida em que nesse momento a condição suspensiva é implementada, e, portanto, conforme determina o art. 196 da IN 1.700/2017, os reflexos tributários devem ser reconhecidos na apuração do lucro real e do resultado ajustado. A dúvida a ser respondida é: nesse momento, o montante de R$ 40 milhões que transitou em resultado na etapa "03", mas foi adicionado para apuração do lucro real, deve ser excluído na apuração corrente ou integrado ao custo (*goodwill*) para oportuna amortização após eventual incorporação? Importante notar que essa questão é muito relevante, haja vista a dedução no período "corrente" ser potencialmente mais favorável ao contribuinte, ao passo que a integração do montante ao ágio, minimamente, difere o aproveitamento fiscal em 60 parcelas mensais, a contar da data do evento societário de incorporação.

Aqui nos deparamos com o maior dissenso doutrinário envolvendo os aspectos jurídico-contábeis do *earn-out*.

Sérgio Bento (2015, p. 145-146), por exemplo, adota posição favorável aos contribuintes, defendendo que, diante da inexistência de regra expressa determinando o ajuste, deve prevalecer o valor do resultado contábil. Ramon Tomazela Santos (2020, p. 148), embora discorde desse entendimento, admite que essa posição é reforçada pela sistemática adotada pelo legislador nacional sobre o imposto de renda, na qual as deduções de despesas não dependem de autorização normativa expressa. Em outras palavras, *a priori*, as despesas que compõem o lucro contábil são integralmente dedutíveis para fins fiscais, exceto no caso de determinação expressa em contrário. Cita, inclusive, ensinamentos de Ricardo Mariz de Oliveira (2020, p. 846) nesse sentido, muito embora, conveniente ressaltar, esse autor seja dedicado defensor de que os registros contábeis não podem alterar as obrigações tributárias para mais ou para menos, caso conflitem com regras e princípios jurídicos.[21]

Declinam ser igualmente favoráveis à dedutibilidade imediata, embora analisando contexto diverso, Fernando Aurelio Zilveti e Daniel Azevedo Nocetti (2021, p. 142). Afirmam que o direito privado tratou o preço contingente, como vimos acima, como despesa, ao passo que o direito tributário, por meio da IN 1.700/2017, teria dado tratamento de componente do custo. Os autores sustentam que o posicionamento contábil sobre o tema é correto e alertam para uma possível inconsistência terminológica trazida pela instrução normativa. Como consequência, defendem que, uma vez implementada a condição, estamos diante de despesa dedutível para fins fiscais, mencionando ser defeso ao legislador modificar a natureza de um instituto de direito privado, consagrado na Contabilidade, sob pena de afronta ao princípio da capacidade contributiva e da renda líquida (ZILVETI; NOCETTI, 2021, p. 147-149). Novamente, entretanto, é preciso ressalvar que todo o raciocínio se baseia na hipótese de a prestação contingente estar atrelada à *performance* do vendedor, que permanece vinculado ao negócio, o que gera dúvida sobre a posição dos autores caso a hipótese fosse distinta.

---

21 Veja, nesse sentido, Ricardo Mariz de Oliveira (2003, p. 80).

Luis Flávio Neto e Victor Borges Polizelli contribuem para a análise, afirmando que a lei tributária silenciou sobre ajustes do lucro contábil em razão do registro da parcela de *earn-out* como despesa, de modo que não se fala em correção mediante emprego do poder normativo conferido à Receita Federal pelo art. 58 da Lei n. 12.973/2014. Concluem aduzindo que, na falta de dispositivo expresso prevendo qualquer ajuste, o tratamento contábil deve ser mantido na apuração do Imposto de Renda da Pessoa Jurídica (IRPJ)/Contribuição Social sobre o Lucro (CSLL) (FLÁVIO NETO; POLIZELLI, 2021, p. 526).

Ramon Tomazela Santos (2020, p. 149), contudo, em posição contrária, defende que não é possível considerar que o resultado contábil, na ausência de ajuste expresso, prevalece aprioristicamente para fins tributários. Entende o autor que a contabilidade parte de pressupostos distintos do direito, ou seja, o lucro contábil tem por objetivo retratar realidade econômica que não necessariamente está em consonância com os princípios jurídicos. Reforçando seu argumento, cita famoso precedente nesse sentido, referente ao Recurso Extraordinário n. 606.107-RS, de 22 de maio de 2013, no qual a Ministra Rosa Weber aduziu enfaticamente que a tributação não está subordinada à contabilidade.

Sobre esse tema não é incomum, nos calorosos debates envolvendo as controvérsias jurídico-contábeis, surgirem vozes no sentido de que caberia ao legislador, por meio da Lei n. 12.973/2014, ter determinado expressamente os ajustes a serem realizados no lucro contábil em decorrência da aplicação das novas normas contábeis internacionais, adotadas no Brasil a partir da Lei n. 11.638/2007. Caso assim não tenha procedido, então, conclui-se, teria aceitado todos os componentes do lucro contábil para fins fiscais, inclusive por força do art. 6º do Decreto-lei n. 1.578/1977.[22]

Com a devida vênia que merecem os precursores dessa tese, admitir que o legislador aceitou o registro contábil quando não determinou expressamente a realização de ajustes por meio da Lei n. 12.973/2014 equivaleria a aceitar sua onisciência acerca de "todos os infinitos"[23] impactos tributários das novas normas contábeis.

Malgrado o esforço do legislador em regular as mudanças inauguradas pelo novo padrão contábil adotado no Brasil, parece ser uma exigência demasiadamente exagerada presumir que todas as hipóteses tenham sido rigorosamente avaliadas, especialmente considerando que, após mais de uma década do início do processo de convergência contábil, nem sequer os especialistas contábeis e tributários chegaram ao consenso em relação ao tema. Exigir isso do legislador não soa razoável.

Dentre outros autores cuja opinião se dirige no mesmo sentido, oportuno destacar Sergio André Rocha (2021, p. 351), que disserta sobre a existência de cinco diferentes maneiras

---

22 José Arnaldo Godoy Costa de Paula afirma que, nessas hipóteses, seria possível defender que o "Direito Tributário reconheceria os efeitos destes valores no lucro líquido e, por consequência, no Lucro Real". Contudo, o autor é cuidadoso ao esclarecer que esse entendimento cessa caso a legislação tributária possua conceito autônomo tratando do tema (PAULA, 2019, p. 239).

23 *Todos os infinitos* impactos é uma contradição em termos. Ademais, sabemos não serem infinitos os ajustes. Empregamos a expressão, contudo, por licença didática e com intenção de imprimir força retórica ao argumento.

como o legislador cuidou da relação entre o direito e o novo padrão contábil. Segundo o autor, uma dessas maneiras refere-se ao grupo de omissões, ou seja, aquele em que a lei nada prescreve. Em seu ponto de vista, com o qual nos alinhamos, nesses casos não há solução apriorística, devendo cada caso ser analisado ao lume da sua compatibilidade com as premissas constitucionais.

Alexandre Evaristo Pinto, Fabio Pereira da Silva e Eliseu Martins sustentam que os casos omissos podem ter origem em análise detida por parte do legislador, que entendeu despicienda a manifestação expressa sobre o tratamento tributário do novo padrão contábil em particular ou pode decorrer de omissão desavisada, hipótese em que o legislador não notou a consequência tributária (PINTO et al., 2019b). Segundo os autores, em ambos os casos, a lei tributária teria convalidado os procedimentos contábeis. Há que ressalvar, contudo, que essa conclusão não deve prevalecer no caso de os registros contábeis afrontarem princípios jurídicos constitucionais.

Portanto, entendemos que devemos admitir o lucro contábil da maneira como calculado pelas "novas" normas contábeis e aplicados os ajustes determinados pela Lei n. 12.973/2014. Contudo, isso não autoriza ignorarmos as demais regras e princípios presentes em nosso sistema jurídico tributário.

Seguindo essa linha de raciocínio, Ramon Tomazela Santos (2020, p. 152) defende que, do ponto de vista tributário, em vez de o valor da contraprestação contingente registrada como despesa ter dedutibilidade imediata a partir da implementação da condição, o correto seria registrar o preço contingente como ajuste positivo do ágio, ainda que o montante não seja registrado na subconta contábil do investimento. Aduz, adicionalmente, que a parcela contingente compõe o custo do investimento e, nessa medida, não deveria ser deduzida como despesa no momento da implementação da condição suspensiva, por representarem uma autêntica inversão de capital.

O entendimento é referendado por José Arnaldo Godoy Costa de Paula, que expressamente afirma que, no caso de implementação da condição suspensiva da contraprestação contingente, a empresa deveria adicionar a despesa registrada na contabilidade e ajustar positivamente o custo do investimento, especificamente nas parcelas da mais-valia e do *goodwill* (PAULA, 2019, p. 249).

Maurício Pereira Faro e Thaís de Barros Meira contribuem para a discussão em arrazoado no qual analisam a Solução de Consulta Cosit n. 3, de 22 de janeiro de 2016 (FARO; MEIRA, 2020, p. 365-380). Aduzem que o custo de aquisição deve corresponder ao somatório da totalidade de sacrifício financeiro realizado pelo adquirente, ainda que o pagamento esteja atrelado a condição futura. Nessa medida, os valores pagos em razão de contraprestações contingentes poderiam ser computados no *goodwill*. A conclusão da solução de consulta parece deixar pouco espaço para dúvidas ao dispor que "o custo de aquisição da participação societária corresponde ao valor total pago aos vendedores, devendo ser ajustado caso o preço acordado pelas partes esteja sujeito a condições que alterem seu valor" (BRASIL, 2016).

Finalmente, Ramon Tomazela Santos apresenta argumento em princípio bastante convincente, ao chamar a atenção para o § 12 do art. 178 da IN 1.700/2017, que estabelece que a composição do custo de aquisição respeita a lei comercial e inclui as contraprestações contingentes, sendo seu tratamento tributário disciplinado no art. 196 do mesmo diploma legal (SANTOS, 2020, p. 152). Ao mencionar que a contraprestação contingente está incluída no custo de aquisição e fazer remissão expressa, na parte final, ao art. 196, que trata da condição suspensiva, parece que a interpretação sistemática nos permitiria concluir que o normatizador vedou a dedutibilidade do preço contingente como despesa, devendo o valor ser integrado ao custo para fins fiscais na presença da hipótese do inciso I do art. 196 da IN.

A despeito da força de todos esses argumentos, entendemos indispensável lançar algumas reflexões em contraposição, antes de declinar nossa opinião sobre o tema. Desafiar os raciocínios empreendidos é imperativo para a consolidação do apropriado entendimento de assunto tão complexo, ainda que, ao final, nossa posição seja convergente com qualquer dessas linhas.

Em primeiro lugar, não nos passa despercebido o fato de o art. 20, *caput*, da Lei n. 12.973/2014 dispor expressamente que o valor do *goodwill* a ser dedutível fiscalmente é aquele correspondente ao saldo existente na contabilidade na data da aquisição da participação societária. Em uma análise preliminar, a conclusão é no sentido de que eventuais ajustes posteriores decorrentes das prestações contingentes não podem ser atribuídos ao custo de aquisição para fins tributários, visto o legislador ter "congelado" o montante dedutível existente na data da aquisição.

Maurício Pereira Faro e Thaís de Barros Meira (2020, p. 377) e Ramon Tomazela Santos (2020, p. 150-151) disputam essa conclusão, argumentando que a menção teve por objetivo evitar discussões acerca do montante do *goodwill* amortizável para fins fiscais na hipótese, por exemplo, de registro de *impairment* do ágio na contabilidade. Em outras palavras, o legislador, prevendo possíveis embates entre o Fisco e os contribuintes em relação à amortização fiscal de ágio anteriormente "baixado" na contabilidade, expressamente consignou que tais ajustes não podem obstar o direito do contribuinte de deduzir o ágio fiscalmente. Sobre o tema é de reconhecer que andou bem o legislador, tendo em vista que o ágio é despesa necessária da empresa, conforme defende Humberto Ávila (2014, p. 151), portanto eventual vedação de dedutibilidade afrontaria o conceito de acréscimo patrimonial que justifica a tributação da renda.

Embora reconheçamos o brilhantismo dos argumentos, parece-nos que empreender esse caminho interpretativo é delicado, dada a necessidade de avaliar hermeneuticamente a "vontade do texto da lei" (*mens legis*) e cotejar com a "vontade do legislador" (*mens legislatoris*), expressa em lei, o que sempre é terreno arenoso. Gilberto de Ulhoa Canto é preciso ao dizer que não se deve desprezar a busca pelo elemento histórico presente na elaboração das leis, mas se deve fugir de exageros na ponderação entre tais elementos históricos e a interpretação que resulta da análise do próprio texto da lei (CANTO, 1975, p. 360).

Nessa linha, apenas nas hipóteses em que se possa claramente identificar a vontade do legislador, inclusive por meio de interpretação sistemática das normas do ordenamento, em princípio nos restaria aceitar – especificamente no caso em análise – o texto expresso da lei, no sentido de que a exclusão se limitaria ao "ágio existente na contabilidade na data da aquisição da participação societária".[24]

Referido raciocínio deve se sobrepor, inclusive, ao § 12 do art. 178 da IN 1.700/2017. Primeiro em razão de a IN consistir em diploma normativo cujo alcance está limitado pelo texto da lei. Segundo porque, ao dispor que a composição do custo de aquisição considera a contraprestação contingente, sendo seu tratamento tributário disciplinado no art. 196, não se está vedando que seja ele deduzido imediatamente no momento da implementação da condição, mesmo porque o *caput* desse dispositivo expressamente autoriza que o montante seja reconhecido na apuração do lucro real e do resultado ajustado nos termos dos incisos I e II do art. 117 do CTN, sem fazer qualquer ressalva sobre o momento da dedutibilidade.

Diante desse cenário, parece-nos que, embora o legislador mereça encômios por prever que o ágio a ser deduzido é aquele correspondente ao saldo existente na contabilidade na data da aquisição da participação societária, evitando que eventual "baixa" contábil posterior prejudique a dedutibilidade, falhou por não esclarecer que eventuais ajustes decorrentes de prestação contingente, realizados *a posteriori*, inclusive no período de mensuração, integram o custo e são passíveis de dedutibilidade fiscal, não se aplicando a ressalva "na data da aquisição". Nessa linha, atualização legislativa nesse sentido seria muito bem-vinda e traria segurança jurídica aos contribuintes.

Ademais, é indubitável que a Solução de Consulta Cosit n. 3, de 22 de janeiro de 2016, revela a inclinação da Receita Federal em considerar as contraprestações contingentes como integrantes do custo. Contudo, isso não significa dizer que essa posição impede a dedutibilidade da contraprestação contingente cujo montante foi registrado em resultado na contabilidade, a partir do momento em que implementada a condição, mormente diante da previsão contida no art. 196 da IN 1.700/2017. Indo adiante, a manifestação da Receita Federal se refere a diploma legislativo anterior à vigência da Lei n. 12.973/2014, que inaugurou em nosso sistema legislativo a incorporação dos novos padrões contábeis para fins fiscais e extinguiu o Regime Tributário de Transição (RTT).

Feitas tais ressalvas, cujas reflexões são oportunas para um debate amplo sobre o tema, chegamos ao momento de declinar nossa posição no sentido de concordar com a parte da doutrina que entende que a contraprestação contingente, registrada contabilmente em resultado, após a implementação da condição, deve ser adicionada positivamente ao *goodwill* para dedutibilidade na forma legal.

Não é despiciendo ressaltar que o direito tributário é informado pelo princípio da igualdade, cuja materialização se dá pela distinção da capacidade contributiva, que serve de critério de comparação entre os contribuintes (SCHOUERI, 2021, p. 369). Em resumo, contribuintes com capacidade contributiva semelhante devem ter tratamento tributário de forma condizente com esse parâmetro.

---

24   Art. 22 da Lei n. 12.973/2014.

Humberto Ávila, em sua tese sobre a "Teoria da Igualdade", leciona que a Constituição Federal erigiu a capacidade contributiva como medida de comparação obrigatória na definição do tratamento tributário aos contribuintes. Como consequência, não havendo uma finalidade que justifique o afastamento desse parâmetro de comparação, a norma afrontará a Constituição Federal (ÁVILA, 2015, p. 59). Portanto, para justificar o tratamento diferenciado entre situações semelhantes, seria necessário encontrar uma finalidade constitucionalmente estabelecida a permitir a distinção.

Não nos parece que permitir a dedutibilidade fiscal imediata da parcela contingente encontre finalidade a justificar o tratamento diferenciado que nos permita afastar a capacidade contributiva como medida de comparação. Novamente, usaremos o expediente ilustrativo para empreender nossos argumentos.

Supondo duas operações de aquisição societária: na primeira, a Empresa "X", desejando adquirir participação societária da Empresa "Y", oferta aos seus acionistas a quantia de R$ 500 milhões por 80% de suas ações, R$ 350 milhões pelo valor justo de seus ativos líquidos e R$ 150 milhões em razão da expectativa de rentabilidade futura. Outro dado relevante dessa operação é que a cotação das ações da empresa "Y", 24 meses após a operação, apresentou significativa valorização.

De outra ponta, a Empresa "W", pretendendo adquirir participação societária da empresa "Z", oferece a seus acionistas o montante de R$ 400 milhões por 80% de suas ações, sendo R$ 350 milhões pelo valor justo de seus ativos líquidos e R$ 50 milhões referentes ao *goodwill*. Adicionalmente, concorda em pagar R$ 100 milhões de prestação contingente se a cotação das ações da empresa no mercado, após 24 meses da aquisição, estiver em patamar superior ao preço da data de aquisição da participação societária.

Assumimos que a adquirente, nessa segunda operação, estimou pouco provável a manutenção da cotação das ações e não registrou o preço contingente. Contudo, após a aquisição, em razão da alta demanda de produtos fabricados pela empresa, o mercado acionário refletiu positivamente esses fatos nos preços das ações da adquirida, e, diante do novo evento, a empresa registrou R$ 100 milhões referentes à prestação contingente no passivo, com contrapartida no resultado, atendendo à determinação do CPC 15.

Note que na primeira operação a Empresa "X" sacrificou R$ 500 milhões de reais imediatamente no momento da operação. Contudo, em razão do que dispõe o art. 433 do RIR/2018 (Regulamento do Imposto de Renda – Decreto n. 9.580/2018), em relação ao montante de R$ 150 milhões referente ao ágio, a dedutibilidade fiscal fica condicionada à incorporação e é diferida em 60 parcelas mensais, ou seja, é aproveitada em cinco anos a partir da unificação entre as empresas.

No caso da segunda operação, a Empresa "W", ao registrar o preço contingente em resultado no momento da mudança de expectativa decorrente de eventos ocorridos pós-aquisição, conforme determina o CPC 15, deve fazer o ajuste fiscal, adicionando o montante ao lucro contábil antes de encontrar o lucro real. Ocorre que, implementada a condição suspensiva e pago o preço contingente, admitindo a tese de que nesse momento é permitida a dedução imediata na apuração do lucro real, teremos um tratamento privilegiado favorável à Empresa, em comparação com a Empresa "X". Afinal, nessa hipótese a dedutibilidade do preço contingente será imediata, ao passo que, na primeira hipótese, a dedutibilidade será diferida em 60 parcelas mensais e, tanto pior, somente se ocorrer a incorporação.

Ora, em ambas as situações ilustradas não parecemos estar diante de manifestações divergentes de capacidade contributiva que justifiquem o tratamento desigual oferecido pela norma tributária. Pelo contrário, note-se que a Empresa "X" realizou sacrifício financeiro antecipado, quando comparada com a empresa "W". Da mesma forma, não encontramos uma finalidade constitucional que possa autorizar o afastamento do critério de comparação baseado na capacidade contributiva de ambas as empresas. Caso confirmada essa hipótese, há arbítrio em razão da afronta ao princípio da igualdade (SCHOUERI, 2021, p. 366).

Há, ainda, outro ponto que merece ser devidamente considerado. Suponha que a empresa "W", no momento da aquisição, concluísse que era provável a ocorrência do evento que dá azo ao pagamento da parcela contingente. Ou, igualmente possível, que, durante o período de mensuração, a empresa, ao saber de informações antes desconhecidas, mas referentes a fatos anteriores à aquisição, modifica sua perspectiva acerca do pagamento da parcela contingente. Nessas hipóteses, o CPC 15, conforme já tivemos oportunidade de expor, exige o ajuste do valor justo da aquisição, o que, no caso, resultaria no ajuste positivo do ágio. Em outras palavras, a decisão da empresa acerca da probabilidade do pagamento do adicional contingente determinará o tratamento tributário a ser dado ao preço total pago: se considerar provável o pagamento, o montante integrará o custo e será dedutível na forma da lei após implementação da causa suspensiva; caso contrário, quando implementada a condição, será considerada despesa dedutível no momento da implementação da condição acordada pelas partes.

Para além da inobservância do princípio da capacidade contributiva, vemos com preocupação esse cenário. Não se trata, de forma alguma, de levantar dúvidas acerca dos propósitos daqueles responsáveis pela decisão acerca do tratamento contábil e avaliação de perspectivas acerca da implementação da condição contingente. Seria inocente, contudo, não admitir que, a partir do momento em que a decisão contábil – envolta em subjetividade – tem influência direta na dedutibilidade fiscal, o julgamento do decisor pode ser afetado, ainda que inconscientemente.

Na árdua luta pelo fim da influência da legislação tributária na contabilidade, cujo propósito é refletir a realidade econômica das transações, há que cuidar para não regredirmos ao que vivemos no passado, oferecendo segurança ao responsável pela decisão contábil de que seu julgamento é livre de pressões tributárias, seja qual for sua conclusão, que deverá ser iluminada pela essência econômica. Afinal, "accounting follows economics", como bem insiste Nelson Carvalho (2014, p. 376).

Em síntese, esses são os motivos pelos quais nos alinhamos à corrente que entende que o ajuste do preço contingente que transitou em resultado, após a implementação da condição suspensiva, terá reflexos tributários concernentes a sua integração ao montante do ágio a ser dedutível após a incorporação na forma do art. 433 do RIR 2018. Trata-se, certamente, de posição desfavorável aos contribuintes, mas resultado natural quando nos propomos a interpretar a legislação em vigência.

17.7 CONSIDERAÇÕES FINAIS

Neste capítulo, tivemos a oportunidade de abordar o *earn-out*, prestação contingente que consiste, em sua forma mais tradicional, em acordo entre as partes envolvidas em uma operação de M&A, pelo qual o vendedor se compromete ao pagamento de prestação adicional caso sejam atingidas algumas metas previamente estabelecidas, geralmente abrangendo questões de natureza financeira.

O artifício tem relevante papel ao permitir que partes contrapostas – vendedor e comprador – alinhem seus interesses, desanuviando o tenso ambiente comum nesse tipo de operação, especialmente em decorrência da assimetria de informações presente entre ambos os lados.

A partir do início do processo de convergência aos padrões internacionais de contabilidade, que no Brasil se deu por meio da Lei n. 11.638/2007, diversas controvérsias jurídico-contábeis surgiram, o que vem ocupando os debates, por vezes calorosos, entre os profissionais de ambas as ciências. Entre essas controvérsias inserem-se aquelas que envolvem o tratamento contábil das prestações contingentes e as consequências tributárias daí decorrentes.

Após apresentarmos o conceito jurídico do *earn-out*, propusemos um exemplo ilustrativo e, a partir dele, empreendemos análise dos registros contábeis decorrentes de uma operação de M&A em que as partes estabeleceram preço inicial e contraprestação contingente escalonadas, conforme o atingimento de metas previamente acordadas pelas partes.

Para além de outras questões relevantes, a principal controvérsia discutida ao longo deste capítulo se relaciona à consequência tributária em razão de o CPC 15 determinar o registro em conta de resultado de eventual ajuste no valor justo da contraprestação contingente decorrente de eventos ocorridos após a aquisição e, portanto, não relacionados a informações adicionais que o adquirente obtém após a data da aquisição, mas sobre fatos e circunstâncias anteriormente existentes.

Como vimos, há duas posições acerca do assunto: uma que defende que deve ser prestigiado o registro contábil e, portanto, a partir da implementação da condição prevista na cláusula de *earn-out*, o montante adicional é imediatamente dedutível na apuração do lucro real; outra que, ao contrário, entende que esse montante deve ser ajustado positivamente ao custo de aquisição, compondo assim o *goodwill*, a ser amortizado na forma do art. 433 do RIR 2018.

Alinhamo-nos com o segundo grupo por entender que a dedutibilidade imediata da parcela adicional vai de encontro ao princípio da capacidade contributiva, por ocasionar tratamento distinto para contribuinte em situação patrimonial equivalente. Tal posição não é estanque, e nada obsta que, diante de novas reflexões, seja modificada.

Aliás, como últimas palavras, essa precariedade de definição de tema tão relevante deve servir de alerta para os legisladores e autoridades fiscais: o direito serve como instrumento de estabilização de relações jurídicas. Para tanto, deve oferecer segurança jurídica aos contribuintes. Não parece ser o caso envolvendo o tema analisado, o que merece reflexões acerca da necessidade de alterações na legislação atual visando clarificar de uma vez por todas o tratamento tributário em questão.

REFERÊNCIAS

AKERLOF, George A. The market for "lemons": quality uncertainty and the market mechanism. *The Quarterly Journal of Economics*, Oxford, v. 84, n. 3, p. 488-500, 1970.

ALVES, Daniel Rodrigues. *Determinabilidade, negociação e elaboração de cláusulas de preço contingente (earn-out) nas operações de compra e venda de participação societária ou de estabelecimento e análise de conflitos à luz do princípio da boa-fé objetiva*. 2016. Dissertação (Mestrado em Direito) – Fundação Getulio Vargas, São Paulo, 2016.

ÁVILA, Humberto. Notas sobre o novo regime jurídico do ágio. *In:* MOSQUERA, Roberto Quiroga; LOPES, Alexandro Broedel (coord.). *Controvérsias jurídico-contábeis* (aproximações e distanciamentos). São Paulo: Dialética, 2014. v. 5. p. 149-159.

ÁVILA, Humberto. *Teoria da igualdade tributária*. 3. ed. São Paulo: Malheiros, 2015.

BENTO, Sérgio. Tratamento tributário do ágio. *In:* VIEIRA, Marcelo Lima; CARMIGNANI, Zabetta Macarini; BIZARRO, André Renato (coord.). *Lei 12.973/14:* novo marco tributário: padrões internacionais de contabilidade. São Paulo: Quartier Latin, 2015. p. 123-156.

BOTREL, Sérgio. *Fusões e aquisições*. São Paulo: Saraiva, 2012.

BRASIL. Receita Federal. Solução de Consulta Cosit n. 3, de 22 de janeiro de 2016. *Diário Oficial da União*, Brasília, 3 fev. 2016, seção 1, p. 12 Disponível em: http://normas.receita.fazenda.gov.br/sijut2consulta/link.action?visao=anotado&idAto=71323. Acesso em: 6 abr. 2021.

CANTO, Gilberto de Ulhoa. *Estudos e pareceres de direito tributário*. São Paulo: Revista dos Tribunais, 1975.

CARVALHO, Nelson. Essência x forma na contabilidade. *In:* MOSQUERA, Roberto Quiroga; LOPES, Alexandro Broedel (coord.). *Controvérsias jurídico-contábeis* (aproximações e distanciamentos). São Paulo: Dialética, 2014. p. 371-380.

FARO, Maurício Pereira; MEIRA, Thaís de Barros. Possibilidade do cômputo do valor integral de contraprestações contingentes no *goodwill* para fins fiscais. *In:* SILVA, Fabio Pereira da; MURCIA, Fernando Dal-Ri; VETTORI, Gustavo Gonçalves (org.). *Controvérsias jurídico-contábeis* – volume 2. São Paulo: Atlas, 2021. p. 365-380.

FLÁVIO NETO, Luis; POLIZELLI, Victor Borges. *Escrow accounts* e *earn-out* em combinações de negócios: contraprestações contingentes, apuração de ágio para fins tributários e a solução de consulta Cosit n. 3/2016. *In:* SILVA, Fabio Pereira da; MURCIA, Fernando Dal-Ri; VETTORI, Gustavo Gonçalves (org.). *Controvérsias jurídico-contábeis* – volume 2. São Paulo: Atlas, 2021. p. 517-535.

FLORES, Eduardo; CARVALHO, Nelson; BRAUNBECK, Guillermo Oscar. Escolhas contábeis: delimitações funcionais para relação jurídico-tributária. *In:* SILVA, Fabio Pereira da; MURCIA, Fernando Dal-Ri; VETTORI, Gustavo Gonçalves; PINTO, Alexandre Evaristo (org.). *Controvérsias jurídico-contábeis* – volume 2. São Paulo: Atlas, 2021. p. 143-167.

GELBCKE, Ernesto Rubens; SANTOS, Ariovaldo dos; IUDÍCIBUS, Sérgio de; MARTINS, Eliseu. *Manual de contabilidade societária*: aplicável a todas as sociedades: de acordo com as normas internacionais e do CPC. 3. ed. São Paulo: Atlas, 2018.

GONÇALVES, Carlos Roberto. *Direito civil brasileiro*: contratos e atos unilaterais. São Paulo: Saraiva, 2019. v. 3.

HENDRIKSEN, Endon S.; BREDA Michael F. van. *Teoria da contabilidade*. Tradução Antonio Zoratto Sanvicente. 10. reimpr. São Paulo: Atlas, 2012.

MARTINS-COSTA, Judith. Contrato de cessão e transferência de quotas. Acordo de sócios. Pactuação de parcela variável do preço contratual denominada *earn out*. Características e função (causa objetiva) do *earn out*. Parecer. *Revista de Arbitragem e Mediação*, São Paulo, v. 42, p. 153-188, jul. 2014.

OLIVEIRA, Ricardo Mariz de. A problemática das receitas de terceiros perante as bases de cálculo da contribuição ao PIS e Cofins. In: COSTA, Alcides Jorge; SCHOUERI, Luís Eduardo; BONILHA, Paulo Celso Bergstrom (coord.). *Direito tributário atual*. São Paulo: IBDT; Dialética, 2003. v. 17. p. 65-94.

OLIVEIRA, Ricardo Mariz de. *Fundamentos do imposto de renda*. São Paulo: IBDT, 2020. v. 2.

PAIVA, Mariana Monte Alegre de. *Controvérsias tributárias dos mecanismos contratuais de ajuste de preço em operações de fusões e aquisições*. 2017. Dissertação (Mestrado em Direito) – Fundação Getulio Vargas, São Paulo, 2017.

PAULA, José Arnaldo Godoy Costa de. O *earn out* na compra de participações societárias e seus efeitos tributários sobre o custo de aquisição de investimentos. *Revista Direito Tributário Atual*, São Paulo, v. 37, n. 43, p. 222-251, 2. sem. 2019.

PINTO, Alexandre Evaristo; SANTOS, Ariovaldo dos; SILVA, Fabio Pereira da. Dos métodos e critérios contábeis introduzidos pelas Leis n. 11.638/2007 e 11.941/2009. In: DONIAK JR., Jimir (coord.). *Novo RIR:* aspectos jurídicos relevantes do Regulamento do Imposto de Renda. São Paulo: Quartier Latin, 2019a. p. 253-284.

PINTO, Alexandre Evaristo; SILVA, Fabio Pereira da; MARTINS, Eliseu. O *enforcement* das normas contábeis e o alcance do artigo 58 da Lei n. 12.973/2014. *Revista de Direito Contábil Fiscal*, São Paulo, v. 1, n. 1, p. 15-41, jan./jun. 2019b.

PIVA, Luciano Zordan. *O earn-out na compra e venda de empresas*. São Paulo: Quartier Latin, 2019.

POLIZELLI, Victor Borges. *O princípio da realização da renda:* reconhecimento de receitas e despesas para fins do IRPJ. São Paulo: Quartier Latin, 2012.

ROCHA, Sergio André. Neutralidade fiscal do padrão IFRS pós-Lei n. 12.973/2014. In: SILVA, Fabio Pereira da; MURCIA, Fernando Dal-Ri; VETTORI, Gustavo Gonçalves; PINTO, Alexandre Evaristo (org.). *Controvérsias jurídico-contábeis*. São Paulo: Atlas, 2020. p. 341-361.

ROSTAGNO, Luciano; SOARES, Rodrigo Oliveira; SOARES, Karina Talamini Costa. Estratégias de valor e de crescimento em ações na Bovespa: uma análise de sete indicadores relacionados ao risco. *Revista Contabilidade & Finanças,* São Paulo, v. 17, n. 42, p. 7-21, dez. 2006.

SANTOS, Ramon Tomazela. *Ágio na Lei n. 12.973/2014*: aspectos tributários e contábeis. São Paulo: Thomson Reuters Brasil, 2020.

SCHOUERI, Luis Eduardo. *Direito tributário*. 10. ed. São Paulo: Saraiva, 2021.

VIEIRA, Jorge. Combinação de negócios e os impactos societários e tributários das IFRSs no Brasil: desafios apresentados aos operadores do direito e aos operadores das IFRSs. *Revista Direito GV*, São Paulo, v. 14, n. 2, p. 557-617, ago. 2018. Disponível em https://www.scielo.br/pdf/rdgv/v14n2/1808-2432-rdgv-14-02-0557.pdf. Acesso em: 6 abr. 2021.

XAVIER, Bianca. Tributação da *escrow account* na alienação de sociedades mercantis. *In:* SUSSEKIND, Carolina S.; FREITAS, Fernanda; CAVALCANTI, Flávia (org.). *Fusões e aquisições em foco*: uma abordagem multidisciplinar. Rio de Janeiro: Lumen Juris, 2020. p. 481-502.

ZILVETI, Fernando Aurelio; NOCETTI, Daniel Azevedo. *Earnout:* aproximação interdisciplinar e a IN n. 1.700/2017. *In:* PINTO, Alexandre Evaristo; SILVA, Fabio Pereira da; MURCIA, Fernando Dal-Ri; VETTORI, Gustavo Gonçalves (org.). *Controvérsias jurídico-contábeis*. São Paulo: Atlas, 2021. p. 129-151.

18

EQUIDADE E JUSTIÇA COMO FUNDAMENTOS DE UM SISTEMA TRIBUTÁRIO DEMOCRÁTICO

Cleucio Santos Nunes

18.1 INTRODUÇÃO

Um sistema tributário democrático pressupõe como fundamento a identificação de dois conceitos essenciais, que são os de equidade e justiça. Neste capítulo, procuramos fixar ajustes semânticos sobre o que significam equidade e justiça na tradição do direito ocidental e como podem ser interpretados no âmbito da tributação. O capítulo demonstra que, na atualidade, o sistema tributário tem se mostrado iníquo, escondendo uma indisfarçável luta de classes entre contribuintes ricos e pobres, de modo que estes pagam proporcionalmente mais tributos do que aqueles. Por outro lado, este estudo defende a tese de que um sistema tributário justo deve atender aos fins do Estado democrático de direito, obrigando o intérprete a optar por uma teoria de justiça que não seja arbitrária, ideológica ou intuitiva e que se alie aos postulados centrais da Constituição Federal, tais como a promoção da dignidade da pessoa humana e a garantia de direitos básicos que poderão reduzir as desigualdades sociais e econômicas.

Assim, o sistema tributário brasileiro atravessa uma crise na qual, dependendo do ponto de vista da análise, pode-se considerá-lo injusto ou iníquo para determinadas categorias econômicas e para outras não. A fim de atestar essa afirmação, primeiramente, há que definir uma compreensão dos conceitos de **justiça** e de **equidade** em bases racionalmente justificáveis, a fim de que a abordagem não se perca em impressões intuitivas. Isso porque os vocábulos **justiça** e **equidade** quase sempre são assimilados como equivalentes ou até mesmo sinônimos, dificultando certas considerações a respeito desses termos, quando relacionados com os fins da tributação em um Estado democrático.

Em linhas gerais, **justiça** é uma palavra de forte densidade conotativa, que oferece significações diversas dependendo da situação em que o intérprete se encontre; **equidade**, por sua vez, exige pesquisa no léxico ou em sistemas do conhecimento que permitam estabelecer diferenças úteis para o conceito de justiça. A verdade é que, enquanto **equidade** é um conceito mais refinado e cujo significado nem todo mundo conhece, **justiça** é como a palavra **liberdade**, "que o sonho humano alimenta, que não há ninguém que explique e ninguém que não entenda" (MEIRELES, 1953).

A justiça, enquanto categoria abstrata, serve de fundamento para qualquer sistema normativo; a equidade, por sua vez, revela-se como uma especialidade da ideia de justiça. A equidade pode ser examinada também como um desdobramento do conceito de igualdade, e esta é pressuposto da justiça em algumas situações. Assim, para estabelecer uma relação de equidade entre pessoas, é necessário presumir a presença de pelo menos duas partes a fim de que seja possível realizar comparações equitativas. Essa bipolaridade ou multipolaridade em matéria tributária expõe um conflito entre classes nem sempre detectado pelo discurso dominante, pela mídia e pela academia.

Vejam-se alguns exemplos. No âmbito jurídico-acadêmico as percepções dos problemas tributários brasileiros normalmente se concentram na análise intranormativa do sistema, cujos exemplos mais notórios são as discussões sobre as antinomias entre a lei tributária e a Constituição Federal. Os economistas, por sua vez, costumam examinar a repercussão do sistema de tributação sobre o Produto Interno Bruto (PIB). Do lado dos contribuintes o problema tributário brasileiro é visto através de duas lentes: a que serve ao empresariado e ao mercado financeiro (ou simplesmente **mercado**) e a que serve aos consumidores (**trabalhadores** em geral).

Do lado do mercado, a quantidade de tributos no Brasil sobrecarrega a produção de bens e serviços, contribuindo diretamente para a retração da economia nacional. Além disso, alega o mercado, o sistema de arrecadação é excessivamente complexo, o que exige das empresas o cumprimento de regras fiscais de difícil interpretação e execução. Diante disso, vê-se o empresário obrigado a contratar profissionais especializados nessa burocrática tarefa de cumprir as obrigações tributárias acessórias, aumentando os custos de conformidade das empresas.

Os trabalhadores, entretanto, percebem o peso da tributação diante das omissões de atuação do poder público ou da baixa qualidade dos serviços públicos. Para esse grupo, há uma espécie de relação inversamente proporcional entre o imaginário de uma alta carga tributária (a maior do planeta, como imaginam), suportada para prover a burocracia estatal, e, em contrapartida, os notórios problemas brasileiros nas áreas da saúde, educação, previdência, assistência social, moradia, segurança pública etc.

Este capítulo tem a finalidade de denunciar que os problemas do sistema tributário brasileiro não se resumem às ideias de antinomias normativas, alta carga tributária, complexidade burocrática e deficiência de atuações e serviços públicos. Existe uma crise indisfarçável, mas pouco criticada, que é o distanciamento dos conceitos de equidade e justiça das expectativas morais exigíveis do sistema tributário, o que, por sua vez, não se alinha com o conceito de Estado democrático de direito. Quanto menor a distância entre aqueles conceitos e as pretensões morais do sistema de tributação, maior será a proximidade com um sistema fiscal efetivamente democrático.

Um sistema tributário democrático impede que se estabeleça uma luta de classes, ainda que inerte ou velada, em que as classes mais pobres paguem proporcionalmente mais tributos do que as mais ricas. A denúncia presente neste texto parte de pressupostos analíticos fundados no sistema normativo, especialmente os arts. 1º e 3º da Constituição Federal, que proclamam, respectivamente, o princípio do Estado democrático de direito e os objetivos fundamentais do Brasil.

Assim, em tempos de reformas, especialmente a que se volta ao sistema tributário, é importante que se ergam vozes nos diversos meios de comunicação social para alertar que não se pode perder a oportunidade de corrigir problemas de iniquidade e de injustiça tributárias. Para isso é necessário qualificar o debate, a fim de identificar em que lugar do sistema tributário esses conceitos estão distantes ou ausentes. Este capítulo visa conceder uma contribuição nesse sentido.

18.2 RELAÇÕES ENTRE DEMOCRACIA E TRIBUTAÇÃO

Na tradição ocidental, a democracia é conhecida como a forma de governo em que o poder institucional é exercido por todo o povo, ou por sua maioria, nisso se distinguindo da monarquia e da aristocracia, em que o governo é regido por uma só pessoa (o príncipe regente), membro de determinada dinastia (BOBBIO, 1987). Por ser um governo do povo, a democracia também não se iguala à oligarquia, na qual o poder é uma prerrogativa de certos grupos (BOBBIO *et al.*, 2010, p. 31-32).

Historicamente, a democracia, como forma de governar uma sociedade, é obra da cultura helênica. Conforme anota Robert Dahl, os historiadores descobriram dados suficientes que demonstram ter surgido a ideia de democracia como descrita acima por volta do século V a.C. (DAHL, 2012, p. 19). Dahl esclarece também que havia semelhanças entre os ideais de democracia daquela época e o contexto do presente, entre as quais a noção de **pólis**, que deveria ser uma só, sendo injustificável a divisão entre a pólis dos pobres e a dos ricos (DAHL, 2012, p. 19).

Como governo popular, a democracia há de supor instrumentos em que não importa a origem de quem irá governar, nem se a maioria que governa pertence a uma ou a outra classe. Em uma palavra: a democracia é um governo de todos para todos. Valendo-se da alegoria de um ateniense em conversa com um interlocutor, Dahl supõe que o ateniense, defensor da democracia ideal, diria sobre a divisão de classes da pólis o seguinte:

> Talvez o crescimento de duas cidades dentro de Atenas, com o ódio crescente da minoria mais rica à cidade governada pela maioria pobre – ou assim vista pelos ricos –, tenha sido o que levou a cidade dos mais ricos a pôr no governo os Trinta Tiranos (DAHL, 2012, p. 22).

A tributação, por sua vez, relaciona-se com a ideia de democracia, pois se pode considerar que a sobrevivência da pólis está vinculada à exigência de tributos que deverão atender a parâmetros desejáveis sob determinado ponto de vista moral.

Sabe-se que, de modo geral, é possível reduzir os fins da tributação a dois objetivos muito distintos. O primeiro é a finalidade de manter a burocracia estatal, o que se chama de **fiscalidade** ou **pretensão arrecadatória** dos tributos. O segundo visa ao alcance de finalidades vinculadas à promoção do desenvolvimento econômico ou à permanência de comportamentos socialmente desejáveis, recebendo o nome de **extrafiscalidade**. Eugenio Lagemann (2012, p. 58-59), com fundamento na doutrina alemã, aponta objetivos e funções à tributação que ampliam as finalidades aqui resumidas, abrangendo, portanto, as diversas pretensões da política tributária da atualidade.

De acordo também com Lagemann, a tributação visa integrar vários princípios econômicos, tais como possibilidade de controle, transparência da carga tributária, eficiência administrativa, eficiência econômica e integração. Além desses princípios, o autor destaca a **justiça**, que conteria as ideias de igualdade, justiça horizontal e vertical e também a garantia do mínimo de sobrevivência (LAGEMANN, 2012, p. 59).

Vê-se que a pólis grega, ou o Estado soberano de nossa contemporaneidade, é o espaço em que a democracia direta ou representativa se desenvolve idealmente, devendo o sistema fiscal servir de suporte ao cumprimento dos ideais de justiça e de equidade almejados. Evidentemente, o curso da história do mundo nos dois milênios que separam o helenismo da antiguidade do estatismo da nossa era contemporânea contou com inúmeras intercorrências que devem ser consideradas para a adequada vinculação do conceito de democracia ao de tributação.[1]

Do ponto de vista fiscal, o Estado moderno ocidental passou por fases que se desenvolveram desde o fim do feudalismo (TORRES, 1999, p. 6-8). Nos últimos três séculos o Estado ocidental passou pelas fases patrimonial, fiscal, fiscal-social e socialista. Com exceção do Estado socialista, nas demais modalidades o tributo se mostrou o principal instrumento do Estado moderno contra a estatização dos meios de produção, revelando-se, ao contrário do que muitos pensam, um instituto típico do capitalismo liberal.[2]

Na Teoria Geral do Estado, essas fases do Estado moderno podem se resumir aos conceitos de Estado de direito, Estado social de direito e Estado democrático de direito. A história demonstrou, principalmente ao longo do século XIX, que a ideia de Estado de direito por si só é insuficiente para atender aos anseios de uma sociedade democrática, especialmente com a afirmação dos direitos sociais a partir do século XX. Isso ensejou o surgimento do Estado social de direito, que, como o nome sugere, visou à outorga de direitos sociais, tais como previdência pública, saúde, educação, direitos trabalhistas, entre outros.

---

1 Fazendo um recorte histórico-estratégico para os fins didáticos deste texto, o surgimento do Estado moderno no Ocidente dá-se com a celebração dos tratados de Westfália, entre 1643 e 1648, pondo fim à Guerra dos Trinta Anos, quando assumiu essa modalidade de Estado as características básicas de "unidade territorial" e "poder soberano". Cf. Dallari (2003, p. 70).

2 "A tributação é, sem sombra de dúvida, o instrumento de que se tem valido a economia capitalista para sobreviver. Sem ele não poderia o Estado realizar os seus fins sociais, a não ser que monopolizasse toda a atividade econômica. O tributo é inegavelmente a grande e talvez única arma contra a estatização da economia". Cf. Machado (2011, p. 24).

Na Europa, por exemplo, a experiência do Estado social levou os críticos a sustentar sua inviabilidade, em especial sob o aspecto fiscal, na medida em que a despesa pública aumentou e, consequentemente, a carga tributária (STRECK, 2004, p. 58). Além disso, os processos deliberativos das ofertas dos bens sociais eram restritos a uma elite tecnocrata, o que levou o Estado social de direito a certa ambiguidade que lhe retirou as condições ideais de defensor do bem-estar social.[3] Não seria possível um Estado social em que os bens sociais são escolhidos sem processos deliberativos amplos, nos quais a sociedade seja realmente ouvida.

O Estado democrático de direito, por sua vez, tem a pretensão de suprir certas críticas ao Estado social. Além de manter a tradição do Estado de direito liberal, de respeito à legalidade, o Estado democrático de direito tem por finalidade preencher as lacunas do Estado social, especialmente no aprimoramento dos processos de deliberação dos interesses sociais, e realizar o primado da dignidade da pessoa humana, incluindo todas as pessoas nos rendimentos da produção (SILVA, 2005, p. 112-120).

O grande desafio da tributação no Estado democrático de direito, portanto, é engendrar meios que viabilizem a efetivação desse princípio, especialmente os direitos básicos, sem os quais as oportunidades de uma vida digna restam reduzidas em razão de fatores arbitrários e não de escolhas livres dos indivíduos. É função do sistema de tributação, além de equilibrar proporcionalmente a relação entre ricos e pobres (tributação equitativa), propiciar os recursos financeiros necessários para a asseguração dos direitos básicos que compõem a ideia de Estado de direito democrático.

18.3 EQUIDADE E JUSTIÇA TRIBUTÁRIAS

18.3.1 Conceito e efetivação da equidade na tributação

A equidade é uma variação do conceito de justiça, podendo ser considerada uma derivação da justiça abstrata, entendimento afirmado na filosofia ocidental desde Aristóteles (384 a.C.), que subdividiu o tema em segmentos (BOITEUX, 2011, p. 329). De modo geral, para Aristóteles, a justiça era abstrata e decorria dos estatutos legais, enquanto a equidade significava a justiça específica, voltada a suprir as situações não previstas nas leis e que demandavam certa maleabilidade. Com base em Aristóteles, Elza Boiteux (2011, p. 329) explica que a "equidade é uma forma de julgamento com natureza corretiva; não só por ajustar a lei ao caso concreto, mas também por corrigir a ordem jurídica na falta de norma aplicável". Em *Ética a Nicômaco*, a ideia de equidade como justiça corretiva da justiça abstrata fica evidente, embora Aristóteles não considere tal correção a supressão de um erro constante da lei abstrata, mas de uma situação que não foi por ela abrangida e que necessita de ponderações a partir do caso concreto, a fim de se chegar a uma resolução justa que satisfaça os interesses contrapostos (ARISTÓTELES, 1987, p. 96).

---

3   Evidentemente que a crise financeira do Estado social levou a severas críticas, abrindo margem às propostas de retorno ao liberalismo, mas com um ponto de inflexão, que consistiu em se fechar a qualquer brecha de penetração dos ideais intervencionistas do *Welfare State*. Cf. Contipelli (2010, p. 131-132).

O direto ocidental, pois, vem absorvendo a ideia de equidade como a justiça do caso concreto, exigível quando a lei ampla não é capaz de regular com justiça uma situação determinada. José de Oliveira Ascensão (2005, p. 245-253) compara a equidade à régua de Lesbos, maleável e, diferentemente da régua rígida, capaz de medir precisamente as superfícies irregulares. Tércio Sampaio Ferraz Jr. (2009, p. 223) atrela o conceito de equidade ao de igualdade, no que não se distancia da visão aristotélica. Assim, ser **equitativo** é também corrigir desigualdades que se prostram perante uma situação concreta.

Uma das dificuldades de efetivar a equidade como justiça do caso concreto reside na legitimidade de quem desempenhará a **nobre** função de arbitrar a decisão equitativa. Aristóteles recorreu à figura do "culto", pessoa dotada de conhecimentos quase divinais e capaz de pronunciar a justiça do caso concreto (BOITEUX, 2011, p. 330). Na atualidade, mas desde a separação dos Poderes proposta por Montesquieu, conferiu-se ao juiz o poder de analisar a situação concreta e dizer a solução justa, o que se passou a considerar **juízo de equidade,** embora deva o magistrado se manter adstrito aos termos abstratos da lei.[4]

O poder de proferir juízos equitativos não significa um "cheque em branco" a ser sacado livremente pelo juiz. Vicente Ráo (1999, p. 88) explica que uma das formas encontradas no direito ocidental para manter o juiz vinculado à legalidade foi a inclusão de instrumentos equitativos no texto das leis abstratas, de modo que, ao aplicar a lei sobre casos concretos, se estaria a efetivar a ideia de equidade, diminuindo o poder discricionário do julgador.

Feitas essas observações, verifica-se que a **equidade** no direito tributário é a busca por justiça na relação concreta entre o Fisco e os contribuintes. Isso faria presumir que um sistema tributário equitativo seria aquele capaz de exigir o pagamento de tributos de cada contribuinte conforme suas respectivas capacidades contributivas. Assim, seria necessário encontrar a cota de tributos equitativa, em que contribuinte e Fazenda pudessem considerar-se reciprocamente satisfeitos. Além disso, seria preciso legitimar uma autoridade para arbitrar a cota tributária equitativa no caso concreto, o que traria, obviamente, inúmeras dificuldades, ainda que esse árbitro fosse um representante da Fazenda ou dos contribuintes. Até mesmo o juiz careceria de legitimidade democrática para aplicar a cota tributária equitativa, pois teria que se valer de uma legislação previamente estipulada, o que lançaria a questão outra vez ao campo abstrato. A melhor solução – embora não seja factível – seria um suposto acordo entre contribuinte e Fisco, em que ambos chegassem a um resultado satisfatório sobre o valor tributário, mediante concessões mútuas.

Em outros segmentos jurídicos talvez seja mais praticável a efetivação da equidade, mediante o acordo de vontades. No direito tributário, principalmente quando se considera uma sociedade de massas e a indisponibilidade da receita pública, a equidade terá que ser incorporada à lei abstrata, de modo a otimizar a ideia de justiça tributária do caso concreto

---

[4] Cf. Bobbio (1995, p. 171). Em outro de seus clássicos jurídicos, Bobbio aborda o tema com as seguintes palavras: "chamam-se 'juízos de equidade' aqueles em que o juiz está autorizado a resolver uma controvérsia sem recorrer a uma norma legal preestabelecida. O juízo de equidade pode ser definido como autorização, ao juiz, de produzir direito fora de cada limite material imposto pelas normas superiores" (BOBBIO, 1999, p. 56).

com base nos instrumentos oferecidos pela lei. Assim, princípios e regras jurídicos deverão atuar para a obtenção dessa finalidade. O princípio norteador da equidade no sistema de tributação há de ser o da **capacidade contributiva**, e as regras utilizadas para sua efetivação podem ser colocadas em uma ordem serial de efetividade em que **progressividade** aparece em primeiro lugar, seguida de **seletividade, pessoalidade** e **proporcionalidade**. Cabe, pois, à lei tributária inserir esses instrumentos equitativos no texto legal a fim de cumprir o valor da equidade no direito tributário.

18.3.2 Aplicação da ideia de justiça na tributação

O conceito de justiça trafega entre a filosofia e o direito, unindo fortemente as duas áreas do conhecimento. Neste capítulo optaremos por uma ideia de justiça que se concilie com determinados fins da tributação e que estão relacionados com a ideia de democracia. Assim, um sistema tributário justo pressupõe a pretensão de arrecadar recursos financeiros necessários para o cumprimento de certos fins do Estado democrático de direito. Trata-se de uma vocação à igualdade a que se destina o sistema de tributação e que se alinha com a noção de **justiça social** ou de justiça distributiva, como também é conhecida a primeira locução na literatura da ciência política.

A palavra **justiça** está para o direito como o vocábulo **social** está para a sociologia e para a política. Existe um forte traço identitário entre direito e justiça que quase faz das expressões sinônimas, de modo que a aplicação do direito seria uma maneira de realizar o que se considera justo em uma sociedade e em determinado momento histórico. Daí por que o direito é resultado de determinadas aspirações advindas da sociedade que se condensam na Constituição Federal, não se aceitando que as leis posteriores neguem os princípios expostos no texto constitucional. Por outro lado, as expressões **justiça** e **social**, devidamente unidas, adquirem outro significado, que, contemporaneamente, vincula-se à ciência política ou à teoria política normativa (VITA, 2007, p. 1).

Evidentemente, outros sentidos poderão ser empregados para a palavra **justiça** no campo da ciência política, conforme opções teóricas racionalmente consideradas e não por uma simples percepção individual e intuitiva (SEN, 2011, p. 43-45). A justiça social é um conceito de justiça a buscar argumentos em que fatores arbitrários, relacionados à hereditariedade e a talentos individuais, não podem ser condições determinantes a uma vida economicamente bem-sucedida. Embora não haja uma reprovação dada de antemão a essas condições, em uma sociedade democrática certos estímulos deverão ser disponibilizados a todos para que o sucesso econômico esteja reservado a uma espécie de loteria, em que o lar onde se nasce ou talentos individuais determinem quem terá ou não direito a uma vida digna ou próspera (RAWLS, 2008, p. 87). É por isso que a justiça social se radica em valores e princípios jurídicos que têm por finalidade romper com um ciclo que reserva a riqueza para os que possuem certas precondições facilitadoras de sua obtenção.

Uma observação deve ser feita desde logo: a justiça social não deve ser confundida com o comunismo. Em uma sociedade comunista essa forma de justiça não é considerada, pois os recursos econômicos, sejam escassos ou abundantes, são distribuídos a todos igualmente.[5] A ideia de justiça social decorre da pressuposição da escassez de recursos em uma sociedade materialmente desigual e que preserva os direitos individuais e as liberdades. A pretensão da justiça social é gerar as precondições para que todos possam usufruir de direito básicos que permitam o alcance de uma vida digna e próspera sem romper com o sistema legal de direitos. Aliás, é por meio de uma ordem jurídica posta que essas precondições deverão ser estabelecidas.

Para Samuel Fleischacker (2006, p. 8), **justiça social** é uma invocação do Estado "para garantir que a propriedade seja distribuída por toda a sociedade de modo que todas as pessoas possam se suprir com um certo nível de recursos materiais".

A tributação exerce função instrumental relevante na distribuição da renda e da propriedade a fim de suprir esse "certo nível de recursos materiais" para todas as pessoas, conforme alude o conceito do autor. Isso se dá por meio de valores, princípios e regras alinhados à tributação e aos fins do Estado democrático de direito. Primeiramente, há que destacar o conceito de justiça social como valor absorvido pela Constituição Federal brasileira. Sem prejuízo de outros dispositivos em que a mesma ideia está contida, seus arts. 1º e 3º revelam nitidamente a primazia da justiça social como valor que orienta a intepretação de todo o sistema normativo constitucional, incluindo a tributação. O art. 1º, quando estabelece que a república federativa brasileira se constitui como Estado democrático de direito, conforme já analisado neste capítulo, revela a característica central de que a inclusão de todos nos resultados da produção nacional é um valor que inspira a própria opção pelo Estado democrático de direito. Para tanto, é necessário que se tenha a dignidade da pessoa humana como princípio a consagrar essa ideia, o que está expresso no art. 1º, III, da Constituição Federal. Na mesma linha, o art. 3º estabelece que a construção de uma sociedade livre, justa e igualitária, ao lado da erradicação da pobreza e da marginalização, são objetivos fundamentais da república. Um sistema tributário justo, portanto, deve se prestar a efetivar o Estado democrático de direito, assegurando o princípio da dignidade da pessoa humana e visando alcançar os objetivos fundamentais da república eleitos pela Constituição Federal.

18.4 INIQUIDADES E INJUSTIÇAS DO SISTEMA TRIBUTÁRIO BRASILEIRO DA ATUALIDADE

Nas seções anteriores fixamos o entendimento de que **equidade** é a justiça no caso concreto e o de que, tratando-se de tributação, seu conceito serve de critério de análise para entender o conflito de classes gerado pelas normas tributárias, no qual uns são mais tributados do que outros, considerando suas diferenças econômicas. Estabelecemos também

---

5 Esse ponto é muito próximo da utopia marxista segundo a qual, com a chegada do comunismo, iriam desaparecer as "circunstâncias da justiça". Isso porque a não escassez de recursos reduziria os conflitos a ponto de tornar-se a justiça desnecessária. É bem verdade que, conforme lembra Roberto Gargarella, o grupo de setembro, ou dos marxistas analíticos, capitaneado por Gerald Cohen, iniciou uma releitura dos escritos de Marx para extrair de suas obras preocupações com os princípios de justiça. Cf. Gargarela (2008, p. 111-112).

noções de como se pode compreender o conceito de justiça no plano da tributação, sustentando que se trata de uma das finalidades do sistema tributário a formação de suporte financeiro suficiente para garantir políticas públicas inclusivas inerentes ao Estado democrático de direito. Assim, o intérprete do sistema jurídico deverá recorrer a argumentos que deem sustentação a um dos conceitos de justiça analisados no âmbito da teoria política normativa. Essa opção não poderá ser uma escolha arbitrária, movida por razões ideológicas ou intuitivas, mas alinhada a pontos de vista racionais, fundamentados normativamente. No caso do Brasil, o início dessa argumentação é o próprio texto constitucional, especialmente os arts. 1º e 3º, que proclamam, respectivamente, os princípios do Estado democrático brasileiro e da dignidade da pessoa humana; e os objetivos fundamentais da república de erradicar mazelas que deflagram uma desconfortante desigualdade social. Daí por que justiça social ou justiça distributiva são metas a serem alcançadas no Estado democrático de direito, a sinalizarem uma das finalidades do sistema tributário.

Nos parágrafos seguintes serão analisados alguns indicadores que revelam a iniquidade do sistema de tributação e a indisfarçável luta de classes entre contribuintes pobres e ricos. Exporemos, igualmente, exemplos de como a tributação é essencial para o cumprimento dos fins do Estado democrático de direito, conformando, portanto, o conceito de justiça social na tributação.

Com relação ao conceito de equidade na tributação, estudos econômicos revelam que o sistema tributário brasileiro tem apresentado inúmeros problemas, sendo um dos principais a alta carga de tributos sobre a população mais pobre e a pressão tributária proporcionalmente menor sobre as classes mais ricas. De acordo com estudos do Instituto de Pesquisa Econômica Aplicada (Ipea), em 2008, no Brasil, as pessoas que ganhavam até dois salários mínimos comprometiam 53,9% de sua renda com o pagamento de tributos, enquanto as que ganhavam mais de 30 salários mínimos despendiam apenas 29% com essa finalidade.[6] Esse estado de coisas, obviamente, inverte os objetivos morais da tributação, no ponto em que visa aplicar a equidade tributária. Não se pode considerar equitativo um sistema tributário em que os mais pobres são mais onerados do que os mais ricos, e isso ocorre mediante a aplicação das regras jurídicas tributárias, que, de caso pensado, resultam nessa demonstração de iniquidade.[7]

Uma das principais causas para esse cenário é a alta carga de tributos sobre o consumo e o alívio da cobrança de tributos sobre renda e propriedade. Maria Helena Zockun (2007) demonstra que, nos anos de 1996 e 2004, a carga de tributos indiretos (incidente sobre o consumo de bens e serviços) mostrou-se superior à tributação direta (incidente sobre renda e patrimônio).

---

6   Disponível em: http://ipea.gov.br. Ver também, com relação a anos anteriores: Brasil (2009, p. 23).
7   Joseph E. Stiglitz (2013, p. 235) aponta com propriedade como grandes corporações privadas conseguem obter leis que atendem a seus interesses particulares ou que as blindam contra o dever de pagar indenizações. Guardadas as proporções, não tem sido diferente no Brasil o sem-número de leis que promovem vantagens tributárias às classes mais ricas, que, por essa razão, são detentoras de maior poder de articulação perante os poderes da república.

Tabela 18.1 Carga tributária direta e indireta sobre a renda total das famílias em 1996 e em 2004.

Ano	Renda (salários mínimos)	Tributos diretos (%)	Tributos indiretos (%)
1996	2	1,7	26,5
2004	2	3,1	45,8
1996	30	10,6	7,3
2004	30	9,9	16,4

Fonte: ZOCKUN, Maria Helena (coord.). *Simplificando o Brasil:* propostas de reforma na relação econômica do governo com o setor privado. São Paulo: Fipe, 2007.

Observa-se que, proporcionalmente, as famílias com menos renda comprometem uma fatia muito maior de seu orçamento com o pagamento de tributos sobre o consumo do que as famílias mais ricas. Em 2004, por exemplo, a diferença da carga tributária sobre o consumo entre as famílias foi de 29,4 pontos percentuais em desfavor dos mais pobres.

Na teoria econômica, essa subversão da pretensão moral da tributação de ser um sistema de normas equitativas chama-se **regressividade**. Isso se deve ao fato de que a maior carga de tributos no Brasil incide sobre o consumo e inadequadamente sobre renda e patrimônio. Como se sabe, no país, os tributos sobre o consumo incidem de forma proporcional, isto é, preveem uma alíquota constante, variando apenas a base de cálculo, geralmente correspondente ao preço de venda dos produtos consumíveis. Assim, em que pese possuírem rendas diferentes, ricos e pobres pagam os mesmos percentuais de tributos quando adquirem bens de consumo, uma vez que a capacidade contributiva individual de cada consumidor não é levada em consideração na compra dos bens e serviços. Por outro lado – mas não longe da temática –, a tributação sobre renda e patrimônio no Brasil contém certas características que propiciam a concentração de renda em poder dos mais ricos, agravando o efeito indesejável demonstrado anteriormente.

Observe-se, por exemplo, o caso do Imposto de Renda Retido na Fonte (IRRF). A menor alíquota, de 7,5%, incide a partir de R$ 1.903,98 de rendimentos, e a maior alíquota, 27,5%, alcança rendas acima de R$ 5.664,68. Assim, alguém que receba R$ 150.000,00 por mês terá descontado a título de IRRF o mesmo percentual a que está sujeita uma pessoa que ganhe R$ 6.000,00 mensais. É claro que, em termos proporcionais, quem tem menos renda será mais tributado porque, excluído o valor do IRRF, restará uma renda líquida muito menor.

Essa desproporção é explicada pelo conceito marginal de renda, segundo o qual o dinheiro possui utilidades diferentes conforme os níveis de renda (CONTI, 1996, p. 83-84). É evidente que, para um contribuinte com renda de R$ 150.000,00 mensais, 27,5% de IRRF causa menos impacto financeiro do que para um contribuinte que ganhe R$ 6.000,00, porque o saldo líquido de renda daquele será muito superior ao deste.[8] No entanto, tratando-se dos tributos sobre o consumo, ambos serão tributados pelas mesmas alíquotas, o que explica as discrepâncias do impacto da tributação sobre a renda de ricos e pobres no Brasil.

---

8   Sobre o conceito marginal de renda, Catalina Vizcaíno recorre à metáfora do *copo d'água*. A água seria bebida mais ou menos rapidamente conforme a pessoa estivesse com mais ou menos sede, o que demonstra que esse líquido teria utilidades diferentes conforme as necessidades de um e de outro. Cf. Vizcaíno (1996, p. 52-53).

Além disso, considerando que a legislação do Imposto de Renda da Pessoa Física (IRPF) autoriza a dedução de despesas com saúde, educação, previdência privada e planos de saúde, fica fácil constatar que as pessoas com maior poder aquisitivo saem beneficiadas porque poderão adquirir tais serviços no mercado privado e deduzir suas respectivas despesas da base de cálculo do tributo, resultando em menos imposto a recolher, se comparado com quem não possui renda para proceder a esses abatimentos.

Acrescente-se outra peculiaridade da tributação sobre a renda no Brasil. Ao contrário da maior parte dos países, aqui ainda se concede isenção de IRPF sobre o pagamento de juros e dividendos ao acionista privado (GOBETTI, 2018). Em geral, as classes econômicas que mais concentram renda no país – que podem ser agrupadas como "grandes investidores" – auferem a maior parte de sua renda de investimentos em ações de empresas nacionais e estrangeiras, estando isentas do pagamento de IRPF sobre os dividendos desse tipo de investimento.[9]

Há também o forte movimento de "pejotização", isto é, a criação de empresas individuais (constituídas na forma de pessoas jurídicas: daí o neologismo) para receber rendimentos por serviços prestados pela pessoa física. Assim, a pessoa jurídica contratada fica sujeita a uma alíquota de 15%, contra 27,5% se o contrato fosse assinado pela pessoa física.[10] Note-se que, geralmente, a pejotização se concentra sobre atividades econômicas altamente rentáveis, o que propicia menos pagamento de imposto sobre os altos rendimentos. As atividades desenvolvidas pelas classes econômicas de menor renda (trabalhadores assalariados), em geral, não oferecem estímulos à pejotização, razão pela qual são tributadas na fonte sob as alíquotas de 7,5 a 27,5%, conforme a faixa de rendimentos.

Comparando a tributação sobre os rendimentos do trabalho assalariado com a dos investimentos, percebem-se também diferenças inquietantes. Conforme mencionado, o IRPF incide sobre faixas de valores do trabalho assalariado que vão de R$ 1.903,98 a R$ 4.664,68, por meio de alíquotas de 7,5, 15, 22,5 e 27,5%. O Decreto n. 9.580, de 2018 (Novo Regulamento do Imposto de Renda), com base em leis específicas, prevê 13 hipóteses de isenção do imposto sobre investimentos (art. 35, V). Os principais investimentos financeiros no Brasil são a poupança, as letras de câmbio imobiliário e as do agronegócio (LCI e LCA), os certificados de depósito bancário (CDB), o Tesouro direto e a dívida privada. Por exemplo, a poupança, a LCI e a LCA são investimentos incentivados pelo governo, razão pela qual estão isentas de tributação sobre renda e, no caso das LCI e LCA, servem como captação de recursos do setor privado pelos bancos para os respectivos setores (imobiliário e de agronegócio). Os demais investimentos são tributados por diversas alíquotas sobre os rendimentos gerados pelo título e não sobre o valor total investido. Além disso, utiliza-se uma tabela regressiva de Imposto de Renda sobre os investimentos tributáveis, em que a maior alíquota é 22,5% e a menor, 15%, incidindo as alíquotas menores quanto mais tempo o investidor deixar seus recursos aplicados.[11] Tratando-se de investimentos em fundos de ações, por exemplo, a alíquota do Imposto de Renda será de 15%.

---

9 Novo Regulamento do IR (RIR): Decreto n. 9.580, de 2018, art. 35, IV, "a".
10 Lei n. 9.249, de 1995, art. 3º: "A alíquota do imposto de renda das pessoas jurídicas é de quinze por cento".
11 A Lei n. 11.033, de 2004, disciplina as principais regras de tributação no mercado financeiro.

Como se observa, nenhum investimento é tributado com a maior alíquota dos rendimentos do trabalho, isto é, 27,5%, revelando, pois, visível iniquidade na relação tributária entre a classe dos trabalhadores e a dos investidores.

Tratando-se do conceito de **justiça** tributária, explicamos que um sistema tributário justo se compromete a reunir suporte financeiro para a efetivação de políticas públicas que visam efetivar os princípios do Estado democrático de direito e da dignidade da pessoa humana. Nesse sentido, o sistema de tributação assume função instrumental que está atrelada ao conceito de democracia, enquanto regime que se propõe a oferecer oportunidade de direitos básicos para todos e inclusão de todas as pessoas nos resultados da produção nacional. Um dos principais meios para o alcance dessa finalidade é o oferecimento de políticas públicas que assegurem direitos sociais básicos, tais como saúde e educação públicas, segurança alimentar, assistência e previdência social, moradia, entre outros.

Os indicadores atuais demonstram avanços, especialmente nas áreas da educação, uma vez que tem aumentado o tempo de permanência dos estudantes na escola. Isso não significa, entretanto, que a qualidade do que é ensinado esteja em patamares desejáveis (BRASIL, [201-]).

As estatísticas do Ministério da Educação (MEC) revelam que o país avançou desde 2001 em políticas educacionais relativas aos atrativos para a frequência escolar. Esse resultado somente é possível porque houve a garantia de recursos tributários para suportar a efetivação dessa política pública. No entanto, tratando-se de anos de estudo por idade, os números não são tão animadores, embora estejam em uma curva favorável de crescimento. Por exemplo, em 2001, somente 25,7% dos estudantes com pelo menos 19 anos tiveram 11 anos de estudos. Em 2012 esse percentual quase dobrou, ficando em 46,6%, mas ainda longe do ideal. Assim, não pode haver restrição nos investimentos públicos com a educação nessa área, o que, obviamente, depende da mantença da cobrança de tributos em montantes adequados (BRASIL, [201-]).

Com relação ao saneamento básico, também ocorreu um aumento favorável dos indicadores. Por exemplo, em 2016, 83,3% da população tinha acesso a água potável, contra 82,4% em 2011. No entanto, 16,7% da população não tem água potável disponível, o que equivale a 35 milhões de brasileiros. Tratando-se da coleta de esgoto, em 2011, 48,1% dos lares brasileiros utilizava soluções alternativas para o lançamento de dejetos orgânicos, seja em fossas ou diretamente nos rios ou nas praias. Em 2016, o índice aumentou para 51,9%. Sobre o tratamento do esgoto, em 2016, o percentual registrado foi 44,9%, ficando em 37,5% em 2011 – e aumentando, pois, 7,4 pontos percentuais. Também no caso do saneamento básico, considerando que a maior parte dos recursos para essa política vem dos orçamentos públicos e de financiamentos advindos de entidades e fundos mantidos com verbas públicas, tais como o Banco Nacional de Desenvolvimento Econômico e Social (BNDES), o Fundo de Garantia do Tempo de Serviço (FGTS) e o Fundo de Amparo ao Trabalhador (FAT), é importante manter um sistema de arrecadação fiscal que cumpra essa finalidade na área da saúde pública.

18.5 CONSIDERAÇÕES FINAIS

Neste capítulo desenvolvemos argumentos sobre conceitos seminais às democracias da atualidade, especialmente a relação entre um sistema tributário equitativo e justo e o Estado democrático de direito. De acordo com o nosso entendimento, equidade é a realização da justiça no caso concreto, seguindo-se, assim, a tradição da filosofia ocidental, que desde Aristóteles compreende a equidade com essa pretensão. A noção de justiça, por outro lado, é mais abrangente e pressupõe certo nível de abstração a sua aplicação conceitual. Assim, as democracias do século XXI não podem prescindir da concepção de um sistema tributário equitativo e justo, exigindo-se da comunidade jurídica, portanto, ajustes semânticos que possam oferecer consensos em torno desses conceitos.

Uma vez fixado o entendimento sobre o que esses termos significam no contexto democrático, faz-se necessário diagnosticar se o sistema de tributos no Brasil se mostra responsivo e aderente ao que se pode entender por **equidade** e **justiça** na tributação.

Enquanto equidade pressupõe a ideia de igualdade entre pessoas na disputa do que cabe idealmente a cada um diante de uma disputa de interesses ou de controvérsias jurídicas, a ideia de justiça é mais fluida e depende de certas considerações abstratas. Por conseguinte, um sistema tributário equitativo é utópico, pois exigiria uma solução ditada por um árbitro (de preferência eleito pelas partes) ou um ajuste ideal entre Fisco e contribuinte, em que ambas as partes pudessem se sentir satisfeitas plenamente. Seguindo fielmente a tradição aristotélica, esse árbitro, em matéria tributária, poderia ser o juiz ou o administrador tributário. No entanto, em ambos os casos, a possibilidade de encontrar a cota tributária equitativa com que cada contribuinte deverá arcar seria absolutamente remota, pois os instrumentos de especificação da capacidade contributiva de cada pagador de tributos dependeriam do lançamento tributário, realizado pelo Fisco com base em informações do próprio contribuinte. Haveria certamente uma margem de discricionariedade e de subjetividade na cobrança dos tributos que não atenderia ao contribuinte.

A outra solução equitativa ideal seria um acordo entre contribuinte e Fisco para definição da cota tributária equitativa, o que também não seria viável operacionalmente. Em linhas gerais, o contribuinte informaria quanto poderia pagar de tributos sem comprometer sua dignidade, e o Estado aceitaria esse valor sem colocar em risco suas obrigações coletivas.

Sabemos que uma solução negociada em matéria fiscal não é factível, especialmente em sociedades de massa, com um número quase incontável de contribuintes. Daí por que, modernamente, concebem-se instrumentos de efetivação da equidade que são incorporados ao texto das leis tributárias, como é caso da progressividade, seletividade, proporcionalidade e pessoalidade. Esses instrumentos não demonstram o alcance efetivo do conceito de equidade conforme o rigor aristotélico, mas são capazes de otimizá-la a ponto de aplicar níveis de igualdade mais aceitáveis na relação entre os contribuintes e suas diversas capacidades econômicas.

No tocante ao conceito de justiça na tributação, enveredamos para o entendimento de que encontra traços identitários com a teoria política normativa, apresentando diversas formas de entender o que seria o justo em uma sociedade democrática. Para os liberais (ou libertários), a justiça se identifica com o mérito e com as liberdades de escolha. Assim, toda pessoa deve ser livre para, na sociedade, desenvolver suas capacidades com o menor nível de intervenção estatal possível, podendo, desse modo, fazer escolhas que poderão determinar sua prosperidade. Os utilitaristas, por sua vez, defenderiam a tese do maior nível de satisfação possível, de modo que as escolhas feitas por uma maioria deverão prevalecer coletivamente, ainda que direitos das minorias não sejam atendidos.

Tanto a ideia de justiça liberal-libertária quanto a utilitarista encontram dificuldades de afirmação na construção de uma sociedade idealmente democrática, pois ignoram fatores relevantes que podem determinar a prosperidade de cada um, independentemente das escolhas individuais feitas livremente. Por exemplo, os estímulos à educação desde a infância são relevantes para o bom desempenho dos estudantes, inclusive na formação superior. Isso, em regra, somente é possível se a pessoa integra uma família que pode oferecer esse tipo de estímulo. Além disso, fatores como adequado atendimento à saúde, proximidade do local de moradia em relação à escola, acesso a livros e alimentação nutritiva determinam a realização de boas escolhas que levam a uma vida próspera. O liberalismo clássico (libertário) e o utilitarismo não defendem a ruptura com esses fatores determinantes, ficando a prosperidade de cada pessoa sujeita à sorte ou à loteria da vida.

A justiça social ou distributiva, porém, está mais bem alinhada às finalidades do Estado democrático de direito, porque visa incluir todos na espiral de prosperidade mediante o oferecimento de precondições básicas determinantes ao alcance de um nível de bem-estar que coincide com a ideia de uma vida digna. Em sociedades materialmente desiguais, o sistema de tributação cumpre a inevitável função de servir de suporte financeiro à efetivação de políticas públicas, tais como saúde pública, educação, alimentação nutritiva e moradia para todos, que são precondições básicas às boas escolhas livres para cada indivíduo.

Viu-se que o sistema tributário brasileiro não é equitativo, pois as estatísticas apontam importantes disparidades na carga de tributos em desfavor do que é mais pobre. Esse estado de coisas se deve basicamente ao elevado número de tributos sobre o consumo, com alíquotas altas e incidência plurifásica. Por outro lado, os tributos sobre renda e propriedade, vocacionados a realizar de forma mais efetiva o princípio da capacidade contributiva, são proporcionalmente menos impactantes sobre a renda dos mais ricos. Isso ocorre em função de um sistema legal em que a carga tributária diminui a renda líquida dos mais pobres, agravando o quadro de concentração de renda em poder dos mais ricos. Além disso, existem previsões legais que reduzem a carga de impostos sobre rendimentos financeiros, quer por meio de isenções ou mediante a adoção de alíquotas menores do que aquelas que sobrecarregam os salários.

Demonstramos também alguns exemplos de como um sistema de tributação que reúna recursos financeiros para aplicação em políticas públicas implementadoras de direitos básicos é necessário para o cumprimento dos fins do Estado democrático de direito. Expusemos os casos da educação e do saneamento básico, cujos números têm se mostrado positivos na correção de déficits nessas áreas. Sabemos, por outro lado, que outras políticas públicas necessitam de atenção permanente, como saúde, assistência social, segurança pública e moradia, para ficarmos com os exemplos mais evidentes. É fundamental que o sistema de tributos se responsabilize pela arrecadação dos recursos financeiros necessários à implementação dessas políticas de modo adequado, até o atingimento de metas que reduzam as desigualdades abissais encontradas nessas áreas.

Para finalizar, é indisfarçável a luta de classes presente em nosso sistema tributário, a revelar um quadro espantoso de iniquidade que desune ricos e pobres, subvertendo a pretensão moral de igualdade tributária. Esse quadro de iniquidades – e nem todos os casos foram relatados neste capítulo – é forjado no seio do próprio sistema de direito, em que leis são elaboradas por grupos economicamente dominantes para se autofavorecerem. As classes menos privilegiadas, como a dos trabalhadores e a dos excluídos, são gravemente tributadas sobre o consumo de bens, reduzindo-se cada vez mais sua capacidade de incrementação de renda. Ao lado desse estado de coisas, paira a ideia de construção de uma sociedade verdadeiramente democrática, com acesso a direitos básicos, formadores das condições necessárias às boas e livres escolhas futuras. O sistema de tributos será justo se conseguir viabilizar essas pretensões democráticas.

Enfim, assim como o estudo aprofundado do sistema de tributos não deve se resumir à análise das antinomias entre regras e preceitos constitucionais, o conceito de democracia não tem que ser reduzido ao direito de votar a cada quatro anos. Democracia pressupõe a liberdade de todos para votar, ser votado e receber precondições básicas à realização de escolhas, boas e livres.

REFERÊNCIAS

ARISTÓTELES. *Ética a Nicômaco*. Tradução de Leonel Vallandro e Gerd Bornheim da versão inglesa de W. D. Ross. São Paulo: Nova Cultural, 1987.

ASCENSÃO, José de Oliveira. *O direito*: introdução e teoria geral. 13. ed. Coimbra: Almedina, 2005.

BOBBIO, Norberto. *Estado, governo, sociedade*: para uma teoria geral da política. 2. ed. Rio de Janeiro: Paz e Terra, 1987.

BOBBIO, Norberto. *O positivismo jurídico*: lições de filosofia do direito. Tradução de Márcio Pugliese, Edson Bini e Carlos E. Rodrigues. São Paulo: Ícone, 1995.

BOBBIO, Norberto. *Teoria do ordenamento jurídico*. Tradução de Maria Celeste Cordeiro Leite dos Santos. 10. ed. Brasília: Editora UnB, 1999.

BOBBIO, Norberto; MATTEUCCI, Nicola; PASQUINO, Gianfranco. *Dicionário de política*. Brasília: Editora UnB, 2010. v. 1.

BOITEUX, Elza Antonia Pereira Cunha. Variações sobre o conceito de equidade. *In*: ADEODATO, João Maurício; BITTAR, Eduardo C. B. (org.). *Filosofia e teoria geral do direito*: estudos em homenagem a Tércio Sampaio Ferraz Junior por seu septuagésimo aniversário. São Paulo: Quartier Latin, 2011.

BRASIL. Ministério da Educação. *Estudo revela que Brasil eleva escolaridade e qualidade do ensino na educação brasileira*. Brasília, [201-]. Disponível em: http://portal.mec.gov.br/component/tags/tag/32640. Acesso em: 8 jan. 2019.

BRASIL. Presidência da República. Observatório da Equidade. *Indicadores da equidade do sistema tributário nacional*. Brasília, 2009.

CONTI, José Maurício. *Princípios tributários da capacidade contributiva e da progressividade*. São Paulo: Dialética, 1996.

CONTIPELLI, Ernani de Paula. *Solidariedade social tributária*. Coimbra: Almedina, 2010.

DAHL, Robert A. *A democracia e seus críticos*. Tradução de Patrícia de Freitas Ribeiro. São Paulo: Martins Fontes, 2012.

DALLARI, Dalmo de Abreu. *Elementos de teoria geral do Estado*. 24. ed. São Paulo: Saraiva, 2003.

FERRAZ JR., Tercio Sampaio. *Estudos de filosofia do direito*: reflexões sobre o poder, a liberdade, a justiça e o direito. 3. ed. São Paulo: Atlas, 2009.

FLEISCHACKER, Samuel. *Uma breve história da justiça distributiva*. Tradução de Álvaro de Vita. São Paulo: Martins Fontes, 2006.

GARGARELA, Roberto. *As teorias da justiça depois de Rawls*: um breve manual de filosofia política. São Paulo: Martins Fontes, 2008.

GOBETTI, Sérgio Wulff. Tributação do capital no Brasil e no mundo. *Texto para Discussão*, Brasília: Ipea, 2018.

LAGEMANN, Eugenio. Tributação: seu universo, condicionantes, objetivos, funções e princípios. In: *Equidade e eficiência da matriz tributária brasileira*: diálogos sobre Estado, Constituição e direito tributário. Brasília: Consulex, 2012.

MACHADO, Hugo de Brito. *Curso de direito tributário*. 32. ed. São Paulo: Malheiros, 2011.

MEIRELES, Cecília. *Romanceiro da Inconfidência*. 1953.

RÁO, Vicente. *O direito e a vida dos direitos*. 5. ed. São Paulo: RT, 1999.

RAWLS, John. *Uma teoria da justiça*. 3. ed. São Paulo: Martins Fontes, 2008.

SEN, Amartya. *A ideia de justiça*. Tradução de Denise Bottmann e Ricardo Doninelli Mendes. São Paulo: Cia. das Letras, 2011.

SILVA, José Afonso da. *Curso de direito constitucional positivo*. 25. ed. São Paulo: Malheiros, 2005.

STIGLITZ, Joseph E. *The price of inequality:* how today's divided society endangers our future. New York: W. W Norton & Company, 2013.

STRECK, Lenio. *Jurisdição constitucional e hermenêutica*: uma nova crítica do direito. 2. ed. Rio de Janeiro: Forense, 2004.

TORRES, Ricardo Lobo. *Curso de direito financeiro e tributário*. 6. ed. Rio de Janeiro: Renovar, 1999.

VITA, Álvaro de. *A justiça igualitária e seus críticos*. São Paulo: Martins Fontes, 2007.

VIZCAÍNO, Catalina García. *Derecho tributario*: consideraciones económicas y jurídicas. Buenos Aires: Depalma, 1996. t. 1: Parte general.

ZOCKUN, Maria Helena (coord.). *Simplificando o Brasil*: propostas de reforma na relação econômica do governo com o setor privado. São Paulo: Fipe, 2007.

19

SERVIÇOS DE MONITORAMENTO DE BENS E DE PESSOAS E O CONFLITO DE COMPETÊNCIA

Ian de Porto Alegre Muniz
Eduardo Barboza Muniz

19.1 INTRODUÇÃO

Que o Brasil tem a reputação global de manicômio tributário é consenso. Não bastasse termos um sistema tributário horrivelmente complexo e disfuncional, que prevê uma alocação da carga tributária irracional, subtributando serviços e pesando desproporcionalmente sobre a indústria, um enorme vácuo de incidência entre o ICMS e o ISS (aluguéis, *royalties* etc.), ainda temos o privilégio de enfrentar uma administração tributária – nos três níveis da Federação – extremamente agressiva e criativa.

Isso sem levar em conta o estudo conduzido pelo Banco Mundial (WORLD BANK, [2021]) que demonstra ser o Brasil o campeão mundial no número de horas requeridas para cumprir as obrigações acessórias de natureza tributária (1.501 horas em 2019).

As licenças poéticas e interpretativas que as autoridades tributárias se arrogam, sob o argumento de que estão aplicando uma norma antielisiva inexistente,[1] com uma agressividade sem precedentes, em adição a um sistema complexo e confuso, acabam por tornar a vida dos contribuintes um pequeno inferno.

---

1 A Lei Complementar n. 104, de 2001, introduziu dispositivo no Código Tributário Nacional que estabelece que a "autoridade administrativa poderá desconsiderar atos ou negócios jurídicos praticados com a finalidade de dissimular a ocorrência do fato gerador do tributo ou a natureza dos elementos constitutivos da obrigação tributária, observados os procedimentos a serem estabelecidos em lei ordinária" (art. 116, parágrafo único).
Nos termos acima, "lei ordinária" deveria estabelecer os procedimentos a serem adotados para que as autoridades administrativas pudessem desconsiderar atos ou negócios jurídicos praticados com abuso de forma. Referida lei ordinária jamais foi editada. No entanto, com fundamento em teorias fazendárias, as autoridades fiscais passaram a agressivamente desconsiderar atos ou negócios jurídicos que, em sua avaliação subjetiva, teriam como finalidade frustrar a ocorrência do fato gerador. Tais autuações são vultosas e usualmente vêm acompanhadas da aplicação de multa qualificada de 150%.

Nesse contexto, não é raro que contribuintes sejam perseguidos não apenas por um auditor fiscal pertencente a um dos três níveis da Federação, mas por dois concomitantemente (conflito de competência) – na hipótese que examinaremos neste capítulo, os estados e os municípios. Algo semelhante à velha metáfora do marisco, que padece entre as ondas e a rocha. Enquanto os deficitários estados e os municípios se digladiam sobre quem é o amo e senhor de determinada competência tributária, o contribuinte sofre, gasta dinheiro e sente o custo Brasil cada vez mais pesado.

Essa é a questão objeto deste capítulo. Enquanto os entes federativos se deleitam brigando para saber quem tem o direito de exercer plenamente a competência tributária sobre determinados fatos econômicos, o contribuinte se equilibra na corda bamba, dividido entre prestar bons serviços ou produzir e distribuir bons produtos e servir de pomo da discórdia entre os estados e os municípios e atender às demandas de arrecadação dos entes federativos.

Falamos dos serviços de monitoramento e rastreamento de bens e pessoas, ramo de atividade econômica extremamente relevante atualmente, uma vez que busca reduzir a incerteza em outra área que aflige os brasileiros: a segurança pública.

A partir do momento em que os roubos e furtos de automóveis chegam ao ponto de o custo de seguro de um veículo atingir 5% do seu preço, alguém com a capacidade de localizar o veículo objeto do ilícito se revela um serviço valioso. Mais: quando o roubo de carga se torna tão trivial e rotineiro, a relevância de um prestador de serviços que contribui para um incremento substancial da segurança deveria ser levada em consideração.

Não obstante os bons serviços que prestam aos motoristas e transportadores de carga, as empresas de monitoramento são constantemente brindadas com autos de infração milionários que podem ultrapassar o valor de seu negócio, impactando negativamente seu *enterprise value* e reduzindo fortemente sua liquidez em um eventual IPO (*initial public offering*, ou oferta pública oficial) ou outra forma de realização.

De um lado temos os estados, que afirmam que esses serviços, por utilizarem recursos de telecomunicação, devem ser tributados como se telecomunicação fossem. Assim, nos termos do art. 155, II, da Constituição Federal, os estados sustentam que tais serviços estão sujeitos à incidência do Imposto sobre Operações de Circulação de Mercadorias (ICMS), com a exclusão de qualquer pretensão municipal no que tange ao ISS.

Do outro lado, os municípios sustentam que essa atividade fora expressamente elencada na Lista de Serviços anexa à Lei Complementar n. 116/2003,[2] razão pela qual, nos termos do art. 156, III, da Constituição Federal, deveriam sofrer a incidência do Imposto sobre Serviços de Qualquer Natureza (ISS), afastando-se o ICMS.

Nessa disputa de titãs, os grandes perdedores são os contribuintes e o Brasil.

No presente capítulo, pretendemos demonstrar que a pretensão dos estados é ilegal e inconstitucional, pois os serviços de monitoramento se inserem exclusivamente no âmbito da competência tributária dos municípios.

---

2   Ver o item 11.02 na Lista de Serviços anexa a referida lei.

Esse posicionamento foi claramente adotado pelo legislador, que, nos termos da Lei Complementar (LC) n. 116/2003, elencou a atividade de "vigilância, segurança ou monitoramento [...]" (subitem 11.02) como sujeita ao ISS.

Nesse contexto, deveria prevalecer a solução para dirimir conflitos de competência (art. 146, I, da CF/88) fixada pelo legislador complementar, que, na forma do art. 1º, § 2º, da LC 116/2003, dispôs que a inserção de determinada atividade na Lista de Serviços exclui a incidência do ICMS, salvo as exceções previstas na mesma Lista.

Ainda nesse contexto, examinaremos o posicionamento da Agência Nacional de Telecomunicação (Anatel),[3] que firmou entendimento no sentido de que os serviços de monitoramento de bens e pessoas não configuram serviços de telecomunicação (telecom).

Consequentemente, tanto o Convênio ICMS n. 139/2006 como o art. 47 do Anexo II do Regulamento do ICMS do Estado de São Paulo (RICMS/2000) e, finalmente, a resposta à Consulta n. 630/2000,[4] invocados para embasar lançamentos tributários,[5] são ilegais e inconstitucionais, visto que infringem não apenas o disposto na LC 116/2003 como igualmente os arts. 156, III, e 146, I, da Constituição Federal.

19.2 DA ATIVIDADE DE MONITORAMENTO DE BENS

A atividade de monitoramento e rastreamento de bens abrange a instalação de um equipamento de radiofrequência (Equipamento) nos bens objeto da atividade de monitoramento, de forma que a interação entre o Equipamento e as diversas antenas mantidas pelas prestadoras de serviços de telefonia móvel (GPRS, GSM etc.) permite, mediante a triangulação da informação emitida pelo Equipamento, a localização do bem monitorado.

Igualmente, a informação emitida pelo Equipamento permite que a Central mantida pelo prestador do serviço de monitoramento localize o bem monitorado com uma margem de erro inferior a 30 metros. Assim, na medida em que haja qualquer evento (furto ou roubo) que exija a localização do bem, o usuário do serviço deverá contatar essa Central para que o prestador de serviço localize o bem e disponibilize uma equipe de atendimento para tomar as medidas cabíveis em termos de recuperação ou assistência ao bem monitorado.

Em suma, os serviços prestados não se limitam a simplesmente fornecer a latitude e a longitude do bem monitorado, mas englobam, principalmente, uma ação no sentido de recuperar ou prestar assistência ao bem monitorado.

Evidentemente, a equipe disponibilizada pelo prestador do serviço não possui poder de polícia, tampouco está preparada para confrontos físicos com eventuais meliantes que tenham roubado ou furtado o bem. Entretanto, entre os deveres contratuais do prestador do serviço

---

3   Ofício Anatel n. 399/2010/PVCPR/PVCP, de 25.08.2020.
4   Consulta n. 630/2000 CT, de 04.10.2000.
5   Nesse sentido, vale mencionar também o art. 47 do Anexo II do Regulamento do ICMS do Estado de São Paulo (RICMS/SP).

está a obrigação de imediata comunicação com as autoridades policiais das informações cabíveis, para que estas tomem as devidas medidas.

Muito embora os serviços desempenhados pelos prestadores ostentem clara natureza de monitoramento e rastreamento de bens, na forma descrita na Lista de Serviços, as Secretarias de Fazenda estaduais – na sua maioria – possuem o entendimento equivocado de que essas atividades deveriam estar sujeitas à incidência do ICMS. Diversos atos administrativos corroboram esse entendimento, inclusive o Convênio ICMS n. 139/2006, além dos citados Regulamento de ICMS do Estado de São Paulo e resposta à Consulta n. 630/2000.[6]

Diversos contribuintes, discordando de tal entendimento, mantiveram o procedimento de recolher ISS sobre suas receitas de prestação de serviços de monitoramento, razão por que as Secretarias de Fazenda de diversos estados têm brindado esses prestadores de serviço com autos de infração que muitas vezes exigem, entre ICMS, penalidades e juros, valores que em muito excedem o *enterprise value* do contribuinte.

Nos autos de infração lavrados, o Fisco estadual paulista tem adotado a seguinte descrição, constante de uma solução de consulta (Consulta n. 630/2000):

> 15. A localização de bens e pessoas, atividade executada preponderantemente pelo uso de sistema de telecomunicações, e cujo custo possivelmente compõe a maior parte do preço do serviço, é a única obrigação da Consulente com o tomador do serviço, bem como o único interesse deste em relação à atividade da Consulente. Vê-se que a execução da atividade se dá por meio de telecomunicação e o bem gerado (localização) é informação de posicionamento, sem qualificação especial, ou seja, também mera comunicação. Na prestação de serviço no qual prepondera largamente o interesse comunicativo, esse adquire a qualidade de serviço de comunicação. **Incide ICMS sobre seu o preço total do serviço** (grifos nossos).

19.3 DO CONFLITO DE COMPETÊNCIA

Para melhor análise da questão ora em discussão, cabe invocar o art. 146, I, da Constituição Federal:

> Art. 146. Cabe à lei complementar:
> I – dispor sobre conflitos de competência, em matéria tributária, entre a União, os Estados, o Distrito Federal e os Municípios;

A delimitação de competência tributária é uma das questões mais tortuosas no direito constitucional brasileiro, visto que o legislador constituinte adotou a estrutura de áreas de competência estanques para cada nível de governo, federal, estadual ou municipal. Como não poderia deixar de ser, a Constituição Federal não pode descer em nível de detalhes no que tange à explicitação das competências tributárias de cada ente político que integra a Federação.

---

6 Considerando que São Paulo é o estado que mais ativamente vem questionando os prestadores de serviços de monitoramento de veículos nessa questão, focaremos especificamente a legislação do referido estado. Nesse sentido, cabe lembrar que há estados que reconheceram a não incidência do ICMS sobre tais serviços, como Santa Catarina (Consulta n. 26/2006 – Secretaria da Fazenda de Santa Catarina).

Assim, o constituinte sabiamente delegou à lei complementar a tarefa de regulamentar e delimitar os conflitos de competência em matéria tributária.

Em consequência, cabe à lei complementar evitar que conflitos levem à bitributação ou que contribuintes sejam submetidos a constrangimentos ilegais. Nesse sentido, cite-se Sacha Calmon Navarro Coêlho (2005, p. 86-87):

> O primeiro objeto genérico da lei complementar tributária é o de dispor sobre conflitos de competência em matéria tributária entre as pessoas políticas. A sua função na espécie é tutelar do sistema e objetiva controlar, após a promulgação da Lei Maior, o sistema de repartição de competências tributárias, resguardando-o. Em princípio, causa perplexidade a possibilidade de conflitos de competência, dada a rigidez e rigorosa segregação do sistema, com impostos privativos e apartados por ordem de governo e taxas e contribuições de melhoria atribuídas com base na precedente competência político-administrativa das pessoas políticas componentes da Federação. Dá-se, porém, que não são propriamente conflitos de competência que podem ocorrer, mas invasões de competência em razão da insuficiência intelectiva dos relatos constitucionais pelas pessoas políticas destinatárias das regras de competência relativamente aos fatos geradores de seus tributos, notadamente impostos. **É dizer, dada pessoa política mal entende o relato constitucional e passa a exercer a tributação de maneira mais ampla que a prevista na Constituição, ocasionando fricções, atritos, em áreas reservadas a outras pessoas políticas. Diz-se, então, que há um conflito de competência.** Quando ocorrem fenômenos dessa ordem, o normal é submeter ao Judiciário o deslate da questão, o que provoca maior nitidez, dando feição cada vez mais límpida ao sistema de repartição das competências tributárias. E, evidentemente, esta possibilidade existe. Ocorre que o constituinte, para custodiar o sistema, encontra uma fórmula legislativa de resolver o conflito interpretando o seu próprio texto através de lei complementar. Na verdade, o constituinte delegou ao Congresso esta função.
>
> A remoção do conflito pela edição de normas práticas destinadas a solvê-lo, mediante lei complementar, agiliza, em tese, a resolução do problema, mantendo incólume o sistema de repartição de competência, o que não significa ter a lei complementar *in casu* a mesma força de uma decisão judicial, pois o monopólio da jurisdição é atributo do Poder Judiciário.
>
> [...]
>
> Por suposto, **a lei complementar que dirime, resolvendo os aparentes conflitos de competência, deve ser recepcionada pelas pessoas políticas.** Dissemos aparentes os conflitos porque eles não são objetivos e sim subjetivos. A lei complementar destina-se, então, a eliminá-los através de "regras explicativas de discrímen". Obviamente, a lei complementar, a título de solver "conflito de competência", não pode alterar a Constituição. A uma, porque isto só é possível através de emenda, processo legislativo diverso. A duas, porque, pudesse fazê-lo, teria o legislador da lei complementar poder constituinte permanente (hipóteses impensáveis logicamente) (grifos nossos).

A Constituição Federal delimitou a competência dos estados e dos municípios ao atribuir aos estados a competência para instituir imposto sobre serviços de comunicação (ICMS) e aos municípios a competência para instituir imposto sobre serviços de qualquer natureza (ISS), conforme a transcrição a seguir:

> Art. 155. Compete aos Estados e ao Distrito Federal instituir impostos sobre:
>
> [...]
>
> II – operações relativas à circulação de mercadorias e sobre prestações de serviços de transporte interestadual e intermunicipal e de comunicação, ainda que as operações e as prestações se iniciem no exterior;

[...]

Art. 156. Compete aos Municípios instituir impostos sobre:

[...]

III – serviços de qualquer natureza, não compreendidos no art. 155, II, definidos em lei complementar.

O potencial de conflitos entre os municípios e os estados é grande, visto que há uma enorme gama de serviços que são prestados tendo como suporte sistemas de telecomunicação, por exemplo, os provedores de internet.[7] Entretanto, a regra que rege a delimitação entre a competência tributária dos estados e a dos municípios é clara: cabe aos estados instituir impostos sobre os serviços de comunicação e transporte interestadual e intermunicipal, competindo aos municípios instituir impostos sobre todos os demais serviços, conforme lista erigida por lei complementar.

Nesse sentido, com o fito de delimitar os conflitos de competência tributária entre os estados (ICMS) e municípios (ISS), a LC 116/2003, em seu art. 1º, § 2º, determina:

Art. 1º O Imposto Sobre Serviços de Qualquer Natureza, de competência dos Municípios e do Distrito Federal, tem como fato gerador a prestação de serviços constantes da lista anexa, ainda que esses não se constituam como atividade preponderante do prestador.

[...]

§ 2º Ressalvadas as exceções expressas na lista anexa, **os serviços nela mencionados não ficam sujeitos ao Imposto Sobre Operações Relativas à Circulação de Mercadorias e Prestações de Serviços de Transporte Interestadual e Intermunicipal e de Comunicação – ICMS**, ainda que sua prestação envolva fornecimento de mercadorias (grifos nossos).

Na medida em que um serviço esteja contemplado na Lista de Serviços, deverá prevalecer a incidência do ISS, à exclusão da incidência do ICMS, ainda que a prestação de referido serviço compreenda o fornecimento de mercadoria, salvo nas hipóteses expressamente previstas na Lista.

Em outras palavras, caso o serviço conste da Lista de Serviços, não poderá o estado tributar a mesma atividade, por estar fora de sua competência tributária. Ainda, toda e qualquer prestação, seja ela de mercadoria, de transporte intermunicipal/interestadual ou de comunicação, será sempre considerada um acessório do serviço (atividade-meio) expressamente contemplado na Lista de Serviços.

Como lecionava Aires F. Barreto (1996, p. 72), o alvo da tributação é o

[...] esforço humano prestado a terceiros como fim ou objeto. Não as suas etapas, passos ou tarefas intermediárias, necessárias à obtenção do fim. Não a ação desenvolvida como requisito ou condição do *facere* (fato jurídico posto no núcleo da hipótese de incidência do tributo).

---

7 Nesse sentido é o teor da Súmula 334 do STJ: "O ICMS não incide no serviço dos provedores de acesso à Internet" (1ª S., j. 13.12.2006, *DJ* 14.02.2007, p. 246).

Esse sempre foi o entendimento dos tribunais superiores, a exemplo da decisão a seguir transcrita:

> TRIBUTÁRIO – ISSQN – OPERAÇÕES MISTAS – PRESTAÇÃO DE SERVIÇO COM FORNECIMENTO DE MERCADORIAS – ORIENTAÇÃO DO SUPREMO TRIBUNAL FEDERAL ADOTADA NO REsp 732.496/RS JULGADO NESTA CORTE – ATIVIDADES CONSTANTES NA LISTA DE SERVIÇOS ANEXA À LEI COMPLEMENTAR N. 116/2003
> ESTÃO SUJEITAS AO ISSQN, DESDE QUE NÃO CONSTE EXPRESSAMENTE A EXCEÇÃO, COMO É O CASO DOS AUTOS.
> 1. Os embargos declaratórios são cabíveis para a modificação do julgado que se apresenta omisso, contraditório ou obscuro, bem como para sanar possível erro material existente no julgado.
> 2. O critério adotado por esta Corte para definir os limites entre os campos de competência tributária de Estados e Municípios relativamente ao ICMS e ISSQN, seguindo orientação traçada no Supremo Tribunal Federal, é o de que **nas operações mistas há que se verificar a atividade da empresa, se esta estiver sujeita à lista do ISSQN o imposto a ser pago é o ISSQN, inclusive sobre as mercadorias envolvidas, com a exclusão do ICMS sobre elas, a não ser que conste expressamente da lista a exceção, como é o caso dos autos.**
> 3. Na atividade de manutenção de elevadores (item 14.01 da Lista Anexa à LC n. 116/2003) consta, expressamente, que os materiais empregados ficam sujeitos ao ICMS.
> Embargos de declaração acolhidos, com efeitos infringentes, para dar provimento ao agravo regimental e negar provimento ao recurso especial (EDcl no AgRg no AgRg no REsp 1168488/SP, Embargos de Declaração no Agravo Regimental no Agravo Regimental no Recurso Especial 2009/0208094-0, Rel. Min. Humberto Martins, 2ª T., j. 08.06.2010, *DJe* 21.06.2010 – grifos nossos).

Ou seja, prevalece o entendimento de que, na medida em que um serviço esteja contemplado na Lista de Serviços, haverá tão somente a incidência do ISS com exclusão do ICMS, salvo na hipótese em que a própria Lista excepcione o princípio.

Nesse contexto, vale recordar que a Lista de Serviços anexa à Lei Complementar n. 116/2003 contém o seguinte subitem: "11.02 – Vigilância, segurança ou monitoramento de bens, pessoas e semoventes. (Redação dada pela Lei Complementar n. 157, de 2016)".

Referido item não contempla exceção no que tange à possibilidade da incidência de ICMS sobre quaisquer fornecimentos (seja de mercadorias ou de serviços de comunicação) acessórios aos serviços previstos no item 11.02 da Lista de Serviços, devendo assim prevalecer o princípio de que a incidência do ISS exclui por completo a incidência do ICMS, ainda que eventualmente haja o fornecimento de algum bem atrelado à prestação dos serviços, por exemplo, o Equipamento.

A Municipalidade de São Paulo já se manifestou sobre o tema, inclusive à luz do Convênio ICMS n. 139/2006 do Conselho Nacional de Política Fazendária (Confaz). Entendeu a Autoridade Tributária Municipal, em reunião realizada com as entidades representantes do setor, que a simples utilização de serviço de comunicação não teria o condão de descaracterizar a competência tributária dos municípios:[8]

---

8 Reunião Sindirisco/Gristec – Secretaria de Finanças de São Paulo, 26.04.2007.

Entende o Conselho Nacional de Política Fazendária, que as atividades de monitoramento e rastreamento de veículos e cargas enquadram-se no conceito de serviços de comunicação e que, portanto, estariam sujeitas à incidência do imposto estadual, nos termos do art. 2º, III, da Lei Complementar n. 87, de 13/09/1996.

Entretanto, entende este Departamento que **as empresas de monitoramento e rastreamento de bens e pessoas não prestam serviços de comunicação de forma a incidir o ICMS, porquanto não fornecem as condições e meios para que a comunicação ocorra, sendo simples usuárias dos serviços prestados pelas empresas de telecomunicações.**

Ademais, o art. 2º, III, da LC n. 87/96 refere-se às "prestações onerosas de serviços de comunicação", de forma que a "comunicação" **somente sofrerá incidência do imposto estadual se for o objeto (o fim) do negócio jurídico firmado pelas partes, e não um mero meio de alcançá-lo.**

O serviço fornecido pelas empresas de segurança por rastreamento ou monitoramento de bens e pessoas consubstancia mero acréscimo ao serviço de telecomunicações, consistindo num serviço de valor adicionado, conforme preceitua o art. 61 da Lei Federal n. 9.472/97.

Por seu turno, no que tange à esfera municipal, os serviços de segurança por monitoramento ou rastreamento de veículos e cargas guardam perfeita identificação com a hipótese de incidência do Imposto Sobre Serviços de Qualquer Natureza – ISS, consoante previsto no subitem 11.02 da lista anexa à Lei Complementar n. 116, de 31/07/2003.

No Município de São Paulo, a matéria é disciplinada pela Lei n. 13.701, de 24/12/2003 (subitem 11.02 da lista disposta no art. 1º). Nestes casos o imposto é devido ao município da localização do bem (art. 3º, XIV), calculado pela alíquota de 2% (art. 16, II) (grifos nossos).

Em consequência do exposto, torna-se inelutável a conclusão de que os serviços de monitoramento estão sujeitos ao ISS, com a exclusão do ICMS sobre tais serviços.

19.4 DA NATUREZA DOS SERVIÇOS DE MONITORAMENTO

Uma vez confirmado que os serviços prestados pelas referidas empresas possuem a natureza de monitoramento, torna-se indubitável a incidência do ISS, à exclusão do ICMS. Consequentemente, é vital proceder a uma análise da natureza dos referidos serviços, ou seja, se devem ser considerados serviços de monitoramento ou se possuiriam a natureza de telecom. Nesse sentido, cabe transcrever definição contida no *Dicionário Aulete Digital*:

> 1 Acompanhar, **vigiar** e simultaneamente avaliar (alguém, atividade, desempenho, funcionamento etc.) com ou sem aparelhos; MONITORIZAR [td.: Monitorar um doente/um coração/ qualidade de imagem/a evolução dos preços]

Definido o conceito de "monitoramento", é de suma importância a análise de modelos de contratos de monitoramento. Nesse sentido, transcrevemos alguns modelos de cláusulas normalmente adotadas pelas empresas do ramo que são reveladoras das obrigações assumidas:

> CLÁUSULA PRIMEIRA – DO OBJETO
> Constitui objeto deste contrato: [...] (ii) a prestação dos serviços de monitoramento e imobilização remota das motocicletas seguradas pela SEGURADORA que forem roubadas ou furtadas, imediatamente após receber o chamado do segurado que tem o dispositivo instalado em sua motocicleta e/ou da SEGURADORA, além (iii) dos serviços de apoio no resgate das motocicletas localizadas,

atendimento remoto que será prestado pela XXXXX em caso de testes e/ou de emergência (panes, bloqueios espontâneos...) aos clientes da SEGURADORA, em todo o território nacional, bem como (iv) os demais serviços descritos no presente instrumento.

[...]

Manter em funcionamento sua Central de Atendimento, 24 horas por dia, 7 dias por semana, inclusive finais de semana e feriados, atendendo os chamados telefônicos dos segurados que possuem o equipamento, bem como permitindo consultas *online*, via internet, sem custo adicional, mediante a utilização de usuário (*login*) e senha, estes de uso pessoal e intransferível do segurado.

[...]

Informar imediatamente à SEGURADORA, via *e-mail*, sobre todo e qualquer acionamento de furto/roubo relacionado a motocicletas pertencentes aos segurados da SEGURADORA.

[...]

A partir do 21º (vigésimo primeiro) evento registrado e comunicado pelo segurado à XXXXXXXX e à SEGURADORA, a XXXXXXX deverá garantir em sua operação uma eficiência mínima mensal de recuperação de todas as motocicletas roubadas/furtadas, de acordo com as premissas a serem estabelecidas oportunamente entre as Partes, através de termo aditivo.

Fica estabelecido que a XXXXXX deverá enviar diariamente os dados das motos roubadas/furtadas, independentemente de terem sido recuperadas ou não, para análise da SEGURADORA.

A primeira observação a ser feita, a partir dessa descrição, é que tais serviços são mais afins com serviços de vigilância, segurança e monitoramento que propriamente com serviços de comunicação. A parafernália eletrônica utilizada pelas referidas empresas para a prestação de seus serviços claramente é um meio para atingir um fim, que é assistir seus clientes na recuperação de veículos, quando ocorre um roubo ou furto, ou mesmo prestar assistência no caso dos sequestros e dos chamados sequestros-relâmpago. Em suma, a segurança é um forte fator motivador de sua clientela, em razão da indústria de sequestros e roubos de veículos e carga.

Surge assim a questão: qual a motivação do cliente quando se dispõe a adquirir seus serviços de monitoramento? Uma leitura mais atenta das cláusulas contratuais anteriormente transcritas revela que a preocupação da clientela não é apenas a informação acerca da localização do veículo, mas principalmente os serviços de segurança patrimonial prestados em caráter emergencial, nas hipóteses de roubo ou furto.

Ou seja, a estrutura operacional das referidas empresas está permanentemente disponível, e é acionada pela clientela tão somente em momentos emergenciais, cabendo à prestadora mobilizar sua infraestrutura para localizar o veículo. Isso compreende não apenas os equipamentos eletrônicos de localização, mas igualmente uma equipe privada de segurança. Ainda, constitui obrigação das prestadoras proceder à interlocução com as autoridades públicas de segurança (polícia civil ou militar, conforme o caso), para maximizar as chances de recuperação do veículo ou incrementar a segurança da pessoa sequestrada.

Em suma, os contratos normalmente celebrados pelas empresas prestadoras com sua clientela revelam que inequivocamente o objeto de suas atividades operacionais constitui prestação de segurança na recuperação de veículos e/ou carga roubados ou furtados, no sentido de incrementar a segurança de seus ocupantes, e que os dispositivos de radiofrequência utilizados objetivam tão somente propiciar a prestação de tais serviços de segurança, constituindo assim um meio e não um fim neles mesmos.

Cabe igualmente rechaçar a conclusão contida na resposta à Consulta n. 630/2000, no sentido de que os serviços de monitoramento devem ser considerados como de comunicação, ante o argumento de que a

> [...] localização de bens e pessoas, atividade executada preponderantemente pelo uso de sistema de comunicações, e **cujo custo possivelmente compõe a maior parte do preço do serviço**, é a única obrigação da consulente com o tomador do serviço, bem como **o único interesse deste em relação à atividade da consulente** (grifos nossos).

A transcrição acima contém dois equívocos. Primeiro, o custo de comunicação contratado dificilmente pode ser considerado preponderante. Informação advinda das empresas do ramo revela que o custo de telecomunicação em relação aos demais elementos integrantes do custeio dos serviços corresponde a aproximadamente 20% de seu custo total. Se formos levar em conta o preço dos serviços de monitoramento, o custo de telecomunicações corresponde a menos de 10%.

Ainda que os custos de telecom fossem preponderantes, tal não descaracterizaria o fato de que telecom é mero insumo. O custo preponderante para a produção de um móvel é madeira. Nem por isso uma mesa pode ser dita como sendo madeira. A madeira continua sendo meramente um insumo para a produção de uma mesa. O relevante não é se o insumo constitui um custo preponderante, mas sim a natureza do produto final.

Segundo, como já comentado, o principal interesse do cliente não é a comunicação com o bem monitorado, mas sim a segurança patrimonial que os serviços prestados trazem.

Essa a razão pela qual o Congresso Nacional classificou referidos serviços no item 11.02 da Lista de Serviços. Tal item está incluído no Capítulo "Serviços de Guarda, Estacionamento, Armazenamento, Vigilância e Congêneres". Ou seja, serviços que dizem respeito à proteção patrimonial de bens e pessoas. Não pode restar dúvida de que o legislador considerou que o elemento de segurança patrimonial é absolutamente preponderante em tais serviços, bem como que o elemento telecom é acessório e um mero insumo.

Igualmente, cabe lembrar que a Consulta n. 630/2000 foi proferida anteriormente à publicação da LC 116/2003. Como os termos da consulta, além de se basearem em falsas premissas (telecom como custo preponderante), claramente conflitam com a LC 116/2003, devem ser considerados destituídos de qualquer eficácia jurídica.

Em verdade, como veremos na seção seguinte, ofício da Anatel esclarece que o serviço de monitoramento de bens e pessoas deve ser considerado serviço de valor adicionado.

19.5 DA ANATEL E DOS SERVIÇOS DE VALOR ADICIONADO

A Associação Brasileira das Empresas de Gerenciamento de Risco e de Tecnologia de Rastreamento e Monitoramento (Gristec) é uma entidade de classe que representa os interesses das empresas dedicadas ao monitoramento de bens e ao gerenciamento de cargas.

Considerando o fato de que o Fisco paulista vem há algum tempo assediando seus associados com impertinentes e ilegais autos de infração, a Gristec consultou a Anatel sobre se as atividades de rastreamento, monitoramento e tecnologia de informação veicular (TIV) poderiam ser consideradas serviço de telecomunicações, ou, ao contrário, ao contratarem a operação de Serviço Móvel Privado (SMP), o fariam na qualidade de usuários de serviços de telecomunicações.

A resposta da Anatel foi no seguinte sentido:[9]

> 3. Como é de conhecimento da Gristec, este tema foi amplamente discutido em reuniões com diversos agentes de mercado, incluindo diversos associados da Gristec e o Denatran, processo, como sabido, documentado na Anatel sobre o número 53500.031350/2007.
>
> 4. O entendimento regulatório sobre a atividade das TIVs está bem descrito nesse processo, como reproduzido na carta em epígrafe, mais especificamente no item 5.4 no Informe n. 666/2009 – PVCPR/PVCP, de 31 de agosto de 2009:
>
> "5.4. SOLUÇÃO REGULATÓRIA
>
> 5.4.1. No modelo imaginado, o Usuário do SMP, com contrato de prestação de SMP firmado com Prestadora do Serviço, é a empresa TIV, que contratará Planos de Serviço do SMP específicos para a operacionalização do projeto de instalação de equipamento obrigatório antifurto, devendo esses Planos se ater estritamente ao objeto do projeto, não sendo permitido que a relação das TIV's com seus usuários se confunda com prestação de Serviço de Telecomunicações, como, por exemplo, a oferta de conexão por voz ou outra facilidade que possa direcionar para uma revenda de Serviços de Telecomunicações.
>
> 5.4.2. Vale lembrar que essa limitação é apenas regulatória e não tecnológica, com objetivo de impedir que haja uso indevido ou qualquer confusão entre a atividade das empresas de rastreamento com a prestação de Serviço de Telecomunicações, 'revenda de tráfego' ou algum outro tipo de operação de SMP por meio de rede virtual.
>
> 5.4.3. Essa condição não se trata especificamente de uma restrição ou um cerceamento das possibilidades de atuação e contratação das TIVs, mas, pelo contrário, é uma forma de dar maior segurança jurídica à sua atividade e que, como explicado, *não ocorra qualquer confusão entre a sua prestação de facilidade de monitoramento e a prestação de Serviços de Telecomunicações, o que coaduna com a definição de Serviço de Valor Adicionado presente na LGT*:
>
> [...]
>
> 5.4.4. *Portanto, não há que se falar também em confusão entre a facilidade prestada pelas TIVs e outros serviços de telecomunicações com aplicações de rastreamento, como o Serviço Limitado Especializado, submodalidade rastreamento.*
>
> 5.4.5. Por sua vez, a contratação da facilidade de rastreamento por parte dos proprietários de veículos se faz sem qualquer relacionamento com a prestadora de SMP, sendo esse relacionamento exclusivo com a empresa TIV, cuja escolha será livre e poderá ser alterada a qualquer momento.
>
> [...]"
>
> 5. Assim, no caso do modelo regulatório proposto, pode-se dizer que, caso não haja alteração, o mesmo é aderente à vigente Regulamentação da Anatel, com as empresas TIV atuando em sua atividade-fim, **utilizando o SMP para proveito próprio como um insumo para a prestação da facilidade de rastreamento e bloqueio, não havendo, desde que seguidos os procedimentos acima descritos, como a contratação de Plano de Serviço específico para fins de rastreamento e bloqueio, confusão entre sua atividade, a prestação de Serviço de Telecomunicações, a "revenda de tráfego" ou outros tipos de exploração de SMP por meio de rede virtual** (grifos nossos).

---

[9] Ofício Anatel n. 399/2010/PVCPR/PVCP, de 25.08.2020.

Em suma, a posição da Anatel é no sentido de que não há que confundir a empresa que presta serviços de monitoramento (TIV) com a prestadora dos serviços de telecomunicações, visto que claramente a regulamentação da Anatel os inclui entre os serviços "de valor adicionado", nos termos do art. 61 da Lei n. 9.472/1997, a seguir:

> Art. 61. Serviço de valor adicionado é a atividade que acrescenta, a um serviço de telecomunicações que lhe dá suporte e com o qual não se confunde, novas utilidades relacionadas ao acesso, armazenamento, apresentação, movimentação ou recuperação de informações.
>
> § 1º Serviço de valor adicionado não constitui serviço de telecomunicações, classificando-se seu provedor como usuário do serviço de telecomunicações que lhe dá suporte, com os direitos e deveres inerentes a essa condição.

Vale igualmente citar Marco Aurélio Greco (2000, p. 124-125), que traça a linha divisória entre o prestador de serviços de comunicação e seu usuário:

> Para identificar o que vem a ser um serviço de comunicação, creio ser relevante proceder a uma distinção ao mesmo tempo lógica e útil.
>
> Trata-se de reconhecer que, no âmbito do conjunto de atividades que podem ser conceituadas como de "comunicação", de um lado existem as *mensagens* [mensagem aqui entendida como qualquer tipo de conteúdo transmitido, palavras, números, instruções, etc.], enquanto, de outro lado, existe o *meio* pelo qual tais mensagens transitam. Ou seja, **cumpre distinguir entre (a) as mensagens, consistentes no conteúdo transmitido através de algum meio, (b) do próprio meio pelo qual sua transmissão se viabiliza**. Meio, aqui, tem o sentido de aparato físico ou físico ou lógico para a transmissão de mensagens. Assim, há atividades que têm por conteúdo as mensagens em si, enquanto outras têm o meio como o seu objeto precípuo. Quem tem determinada mensagem a transmitir ou receber, ou a entrega diretamente ou vai procurar se utilizar de algum meio para tanto.
>
> **Assim, critério fundamental para a identificação do que configura serviço de comunicação**, é reconhecer que este só diz respeito ao fornecimento dos meios para transmissão ou recebimento de mensagens e não ao seu próprio conteúdo.
>
> Neste ponto, cumpre apontar uma outra distinção ligada a esta constatação. Trata-se de reconhecer que não se pode confundir o "comunicar-se" com o "prestar serviço de comunicação". **Quem transmite mensagens próprias a outrem está se comunicando com a outra pessoa; neste caso, não presta serviços a ninguém. Prestador do serviço de comunicação é aquele que fornece os respectivos meios para a comunicação, assim entendidos não apenas aqueles necessários ao transporte das mensagens, mas também aqueles que tornam possível a instauração de uma relação comunicativa, tais como interfaces, dispositivos, equipamentos etc.** Em outras palavras, presta serviço de comunicação quem fornece o "ambiente de comunicação". Assim, em função da diversidade de meios, podem existir distintos tipos de serviço de comunicação.
>
> Deste ângulo, então, o prestador do serviço de comunicação é um "terceiro" em relação à própria comunicação (formada pelas mensagens). Assim, **aquele que tiver um meio próprio e transmitir mensagens próprias, também não estará prestando serviço de comunicação**.
>
> Situação semelhante ocorreu no passado quando, ainda sob a vigência da Constituição de 1967, discutiu-se se o imposto federal sobre serviços de transporte poderia incidir sobre o transporte de "carga própria". O pronunciamento pacífico da jurisprudência foi no sentido de repelir tal exigência, pois quem transporta carga própria não presta serviço a si mesmo. O mesmo se diga em relação à incidência sobre serviços de comunicação; **quem transmite em meio próprio mensagens próprias não presta serviço de comunicação, apenas se comunica** (grifos nossos).

Finalmente, para que não reste qualquer dúvida quanto à improcedência da pretensão do Fisco estadual no sentido de que os serviços de monitoramento de bens e pessoas devem ser considerados comunicação, questão análoga foi decidida pelo Superior Tribunal de Justiça, quando os Fiscos estaduais assediaram os provedores de acesso à internet com igual pretensão de que estes prestariam serviços de comunicação. Nesse sentido, transcrevemos a seguir decisão que pacificou a matéria, ao decidir que os provedores de acesso à internet em verdade possuem a natureza de um serviço de valor adicionado:

> EMBARGOS DE DIVERGÊNCIA. RECURSO ESPECIAL. TRIBUTÁRIO. SERVIÇO PRESTADO PELOS PROVEDORES DE ACESSO À INTERNET. ARTIGOS 155, II, DA CONSTITUIÇÃO FEDERAL, E 2º, II, DA LC N. 87/96. SERVIÇO DE VALOR ADICIONADO. ARTIGO 61 DA LEI N. 9.472/97 (LEI GERAL DE TELECOMUNICAÇÕES). NORMA N. 004/95 DO MINISTÉRIO DAS COMUNICAÇÕES.
>
> PROPOSTA DE REGULAMENTO PARA O USO DE SERVIÇOS E REDES DE TELECOMUNICAÇÕES NO ACESSO A SERVIÇOS INTERNET, DA ANATEL. ARTIGO 21, XI, DA CONSTITUIÇÃO FEDERAL. NÃO-INCIDÊNCIA DE ICMS.
>
> Da leitura dos artigos 155, inciso II, da Constituição Federal, e 2º, inciso III, da Lei Complementar n. 87/96, verifica-se que cabe aos Estados e ao Distrito Federal tributar a prestação onerosa de serviços de comunicação. Dessa forma, o serviço que não for prestado de forma onerosa e que não for considerado pela legislação pertinente como serviço de comunicação não pode sofrer a incidência de ICMS, em respeito ao princípio da estrita legalidade tributária.
>
> Segundo informações da Agência Nacional de Telecomunicações – Anatel, "a Internet é um conjunto de redes e computadores que se interligam em nível mundial, por meio de redes e serviços de telecomunicações, utilizando no seu processo de comunicação protocolos padronizados. Os usuários têm acesso ao ambiente Internet por meio de Provedores de Acesso a Serviços Internet. O acesso aos provedores pode se dar utilizando serviços de telecomunicações dedicados a esse fim ou fazendo uso de outros serviços de telecomunicações, como o Serviço Telefônico Fixo Comutado" ("Acesso a Serviços Internet", Resultado da Consulta Pública 372 – Anatel).
>
> A Proposta de Regulamento para o Uso de Serviços e Redes de Telecomunicações no Acesso a Serviços Internet, da Anatel, define, em seu artigo 4º, como Provedor de Acesso a Serviços Internet – PASI, "o conjunto de atividades que permite, dentre outras utilidades, a autenticação ou reconhecimento de um usuário para acesso a Serviços Internet". Em seu artigo 6º determina, ainda, que "**o Provimento de Acesso a Serviços Internet não constitui serviço de telecomunicações, classificando-se seu provedor e seus clientes como usuários dos serviços de telecomunicações que lhe dá suporte**".
>
> Por outro lado, a Lei Federal n. 9.472/97, denominada Lei Geral de Telecomunicações – LGT, no § 1º de seu artigo 61, dispõe que o serviço de valor adicionado "não constitui serviço de telecomunicações, classificando-se seu provedor como usuário do serviço de telecomunicações que lhe dá suporte, com os direitos e deveres inerentes a essa condição". O *caput* do mencionado artigo define o referido serviço como "a atividade que acrescenta, a um serviço de telecomunicações que lhe dá suporte e com o qual não se confunde, novas utilidades relacionadas ao acesso, armazenamento, apresentação, movimentação ou recuperação de informações." O serviço prestado pelo provedor de acesso à Internet não se caracteriza como serviço de telecomunicação, porque não necessita de autorização, permissão ou concessão da União, conforme determina o artigo 21, XI, da Constituição Federal.
>
> Não oferece, tampouco, prestações onerosas de serviços de comunicação (art. 2º, III, da LC n. 87/96), de forma a incidir o ICMS, porque não fornece as condições e meios para que a comunicação ocorra, sendo um simples usuário dos serviços prestados pelas empresas de telecomunicações.
>
> [...]

Como a prestação de serviços de conexão à Internet não cuida de prestação onerosa de serviços de comunicação ou de serviços de telecomunicação, mas de serviços de valor adicionado, em face dos princípios da legalidade e da tipicidade fechada, inerentes ao ramo do direito tributário, deve ser afastada a aplicação do ICMS pela inexistência na espécie do fato imponível.

Segundo salientou a douta Ministra Eliana Calmon, quando do julgamento do recurso especial ora embargado, "independentemente de haver entre o usuário e o provedor ato negocial, a tipicidade fechada do Direito Tributário não permite a incidência do ICMS".

Embargos de divergência improvidos (EREsp 456.650/PR, Rel. Min. José Delgado, Rel. p/ Acórdão Min. Franciulli Netto, 1ª S., j. 11.05.2005, DJ 20.03.2006, p. 181 – grifos nossos).

Em suma, no passado o Fisco paulista atazanou os provedores de acesso à internet com sua pretensão claramente improcedente. O Superior Tribunal de Justiça (STJ) desautorizou tal investida. Repete agora o ato em relação às empresas que prestam serviços de monitoramento de bens e pessoas, aduzindo pretensão igualmente improcedente. Até quando persistirão os estados nessa busca insana, prejudicando todo um segmento de negócios, claramente em detrimento da segurança jurídica e da economia do país? A irracionalidade nessa questão é patente.

Na hipótese, não pode haver a menor dúvida de que as empresas se utilizam dos meios de comunicação providos pelas empresas de telefonia móvel para transmitir a informação solicitada por seus clientes. Em suma, as empresas de telecom fornecem os meios para que as prestadoras possam gerar a informação desejada pelo cliente, qual seja, a localização de seu veículo. Igualmente, as prestadoras dos serviços de monitoramento possuem infraestrutura adicional para permitir a pronta recuperação do veículo roubado ou furtado. A Vivo, a Claro, a TIM e a OI não possuem os meios para prover tal serviço para seus clientes. É necessária a intervenção de um prestador de serviço de valor adicionado para permitir que tais clientes usufruam da segurança patrimonial adicional.

19.6 DAS RECENTES DECISÕES JUDICIAIS

Considerando que parte das decisões pelos tribunais administrativos estaduais foi adversa aos contribuintes nessa dicotomia ICMS *vs.* ISS, não tardou para que os contribuintes que tiveram suas pretensões frustradas recorressem ao Poder Judiciário estadual, com vistas a reformar referidas decisões administrativas.

Nesse sentido, conseguimos localizar quatro decisões em nível de Tribunal de Justiça (TJ) em relação aos seguintes estados: São Paulo, Paraná e Minas Gerais. Evidentemente cabe ainda recurso dos referidos estados para o Superior Tribunal de Justiça ou mesmo o Supremo Tribunal Federal. Digno de nota o fato de que, em todas as quatro decisões localizadas, há em comum o fato de que o contribuinte logrou êxito em face do juiz de primeira instância e do Tribunal de Justiça, o que evidencia a fragilidade da tese dos estados.

Especificamente no que se refere aos recursos ao Supremo Tribunal Federal, é possível que os estados venham a suscitar que as decisões dos TJ ferem a Constituição Federal. Para tanto, terão que sustentar que a LC 116/2003, no que tange aos serviços de monitoramento de bens que constam no item 11.02 da Lista de Serviços, é inconstitucional, por classificar como serviços de âmbito municipal serviços que, em seu entendimento, possuem a natureza de serviços de comunicação, negando assim vigência ao art. 155, II, da Constituição Federal.

Para poupar o leitor do trabalho de buscar as decisões acima mencionadas, transcreveremos a seguir suas respectivas ementas, com algum comentário, quando pertinente.

Iniciemos pela decisão do Poder Judiciário do Estado de São Paulo que favoreceu a Zatix Tecnologia S/A. A empresa ingressou com ação ordinária anulatória de crédito fiscal perante a 3ª Vara de Fazenda Pública da Comarca de São Paulo, tendo obtido uma sentença favorável. Inconformada, a Fazenda Pública do Estado de São Paulo apelou, tendo o recurso sido improvido conforme a decisão transcrita:

> Tributário – Anulatória de débito fiscal – Ausência de recolhimento de ICMS incidente sobre a prestação de serviço de comunicação, na modalidade de monitoramento e rastreamento de veículos – Atividade desempenhada pelo contribuinte que se limita ao fornecimento de soluções de tecnologia a seus clientes, que, por sua vez, de forma própria ou mediante contratação de terceira empresa, realizam o monitoramento e o rastreamento dos veículos – Serviço de telecomunicação utilizado pela requerente que é fornecido por terceiros, por não possuir infraestrutura de telecomunicação – Procedência dos pedidos que se impõe – Readequação dos honorários advocatícios, por apreciação equitativa – Interpretação isonômica e teleológica que deve recair sobre a redação do § 8º do art. 85 do CPC/2015, sob pena de desproporcional ônus às partes – Redução que se estende em favor da Fazenda Pública, nos termos da Súmula 325, do STJ – Recurso voluntário improvido e reexame necessário parcialmente provido (TJSP, Apelação / Remessa Necessária 1014739-35.2019.8.26.0053, Rel. Souza Meirelles, 12ª Câmara de Direito Público, Foro Central – Fazenda Pública/Acidentes – 3ª Vara de Fazenda Pública, j. 15.07.2020; data de registro: 27.07.2020).

Em suma, a decisão transcrita reconhece que os serviços de telecomunicação constituem um insumo adquirido de terceiros, bem como que o serviço prestado pelo contribuinte "se limita ao fornecimento de soluções de tecnologia a seus clientes".

Analisemos agora a decisão que beneficiou a Smart Systems Telecomunicações Ltda. Após um procedimento administrativo que lhe foi desfavorável, o Estado de São inscreveu o débito fiscal na dívida ativa, tendo ingressado com execução fiscal. A empresa embargou, tendo obtido sentença que julgou os embargos à execução procedentes, determinando o cancelamento da certidão de dívida ativa, desconstituindo a penhora e declarando extinta a execução fiscal.

O Estado de São Paulo apelou da sentença, tendo o TJ decidido favoravelmente ao contribuinte, conforme o acórdão transcrito:

> EMBARGOS À EXECUÇÃO FISCAL. ICMS. Autuação. Monitoramento e rastreamento de veículos via satélite. Instalação de equipamentos. Comodato. Serviço de comunicação prestado por terceiros. Serviço intermediário. Hipótese de incidência de ICMS-comunicação. Hipótese de incidência de ISS. Art. 2º da LCF n. 87/96. Art. 155, II da CF. Art. 1º da LE n. 6.374/89. Art. 60 da LF n. 9.472/97. Item 58 da lista de serviços anexa à LC n. 56/87. Item 11.02 da lista de serviços anexa à LC n. 116/03. – 1. *Rastreamento de veículos. Natureza. A empresa embargante presta serviços de vigilância e rastreamento de veículos automotores, valendo-se para tanto de serviço de comunicação prestado por terceiros, que recolhem o ICMS sobre o serviço prestado. O serviço de vigilância e monitoramento atrai a incidência do ISS, nos termos do item 11.02 da lista de serviços anexa à LC n. 116/03, e não de ICMS. Ausente o serviço próprio de telecomunicação, não há razão para*

a cobrança do ICMS já pago pelas empresas que lhe prestam tal serviço. – 2. Equipamentos. Comodato. Não incide o ICMS na saída de mercadoria a título de comodato, nos termos da Súmula STF n. 573. – 3. Irregularidade. Documentação fiscal. A ausência de registro estadual da filial da empresa embargante, situada em Poá, sob o CNPJ n. 03.219.419/0002-35, não constitui irregularidade fiscal, na medida em que as notas fiscais por ela emitidas dizem respeito à prestação de serviço de vigilância tributado pelo ISS, imposto municipal que dispensa a inscrição estadual. – 4. Informações e documentos. Excesso de prazo. Considerada a complexidade das providências solicitadas pelo fisco e o exíguo prazo conferido para cumprimento do quanto determinado (3 dias), razoável se mostra a justificativa apresentada tempestivamente pela autuada. – Procedência. Recurso da Fazenda desprovido (TJSP, Apelação / Remessa Necessária 0260520-89.2007.8.26.0100, Rel. Torres de Carvalho, 10ª Câmara de Direito Público, Foro das Execuções Fiscais Estaduais – Vara das Execuções Fiscais Estaduais, j. 06.02.2017; data de registro: 06.02.2017 – grifos nossos).

Digno de nota o seguinte trecho do acórdão: "O serviço de vigilância e monitoramento atrai a incidência do ISS, nos termos do item 11.02 da lista de serviços anexa à LC n. 116/03, e não de ICMS", visto que deixa claro de forma inequívoca que deverá prevalecer a natureza de serviços de natureza municipal e não de comunicação. Igualmente, o acórdão confirma que os serviços de telecomunicação constituem mero insumo para os serviços de monitoramento, ao firmar que o contribuinte se vale dos serviços de comunicação prestados por terceiros.

Em seguida, cabe invocar o caso da Auto Position Comércio de Alarmes, Rastreamento e Logística Ltda. ME, em que o Tribunal de Justiça do Estado do Paraná decidiu como segue:

APELAÇÃO CÍVEL E REEXAME NECESSÁRIO N. 1.735.582-1, DO FORO CENTRAL DA COMARCA DA REGIÃO METROPOLITANA DE LONDRINA – 1ª VARA DE EXECUÇÕES FISCAIS. APELANTE: ESTADO DO PARANÁ. APELADO: AUTO POSITION – COMÉRCIO DE ALARMES, RASTREAMENTO E LOGÍSTICA LTDA. ME. RELATOR: DES. RUBENS OLIVEIRA FONTOURA APELAÇÃO CÍVEL – EMBARGOS À EXECUÇÃO FISCAL – ICMS-COMUNICAÇÃO – **ATIVIDADE DE MONITORAMENTO E RASTREAMENTO DE VEÍCULOS – PREVISÃO EXPRESSA NO ITEM 11.02 DA LISTA ANEXA À LEI COMPLEMENTAR N. 116/2003** – COMUNICAÇÃO AO CLIENTE DA POSIÇÃO DO VEÍCULO – **FATO QUE NÃO ENSEJA A INCIDÊNCIA DO ICMS – SERVIÇO DE COMUNICAÇÃO PRESTADO POR OUTRA EMPRESA CONTRATADA PELO APELADO** – EM ATIVIDADES QUANDO HÁ PREVISÃO NA LISTA DE SERVIÇOS, INCIDE O ISS E NÃO O ICMS – HONORÁRIOS – IMPOSSIBILIDADE DE FIXAÇÃO DE FORMA EQUITATIVA – RECURSO CONHECIDO E IMPROVIDO – MANUTENÇÃO DA SENTENÇA EM SEDE DE REEXAME NECESSÁRIO. "O Superior Tribunal de Justiça manifestou-se no sentido da necessidade de verificação da atividade da empresa no caso de operações mistas para a definição do imposto a ser recolhido. 'Se a atividade desenvolvida estiver sujeita à lista do ISSQN, o imposto a ser pago é o ISSQN, inclusive sobre as mercadorias envolvidas, com a exclusão do ICMS sobre elas, a não ser que conste expressamente da lista a exceção (EDcl no AgRg no AgRg no REsp 1.168.488/SP, Rel. Min. Humberto Martins, Segunda Turma, *DJe* 21/6/2010)' (REsp 1680712/SP, Rel. Ministro HERMAN BENJAMIN, SEGUNDA TURMA, julgado em 21/09/2017, *DJe* 09/10/2017)" (TJPR, ACR 17355821 PR, Rel. Des. Rubens Oliveira Fontoura; publicação 19.12.2017 – grifos nossos).

O TJ do Estado do Paraná adotou o mesmo entendimento do Tribunal de São Paulo, afirmando que, em relação aos serviços de monitoramento, prevalece a previsão contida no item 11.02 da Lista de Serviços anexa à LC 116/2003, bem como que, ainda que haja o fornecimento de mercadorias (o Equipamento), estará excluída a incidência do ICMS, em razão do disposto no art. 1º, § 1º, da lei complementar. Igualmente, dispõe que a contratação dos serviços de telecom de outras operadoras não enseja a incidência do ICMS, visto que tais serviços constituem um insumo.

Finalmente, temos a decisão do Tribunal de Justiça do Estado de Minas Gerais, em favor de Sitrack Serviços Tecnológicos Ltda., em que atuou como interessado o Município de Belo Horizonte:

> EMENTA: APELAÇÃO CÍVEL. AÇÃO DECLARATÓRIA DE INEXISTÊNCIA DE RELAÇÃO JURÍDICO-TRIBUTÁRIA. ESTADO DE MINAS GERAIS. ICMS. ATIVIDADES DE COMUNICAÇÃO. EMPRESA QUE ATUA NO RAMO DE MONITORAMENTO E RASTREAMENTO DE VEÍCULOS VIA SATÉLITE. PRESTAÇÃO DE SERVIÇO CONSTANTE DA LISTA DE SERVIÇOS TRIBUTÁVEIS PELO ISSQN (ITEM 11.02). HIPÓTESE DE INCIDÊNCIA DO TRIBUTO DE COMPETÊNCIA MUNICIPAL. CONDENAÇÃO EM HONORÁRIOS ADVOCATÍCIOS EM FAVOR DA FAZENDA PÚBLICA MUNICIPAL. PRINCÍPIO DA CAUSALIDADE. RECURSO NÃO PROVIDO.
>
> – *O monitoramento e rastreamento de veículos consistem na prestação de um serviço constante na LC 116/03, e sobre o qual deve incidir o ISS.*
>
> – A utilização de sistemas de comunicação para concretização do serviço de monitoramento e rastreamento de veículos não pode ser confundida com a prestação do serviço de comunicação em si. Para as empresas que exercem essa atividade, a comunicação é apenas insumo necessário à sua realização, *nunca o produto final a ser oferecido aos clientes.*
>
> – Descabe a exigência do ICMS sobre os serviços de monitoramento e rastreamento de bens, reconhecida a competência tributária municipal, o que exclui a do Estado para cobrar imposto sobre idêntica materialidade.
>
> – Honorários sucumbenciais são devidos pela parte vencida, atendendo-se ao princípio da causalidade (TJMG, Apelação Cível n. 1.0000.17.007169-0/001, Rel. Des. Elias Camilo, 3ª Câmara Cível, j. 17.08.2017, publicação da súmula em 25.09.2017 – grifos nossos).

Na mesma toada que os TJ de São Paulo e Paraná, o Tribunal de Justiça mineiro decidiu que o "monitoramento e rastreamento de veículos consistem na prestação de um serviço constante na LC 116/03, e sobre o qual deve incidir o ISS" (AC 6013745-11.2015.8.13.0024-MG, 3ª Câmara Cível do TJMG, Rel. Des. Elias Camilo Sobrinho, j. 17.08.2017).

Ainda, expressamente afirma que o serviço de comunicação constitui um insumo, conforme o seguinte trecho do acórdão:

> Todavia, a utilização do sistema de monitoramento/rastreamento não se confunde com a prestação do serviço de comunicação em si. Para essas empresas, a comunicação é apenas um **insumo necessário** à realização do serviço, não o produto final a ser oferecido a seus clientes (grifos nossos).

19.7 CONSIDERAÇÕES FINAIS

Em 1994, a Fundação Instituto de Pesquisas Econômicas (Fipe) já observava que a repartição da tributação sobre o consumo em múltiplas exações gerava "distorções importantes" (MARTONE *et al.*, 1994, p. 17).

Notou, ainda, que a

> [...] ampliação do número de impostos e contribuições e a constante mudança de suas regulamentações transformam o ato de lançar, processar e pagar impostos em uma operação complexa e custosa, diminuindo a eficiência da fiscalização, aumentando os custos do setor privado e concedendo poder discricionário à fiscalização. Estimularam-se assim a corrupção, a sonegação, o planejamento fiscal e os contenciosos judiciais, o que muito tem contribuído para a deterioração da relação fisco-contribuinte.

Por essa razão, o sistema tributário brasileiro representava

> [...] importante entrave à expansão das atividades produtivas e ao alcance de alguns dos objetivos primordiais de uma sociedade moderna: os ganhos de produtividade, o crescimento do emprego e a melhoria na distribuição de renda.

O cenário acima descrito se acentuou com o passar das décadas, entre outras razões pelo agravamento da crise fiscal enfrentada por estados e municípios, que constantemente testam os limites do sistema jurídico na busca de novas fontes de receita.

Desde 1995, diversos projetos tiveram como objetivo reformar o sistema tributário brasileiro, especialmente no que se refere à tributação incidente sobre o consumo. Essa intenção se justificaria por uma alegada falência do Sistema Tributário Nacional (STN), que seria aferida por sintomas como complexidade, onerosidade, insegurança jurídica, conflitos de competência, entre outros.

Todos os projetos de reforma tributária fracassaram, e os contribuintes seguem arcando com um "custo Brasil" que sequer podem quantificar, uma vez que não sabem para quem – e quanto – devem recolher os tributos.

Este capítulo examinou o caso dos serviços de monitoramento, cujos prestadores estão constantemente envolvos em litígios tributários que, como visto, podem superar o próprio valor de mercado da empresa. Na opinião destes autores, a opção legislativa foi inequívoca no sentido de reconhecer a competência tributária dos municípios em detrimento da pretensão estadual.

Ocorre que nem mesmo a clara decisão do legislador complementar no sentido de afirmar a incidência do ISS, com a inclusão expressa dessa atividade na Lista de Serviços, foi suficiente para que os estados se contivessem em sua sanha arrecadatória, em lamentável episódio de bitributação vedado pela Constituição.

Como sabiamente afirmava Nelson Rodrigues, o "subdesenvolvimento não se improvisa; é obra de séculos". Enquanto o sistema tributário brasileiro permanecer como fonte inesgotável de conflitos jurídicos que injustificadamente sangram recursos da iniciativa privada, não haverá desenvolvimento econômico sustentável.

Nessa batalha, perdem todos. Contribuintes, que pagam a conta dos conflitos de competência tributária que brotam aos montes no país. Entes governamentais, que sequer sabem com quais recursos podem efetivamente contar e são obrigados a sustentar uma custosa máquina jurídica para litigar em tantas frentes.

REFERÊNCIAS

BARRETO, Aires F. ISS: atividade-meio e serviço-fim. *Revista Dialética de Direito Tributário*, São Paulo: Dialética, n. 5, 1996.

COÊLHO, Sacha Calmon Navarro. *Comentários à Constituição de 1988*: sistema tributário. 9. ed. Rio de Janeiro: Forense, 2005.

GRECO, Marco Aurélio. *Internet e direito*. São Paulo: Dialética, 2000.

MARTONE, Celso Luiz et al. *Uma proposta de reforma fiscal para o Brasil*. São Paulo: Fipe, 1994.

WORLD BANK. *Paying taxes*. [2021]. Disponível em: https://www.doingbusiness.org/en/data/exploretopics/paying-taxes. 2021. Acesso em: 28 jan. 2021.

20

A APLICAÇÃO DE TAXA ÚNICA, DUAL OU MÚLTIPLA DO IVA ANTE O PACTO FEDERATIVO NO BRASIL: UMA SINOPSE SOBRE A EXPERIÊNCIA DE ANGOLA

António Tobias Simba Rafael

20.1 INTRODUÇÃO

Ao olharmos para a realidade brasileira é comum falarmos a respeito da carga tributária e da complexidade dos tributos existentes. Porém, também é possível perceber que a tributação no Brasil segue uma tendência regressiva, uma vez que um dos mais visados pelo manto tributário é o consumo em detrimento da renda ou do património.

Curioso notar que a tributação sobre o consumo representa maior fatia para o Orçamento, pois é repassada nos preços das mercadorias, serviços e outros bens. A despeito da multiplicidade de impostos divididos entre os entes federativos, compreende-se a necessidade elevada de se implementar um imposto único que abarque todo o consumo e seja aplicável pelos entes federados. Todavia, a pergunta que não cala no decorrer das páginas que se seguem volta-se a saber: como tornar viável a aplicação de taxa única ante o pacto federativo? Não seria ideal uma taxa dual ou múltipla a ser aplicada entre os estados federados e municípios?

A proposta dessa discussão passa pela análise inicial da realidade angolana enquanto Estado unitário. Esse país, à semelhança do Brasil (Estado Federal), passa por um processo de reforma tributária, mas, apesar de Estado unitário, já conta com a implementação do IVA em sua realidade com uma taxa única.

Durante este percurso didático em que se abordará o IVA, gostaríamos de consignar que o seu acrónimo é percebido de diversas formas. Os países da América do Sul têm-no como sendo o Imposto sobre o Valor Agregado, ou Imposto sobre o Valor Adicionado; contudo, para os países europeus e nalguns países africanos é conhecido como Imposto sobre o Valor Acrescentado.

Esse imposto geral sobre o consumo tem sido opção para diversos países por possibilitar maiores receitas para os cofres públicos. Todavia, a tónica ligada à taxa (alíquota) única tem sido um dos pontos de estrangulamento na implementação da reforma tributária no Brasil pela singularidade enquanto federação.

Nas linhas seguintes procuraremos mostrar a caracterização de cada um dos Estados ante a categorização da alíquota única, e os principais obstáculos e vantagens que podem ser retirados com a introdução de um imposto sobre o valor agregado ou Imposto sobre o Valor Acrescentado.

20.2 CARACTERIZAÇÃO DO ESTADO ANGOLANO

O território angolano possui uma extensão de 1.247.000 km² e detém uma população de pouco mais de 30 milhões de habitantes, sendo caracterizado por limites geográficos definidos desde a sua independência, em 1975.

O Estado de Angola é um Estado democrático e de direito que tem como fundamentos a soberania popular, o primado da Constituição e da lei, a separação de poderes e a interdependência de funções, a unidade nacional, o pluralismo de expressão e de organização política e a democracia representativa e participativa, nos termos do artigo 2º da Constituição da República de Angola (CRA).

Enquanto uno, as decisões tomadas pela Assembleia Nacional, composta por legítimos representantes do povo, têm repercussão e são aplicadas a toda a extensão do território nacional, ao abrigo do disposto nos artigos 161º, 162º, 164º e 166º da CRA. Muito embora haja a previsibilidade da autonomia do poder local (artigos 213º e 215º da CRA), o poder tributário é exercido para todo o território nacional, cabendo apenas às autarquias a criação de duas espécies tributárias, a taxa e as contribuições especiais.

Essa unidade normativa pressupõe a inexistência de hierarquia normativa ou formal entre as normas constitucionais, sem qualquer distinção entre normas materiais ou formais ou entre normas-princípios e normas-regras, uma vez que as normas constitucionais são fruto de uma vontade unitária e gerada simultaneamente (mesma fonte e mesmo fundamento de validade), o poder constituinte originário (AGOSTINHO, 2019, p. 325-326).

A partir do disposto no artigo 8º da Constituição da República de Angola, estabelece-se que "Angola é um Estado unitário que respeita, na sua organização, os princípios da autonomia dos órgãos do poder local e da desconcentração e descentralização administrativa, nos termos da lei".

Para entender mais acuradamente sobre o Estado unitário, passaremos nas próximas nótulas que se seguem a abordar mais sobre o assunto.

20.2.1 Estado unitário

Segundo André Ramos Tavares (2012, p. 1082), o Estado denominado unitário apresenta-se como uma forma de Estado na qual o poder encontra-se enraizado em um único ente intraestatal. Basicamente, o Estado unitário foi a forma adotada originariamente, já que o poder real, os déspotas e os governos autoritários sempre foram marcados pela forte centralização do poder. O germe do Estado unitário está na concentração do poder nas mãos de um único homem ou órgão.

No Estado unitário como o nosso caso, a Constituição dá poder a um conjunto de órgãos. Entretanto, este poder não é dado na totalidade ou de forma absoluta, pelo contrário, ele é partilhado. Tal qual na Constituição de 1992, a Constituição da República de Angola de 2010 em maior ou menor grau concede poder jurisdicional (é uma parcela do poder) aos órgãos judiciais; outrossim, dá parte do poder aos órgãos do poder legislativo e dá parte do poder administrativo aos órgãos do poder executivo (RAFAEL; LUNETA, 2020, p. 37).

Assim sendo, é possível perceber que a Constituição não cria tributos, mas dá competência para instituir tributos tanto para o Estado, para as autarquias locais, e ao mesmo tempo estabelece limites a esse poder tributário. Desse modo, é possível afirmar que competência tributária é o poder ou aptidão outorgado constitucionalmente aos entes públicos para que estabeleçam leis que instituam tributos (RAFAEL; LUNETA, 2020, p. 37).

Acto contínuo, é admissível que o Estado unitário promova divisões internas, para fins de administração. Assim, é possível a divisão administrativa (não a política), cuja presença não descaracteriza o Estado unitário. Deve estar presente, contudo, a subordinação ao poder central de qualquer entidade, órgão ou departamento criado para exercer parcela de atribuições. O vínculo de subordinação decorre da técnica pela qual se promove a divisão de atribuições: a delegação. O poder central tanto pode promover a desconcentração como regredir para a posição inicial de concentração absoluta, inclusive com a eliminação da entidade subordinada até então existente. Todas as entidades inferiores encontram-se dependentes da vontade central. Na estrutura do Estado unitário não há lugar para a vontade dos entes desconcentrados impor-se sobre a vontade do poder central. As entidades desconcentradas encontram-se, na realidade, na própria estrutura central, não constituindo um segmento separado ou autónomo. Só se pode falar em autonomia no modelo do federalismo (TAVARES, 2012, p. 1082).

20.3 A REFORMA TRIBUTÁRIA EM ANGOLA – IMPLEMENTAÇÃO DO IVA

No calcorrear dos idos anos de 2009, desenhava-se o itinerário para a Reforma Tributária em Angola, por meio do Decreto Presidencial n. 50/11, de 15 de Março, que aprova as Linhas Gerais do Executivo da Reforma Tributária, cujo objectivo visava efectuar mudanças substanciais na perspectiva fiscal como aduaneira, bem como alterar a legislação em face dos constrangimentos administrativos e da complexidade das leis anteriormente aprovadas.

Deste modo, a unificação operada juridicamente com a aprovação do Decreto Presidencial n. 324/04, de 15 de dezembro, cria-se a Administração Geral Tributária (AGT) e aprova-se o Estatuto Orgânico da Administração Geral Tributária. As instituições independentes como o Serviço Nacional das Alfândegas (SNA) e a Direcção Nacional dos Impostos e o Projecto Executivo para a Reforma Tributária passaram a congregar-se numa única instituição que veio a intitular-se como Administração Geral Tributária.

A Unidade Técnica Executiva para a Reforma Tributária em Angola foi criada pelo Decreto Executivo n. 131/10, de 16 de Setembro, sendo orientada pelas Linhas Gerais do Executivo para a Reforma Tributária (LGERT), aprovadas pelo Decreto Presidencial n. 155/11, de 28 de Julho, que cria o Projecto Executivo para a Reforma Tributária, enquanto órgão executivo PERT (Projecto Executivo para a Reforma Tributária).

Os esforços empreendidos neste processo levaram à aprovação de diversos diplomas legislativos essenciais para a eficácia da dinâmica das últimas décadas, mas, concretamente, da última quadra da história nacional, sendo antecipado por meio dos n. 1, 2 e 3 do artigo 12º do Código Geral Tributário, que dispõe:

> A tributação indirecta deve ser adequada às necessidades do desenvolvimento político, económico e social nacional, desagravando os bens de consumo de primeira necessidade e onerando os de luxo, supérfluos e os nocivos à saúde.
>
> [...] A tributação indirecta assenta num imposto geral sobre o consumo, preferencialmente baseado no método do crédito do imposto e em impostos especiais de consumo.
>
> A tributação do consumo pode ser introduzida de um modo faseado.

Para além do percurso apresentado, a realidade angolana acompanhou outras mudanças importantes no âmbito, sobretudo, legislativo, tendo sido aprovado um plano intercalar para a implementação do IVA, assim como a criação de um Grupo Técnico do IVA em 2017, para efeitos de estudos, *benchmarking*, impacto e justificativa da criação do novo imposto.

Em 2017 foi aprovado pelo Decreto Presidencial n. 258/17, de 27 de Outubro, o "Plano Intercalar contendo as Medidas de Política e Acções para Melhorar a Situação Económica Actual para o período de Outubro 2017 a Março 2018", que visou permitir a conclusão do ciclo de estabilização macroeconómica, lançar as bases para o desenvolvimento, promover a confiança, o crescimento económico e a inclusão social, com vista a retomar o caminho de prosperidade e da inclusão, que foi interrompido com a crise de 2014.

O Plano Intercalar do Executivo trouxe um conjunto de acções de curto prazo acometidas ao Ministério das Finanças, dentre as quais se destaca a implementação do IVA no Orçamento Geral do Estado de 2019 (*vide* alínea "d" do ponto 4.1.3). Este plano é instrumento orientador da gestão económica e social de Angola. Nas acções necessárias à implementação do IVA, preconiza a criação de "Medidas de Política e Acções para Melhorar a Situação Económica Actual". Orienta, ainda, a criação de um ciclo de estabilização macroeconómica, de formas a lançar as bases para o desenvolvimento, a promoção da confiança, o crescimento económico e a inclusão social, com vista à retomada do caminho da prosperidade e da inclusão, que foi interrompido com a crise de 2014, estando em perfeito alinhamento com o Plano Nacional de Desenvolvimento 2018-2022.

Ora, de resto, convém referir que, para que houvesse critérios objectivos e concretos, foram acolhidas as principais recomendações feitas pelo Fundo Monetário Internacional (FMI), apresentadas nos seus relatórios de 2016, 2017 e 2018, bem como as linhas mestras para a implementação do Imposto sobre o Valor Acrescentado. Este facto relevante propiciou o estabelecimento de um limiar em relação a valores para a criação dos regimes de IVA, uma vez que a maior parte da economia de Angola é informal, e, concomitantemente, a economia formal é totalmente dependente das receitas petrolífera e mineira, que nos últimos tempos têm enfrentado um decréscimo galopante, causando um impacto negativo na receita fiscal bruta do país, levando-a para níveis abaixo de 60%.

Outrossim, quanto ao conteúdo, as linhas mestras para a implementação do Imposto sobre o Valor Acrescentado contemplam um conjunto de acções de curto e médio prazo, consubstanciadas no seguinte:

- A curto prazo, devem ser adoptados em primeiro lugar os diplomas transversais de adaptação do sistema existente à nova realidade económica, política e constitucional. Nesse sentido deverá cuidar-se prioritariamente dos impostos internos, definindo-se medidas pontuais de simplificação e de resolução de injustiças mais graves e notórias.
- A médio prazo, destacam-se as seguintes acções:
  - realização de estudos conducentes à substituição do actual imposto de consumo por um tipo de IVA adequado à estrutura socioeconómica angolana, em conjunção com o aprofundamento da harmonização comunitária no quadro da SADC;
  - elaboração do anteprojecto de diploma que introduz um imposto de tipo IVA;
  - desenho dos procedimentos administrativos, informáticos, de sistemas de informações, necessários para pôr em prática o novo modelo de tributação do consumo;
  - divulgação do novo modelo de tributação junto dos funcionários e dos contribuintes, através de processos de formação e informação específica, como uma questão decisiva para o êxito da Reforma;
  - instituição de certos impostos especiais de consumo, justificados por razões financeiras e por razões extrafinanceiras (álcool e bebidas alcoólicas, tabacos e, eventualmente, veículos pesados ou de luxo, e sobre os derivados do petróleo);
  - racionalização e modernização do imposto de selo, que deverá abranger realidades como as operações financeiras que não sejam tributadas no IVA e constar de um instrumento normativo autónomo com as características dos actuais códigos tributários.

Foi no âmbito das alterações no sistema fiscal que se efectuaram a revisão e a republicação do regulamento do imposto de consumo, aprovada pelo Decreto Legislativo Presidencial n. 3-A/14, de 21 de Outubro. Com este diploma, aprimoraram-se alguns aspectos em relação ao regime iniciado na década de 1980, clarificando-se a figura de sujeito passivo, as obrigações de liquidação e pagamento, bem como a correcta identificação do titular do encargo do imposto por via do mecanismo da repercussão.

Outrossim, para além da visão trazida pelo FMI, também se efectuou um alinhamento com as políticas da Comunidade de Desenvolvimento da África Austral (Southern African Development Community – SADC), de modo a conformar a uma realidade compaginável.

Por meio das linhas mestras para a implementação do IVA em Angola, ressaltamos que, nos últimos 24 anos, todos os países da SADC implementaram o IVA, com excepção de Angola, criando modelos diferenciados, moldados à sua realidade socioeconómica, de modo a evitar os possíveis constrangimentos que daí pudessem advir.

A adopção do IVA por parte dos países em vias de desenvolvimento tem sido, sem dúvida, uma das mais importantes medidas de política fiscal em todo o mundo. Alguns defensores afirmam que o IVA é uma ferramenta útil para aumentar a receita fiscal dos governos. Outros afirmam que a introdução do IVA contribuiu significativamente para o aumento da desigualdade económica nos países em vias de desenvolvimento.

Dada a complexidade de gestão que este imposto acarreta, é imprudente considerar o IVA como mais um imposto a ser inserido no sistema tributário angolano. Assim, os custos envolvidos na implementação e gestão do IVA devem ser tidos como um grande projecto de investimento para Angola, cujos retornos serão obtidos através do aumento das receitas fiscais e da redução da informalidade no nível da economia.

Para Angola, a AGT desenhou um modelo de IVA a ser proposto à aprovação da Assembleia Nacional, que seja ao mesmo tempo adequado às condições locais, o mais simples possível e moderno o suficiente para lidar com a economia globalizada.

A legislação do IVA de Angola consagrou um IVA SLIM: Simples, Local e Moderno:

- Simples, na medida em que deverá consagrar um âmbito lato de aplicação do imposto, com número mínimo de excepções e cálculos do imposto simplificados, nomeadamente no que respeita à base tributável, à localização das operações tributáveis e ao exercício do direito à dedução.

- Local, na medida em que deverá ser adequado às realidades locais e ao contexto socioeconómico de Angola, designadamente através da exclusão da base tributável de alguns bens e serviços por razões de cariz socioeconómico ou de simplificação, e da inclusão de regimes especiais para pequenos contribuintes e de regras especiais, aplicáveis à tributação do sector petrolífero.

- Moderno, na medida em que deverá consagrar um IVA, quanto possível, digital, através da digitalização das obrigações declarativas e de facturação, e a inclusão das mais inovadoras práticas internacionais no combate à evasão e à fraude fiscal.

A implementação do Código de IVA em Angola seguiu uma linha objectiva, tendo sido aplicada numa primeira fase aos grandes contribuintes cadastrados na Repartição Fiscal dos Grandes Contribuintes, haja vista a sua organização e facilidade no cumprimento das obrigações tributárias. Numa segunda fase tem sido estendido aos restantes contribuintes que passam pelo crivo do volume de negócios e importação.

20.3.1 Razões da implementação do IVA em Angola

Dentre as várias razões existentes para a implementação do IVA perpassa a avaliação da situação concreta. Os cenários pouco animadores da economia nacional e internacional, adensados pela queda da principal *commodity* (petróleo) de exportação, abriram caminhos para a identificação como um imposto de opção primária.

O actual contexto macroeconómico e as experiências internacionais recomendaram a substituição do actual imposto de consumo por um imposto do tipo IVA, neutro, sem efeitos cascata (eliminação da dupla tributação do imposto de consumo) e baseado nas boas práticas tributárias, permitindo a dedução (recuperação) do IVA suportado nas compras e o reembolso em caso de créditos fiscais.

20.3.2 Vantagens para o sistema fiscal angolano com a implementação do IVA

Apontam-se quatro grandes vantagens com a implementação do IVA:

1. Impede o efeito cascata (Imposto sobre Imposto) do imposto de consumo, que tem onerado os preços do consumo.
2. Redução da fraude e da evasão fiscal, com o cruzamento de dados electrónicos entre sujeitos passivos (contribuintes).
3. Transformação do mercado informal para o mercado formal, por intermédio das exigências na emissão de facturas e da contabilidade dos contribuintes.
4. Maior transparência fiscal e neutralidade fiscal, permitindo assim a dedução dos impostos suportados e consequentes reembolsos nos casos de créditos fiscais, originando maior justiça fiscal.

O alargamento da base tributária, ou seja, o facto de mais pessoas poderem contribuir, ocasiona outro fenómeno consequente que é o aumento das receitas fiscais, sem descurar que estas mudanças e vantagens vaticinadas reacendem outra preocupação relativamente à robustez nos sistemas informáticos dos contribuintes e da Administração Tributária.

20.3.3 Quem pode liquidar (cobrar) IVA na factura?

Cumprindo com as recomendações do FMI, apenas estarão autorizados a fazer a cobrança do IVA aqueles contribuintes classificados como sujeitos passivos, enquadrados no regime geral de tributação deste imposto. Por outro lado, aos demais sujeitos passivos que não liquidam o IVA recai a obrigatoriedade de pagar de forma simplificada mensalmente ou trimestralmente este imposto. Destaca-se que, no ano de 2019, os sujeitos passivos enquadrados foram os contribuintes cadastrados na Repartição Fiscal dos Grandes Contribuintes e, num segundo momento, todos aqueles que aderiram voluntariamente ao regime do IVA. Neste período foram criados outros regimes de modo a acomodar àqueles contribuintes que não podiam liquidar o IVA na factura, mas, que ainda assim deveriam actualizar seu cadastro por meio da submissão de uma declaração de início denominada Modelo 6, designadamente o regime transitório, com obrigações trimestrais, e o regime de não sujeição, com obrigação mensal em relação ao pagamento do Imposto de Selo à taxa de 1% pelos seus recebimentos.

Actualmente, pretende-se que o enquadramento ao regime geral continue sendo gradual, pois os sujeitos passivos autorizados a cobrar (liquidar) o IVA na factura serão todos os contribuintes com volume anual de facturação ou de operações de importação superior ao equivalente a 350 milhões de kwanzas. Criou-se um limiar para este novo período com vista a melhor controlar a aplicação deste imposto, evitando, assim, os constrangimentos evidenciados no decorrer da primeira fase.

Por meio da Lei n. 42/20, de 31 de Dezembro, que aprova o Orçamento Geral do Estado para o exercício económico de 2021, foi previsto que todos aqueles contribuintes que não tenham o limiar abaixo do supra referenciado devem ser enquadrados nos Regimes Simplificados e de Exclusão.

20.3.4 Tratamento do imposto de consumo para as mercadorias adquiridas antes da entrada em vigor do IVA

As mercadorias adquiridas antes da entrada em vigor do IVA receberam o seguinte tratamento:

- Os sujeitos passivos enquadrados no regime geral de tributação, nas transmissões de bens em que tenham suportado o imposto de consumo, não deveriam incorporar ao preço de venda dos bens o imposto de consumo, apenas o IVA.

- Visando eliminar a distorção nos preços, o imposto de consumo suportado nas aquisições de bens seria deduzido na totalidade na matéria colectável do imposto sobre o rendimento, enquanto titular, para recuperar o imposto de consumo suportado.

20.4 MODELOS DE TRIBUTAÇÃO DO CONSUMO

Não é uma questão assente a busca por consensos quando se trata de modelos para tributação de consumo devido às especificidades dos Estados, a sua dinâmica, economia e capacidade contributiva de seus cidadãos. Porém, cresce a necessidade de reformas profundas por todos os lados, no sentido de se procurar encontrar meios mais justos para tributar a circulação de bens, serviços e importação por via de um meio único e eficaz.

Nesta conformidade, o Imposto sobre o Valor Acrescentado constitui o mais importante imposto geral sobre o consumo da modernidade, encontrando-se espalhado pelos quatro cantos do mundo. Se em meados do século XX poucos eram os países que tinham experimentado o IVA e este dava ainda os seus primeiros passos, à entrada do século XXI são poucos os países que o não adoptaram, da Europa Ocidental ao Extremo Oriente, estando na adopção do IVA um dos sinais de modernidade de qualquer sistema fiscal contemporâneo (VASQUES, 2019, p. 17).

> O dizer de que o IVA constitui um imposto geral sobre o consumo significa, antes do mais, que este se distingue dos impostos especiais de consumo pela sua base de incidência. Com efeito, o IVA caracteriza-se pela universalidade, incidindo tendencialmente sobre todos e quaisquer bens ou serviços [...] (VASQUES, 2019, p. 17).

Na visão de Vasques (2019, p. 17), os impostos gerais sobre o consumo repartem-se em duas categorias elementares: aqueles que incidem sobre uma única fase do circuito económico, por isso ditos impostos monofásicos (*single-stages-taxes*); e aqueles que incidem sobre todas as fases do circuito económico, ditos por isso impostos plurifásicos (*multiple-stages-taxes*).

20.5 IVA - CONSIDERAÇÕES INICIAIS

O IVA, também conhecido como VAT (*value added tax*), veio à tona pela primeira vez a partir da necessidade de profundas reformas fiscais no Japão, dirigidas pelos Estados Unidos da América no ano de 1949. Segundo Jónatas E. M. Machado e Paulo Nogueira da Costa (2017, p. 375), pelo Ocidente, o referido imposto ganhou força inicialmente com a Suécia, a Dinamarca (1967) e a França (1968), sendo hoje obrigatório em toda a Europa.

Há quem advogue que a França (VASQUES, 2019, p. 46) foi o primeiro país a aplicar o Imposto sobre o Valor Acrescentado (IVA) com as características que o revestem, por meio de um Inspector das Finanças. Ademais, o IVA é um imposto geral e plurifásico sobre o consumo, que abrange todas as transacções e estágios do circuito económico.

Atribui-se a este país europeu, pela sua harmonização, a tributação indirecta, buscando adoptar um modelo adequado de IVA. Por conseguinte, os autores em nenhum momento se contradizem, mas se complementam, pois um dos mais relevantes contributos para a inserção do IVA deveu-se à colaboração de Carl Shoup (1902-2000), professor norte-americano que em 1949 veio propor a implementação do IVA naquele país nipónico (RAFAEL; LUNETA, 2020, p. 230-231).

Todavia, a forma mais importante do imposto plurifásico sobre o consumo está hoje em dia no imposto sobre o valor acrescentado (*value-added-tax*). Os impostos sobre o valor acrescentado incidem sobre todos os estágios do circuito económico – sobre produtores, grossistas ou retalhistas, sobre vendas ou prestações de serviços –, mas em termos tais que cada operador apenas paga impostos na medida do valor que acrescenta através da sua actividade (VASQUES, 2019, p. 37).

Numa visão paralela, acolhemos que o princípio geral de um modelo baseado no Imposto sobre o Valor Acrescentado consiste em aplicar aos bens e serviços um imposto geral sobre o consumo proporcional ao preço de bens e serviços, independentemente do número de transacções no processo de produção e de distribuição anterior à fase de tributação. Nas operações entre sujeitos passivos de IVA, em cada uma das transacções, o imposto sobre o valor acrescentado, calculado sobre o preço do bem ou do serviço à taxa aplicável ao referido bem ou serviço, é exigível, com prévia dedução do montante do imposto sobre o valor acrescentado que tenha incidido diretamente sobre o custo dos diversos elementos constitutivos do preço (PALMA, 2016, p. 212-213).

20.5.1 Estrutura conceptual do IVA

O IVA constitui um imposto de cariz revolucionário nos últimos tempos, por se afigurar como o estandarte das reformas tributárias implementadas nos países desenvolvidos e em desenvolvimento. Para além disso, tem representando um imposto de larga base de incidência, fazendo com que se afirme como o mais indicado pelos resultados que apresenta na arrecadação.

A despeito de ser novo, e de uma vasta complexidade, demanda de seus aplicadores uma série de desafios que perpassam, inicialmente, por conhecer o seu âmbito de aplicabilidade para melhor qualificação das operações em que incide a tributação indirecta.

Assim, teremos que o IVA está desenhado com a divisão estrutural entre incidência objectiva e incidência subjectiva, as quais passaremos a descrever parcimoniosamente nas notas que se seguem.

20.5.2 Incidência objectiva

Para o conhecimento da zona de aplicação do IVA, percebe-se que, sem rodeios, é um imposto geral sobre o consumo que incide sobre a transmissão de bens, prestação de serviços e importação. Dito doutro modo, o IVA abrange a totalidade das operações realizadas em todo o território nacional, desde que se enquadrem na norma de incidência fixada pelo legislador ordinário como insculpido no artigo 3º da Lei n. 7/19, de 24 de Abril, que aprova o Código do Imposto sobre o Valor Acrescentado.

Em sede deste imposto, não se tem olvidado sobre o carácter acessório das operações, que recebe um tratamento específico para desmistificar a crítica de prática de injustiça fiscal operada por adensar operações sujeitas e isentas e qualificá-las como sujeitas.

20.5.3 Incidência subjectiva

De modo a formular um juízo conclusivo quanto à incidência de IVA numa determinada operação, importará ainda aferir se a entidade que efectua tal operação age na qualidade de sujeito passivo de IVA (ALMEIDA, 2013, p. 34). Na realidade, a questão é diametralmente oposta à dos demais impostos directos conhecidos, pois para o IVA é qualificável como sujeito passivo toda pessoa singular (física) ou jurídica que exerça actividade económica ou, sendo estatal, saia de sua esfera de actuação.

O imposto é devido por um conjunto de sujeitos passivos, que abrange quer pessoas singulares quer pessoas colectivas, que exerçam actividades de produção, comércio ou prestação de serviços ou sejam adquirentes de determinados bens e serviços (PEREIRA et al., 2012, p. 393-394). São ainda sujeitos passivos deste imposto o Estado, as entidades governamentais e outros organismos públicos, incluindo institutos públicos, autarquias, instituições públicas de previdência e segurança social, excepto quando actuem dentro dos poderes de autoridade e daí não resultem distorções de concorrência.[1]

Igualmente, os partidos e coligações políticas, os sindicatos e as instituições religiosas legalmente constituídas, na medida em que efectuem operações tributáveis.

Daí ser acolhida a ideia de que qualquer pessoa que realize, ainda que de forma esporádica, actividade económica pode ser enquadrada como sendo sujeito passivo do IVA.

20.5.4 Características do IVA

Entende Catalina García Vizcaíno (2016, p. 993), em relação à experiência argentina, que as características do IVA são: impostos indirectos, nacionais, reais, proporcionais, permanentes, de faculdades concorrentes e compartipáveis, instantâneos, monofásicos de etapa única ("salvo los que recaem sobre objectos suntuosos").

O IVA, como já se afirmou com veemência, é um imposto geral sobre o consumo de bens e serviços que possui características que são inerentes, não se encontrando em outros impostos directos e indirectos. Por se conduzir com elementos distintivos peculiares, será apresentado como sendo: (i) plurifásico; (ii) não cumulativo; (iii) neutro; (iv) indirecto; (v) baseado no princípio do destino etc.

Quadro 20.1 Quadro comparativo do IVA aplicável ao redor do mundo em relação ao IVA de Angola.

Características gerais do IVA	Características do IVA para Angola
Imposto indirecto	Imposto indirecto
Geral	Geral
Plurifásico	Plurifásico
Neutralidade	Neutralidade
Princípio do destino	Princípio do destino
Múltiplas taxas	Limiar
Poucas ou nenhuma isenção	IVA tipo consumo
	Taxa única
	Poucas isenções

Fonte: Linhas Mestras de Implementação do IVA em Angola.

Essas características tornam o IVA único e distinto dos demais impostos incidentes sobre o consumo, que têm um cariz pendular mais restrito e possuem o efeito cascata em seu grau de incidência.

---

[1] De acordo com as alíneas "a" e "b" do artigo 4º da Lei n. 7/19, de 24 de Abril, que aprova o Código do Imposto sobre o Valor Acrescentado.

Muito embora tenhamos enunciado as características acima arroladas, gostaríamos de dar destaque a uma das principais, sem a qual o IVA não subsiste: o caráter neutral nos *inputs* e *outputs* que revela a sua compatibilidade com um imposto justo.

20.5.5 Neutralidade do IVA

A primeira vantagem do IVA reside na sua neutralidade económica. Uma vez que, em cada estágio do circuito económico, o imposto incide unicamente sobre o valor que cada operador acrescenta, o IVA previne o efeito de tributação em cascata típico dos impostos sobre as transacções, tornando-se indiferente o grau de integração vertical das empresas e a extensão da cadeia de distribuição que os bens possuam (VASQUES, 2019, p. 39).

Quando segue seu regime geral, o IVA apresenta-se como um imposto sobre o consumo em que o montante da dívida de cada sujeito passivo é apurado através do chamado método de dedução imposto do imposto, do crédito do imposto ou método substrativo indirecto, nos termos do qual esse montante nos é dado pela diferença entre o montante que resulta da aplicação da taxa ao valor das vendas ou prestações de serviços, durante determinado período, e o montante suportado nas aquisições efectuadas durante o mesmo período (NABAIS, 2016, p. 553-4).

20.5.6 Amplitude do conceito de actividade económica

No conjunto de operações abrangidas pelo IVA, destacam-se das principais manifestadas nas operações internas (transmissão de bens e prestação de serviços) um elemento de convergência que caracterizará a tributação em torno deste imposto, que é o conceito da actividade económica e a onerosidade.

A este respeito, poder-se-á genericamente afirmar que este conceito se reveste de grande amplitude, incluindo, designadamente, os denominados actos preparatórios, actividades ilícitas,[2] excluindo-se realidades tais como a simples detenção das participações sociais.

Para que haja tributação em sede de IVA, deverá existir uma contraprestação que se assuma como a remuneração de um serviço que haja sido prestado. A referida contraprestação, imprescindível à sujeição a este imposto, deverá integrar-se numa relação jurídica da qual decorrerão prestações recíprocas (ALMEIDA, 2013, p. 44).

20.5.7 Facto gerador e exigibilidade do imposto

Cabe dar nota de que o facto gerador não se confunde com a exigibilidade do imposto como se fossem termos similares. Como adiante veremos, eles, em sua génese, se entrecruzam, fazendo surgir um paralelo perfeito entre dois momentos do imposto.

---

2 Artigo 15º do Código Geral Tributário, aprovado pela Lei n. 21/14, de 22 de Outubro, alterado pela Lei n. 21/20, de 22 de Julho.

Nesta conformidade, quando alguém no mundo real pratica meticulosamente o comportamento descrito na incidência subjectiva (hipótese de incidência tributária), isto é, quando alguém realiza aquela acção hipoteticamente definida no conceito legal tributário, a regra de tributação incide de forma automática e infalível, sujeitando àquele que praticou o facto uma consequência jurídico-tributária, uma obrigação de recolher dinheiro aos cofres públicos.

Isto significa dizer que a incidência tributária é um fenómeno próprio do direito tributário, na medida em que a regra matriz dirige aos seus destinatários (sujeitos definidos por lei) uma ordem e uma consequência da prática do facto que produz efeitos jurídicos tributários, susceptíveis a formar uma relação jurídico-tributária e a atribuir um dever ao sujeito passivo. Diz-se automático e infalível, uma vez que a regra matriz de incidência tem no seu bojo a concretização dos factos tributários que ela hipoteticamente descreveu. Isto é diferente da aplicação da norma, actividade humana, portanto passível de falhas e erros, e que pode muitas vezes não acontecer por conta de equívocos interpretativos do conceito legal (RAFAEL; LUNETA, 2020, p. 100).

Enquanto aquele é o facto cuja verificação preenche as condições legais necessárias à exigibilidade do imposto, originando assim a relação jurídica de IVA e, por conseguinte, os múltiplos poderes e deveres em que tal relação se desdobra, a exigibilidade consiste no direito que a administração tributária tem de poder fazer valer, a partir de certo momento, o pagamento do imposto. Por via de regra, esta verifica-se no momento da realização da prestação de serviços e, quanto às importações, no momento em que, segundo o regime aduaneiro aplicável, estas se devam considerar realizadas (NABAIS, 2016, p. 559-560).

20.5.8 Repercussão do IVA

O que, naturalmente, não surpreende, pois, sendo o IVA um imposto indirecto que pretende tributar o consumo, assumindo assim um carácter neutral em relação à actividade económica dos sujeitos passivos que à face da lei têm a obrigação de liquidar e cobrar o imposto por conta do Estado, um tal objectivo seria inatingível sem o estabelecimento, como princípio geral, da obrigatoriedade de repercussão. Daí que, na factura, se exija a inscrição separada do preço do bem ou da prestação do serviço e do IVA e se indique a taxa deste, pois só deste modo o suportador do imposto – isto é, o verdadeiro contribuinte – toma efectivo conhecimento do imposto que a sua capacidade contributiva suporta (NABAIS, 2016, p. 557).

Em Angola, o Código do Imposto sobre o Valor Acrescentado estabelece no artigo 35º que a importância do imposto liquidado deve ser adicionada ao valor da factura ou documento equivalente, para efeitos da sua exigência aos adquirentes de bens ou destinatários dos serviços.

Portanto, nas operações relativamente às quais a emissão de factura não é obrigatória, o imposto é incluído no preço, a título de repercussão.

A repercussão ou translação fiscal entende-se como o processo através do qual um contribuinte de direito transfere para outro agente económico, total ou parcialmente, o ónus financeiro de um imposto. Trata-se de um fenómeno que, conhecido de há muito, mostra que o facto que, por sua vez, entrega a respectiva quantia nos cofres públicos não significa, necessariamente, que seja ele a suportar o encargo em causa (SANTOS, 2013, p. 293).

20.5.9 Taxa

O legislador angolano, atendendo as características do Estado, decidiu pela aplicação de uma taxa única para todo país, tendo previsto no artigo 19º do Código do Imposto sobre o Valor Acrescentado a taxa de 14%. À semelhança do que sucede na generalidade dos países em que o IVA foi implementado, por favorecer o cumprimento de uma das especificidades do imposto, o seu carácter neutral, que se apresenta como sua principal virtude.

Muito embora tenha sido uma taxa moderada em comparação às demais aplicadas na região da SADC e em outros países comparáveis, apresenta-se como um grande desafio face aos vários riscos de fraude fiscal e possíveis contenciosos (RAFAEL; LUNETA, 2020, p. 246).

Um desvio a essa visão deve-se com a aplicação da taxa de 5% sobre os bens relacionados no anexo I do artigo 12º do CIVA, prevista na Lei n. 31/20, de 11 de Agosto, que altera a Lei do OGE de 2020, tendo sido revogada pela Lei n. 42/20, de 31 de Dezembro, Lei que aprova o Orçamento Geral para o Exercício Económico de 2021 (RAFAEL; LUNETA, 2020, p. 246).

Por derradeiro, com a implementação do Código do IVA foi aprovado um regime especial para a província de Cabinda, que previu uma taxa geral reduzida de 2% sobre as importações e transmissões de bens, por razões de descontinuidade continental, por meio da Lei n. 22/19, de 20 de Setembro. Porém, para as prestações de serviços manteve-se a taxa geral aplicável em todo o território nacional, 14%.

20.5.10 Obrigações no IVA

Para além de outras obrigações, estes sujeitos passivos estão obrigados a emitir factura ou documento equivalente[3] e a entregar mensalmente uma declaração relativa às operações efectuadas no decurso da sua actividade no mês anterior, com indicação do imposto devido ou do crédito existente e dos elementos que serviram de base para o seu cálculo. O pagamento do imposto é efectuado simultaneamente com a entrega desta declaração, e entre nós está disposto no artigo 44º do Código do Imposto sobre o Valor Acrescentado.

20.6 SISTEMA TRIBUTÁRIO BRASILEIRO

O Brasil, enquanto Federação, apresenta uma repartição de competência tributária que subjaz da sua Constituição entre as três esferas do poder federativo fraccionado, independente, mas harmónico entre si pelas relações que se interpõem, no caso a União, estados-membros/Distrito Federal e municípios.

---

3 Para todos os efeitos, entenda-se "nota fiscal".

Com o objectivo de estabelecer a esfera de actuação de cada ente tributante de forma a manifestar a sua autonomia administrativa e financeira, atrelou-se, ao mesmo tempo, dar ao Sistema Tributário Nacional um elemento unificador, a despeito das diferenças e poderes atribuídos para o exercício tributário, sem que, com isso, sejam evidenciadas as guerras fiscais entre os entes federativos.

A atribuição constitucional de competência tributária compreende a competência legislativa plena, ressalvadas as limitações contidas na Constituição Federal, nas Constituições dos estados e nas Leis Orgânicas do Distrito Federal e dos municípios, e observado o que estabelece o Código Tributário Nacional (CTN, art. 6º) (MACHADO, 2009, p. 272).

Acto contínuo, isto significa dizer que, se a Constituição Federal atribui aos estados competência para instituir um imposto, como fez, por exemplo, com o ICMS, está também dando a estes plena competência para legislar a respeito. Mas devem ser respeitadas as limitações estabelecidas na Constituição Federal ou de municípios, devendo também ser observadas as limitações contidas nas respectivas Leis Orgânicas (MACHADO, 2009, p. 272).

A atribuição da competência tributária às pessoas jurídicas de Direito Público está prevista nos artigos 153 e 156 da Constituição Federal, dividindo-se, assim, o poder de instituir e cobrar tributos entre os entes tributantes. Desse modo, cada entidade impositora está obrigada a se comportar nos limites da parcela de poder impositivo (potestade tributária) que lhe foi atribuída pela Constituição (SABBAG, 2003, p. 53).

Critica-se de forma ferrenha o centralismo que se revela na República Federativa do Brasil, tendo em conta que existe, na federação brasileira, uma série de dificuldades que ocasionam um certo embaraço para a implementação de uma gama de mudanças e alterações legislativas que acabam desencadeando um contrapeso à consolidação da própria democracia.

Do que se disse, retire-se que muitos acreditam que a federação retratada nestas linhas, desenhada na Constituição Federal de 1988, não foi ao encontro das intenções daqueles que depositaram esperança na descentralização do poder como a bússola necessária para um caminho seguro. Porém, continuou a se verificar um crescente poder de competências atribuídas ao governo central, em detrimento das esferas locais e estaduais.

Para tanto, esperava-se que a descentralização fosse alcançar o tão desejado equilíbrio dos poderes entre estados-membros e municípios, restando para a União Federal os assuntos estritamente de interesse geral, compreendendo todo o território nacional.

20.6.1 A reforma da tributação sobre o consumo no Brasil

O sistema de tributação de bens e serviços no país é composto por diversos tributos que foram divididos segundo bases de incidência e entes federativos (circulação de mercadorias aos estados, prestação de serviços aos municípios e industrialização e receita/faturamento à União) (CARVALHO, 2018).

A peculiaridade desta segmentação, dos diversos tributos onerando a mesma base e da competência tributária a diferentes entes por si só já causa diversos problemas e entraves ao sistema brasileiro. Além disso, cada um dos tributos que incidem sobre bens e serviços igualmente apresenta limites específicos que, somados, fazem da tributação brasileira uma das mais complexas no mundo (CARVALHO, 2018).

A reforma tributária é marcada pela análise do IVA enquanto um imposto que busca salvaguardar o Estado Social. O Imposto sobre o Valor Adicionado (IVA), que será implantado por meio de legislação nacional, simplifica sobremaneira o atual quadro "caótico, ultrapassado e oneroso", composto por uma parafernália legal que, no limite, permite a possibilidade de haver 27 leis estaduais (ICMS) e 5.570 leis municipais (ISS) (MORGAN, 2018, p. 27).

Ainda em relação ao IVA, em vez da prática atual de isenção aplicável aos bens de primeira necessidade (como alimentos e medicamentos), para reduzir a tributação sobre o consumo das camadas de menor renda, propõe-se, como política de gasto fiscal, a adoção de uma espécie de "Renda Básica Tributária", que consiste na devolução do imposto aos consumidores cadastrados nos programas sociais do governo (MORGAN, 2018, p. 27).

Ato contínuo, na visão acima descrita, portanto, além de ampliar a progressividade e de fortalecer o Estado Social, é necessário que o Brasil modifique a sistemática de tributação no sentido de reduzir a sua complexidade.

20.6.2 Federalismo fiscal ou pacto federativo

A compreensão do Estado perpassa pela compreensão de sua classificação. Por sua vez, a tecnificação do direito público era a consequência natural da concepção do Estado como Estado de Direito, como Estado concebido principalmente como órgão de produção jurídica e, no seu conjunto, como ordenamento jurídico. Por outro lado, tal reconstrução do Estado como ordenamento jurídico não tinha feito com que se esquecesse que o Estado era também, através do direito, uma forma de organização social e que, como tal, não podia ser dissociado da sociedade e das relações sociais subjacentes (BOBBIO, 1986, p. 56).

Nesta conformidade, o reflexo dos diversos modelos nos conduz a fazer uma paragem obrigatória sobre a visão do federalismo, enquanto forma de organização do Estado e demais organismos que garantem a prossecução do interesse público e da realização da dignidade da pessoa humana.

Para Georg Jellinek (*apud* TAVARES, 2012, p. 1082), o federalismo é a unidade na pluralidade. Embora se fale de pluralidade, ela não pode desvirtuar e dissolver a unidade, necessária para que se mantenha o Estado. O "poder", ou, mais rigorosamente, as funções, podem estar divididas entre diversos entes políticos dentro de um mesmo Estado.

> Trata-se da repartição vertical do "poder", como comumente é chamada, e pela qual é possível identificar a existência de um Estado federal. O Estado denominado federal apresenta-se como o conjunto de entidades autônomas que aderem a um vínculo indissolúvel, integrando-o. Dessa integração emerge uma entidade diversa das entidades componentes, e que incorpora a federação. No

federalismo, portanto, há uma descentralização do poder, que não fica represado na órbita federal, sendo compartilhado pelos diversos integrantes do Estado. Todos os componentes do Estado federal (sejam estados, distritos, regiões, províncias, cantões ou municípios) encontram-se no mesmo patamar hierárquico, ou seja, não há hierarquia entre essas diversas entidades, ainda que alguma seja federal e outras estaduais ou municipais. É, contudo, impossível pretender uma abordagem única do fenômeno. É que há diversos tipos de federalismos, porque diversos são os regimes encontráveis na História e na realidade atual (Georg Jellinek, *apud* TAVARES, 2012, p. 1098-1099).

Controverte-se acerca da existência de um modelo genérico de partilha de competências, que seja válido eternamente para fins de caracterizar o Estado federal. Na sua origem, o federalismo baseava-se em um pacto implícito, segundo o qual os entes parciais componentes do Estado detinham todas as competências que não houvessem sido expressamente atribuídas ao ente "central". Atualmente, a repartição de competências continua observando a atribuição expressa a determinado ente e a residual a outros (Georg Jellinek, *apud* TAVARES, 2012, p. 1104).

A ideia explícita de uma auto-organização é inequívoca quando se trata de federalismo, e não faltam exemplos a respeito para designar as suas características. Entrementes, nada impede que sejam reconhecidos os direitos e deveres dos entes federativos, bem como o equilíbrio que deve ser mantido para que haja harmonia na governação.

20.6.3 Pacto federativo em face da implementação do IVA

Estabelece o artigo 1º da Constituição Federal de 1988, publicada aos 5 de Outubro, que

> A República Federativa do Brasil, formada pela união indissociável dos Estados e Municípios e do Distrito Federal, constitui-se em Estado Democrático de Direito e tem como fundamentos:
> I – a soberania;
> II – a cidadania;
> III – a dignidade da pessoa humana;
> IV – os valores sociais do trabalho e da livre iniciativa;
> V – o pluralismo político.

A atribuição de poderes, autonomia e, concomitantemente, um conjunto de poderes que se entrecruzam faz com que os entes federativos não sejam subordinados uns aos outros apesar da relação mantida entre si.

Muito se tem discutido, no curso actual da reforma tributária na República Federativa no Brasil, sobre se ela não criaria um impasse à concretização do pacto federativo que caracteriza o Estado. Neste palmilhar, várias vozes se juntaram para apresentar suas razões favoráveis, e outras nem tanto.

Cabe lembrar que, ao menos desde 1988, o país tem vivido diversas propostas de Imposto sobre o Valor Adicionado (IVA), único, dual ou compartilhado. Tal foi o caso dos debates da constituinte e das propostas posteriores de reforma tributária (PEC 195/1998 e PEC 233/1998), que não alcançaram o consenso político necessário para serem aprovadas (LUKIC, 2020).

> O histórico destas tentativas de reforma demonstra uma componente forte de *path dependence*: uma vez concedida a competência tributária sobre certa base a determinado ente federativo, é muito difícil retirá-la ou modificá-la em razão dos interesses políticos dos entes [...] (LUKIC, 2020).

Entende Lukic (2020) que, do ponto de vista jurídico, nada impede que uma reforma que estabeleça um compartilhamento de competência entre os entes – seja nos moldes do imposto sobre bens e serviços (IBS) previsto na PEC 45 ou de um IVA dual (composto de um IVA federal e outro IVA estadual/municipal) – venha a ser implementada. A autonomia financeira como pilar da federação deve ser vista para além da repartição de competências tributárias originariamente dadas aos entes.

Embora seja inegável a manutenção do pacto federativo, entendemos que a posição de destaque político que este recebe não pode consistir num impasse à realização das competências definidas na CRF/88.

20.7 IMPOSTOS INDIRETOS NO BRASIL

Os impostos que incidem sobre o consumo, no Brasil, têm particularidades próprias, pois recebem um tratamento diferenciado entre os entes federados. Decerto, a sua estrutura não obedece à mesma lógica utilizada pelas demais economias que adoptam taxas (alíquotas) únicas, passando por racionalidade assentada na distribuição dos impostos. Assim, teremos o IPI à União Federal, o ICMS aos estados-membros e o ISS aos municípios.

Este desmembramento, apesar de eficaz, nalguns casos, acarreta uma série de questionamentos quanto à necessidade de harmonização tributária, sobretudo no que Paulo de Barros Carvalho denominou de vinculação do antecedente ao consequente.

Não raras vezes há fundadas dúvidas quanto à incidência de um destes impostos sobre determinado fato econômico, isto é, se há a subsunção deste à hipótese de incidência tributária, ocasionando conflitos de competência entre os entes da federação.

O possível imbróglio imanente à incidência tributária nos impostos sobre o consumo poderia ser minimizado com a implementação de um imposto geral sobre o consumo do tipo IVA, para além de permitir maior arrecadação para os cofres públicos ao incidir em várias fases do circuito económico.

Obviamente que, com a introdução do IVA, enquanto imposto único, teriam de ser revogados os demais diplomas legais que estabelecem impostos indirectos para garantir a sua compatibilidade. Atualmente, tem-se o IPI, o ICMS e o ISS incidindo sobre a cadeia de consumo, tendo cada um dos impostos incidências e alíquotas diferenciadas.

Nesta actual reforma, o que se pretende é a inclusão de um IVA federal, que busque conciliar em sua legislação todos os impactos concernentes aos diferentes estados, bem como a competência de cada estado-membro.

20.7.1 Taxa única, dual ou múltipla

Um dos temas que têm trazido acesos debates na seara jurídico-tributária brasileira é a questão relacionada às taxas a serem aplicadas com a implementação deste imposto, uma vez que, pela singularidade que certas operações apresentam, torna-se quase incompaginável a criação de uma taxa única ou dual diante de vários cenários apresentados.

De facto, os sucessos de correntes e timoneiros neste caminho têm se mostrado escabrosos, pois a perspectiva de implementação de um imposto único, geral, sobre o consumo se traduz numa tarefa hercúlea, haja vista que tal situação pode(rá) originar distorções concorrenciais na economia, o que pode(rá) ser contraproducente.

Apesar da percepção generalizada do IVA como um imposto naturalmente regressivo, a questão não é tão simples como parece inicialmente, e a resposta está longe de ser resolvida. Embora algumas perguntas tenham sido levantadas sobre o possível viés relacionado à medição da regressividade do IVA, geralmente a principal fonte de controvérsia está relacionada à forma como a regressividade é avaliada. Ou seja, se deve ser avaliado em relação à renda atual ou ao consumo atual (DE LA FERIA; WALPOLE, 2020).

> Na Europa, o uso de taxas reduzidas remonta à introdução do próprio IVA em 1967. Embora as evidências sobre as possíveis consequências negativas da aplicação de várias taxas não estivessem disponíveis naquela época, muitas dificuldades desde logo se tornaram aparentes. Assim, no final da década de 1980 houve várias tentativas de alterar as regras de taxas europeias, sob orientação e iniciativa legislativa da Comissão Europeia. No entanto, tem havido inabalável resistência dos Estados-Membros da UE a quaisquer alterações propostas que possam levar a um alargamento da base do IVA. Pelo contrário, as mais recentes alterações acordadas nas regras tarifárias reduziram a base do IVA, com mais bens e serviços sujeitos a taxas reduzidas na Europa hoje do que era há 15 anos. Apesar do impacto da crise financeira na utilização de taxas reduzidas de IVA, em 2011 a percentagem de bens e serviços com taxas reduzidas ainda era em média 26 por cento, variando de alguns pontos percentuais na Bulgária, Dinamarca e Romênia a mais de 40 por cento do consumo total na Grécia, Polônia, Portugal e Espanha (DE LA FERIA; WALPOLE, 2020, p. 649).

As experiências europeia e australiana demonstram a força da resistência política ao IVA de alíquota única e ampla base, tanto ao reformar um sistema tributário existente quanto ao projetar um novo. Não só é quase impossível alargar a base, mas existe uma constante e frequente pressão sistemática para estreitar ainda mais essa base. Na comparação entre europeu e australiano, a experiência mostra que, como resultado dessa dupla dinâmica, e apesar das pressões de estreitamento presentes em todos os sistemas, a erosão da base é significativamente maior em sistemas que tinham uma estreita base para começar – ou, dito de outra forma, reformar é mais difícil do que projetar, e erros no projeto do IVA são extraordinariamente difíceis de corrigir (DE LA FERIA; WALPOLE, 2020, p. 649). As questões óbvias que surgem são: o que determina essas dinâmicas? E por que a resistência aos IVA de base ampla é tão prevalente? Esse é o caso mesmo em países que, como países europeus e Austrália, têm imposto fortes administrações e capacidade de direcionamento do bem-estar, apesar das fortes evidências contra a eficácia do uso de taxas reduzidas – ou isenções – para atingir objetivos sociais e distributivos. A primeira, pela via da diminuição da carga fiscal sobre o preço final dos bens e das prestações de serviços, o que provocaria um incremento da procura sem afetar negativamente a receita pública. A segunda, por força de um maior incentivo ao consumo. Com o decréscimo do peso administrativo e de gestão do imposto, o Estado pode deslocar recursos financeiros para novos investimentos públicos e incrementar o crescimento económico. Os sujeitos passivos do IVA podem canalizar os recursos para novos investimentos, modernizar o seu sistema produtivo e expandir a comercialização dos seus produtos através de recursos anteriormente despendidos no cumprimento das suas obrigações fiscais (CATARINO et al., 2017).

As descrenças são inúmeras entre os diversos intervenientes dos diferentes níveis dos poderes representativos. Com a existência de um sistema tributário *sui generis*, as restrições políticas e as diversas agendas para a reforma tributária acentuam a discussão sobre a sua pertinência e necessidade para a introdução de uma nova economia política da tributação que torne eficaz a dinâmica nos impostos indirectos.

Vale ressaltar que uma das grandes facilidades da aplicação de uma taxa única em detrimento de uma taxa dual ou múltipla repousa na possibilidade de dedução que os agentes económicos poderão ter em relação ao IVA suportado a montante, podendo configurar uma grande vantagem para um IVA simples, moderno e dinâmico em todo o território e municípios.

20.7.2 Obstáculos políticos a uma ampla base de IVA

Segundo Rita de La Feria e Michael Walpole (2020), os impostos gerais de consumo, e particularmente o IVA, são nem intuitivos, nem salientes: embora a coleção em vários estágios tenha muitas vantagens de uma administração e perspectiva comportamental, torna o funcionamento do imposto menos intuitivo; e os impostos sobre o consumo geralmente são menos perceptíveis para os contribuintes do que outros impostos.

20.7.3 Superando os obstáculos políticos para uma ampla base de IVA

Para aprovar um imposto geral de consumo de base ampla – seja *ex novo* ou por meio de reforma –, todos os obstáculos acima devem ser superados. Para isso não é necessário apenas que o público entenda a política tributária proposta e sua justificativa, mas também que confie no resultado (DE LA FERIA; WALPOLE, 2020).

A simplificação do IVA permitiria obter maiores ganhos de eficiência, maiores níveis de receita, maior simplificação das regras de incidência e de cobrança e evitar fraudes que resultam da diferenciação de taxas (alíquotas) de imposto. A estes aspectos essenciais acresce a ideia de que se deve ter em conta não só o "que se gasta em impostos, é preciso ter em conta o que se gasta, também, para os pagar" (José Casalta Nabais, *apud* CATARINO et al., 2017).

O IVA deve ser eficiente mas também o menos oneroso possível para as empresas. Este ponto de vista é sustentado por estudos recentes, que defendem que a aplicação de uma taxa única possibilitaria produzir maiores níveis de rendimento e reduzir razoavelmente os encargos de gestão do imposto pela Autoridade Tributária e Aduaneira, bem como os custos das empresas (CATARINO et al., 2017).

Por isso, pode dizer-se que a simplificação do IVA traz uma vantagem competitiva do imposto, isto é, a taxa única na tributação dos bens e serviços prestados é neutra, eliminando distorções na concorrência entre produtos equivalentes. Outra vantagem clara da taxa única está na redução dos custos de gestão e arrecadação do imposto. Com a redução dos custos de gestão e cobrança, a Autoridade Tributária e Aduaneira poderia realocar parte do seu capital humano para outras áreas mais deficitárias (CATARINO *et al.*, 2017).

No que tange especificamente à distribuição constitucional de competências, o pacto federativo brasileiro implica dar igualmente à União, estados e municípios poder tributário que envolve três prerrogativas: (1) criar e regular os tributos; (2) arrecadar; e (3) administrar toda ou parte da respectiva receita. Ao contrário do que alguns defendem, nenhuma destas prerrogativas vai ser limitada pela PEC 45, nem por um IVA dual, em que haja a criação de um IVA compartilhado entre estados e municípios (LUKIC, 2020).

A despeito das inúmeras dificuldades evidenciadas na reforma tributária do Brasil, concernentes à eliminação da cumulatividade inerente aos impostos de consumo, a criação de um imposto que seja verdadeiramente neutro se apresenta como um grande desafio para tornar eficaz a arrecadação pelo Estado e, concomitantemente, o combate à evasão fiscal e a fraudes.

20.8 CONSIDERAÇÕES FINAIS

A proposta de adoção de uma taxa que se pretenda única de IVA para todo o território brasileiro, com a eliminação das taxas reduzida e intermédia atualmente existentes, revela-se um passo inovador e de revolução ante os significativos impactos que poderão derivar em sede da receita, do consumo, enquanto elemento de maior incidência tributária e do tecido social existente.

Não podemos negar que a reforma tributária é necessária, porém a questão que não cala é se ela é oportuna com o figurino que propõe. São várias as hipóteses para justificar a sua contundência, desde o privilégio que pode representar para carrear maiores receitas para os cofres públicos, bem como traduzir-se numa melhor simplificação da receita federal. Outrossim, também, podem ser melhor combatidos os males que enfermam as realidades tributárias, como a sonegação, fraudes e evasões fiscais por meio da adopção de uma taxa única, mas que gradativamente possam ser revistas, haja vista que este imposto é tendente a uma metamorfose constante diante de vários factores de mercado.

REFERÊNCIAS

AGOSTINHO, Adlezio. *Curso de direito constitucional*. AAFDL, 2019.

ALMEIDA, Marta Machado de. *O IVA nas indemnizações*. Almedina, 2013.

BOBBIO, Norberto. *Estado, governo, sociedade*: para uma teoria geral da política. Rio de Janeiro: Paz e Terra, 1986.

CARVALHO, Alexandre Xavier Ywata de. Uma reforma dual e modular da tributação sobre o consumo no Brasil. *Texto para Discussão*. Ipea. Brasília: Rio de Janeiro: Ipea, 2018. Disponível em: https://www.ipea.gov.br/portal/images/stories/PDFs/TDs/td_2418.pdf. Acesso em: 19 abr. 2021.

CATARINO, João Ricardo et al. *Ensaio sobre a reestruturação do sistema de tributação indirecta*: análise socioeconómica sobre as vantagens e inconvenientes da adoção de um modelo de taxa única em Portugal. Santiago del Estero, Argentina: verano 2017 (n. 28).

DE LA FERIA, Rita; WALPOLE, Michael. The impact of public perceptions on general consumption taxes. *British Tax Review*, 67/5, p. 637-669, 2020. Disponível em: https://papers.ssrn.com/sol3/papers.cfm?abstract_id=3723750. Acesso em: 11 abr. 2021.

LUKIC, Melina Rocha. A reforma tributária não fere o pacto federativo. *Conjur*. 19 dez. 2020. Disponível em: https://www.conjur.com.br/2020-dez-19/melina-rocha-reforma-tributaria-nao-fere-pacto-federativo. Acesso em: 19 abr. 2021.

MACHADO, Hugo de Brito. *Curso de direito tributário*. 30. ed. rev., atual. e ampl. São Paulo: Malheiros, 2009.

MACHADO, Jónatas E. M.; COSTA, Paulo Nogueira da. *Manual de direito fiscal*: perspectiva multinível. Coimbra: Almedina, 2017.

MORGAN, Marc. *A reforma tributária necessária*: justiça fiscal é possível. Subsídios para o debate democrático sobre o novo desenho da tributação brasileira. São Paulo: Anfip: Fenafisco, 2018.

NABAIS, José Casalta. *Direito fiscal*. 9. ed. Almedina, 2016.

PALMA, Clotilde Celorico. *Estudos de IVA III*. Almedina, 2016.

PENE, Cláudio. *Apontamentos de direito fiscal moçambicano*. Escolar Editora, 2014.

PEREIRA, Paulo Trigo et al. *Economia e finanças públicas*. 4. ed. rev. e actual. Escolar Editora, 2012.

RAFAEL, António Tobias Simba; LUNETA, Mirlles Humberto Ruben. *Manual de direito tributário angolano*. Alupolo Editora, 2020.

SABBAG, Eduardo de Moraes. *Direito tributário*. São Paulo: Siciliano Jurídico, 2003.

SANTOS, J. Albano. *Teoria fiscal*. 2. ed. Instituto Superior de Ciências Sociais e Políticas, novembro de 2013.

TAVARES, André Ramos. *Curso de direito constitucional*. 10. ed. São Paulo: Saraiva, 2012.

VASQUES, Sérgio. *O Imposto Sobre o Valor Acrescentado*. Almedina, 2019.

VIZCAÍNO, Catalina García. *Manual de derecho tributario*. 2. ed. ampl. e actual. Buenos Aires: Abeledo-Perrot, 2016.

21

AS OPERAÇÕES FINANCEIRAS E O ENQUADRAMENTO EM IMPOSTO SOBRE VALOR ACRESCENTADO

Garcia Dala Hebo

21.1 INTRODUÇÃO

O sistema fiscal angolano está em uma reforma constante que ainda não atingiu o seu ponto óptimo, e tem caminhado para se firmar como um sistema fiscal moderno e actual. Este estado de reforma contínua é consequência de uma herança do sistema fiscal colonial e pós-colonial com todo o seu acervo legislativo, processual e procedimental assente em bases ou práticas antigas que, no actual contexto macro e microeconómico, não atendiam as exigências dos operadores económicos, bem como para a contribuição nas preocupações de financiamento do aparelho do Estado, para que este possa realizar as despesas públicas e atender as necessidades da colectividade.

O país ainda depende das receitas resultantes da actividade petrolífera, com a volatilidade com que se apresenta o preço no mercado internacional e que é característica neste sector, bem como sua escassez. Diante dessa realidade, começou-se a apresentar como sendo urgente a implementação de uma reforma tributária, daí verificarem-se instrumentos jurídicos como os Decretos Presidenciais n. 155/10, de 28 de Julho, que cria o Projecto Executivo para a Reforma Tributária (PERT), e n. 50/11, de 15 de Março, que estabelece as Linhas Gerais do Executivo para a Reforma Tributária. Ambos os diplomas serviram de base para que este processo desse os primeiros passos rumo à modernidade. Destaca-se que a reforma em curso tem passado por diferentes estágios, que se consubstanciam em:

a) reforma legislativa (passou por alterar os diplomas legais herdados do período colonial e pós-colonial);

b) reforma estrutural (passa pela reformulação das estruturas de serviços existentes, conceptualizando-as para um *layout* moderno e adaptado às novas tendências tecnológicas).

É neste âmbito da reforma tributária em curso, e como previsto nas Linhas Gerais do Executivo para a Reforma Tributária, que se concretiza a descontinuidade do Imposto de consumo (que vigorou até 31 de Setembro de 2019), para um imposto de consumo do tipo IVA, que entrou em vigor a 1 de Outubro de 2019, por meio da Lei n. 7/19, de 24 de Abril, que aprova o Código do IVA, na sequência tendo sido alterada pela Lei n. 17/19, de 13 de Agosto.

Para a implementação do Imposto sobre o Valor Acrescentado, e para assegurar o seu melhor funcionamento, houve a necessidade de reestruturar o Regime Jurídico das Facturas e Documentos Equivalentes, antes regulado pelo Decreto Presidencial n. 149/13, de 1 de Outubro, e actualmente regulado pelo Decreto Presidencial n. 292/18, de 3 de Dezembro, trazendo para a esfera jurídico-fiscal figuras de práticas que eram realizadas pelos operadores económicos e que não tinham um acolhimento jurídico, bem como novas abordagem relacionadas à matéria de emissão de facturas e documentos equivalentes.

Outrossim, foram introduzidos diplomas com o mesmo intuito de assegurar todo o processo moderno ou electrónico do processo do IVA, como é o caso do Regime Jurídico da Submissão Electrónica dos Elementos de Contabilidade dos Contribuintes, regulado pelo Decreto Presidencial n. 312/18, de 21 de Dezembro, que introduz novas figuras em nosso ordenamento jurídico que antes não eram conhecidas, como é o caso do denominado ficheiro SAFT(AO).

Esta nova realidade para o sistema fiscal angolano, no nível de tributação do consumo e não só, traz para todos os intervenientes novas formas de actuação e exigências que obrigam a todos a mudanças de processos e procedimentos, quer para a própria Administração Tributária, quer para os contribuintes em geral. E, neste ínterim, não podemos esquecer de um sector de actividade que se apresenta como pilar da economia, e com uma complexidade técnica e tecnológica elevada, que no nível do IVA merece um devido enquadramento.

À luz dos diplomas mencionados, faremos uma abordagem breve e simples, descrevendo os pontos fundamentais, para levar à compreensão dos utentes dos serviços financeiros e dos operadores do sector financeiro em Angola como devem enquadrar estas operações em sede deste imposto.

21.2 O SECTOR FINANCEIRO ANGOLANO E SEUS INTERVENIENTES

21.2.1 Breve abordagem sobre o sector financeiro

Diante da constante mutação que o sector financeiro tem sofrido, há exigências a que deve responder quer no resultante à dinâmica e ao desenvolvimento económico no contexto nacional e internacional, quer na sua afirmação como um sistema moderno, actual e que garanta a confiança aos diferentes agentes. Dentre as inúmeras exigências, destacam-se as relacionadas com a parte jurídico-fiscal, numa vertente em que os intervenientes principais poderão responder por seus actos, enquanto titulares de direitos e deveres fiscais devidamente comprovados ou de terceiros, enquanto recair sobre estes a figura de substituto tributário. Para o mercado financeiro converge um conjunto de instrumentos, mecanismos e instituições que asseguram o seu devido funcionamento, captando por um lado recursos financeiros de agentes económicos com excedentes de liquidez (por meio de depósitos ou outras formas de investimento), e por outro lado aplicando estes recursos aos agentes económicos deficitários (por meio de financiamento). Estas instituições apresentam-se a bom rigor como verdadeiros intermediários, actuando no sector financeiro, devidamente especializados e comprometidos com os mais elevados padrões reconhecidos e praticados internacionalmente. É neste sentido que devemos conhecer quem são os intervenientes no sector e como a lei das Instituições Financeiras os classifica.

21.2.2 Intervenientes no mercado financeiro

A Lei n. 12/2015, de 17 de Junho, que aprova a Lei das Instituições Financeiras, divide as instituições financeiras em:

> i) Instituições financeiras bancárias: [são] os bancos, empresas cuja actividade principal consiste em receber do público depósitos ou outros fundos reembolsáveis, a fim de os aplicar por conta própria, mediante a concessão de crédito [...], e

> ii) Instituições financeiras não bancárias: [são] empresas que não sejam instituições financeiras bancárias, cuja actividade principal consiste em exercer uma ou mais das actividade referidas nas alíneas b) a g), i), j), k), l), m) e o) do artigo 6º e outras actividades definidas por Lei.

O sector tem evoluído, fruto das exigências de outros mercados, que o empurram para além da **intermediação financeira tradicional** conhecida, para a **reintermediação financeira** ou a **contraprestação de serviços financeiros**. Vejamos um exemplo para o primeiro caso:

Um cliente **A** recebeu um rendimento no valor de 10.000,00 Akz e decidiu fazer uma poupança a prazo no seu banco **XYZ**. Pela aplicação, o seu banco lhe remunera 4% pelos fundos aplicados.

O banco XYZ tem muitos outros clientes, dentre os quais se destaca a empresa Técnica construtora. Esta solicitou um empréstimo ao banco de 10.000,00, e o banco lhe cobra 6% do valor emprestado.

Figura 21.1

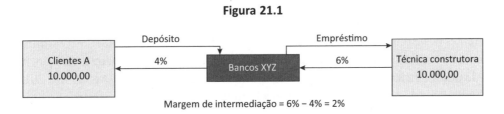

Fonte: elaborada pelo autor.

Do exemplo apresentado, o banco obteve 2% da diferença resultante da intermediação sobre o montante em causa, e isso representa um rendimento.

Quanto à **reintermediação financeira** ou **contraprestação financeira**, consiste em uma tendência na especialização das instituições bancárias ou não, em operações de financiamento directo, prestando serviços às entidades emitentes e aos agentes investidores. Mantém-se a função tradicional, que é a de captar recursos e aplicá-los, em que a **remuneração é a margem de intermediação**. E nesta segunda **a remuneração é chamada de comissão ou contraprestação a receber**, e pode estar fixada em taxa ou parcela fixa.

Figura 21.2

OIC: Organismos de Investimentos Colectivos.

Fonte: elaborada pelo autor.

De acordo com a Figura 21.2, verifica-se que as famílias, as empresas, o Estado e outros organismos solicitam serviços ou produtos às instituições financeiras, e estas por sua vez prestam serviços financeiros (p. ex., transferência bancária, feita por um banco, intermediação de seguros, no caso de uma seguradora, ou captação de fundos, se for um organismo de investimentos coletivos [OIC], Instituição Financeira não Bancária [IFNB] ou sociedade gestora) ou fornecem produtos financeiros (p. ex., entrega de cartões de débito ou crédito, efectuada pelos bancos, intermediação de seguros, feita pelas seguradoras, ou ainda captação de fundos de investimentos, feita pelos OIC, IFNB ou sociedade gestora de fundos).

E, pela prestação de serviços ou produtos que estas instituições efectuam, cobram uma comissão, taxa ou contraprestação, como contrapartida da prestação feita.

21.3 OPERAÇÕES TRANSMITIDAS NESTE MERCADO

21.3.1 Intermediação financeira

Está relacionada com a actividade tradicional do sector financeiro, que é a captação de recursos por meio de depósitos e sua aplicação por meio de financiamento. As operações decorrentes deste ramo da actividade estão sujeitas a tributação no âmbito dos **rendimentos obtidos** (é o caso do Imposto do Selo, sobre os juros de uma determinada aplicação, resultante de um financiamento, um depósito ou uma operação de seguro [ANGOLA, 2014b]), ou as aplicações de capitais feitas quer pelas família, empresas, Estado e outros organismos (é o caso do Imposto sobre Aplicação de Capitais, resultante dos rendimentos da simples aplicação de capital [ANGOLA, 2014a]).

21.3.2 Reintermediação financeira ou contraprestação financeira

Está relacionada à prestação de serviços financeiros que as instituições do sector prestam aos seus clientes; como contraprestação, estas cobram uma determinada taxa ou comissão. De igual modo, estas taxas ou comissões estão sujeitas a tributação. Até então era uma tributação no nível da despesa (suportada por terceiro, no caso o cliente consumidor do serviço financeiro[1]) e do rendimento (suportada pela instituição financeira, devido ao recebimento destes rendimentos[2]).

21.4 ENQUADRAMENTO DAS OPERAÇÕES FINANCEIRAS EM SEDE DO IMPOSTO SOBRE O VALOR ACRESCENTADO

Como mencionado acima e de forma muito simplificada, neste ponto faremos uma breve abordagem sobre a tributação das operações financeiras no nível do Imposto de Selo, uma realidade que continua a existir nas operações financeiras, e o Imposto sobre o Valor Acrescentado. Estas duas realidades passam a coabitar, uma (i) nas operações de intermediação financeira (caso estejam isentas do IVA, devem continuar a estar sujeitas ao Imposto de Selo) e outra (ii) nas operações interbancárias (nestas operações deve incidir o IVA). É neste sentido que nas presentes laudas nos propusemos a fazer um enquadramento destas operações financeiras em sede do Imposto sobre o Valor Acrescentado, tendo como base a compreensão inicial do imposto de selo. Depois passaremos para a compreensão em IVA.

Compreendendo inicialmente o Imposto de Selo e como incide nas operações financeiras, é fundamental saber que são repartidas em duas vertentes:

1. **As que recaem sobre operações realizadas por terceiros,** compreendendo neste âmbito as operações realizadas pelos clientes das instituições financeiras (IF), quer nas operações interbancárias (pelo pagamento de uma obrigação resultante de um financiamento), quer nas operações de intermediação (pelo pagamento de uma obrigação resultante da utilização de um serviço ou produto financeiro).

2. **As que recaem na esfera da IF,** nesta vertente tratando-se do imposto que recai sobre os rendimentos das IF, resultante dos recebimentos de terceiros (é o caso da verba 23.3, recibo de quitação pelo efectivo recebimento).

Neste sentido, os operadores financeiros bancários, as seguradoras e os que actuam no mercado de capitais suportam o encargo fiscal do imposto e em muitos casos apresentam-se

---

1   O DLP n. 3/14, de 21 de Outubro, no seu artigo 3º, atesta que "o imposto constitui encargo dos titulares do interesse económico, considerando-se como tal: [nas alíneas] b) na concessão de crédito, o utilizador do mesmo; g) Nos juros, comissões e restantes operações financeiras realizadas por, ou com intermediação de instituições de crédito, sociedades ou outras instituições financeiras, o cliente destas; e j) nas outras operações financeiras, o cliente da entidade que presta o serviço".

2   Estão sujeitos ao Imposto do Selo todos os actos, contratos, documentos, títulos, operações e outros factos, nos termos previstos, na tabela anexa a este Código do Imposto de Selo DLP. Confira a verba 23.3.

como substitutos tributários, pelo facto de colectarem o imposto das operações mantidas com terceiros. Por outro lado, temos os utilizadores financeiros, as famílias, as empresas, o Estado e outros organismos, que suportam o encargo fiscal do imposto. Para as empresas o imposto é recuperável quando do apuramento de seus resultados na contabilidade; para as famílias, o Estado e outros organismos que não desempenham uma actividade económica, representa um custo não recuperável.

Com base nos pressupostos apresentados, passaremos às bases relacionadas ao Imposto sobre o Valor Acrescentado.

Sendo o IVA um imposto de base alargada, que se traduz num âmbito de aplicação muito vasto, abrangendo todas as actividades económicas de produção, comercialização e importação de bens, assim como a prestação de serviço, caberá às normas de carácter derrogatório, como sejam as de isenção e as de não sujeição e sobretudo a sua interpretação, a definição da amplitude da base de incidência do imposto (BASTO, 1991, p. 229). Por outro lado, importa reter que a doutrina do imposto, e em particular o seu regime de deduções, assentam no princípio da neutralidade relativa à carga fiscal sobre as actividades económicas sujeitas a imposto, independentemente dos seus fins e resultados.

É um imposto com características próprias e pode se apresentar inicialmente como simples, mas que na sua execução e operacionalidade mostra-se complexo, quer para a Administração Tributária, quer para os operadores económicos, principalmente quando se têm diferentes taxas e uma lista grande de isenções.

A implementação deste imposto no sector financeiro traz para os operadores diferentes desafios que levam cada instituição a se adaptar para responder às exigências impostas por lei. Em algumas abordagens que mantivemos com determinados operadores do sector, ficaram patentes os seguintes desafios:

- **Processo de facturação:** esta matéria é regulamentada pelo novo regime jurídico das facturas e documentos equivalentes (ANGOLA, 2018a), diploma que apresenta novas definições relacionadas ao que pode ser considerado factura. Destas se destacam dois tipos que se enquadram para actividade financeira, que é a factura genérica, aplicável numa generalidade para as IF, e a factura global, que pode ser aplicada por estas instituições em situações particulares que decorrem de suas actividades. Atentando ao fato de que o sistema do *core business* das IF não estava preparado para a emissão de facturas, estas mudanças e adaptações representam para as instituições grandes desafios.

- **Processo de reporte electrónico da informação:** o processo de implementação do imposto sobre o valor acrescentado para Angola é baseado numa vertente totalmente electrónica,[3] desde o acto declarativo ao acto de pagamento. Os contribuintes, de modo geral e pelo disposto juridicamente, devem ajustar todo os seus processos e procedimentos, para que possam tramitar ou comunicar com a administração os factos ocorridos num determinado período, que na generalidade é mensal, para os contribuintes cadastrados no regime geral do imposto.

---

3   Conforme recomendações do FMI, relatórios de assistência técnica 2016 e 2017 (VARSANO *et al.*, 2016).

Esta matéria de reporte electrónico é regulada pelo regime de submissão electrónica dos elementos de contabilidade do contribuinte (ANGOLA, 2018b), e traz novos paradigmas para todos os operadores económicos, que devem mensalmente reportar o ficheiro SAF-T(AO)[4] à Administração Tributária. Compreende este um conjunto de tipos de ficheiros, como é o caso do ficheiro de facturação, de aquisições, contabilidade e autofacturação.

21.4.1 Problemática em volta da implementação do IVA nas operações financeiras

Muito se discutiu ao longo do processo de implementação do imposto, e os operadores do sector levantaram diversas questões, como: **Por que o IVA deve incidir sobre as operações financeiras? Qual é o exemplo de outras realidades? Isto não irá encarecer o serviço ou produto financeiro?** etc. De facto, dada a especificidade das operações financeiras e a complexidade de como se processam, bem como o volume de operações transacionadas por hora, por dia, por semana e por mês, leva a que os operadores do sector levantem estas e outras questões pelo facto de se depararem com um conjunto de transformações. Mudanças estas que têm um pendor técnico e tecnológico muito grande a ser adoptado e implementado.

Neste sentido, foi e continua sendo importante que se tenha em conta a essência do imposto em si.

Como é sabido e a doutrina do imposto assim o atesta, o Imposto sobre o Valor Acrescentado é caracterizado como sendo:

- Um imposto geral sobre o consumo que incide sobre a transmissão de bens, as prestações de serviços e a importação de bens.[5]
- Um imposto plurifásico que incide em todas as fases do circuito económico, sendo suportado de facto pelos consumidores e utilizadores finais dos bens ou serviços.
- Um imposto sem efeito cumulativo, dado que todos os operadores económicos são obrigados a calcular o imposto sobre o preço de venda. Trata-se de um regime de pagamentos fraccionados, mas com dedução do imposto que incidiu directamente sobre o custo dos diversos elementos constitutivos do preço dos diferentes bens e serviços sujeitos a tributação.

Desta última característica resulta o método de cálculo a ter em conta no apuramento do imposto devido por cada operador, o conhecido método de crédito de imposto, método subtrativo indirecto, ou, como muitos autores o denominam, "método das facturas".

Do cálculo a efectuar, o imposto a entregar ao Estado é o resultado do imposto liquidado nas transmissões de bens e prestações de serviços (também consideradas *outputs* ou operações a jusante), e, subtraído destas, o imposto suportado, desde que previsto como sendo dedutível[6] (também consideradas *inputs* ou operações a montante).

---

4   Sigla inglesa, *Standard Audit File – Tax*.
5   Artigo 3º do CIVA.
6   Artigo 27º do CIVA.

Figura 21.3

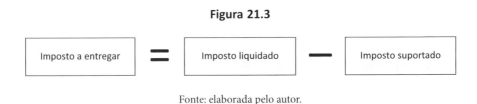

Fonte: elaborada pelo autor.

Conforme menciona Clotilde Celorico Palma (2016, p. 45), "as características do imposto sobre o valor acrescentado permitem inferir que o regime das deduções visa libertar inteiramente o empresário do ónus do IVA devido ou pago no âmbito de todas as suas actividades económicas". De um modo geral sim, pelo que, dadas as excepções previstas por lei, a neutralidade que muito se defende não é total. Nesta particularidade se pode afirmar que o IVA é um imposto tendencialmente neutro, pelo facto de que muitos operadores têm no seu portefólio de actividades económicas

a) as consideradas operações sujeitas a imposto e

b) as consideradas operações isentas do imposto (estas podem cair no âmbito das isenções incompletas ou completas, que veremos adiante).

A abordagem feita nesta seção tem o seu devido enquadramento nas operações financeiras, e nas próximas faremos o enquadramento legal de quais operações financeiras caem na esfera da sujeição do imposto e quais caem na esfera da isenção.

21.4.2 Quatro questões que se colocam para o enquadramento das operações financeiras em IVA

21.4.2.1 O quê?

Esta questão nos remete à norma de incidência objectiva do imposto ou incidência real, que se traduz no facto sujeito a imposto: "O que é que está sujeito ao IVA?". O artigo 3º da Lei n. 7/19, de 24 de Abril, que aprova o Código do IVA, responde a esta questão mencionando as operações que estão sujeitas ao imposto:

- as transmissões de bens;
- as **prestações de serviços** efectuadas no território nacional, **a título oneroso**, por um sujeito passivo, agindo nessa qualidade;
- as importações de bens.

O mesmo artigo vai adiante fazendo menção ao fato de que "**a transmissão de bens ou a prestação de serviços, acessória a outra transmissão de bens ou a outra prestação de serviços**, considera-se parte integral da mesma".

Na resposta acima, destacamos "prestações de serviços" e "título oneroso", pois, quando se olha para as operações financeiras, estas resultam de uma prestação de serviço praticada pelas IF, e, para tanto, têm quase sempre uma contrapartida ou um carácter de onerosidade na esfera de quem as beneficia. Partindo desta definição, e regra geral, as operações financeiras estão directamente enquadradas na norma de incidência do IVA. Merece ainda destaque "a transmissão de bens ou a prestação de serviços, acessória a outra transmissão de bens ou a outra prestação de serviços".

21.4.2.2 Quem?

Quem vai suportar e/ou pagar o IVA? Esta questão nos remete para a norma de incidência subjectiva do imposto, e está ligada à pessoa que pratica operações sujeitas ao imposto, também denominada sujeito passivo do imposto.[7] O artigo 4º do CIVA responde à questão mencionando que são sujeitos passivos do imposto:

- as pessoas singulares ou colectivas ou entidades que exerçam, de forma independente, actividades económicas, incluindo […] prestação de serviços […];
- as pessoas singulares ou colectivas ou entidades, sujeitos passivos do imposto, que sejam adquirentes de serviços a entidades não residentes sem domicílio, sede ou estabelecimento estável [em Angola], […].

Analisando a questão e tendo em conta os pressupostos da norma, destacam-se os conceitos de "contribuinte" e de "sujeito passivo", que em muitos casos geram algumas ambiguidades para aquilo que é o enquadramento destes termos. Para o primeiro, segundo Manuel Henrique de Freitas Pereira (2007, p. 261), o contribuinte pode ser: "**contribuinte de direito**, aquele em relação ao qual se verifica a incidência legal do imposto, aquele que está definido na lei como sendo o sujeito passivo de imposto, e **contribuinte de facto**, aquele que efectivamente suporta o encargo do imposto, o que não coincide com o primeiro […]" (grifos do original). O sujeito passivo mencionado na norma é o contribuinte de direito, o que tem a obrigação de receber o tributo e entregar aos cofres do Estado, ou seja, é um substituto tributário.

As instituições financeiras na relação que mantêm com terceiros (clientes e fornecedores, regra geral) assumem estas posições. Nalgumas vezes a cobrar o imposto, fazendo sua liquidação na factura ou documento equivalente, noutros momentos, quando prestam o serviço e passam este para o seu cliente (contribuinte de facto), e outras vezes, excepção à regra, é invertida a posição de responsabilidade fiscal. E, quando estão diante de factos decorrentes da relação com fornecedores (nas operações internas têm a responsabilidade de fazer o cativo de 50% do imposto contido na factura ou documento equivalente),[8] e nas

---

7   Sujeito passivo é a pessoa singular ou colectiva ou qualquer outra entidade a quem a lei impõe a obrigação da prestação de imposto (PEREIRA, 2007, p. 260).

8   O Banco Nacional de Angola, os bancos comerciais, as seguradoras e resseguradoras e as operadoras de telecomunicações têm a responsabilidade de cativar 50% do imposto contido na factura ou documento equivalente, recebido de seus fornecedores na aquisição de bens e serviços. Esta responsabilidade é prevista no artigo 21º do CIVA.

operações com os não residentes, devem fazer a autoliquidação do imposto.[9] As instituições financeiras se enquadram nos pressupostos apresentados sobre o conceito de sujeito passivo.

21.4.2.3 Onde?

Esta questão leva-nos a pensar: "Onde se localiza a operação ou prestação de serviço sujeita ao IVA?". E o CIVA responde a esta questão nos artigos 9º e 10º, fazendo um enquadramento em:

a) localização das transmissões de bens e

b) local das prestações de serviços.

Atendendo ao fato de que a nossa abordagem está relacionada a entidades que realizam essencialmente prestações de serviços, iremos nestas laudas simplesmente destacar o ponto "b".

Em termos do IVA, é fundamental, quando se está diante de um determinado facto, fazer as quatro questões acima elencadas, e para o facto relacionado à prestação de serviços é crucial fazer o devido enquadramento, visto que os negócios actualmente ocorrem em diferentes latitudes do globo. Empresas comprando ou vendendo serviços para qualquer parte do mundo, daí a questão "Onde está localizada esta operação? E qual a legitimidade para tributar uma operação em que o prestador do serviço se encontra localizado, por exemplo, em Espanha e o adquirente em Angola, ou vice-versa?".

O artigo 10º, nos seus números 1 e 2, menciona os pressupostos-bases que constituem a regra geral de localização das prestações de serviços:

> [...] considera-se que a prestação de serviços ocorre no território nacional quando nele o adquirente possui domicílio, sede ou estabelecimento estável para o qual os serviços são adquiridos (n. 1 do artigo mencionado).

Sobre esta regra cumpre destacar o seguinte:

- Para as prestações de serviços, o local de tributação deve ser onde ocorre o seu consumo efectivo, pelo que podem ocorrer algumas excepções à regra.
- Na relação entre sujeitos passivos do imposto, a prestação de serviço dá-se no local onde está estabelecido o destinatário e não naquele onde está estabelecido o prestador de serviço.

---

9 A alínea "d" do artigo 4º menciona que são sujeitos passivos do imposto: "as pessoas singulares, colectivas ou entidades, sujeitos passivos do imposto, que sejam adquirentes de serviços a entidades não residentes sem domicílio, sede ou estabelecimento estável no território nacional [...], e têm a responsabilidade de pagar o imposto, conforme o n. 2 do artigo 29º [estes artigos fazem parte do CIVA], este acto é processado a partir da declaração periódica Modelo 7, a factura ou documento equivalente é reportada no anexo de fornecedores e nas colunas 'IVA suportado' e 'IVA dedutível' é mencionado o valor de imposto calculado à taxa de imposto, consoante o regime que esteja inscrito o sujeito passivo".

- Na aquisição de serviços a não residentes, a tributação dá-se na esfera do sujeito passivo residente por via da autoliquidação do imposto (conhecido como inversão do sujeito passivo ou *reverse charge*).

A norma em causa traz uma particularidade nos números 4 e 5, que citamos: "sem prejuízo do disposto nos números anteriores, as prestações de serviços utilizadas ou cuja exploração efectiva ocorra em território nacional, são sempre tributáveis", e "As prestações de serviços a que se refere o n. 2 não são tributáveis, quando realizadas fora do território nacional".[10] Esta é uma realidade que podemos considerar como excepção à regra, no sentido de que todos os serviços realizados em Angola destinados para consumo interno ou externo devem ser tributados em sede deste imposto. Ou seja, por exemplo, determinada empresa residente em Angola presta um serviço a uma empresa residente em Espanha; esta operação deve ser considerada tributável em Angola, e o sujeito passivo residente deve liquidar o imposto.

21.4.2.4 Quando?

Esta questão está relacionada ao elemento temporal em que se dá o facto gerador do imposto, bem como a sua exigibilidade. Neste sentido, destacamos os pressupostos da Lei, no seu artigo 11º e os números.

- O facto gerador do imposto dá-se "quando há transmissão de bens ou prestação de serviço", e torna-se exigível (a) no momento em que os bens são postos à disposição do adquirente e/ou (b) no momento da realização do serviço. Esta exigibilidade está acoplada à emissão de factura ou documento equivalente, e, em caso de não emissão da factura ou documento equivalente, passados 5 dias úteis, após a transmissão do bem ou realização do serviço, a administração tem legitimidade para exigir o imposto. Destacam-se as especificidades do sector financeiro com a figura da factura genérica.
- O facto gerador do imposto dá-se em casos "quando há transmissões de bens e prestação de serviço de carácter continuado". Sabendo que nestes tipos de negócios estão subjacentes contratos que primam por pagamento sucessivos, neste sentido os bens são postos à disposição e as prestações de serviços são realizadas no final do período a que cada pagamento diz respeito, e o imposto é exigido. Em caso de não haver uma fixação de periodicidade de pagamento, ou quando esta é superior a 12 meses, o imposto é devido e exigido no final de cada período pelo montante que corresponde a cada período.

21.5 AS ISENÇÕES, OS DIREITOS E AS OBRIGAÇÕES

As especificações e características apresentadas sobre o imposto, e as normas de incidência, deixam claro que este imposto é abrangente e tributa uma generalidade de factos.

---

10 Redação que consta da lei que altera a lei que aprova o Código do Imposto sobre o Valor Acrescentado, Lei n. 17/19, de 13 de Agosto.

Apresenta-se desta feita como um imposto que muito arrecada, e, por outro lado, tem algumas particularidades no que concerne às isenções ou "benefícios fiscais", que em muito se diferenciam em relação aos impostos tradicionais no sistema fiscal angolano. Que, para todos os efeitos, são excepcionais, e nos artigos 12º, 14º e 15º do CIVA encontramos as "isenções nas operações internas", as "isenções nas importações" e as "isenções na exportação, operações assimiladas e transportes internacionais", respectivamente. A interpretação desta norma deve ser feita de forma restrita. A doutrina existente advoga que as interpretações das normas de isenções devem estar baseadas nos princípios gerais de interpretação, muito especialmente o princípio da interpretação estrita, o princípio da interpretação sistemática e o princípio da interpretação uniforme, sem descorar o respeito ao princípio da neutralidade do imposto (PALMA, 2016, p. 60).

Por se tratar de normas que isentam determinados produtos ou serviços, é importante destacar algumas particularidades decorrentes das isenções previstas, que em muito se diferenciam dos outros impostos que compõem o sistema fiscal angolano:

- As isenções em IVA referem-se aos bens ou serviços e não ao transmitente do bem ou serviço ou ao destinatário destes.
- As isenções em IVA levam em muitos casos à exclusão ao direito à dedução (quando se trata de isenções simples ou incompletas) do imposto suportado.
- As isenções em IVA levam em muitos casos à inclusão do direito à dedução (quando se trata de isenções completas) do imposto suportado.
- As isenções em IVA pressupõem não mencionar "o valor do IVA" ou liquidar o imposto na factura ou documento equivalente, quando da transmissão do bem ou serviço.

Para o sector financeiro, as isenções estão previstas na alínea "i" do n. 1 do artigo 12º do CIVA, que considera isentas de imposto "as operações de intermediação financeira, incluindo as descritas no anexo III, excepto as que dão lugar ao pagamento de uma taxa, ou contraprestação, específica e predeterminada pela sua realização". Analisando o anexo citado, pode-se notar a inclusão na lista de "concessão de créditos e a gestão de garantias de crédito", "câmbio de divisas e outras operações relativas a divisas, com excepção da transmissão de moedas e notas de colecção", "as operações relativas a depósitos financeiros e gestão de contas", "a transmissão de títulos financeiros" e "a gestão de fundos comuns de investimento". Como se apresenta, esta norma é aplicável ao sector financeiro bancário e não bancário sob a supervisão dos reguladores BNA (Banco Nacional de Angola) e CMC (Comissão de Mercado de Capitais). A alínea "j" do mesmo artigo menciona "as prestações de seguros e resseguros, de vida", sendo esta norma aplicável para as empresas seguradoras, sob supervisão do regulador ARSEG (Agência Angolana de Regulação e Supervisão de Seguros).

21.5.1 Os tipos de isenções existentes

Com base nas particularidades mencionadas no ponto anterior, as isenções em IVA compreendem dois tipos, com características e efeitos completamente diferentes:

- isenções simples ou incompletas;
- isenções completas.

Duarte Travanca, Jorge Vales Almeida e Ondina Costa (2009, p. 143) mencionam que "estes dois tipos de isenção revelam-se substancialmente diversas e com efeitos muito distintos em sede de IVA, quer ao nível das operações realizadas a montante (nas aquisições), quer ao nível das operações a jusante (ou seja, na fase seguinte do circuito económico)". Neste sentido devemos entender estas particularidades.

- **Isenções simples ou incompletas:** compreende este tipo de isenção a não menção ou liquidação de imposto na factura ou documento equivalente no acto de transmissão de bem ou serviço (operações realizadas a jusante); em contrapartida, o imposto suportado nas aquisições (a montante) não confere direito a dedução a quem as realiza.

No Código do Imposto sobre o Valor Acrescentado, encontramos este tipo de isenção nas chamadas "isenções nas operações internas", constantes no artigo 12º. E, para o sector financeiro, pode-se notar que as isenções previstas nas alíneas alhures mencionadas se enquadram nas características deste tipo de isenção.

- **Isenções completas:** também chamadas "taxa 0",[11] igualmente ao primeiro tipo, consubstanciam-se na não menção ou liquidação de imposto na factura ou documento equivalente no acto de transmissão de bem ou serviço realizado pelo sujeito passivo. Para todos os efeitos, o imposto suportado a montante lhe é permitido deduzir, levando-o à neutralidade da carga fiscal, que vem de estágios anteriores à realização principal.

A legislação sobre o imposto apresenta este tipo de isenção às "exportações, operações assimiladas a exportações e o transporte internacional", conforme descrito no artigo 15º. Obviamente, para o sector financeiro não se aplica este tipo de isenção.

21.5.2 Direito à dedução

A figura do direito à dedução do imposto é nova no sistema fiscal angolano e decorre da característica do próprio imposto. Trata-se do elemento nuclear à volta do qual gravita todo o funcionamento do IVA, e se acha definido como direito atribuído a cada sujeito passivo de, no momento em que apure o imposto por si devido, relativo às suas vendas e serviços prestados, poder deduzir o imposto que suportou nas aquisições de

---

11 O termo "taxa zero" ou "tributação a taxa zero" significa que a venda é isenta e o direito do contribuinte ao crédito dos impostos pagos sobre seus *inputs* se mantém. Relatório de assistência técnica – 2016 do FMI. p. 19 (VARSANO et al., 2016).

bens e serviços necessários a sua actividade, entregando apenas a diferença entre os dois montantes considerados (TRAVANCA *et al.*, 2009, p. 206).

O artigo 22º da Lei n. 7/19, de 24 de Abril, que aprova o Código do IVA, apresenta-nos esta figura, que nasce de "um direito de natureza pessoal", neste caso contrapondo o "direito de natureza real", limitado às especificações previstas por lei e ligado à necessidade da actividade do seu titular. O artigo ora mencionado nos números que o compõem apresenta algumas particularidades que passamos a destacar. "O direito a dedução nasce no momento em que o imposto dedutível se torna exigível", estando limitada a dedução: "o imposto que tenha incidido sobre os bens ou serviços adquiridos, importados ou utilizados pelo sujeito passivo para a realização de actividades ligadas a [manutenção da fonte produtora]". Podem ainda os sujeitos passivos deduzir "o imposto que tenha incidido sobre os bens ou serviços adquiridos, importados ou utilizados pelo sujeito passivo para a realização de actividades económicas [...]", ou ainda "o imposto cativo pelas entidades [que têm a responsabilidade de o fazer]".

Alhures mencionamos que as isenções trazem consigo alguma problemática, e esta problemática prende-se com:

a) O não exercício do direito à dedução, que levanta algumas questões, como: (i) "Devo deduzir a totalidade do imposto suportado?" e (ii) "Como devo deduzir o imposto suportado?". Estas e outras questões se colocam quando se pretende exercer este direito.

b) O imposto não recuperado pelo mecanismo de dedução, para se atingir a neutralidade do imposto, causa aumento do imposto sobre o bem ou serviço.[12]

Quanto à alínea "a", é imperativo que se faça um enquadramento da situação ou da posição do sujeito passivo, em termos da actividade que desempenha, para exercer este direito. Fazendo a seguinte diferenciação, se é um:

- sujeito passivo que exerce operações "com direito a dedução";
- sujeito passivo que exerce operações "sem direito a dedução", ou
- sujeito passivo que exerce "operações mistas".

Feito este enquadramento e com base nas disposições legais, o sujeito passivo deverá apurar, do imposto suportado, a parte correspondente à dedução e a parte que não corresponde a este exercício, e isto se faz mediante a utilização de um dos métodos de dedução do imposto, **o método da afectação real ou o método da dedução percentual (pro-rata)**.

Ambos os métodos são apresentados no artigo 27º do Código do IVA.

---

[12] Relatório de assistência técnica – 2016 do FMI. p. 19 (VARSANO *et al.*, 2016). Quando concedidas em vendas a consumidores finais, isenções implicam perda de receitas, o que corresponde ao valor acrescentado pelo retalhista. Porém, quando concedida em outros pontos da cadeia de produção e comercialização, a isenção causa tributação excessiva ao quebrar a cadeia de débitos e créditos típica do IVA.

- **Método da afectação real:** neste trabalho vamos simplesmente nos limitar a abordar o que a lei apresenta, que citamos: "[...] o sujeito passivo deve efectuar a dedução, segundo [o método da] afectação real de todos ou parte dos bens e serviços utilizados, sempre que Administração Geral Tributária verifique distorções significativas na tributação".[13] A utilização deste método está limitada a uma verificação da administração fiscal e depois a sua aprovação.

- **Método de dedução percentual (pro-rata):** o método de dedução percentual (pro-rata) constitui a regra, ao passo que o método de afectação real constitui a excepção à regra. Para uma fácil compreensão da utilização deste método, vamos encetar com um exemplo.

Determinada instituição financeira (bancária ou não bancária), para realizar os seus serviços, depende de um conjunto de outros produtos ou serviços que se baseiam em compra de água, energia eléctrica, internet e outros meios de comunicação, serviços de manutenção e de limpeza das instalações.

Tem nestes produtos ou serviços suportado o IVA, e coloca à disposição de seus clientes um portefólio de produtos e serviços baseado no seguinte:

- concessão de créditos e venda de divisas (isto no caso do banco);
- venda de seguro de saúde (isto no caso da seguradora);
- participação em gestão de fundos comuns de investimentos (isto no caso de OIC ou equiparados).

Como sabemos, estas operações ou actividades estão isentas do Imposto sobre o Valor Acrescentado.

Na mesma senda, exerce outras actividades, como:

- Prestação de serviços financeiros relacionados à emissão de cartões de crédito e de débito, emissão de cadernetas de cheques, e sobre estes cobra uma determinada comissão e/ou taxa (isto no caso do banco).

---

[13] N. 2 do artigo 27. Não obstante o descrito neste artigo, para o sector financeiro a AGT deliberou, por meio do Instrutivo n. 00003/DNP/DSIVA/AGT/2020, da Direcção dos Serviços do IVA, dando a possibilidade de as instituições financeiras bancárias poderem adoptar o método de afectação real para deduzir o IVA suportado relativamente a aquisições de bens e serviços exclusivamente utilizados para a realização de: a) operações de locação financeira; b) operações financeiras realizadas por instituições sem sede ou estabelecimento estável em território nacional (bancos correspondentes) para as instituições angolanas; c) operações abrangidas pelo disposto no n. 3 do artigo 6º do CIVA, nomeadamente, refacturação de bens e/ou serviços adquiridos pelas instituições em nome próprio, mas por conta de terceiras entidades, a quem os respectivos bens e/ou serviços sejam refacturados, com vista a obter o respectivo reembolso (redébitos de custos). E o Instrutivo n. 00004/DNP/DSIVA/AGT/2020, da Direcção dos Serviços do IVA, dando a possibilidade de as instituições financeiras não bancárias e empresas seguradoras poderem adoptar o método de afectação real para deduzir o IVA suportado relativamente a aquisições de bens e serviços exclusivamente utilizados para a realização dos seguintes custos: a) indemnização de seguro directo; b) indemnização de cosseguro; c) prémios de cosseguro; d) comissões de cosseguro; e) prémios pagos em operações de resseguro; e f) comissões de resseguro cedido.

- Prestação de serviço de seguro e resseguros de instalações e outros (isto no caso da seguradora).

- Prestação de serviços no mercado de capitais (isto no caso de um OIC ou equiparados). Sobre estas operações deverá liquidar o imposto, nos termos das normas de incidência alhures enunciadas. E, diante deste facto, pode-se dizer que o sujeito passivo pratica operações mistas.

Pelo enunciado acima apresentado, de que forma poderá o sujeito passivo deduzir o imposto suportado, visto que tem operações isentas (isenção simples) que não lhe conferem direito a dedução e operações em que liquidou o imposto e que lhe conferem o direito a dedução do imposto suportado?

O sujeito passivo deverá utilizar o método dedução parcial pro-rata para deduzir o imposto suportado, imputando-o nas diversas actividades que exerce, e para o efeito a percentagem de dedução a que o n. 1 do artigo 27º se refere é dada pela seguinte fracção:

- **No numerador:** o volume de negócios[14] efectuados no ano das actividades que dão direito a dedução, excluído o imposto.

- **No denominador:** o volume de negócios efectuados no ano das actividades que dão direito a dedução, sem considerar o imposto, adicionado a este o volume de negócios efectuados no ano das actividades isentas.

Figura 21.4

$$\% = \frac{[VAN\ que\ confere\ direito\ a\ dedução]}{[VAN\ que\ confere\ direito\ a\ dedução] + [VAN\ das\ actividades\ isentas]}$$

Em que: VAN corresponde ao volume anual de negócios.

Fonte: elaborada pelo autor.

Esta percentagem calculada no princípio de um exercício económico é considerada provisória, tendo em conta as operações ocorridas no ano anterior (pro-rata inicial) e que no final devem ser corrigidas, considerando as operações do ano corrente (pro-rata definitivo). Em situações normais, na declaração periódica modelo 7 de Janeiro se tem o pro-rata inicial; esta percentagem deve ser utilizada ao longo do ano e na declaração de Dezembro deve ser corrigida, e este passa a ser o pro-rata definitivo. Desta correcção poderá resultar imposto a favor do sujeito passivo ou do Estado.

---

14 Rui Manuel Pereira da Costa Bastos (2016, p. 174): "[...] a referência a volume de negócios é mais clarificador daquilo que se pretende, nomeadamente na tentativa de transpor os dados de um qualquer balancete contabilístico, excluindo, desde logo, rendimentos como trabalhos para a própria empresa, variação de produção, reversão de provisões ou imparidades, ou ganhos obtidos pela simples variação do justo valor".

Figura 21.5

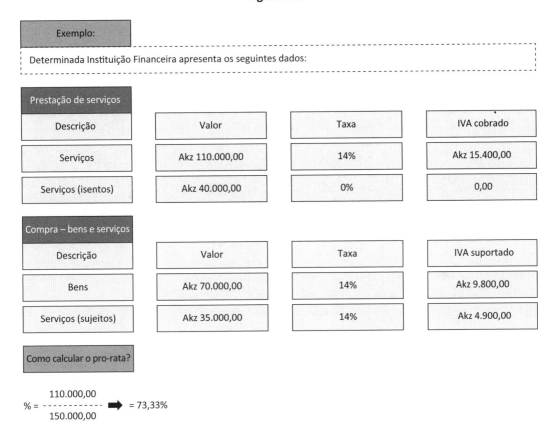

Fonte: elaborada pelo autor.

O rácio de 73,33% será a percentagem de dedução do pro-rata inicial a considerar ao longo do exercício, e mensalmente o sujeito passivo do imposto suportado deverá deduzir igual a 73,33%.

Figura 21.6

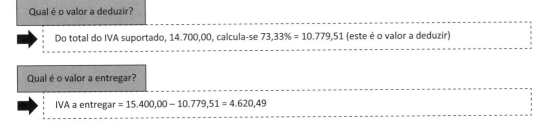

Fonte: elaborada pelo autor.

Admitindo que ao longo do período os seus *inputs* (compra de bens e serviços) e *outputs* (venda de serviços) variem de forma ascendente, em Dezembro deve-se calcular o pro-rata definitivo, e fazer a devida regularização.

Figura 21.7

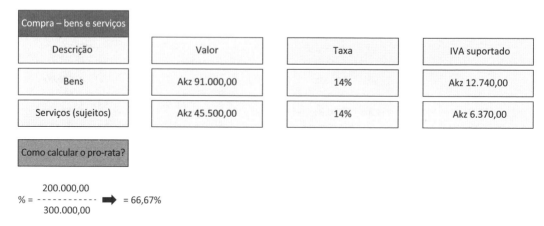

Fonte: elaborada pelo autor.

O rácio de 66,67% é a percentagem de dedução do pro-rata definitivo a considerar no mês de Dezembro, e, ao transitar para o mês de Janeiro do ano seguinte, passa a ser o pro-rata inicial. Em termo comparativo, pode-se notar que há uma diferença entre as taxas calculadas, e este diferencial deve ser corrigido. Por outro lado, verifica-se que ao longo do período o sujeito passivo deduziu imposto a mais (73,33%) quando na realidade deveria deduzir menos (66,67%), pelo que deve este fazer a devida regularização dos valores de imposto, resultante da diferença entre as taxas, na declaração periódica do IVA, linha **"regularização do pro-rata"**, **campo 28** (quando o imposto resultante é a favor do sujeito passivo) ou **campo 29** (quando o imposto resultante é a favor do Estado).

Figura 21.8

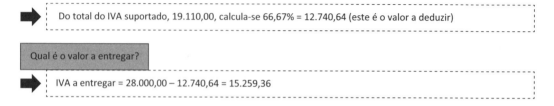

Fonte: elaborada pelo autor.

21.5.3 Obrigações

O processo de implementação do IVA em Angola deu início a um novo paradigma no sistema fiscal do país na vertente estruturante dos processos e procedimentos da

Administração Tributária e dos contribuintes, para atender às recomendações tecidas pelo Fundo Monetário Internacional (FMI), conforme consta em seus relatórios de assistência técnica 2016, 2017 e 2018. Adoptar um IVA SLIM (Simples, Local e Moderno) requereria sim imprimir modernidade aos processos, e este último "moderno" refere-se ao relatório de 2016, p. 47:

> [...] o IVA, como imposto geral sobre o consumo, é hoje um imposto com mais de 60 anos e há, portanto, a necessidade de o adaptar à economia digital e globalizada [...]. Este é um processo iniciado em vários países do mundo, em particular durante a última década, pelo que é possível aprender com as inovadoras práticas internacionais, muitas das quais fazem uso de novas tecnologias de comunicação de forma a encorajar o cumprimento de obrigações declarativas (VARSANO et al., 2016).

Nestes termos se adoptaram as recomendações deste órgão internacional, levando à criação de novos pacotes legislativos, bem como à reformulação de alguns que já existiam para melhor acolher o imposto e garantir que a sua efectivação ou execução respondesse à modernidade que o imposto exige, trazendo para a esfera do sujeito passivo um conjunto de obrigações transversais, como:

- obrigações declarativas;
- obrigações de facturação;
- obrigações de pagamento;
- obrigações contabilísticas.

21.5.3.1 Obrigações declarativas

Os sujeitos passivos cadastrados em IVA estão sujeitos ao cumprimento deste procedimento fazendo a entrega periódica das declarações previstas por lei.

- **Declaração periódica modelo 7 e seus anexos** (isto para os contribuintes cadastrados no regime geral do imposto): esta declaração é mensal e deve ser entregue por meio do portal do contribuinte.[15]
- **Declaração do regime transitório e mapa de fornecedores** (isto para os contribuintes cadastrados no regime transitório): feita de forma trimestral e o mapa de fornecedor de forma mensal, igualmente entregue por meio do portal do contribuinte.[16]
- **Mapas de fornecedores** (isto para os contribuintes cadastrados no regime de não sujeição): deverão ser entregues mensalmente pela via do portal do contribuinte.[17]

---

15 Disponível em: https://portaldocontribuinte.minfin.gov.ao/.
16 Disponível em: https://portaldocontribuinte.minfin.gov.ao/.
17 Disponível em: https://portaldocontribuinte.minfin.gov.ao/.

Para o nosso objecto de estudo, vamos simplesmente nos concentrar em aspectos relacionados ao regime geral do imposto, visto que as instituições financeiras de modo geral estão cadastradas neste regime.

- **Ficheiro SAF-T**, sigla inglesa (*Standard Audit File – Tax*) (OECD, [s. d.]). É um ficheiro padrão criado pela Organização para a Cooperação e Desenvolvimento Econômico (OCDE), e vocacionado para auditoria fiscal, em que as administrações fiscais adoptam este modelo de ficheiros em seus sistemas. Para a realidade angolana adoptou-se a versão SAF-T(AO), que é regulamentada pelo Decreto Presidencial n. 312/18, de 21 de Dezembro. É um ficheiro predefinido, e deve estar reunida nele toda informação fiscal e contabilística do sujeito passivo a ser reportada à Administração Tributária em linguagem XML (alguma parte, sendo o seu reporte mensal obrigatório e a outra quando solicitada pelo Fisco). Conforme a descrição encontrada no decreto acima mencionado, em nossa abordagem procuramos dividi-lo em: ficheiro SAF-T, do tipo facturação, e ficheiro SAF-T, do tipo contabilidade.
  - **SAF-T do tipo facturação:** de modo abrangente, o ficheiro de facturação deverá compreender a facturação que o sujeito passivo efectuar ao longo de um período originado pelas suas vendas, bem como as suas aquisições ao longo do mesmo período. O reporte deste ficheiro é mensal,[18] e, dadas algumas observações que ocorreram e atenuadas pela própria administração, exige-se nesta fase inicial e de forma obrigatória o reporte da informação relacionada às vendas feitas pelo contribuinte, ficando assim o reporte da informação relacionada às aquisições no anexo de fornecedores.[19]
  - **SAF-T do tipo contabilidade:** este é um ficheiro completo em relação ao primeiro, e deve compreender toda a informação ligada à contabilidade e à facturação realizada pelo contribuinte, podendo ser exigido o seu reporte pela administração para efeitos de verificação das operações antes reportadas.

21.5.3.2 Obrigações de facturação

Manter as operações devidamente registadas foi, é e será preponderante para qualquer operador que se quer manter competitivo e firme no mercado. E no âmbito comercial, de modo geral, todos os operadores almejam ter as suas transacções registadas, controladas e gerenciadas para se ter a apreciação dos fluxos transaccionados (entradas e saídas) e se

---

18 N. 1 do artigo 3º do DP n. 312/18, de 21 de Dezembro.
19 A Administração Geral Tributária, por via do seu Gabinete de Comunicação Institucional, emitiu o comunicado de 4 de Março de 2020, em que menciona no ponto 2 o seguinte: "a submissão do ficheiro do tipo de 'Aquisição de bens e serviços' é facultativa desde que os contribuintes submetam o anexo de fornecedores e mapas de fornecedores, com informações das facturas em que suportaram o IVA, bem com[o] das facturas que não suportaram o IVA".

distinguir os "direitos" e as "obrigações".[20] Neste sentido, com vista a assegurar um sistema fiscal funcional, foi reformulado o regime jurídico das facturas e documentos equivalentes, regulamentado pelo Decreto Presidencial n. 292/18, de 3 de Dezembro, diploma este que revogou o anterior Decreto Presidencial n. 149/13, de 1 de Outubro.

Da restruturação ocorrida, destaca-se o facto de todos os contribuintes residentes em território nacional estarem obrigados a emitir, conservar e arquivar as facturas e documentos equivalentes, produzidas por si ou recepcionadas de terceiros. Com este novo paradigma, o sector financeiro também é chamado a cumprir com esta obrigação, e o diploma apresenta os tipos de facturas que se enquadram ao negócio financeiro.

- **Factura genérica:** regra geral e dados os factos que ocorrem na esfera do negócio financeiro, as instituições devem emitir este tipo de factura, com periodicidade mensal e única, compreendendo nela todos os serviços cobrados aos seus clientes naquele período.[21]
- **Factura global:** excepcionalmente ao apresentado como regra geral, podem as instituições financeiras, dados os factos que ocorrerem no seu dia a dia, emitir este tipo de factura, com periodicidade máxima mensal, que englobe todas as transmissões de bens e serviços efectuadas durante o período em referência.[22]

As facturas e documentos equivalentes retratados no diploma ora mencionado devem cumprir um conjunto de requisitos para serem considerados válidos, conforme o artigo 11º do RJFDE.

21.5.3.3 Obrigações de pagamento

Conforme mencionado alhures neste trabalho, o acto de pagamento do IVA resulta do apuramento do imposto em cada período de tributação, fazendo o confronto entre o imposto liquidado e o dedutível, adicionando ou subtraindo as eventuais regularizações. Deste apuramento se pode obter:

- um valor positivo, representando imposto a favor do Estado e que deve ser entregue aos cofres do Estado; ou
- um valor negativo, representando imposto a favor do sujeito passivo, na realidade um crédito fiscal que o seu detentor tem o direito de utilizar em períodos subsequentes.

---

20 Em nível contabilístico estes conceitos são baseados em "direito", elemento patrimonial activo que representa um haver a receber, e "obrigação", elemento patrimonial passivo, representando deveres a cumprir para com terceiros.
21 Conforme a alínea "f" do artigo 4º do DP n. 292/18, de 3 de Dezembro. *Regime Jurídico das Facturas e Documentos Equivalentes.*
22 Conforme a alínea "g" do artigo 4º do DP n. 292/18, de 3 de Dezembro. *Regime Jurídico das Facturas e Documentos Equivalentes.*

No nível do pagamento do imposto, decorrem do Código do IVA algumas particularidades[23] que merecem destaque:

- A responsabilidade pelo pagamento do imposto resultante das transmissões de bens e prestação de serviços **é do sujeito passivo que as efectua**.

- A responsabilidade pelo pagamento do imposto resultante da prestação de serviços de não residentes prestados a residentes **é do sujeito passivo residente que contrata estes serviços**. Nesta situação faz-se a inversão do sujeito passivo (*reverse-charge*), e, na declaração periódica, estes factos são registados no anexo de fornecedores. O sistema recepciona esta informação preenchendo automaticamente a declaração na

    > [...] linha 6 – Aquisição de serviços fornecidos por um prestador que não tenha sede, estabelecimento estável ou domicílio em Angola, cujo imposto foi liquidado pelo declarante (art. 29º do CIVA) _ campos 13 [com a base tributável] e os campos 14 e 15 [com o valor do imposto].

- A responsabilidade pelo pagamento do imposto cativo **é do sujeito passivo cativador**.[24]

Todos estes processos de apuramento para o pagamento do imposto são feitos internamente pelo contribuinte em sua contabilidade. Para efeitos de cumprimento da obrigação junto da Administração Tributária, submete-se, por meio do portal do contribuinte, a declaração do período,[25] comportando este acto duas vertentes, "declarativa" e "liquidação do imposto". De forma automática, o portal emitirá o correspondente documento de cobrança, para o contribuinte dar sequência com o pagamento do imposto.

21.5.3.4 Obrigações contabilísticas

Dado o volume de operações que ocorrem diariamente e atendendo ao facto de que se pretende ao máximo a automatização dos registos das operações, a contabilidade entra neste processo como requisito para assegurar que as operações estão a ser classificadas e registadas com vista a evidenciar de forma clara e inequívoca os elementos necessários para o cálculo do imposto. O Código do IVA apresenta como sendo uma obrigação para os sujeitos passivos do imposto a organização da contabilidade.[26]

Neste caso o contribuinte sujeito passivo do imposto deve evidenciar na contabilidade, para efeitos de cálculo do imposto, o seguinte:

- **As operações activas:** compreendem as operações resultantes da transmissão de bens ou prestação de serviços feitos pelo sujeito passivo, sendo estas operações registadas após a emissão da factura ou documento equivalente, evidenciando nela

---

23 Artigo 29º do CIVA.
24 As entidades mencionadas no n. 2 do Artigo 21º têm a responsabilidade de fazer o cativo do imposto contido nas facturas ou documentos equivalentes, e devem entregar (pagar) este imposto conforme discorre o n. 4 do artigo 29º, ambos do CIVA.
25 Conforme os artigos 30º e 44º do CIVA.
26 Artigo 39º do CIVA.

- o valor das operações tributadas, líquidas de imposto;
- o valor das operações isentas sem direito a dedução;
- o valor das operações isentas com direito a dedução;
- o valor do imposto liquidado;
- o valor do imposto nos casos em que a liquidação compete ao adquirente.

- **As operações passivas:** compreendem as operações relacionadas às aquisições feitas internamente e as importações, sendo que o registo delas deve ocorrer após a recepção das correspondentes facturas ou documentos equivalentes, nas quais esteja destacado:
  - o valor das operações cujo imposto é dedutível, líquido de imposto;
  - o valor das operações cujo imposto é excluído do direito a dedução;
  - o valor do imposto dedutível.

Atendendo ao facto de que o plano geral de contabilidade, o plano de conta das instituições financeiras bancárias e não bancária e o plano de conta das empresas seguradoras não estavam adaptadas à realidade do novo imposto, procedeu-se à actualização destes diferentes planos de contas para permitir os registos das operações activas e passivas do imposto.

Para o plano geral de contabilidade (PGC) e o plano de conta das empresas seguradoras, as alterações foram introduzidas por meio do Decreto Presidencial n. 180/19, de 24 de Maio, que aprova o Regulamento do Código do Imposto sobre o Valor Acrescentado.

Para o plano de conta das instituições financeiras, cumpre mencionar que as alterações ocorreram mediante a classificação que decorre da Lei das Instituições Financeiras, Lei n. 12/15, de 17 de Junho em: (a) instituições financeiras bancárias e (b) instituições financeiras não bancárias.

Quanto à primeira, temos o conhecido Plano de Contas das Instituições Financeiras (o denominado Contif). Este plano de contas tem sofrido constantes ajustamentos para poder atender às exigências da reforma no sector financeiro em Angola, a adaptação às boas práticas internacionais, a título de exemplo, e a adopção das normas internacionais de relato financeiro, as chamadas IFRS. As alterações no plano foram introduzidas por meio do Instrutivo n. 14/2019, de 6 de Setembro, do Banco Nacional de Angola.

Quanto à segunda, as alterações foram introduzidas pela Instrução n. 001/CMC/03-2020, para o plano de contas das Instituições Financeiras Não Bancárias (IFNB), e a Instrução n. 002/CMC/03-2020, para o plano de contas dos Organismos de Investimento Colectivo e das Sociedades Gestoras, instruções estas feitas pela Comissão de Mercado de Capitais.

Com as alterações ocorridas nestes diferentes planos de contas, é assegurado a todos os operadores que as suas operações sejam registadas contabilisticamente e de forma uniformizada, atendendo a uma sistematização procedimental e de cumprimento das regras de registo e movimentação das contas, conforme estabelecido nos respectivos planos de contas.

21.6 CONSIDERAÇÕES FINAIS

O sector financeiro em qualquer parte do mundo assume-se como o garante da estabilidade económica e financeira do Estado, e os *players* devem rapidamente responder às constantes exigências que lhes são impostas quer no nível externo (por normas internacionais que regulam o sector ou pelas políticas praticadas pelos parceiros internacionais), quer no nível interno (pelas exigências que os diferentes órgãos reguladores vão impondo, ou decorrentes de políticas do próprio Estado).

Atendendo às características do Imposto sobre o Valor Acrescentado, delas se destacando (a) ser um imposto geral sobre o consumo e (b) ter uma abrangência nos factos a tributar, torna-o verdade e particularmente virtuoso e especialmente apetecível,[27] e assumindo-se como uma **criatura cativante** (GRAEME, 2007, p. 3), para os Estados que procuram alargar a sua capacidade de arrecadação de receitas fiscais. E, com a vigência deste imposto, as empresas do sector financeiro são chamadas, por um lado, a exercer o papel de intermediárias no processo de arrecadação de receitas fiscais (liquidando o imposto na factura com base na sua actividade), e, por outro, a assumir-se como substitutos tributários (garantido o cativo do imposto contido nas facturas ou documento equivalente emitidos pelos seus fornecedores). E com as prerrogativas de recuperação do imposto suportado nas aquisições, desde que dedutível.

Este processo "imposto liquidado" subtraído o "imposto suportado" leva, de modo geral, à chamada neutralidade, característica esta que norteia a generalidade do imposto. Dos estudos feitos, esta neutralidade não é total ou absoluta, quando se está diante de ***inputs* mistos** (bens ou serviços isentos e bens ou serviços não isentos), e deve-se apenas deduzir parte do imposto suportado (dedução parcial), utilizando o método de dedução parcial (pro-rata). Nestas situações, e respondendo a questões relacionadas ao tema, pode-se afirmar que o "IVA é tendencialmente neutro".

A operacionalidade do imposto no sector financeiro traz consigo algumas complexidades, quer de ordem técnica ou tecnológica, quer de ordem contabilística e fiscal. Começando da segunda complexidade, qualquer mudança na lei fiscal tem um grande impacto na segunda, que leva ao desenvolvimento de automatismos para garantir a efectiva operacionalidade do processo. E, do ponto de vista técnico ou tecnológico, isto tem custos administrativos avultados para as empresas em primeira instância (as empresas suportam custos e impostos avultados com os desenvolvimentos dos automatismos. Que por um lado, em sede do IVA, o imposto é recuperado, e em sede do imposto sobre o rendimento o custo é aceite), e o custo aceite fiscalmente tem uma repercussão directa na esfera do Estado (este custo representa receitas que deixam de ser arrecadadas).

De um modo geral, as empresas do sector financeiro ocupam um grande espaço na esfera económica e financeira, tendo em conta:

---

[27] PALMA (2006, p. 10) discorre sobre a construção de um modelo econométrico tendo por base um painel de 143 países ao longo de 26 anos, que pretende demonstrar o impacto da adopção do IVA no âmbito de um processo de reforma fiscal.

1. A demonstração de serem instituições capazes de suportar os diferentes choques (internos ou externos) com que se tem deparado no dia a dia, e consideramos que os choques fiscais têm tido um grande impacto na actividade bancária, seguradora e do mercado de capitais, e com particular realce a implementação do IVA e os diplomas conexos, no sector.
2. Serem parceiros do Estado, não apenas na estabilização económica e financeira, mas sobretudo na arrecadação de receitas, por via dos impostos, ora como substitutos tributários, ora como contribuintes de próprios tributos.

Diante desta realidade, propusemo-nos ao desafio de produzir estas laudas, apresentando um enquadramento simples das operações financeiras em IVA, para levar aos utentes e operadores a compreensão da mecânica do imposto, bem como os pressupostos básicos apresentados pela lei.

REFERÊNCIAS

ANGOLA. Decreto Legislativo Presidencial n. 2/14, de 20 de Outubro. *Revisão e republicação do Código do Imposto sobre Aplicação de Capitais*. 2014a.

ANGOLA. Decreto Legislativo Presidencial n. 3/14, de 21 de Outubro. *Revisão e republicação do Código do Imposto de Selo*. 2014b.

ANGOLA. Decreto Presidencial n. 180/19, de 24 de Maio. *Regulamento do Imposto sobre o Valor Acrescentado*. 2019a.

ANGOLA. Decreto Presidencial n. 292/18, de 3 de Dezembro. *Aprova o Regime Jurídico das Facturas e Documentos Equivalentes*. 2018a.

ANGOLA. Decreto Presidencial n. 312/18, de 21 de Dezembro. *Aprova o Regime Jurídico de Submissão Electrónica dos Elementos Contabilísticos dos Contribuintes*. 2018b.

ANGOLA. *Instrução n. 001/CMC/03-2020, da Comissão de Mercados de Capitais*. 2020a.

ANGOLA. *Instrução n. 002/CMC/03-2020, da Comissão de Mercado de Capitais*. 2020b.

ANGOLA. *Instrutivo n. 03/DNP/DSIVA/AGT/2020, Administração Geral Tributária*. 2020c.

ANGOLA. *Instrutivo n. 04/DNP/DSIVA/AGT/2020, Administração Geral Tributária*. 2020d.

ANGOLA. *Instrutivo n. 14/2019, de 6 de Setembro, do Banco Nacional de Angola*. 2019b.

ANGOLA. Lei n. 7/19, de 24 de Abril. *Lei que aprova o Código do Imposto sobre o Valor Acrescentado*. 2019c.

ANGOLA. Lei n. 12/2015, de 17 de Junho. *Lei das Instituições Financeiras*. 2015.

ANGOLA. Lei n. 17/19, de 13 de Agosto. *Lei que altera a Lei que aprova o Código do Imposto sobre o Valor Acrescentado*. 2019c.

ANGOLA. Lei n. 21/14, de 22 de Outubro. *Lei que aprova o Código Geral Tributário*. 2014b.

BASTO, J. G. Xavier de. A tributação do consumo e a sua coordenação internacional: lições sobre harmonização fiscal na Comunidade Económica Europeia. *CTF*, n. 361 e 362, 1991.

BASTOS, Rui Manuel Pereira da Costa. O direito à dedução do IVA, caso particular dos *inputs* de utilidade mista. *Cadernos IDEFF*, Almedina, n. 15, 2016.

GRAEME, S. Cooper. *The discreet charm of VAT*. 2007.

MACHADO, E. M. Jónatas; COSTA, Paulo Nogueira. *Manual de direito fiscal*: perspectiva multinível. 2. ed. Almedina.

OECD. *Guidance for the Standard Audit File – Tax*. Version 2.0. [S. d.]. Disponível em: https://www.oecd.org/tax/administration/45167181.pdf.

PALMA, Clotilde Celorico. Enquadramento das operações financeiras em imposto sobre o valor acrescentado. *Cadernos IDEFF*, Coimbra: Almedina, n. 13, 2016.

PALMA, Clotilde Celorico. *Estudo de Imposto sobre o Valor Acrescentado*. Coimbra: Almedina, 2006.

PECHO, Miguel; PIALARISSI, Decio; SANTOS, Paulo; VARSANO, Ricardo. *Relatórios da assistência técnica 2017*. Fundo Monetário Internacional.

PEREIRA, Manuel Henrique de Freitas. *Fiscalidade*. 2007.

RICARDO, Joaquim. *Direito tributário*: anotado e remissivo. 21. ed. VidaEconomica.

TRAVANCA, Duarte; ALMEIDA, Jorge Vales; COSTA, Ondina. *Manual do IVA 2009*: actualização legislativa. Centro de Formação da AT, 2009.

VARSANO, Ricardo; DE LA FERIA, Rita; PIALARISSI, Decio. *Relatórios da assistência técnica 2016*. Fundo Monetário Internacional. 2016.

VASQUES, Sergio *et al. Caderno IVA 2018*, Almedina.